"中国新闻学丛书"编辑委员会

主　任：李　彬　赵月枝

委　员：（按姓氏笔画顺序）

　　　　王君超　王润泽　王维佳　史安斌　吕新雨　李　珮
　　　　李　彬　李希光　杨萌芽　吴　玫　吴　靖　张　垒
　　　　张　桐　赵月枝　胡　钰　俞　凡　洪　宇　程曼丽

"中国新闻学丛书"出版委员会

主　任：杨国安　杨萌芽

委　员：（按姓氏笔画顺序）

　　　　马　龙　王鹏飞　纪庆芳　杨　波　杨国安　杨萌芽
　　　　陈建恩　郑　鑫　胡玲霞　姜　畅　谌洪波　薛建立

ZHONGGUO XINWEN CHUANBOXUE FANGTANLU

中国新闻传播学访谈录

赵月枝 著

·郑州·

图书在版编目（CIP）数据

中国新闻传播学访谈录 / 赵月枝著．-- 郑州：河南大学出版社，2021.6
ISBN 978-7-5649-3922-9

Ⅰ．①中… Ⅱ．①赵… Ⅲ．①新闻学－传播学－研究－中国 Ⅳ．① G219.2

中国版本图书馆CIP数据核字（2019）第204898号

责任编辑　姜　畅
责任校对　辛德萱
装帧设计　翟淼淼　郭　灿

出版发行　河南大学出版社
　　　　　地址：郑州市郑东新区商务外环中华大厦2401号　　邮　编：450046
　　　　　电话：0371-86059715（高等教育与职业教育出版分社）
　　　　　　　　0371-86059701（营销部）
　　　　　网址：hupress.henu.edu.cn

排　版　河南大学出版社设计排版部
印　刷　河南瑞之光印刷股份有限公司
经　销　全国新华书店
版　次　2021年6月第1版　　　　　　　　　　印　次　2021年6月第1次印刷
开　本　710 mm×1010 mm　1/16　　　　　　印　张　30.25
字　数　560千字　　　　　　　　　　　　　　定　价　90.00元

（本书如有印装质量问题，请与河南大学出版社营销部联系调换。）

过七十余年锻造的中华人民共和国，已经开启了全面建设社会主义现代化国家的新征程，发展中国学派以审视中国经验、提炼中国理论、贡献中国方案，更可谓名正言顺，水到渠成。

2019年立春时节，河南大学新闻与传播学院和河南大学出版社同意将这套丛书纳入河南大学献礼中华人民共和国成立70周年的重点图书，2020年这套丛书又入选国家出版基金资助项目。中州自古英雄气，"逐鹿中原，问鼎天下"一向激荡人心。作为百年名校，河南大学也是文脉悠长，俊采星驰，包括名记者邓拓等校友。"中国新闻学丛书"能够落户河南大学出版社，也是得其所哉。

大鹏之动，非一羽之轻也；骐骥之速，非一足之力也。十多年来，我们一直勉力耕耘，与各方有生力量一道共同推进中国特色、中国气派、中国风格的新闻学建设，这套丛书就是一批阶段性成果。我们深知，如同伟大的中国革命与社会主义事业，我们的社会主义学术事业包括中国新闻学也不可能一蹴而就，更不可能凭少数人埋头苦干，而是需要持之以恒的扎实工作，更需要一批又一批、一代又一代的同道共襄此举。

2021年6月

（李　彬，清华大学新闻与传播学院教授、博士生导师，曾任河南大学黄河学者，兼任澳门科技大学博士生导师）

（赵月枝，加拿大皇家学会院士，西门菲莎大学全球传播政治经济学加拿大国家特聘教授，兼任清华大学新闻与传播学院卓越访问教授）

序[1]

赵月枝

本书是我在过去15年中的学术和媒体访谈选编，访谈者来自中外学界、学术报刊、全国性和地方性媒体、另类网站和大学研究机构新媒体平台。这其中，新闻与传播学者居多。这些学者中，个别有像胡智锋教授这样的资深学者，但更多的是过去10多年中到我所在的加拿大西门菲莎大学访学的博士生和年轻学者。与跟胡智锋教授的对谈不同，这些访谈的内容也更多有答疑解惑，有时甚至是知识普及的性质。34个访谈中，有28个已经出版，6个是一些学者在不同时间和地点做了初稿，但我自己一直没有时间修改的访谈，这次我一并整理定稿，首次与读者见面。

当我应邀做第一个学术访谈时，我无论如何也没有料到，自己会做这么多的访谈。不过，正是在不断做访谈的过程中，我逐渐意识到，比起学术论文来，这是一个更灵活，更自由，更直接，也更富表达力的学术传播形式。学术论文四平八稳，在说出自己的思考和观察前，又是理论框架，又是文献综述，又是研究设计，有时这种形式本身会变成思想表达的负担。虽然访谈中所表达的思想并不完全外在于理论和文献以及具体研究，但是它是一种更有机，更去形式主义化，更能表现思考的过程性、互动性和共同体性质的学术形式。

过去10多年中，由于研究兴趣和方向的变化，我离开自己的加拿大国家特聘教授（Canada Research Chair）职位和加拿大国家创新基金在西门菲莎大学建立的全球媒体监测与分析实验室（Global Media Monitoring and Analysis Laboratory），草草了结了一项已经花了无数时间和精力产生了一系列内容分析编码数据的加拿大人文社科基金资助的全球媒体分析项目，把精力转向探索新的研究方向和领域，进而走上了"从全球到村庄"的跨文化和跨学科理论与实践相结合的学术道路。奔波于温哥华、北京和缙云三地，时间越来越支离破碎，连找时间坐下来写一篇完整的论文都困难，往往是还没进入角色，又要匆忙准

---

[1] 本书在编辑过程中，先后得到白洪谭和杜学志的支持，特此致谢。

备行装，开始下一次旅行了。有些参考书，在我的行囊里，跟着我一次一次跨国旅行。正是在这样的语境下，在回应媒体和学术界对我的访谈要求的过程中，在不断需要与到西门菲莎大学访学的学者的交流中，我把访谈当成了"短、平、快"的学术"产品"，以至于从应邀访谈到给自己的博士生和访问学者"布置"访谈"作业"。

当然，在一个越来越精细化和科层化的学术管理体系内，据说访谈是在国内的学术考核中不被算数的学术生产，而一些核心刊物也拒绝发表访谈。为此，我感谢那些愿意为做与我的访谈花时间的年轻学者，感谢那些愿意出版我的访谈的学术刊物。我还要特别感谢中国传媒大学传播研究院的赵丽华教授，她曾以该大学出版社兼职编辑的身份，对我最先向她表达的，也许可以把我的访谈编成集子的想法表现出极大的热情，并鼓励我把此书当作以访谈的形式来阐述我的跨文化传播政治经济研究理论框架的高度来看，还建议我写一个相应的理论阐述作为导言。

我不敢奢望现在这个集子能达到赵丽华教授所期待的理论创新高度，但是，正是她多年前的鼓励，使我更认真去对待每一个新访谈的最后文本，争取在即兴口语体和论文体中寻找一种平衡。因此，尽管有些访谈是书面笔谈，我尽量避免把这样的文本写成太过引经据典的学术论文，而对那些访谈者基于口头谈话的整理稿，我则尽量在一字一句地反复修改中，保持自己论述的准确性、严谨性和周密性。即使这样，对于在本书系中出版这部书，我依然有些惶恐和滥竽充数之感。

访谈这一形式，决定了我的主体性被置于前所未有的突出位置。在这些访谈中，套用国外女权主义运动中那句著名的口号——"个人的是政治的"（The Personal is Political），个人的是学术的。我没有资格认为，我所构建的学术主体性，有任何普遍的意义，但是，我也希望，基于我与不同性别、年龄、机构甚至国家（有一位访谈者是70多岁的美国资深批判学者）访谈者的这些对话，能超出我个人的层面，展现过去10多年来我一直致力于发展的跨文化传播政治经济学视野下的新闻传播研究的基本立场、观点和方法。

我把34个访谈按主题组织分在"学术路径""还问西东""全球视野""乡土聚焦"与"实践哲学"五个部分中。在每一个部分中，我基本以访谈出版或定稿的时间先后来组织，以便读者了解我的学术发展脉络。不过，除了第四和第五部分的主题比较明晰之外，前面三个部分中的访谈，可以说是我的跨文化传播政治经济研究基本立场、观点和方法的一唱三叹。这其中，"学术路径"部分收录的是更倾向于从我个人学术经历出发阐述我的学术取向和在一些学术论题中的看法的文章;"还问西东"部分通过对这句已成为一部电影名称的短语的反转,强调在不平等的中西方学术话语体系中和新旧冷战意识形态的影响下,在挑战西方中心主义和种族主义的基础上,建立中国学术主体性的重要性及其所面临的挑战;第三部分"全球视野"是前面两个主题在热门的新媒体、软实力和如何讲好中国故事、中国与印度的比较等领域的变奏。第四部分和第五部分包含我从2015年开始,在自己的研究中力图打通从"全球"到"村庄"层面的思考与观察,以及创新"跨学科理论与实践相结合"研究模式的在地努力。这其中,第四部分"乡土聚焦"主要包括我在乡村文化与传播问题上的一些理论探索和具体研究,"实践哲学"讨论我的"全球到村庄"学术实践和基于这些实践的理论、方法和跨文化教学思考。正如前面三个部分也涉及"乡村聚焦"和"实践哲学"一样,后面两个部分既是我的"学术路径"的最新延伸,也是在不断"还问西东"的过程中,"全球视野"的丰富和深化。

各个部分的许多访谈,不但往往涉及我的个人学术经历,而且在话题方面也有重复之处。毕竟,我所面临的是不同的采访者,他们之间会有共同或类似的问题,而我的个人经历,虽然也不无我自己意想不到的新体验,但也不可能常说常新。虽然我在选择和整理现已出版的访谈时,力图避免重复,但是,面对已经出版的文字,我尽量尊重访谈者的原意和每个访谈本身的整体性。好在这是一部各个篇章之间完全独立的集子,读者可以任选自己感兴趣的篇章阅读。

鉴于我为每篇访谈都写了或长或短的导言,涉及访谈背景、过程、主题、访谈者身份以及我与访谈者的关系等内容,也考虑到有些文章在出版时就有摘要或导读,更考虑到访谈的内容直白明了,我在这里不再对本书的内容作更多的概括和介绍。不过,我需要说明一下本书的"代序"与"附文"。

2018年下半年,我在试图完成这部访谈集最后编辑工作之时,正值国内新闻传播学界纪念改革开放40周年和再次反思中国传播学术发展历史之际,而我自己所走过的新闻与传播学术道路,基本与这一段历史重合。所以,在北京和上海参加几次学术会议的过程中,我产生了如下想法:结合自己的学术经历,以达拉斯·斯迈思、威尔伯·施拉姆和丹·席勒这三位以"S"开头的北美传播学者与中国的学术关系切入,来讨论中国传播学术的主体性问题和反思传播学在中国发展的历史、现状和未来。应《国际新闻界》委托华东师范大学的吴畅畅教授组稿之约,我在温哥华过2019年公历新年和在缙云过农历春节之间,写作了"否定之否定"这篇文章。虽然这不是一篇访谈,但是,这篇文章的主题是在参与学术会议过程中产生的,更重要的是,它是在与李彬、黄樱芬和吴畅畅这几位学者的对话中完成的。李彬教授给予了很大的鼓励，黄樱芬和吴畅畅在分别阅读我的初稿时，认为我在有些地方没有说到、说透，所以我又不断扩展，最后成了一篇3万多字的文章。所以，这篇文章也是学术对话的产物。因一直希望我尽快完整这部书稿，李彬教授建议我干脆把此文当作本书的"代序"。考虑到文章主要涉及如何在中西学术关系、"主流"与"批判"交集中发展中国新闻与传播学术的主体性问题，这不仅与本书主题十分切合，而且有些关于我自己学术经历的内容还有交汇之处，所以，我就欣然采纳了李彬教授的建议。我希望，这篇文章能成为连接我个人学术路径和中国新闻传播学科发展路径的一座桥梁。

而把陈娜的《不做自我异化的学术——访加拿大西门菲莎大学传播学院教授赵月枝》一文当作附文，一方面是由于这篇文章不是对话体，不适合放在任何一个部分；另一方面，作者基于对我深度访谈的提炼和总结，又是我非常认同的，感觉用这篇以"他者"视角写的文章来"压轴"，再合适不过了。与本书的第一篇访谈类似，陈娜也是把我当作一个更大的学术项目的研究对象来采访的。与本书第一篇访谈不同的是，这是经过她的理解和精心提炼的她自己的文章，在这篇文章里，我从自己的"主体"变成了她的"客体"——一个"不做自我异化的学术"的客体。

2019年4月13日傍晚，我在写作这篇卷首语之余，一边在公园散步，一边通过微信与陈娜联系，希望得到她让我收录这篇文章的许可。我说，我想"借光"，把她的文章当"压轴"。她正在美国访学，不但欣然同意，而且写了两段让我十分感动的话：

不瞒您说，和您的这次访谈，甚至改变了我对学术研究的理解，您对主体性问题的关切以及对"不做自我异化的学术"的坚守，对我产生了重大的影响和启发。

我在寻寻觅觅那些学术思想背后的人生和学术精神，其实就是在追溯主体性的起点，也正是和您谈完之后，我才对自己和自己所从事的工作开始有了更清晰更深刻的认识。这是千真万确的心路。

因正不知如何为这篇文字结尾，就厚着脸皮，当场问陈娜，能否实名引用她的话。她回应道，"没问题啊赵老师，肺腑之言"。

第二天早上醒来，随意看微信，偶然读到一个群里某人发的诺奖得主朱棣文的哈佛毕业典礼演讲，讲到自己为何离开"实际上十全十美"的贝尔实验室和"那种仅仅是科学论文的生活",他说,"我要去教书,培育我自己在科学上的后代"。

实际上,正是同样的冲动,使我在加拿大国家特聘教授这个以研究为主的位置上,在这个于西门菲莎大学任职19年多次主动放弃休学术假的机会,今年终于享受一年学术假的时候,一边在清华大学新闻与传播学院讲本科马克思主义新闻观课程,一边在编辑这部访谈集的过程中,沉醉于与各位年轻学者和博士生访谈时的记忆。从这个角度,这些交谈就是学术生产本身,这个集子,只是副产品,而能碰上像陈娜这样的访谈者,我又夫复何求?

2019年4月15日于北京

目 录

导论：否定之否定？从中外传播学术交流史上的 3S 说起 ………… 001

第一编 学术路径 ……………………………………………… 033

1 批判、理性、正气：秉承社会良知，展示思想的力量 ………… 035
2 创新马克思主义传播政治经济学 ………………………………… 052
3 东西方之间的批判传播研究：道路、问题与使命 ……………… 066
4 解构与重构"主流" ……………………………………………… 079
5 批判理论视野下的跨文化传播 …………………………………… 085
6 社会主义女性主义的话语定位与学术立场 ……………………… 094

第二编 还问西东 ……………………………………………… 109

7 "美国中心论"与新闻传播学术的发展 ………………………… 111
8 价值重构：中国传播研究主体性探寻 …………………………… 118
9 传播学研究取向区分再认识 ……………………………………… 135
10 批判视角下中国传播学研究主体性建构的思考 ………………… 157
11 超越西方传播学迷思，关注中国问题的本质 …………………… 174
12 市场化、专业主义与民主：迷思再解构 ………………………… 181
13 中国媒体制度变迁辨析政治经济学与制度经济学的对话 …… 195

第三编　全球视野 ………………………………………… 209

14　超越性的、多元化的思维 …………………………………… 211

15　新媒体：重塑公民社会 ……………………………………… 217

16　传播、政治与新媒体：更广阔的多维视角 ………………… 223

17　新媒体是如何重构公共领域的 ……………………………… 229

18　新媒体不会造就理想地球村 ………………………………… 235

19　什么是中国故事的力量之源 ………………………………… 242

20　探究中国对外话语体系的多重维度 ………………………… 253

21　环境传播：历史、现实与生态社会主义道路 ……………… 261

22　全球南方、社会主义探索与批判传播学新想象 …………… 271

第四编　乡土聚焦 ………………………………………… 299

23　重构中国传播学：城乡视野、历史实践与农民主体性 …… 301

24　我为什么做缙云烧饼研究 …………………………………… 315

25　乡愁是重新面对乡土中国的起点 …………………………… 324

26　春晚与"村晚"：国家、乡村与软实力 …………………… 329

27　缙云乡村春晚的启示 ………………………………………… 345

28　被争议的与被遮蔽的：重新发现乡村振兴的主体 ………… 356

29　跨文化传播政治经济学视角下的乡村数字经济 …………… 368

第五编　实践哲学 ………………………………………… 383

30　学术、田野与"越界"实践 ………………………………… 385

31　全球到村庄：在实践中想象"新地球村" ………………… 391

32　乡村、文化与传播：一种研究范式的转移 ………………… 405

33 传播学教育与研究方法论的创新与实践 ·················· 434

34 在中国西北再谈"新地球村" ·························· 448

附文：不做自我异化的学术
　　——访加拿大西门菲莎大学传播学院教授赵月枝 ········· 459

后　记 ··· 466

导论：否定之否定？从中外传播学术交流史上的 3S 说起

从达拉斯·斯迈思（Dallas Smythe）、威尔伯·施拉姆（Wilbur Schramm）和丹·席勒（Dan Schiller）这三位以"S"开头的北美传播学者与中国的学术关系切入，可以清楚看到西方"主流"和"批判"传播学术中的中国、传播学被引入中国的过程与学术"本土化"讨论中的政治以及更为宏观层面的全球资本主义体系内的中外传播学术的知识社会学。而用跨文化传播政治经济研究框架来反思新闻与传播学术发展本身的意义则在于，它在揭示中国马克思主义新闻学是如何在特定历史语境中与"西方学术"碰撞与转型的同时，也让我们在"否定之否定"的辩证历史发展过程中看到中国这样一个后革命国家在全球学术发展中的特殊历史资源、中外学术交流现实的多重性以及有中国社会主义主体性和世界意义的新学术范式产生的可能性。

在中外新闻事业关系史上，美国记者艾格妮丝·史沫特莱（Agnes Smedley，1892—1950）、安娜·路易斯·斯特朗（Anna Louis Strong，1885—1970）和埃德加·斯诺（Edgar Snow，1905—1972），因他们同情中国革命的新闻报道和姓氏中都以字母"S"开头，被称为"3S"。本文以达拉斯·斯迈思（Dallas Smythe，也有人翻译为"达拉斯·思迈思"）、威尔伯·施拉姆（Wilbur Schramm）和丹·席勒（Dan Schiller）这三位以"S"开头的北美传播学者与中国的学术关系切入，从他们在中国的学术活动和中国的理论和实践是如何体现在他们所代表的西方"主流"和"批判"学术中的角度，来讨论中国传播学术的主体性问题和反思传播学在中国发展的历史，希望以此继往开来。

很显然，这两组"3S"的类比，有不妥的地方。且不说记者和传播学者有重要区别，在中国传播学术史的标准叙事和实际发展中，施拉姆1982年的访华是唯一真正历史性的。除了三位学者到中国的时间点和他们在中国传播学界的影响不一以外，更有人会对丹·席勒的选择有不同看法，毕竟，要找施拉姆访问之后的第三个"S"，许多人会有自己的选择。关于丹·席勒的选择，我会在随后的讨论中说明，这里首先需要指出的是：之所以在这篇关于传播学术在中国发展历史的文章中做这个"3S"类比，是希望从我近十年来所致力于探索的跨文化传播政治经济研究角度来反思传播学本身，讨论不同学术知识体系是如何在不平等的全球资本主义体系中碰撞和转型的问题。套用这一框架的核心议题，这里的关键，是中国这样一个"后革命"国家在全球学术发展中的特殊历史资源、中外学术交流现实的多重性以及有中国社会主义主体性和世界意义的新学术形式生成的可能性问题[1]。

本文的讨论围绕以下四个问题展开：中国的革命与改革的理论和实践，尤其是中国社会主义新闻理论与实践与这三位学者以及"西方学术"的关系；中国传播学术本土化讨论中的学术政治；中国新闻与传播学科与西方传播学不同学派的复杂历史性关系；以及"后改革"中国语境下新闻学与传播学的特殊关系问题。还需要说明的是，如标题所言，本文只是从中外传播学术交流史中的这"3S"说起，本文既不是对他们在中国的学术交流细节和影响的具体而系统的学术史研究，也不局限于他们。讨论会涉及其他学者，包括我自己作为一位跨文化和跨国传播学者的相关体验。

一、"西方"传播学术与"世界中的中国"

中国革命理论和实践不是外在于"3S"记者的报道，而是他们成为"3S"的原因。更重要的是，他们对中国革命面向西方世界的报道，不但改变了中国革命的外部舆论环境，也反过来鼓舞了中国的革命者，从而影响了中国革命的发展进程。同样，中国革命、建设和改革的理论和实践对于这三位传播学者和更广泛的西方传播学术也不是外在的，不管具体的西方学者是否在研究中涉及中国。一方面，他们是生活在西方，不以中国研究为业的传播学者；另一方面，作为20世纪世界体系中的学术主体，他们的研究直接和间接回应包括中国探索社会主义道路的理论和实践在内的国际共产主义运动和第三世界民族解放运动，甚至有部分是直接关于中国的新闻思想与实践的。正如《风从东来》（*Wind from the East*）[2]等著作所示，中国革命，包括"文化大革命"的理论和实践，对西方批判知识界包括美国黑人知识界和社会运动，产生了巨大的影响。作为北美传播政治经济学的主要奠基者，达拉斯·斯迈思不但深受毛泽东思想

---

[1] 赵月枝：《中国传播政治经济学》，唐山出版社，2019。

[2] Richard Wolin, *The Wind from the East* (Princeton: Princeton University Press, 2010).

的影响,而且在1970年代初和1970年代末两次到中国实地调研中国在探索社会主义道路过程中的传播理论、政策和实践,从而建立了传播政治经济学研究和中国社会主义道路探索之间的跨国和跨文化联系[1]。斯迈思第一次到中国调研是在1971年12月到1972年1月间,早于尼克松1972年2月的历史性访华。在一个月的时间里,他访问了北京、武汉、上海、广州等地的大学、报社、广播电视机构甚至电子工厂等各种与传播理论、政策、技术和实践有关的单位,从政治经济学的"整体性"高度对中国传播问题进行了全方位的了解。虽然中国传播学界把施拉姆1982年的访问称为"传播学进入中国的破冰之旅",但从中西方学术关系,而不是美国主流传播学在中国登陆的角度,斯迈思在1970年代的访问[2]才是西方传播学者对中国的"破冰之旅"。

1972年3月,也就是斯迈思结束中国之行不到两个月后,他就在美国宾夕法尼亚大学安南堡传播学院的一个学术研讨会上发表了有关中国"文化大革命"传播理论和实践的学术论文。一年之后,他的这篇题为《大众传播与文化革命:中国的经验》的长达25页的学术文章就在这次会议的论文集中出版了[3]。文章开宗明义,指出中国的"文化大革命"从起源、内容和后果都是一场深刻和历史上全新的传播革命,而美国主流传播学的理论和方法,只适用于资本主义国家的文化管理和思想规训,并不适用于中国。作为中国经验和这篇文章在整部论文集中的分量的一个注脚,这部由乔治·格伯纳(George Gerbner)等人合编的著作,以《传播和社会政策:理解新的"文化革命"》为名。此后,斯迈思对中国传播道路和政策问题的深入思考不但主要体现在他那篇给中国政府的《自行车之后是什么?》内参报告中[4][5],而且也成了他最重要的著

---

[1] 赵月枝:《中国的挑战:跨文化传播政治经济学刍议》,《传播与社会学刊》,2014年总第28卷,第151-179页。

[2] 美国主流传播学者罗杰斯(Everett Rogers)也在1970年代访问了中国。见方晓恬、王洪喆:《从"群众路线"到"人的现代化":"北京调查"与传播学在中国的肇始1982—1992》,《新闻与传播研究》2019年第2期。

[3] Dallas W. Smythe, "Mass Communication and Cultural Revolution: The Experience of China," in *Communication Technology and Social Policy: Understanding the New "Cultural Revolution"*, eds. George Gerbner, Larry Gross, and William Melody (New York: J. Wiley, 1973), pp. 441-465.

[4] 达拉斯·斯迈思:《自行车之后是什么?——技术的政治与意识形态属性》,王洪喆译,《开放时代》2014年第4期。

[5] Dallas W. Smythe, *Counterclockwise: Perspectives on Communication*, ed. Thomas Guback (Boulder, CO: Westview Press, 1994).

作《依附之路》的关键内容[1]。直到今天,斯迈思基于两次中国调研所提出的一系列理论、政策和实践层面的问题,依然是中国探索社会主义文化和传播发展道路不可回避的真问题,堪称"世纪之问"[2],而他对毛泽东关于中国走社会主义道路的迂回曲折性(zig and zag)的判断的认同[3],也具有前瞻性。

对于本文的第二个"S",即斯迈思的学术论敌施拉姆来说,早在他1982年到中国大陆之前,中国共产主义革命已是他学术研究的一个现实存在的"反例"和对西方资本主义的颠覆性力量。他与人合著的《报刊的四种理论》是经典的冷战新闻学教科书,虽然其关于"共产主义"新闻模式的描述以"苏联"命名,书中对中国的描述也很少,但作为共产主义国家的中国也是被包括在这一模式之中,这一点是无疑的。他有关传播与发展的理论,针对冷战语境下的第三世界后殖民国家提出,用的是当时由美国主导的联合国教科文组织这个平台(他那本影响颇大的《大众传媒与国家发展》一书,就是为联合国教科文组织而写的),目的是避免这些国家走上中国这样的以农民为主体的社会革命道路。除了如何遏制国际共产主义运动的蔓延,把西方理论与中国传统文化对接,也是他为自己的华人学生所提出的研究议程。

1980年代,中国的改革方向问题成了冷战末期国内外意识形态斗争的关键问题。中国新闻学与传播学的发展也不可避免地成了这一斗争的一部分。1984年,读完新闻系本科后,我因没有自信当记者而选择考"新闻理论"专业的研究生(当时还没有传播学专业),没想到得到了当年公派加拿大留学的资格。当时,我以为,传播学就是西方更广义的新闻理论,而"西方传播学"就是以施拉姆为代表的美国主流传播学。1986年,我不知斯迈思,只知施拉姆,因担心自己英文不好而带着《报刊的四种理论》的中文版去加拿大西门菲莎大学留学,作为我与现实存在的"西方传播学"的"碰撞"的最初经历和"西方传播学"的"多重性"给我的第一课。我到后不久就被斯迈思邀请去吃他的"免费午餐"[4],并从他手上接过了那份当时还未出版的英文手稿《自行车之后是什么?》。

进入1990年代,随着斯迈思和施拉姆这一代相继离世,他们的后辈——美

---

[1] Dallas W. Smythe, *Dependency Road* (Norwood, NJ: Ablex Publishing, 1981).

[2] 赵月枝:《传播与社会:政治经济与文化分析》,中国传媒大学出版社,2011。

[3] Dallas W. Smythe, *Dependency Road* (Norwood, NJ: Ablex Publishing, 1981).

[4] 在斯迈思著名的"受众商品论"中,他用"免费午餐"来比喻商业广播电视节目。此处指他邀请我吃午餐这一具体的事。

国传播政治经济学学者丹·席勒成了最先强烈意识到中国之于传播学研究核心地位的学者之一。1996年，丹·席勒是加州大学圣迭戈分校传播系难得的一个传播政治经济方向的教职招聘委员会主任，我因自己的中国背景和批判学术取向被录用，于1997年成了他的学术同事。从此以后，中美两个国家与数字资本主义的关系，就成了我与丹·席勒一直讨论的主题。2001年，我们以《与狼共舞？中国与数字资本主义的整合》为题发表了一篇合作论文，讨论中国与美国主导的全球数字资本主义整合的路径、矛盾与前景[1]。我不知道我的参与是否会影响有关这样的文章算不算"'西方'传播学术"的判断，但是，有一点非常明晰，那就是：到了1990年代，传播学术所面对的是一个与美国信息资本主义深度融合的"世界中的中国"了。在讨论《与狼共舞？中国与数字资本主义的整合》一文的过程中，我与丹·席勒就有过激烈的争论，在他看来，数字资本主义是一个全球性的逻辑，中国的加入意味着这一逻辑在全球扩展的成功。我同意他的分析，但也认为，事情没有那么简单，中国有社会主义革命的历史遗产，有在这一革命过程中锻造出来的国家以及国家意识形态中持续的社会主义宣称，还有中国工人农民对革命的认同、对正义的追求和社会抗争。基于这些，也是丹·席勒作为资深同事对我这个后辈的提携，一篇本来可能以"西方理论，中国经验"为模式的文章，成了一个持续的、开放的对话的开端。[2] 虽然当时我并没有深究，现在看来，我几乎是凭直觉对包括丹·席勒在内的西方马克思主义学者对中国改革开放的性质和方向的判断表示存疑，这一方面基于中国改革开放现实的复杂性和多重性，另一方面基于我作为一个深受中国社会主义革命理论和实践影响的华人学者的主体性。

之所以要强调以上这些情况，是希望能在传播学术领域超越作为地域和文化意义上的"中国"与"西方"的简单二元对立，以及这一对立所体现的文化本质主义、相对主义，尤其是胡德在《中国与东方主义》一书中批判的"汉学东方主义"逻辑[3]。这一逻辑不但包含冷战和反共意识，而且包含白人至上的种族主义逻辑。这两者相互交集，集中体现在对中国革命和新中国前30年的

---

[1] Yuezhi zhao and Dan Schiller, "Dances with Wolves? China's Integration into Digital Capitalism," *Info* 3, no. 2 (April 2001): pp. 137-151.

[2] 本人2008年出版的英文著作 *Communication in China: Political Economy*, Power and Conflict 是这一对话的持续。

[3] Daniel F. Vukovich, *China and Orientalism: Western Knowledge Production and the P.R.C.* (New York and London: Routledge, 2012).

全盘否定上[1]，体现在有关中国发展方向的颇有左右合流意味的"历史终结论"上。在这里，我希望把自己近10年来所探索的跨文化传播政治经济研究框架运用到对传播学术本身的"理论旅行"与"跨文化传播"的反思中。正如我在最近的一篇文章中所言：

> 这一研究取向聚焦权力这一核心概念，以挑战西方中心主义、文化本质主义和媒介中心主义为己任，将传播、政治经济结构和社会发展等问题放在全球资本主义体系内不同文化间的碰撞和互动过程中来分析，强调社会体系的动态转型与历史性演变以及传播与文化的社会历史嵌入性和社会主体的能动性。一方面，它强调源于西方的强势现代资本主义政治经济体系所主导的殖民主义、帝国主义和新自由主义全球化过程的划时代影响，对任何传统主义和本土主义(nativism)倾向保持警觉；另一方面，它尤为关注以中国为代表的非西方国家和地区在与全球资本主义的碰撞与摩擦中的特殊历史文化资源和所形成的多样现代性，包括挑战资本主义的可能性以及这种挑战的主体等问题[2]。

首先，这一框架要求我们在全球史和跨国史的视野下，在全球资本主义与20世纪国际共产主义运动和民族解放运动此消彼长的斗争中，在马克思所倡导的过程关系本体论的思维方法指导下，重新反思传播学术在中国的引进和发展历史。其次，从这个框架出发，我们需要直面中国传播学术界一直纠结的"本土化"问题背后的学术政治。说传播学术在中国需要针对西方学术走"本土化"的道路不无原因，甚至有强烈的挑战西方中心主义诉求，但是，这里也存在用一个问题掩盖了另一个问题的倾向。一方面，这一话语意在回应作为学科化的传播学在中国发展过程中对西方，尤其是作为美国冷战社会科学一部分的美国主流传播学的依附地位，其所遵从的是方法论民族主义和相对主义的逻辑。另一方面，这一话语遮蔽了学术政治立场的区别。就"3S"而言，这就是作为批判学者的斯迈思和丹·席勒与作为美国冷战学者的施拉姆的区别。毕竟，这几位同时或先后在美国伊利诺伊大学香槟分校传播研究院任教过、同为白人男

---

[1] Chun Lin, *China and Global Capitalism: Reflections on Marxism, History and Contemporary Politics* (London: Palgrave Macmillan, 2013).

[2] 赵月枝：《跨文化传播政治经济研究中的"跨文化"涵义》，《全球传媒学刊》2019年第1期。

性学者的根本区别，在于他们不同的政治立场和意识形态取向。就同时代的施拉姆和斯迈思而言，一个是资本主义制度和美国霸权的维护者，一个是资本主义和美国霸权的批判者，甚至社会主义道路的同情者和支持者。[1] 从这个角度，没有抽象的"西方化"和"本土化"。"本土化"讨论掩盖的是资本主义意识形态框架中的普世性和特殊性，还是林春在《中国与全球资本主义》一书中所讨论的历史唯物主义框架下的普世性和特殊性的问题[2]。[3]

当然，在"历史唯物主义普世主义"[4] 或"左翼普世主义"[5] 框架内，我们需要分析理论和实践之间的鸿沟，也可以讨论社会主义在具体历史条件下在不同国家和地区的进展、挫折甚至列宁所说的"进一步，退两步"的过程，分析这些国家的不同发展道路和在全球地缘政治经济中的不同地位对其具体理论和实践的影响。从1970年代初到1970年代末，斯迈思正是带着这样的问题意识到匈

---

[1] 当然，学者的立场也不是一成不变的。就斯迈思而言，他的立场经历了一个从年轻时选共和党，后来先后参与美国罗斯福新政改良和全球传播新秩序运动对资本主义进行自上而下的改良，再到后来不断激进化，成为深刻的资本主义制度批判者和国际社会主义运动，尤其是当时被认为更激进的"中国道路"支持者的变化。因为与一般学者年纪越大越倾向于保守的情况相反，他把自己的思想轨迹描述为"逆时针"——而这也是他的传记的书名（Smythe，1994）。Dallas W. Smythe, *Counterclockwise: Perspectives on Communication*, ed. Thomas Guback (Boulder CO: Westview Press, 1994).

[2] Chun Lin, *China and Global Capitalism: Reflections on Marxism, History and Contemporary Politics* (London: Palgrave Macmillan, 2013).

[3] 在《中国与全球资本主义》一书中，华人马克思主义学者林春基于对马克思主义的去西方中心主义批判阐释和中国与亚洲的革命历史经验提出了"历史唯物主义普世主义"（historical materialist universalism）的概念。林春认为，可以用亚洲作为一个想象中的基点来重铸具体历史斗争中的普世主义。这样的普世主义并不依附于任何文化层面的同一性（uniformity），而是基于共同的政治承诺和社会愿望，以及相互借鉴和平等对话（Lin, 2013, 198）。另一个与林春的历史唯物主义普世主义相关，但根植于非洲批判思想的概念是加纳政治哲学家塞科伊-欧图（Ato Sekyi-Otu）的左翼普世主义（left universalism）（见Sekyi-Otu，2019）。虽然各有侧重，林春和塞科伊-欧图的普世主义理念都基于对共产主义作为一个理想和一个历史性运动的认同（林春在书中提出了"共产主义道义经济"的概念，塞科伊-欧图在书中专门有一章讨论"非洲思想中的道义共产主义"），反对后现代主义相对主义，拒绝把"普世主义"的婴儿从欧洲中心主义的洗澡水里泼出去，反对用本土主义和文化相对主义去抗拒欧洲中心主义和资本主义普世主义。

[4] Chun Lin, *China and Global Capitalism: Reflections on Marxism, History and Contemporary Politics* (London: Palgrave Macmillan, 2013).

[5] Ato Sekyi-Otu, *Left Universalism, Africacentric Essays* (New York and London: Routldge, 2019).

牙利、中国、智利等国家进行研究的。比如，除了有关中国的研究外，1972年3月，他和赫伯特·席勒（Herbert I. Schiller）还发表了他们对阿连德执政后智利在传播和意识形态领域的实地考察文章。另外一位对智利的民选社会主义政权的意识形态和新闻传播问题予以极大关注的西方批判传播学者是阿芒·马特拉（Armand Mattelart），他们共同关注的，是严峻的传播与阶级斗争问题，包括资产阶级意识形态对正在转型中的社会主义国家的持续影响这一对社会主义成败有重要意义的问题。正如斯迈思研究中国的一个重要内容是中国主导知识界对技术的政治性问题的认识和这方面西方资产阶级思想的遗留会如何影响中国社会主义的成败一样，马特拉也同样关注西方资产阶级新闻理论对智利社会主义传播实践的束缚和胁迫作用。所以，毫不奇怪，赫伯特·席勒和斯迈思在对智利的调研文章中引用了马特拉已经看到的如下难题——"如果社会主义者接受了资产阶级的言论和表达自由的传统论述，那么社会主义者最容易遭受攻击"。[1]

如果"世界中的中国"对于许多西方传播学者还相对遥远的话，"世界中的智利"更加接近他们。这不仅仅因为这个国家在拉美这一"美国的后院"地区和这个国家的社会主义尝试发生在传播学科诞生以后，而且因为这个国家产生过一个在西方议会政治框架内的民选社会主义政权，更因为这个政权在美国的干预下很快被颠覆了。在他的《传播革命》一书中，当代美国传播政治经济学者罗伯特·麦克切斯尼（Robert W. McChesney）回忆到，1973年9月11日美国颠覆智利政权事件对自己作为一个美国青年的政治立场产生了巨大的影响：尽管阿连德政权不同于苏联模式下的威权共产主义国家，美国还是不能容忍这个有社会主义倾向的政权，而是扶持了残酷和专制的皮诺切政权。麦克切斯尼指出，这使许多他的同代人不仅怀疑美国对民主的真诚，而且认识到"如果美国政府反对，世界其他国家的人民能否和平地自治"[2]。没有比这一认识更能体现一位美国批判学者的全球视野和他们基于对美国帝国地位的感知的学术主体性了。

总之，就像包括施拉姆在内的美国现代化理论倡导者把自己当作美国主导的战后资本主义体系的构建者一样，对于美国的批判传播学者来说，世界其他

---

[1] Herbert Schiller and Dallas Smythe, "Chile: An end to cultural colonialism," *Society,* 9:5 (1972 March): 35.

[2] Robert W. McChesney, *Communication Revolution:Critical Junctures and the Future of the Media* (New York: The New Press, 2008).

国家能否"自主"发展,更枉论社会主义能否在世界得到发展,是一个"内在"于他们作为美国这样一个资本主义帝国的学者的问题。从赫伯特·席勒的"文化帝国主义理论"[1]到爱德华·赫尔曼(Edward Herman)与诺曼·乔姆斯基(Norm Chomsky)的《制造共识》[2],我们都可以看到美国批判学者的这一问题意识。直到1986年,当斯迈思把自己的那篇一直没有公开出版的《自行车之后是什么?》这一中国调研内参打印稿给我这个中国留学生的时候,他所关心的依然是中国在向西方开放后的政治方向和社会性质问题。斯迈思因为把自己定位为国际社会主义大家庭的一员,所以以内参的方式向中国政府提交了自己的考察报告,并没有按照西方学术的"独立"和"不出版就出局"的逻辑行事,而我当时也没有把斯迈思这位西方学者的研究"本土化"的问题意识:他关于中国能否与如何建设社会主义的传播与文化体系的问题,就是我的问题。

二、学术"本土化"的政治

饶有意味的是,中国传播学研究的"'本土化'探索"的"序幕",是由施拉姆在1970年代访问香港时拉开的[3]。正是施拉姆在1977年访问香港中文大学时,首先提出要发掘中国传统文化中的传播学遗产,而他的华人学生、香港中文大学传播研究中心创办者余也鲁,不仅在1978年第一次提出"传播学中国化"这一命题,而且还在其老师所规定的"中国传统文化中"挖掘中国传播理论,即把这一问题的内涵定义为基于西方的"现代"传播理论与中国"传统文化"的对接[4]。作为这一命题的华人"先导",余也鲁的定位和路径显然影响了此后国内有关这个问题的讨论。也就是说,从一开头,"传播学中国化"或"本土化"的命题,就悖论性地一方面是在带有极强冷战政治色彩和西方中心主义偏颇的现代化理论框架中被提出来,另一方面又包含强烈"去政治化"意味的文化主义内涵。而香港当时作为英国殖民地和冷战东西方交往的前沿,起到了西方冷战学术的"中转站"及其"本土化"先声的作用。

---

[1] Herbert Schiller, *Mass Communication and American Empire, 2nd Edition* (Boulder, CO: Westview Press, 1992).

[2] 爱德华·S.赫尔曼、诺姆·乔姆斯基:《制造共识》,绍红松译,北京大学出版社,2010。

[3] 吴飞:《何处是家园?——传播研究的逻辑追问》,《新闻记者》2014年第9期。

[4] 余也鲁:《在中国进行传播学研究的可能性》,《新闻学会通讯》1982年第17期,第18-21页。

虽然"本土化"是个多元的话语结构，但是在这一特定的"本土化"话语中，中国独特的、现代革命过程中的传播理论和实践被虚无了，更枉论中国在这一走向现代的过程中，已经把来自西方的马克思主义理论和来自苏联的共产主义新闻理论和实践"本土化"过一次了。总之，"中国"对"西方"也罢，"传统"对"现代"也好，"中国化"也罢，"本土化"也好，被忽视的往往是本土化了的现代中国社会主义理论和实践这一"传统"，不被认同的是林春所阐述的"中国特色就是社会主义"这一立场[1]。实际上，林春在批判西方主流政治学研究时所提出的一个观点对传播学同样适用：与其说西方政治学的问题是西方中心主义，毋宁说其核心问题是"资本主义中心主义"（capitalist-centrism），毕竟，反资本主义对欧洲而言也从来不是陌生的[2][3]。

正如李彬在1995年讨论到"传播研究本土化困境"时已经体认到的那样，1990年代的传播研究本土化话语是对1980年代"西学热当中彻底反传统"的一种回应，而这里的反传统，实际上是中国现代革命中形成新闻学"传统"：

> 就传播研究而言，1986年的第二届全国传播学研讨会就曾颇为急切地欲将西方传播学的一整套家当全盘照搬进来，并十分自信地断言"传统"新闻学已走入死胡同，可以寿终正寝[4]。

而中国传播本土化问题的"困惑"，或现有讨论所必然导致的刻舟求剑倾向，恰恰在于用"古代"或近代西方引入的传统掩盖和代替现代革命传统，甚至站在"民族文化"复兴的道德高地，批评中国革命破坏甚至摧毁了中华文化遗产。李彬就含蓄指出："本土化的指向自然在于常说的'中国特色'，但当人们试图从传统文化中去总结、概括、提炼什么特色时，不是早有固定的范式与框架预先设置在思想中吗？"[5]虽然李彬没有点明，这个范式和框架应该就是施拉姆所倡导的现代化框架和线性发展逻辑。这里最为吊诡的地方在于，要在后革命中国的改革开放语境下引入这个包含"现代与传统"对立的框架，就必

---

[1] Chun Lin, *China and Global Capitalism: Reflections on Marxism, History and Contemporary Politics* (London: Palgrave Macmillan, 2013).

[2] 同上。

[3] Chun Lin, "Discipline and Power: Knowledge of China in Political Science," *Critical Asian Studies* 49, no. 4 (2017): 501-522.

[4] 李彬：《反思：传播研究本土化的困惑》，《现代传播》1995年第6期。

[5] 同上。

须"虚无"掉中国从1919到1979年的现代革命和社会主义建设传统。

黄旦在一篇题为《对传播研究的反思的反思》的文章中指出,"中国大陆一开始之所以对传播学发生兴趣并动了引进之念头,与因'文革'而陷入僵死的新闻学和新闻实践的刺激有关"[1]。不过,针对吴飞提出的"中国的传播学研究从一开始就走偏了","存在严重的方向性错误"的观点,黄旦强调,当时中国引入传播学的"历史现实根源",或"自有其道理"的"现实依据——逻辑","一开始不存在什么偏"[2]。此处我无意在这二位学者的讨论中做评判,但是,直到今天,余也鲁所提出的"本土化"问题意识,还影响着这一议题的讨论框架,就不得不让人去寻找这一根深蒂固的问题意识背后的思想根源及其盲点了。比如,在2014年的一篇文章中,李金铨依然诉诸"中国传统知识体系"与"外国全新介绍进来"相对立的叙述框架:

> 据说传播学引进中国三十年了,许多学者对"传播学"有严重的身份危机感:到底传播学在中国走对了路,还是走错了路,下一步何去何从?其实,不仅中国学界对于传播学有认同危机,国际传播学界对这个学科也有认同危机。我提到传播学"引进"中国是很关键的,因为传播学不是继承中国传统知识体系,而是从外国全新介绍进来的[3]。

从厦门大学学者史冬冬2015年一篇对"传播学中国化"问题的文献梳理文章中也可以看到,这个问题的讨论不仅依然遵循余也鲁所提出的"回到过去",即"在中国传统文化中寻求传播观念",和"着眼当下",即"借鉴西方理论研究中国问题"[4]这两条路径,而且依然被"西方"普遍/中国"特殊"这一二元对立框架所羁绊。作为新思路,史冬冬认同西方现代化理论有局限和"以美国为主导的西方理论仍然是一种地方性理论"的观点,并在此基础上提出,"未来的中国化传播研究,一方面继续致力于对中国经验的研究,另一方面也需要具有全球的理论视野,将中国经验的特殊性上升至普遍性"[5]。不过,在谈中国

---

[1] 黄旦:《对传播研究反思的反思——读吴飞、杜骏飞和张涛甫三位学友文章杂感》,《新闻记者》2014年第12期。

[2] 同上。

[3] 李金铨:《传播研究的典范与认同》,《书城》2014年第2期。

[4] 史冬冬:《传播学中国化:在地经验与全球视野》,《社会科学研究》2015年第5期。

[5] 同上。

经验时，通篇文章是高度抽象的，这里没有任何"中国革命"和"社会主义建设经验"的字眼。当然，也更无法知道，马克思主义是否可以被认为是一个有全球视野的理论框架。

其实，"西方"不是铁板一块，李彬所说的"西方传播学的一整套家当"也好，李金铨的"外国"也罢，黄旦文中所指的中国大陆感兴趣的"传播学"也好，史冬冬文章中的"西方传播理论"也罢，实指西方资本主义现代化模式和基于这一模式的美国主流传播学。这里被遮蔽的是西方内部的批判理论传统，尤其是马克思主义理论传统，包括马列主义新闻思想在中国的传播及其后果。正是因为"后文革"语境中许多中国新闻学者对于作为马列新闻思想本土化成果的中国共产党新闻学已经"陷入僵死"的认知，以及更广泛层面的彻底否定"文革"，甚至"告别革命"的意识形态思潮，美国主流传播学才有了吸引力。这也恰恰诠释了全球范围内，美国主流传播学作为冷战社会科学和战后美国主导的资本主义体系的"胁迫之术"[1]的主导地位。回到我自己的亲身体验，1986年我一到加拿大，有位来自中国大陆的学姐就告诫我，斯迈思对"文革"的认识很"左"，很可怕，最好远离他，而斯迈思则通过一位海外华人研究生主动联系我，我也抱着"兼听则明"的态度与斯迈思交往。在这样的语境下，自1980年代初"传播学"在中国"创世纪"诞生后，中国的传播学界在1978到1989年间让西方批判理论成了引入和消化过程中的"失踪者"[2]，也就不足为奇了。

然而，尽管斯迈思在1970年代的访问和他有关中国如何在西方资产阶级传播理论、实践以及技术路线的影响下走出社会主义道路的问题成了中国传播学的"史前史"，1980年代和1990年代对西方传播学的引入尤其是吸收也一边倒地倾向美国主流实证传播学。新世纪以来，随着中国学术国际化投入的增加，西方批判传播学者还是"前赴后继"来到中国，颇有"你方唱罢我登场"的架势，毕竟，西方传播学界更有全球视野而且对中国更感兴趣的学者，往往是多少有点批判意识的学者。2002年春，也就是斯迈思访华后的30年和施拉姆访华后的20年，当时还叫北京广播学院的中国传媒大学举办了一场"国际关系与全球传播"的学术讨论会，这场讨论会首次大规模邀请了一批欧美批判传播学者

---

[1] 克里斯托弗·辛普森：《胁迫之术：心理战与美国传播研究的兴起》，王维佳、刘扬、李洁琼译，华东师范大学出版社，2017。

[2] 刘海龙：《传播学引进中的"失踪者"：从1978年—1989年批判学派的引介看中国早期的传播学观念》，《新闻与传播研究》2007年第4期。

参会，这批学者包括 Kaarle Nordenstreng、Dan Schiller、Vincent Mosco、Janet-Wasko、John Downing、John Sinclair、Emile McAnany 等。不过，在传播学已在施拉姆的影响下迅速发展的20世纪初的中国，即使是这样的一个庞大的国外批判传播学团队，对于学科发展方向的影响也是有限的。当然，此后西方批判传播学界与中国传播学界的交往多了，"世界中的中国"在他们的学术中的地位也更为重要了，也是不争的事实。

这些学者中，丹·席勒不仅在自己的研究中延续了斯迈思和赫伯特·席勒的问题意识，而且从1990年代中期开始，就把"世界中的中国"放在他的信息资本主义理论的核心位置来分析，从而使他有理由成为本文中的第三个"S"。丹·席勒是一位人文和历史功底十分深厚的美国传播政治经济学者，他在1980年代初的第一部著作《客观性与新闻：公众与美国商业新闻的兴起》聚焦19世纪美国新闻史，从马克思主义的视角讨论了早期劳工报刊与商业新闻业的历史性斗争关系[1]。也正是为了突出丹·席勒传播学术思想中在哲学意义上的创造性劳动（productive labor）这一概念和马克思主义理论视角下的劳工的重要地位，作为主编之一，我建议北京大学出版社的"传播政治经济学"翻译丛书把他英文原名为 *Theorizing Communication : A History* 一书的中文书名定为《传播理论史：回归劳动》。现在看来，我当时可能有不懂中国学术政治语境与"受众口味"的问题：我想当然地以为，有马克思主义问题意识的"劳动"概念会吸引中国学者，而事实上，对这一概念，一些中国学者可能避之唯恐不及。如果此书书名被直译为《理论化传播：一部历史》，它会不会引起更多中国学者的兴趣？不过，正如黄旦教授在论及中国传播学引入历史时所言，"一辈子没有后悔药好吃"[2]。

甘惜分在谈到中国新闻学的未来方向时曾说过，需要"立足中国土，回到马克思"[3]，这对传播学在中国的发展方向同样适用。从与本文论及的"3S"的关系角度，这意味着从施拉姆的影响中走出来，续接斯迈思的问题意识，并在与以丹·席勒为代表的国外马克思主义批判传播学术展开对话和对其进行批判

---

[1] Dan Schiller, *Objectivity and the News : The Public and the Rise of Commercial Journalism* (Philadelphia: University of Pennsylvania Press, 1981).

[2] 黄旦：《对传播研究反思的反思——读吴飞、杜骏飞和张涛甫三位学友文章杂感》，《新闻记者》2014年第12期。

[3] 马献忠：《我只是新闻规律的探索者——访中国人民大学荣誉一级教授甘惜分》，《中国社会科学报》2013年9月25日。

的过程中，确立自己的主体地位。本人也正是抱着这样的目的，引介了《马克思归来》等著作[1]。从"一切历史都是当代史"的角度回顾历史，甚至说当年"走偏了"，不是为了表达自己的"后见之明"，而是为了重新出发，尤其是为重新出发找到方向。毕竟，"矫枉过正"有时不可避免，更重要的是，是否"偏了"有历史的原因，还看一个人的旅行目的——一个人的"阳关道"正是另一个人的"旁门左道"。对学者来说，这就是学术立场。我把丹·席勒当作本文中的第三个"S"来讨论，除了与他学术联系最多，也多次介绍他到中国讲学与开会，让他加入到中文丛书编委会外，还因为他的学术立场。从1990年代中期开始，与曼纽尔·卡斯特名噪一时的、明显带有对马克思主义的"修正"色彩的《网络社会的兴起》三部曲形成对比，丹·席勒从西方马克思主义立场出发，先后出版了《数字资本主义》[2]《信息拜物教》[3]《数字化衰退：信息技术与经济危机》[4]和《信息资本主义的兴起和扩张》[5]四部著作，强调资本主义社会并没有被"信息社会"或"网络社会"所超越。随着中国与信息资本主义的整合的深化，在这些著作中，有关中国的内容和中国在他的分析中的分量，也不断增加。

　　丹·席勒有关信息资本主义的前三部著作均有中译本。在《信息拜物教》中文版序言中，我对他的信息资本主义理论作了述评[6]；王维佳在《信息资本主义的兴起和扩张》一书的书评中，更是阐发了席勒有关美国国家在信息和网络技术与产业发展中的主导角色和围绕信息资本主义的全球地缘政治斗争这两个主题[7]。从本文所强调的"世界中的中国"角度，丹·席勒研究数字资本主义的一个重要出发点是，信息技术和中国是全球资本主义1980年代以来得以克服1970年代的危机的"两个增长极"，而这一美国为主导的全球资本主义围绕信息传播领域（资本积累逻辑向社会生活领域的深入）和中国（资本积累逻辑

---

[1] 赵月枝：《〈马克思归来〉：网络时代的马克思主义与传播研究》，《清华大学学报》（哲学社会科学版），2018年第3期。

[2] 丹·席勒：《数字资本主义》，杨立平译，江西人民出版社，2001。

[3] 丹·席勒：《信息拜物教》，邢立军、方军祥、凌金良译，中国社会科学文献出版社，2008。

[4] 丹·席勒：《数字化衰退：信息技术与经济危机》，吴畅畅译，中国传媒大学出版社，2017。

[5] 丹·席勒：《信息资本主义的兴起与扩张》，翟秀凤译，北京大学出版社，2018。

[6] 丹·席勒：《信息拜物教》，邢立军、方军祥、凌金良译，中国社会科学文献出版社，2008。

[7] 王维佳：《网络与霸权：信息通讯的地缘政治学》，《读书》2018年第7期。

在地理空间上的扩展）的重构，则可以追溯到尼克松时代的一系列内政与外交政策。也就是说，1972年尼克松访华这一国际地缘政治重大事件与他执政期间对美国信息传播领域的重组，是美国主导的信息资本主义得以发展的两个相互联系的关键。2016年10月，丹·席勒在北京大学"大讲堂"的四场演讲中，从美国信息传播业的历史和全球地缘政治两个层面展示了他的分析。这四个专门为了中国学者准备的演讲，成了2018年北京大学出版社出版的《信息资本主义的兴起和扩张》一书的内容[1]。这部没有英文原著，而是直接在他提供的英文演讲修订稿基础上翻译成中文的著作，不仅成了中外传播学术交流史上的一个新里程碑，也是关注全球传播秩序的中国传播研究者绕不开的一部著作。今天，我们如何在这本书所建立的有关全球信息资本主义批判性视野里，走出被美国主流传播学的现代化逻辑所定义的学术"本土化"问题意识的误区，发展有全球视野和中国社会主义立场的传播学术？

三、在"主流"和"批判"之间：中美传播研究在兴衰历史时间上的错位

正如中国的改革开放在客观上成全了美国信息资本主义的发展一样，1982年施拉姆访华，助推了美国主流传播学在中国的"扩散"。不可否认，1949年以来，美国主流传播学因其资产阶级性质一直被堵在国门之外[2]，然而，形式上被堵在外面是一回事，实质上如何看待美国主流传播学是另外一回事，更何况，中国新闻学界也是有迂回引入的办法的。正如姜飞所注意到的，即使在1950年代到1982年间，中国对西方主流传播学的介绍和引进就已经"暗流涌动"，而1982年施拉姆的到来，"掀起中国第二次传播研究大潮"，并形成"波涛滚滚"的局面[3]。正是在这个意义上，"施拉姆是时代的施拉姆、世界的施拉姆，也是被中国化的施拉姆"[4]。吴飞在他的文章中也认为，"中国大陆传播学的引入分两次"，第一次是1950年代以"批判资产阶级"名义的内部"早期引入"，他特别提到，1978年，郑北渭在复旦大学新办的新闻学刊物《外国新闻事业资料》上介绍美国传播学时，"为了防止被指责为'宣扬资产阶级观点'，郑北渭加了一个按语，批判'公众传播工具'是'垄断资产阶级控制舆论，制

---

[1] 丹·席勒：《信息资本主义的兴起与扩张》，翟秀凤译，北京大学出版社，2018年。

[2] Dallas W. Smythe, *Dependency Road* (Norwood, NJ: Ablex Publishing, 1981).

[3] 姜飞：《中国传播研究的三次浪潮：纪念施拉姆访华30周年暨后施拉姆时代中国的传播研究》，《新闻与传播研究》2012年第4期。

[4] 同上。

造舆论，毒害人民，奴役人民的宣传工具'"[1]。按照吴飞这里的行文，郑北渭是为了"防止被指责"才加上这段话的，也就是说，如果这就是斯迈思所称颂的中国对西方的"文化甄别"机制的表达的话，那么，这一机制是从外在（或上面）被强加的，而不是内在于学者本人的政治自觉与学术自觉。

令人匪夷所思的是，施拉姆1982年访华之时，他所代表的美国主流传播学本身，已在20世纪60—70年代批判传播学者的批判下失去了其主导地位。虽然我们不应该忽视学术领域的相对独立性，但是，西方的"主流"和"批判"传播学的发展和较量以及此消彼长，与资本主义的周期性危机、全球领域内的意识形态和地域政治斗争有着密切的联系。也就是说，"整个学科是在资本主义周期性危机的背景下，在批判与反批判的较量中发展的"[2]。具体而言，1930年代的资本主义危机和随后的"二战"，催生了法兰克福学派的批判传播思想，也为斯迈思和赫伯特·席勒等人的传播政治经济学思想作了奠基。战后美国自由－多元主义"主流"传播学和"传播与发展"理论，一方面是对法兰克福学派有关"单向度的人"等理论的逆袭，另一方面又是对冷战语境下以美国为主导的西方资本主义对后殖民国家的意识形态争夺。而1960年代的到来，尤其是1970年代初开始的战后福利资本主义的危机以及"第三世界"的抗争，则催生了以激进批判传播政治经济学、批判文化研究和后殖民理论为主要内容的批判传播学。1976年，连主流学术范式的先驱罗杰斯(Everett Rogers)也不得不承认"激进派十年的攻坚起了作用"，从而致使主流的"这些传统再也没有正当性可言"[3]。也就是说，如果斯迈思1971年至1972年对中国的访问所产生的学术影响还局限于西方批判传播学界的话，那么，到了1976年，罗杰斯承认主流范式的失败和中国基于本土系统产生的"现代化奇迹"的文章和他那个"每个国家，也许每个村庄，都可能根据自己的道路发展"的结论，就成了美国"主流"传播学不得不面对中国社会主义实践的见证[4]。然而，历史的吊诡之处在于，1976年成了中国改革开放的前夜，几年之后，美国主流传播学在中国登堂入室，得到了处于"新启蒙"和"思想解放"热潮中的中国新闻学者日益广泛的认同。

---

[1] 吴飞：《何处是家园？——传播研究的逻辑追问》，《新闻记者》2014年第9期。
[2] 赵月枝、石力月：《历史视野里的资本主义危机与批判传播学之转机》，《新闻大学》2015年第5期。
[3] 丹·席勒：《传播理论史：回归劳动》，冯建三、罗世宏译，北京大学出版社，2012。
[4] 赵月枝：《全球视野中的中共新闻理论与实践》，《新闻记者》2018年第4期。

尽管李金铨在《传播研究的典范与认同》一文中完全忽视了批判传播学术在美国的存在，他还是用"理论贫乏和'内卷化'"描述了美国主流传播学在1970年代之后的状况[1]。作为例证，李金铨提到，1974年施拉姆与人合编的《传播学手册》有跨学科和国际视野（有五分之一文章是国际问题），而施拉姆的学生史蒂文·查菲（Steven Chaffee）在1987年与人合编的《传播科学手册》，不但"作者全部来自传播本行"，而且"对国际传播几乎全然漠视"[2]。李金铨的如下观察值得大段引用：

> 早在1970年代，我初入研究院就读时，新闻系内部密集出现以下的"理论"：议程设置（agenda setting）、知识鸿沟（knowledge gap）、使用与满足（uses and gratifications）、沉默的螺旋（spiral of silence）、认知共同适应（co-orientation）、第三者效果（third-person effect）、涵化（cultivation）、框架（framing）和铺垫（priming）、创新扩散（diffusion of innovation）等。这些"理论"的生命力不等，有的一开始就有气无力，有的刚提出时颇有新意，但因为长期孤立使用，过劳而透支，很快呈现疲态。几十年后，我都快退休了，看过各种走马灯似的流行，抓住几个老题目不断再生产，固然资料累积很多，但见解增加几许？何况连这类"内部理论"也长久不见有人提出，而整个学科生态又满于划地自限，不作兴跨学科互动，其理论贫瘠的尴尬境况可想而知……为何我们缺乏深邃的"范式"引导传播学的研究工作？[3]

意味深长的是，李金铨的观察和他关于传播学在美国整个社会科学界没地位的看法，与美国传播政治经济学者罗伯特·麦克切斯尼的看法异曲同工。不同的是，麦克切斯尼发现了被李金铨所遮蔽的西方批判社会科学，包括马克思主义政治经济学理论，尤其是斯迈思和赫伯特·席勒等人开创的北美批判传播政治经济学的"范式"及其引导作用。在麦克切斯尼看来，1980年代是一个关键的转折年代，也是美国学术史上传播学"跳出它的边缘地位"的一个失去的机遇[4]。跨学科、国际化甚至有机于现实的社会运动是1980年代出版的批判传播学著作的特色。而且，这些著作即使在规模上和知识体系的建构和"学科化"

---

[1] 李金铨：《传播研究的典范与认同》，《书城》2014年第2期。

[2] 同上。

[3] 同上。

[4] Robert W. McChesney, *Communication Revolution: Critical Junctures and the Future of the Media* (New York: The New Press, 2008).

层面，也不比施拉姆和他的学术传人的成果逊色。

正如我在不同文章中已经分别提到的那样，1980年代初和1980年代末的两部国际批判传播学重要工具书及其对中国传播理论和实践的处理就是例证[1][2]。首先是阿芒·马特拉联合独立文化人和出版者塞思·塞格拉伯（Seth Seigelawb）主编的国外学界第一部系统梳理马克思主义传播理论和实践的大型文集——上下两卷的《传播与阶级斗争》。这部文集于1979年到1983年间出版，总共收集了128篇涉及传播实践和理论在世界范围阶级斗争历史背景中的发展关系的文章，涵盖已经出版、第一次翻译成英文出版的文章和原创文章三个种类。第一卷出版于1979年，以"资本主义"和"帝国主义"为两个总揽性主题；第二卷1983年出版，与"主流学者"认为批判传播学"只重批判，不重建设"的说辞相反，第二卷以"解放"和"社会主义"为主题，同样收入了64篇文章，其中有38篇第一次翻译成英文出版或是原创。作为一项有意识地为马克思主义传播与文化理论的发展做奠基性工作的最重要努力，本书的编者在上下两卷结尾收录了1150多条参考书目。尤其值得关注的是，该文集上编收集了毛泽东的《实践论》，下编收入了源于中国《自然辩证法》杂志的一篇文章，内容是中国上海科技界围绕如何坚持"独立自主、自力更生"和"群众路线"，发展中国的电子计算机。与李金铨批判的美国主流传播学"舍本逐末"、做着"技术性的分发丝"[3]的研究不同，"这里没有经院哲学，没有绕来绕去、不知所云的文献综述，更没有为了学术而学术的花拳绣腿"[4]。

1989年的四卷本《传播学国际百科全书》是一部由美国批判传播学者主导，同时有效整合美国国内各学术流派和国际批判学术资源的集大成工具书。这是世界传播学术的第一部百科全书，用其主编在前言中的话，该书"是全面定义这一领域的第一次努力"[5]。作为批判传播学术曾一度从边缘走向中心的重要标志，它所确立的跨学科历史视野和全球视野的传播知识体系，为其后类似工具书所难企及。此书由在美国传播学界非常主流的宾夕法尼亚大学安南堡传播

---

[1] 赵月枝：《〈马克思归来〉：网络时代的马克思主义与传播研究》，《清华大学学报》（哲学社会科学版），2018年第3期。

[2] 赵月枝：《全球视野中的中共新闻理论与实践》，《新闻记者》2018年第4期。

[3] 李金铨：《传播研究的典范与认同》，《书城》2014年第2期。

[4] 赵月枝：《〈马克思归来〉：网络时代的马克思主义与传播研究》，《清华大学学报》（哲学社会科学版），2018年第3期。

[5] Erik Barnouw, "Preface," in *International Encyclopedia of Communications,* ed. Erik Barnouw (Oxford: Oxford University Press, 1989).

学院与牛津大学出版社联合出版，是时任宾夕法尼亚大学安南堡传播学院院长的乔治·格伯纳（George Gerbner）1982年开始推动，历时六年的大型传播学科建设项目。格伯纳是一位非常有组织能力和高超领导能力的批判传播学者，在其任职安南堡传播学院院长期间，他为批判学术争取了空间。为了推进这个项目，他把美国广播电视史学界权威埃里克·巴瑙（Erik Barnouw）聘为主编（Editor in Chief），自己任"编委会主席"（Chair, Editorial Board），施拉姆被聘为"咨询编辑"（Consulting Editor），同时，施拉姆和丹·席勒还是25位分支编辑中的两位。书中所列的170人庞大国际编委会成员中，有包括乔姆斯基等国际知名批判学者，同时还有三位华人。不过，他们不是学院派学者，而是资深华人新闻工作者——分别是英文版《北京周报》前顾问、中央电视台教育部主任和中国国际广播电台英语部主任。虽然在此书问世时，施拉姆已经变成"中国的施拉姆"，他在这部百科全书中的位置是他当时在美国的学术地位已经明显下降的注脚，而在中国培养出自己的国际化传播学者之前，中国的新闻理论和新闻实践与美国传播学前沿也通过书中的内容和编委会成员实现了"对接"。

　　书中三个条目及其对中国的处理值得仔细分析。第一个条目是"马克思主义传播理论"。这个条目包括"起源与发展"和"第三世界取向"两篇文章。阿芒·马特拉是"第三世界取向"的作者，他在文章开篇就指出，马克思主义传播理论是包含多元取向和贡献者的批判理论组成部分，许多来自第三世界。文章把毛泽东新闻思想当作最好的范例之一，并与古巴革命者格瓦拉的思想做了比较。在讨论中，马特拉用更广泛的传播概念代替中国共产党新闻理论中的新闻概念，指出毛泽东对传播理论的贡献主要在以下几个方面：一是基于人民战争和群众路线，强调传播在教育、鼓舞和组织人民斗争中的作用，包括毛泽东如何致力于建立知识分子与其他社会阶级的有机联系和如何不同于格瓦拉，"把传播放在更普遍的文化背景中"；二是毛泽东与国际共产主义运动中的经济主义传统和阶级化约论的分野[1]；三是他和甘地倡导的"自力更生"（self-reliance），认为这一思想指导了无数关于先进传播技术的扩散的批判研究和对文化认同和多样性的要求[2]。

---

　　[1] Armand Mattelart, "Marxist Theories of Communication: 2. Third World Approaches," in *International Encyclopedia of Communications, Volume* 2, Erik Barnouw ed. (Oxford: Oxford University Press, 1989), pp. 479-483.

　　[2] 同上。

第二个条目是"发展传播"。这个条目包括"历史与理论""另类体系""项目"三篇文章，第一篇"历史与理论"由 Predro F. Hernandez-Ramos 和施拉姆合写，文章开头讲到西方殖民历史和发展问题的由来，最后部分提到，到了1970年代中期，传播与发展的"主导范式"已经被质疑[1]。第二篇文章"另类体系"专门有一节聚焦"西方发展模式反思"。罗杰斯1976年那篇著名的"主导范式的消逝"中总结的这一范式在8个方面的错误被一一列出，其中第四点以中国为例讲到这一范式没有能"解释自主发展的可能性"[2]。

第三个条目是深受一些中国传播学者青睐的自由主义学者迈克·舒德森（Michael Schudson）写的"政治传播"。在这里，有关中国的讨论出现在政治传播的"20世纪发展"这一节里。舒德森一开始就把列宁主义的政党和"可以被称为公关国家的兴起"当作这一世纪的两大发展，而且把列宁缔造的政党叫作"政党的新模式"，它"不是宪政中的多党制度的部分，而是革命的队伍和动员的工具"。接下来，舒德森讨论这一模式在苏联的形式和在古巴和中国被采纳的情况，包括中国的群众路线的内涵和形式，以及人际传播和媒体在其中的地位。他用的词汇是"instrument of hegemonic communication"[3]。舒德森的条目值得关注，是因为他在西方资产阶级政党和列宁主义政党之间作了学术上的区分，而不是像今天冷战和反共意识形态影响下的自由主义学术话语那样，用"一党专政"把这两类政党间的区别一笔勾销。

总之，我们不能机械地理解美国"主流"与"批判"学术间的关系，如果施拉姆是中国的施拉姆，那么，"美国主流"也在一定程度上是"中国的美国主流"，是中国学者1980年代以来无视甚至虚无在本土探索社会主义的理论和实践、不断对美国传播学术有选择地引入、以制度化的访问学者计划和各种几十年不变的教科书叙述所强化形塑的。就这样，尽管北美"批判"和"主流"代表性人物（斯迈思和罗杰斯）都在1970年代初就关注中国本土的"传播与发

---

[1] Fedro F. Hernandez-Ramos and Wilbur Schramm, "Development Communication: 1. History and Theories," in *International Encyclopedia of Communications, Volume* 2, Erik Barnouw ed. (Oxford: Oxford University Press, 1989), pp. 9-12.

[2] Luis Ramiro Beltra S., "Development Communication: 2: Alternative Systems," in *International Encyclopedia of Communications, Volume* 2, Erik Barnouw ed. (Oxford: Oxford University Press, 1989), pp. 12-17.

[3] Michael Schudson, "Political Communication—1. History," in *International Encyclopedia of Communications, Volume* 3, Erik Barnouw ed. (Oxford: Oxford University Press, 1989), pp. 304-313.

展"模式,并从不同的角度"反思和修正西方主流传播范式的局限"[1],尽管西方"批判"和"主流"的代表性人物(马特拉和舒德森)在1980年代已把包括"群众路线"在内的中国新闻理论与政治传播理论和实践编入权威传播学书籍,"而中国自身,反而在1990年代重新将战后实证主义主导的受众研究奉为某种理想型"[2]。

与此相辅相成,是中国学者对国外批判学术如何讨论中国社会主义新闻理论和实践的遮蔽。需要强调的是,在国外批判学术的框架里,中国是有传播理论和传播实践的,两者不可分离。这里没有后来的"西方理论与中国经验"的问题,更没有下文讨论的新闻学与传播学间画地为牢的鸿沟,对国外批判传播学者来说,中国共产党的新闻理论和新闻实践就是中国重要的传播理论和实践,而中国在1970年代没有学科化的传播学这一事实既没有妨碍斯迈思和罗杰斯到中国的学术交流,也没有让西方批判学者把中国新闻理论和实践排斥在国际性传播学集大成学术成果外。今天,我们如果要全面深入了解国外传播研究,就不能既感叹美国主流学术理论的贫乏,同时又叶公好龙,无视真正有历史和国际视野、有建设性的美国批判传播学术的存在,无视这一学术是如何处理中国的新闻理论和实践的。

至于这一批判学术传统何以在美国本身被污名化、边缘化,甚至被完全遮蔽,除了其内部的局限性之外,当然与美国作为资本帝国的知识权力关系有关。在《制造共识》中,赫尔曼与乔姆斯基讨论了作为美国新闻"过滤器"之一的反共意识形态的存在。实际上,这一"过滤器"在传播学术领域也以其独特的方式发生作用。斯迈思的经历是最好的例证。他曾在美国罗斯福新政期间任职美国联邦政府部门,是美国联邦通信委员会的首席经济学家,为在美国广播电视业中确立作为"福利方案"一部分的公共利益原则做出了历史性贡献。但是,随着美国政治从罗斯福新政到冷战和反共导向的转型,斯迈思不得不离开美国政府,于1948年转而进入学界,成为美国伊利诺伊大学商学院和传播研究院的双聘教授。然而,他还没有正式上任,一封麦卡锡主义者的诬告信就已寄到他的学校,企图阻止他入职。施拉姆当时是该校新成立的传播研究院院长,他对此事的处理在斯迈思眼里带有落井下石和不那么光明磊落的态度,更使这两位分别作为美国主流和批判传播学的奠基者从一开始共事就彼此间有深

---

[1] 方晓恬、王洪喆:《从"群众路线"到"人的现代化":"北京调查"与传播学在中国的肇始1982—1992》,《新闻与传播研究》2019年第2期。

[2] 同上。

刻的隔阂[1]。斯迈思在出版方面也受到压制。比如，他批判主流传播效果研究的一篇文章不得不先翻成意大利文出版，后来由于美国《传播学刊》拒绝出版他那篇发起"盲点讨论"的《传播，西方马克思主义的盲点》（Communications, Blindspot of Western Marxism）文章，他只好在加拿大一本新创刊的学术刊物《加拿大政治与社会理论学刊》（Canadian Journal of Political and Social Theory）上出版[2]。著作出版以后，还有书评的问题。例如，在《依附之路》的书评作者让我转交到西门菲莎大学档案馆的斯迈思书信中，一位苏格兰的年轻学者在1981年10月19日给斯迈思的私信中，就为自己对《依附之路》"在许多方面不公正"的书评道歉。这位学者还解释道，由于苏格兰对英格兰的文化顺从，学术刊物的视野非常狭窄，所以只好在一本非学术的刊物上出版《依附之路》的书评。为了迎合这本刊物，就只好牺牲理论讨论，放大此书的民族维度。另外，这位年轻学者说，由于自己刚刚任职，"被迫放弃对他的思想的更深刻的回应"。如果斯迈思这样一位曾经有美国联邦通信委员会首席经济学家经历的白人男性学者尚且如此，那么，反共和种族主义意识形态对其他学者，尤其非白人和女性学者的压制性作用是什么样，可想而知了。

四、"新闻"与"传播"学科地位在中国的嬗变与错位

回到"3S"中的施拉姆，正如前文所示，1982年，当美国传播学术界开始编纂其第一部百科全书时，这位已退休的美国传播学之父的地位已经相对边缘了。然而，对急需"反思"中国共产党的新闻理论和实践，甚至认为以前的道路已经进入"僵死"绝境的中国新闻学界，施拉姆不啻是一个巨大的象征性符号，他的到访成了中国新闻学术从"政治化"到"科学化"、从阶级社会中的"人民"到抽象的"人"转型的"及时雨"和催化剂。施拉姆所代表的以貌似客观社会科学面貌出现的美国冷战传播学，在1980年代初成为挑战意识形态鲜明的中国共产党新闻学"传统"的利器，而这也开启了新闻学与传播学在中国独特的学术政治关系。1982年第14期《新闻学会通讯》[3]和中国传播学界2012年纪念施拉姆访华的两篇重要文章，十分生动地记录了这一过程。新闻学与当时叫作"传学"的传播学的关系在施拉姆1982年到中国社会科学院的访问中，是讨

---

[1] John A. Lent, "Interview with Dallas W. Smythe," in *A Different Road Taken: Profiles in Critical Communication,* John A. Lent ed. (Boulder, CO: Westview Press, 1995), pp. 21-32.

[2] 同上。

[3] 宣伟伯：《传播学发展概况》，《新闻学会通讯》1982年第14期，第16-18页。

论的问题之一。《新闻学会通讯》1982年第14期那篇题为《传学与新闻及其他》[1]的宣伟伯[2][3]"在中国社会科学院新闻研究所座谈会上解答问题"的文章,记录了有关这一问题的讨论。在中国人民大学,新闻学与传播学的异同也被提了出来。陈崇山也写到了施拉姆对这个问题的回答:

> 传播学对新闻学没有什么消极的影响,有了传播学以后,新闻工作者在受众和民意方面会得到更多有用的知识,传播学的范围比新闻学广,新闻学研究的也是人的传播,但对人的传播的研究却不等于新闻学研究[4]。

与陈崇山的讨论形成互文,徐耀魁在回忆文章中也写道,当时"研究传播学会不会影响新闻学研究等问题较多",但施拉姆认为,"它们之间没有矛盾,没有冲突,只会彼此促进"[5]。

本文无意回应吴飞和黄旦两位教授2014年就新闻学与传播学的"逻辑起点"进行的争论[6][7],但套用吴飞教授在更抽象和普遍的学科分析层面所得出的新闻学与传播学有"不同的研究逻辑"的结论[8],就1982年的中国而言,中国共产党的新闻学与美国主流传播学有着不同的学术政治和意识形态框架,这一点是毫无疑问的。回到施拉姆访华时的历史语境,不管是问者有心,答者无意,还是双方都会心会意和心照不宣,当时横亘于中国新闻学者心中的"马克思主义新闻学"以及"无产阶级新闻学"与"资产阶级传播学"之间的立场区别,就这样去政治化地被抹去了,只剩新闻学和传播学之间研究领域大小和宽窄的区别。

关于受众研究和"反馈"问题的讨论,遵循着同样的去政治化和去意识形

---

[1] 宣伟伯:《传播学发展概况》,《新闻学会通讯》1982年第14期,第16-18页。

[2] "宣伟伯"是当时余也鲁特意为施拉姆取的中文名字,因为他"可称为美国宣传教育界的一位伟大的伯父"。

[3] 晓凌:《她们精心治学》,《新闻学会通讯》1982年第14期,第22-23页。

[4] 陈崇山:《施拉姆的理论对我的指引》,《新闻与传播研究》2012年第4期。

[5] 徐耀魁:《施拉姆对中国传播学研究的影响——纪念施拉姆来新闻研究所座谈30周年》,《新闻与传播研究》,2012年第4期。

[6] 吴飞:《何处是家园?——传播研究的逻辑追问》,《新闻记者》2014年第9期。

[7] 黄旦:《对传播研究反思的反思——读吴飞、杜骏飞和张涛甫三位学友文章杂感》,《新闻记者》2014年第12期。

[8] 吴飞:《何处是家园?——传播研究的逻辑追问》,《新闻记者》2014年第9期。

态化的"接轨"逻辑,陈崇山回忆道,自己在社科院同施拉姆的座谈会上,介绍了北京新闻学会受众调查项目,即中国传播学发生史上著名的"北京调查":

> 会上,我介绍了北京调查的指导思想是党的群众路线,即"从群众中来,到群众中去",通过调查,了解民意,使新闻报道真实反映社会实践,使新闻传播更加切合群众需要。我问"这是否就是你们所说的'反馈'?"得到施拉姆的首肯[1]。

徐耀魁在文章中写道,施拉姆认为,"'反馈'是物理学上的术语,是社会科学中最有用的概念,与中国倡导的'从群众中来,到群众中去'基本上是一回事"[2]。

就这样,以施拉姆的这次访问为标志,传播学作为"增量改革",最终成功地被中国新闻学者引入,两套性质不同的政治传播模式,也通过"群众路线"和"反馈"机制之间的类比好像似是而非地对接起来了。当然,"传播学在中国的落地并非一蹴而就",1982年的"北京调查"也"没有复制施拉姆等提到的问题意识",从这一基于"群众路线"的"本土范式"到以"人的现代化"所代表的"西方框架"的演变,是一个到了1990年初才完成的过程[3]。但是,回到1982年的语境,在当时意识形态斗争还非常激烈的中国新闻学界,没有比这样的访问和对话更具有"新启蒙"作用和"思想解放"意义了。从斯迈思1970年代到中国做研究时的问题意识来看,恐怕也没有比这更生动的中美意识形态和学术话语较量中,哪种学术话语占了上风的描述了。在上一节所讨论的《传播学国际百科全书》中马特拉文章的框架里,"群众路线"是对马克思主义传播理论中的第三世界取向的重要贡献,而以上的对话中,它与美国主流传播学中基于物理学的"反馈"基本上是一回事。当然,"反馈"研究从来不是抽象的,当广告学成为传播学的重要分支,当收视率成为"反馈"的主要机制,当"群众"被置换成广告商所需要的"受众商品"时,中国新闻理论和实践离"群众路线"有多远就不言自明了。

---

[1] 陈崇山:《施拉姆的理论对我的指引》,《新闻与传播研究》2012年第4期。

[2] 徐耀魁:《施拉姆对中国传播学研究的影响——纪念施拉姆来新闻研究所座谈30周年》,《新闻与传播研究》,2012年第4期。

[3] 方晓恬、王洪喆:《从"群众路线"到"人的现代化":"北京调查"与传播学在中国的肇始1982—1992》,《新闻与传播研究》2019年第2期。

1982年，施拉姆是以参加在广州举行的非常技术性的"电化教育讲习会"名义受邀来中国的，是中国国内学者对他所代表的美国冷战传播学的巨大兴趣，促使了他的访问被延长。与斯迈思以调研为主的访问不同，施拉姆以讲学为主。尽管他"非常谦虚"，中国新闻学者对他的顶礼膜拜跃然于当时新闻学界对他访问的报道中："在短短的八天中，宣博士就像一位导游家，指点着我们在'传学'这门新兴学科的花园里游览。"[1] 可以说，这个在中国社会科学院新闻研究所座谈的一开头就把自己定位为"一个一直对中国悠久的历史和文化非常景仰的美国人"[2]，对当时正在处于"文革"后的危机和反思节点上的中国马克思主义新闻学的"和平演变"作用是非常强大的。由于到了当时北京和上海的中国新闻学核心机构——复旦大学、中国人民大学、中国社会科学院新闻研究所，并得到时任国务委员薄一波的接见，施拉姆的访问产生了巨大影响。然而，如前所述，施拉姆的访问只是外因，中国新闻学界资产阶级意识形态的长期遗存，中国社会主义实践在"文革"过程中的挫折，从资产阶级自由化立场对"文革"的清算才是真正的内因。

到了1997年，当新闻学和传播学并列成为一级学科的时候，传播学在中国的地位已得到充分的承认和巩固。学术可以被理解为广义的"文化"。中国学术界在改革开放后，如果有一个类似于古巴学者菲南多·奥梯茨[3]在描述两种不平等的文化在碰撞时所经历的包含"deculturation"（去文化化或文化萎缩）和"acculturation"（涵化）的"跨文化"（transculturation）过程的话，那么，从新闻学到传播学、从"群众路线"到"反馈"、从社会主义与资本主义的对立到自由民主与集权专制的对立，就是这样的一个过程。正如王维佳所分析的那样，在改革开放初期，包括新闻学者在内的新启蒙知识分子有"十分明确而完整的'现代化'蓝图，即按照成熟市场关系下的各种法权秩序推动中国社会的'转型'，直至重构整个中国的上层建筑"[4]。作为这个"现代化"工程的重要组成部分，改革初期的新闻传播研究完成了以下三项任务：一是推动新闻传播理论从"政治化"到"科学化"的转型，"以此完成对中国前一个历史时期

---

[1] 晓凌：《她们精心治学》，《新闻学会通讯》1982年第14期，第22-23页。

[2] 宣伟伯：《传播学发展概况》，《新闻学会通讯》1982年第14期，第16-18页。

[3] Fernando Ortiz, *Cuban Counterpoint: Tobacco and Sugar*, Translated from Spanish by Harriet de Onis, first published in 1947 by Alfred A. Knopf, Inc.; first printing in paperback edition (Durham and London: Duke University Press, 1955).

[4] 王维佳：《新时代的知识挑战：中国新闻传播研究面临的几个历史性问题》，《新闻与传播评论》，2019年第1期。

传播理念和传播机制的涤荡";二是构建"人类传播"由落后到先进的一套历史主义叙述,把西方商业传播模式的伦理和原则普遍化和规律化,以此"廓清中国传播业的具体转型路径";三是"提出了信息服务、受众需要、媒体属性、商品机制、新闻法等理解现代传播机制的'元问题',框定了日后新闻传播研究政治想象的边界"[1]。

不过,正如王维佳强调的那样,"如果将中国新闻传播研究的40年发展单纯地看作一个与西方学术体系'接轨'的'现代化'过程,就会忽视中国本土政治进程对这一学科思想路线所产生的重要影响"[2]。最重要的是,与奥梯茨所针对的古巴被殖民化的语境不同,在40年的历程中,中国共产党并没有放弃其在新闻与传播学术领域的"文化甄别"努力和以马克思主义为指导的学术领导权建设。在一些传播学者那里,这就是外在于"真正独立"的中国新闻与传播学术的官方意识形态的限制。令人欣喜的是,中国传播学者无论持何种立场,都一直没有停止对传播学引入中国的道路、结果和未来发展方向的反思,一些中国社会主义道路的探索者,不但从来没有中断传播学的中国马克思主义化努力,而且意识到自己在后全球化时代新的批判学术担当。面对全球资本主义2008年以来的新一轮危机和西方"媒体建制派的失败"[3],"马克思归来"已成为势不可挡的新学术潮流。正如我和吕新雨在"批判传播学·文论系列"的"总序"中所说:

> 以马克思主义为重要理论资源的批判传播研究在长期复杂的历史与现实中,一直坚持不懈地从理论和实践层推动传播学的发展,在国内和国际层面上促进传播指导朝向更平等、公正的方向转型,并为传播理论的多元化发展做出了重要贡献。今天,时代迫切要求我们在世界范围内汇聚马克思主义传播学研究的力量、视角与方法,探索以马克思主义为基础的新的批判理论的新路,对当代社会的危机与问题做出及时而有力的回应。[4]

---

[1] 王维佳:《新时代的知识挑战:中国新闻传播研究面临的几个历史性问题》,《新闻与传播评论》,2019年第1期。

[2] 同上。

[3] 王维佳:《媒体建制派的失败:理解西方主流新闻界的信任危机》,《现代传播》2017年第5期。

[4] 见赵月枝、吕新雨主编"批判传播学·文论系列"之总序,2015年华东师范大学出版社出版。

基于中国问题与传播问题是讨论资本主义全球化危机与出路的两个重要领域这一认识，我们相信，"中国传播学界具有担当起自己历史责任的义务和条件"，而这要求我们"在全球的视野中整理、理解与反思"20世纪马克思主义新闻理论与实践在中国发展的传统，并在新的时代条件下，促进这一传统的发展。重要的是，我们强调，全球视野不仅意味着面向西方，更意味着面向非西方国家和地区。

总之，1982年，中国新闻学界借施拉姆访华的"西风"拥抱美国主流传播学，并以此为"增量"，冲击本土化的、当时面临"文革"后危机的马克思主义新闻学。虽然以美国主流传播学为基本范式的传播学术在中国已经发展得蔚为壮观，但是，马克思主义新闻学传统与美国主流传播学在中国的各种"本土化"演绎有着明显的内在矛盾和意识形态张力。所以，也许是社会主义在中国曲折发展过程中"否定之否定"辩证法的体现，2016年5月17日，是"新闻学"而非"传播学"或"新闻学与传播学"，被中共中央总书记习近平在哲学社会科学工作座谈会上的讲话中定为11个"具有支撑作用的学科"之一。不可否认，传播学的研究范围的确比新闻学广阔，传统新闻学在技术问题上的盲点、网络和社交媒体在人们日常生活中的主导地位，以及传播技术在全球政治经济中的基础性作用、全球治理中广义的传播问题的关键地位等，都意味着把"传播学"定为支撑性学科应该更合适。如果不是从这两个学科在中国发展过程中的具体学术取向的角度来分析，无论如何也没法解释为什么是"新闻学"，而不是"传播学"在国家学术体系中取得如此殊荣。

针对当年引入美国主流传播学的"错"，吕新雨在2018年批判传播学年会等场合所提的建议是"将错就错"。当然，诚如黄旦所言，这不是简单的"对与错"的问题[1]。这是在特定历史条件下，不同的政治和意识形态议程导致不同学术话语和研究范式的问题，包括研究设计、结果和政策建议的问题[2]。用跨文化传播政治经济学的视角审视传播理论的跨国传播本身，这是不同的权力和学术话语体系在不平等的全球学术体系中碰撞的结果，而这也为社会主义学术思想如何在与更强势的西方主导资产阶级学术思想在拉锯式的斗争中谋求发展提出了挑战。

---

[1] 黄旦：《对传播研究反思的反思——读吴飞、杜骏飞和张涛甫三位学友文章杂感》，《新闻记者》2014年第12期。

[2] Chun Lin, "Discipline and Power: Knowledge of China in Political Science," *Critical Asian Studies* 49, no. 4 (2017) : 501-522.

如果说，1980年代的"党性与人民性之争"实际上是资产阶级自由化语境下对延安时期的党性与资产阶级、小资产阶级独立性之争的一种置换的话[1]，那么，1980年代以来新闻学与传播学之间超越研究范围、具体对象以及理论和实践关系之外的分离，也包含着用学科的鸿沟遮蔽政治和意识形态分野的策略。今天，我们需要克服新闻学与传播学之间画地为牢的区隔，在网络化与全媒体的语境下，在推进传播学中国马克思主义化的过程中，促进新闻学与传播学之间的有机融合。这不是回到改革开放前的中国马克思主义新闻学和"工具论"等化约主义教条的过去，而是在"否定之否定"或"看山还是山"[2]的基础上走向新闻学与传播学的"跨学科"甚至"后学科"融合的未来。这要求我们在反思"去政治化的政治"以及"方法论崇拜"迷思的基础上，在充分理解东西方学术关系的过程中，重新厘清学术与政治、立场与价值的关系，重新理解何为社会科学方法、何为政治以及何为知识分子的"天职"[3]。在此基础上，我们需要重新开启西方社会科学方法、本土政治资源和革命遗产以及中国当下的社会主义实践之间有机对接的探索。[4] 而一旦具体历史中的全球地缘政治和国际阶级斗争、国家的阶级性与资产阶级、小资产阶级"独立性"或"中立性"迷思之间的关系被厘清，我们也可以在更深刻的层面把握学者的政治立场与国家、民族、阶级之间的复杂关系，进而更自觉地践行理论和实践相结合、知行合一的学术道路。也正是在这个意义上，就像我们需要对斯迈思以"国际社会主义大家庭一员"的身份主动向中国政府提供政策内参表示敬意一样，我们也没有必要为施拉姆秘密为美国政府工作而觉得他有什么人格上的"两面性"。在20世纪血与火的斗争中，法兰克福学派成员就为美国国家情报机构提供了关于纳粹德国的秘密报告，用自己的知识为世界反法西斯斗争做出了自己的贡献[5]。

---

[1] 向芬：《理论回响：从"党性与独立性问题"到"党性与人民性之争"》，《新闻与传播研究》2018年第10期。

[2] 赵月枝：《全球视野中的中共新闻理论与实践》，《新闻记者》2018年第4期。

[3] 吕新雨：《学术、传媒与公共性》（第二版），华东师范大学出版社，2018。

[4] 以上观点化用方晓恬和王洪喆有关"西方社会科学方法论与本土的政治资源和革命遗产之间不必然是相互排斥的要素与分析范畴"的观点，他们认为，1982年以"群众路线"为指导思想但引入了抽样统计方法的"北京调查"，体现了这样的一种历史可能性。

[5] Franz Neumann, Herbert Marcuse, and Otto Kirchheimer, *Secret Reports on Nazi Germany: The Frankfurt School Contribution to the War Effort,* ed. Raffaele Laudani (Boston: Princeton University Press, 2013).

结语："3S"和"第三次浪潮"之后是什么？

按照姜飞在2012年的分析，从1997年开始，传播学在中国进入"惊涛拍岸"的"第三次浪潮"。其中，由海外华裔传播学者组成的"域外军团"成了"西方传播学理论、方法的传教士"[1]。的确，在过去的20年中，海外华人研究学者以自己在语言、文化、学术背景和交流方式方面的优势，影响了传播学术在中国的发展。在海外华人研究学者中，本人因为国家留学计划而走了一条非美国主流的学术道路。尽管出国时既不知西方传播学中有"主流"与"批判"之分，更不知西门菲莎大学的传播学是以美国主流传播学的批判者的定位而建立起来的，但是，一到加拿大，"西方传播学"的现实"多重性"就十分明显地展现在我的面前：不但我不需在课上阅读自己从国内带去的《报刊的四种理论》中文版，而且斯迈思亲手交给我的《自行车之后是什么？》的内参报告所包含的问题意识，也成了我无法回避的问题意识。当然，斯迈思在他的1979年访华笔记中特别强调，中国"太大、太复杂"，他仅限于中国几个城市的短期观察是"印象式"的。因此，虽然他罗列了当时从中国城市社会和知识与媒体精英阶层所看到和听到的中国在"西化"的几十条证据，他也写道，自己"没有办法评估中国工农大众的态度，也没有迹象表明，他们已经忘记了毛泽东的政治路线"[2]。如前所述，他也强调了中国社会主义道路的曲折性[3]。

从1986年与斯迈思的初次交往开始，在与西方批判学者围绕中国与资本主义整合的性质与方向问题进行了多年的学术对话和碰撞之后，我不但深感西方批判传播学中存在的种族主义、东方主义和城市中心主义等认识论层面的局限与偏颇，而且深感他们对中国革命遗产以及中国社会，尤其是乡土中国的认识和理解也存在局限和盲点。正是基于这样的认识，我在批判地分析传播政治经济学的同时，也从西方内部的后殖民和反种族主义批判学术和基于亚非拉历史的马克思主义批判学术中汲取理论资源，进而通过重访乡土中国与重新反思城乡关系和中西方关系视野下的传播与现代化问题，探索跨文化传播政治经济研究的道路。从这个框架出发，与其把自己定位为西方批判学派在中国的"传教

---

[1] 姜飞：《中国传播研究的三次浪潮：纪念施拉姆访华30周年暨后施拉姆时代中国的传播研究》，《新闻与传播研究》2012年第4期。

[2] Dallas W. Smythe, *China-Dallas Smythe*, 1971, F-16-1-5-2; 1979, F-16-1-5-7 (Vancouver: Simon Fraser University Archives, 1971/1979).

[3] Dallas W. Smythe, *Dependency Road* (Norwood, NJ: Ablex Publishing, 1981).

士"或"代理人",我更愿意把自己定位为一名力图融通中外的跨文化马克思主义批判传播学者。

虽然"域外军团"包含强烈的共同体内涵,西方传播学内部的学术范式分野和1990年代以来中国知识界的阵营分化无不影响到"域外军团"中的每个成员,而我也一直把自己当作一名批判传播学术领域的"跨国学术游击者"。这不是因为我没有华人的认同感或"华人传播想象",而是因为我深深感到,在当下的历史和现实语境下,谈"华人传播想象"就像谈"西方传播学"一样,都有遮蔽传播学术发展过程和中外学术交流的历史和现实的多重性问题、学术主体的不同政治和意识形态取向的问题,以及"华人"和"西方"内部围绕不同的"普遍"和"特殊"想象而展开斗争的问题。这也是我用"3S"与传播学在中国发展过程中的历史性关系来提出问题和重思该学科在中国发展方向的根本原因。

以"3S"来看西方传播学中"批判"与"主流"学者同中国的互动,看他们对"世界中的中国"的分析,不难看到这样一个曲折的、多个回合的"否定之否定"的辩证历史过程,而这一过程也是在全球资本主义的发展以及作为对其超越的国际社会主义运动的"不平衡与综合发展"逻辑中展开的。在国外传播学语境下,斯迈思是施拉姆学术的"否定者",1970年代初,他被当时自己眼中相对于西方资产阶级传播理论和实践更为"先进"的中国社会主义传播理论和实践所吸引,在尼克松访华和中美建交以及中国刚刚开始改革开放的这一关键时段(1972—1979),通过两次访问和对中国主导知识精英所持意识形态的分析,一方面肯定了中国社会主义传播和文化建设的成就,另一方面深感资本主义技术基础、政治经济势力和思想胁迫的影响,提出了中国社会主义何去何从的问题。作为这种影响的证据,施拉姆的《报刊的四种理论》和美国主流传播学思想不但早就以"暗流"形式影响了社会主义中国的新闻学者,而且他在1982年以晚年的一次关键学术访问,为改革开放时代的中国新闻学界拥抱美国主流传播学提供了催化剂。这也证明,斯迈思当年对中国学界能否对资产阶级学术和资本主义意识形态进行有效"文化甄别"的担心并非多虑。在此后30多年中,中国与美国信息资本主义的整合进入了实质性阶段,深受美国主流传播学影响,中国传播学也得到蓬勃发展,并成为这一整合的学术部分。由于中国改革开放前后阶段学术历史的断裂以及中国传播学对国外学术的选择性引进和吸收,即使到2014年,《自行车之后是什么?》这篇从传播角度讨论意识形态斗争和中国社会主义前途命运的文章,依然无法在中国传播学刊物上被采用。

今天，在中美就信息资本主义何去何从进行激烈斗争的语境下，中国传播学者如何以丹·席勒毕其一生研究，专门为中国传播学界提供的《信息资本主义的兴起和扩张》和更广泛的西方批判传播学术为参考，重新反思40年来中国与全球资本主义整合的历程，包括中国传播业和传播学术在其中的地位和作用。这里最为关键的，正是我和丹·席勒从2001年合作撰写《与狼共舞？》一文时就讨论的问题：中国的发展会促进信息资本主义从美式霸权到"多极化"发展，还是会超越信息资本主义逻辑本身？[1] 前文提到，在余也鲁受施拉姆引导所开启的中国传播学"本土化"的讨论里，中国的社会主义新闻理论和实践传统是被文化主义虚无的[2]。值得关注的是，在丹·席勒的政治经济学框架里，这一传统也是被模糊和被忽略的，或者至少是没有被更多展开讨论的。

我们不应苛求丹·席勒或其他任何一位不懂中文、没有到中国做过田野研究的学者做华人学者应该做的研究，我们也需要对包括西方马克思主义者在内的西方学者的冷战意识形态、西方中心主义甚至白人种族主义遗产有清醒的认识。在中西方关系因"中国崛起"而更加复杂的当下，我们更需要认识到西方批判学者在涉及中国问题时所面临的资本主义知识权力体系的"胁迫"。但是，有一些问题我们无法回避：如何回应包括丹·席勒在内的西方批判学者的"中资"甚至更为剧烈的"中帝"论对中国内外传播研究的学术议程所提出的挑战？如何通过具体的、基于对城乡中国的大量实证研究的传播学术来有效参与有关中国学术话语的讨论？而一旦"本土化"讨论所掩盖的有意无意虚无中国现代革命历史的倾向被澄清，我们也可以在超越文化本质主义、媒介中心主义和城市中心主义的前提下，重访这一讨论所涉及的真问题。这就是，如何从传播学的角度理解和分析中国农耕文明的遗存和积淀，重思中国革命、建设和改革中农民、农业、农村的地位与作用以及社会主义文化领导权的建立、巩固、发展与乡土文化的关系，进而在全球资本主义工业文明面临多重危机的时代，从生态社会主义的高度重新认识乡村视野的世界历史文化和生态意义以及展开"新地球村"的想象[3][4]。只有这样，才能更有效地回应"何以中国？""中国如

---

[1] 王维佳在《信息资本主义的兴起与扩张》书评中，就表达了如下愿景："对信息帝国主义的超越，应该同时指向对信息资本主义的超越！"

[2] 与文化本质主义相关，这里也不排除香港、台湾学者自身所处的政治环境的影响——毕竟，这些学者没有在一个"现实存在的社会主义"社会生活过的经历。

[3] 赵月枝：《生态社会主义：乡村视野的历史文化和生态意义》，《天府论坛》2015年第6期。

[4] 赵月枝：《中国与全球传播：新地球村想象》，《国际传播》2017年第3期。

何在全球资本主义中定位自己？""中国如何改变世界？"这样的问题。

总之，传播学要在"第三次浪潮"之后的中国"蝉蜕"和"化蝶"[1]，就必须一方面续接当年被其挑战和边缘化的中国化马克思主义新闻学传统，另一方面克服现有西方批判传播学的局限，对其进行"否定之否定"的扬弃。只有这样，才能在探索社会主义发展道路的过程中，与"新闻学"一道成为有中国立场和世界意义的中国哲学和社会科学发展中一个"具有支撑作用的学科"。毕竟，正如林春指出的那样，以"普世"宣称的欧洲资本主义现代性不可能用任何特殊性来超越，只有不断增强的社会主义才能最终消除资本主义中心主义和冷战意识形态的长期与短期影响。这是因为，只有一个能推翻以欧洲工业资本主义价值观为中心的普世主义宣称的认识论范式转型，"才能抗击东方缺陷的神话和耻辱"[2]。在我看来，这也正是网络时代中国传播学术"本土化"的真正意义所在。

---

[1] 姜飞：《中国传播研究的三次浪潮：纪念施拉姆访华30周年暨后施拉姆时代中国的传播研究》，《新闻与传播研究》2012年第4期。

[2] Chun Lin, *China and Global Capitalism: Reflections on Marxism, History and Contemporary Politics* (London: Palgrave Macmillan, 2013).

第一编
学术路径

1 批判、理性、正气：秉承社会良知，展示思想的力量

这是我的第一个学术采访。记不清具体什么时候了，应该是2003年的某一天，在温哥华接到了当时还叫北京广播学院的老师——王永亮的邮件，说是在编一部与传媒有关的访谈录，我被列入被采访者之列。虽然与王永亮并不相识，但他提的问题我感兴趣，就答应了。不过，因为是用邮件，这意味着我必须自己全部写作答案。恰好当时一位叫李思绮的学生从加拿大东部来找我请教学术，临时住在我家里，就请她一起做这个访谈，在写作的过程中对王永亮最初的问题也作了修改和补充。所以，访谈者是王永亮、李思绮两人，在文中以"问"代表。

此文一个简短一些的版本收录于王永亮、成思行主编的《传媒论典：与传媒名家对话》，由中央编译出版社于2004年1月出版。后来才得知，此书应该是按被访者年龄顺序编排的，我当时38岁，算是书中最年轻的学者，被排在最后。

一、批判是一种视角，一种思维取向，也是治学的一种气度

问：赵老师，您最早在北京广播学院开始接触新闻学，后来任教于美国、加拿大，您能谈谈您所认识的加拿大、美国的传播学研究吗？

赵月枝（以下简称"赵"）：传播学是1980年代初被介绍到中国的。当时我在大学所了解的无非是传者、渠道、受众、反馈、传播效果等一些美国主流传播学的简单却看似很科学的概念，而这些概念基本上与宏观的社会分析相脱节，抛开社会的政治经济及权力关系抽象地研究传播现象与过程。当然，在当时中国的政治与新闻学背景下，这些美国主流传播学的确使人耳目一新。到了加拿大后，我所接受的基本上是传播学家哈罗德·伊尼斯（Harold Innis）、达拉斯·斯迈思等人的传播技术哲学、传播政治经济学、传播政策研究，以及来自英国与欧洲大陆的批判学术的传统，其中大量的是西方马克思主义的各种学说。西方的批判学术以宏观的视觉和思辨性的分析主要揭示资本主义制度下传

播、国家权力与资本的关系以及相关的社会权益关系问题。它着重关注传媒技术发展的社会性，主流意识形态在媒介的形成及合法化的机制，社会的传播资源和话语权在各阶层的分布，媒介与阶级、性别、种族的身份认同的关系以及在自由民主的政治体制下，不平等的社会、经济、文化关系被维护、强化、抗争、挑战的过程等问题。批判学术的研究以社会公平与正义为终极关怀，以构建克服不平等的传播制度和传播行为为目标，具有很强的马克思主义色彩。记得我在广播学院等出国时，曾幸灾乐祸地看着同宿舍的同学在上政治经济学课和啃《资本论》，没想到，出了国，也被教授逼着读马克思。

当然，如我后来所知，美国主流传播学实际上并不是真正的没有一套社会理论，它只是把现有的社会权力结构和媒介制度安排视为理所当然，在此基础上来研究传播过程与效果。在国际传播方面，国内广泛介绍的施拉姆等人的传播与发展理论，就与美国在冷战期间的国际发展战略密切相关，所以，美国主流学派更确切的称谓是行政研究（administrative research）。20世纪六七十年代以后，批判学术在美国开始兴盛，许多批判学者在60年代新左派运动中应运而生，在传播学界很有影响。许多主流学者也或多或少受了批判学术研究取向和研究议程的影响，所以，虽然批判学派被认为是非主流的，但在北美传播学术界也占有重要的地位。在美国一些一流的传播院系，比如我曾任教的加州大学圣迭戈分校，批判学术是主流。实际上，批判学派内部的一些区别与争论，如侧重传媒机构与控制的政治经济学传统与侧重文本与符号意义，以及受众对文本的理解的文化研究之间，传统马克思主义与后现代主义之间，政治经济学者中北美学者与欧洲学者之间的争论，分析起来更有意思。

再者，我一向认为，虽然主流与批判的两分法有其意义，但是我们不能把问题绝对化，而且，正是不同学派的互动与争论推动了整个学科的发展，所以，我避免孤立地去评判与理解某个学派或某个国家的传播学，主张以历史和全面的视角来把握整个学术领域。实际上，学术传统的跨国跨文化传播是很有意思的，比如，属于批判传统的英国的文化研究到了美国一些学者的手里，味道就很不一样了。就我个人来说，除了对加拿大、美国、英国的传媒政治经济学和文化研究感兴趣外，我当时还对传播学中对媒介运作和新闻生产过程作中观和微观研究的传媒社会学很入迷。虽然出发点不一定相同，这些具体与细腻的，有些是从现象学的角度的研究，与政治经济的宏观与粗线条研究有很强的互补关系。

问：您认为批判学派对您最重要的启示是什么？

赵：批判是一种视角，一种思维取向，也是治学的一种气度。反思性，也就是对现存社会体系及其自我标示的合法化根据的理性反思，以及在此基础上对权力和权利问题的关注是它的基本特征。北美传播中的批判思维使我不仅关注国家的权力，还重视市场在传播资源配置中的社会倾向性，资本的权力，以及市场机制与民主机制的区别。我这里所说的不仅是一般意义上的关于媒介的拥有者和广告商如何影响媒介内容，过度商业化与消费主义意识形态的问题，乃至对媒介的集中与垄断的批评。这种批评在北美并不是批评学者的专利，许多自由主义学者也不反对这种批评。实际上，这种批评在主流媒体上也时有所闻。我更欣赏的是批判学者对以广告为支柱的商业化媒介市场作为一种非政府的，但在实践中起着社会控制与媒介"执照机制"作用的认识。在这方面，我印象最深的是英国学者科伦（James Curran）早期的传媒政治经济学分析。这项以英国报业史为背景的研究表明，英国历史上对出版印花税的废除以及对报业市场的开放不仅仅是一种简单的经济行为，更不单是自由主义新闻理论叙事中所说的新闻出版自由对政府控制的胜利。科伦对英国议会就这个问题的辩论的分析证实，英国统治者中的改革派希望通过让市场向资本的全面开放来达到对社会话语权的有效控制的政治目的。当时，英国的劳工阶层以及其他的非资本以及反资本的社会力量正通过逃避印花税的非法出版物开拓他们自己的话语空间，冲击现有的精英话语体制。在如何有效控制这些地下刊物以及它们的声音的问题上，一部分统治精英主张用政府的力量来"堵"，而另一种策略则主张放开市场，通过资本的力量来达到支配主流话语的政治与意识形态目的。道理很简单，作为一般原则，传媒资本与广告商是不会向那些反资本、迎合没有消费能力的下层劳工阶层的报刊注资和在这些报刊上大量投入广告费的。在一个全面开放的市场中，这些声音会"自然而然"因为没有资本的青睐被边缘化。这一策略在辩论中以及随后的政策与事实发展中获胜了。

这里你可以看到，这种分析与关于市场如何把读者奉为上帝，竞争中如何"优"胜"劣"汰的泛泛之谈，或者更确切地说，诸如此类的市场话语霸权的意识形态化说辞大相径庭。对由广告商支撑的商业媒介来说，受众的数量固然重要，他们的质量，就是消费能力更重要。于是，像科伦描述的那样，在英国报业史上，就有读者比《泰晤士报》《每日电讯报》《卫报》这三份报纸的总数还多的、迎合下层劳工的《每日导报》，因没有足够的广告收入被迫关闭的经典实例。这一规律在其他各国的商业媒介市场中同样在发挥着作用。1980年，渥太华的一家比现存的《公民报》有更多读者的报纸也因为读者地位的不到位而关闭。正像我在《维系民主？西方政治与新闻客观性》一书中所说，如果民选的基本逻辑是一人一票的话，媒介市场的逻辑是一元一票。

问：您刚才提到自己的著作，能不能系统介绍一下？

赵：我最初的研究兴趣在传媒与话语理论。我的第一篇论文是关于后现代主义、后结构主义、后马克思主义，也就是国内所统称的"后学"对从马克思到葛兰西的传统意识形态理论的冲击与影响。说起来很幸运，我这篇纯理论的、发表在加拿大学界很有地位的《加拿大社会学》上的文章是一篇地地道道的习作，它是我博士资格考试中一个星期内必须完成的六道答题中的一道。从1993年发表以来，这篇文章一直是我们学院"传媒与意识形态"本科和研究生课的必读材料之一。

在掌握纯理论分析与文本研究方法论的基础上，我也对新闻作详细的话语分析。我最早与导师合作的一篇文章就是分析第一次海湾战争期间美国报纸对反战声音与活动的报道，我的分析使我对美国传媒在建立话语霸权方面的机制有了比较深刻的认识。与全面控制的新闻制度不同，这一机制的特点在于，对于异见，它一边有选择地报道你，一边又使你边缘化。当然，这方面的经典分析是吉特林（Todd Gitlin）对传媒与美国以反越战为中心的新左翼运动的分析。听说此著作很快有中译本，我很高兴。

后来，我与博士导师一起作了关于北美的传媒与民主问题的系统研究。我们以新闻客观性为切入点，结合传媒政治经济学、文化研究、福柯的权力/知识理论、传媒社会学以及话语分析的方法，对新闻客观性的理论与实践的历史渊源与演变、新闻制度基础、哲学背景、新闻客观性在加拿大、美国和英国新闻业中的不同表达以及它作为一种定义与调节新闻与资本、国家、新闻从业者、受众，以及其他社会力量的话语资源进行了系统的分析，并由此切入西方传播学术界关于新闻与民主这一中心议题和热门话题。不用说，我们的分析远远超出了新闻是不是客观、能不能客观这一国内外学术界的"永恒主题"。我们把这一"永恒主题"本身当作围绕新闻客观性的各种话语的一部分，而把讨论的核心定位于新闻制度、新闻实践与民主政治的关系。

当然，对一些生活在西方自由民主国家以外的自由主义学者来说，在美国、加拿大这样的国家，民主也许已经不成问题，有我这样文化背景的学者加入批判学者的行列会使一些人出于误解或有意曲解产生推想，以为对西方民主制度下的传媒进行批评，对市场主宰下的新闻制度的非民主，甚至反民主的倾向性进行研究，就必然意味着我对专制政治的赞同。实际上这种想法是典型的非此即彼的二元思维与冷战思维的表现。作为一位相信批判学术的独立思考与非依附品格的学者，我没有迎合的学术心态，我更不是那种到了西方就不敢以反思批评西方社会的姿态融入社会的人。在没有把美国新闻制度的国际国内、历史与当代背景，以及这一制度的表述与实际运作之间的关系研究透彻之前，我不希望就把自由主义的新闻理论当作自己学术思维的前提。正如我们著作的名称所表达的那样，民主是一个过程。西方民主的维系是一个实在的问题，而且，由于西方国家在整个世界政治经济体系中举足轻重的地位，这个问题有世界性的意义。随着最近几年新闻与政治权力和资本的关系进一步融合，以及由此带来的美国主流话语空间的相对收缩，现有的北美新闻制度能否维系民主这个问题变得更加具体与迫切了。

问：您关于中国传媒的著作在海外学术界一鸣惊人，是什么原因？

赵：海外关于中国传媒的著作很多，不少老资格的学者在这个领域很有成就，我只是个后来者而已。也许是我有一个独特的视角，这就是我既相对于研究对象"不在此山中"，又位于美国传媒学术边缘的加拿大；也许我是在系统地对北美的传媒制度进行了反省性的批评以后，再反过来研究中国；也许是我的批判学术的理论视角使我能克服自由主义传媒理论的盲点；也许是我的文献研究、实地考察、深度访谈、文本分析的综合方法比较适合改革中的中国传媒这一复杂多面的研究对象。总之，也许是我一方面以一套比较深刻的理论为指导，另一方面又在研究中使自己的主体意识充分展开，不拿理论框框去套现实，海外传播学界和汉学界的一些同人认为我分析得比较有新意、有内涵和有深度。

问：一般认为，批判学派的理论与分析固然很有说服力，但是缺乏实用性和操作性，您怎么看？

赵：正如国内一位哲学研究者最近在一篇关于批判学术的文章中所言，实践性是批判学术的基本特征之一。批判地反思历史的目的在于批判地重构历史，从马克思到法兰克福学派的大师霍克海默到萨特都不讳言这点。这位学者还引用霍克海默说，批判理论不仅仅是人类显示其价值的一种研究假说，更是创造出一个满足人类需求和力量的世界的历史性努力的根本成分。我非常赞同这一说法。我认为不应只用狭隘的、迎合现存社会主流的实用标准衡量任何学术，包括批判学术。学术活动的目标应该是多元的，作为社会良知的学术活动应该与传媒业的研究与发展部门、政府的智囊机构有区别。批判学派关注的是宏观的、制度性的问题，顾名思义，它不以回答如何维护现有的权力结构和关系为目标，更不以提高媒介的市场竞争力，增强广告的有效性这一类题目为己任。记得2000年我在广播学院讲学的时候，放了一部广告与消费文化研究学者、美国麻省大学的加利（Sut Jhally）教授的题为《广告与世界的末日》的纪录片。片子通过对广告作为一种传播形态的分析，从经济、文化、历史与生态等角度对广告所代表的消费文化的可持续性提出了问题。对我来说，没有比这样的问题更有现实意义和迫切性了。从历史的角度看，批判学术的社会影响是深远的。在国际传播领域，席勒等人对文化帝国主义的批判与"二战"后新独立的民族国家要求国际平等的愿望相呼应，形成了世界新传播秩序运动。目前，批判传播理论对世界范围内的传播改革和另类传播实践也有重要的指导性影响。

当然，批判学术的实践性的具体表现是多面的。如我自己就主持过一项加拿大政府资助9万多加元的研究项目，这个项目的目的是改进媒介对妇女与暴力问题报道，提高妇女组织和妇女权益工作者的媒介驾驭能力，使用的是实践性很强的"参与者行动研究"（participant action research）方法。我和我的研究助理与妇女工作者一起分析主流媒介关于妇女与暴力的报道，策划干预媒介报道，改变其话语框架，最终的目的，套用国内的时髦话，是把批判学术转化为一种特殊的生产力，让妇女权益工作者自己学会话语分析方法，对媒介报道进行持久的监测与干预。

此外，虽然我的学术取向决定了我不会从传媒业界得到咨询费，但是，作为学者直接参加社会实践的一部分，我还是加拿大一个传媒与政策教育和咨询机构的创始人和董事之一，这个机构致力于增强弱势群体的传播能力，提高社会的政治民主程度。我在这个组织中的同事都是加拿大政界和传媒文化界的精英，包括一位前外交部部长、联邦新民主党最有威望的一位前领袖、保守党的一位前国会议员，以及前总理皮尔逊的直系后代等。每年我要通过董事会和日常咨询在这个组织的管理与政策安排上投入至少十个工作日的义务劳动，这是我作为一个学者的工作的有机组成部分，而且这种社会活动与我的研究相得益彰。

问：在传播学界有这样一句话，"古老的传播论，年轻的传播学"。您怎么理解？

赵：这是一种很有见地、很有意思的说法。的确，在传播学作为一门学科产生之前，思想家们就对作为人类基本活动的传播现象有很多论述。实际上，即使是今天，许多有关传播学的原创性论述也往往是其他领域的学者提出的。对年轻的传播学者来说，这一说法的意义在于，只读几本当代中外传播学的教科书是远远不够的。

问：您在国际传播学界驰骋多年，善于多向交流，您能点评几位您钦佩的海内外传播学者吗？

赵：在我无缘有个人交往的、有原创性的传播学者中，我最敬仰雷蒙·威廉斯（Raymond Williams）的广博与精深。在我有幸有个人交往的学者中，我佩服传媒政治经济学的创始者之一赫伯特·席勒（Herbert Schiller）的执着、勇气、胆量以及作为大牌学者的真诚和平易近人。由于他对美国传媒制度和主流媒介的批评和直白、犀利的学术风格，席勒在大学里十几年待遇得不到提高，《纽约时报》有不采访他的不成文规定，但他仍坚韧不拔地做他的批判学问。有两个我亲身体会的他与美国主流报纸的关系的细节让我十分感动。1997年秋，我刚去他所在的加州大学圣迭戈分校传播系任教，在系里的邮箱前第一次碰见他时，我作了自我介绍，并告诉他，我正在做有关中国电信业的研究。没想到，第二天，我就在自己的信箱里拿到他从《华尔街日报》上为我作的有关中国电信业的一篇剪报。2000年初，在他病重期间，我去看望他，并按一位朋友的建议为他读他订的《纽约时报》。听了一篇文章后，极度脆弱的老人在闭目养神，这时，一位护士进来，问他可不可以把报纸拿作他用，我以为他会随口答应，没想到，这位生命垂危的学者不假思索地、有力地说了一声"不"，好像他还离不开他的学术事业，还要为他的下一本书做剪报似的！五天之后，席勒去世，《纽约时报》失去了一位知名的批评者和忠实读者。但《纽约时报》毕竟是一份珍惜自己地位的报纸，美国主流媒介也不是靠对异见人士的彻底封杀来实现话语霸权的，席勒以他的不可否认的学术地位和影响力使这份报纸在他去世后发了长篇讣告，对他的学术生涯作了比较公允的肯定。

二、也许一篇文章改变不了一个世界，但至少能让世界多一份理性

问：赵老师，从您前面的谈话中，您提到了传播学中批判学派对您研究的影响。这样的选择是出于偶然的机会呢，还是有您成长经历与知识结构中的必然因素？

赵：应该说都有吧！经常读到国内的一些学者讲自己或父辈如何被打成右派，在"文革"中如何受害，或下乡的磨难以及这些个人经历对自己的学术道路的影响。我父母是普通农民，我生在社会底层，没有"失乐园"的痛苦体会。从五岁上学开始，我成绩就一直很好，在1977年初中毕业时，我在升高中的问题上遇到了人生的第一个波澜。当时国家已由推荐升学制度改为考试制度，入学择优录取，也许是作为一种过渡吧，我所在的地方实行大队推荐参加公社里的高中升学考试的制度，也就是说，不是所有的学生都有考试的资格。我虽然一无所谓的家庭成分问题，二没有上过高中的哥哥姐姐，不存在一家多占稀有的高中入学机会问题，但同样没有考试的资格。原因很简单，因为村里升高中的名额有限。幸运的是，我有一对敢于为女儿的命运抗争的父母，还有一位我

永远不会忘记的叫张美华的正直的班主任老师,在他们的共同抗争下,我获得了参加考试的机会。我一直不知道自己的考试成绩,我上的是一个公社(乡)里为应对高中的扩招而临时办起来的两年制半工半读的"五七"高中,而平时比我成绩差得多的某领导的儿子则上了区(镇)里三年制的正式高中。

问:没想到您求学过程中还有这么曲折的经历,您一定有很多感触吧?

赵:这件事发生在一个偏远的小地方,而且当时是1977年,"文革"刚刚结束,国家的政治生活都还不正常,所以不足为奇。但是,这确实是我成长过程中一段刻骨铭心的记忆。当时我只是12岁的孩子,却明白了权力、抗争、机会、平等的重要性。现在回想起来,这段经历对我后来的学术取向有深远的影响。第一,我的学术关注权力的作用,尤其权力在分配稀缺社会资源过程中的地位与作用。这种社会资源可以是入学的机会,也可以是社会的话语权,而这正是批判学术中政治经济学的核心内容。第二,我对制度表达与制度实践间的矛盾与张力非常感兴趣。虽然我当时有所谓的好的家庭身份,但还是被剥夺了考试权力,这一事实使我在后来形成的认识论上拒绝接受任何左的、右的教条,相信具体情况具体分析的求实原则和个案研究的必要性。第三,我的经历使我认识到了教育机会的重要性。今天,当我看到媒体上关于儿童因为家里交不起学费而失学的报道时,就会想起自己在被告知不能继续上学后在教室外痛哭的情景。虽然剥夺的方式不一样,而且由于经济上的原因造成的失学会使当事的父母和孩子把机会的失去内在化和个人化,但对孩子来说,结局同样可悲。我对教育的关注使我从宏观的社会平衡发展的角度来研究一个社会的传播系统的发展与意义。一方面,我们的传播技术已经到了可以在手机上看电影的程度,另一方面,我们还有儿童在失学,这是不是不平衡发展的一种对比表现?第四,也许正是由于我这一难忘的经历,我渴求社会公正,希望维护弱势群体的权益,并且特别关注不平等问题,不管这种不平等是在政治、经济或社会领域。我常问自己,我的博士帽、我的教授头衔、我的传媒学术对千千万万没有上高中机会的人意味着什么?当然,我从我的班主任老师那里学到了如何去当一名关爱学生、为学生创造机会的老师。

问:那后来您是怎样考上北广的?

赵:说来惭愧,我根本没有想过要上大学,换句话说,像我这样的孩子根本就没有编织梦想的心态,我的唯一想法就是希望能继续读书。至于职业目标,在当时中国的城乡二元体制下,农村学生最大的梦想就是通过上学变农村户口为城市户口,而考中专是最现实的办法。这也只是我们班上几个成绩好的同学的理想。也许是命运的安排,我高中毕业时才14岁,还没有达到规定的考中专的年龄，唯一可以参加，但我却没有一点信心参加的，就只有考大学了。又是一位对我的前程起了至关重要作用的老师，为我跑到县城报了名，而且在我考试时在考场外陪我。因为"五七"高中数理化教育水平很低，我的高考分数不够，第二年，我凭着中学校长的推荐信和不算太低的高考成绩进入了区里高中的高考复习班。即使那时，我仍然没有放弃中专梦。不过，理科班已经满了，我毫无选择地进了当时没有"市场"的文科班，历史、地理基本上从头开始，英语成绩因为当年只占总分的30%，就只好不学了。经过一年的学习，1980年我因成绩排浙江省前六名而考上了大学。

选择上北广则又是一个令我十分感慨、让我不得不被批判社会学所折服的故事。上北京读书是我当时唯一的愿望，在填报志愿的时候，我第一选了北大，第二选了人大。以我的总分，我想上这两所学校没问题。当然，对我这样的文化资本十分有限的学生来说，这两所学校有一种高不可攀的感觉。正当我填好志愿但还因犹豫没交表的时候，学校的英语老师走过来看着我的表说，你英语一个字不会，人家北大不一定要你，不小心一个学校都上不了。为保险起见，他建议我选择北广新闻系，说肯定不要英语。学新闻为老百姓说话这一模糊的理念对我也有吸引力，我把北广当作第一选择，就这样进了北广。说实话，在填志愿之前，我根本就没听说过北广。学了几年后，我觉得自己的性格和社会背景不适合当记者。加上自己更执着于读书，毕业前就选择了考研。

现在，每当回想这段傻乎乎的"选择"经历，包括那位好心的、对录取程序大概也不一定有明确的理解、对北大也许跟我一样抱有一种高不可攀的感觉的英语老师的提示，我都有一种感触：如果没有文化资本，任何选择都不具意义。我是个侥幸者。我不知道农村有多少孩子像我一样没有做更大的理想之梦的心理素质与文化资本，但我知道，有许多人在类似我这样在没有充分占有信息的情况下做着各种生活道路上的选择。也正是我上学的种种经历，使我后来对法国社会学家皮埃尔·布尔迪厄（Pierre Bourdieu）关于现代社会秩序的再生产理论，尤其是社会阶层结构通过教育系统的再生产以及文化品位与社会分层关系的分析特别感兴趣。

问：美国被认为是传播业和传播学的中心，您为什么选择到加拿大学传播？

赵：这是国家计划的结果。我当时考取的公费留学名额按计划必须去加拿大。我对加拿大这个国家很感兴趣，但对加拿大的大学，尤其是加拿大传播学的状况一无所知。而且我发现加拿大的几所著名学府，如多伦多大学和不列颠哥伦比亚大学，都没有传播系。为此我还跑到当时的国家教委，要求能不能把我的名额改到美国。当然，我的请求被拒绝了，这使我大有这辈子命中注定上不了最好的大学的感慨。我最后进了西门菲莎大学，也像当年选了北京广播学院一样带有盲目性。当然我也是入校后才知道它在加拿大传播学界首屈一指，并在世界上很有影响。当时，传媒政治经济学的创始人之一达拉斯·斯迈思就在这所学校。

现在回想起来，我真为自己能到加拿大和这所学校而庆幸。加拿大传播学的独特内容和视角使我获得了对美国、加拿大、中国的传播制度以及对世界传播状况的不同的认识和比较的机会。尤其重要的是，加拿大传播学的理论体系使我在很大程度上能在研究中避免因美国自由主义主流意识形态和冷战思维的影响所形成的某种思维定式，从而形成自己独特的分析视角。我的分析之所以能够在英语学术界受肯定，并非因为我比其他学者更聪明，而是因为我的学术背景使我形成了独特的见解。从中我也悟出了一个做学术的辩证法：边缘未必没有亮点，中心未必没有盲点。

问：您博士毕业后就直接受聘于美国加州大学圣迭戈分校。作为一个在传媒学术界颇具影响的学校，您对那里的教学和研究工作有何感想？能否谈谈您在那里的具体收获和难忘的事情？

赵：这是我十分难忘的一段经历。我在这所学校任教的三年经验对我个人的知识结构发展和学术研究有着相当大的影响。由于我丈夫在温哥华有很好的工作，我1996年博士毕业后并没有想过去别的地方工作，而且，当时我已经得到了加拿大社会科学与人文科学委员会提供的在不列颠哥伦比亚大学为期两年的博士后研究基金。但当我知道圣迭戈有一个教授职位时，还是毫不犹豫递交了申请。且不说该校很有名，这所学校的传播系当时是我学术上的精神圣地，除了赫伯特·席勒之外，这个系还聚集了好几位我崇拜的知名学者。更有意思的是，我的硕士论文《维系民主？西方政治与新闻客观性》一书里就对这个系其他三位学者的观点作了分析、批评与借鉴，所以当我得知被录取后便毫不犹豫地选择了这个职位，把仅四岁的女儿抛给了丈夫。说起来我十分幸运，这是我毕业后发出的唯一求职申请，后来才知道，原来获得这个职位极为不易。在我被录取的前一年，系里已招过一次人，但没有找到合适的人选。作为一个很有名望的传播系，为了保证教授的质量，系里宁愿让职位空置也不愿意随便录用一人。说起来，像我这样从加拿大一所普通大学毕业的博士能到加州大学任教还真算是高攀了。记得在校长招待新教授的午餐会上，新来的教授们一个个向校长报告自己是从哪所学校来的，我前面的两位都来自哈佛，所以轮到我时我脱口说了一句，"我的哈佛是西门菲莎"，好在校长去过我的学校。

在圣迭戈的这三年可以说是我学术上收获最大的三年。我教的四门主要课程包括有关美国传媒和电信历史、产业结构、法规和社会影响的本科基础课，赫伯特·席勒开创的国际传媒政治经济学、比较传媒制度和专门为博士生开的传媒政治经济学必修课，这些课程都是系里的核心课程，内容都非常具有挑战性。主讲这些课程使我系统掌握了美国与国际传媒业的历史与现状，开拓了学术视野。除了学校非常优越的研究条件和学术气氛之外，系里的资深教授们寄予我厚望，在学术研究上给予我扶持与帮助。就我自身而言，由于我的知识结构比较宽，研究的方向也多元化，加上我在研究中兼容并蓄的风格，使不同思路的学者，包括政治经济学者、后现代主义学者、自由派学者都能与我产生共鸣。除了优秀的传播系以外，这个学校还集聚了一大批在研究中国问题上很有成就的政治、历史、社会、经济学家，这为我在对中国传媒的研究上质的飞跃提供了有利的机会。

问：如果说您第一次去加拿大是国家留学计划的安排，那您选择重返加拿大又是因为什么原因？您是否后悔放弃在美国加州大学继续发展的机会？

赵：回加拿大，很大程度上是由于家庭的关系。我丈夫不愿放弃他在加拿大的工作，年幼的女儿不能一直没有母亲的关爱。我经常要往返于温哥华与圣迭戈之间，十分辛苦。从另一方面考虑，虽然北美的大学一般不招本系毕业生当教授，以避免学术上"近亲繁殖"，我的母校西门菲莎大学还是非常乐于把我从圣迭戈招回来。说实话，我并不愿意放弃在美国的发展前景，我的系主任、同事们以及学校的几位著名汉学家都百般挽留，主管学术的副校长专门召见我，希望能解决我在家庭方面的困难，这是相当难得的。当时西门菲莎大学的职位有好几位实力很强的竞争者。我曾真诚地希望母校的同事们能选中他们当中的一位，使我从这一艰难的选择中解脱。当然，就像我的一位同事所说，你越是不想得到这份工作，人家越是看中你。美国《时代》杂志的加拿大版在一次对我的报道中，还声称我是被母校当作"明星教授"吸引回加州的，看来中外媒介在"拔高"报道对象方面都有一套。

虽然圣迭戈方面破例让我停薪留职一年，给我一个后悔的机会，并且多次希望我回去，条件好商量，我思考再三，还是决定留在西门菲莎。家庭因素之外，还有一个学术"使命感"的因素——回答斯迈思就中国传媒与发展提出的一个问题。作为传播政治经济学最重要的创始人，斯迈思对世界各国的传媒体制，包括中国的发展及其传媒政策非常感兴趣。他1970年代曾两访中国，并写了一篇题为《自行车之后是什么？》（*After Bicycles，What？*）的传奇式论文，对中国的发展走向提出了令人深思的问题。作为一位传播领域批判学术的奠基人，斯迈思对西方的过于商业化，倾向于单向传播的，把电视观众当作受众商品的电视制度持批判态度。在这篇文章中,斯迈思对传媒技术的社会性问题作了深刻的阐述,并对他在采访中接触到的中国学者和技术政策界人士所持的技术是中性的观点提出了异议。同时,他的理想主义使他对中国正在进行的社会主义实践十分关注,希望中国能创立出自己的、适合于双向交流的、摆脱消费文化的传媒制度。他把文章作为一位友好人士的建议送给了国内接待他的人士,也因此,他生前一直没有把该文章当作学术著作发表,但这篇文章在学术圈内广为流传并成为他最著名的论文之一。我进入西门菲莎大学的时候,斯迈思已经退休,但还在上课,当时系里的一位中国学生告诫我,不要接近这位观点古怪的教授。后来,经过另一位学生的介绍,他还是把那篇打印文章塞到了我手里。我也抱着兼听则明的态度去旁听了他的国际传媒政治经济学本科生课程。当然,我没想到我自己现在就在教这门课,而中国以媒体广告为主要载体的、以汽车文化为最新表现的消费文化好像也已经对斯迈思提出的问题作了回答。但作为他的学术承接者,我感受到他对我提出的挑战,有一种给他和整个学术界就中国的传媒与社会发展问题做出我的独立的分析与解释的使命感。这使西门菲莎大学成为我的必然选择。

问:做学问要把自己的视野放得宽一些,学术领域的探讨贵在有自己的创见。视野放宽,胆子放大,敢于争论,才可能有新的东西出来。您认为这种精神是学术研究必需的吗?您能否谈谈做学问的体会?

赵:你说得很对。做学问贵在有创建,有威廉斯般的视野和席勒般的胆气,要有坚实的理论基础,充分吸收现有的思想和学术资源,跳出传播学的角度来审视和研究传播学。博览群书对任何学科都很重要,对传播学这一年轻的跨学科的研究领域就更加必要了。虽然读的书当时不见得会有立竿见影的作用,但这种积累对学术品质有着潜移默化的作用。我本人对政治、经济、历史、社会、国际关系等领域都有浓厚的兴趣,除了对书的选取要广以外,我还特别注重阅读不同观点的著作,做到兼容并蓄。这种习惯甚至影响到我对偏向于休闲的畅销书的选择。我有在飞机场买书、在飞机上读书的习惯。前一趟从伊利诺伊大学香槟分校讲学回来的途中,我读的是美国著名左派影视制作人麦克·摩尔的畅销书《愚蠢的白种男人》(*Stupid White Men*)。而最近一次从德克萨斯大学奥斯汀分校开会回来,读得津津有味的是美国共和党极右翼政治家布坎南(Patrick Buchanan)的《西方之死》(*The Death of the West*)。另外,要研究自己喜欢的问题,千万不要急功近利。当然,我不喜欢在学术中灌入太多的权利与名誉,尤其那些为了保护自己的学术地位而有意地歪曲别人观点的行为。我觉得做学问要有创新的胆气,更要有承认挑战观点的气度,学术的进步有赖于不同观点的碰撞。

问：赵老师，您的学术研究已经在主流学术界获得肯定，我想知道您是如何看待您目前所拥有的学术名望和成就的？您的这种源源不断的学术热情又是出自何处？

赵：名望、成就……我不敢当，无非是我写出来的东西被学术界一些同人所承认罢了。而且我觉得著书立说是学者的本职工作，没什么特别了不起之处。至于学术热情，主要来源于三点：一是对生活的热情和社会良知的呼唤，二是求知的欲望，三是学术界的期望。一方面，社会中值得研究的新题目层出不穷，有很多令人心动的题目等着你去研究；另一方面，我也是被众多同人的约稿"逼"着做的。当然，有时忙不过来的时候，也真希望自己能说"不"，但对学界的责任又使我最后说"是"。相信很多学者也是在同样的心态下写出一篇篇文章来的。

问：我个人越来越有这种感觉，一个人越成功，必须在性格上越完善，大师级人物往往有普通人所不具有的大胸襟和高眼界。小事上计较得越多，大事上失去得也越多。性格和心态是决定一个人能不能更往上发展的重要因素。不知道您对此有什么看法？

赵：你的感觉很有道理。小肚鸡肠、斤斤计较，只看到眼前小利益，什么便宜都想占大概不是做学问的最好性格特征。我没有大师梦，我自知精力有限，一直把心思和资源放在最值得做的事上。在一无过硬的英语，二没有西方理论基础的情况下，我一到加拿大就把时间都放在学习中，而且把一半的奖学金用于房租，为自己创造良好的学习环境。在读博士时，我把前两年的时间花在既无经济报酬，又与完成学位要求无关的《维系民主？西方政治与新闻客观性》一书的研究写作上，后来又自费回国做论文研究，把微薄的积蓄用于学术上。这些小节上的牺牲带来了学术上的收获。

问：欧阳修说："明窗净几，笔砚纸墨皆极精良，亦自是人生一乐。"快乐可以是一个小细节，一段小插曲，也可以只是一瞬间的感觉。对您而言，你做学问过程中最高兴的事是什么？

赵：当自己的文章被学术界承认的时候，当我看到我的学生从我这里获得新的视角的时候，当我在研究中获得重要的资料的时候，我都很开心。不过，最令我兴奋的是与兴趣相同的世界各地学者朋友进行深层的、漫无边际的、不顾忌身份的、不带任何利益关系的交流。这可以说是我对学术传播中的理想话语境界，也即哈贝马斯关于社会传播中的"理想话语状态"的一种享受吧。如果有美景或美酒助兴，那我就更得意了。最难忘的是2002年夏天，在南欧讲学期间与俄罗斯年轻女学者考茨娃在亚德里亚海上一边畅游,一边漫谈中国与俄罗斯不同的社会变革道路的情景。整整两小时,惬意极了!

问:作为一位华人学者,您是否觉得要比西方土生土长的学者付出更多?

赵:这是毋庸置疑的事实。本地学者选择一个很小的研究题目就有可能在学术界立足。而我,在教研方面,不仅要成为加拿大、美国和国际问题方面的通才,又要对中国从新闻媒介到电信和大众文化各方面的问题有所研究。所以,专、广、全就成了我的特定学术身份。当然,用外语写作总没有别人用母语得心应手。

问:随着您在国际传播学界名望的增长,国内外学术界自然而然地把您当作是中西方学术交流的连接点。使命的背后,您必然要付出了很多精力和时间。您能谈谈您最近参与组织和策划的学术交流活动吗?

赵:除了自己做学问外,我很高兴为华语与英语学术界搭桥。你可能也知道,2002年我为母校北京广播学院的一个大型国际学术讨论会做了一些事,帮助邀请了一些国际知名的学者。为了使其他学者有更多的时间在会上发表文章,我虽然准备了论文,但坚持放弃在会上发表的机会。最近,我花了大量的精力与两位同事一起组织一个由美国洛克菲勒基金会资助的有关中国传媒的国际学术讨论会,希望为国内学者与西方学者平等的学术交流提供一个平台。出于对中文传播学术的关注,我也写一点中文文章,尽管由于中西学术的不平等地位,这些文章在我的英文履历上不会被看重,而且由于语境的差别、中文学术词汇的缺乏和可怜的打字能力,我现在用中文写比用英文更吃力。

问:如果可以重新设计您的人生,您是否愿意继续走您现在所走的道路,还是希望有些改变?

赵:我会继续走同样的路。不过,我会主动地去选择考大学文科,而不是被动地被命运之神推着走。当然,我会直接选传播学专业,我觉得,在这个世界上能做一名有条件独立思考的学者实在是一种奢侈,一份十分值得珍惜的特权。在这个被称为信息时代的社会里,能做一名研究社会的意识和传播活动的学者,更是一种难得的又十分重要的机会。

问:您能概括一下您的人生哲学和治学座右铭吗?

赵:我还真没有把自己的体验上升到人生哲学和治学座右铭的高度。从我的经历中你可以看出,我不是那种富于幻想的人,但我也不是轻言放弃的人,我珍惜和把握生活中每一个难得的机会。至于做学问,虽然一篇文章改变不了一个世界,但我坚信学者有秉承社会良知,展示思想力量的天职。只要能让世界多一份理性,多一声正气,能对人有所启发,我乐此不疲。

三、"理智上的悲观主义,意志上的乐观主义"

问:您在论著中从一个全新的视角对我国的新闻传播领域的实践活动提供了一个大胆的建议。在传播全球化的趋势日益明显的今天,您认为中国的传媒业应该做好哪些准备?

赵:你的问题很重要,而且我知道这是国内传播学界最近十分关注的问题。不过,你这是从业界的角度来提问题,而且这个问题隐含了对传媒业既存目标的某种假设和对这种假设的认同。我前面提到过,作为社会良知的学界的视角应该与传媒业的研究与发展部门和政府的决策机构的视角有所区别。从批判学术的角度,关键不是传媒业具体应该如何准备,而是中国社会在全球化的背景下应该用哪些基本原则和制度设置要求来改革和构建传媒体系,使社会的传播资源和传播权利在各阶层间的分配更趋向于公平、公正与合理的问题。更直白地说,对"如何准备"这个问题的回答是以对传媒业的社会价值目标是什么这个问题的回答为前提的,不同的价值目标决定了不同的策略,而社会不同的行动者集团和群体,包括传媒业本身和传媒业内部的不同利益主体,对媒体是有不同的目标定位的。另外,应该认识到,"传播全球化"既是一种现存的客观力量,也是一种不同行动者主体用来表达自己对传媒改革目标诉求的话语资源和主观建构。这就意味着,在回答如何准备这个问题之前,还有一个有关"传播全球化"的内涵和意义的前提性问题。也就是说,对"传播全球化趋势"的不同描述和理解在一定程度上决定了对如何做准备这个问题的回答。说了一大堆话,没正面回答你的问题,倒是不但把你的问题从批判思维的角度给解构了,而且就这个问题本身提出了一些更基本的前提性问题。从这里你可以看出,批判思维并不是简单的对现存问题的否定,而是把视角转化到对更基础性的问题的思考上,并在此基础上从全社会的福祉的高度提出建设性的建议。

问:看来提什么样的问题的确对学术研究有关键性的意义,您能对传播学在中国的发展做一些展望吗?

赵:你说得很对。实际上,提问题本身比回答问题更重要,提什么样的问题决定了一个人会做什么样的学问,从什么样的理论高度做学问。当代中国有在世界传播史上十分罕见的丰富传播实践,逐渐开放的环境又为学者们提供了多方面的信息来源与多元化的外来思想、学术资源。我相信,通过国内同人们的努力,中国一定会建立起无愧于中国传播实践本身的深刻性与丰富性的,既属于中国,又有世界意义的传播学。

问：想请您做个心理小测验，如果有一串葡萄放在您面前，您会选择先从坏的开始吃起，还是选择先从好的开始吃起？有人说，先从坏的吃起的人是悲观主义者，因为他吃的每一颗葡萄都是剩下葡萄当中最差的一颗，而先从好的吃起的人就是乐观主义者，因为他吃的每一颗都是剩下葡萄中最好的一颗。一个人以乐观的态度，还是悲观的态度看待一件事，很多时候可以影响到这件事情的结果。米卢说过，"态度决定一切"，您认为呢？

赵：我很可能好的坏的一起吃，而且等吃到一颗烂葡萄的时候大叫一声，因为我在吃葡萄的时候十有八九在看书或看报。不过，我很喜欢意大利思想家葛兰西的一句名言："理智上的悲观主义，意志上的乐观主义。"

问：有句话叫"宁静以致远，淡泊以明志"，虽然宁静和淡泊可以让人接近自己的内心，但还是想请您谈谈您在学术研究上的愿望和抱负。

赵：1986年，我到加拿大的时候带了两本我自认为有用的传播书籍：一本是由中国人民大学翻译的施拉姆等人的《报刊的四种理论》，一本是联合国教科文组织的关于世界传播秩序的报告《多种声音，一个世界》。现在看来，我这辈子做的学问恐怕很难超出这两本书所触及的学术题目范围。到目前为止，我觉得我出版的著作和正在写的第三本书都是围绕着不同新闻制度这个问题。而我正在编撰的一本书则与国际传播有关，作者来自北美、西欧和亚非拉国家，而这个项目又是由日本的一个国际基金会资助的多学科国际项目的一部分。我不知道能不能达到所谓的"学贯中西"的境界，但我希望在中国方面的题目告一段落，然后做更多的国际传播秩序方面的研究。不过，我不会只注重著书立说，轻视教书育人和社会工作。

问：赵老师，谢谢您的肺腑之谈。作为师长，您能否也谈谈您对母校以及新一代同学的期望和要求？

赵：不管今后的选择如何，关注社会与民生，为正义呐喊，无论是对社会还是对个人，都是十分重要的。中国古代知识分子以"先天下之忧而忧，后先天下之乐而乐"的境界来定义自己与社会的关系。我不欣赏那种居高临下的、以救世主与慈善家的身份出现的对民生的关注。我认为，对弱者和对社会公正的关注就是对自己的关注。

对了，基于多年的研究生录取经验，想借此机会向有志于到海外深造的同学们说一句：最好带着研究问题写申请。成绩好和有读书的愿望固然很好，但尽量表述自己感兴趣的研究问题、研究方向，摸清申请学校的背景也是相当重要的。那些泛泛而谈的申请，就算你强调自己从小就多么出类拔萃，对传播学多么感兴趣，很难让人判断你究竟是否值得录取。我为越来越多的同学能到国外学习、研究而高兴，这样的机会和经历并不是人人都有的。

问：赵老师，从跟您的谈话中，我能充分地感受到您个性中的风趣与爽朗、幽默与豁达，我想这必然与您的生活密不可分。您是否可以说说您的爱好与您是怎样协调各种工作所带来的压力的？

赵：遇到压力与不顺，我一个人在书房里急过，也喋喋不休地向家人与好友抱怨过。不过，我会很快静下心来，把手头的事情按轻重缓急一一梳理，而后告诉自己，只要认真地去做，事情做完一件是一件。

说到爱好，我五音不全，唱歌绝对不敢，出国后跳舞倒是正经学过，不过现在只限于在每年一度的家庭新年聚会上与家人和朋友同乐。作为对书斋生活的一种调节，我喜欢爬山、游泳等户外活动，最近又多了一个项目，是去威斯乐（Whistler）滑雪。平时在家，我也在后院种花弄草。春天摘回一束郁金香，秋天捧回一把菊花，我从中享受到了工作以外的另一份耕耘与收获的乐趣。作为一个学者，我希望自己拿得起，有对全社会、全人类的使命感和上下求索的历史责任感；也放得下，能从大自然和日常生活的每一个细节中品味生命的意义。你也许会感到意外，除了学术著作，我最得意的作品是挂在家里客厅墙上的八幅被我命名为"后院项目"的风景摄影。这些照片都是我在阳台或后院拍的，有初春雨后对面海湾上的双道彩虹，盛夏傍晚粉色的落日余晖，深秋的寒杉树、红色枫叶、满天的朝霞，还有夏天院里鲜花的近景，现在还缺雪景，去年没下什么雪，就指望今年能下一场大雪了。

问：我想这在温哥华还是不难实现的愿望吧！

赵：应该不难。

2 创新马克思主义传播政治经济学

2013年11月,在美国旧金山召开的民主传播工会(Union for Democratic Communication, UDC,又译为民主传播工会)年会上,我很荣幸地被授予达拉斯·斯迈思终身学术成就奖。民主传播工会是由北美批判传播政治经济学者和进步媒体实践者在1980年发起的一个学术组织,它之所以把自己叫作"工会",而不用更主流的"学会",正是为了表示参与者对工人阶级的认同,而它有意包容媒体实践者的姿态,更表达了批判学术力求理论与实践相结合的取向。以斯迈思的名义设立的这个奖项也强调了理论和实践相结合标准,而2013年的年会主题恰恰也是马克思那句"the point is to change the world"的名言。

会议期间,我在一家宾馆的大堂,接受了美国批判传播学者约翰·兰特(John A. Lent)事先安排好的访谈。这离上一章访谈已有10年时间了。虽然问题依然类似,涉及我的学术生涯,特别是在中国和西方作为一个批判传播学者的学术经历。但是,到了这时,我不但对在中国作学术和出版的机遇和挑战有了更多的体会,也对西方批判传播学本身,尤其是传播政治经济学的局限性和聚集在"工会"这个让人想到阶级团结和共同体理想旗帜下的学者群体之间的国家、种族、性别等分野之间的鸿沟,有了极为深刻的个人体验了。

约翰·兰特1936年生于美国宾夕法尼亚州,是一位非常多产和具有国际视野的美国批判传播学者,以研究国际传播业、全球传播秩序、亚非拉媒体,尤其是卡通艺术蜚声西方批判传播学界。早在1971年,也就是我还刚上小学时,他就出版了关于亚洲报业革命的书了。1995年,当我还在写博士论文时,他就以访谈和他者述评的形式,出版了《走不同的路:批判传播学者剪影》(*A Different Road Taken: Profiles in Critical Communication*)一书,立体展现了达拉斯·斯迈思(Dallas W. Smythe)、赫伯特·席勒(Herbert I. Schiller)、乔治·格伯纳(George Gerbner)、詹姆斯·哈洛伦(James D. Halloran)和卡拉·诺顿斯登(Kaarle Nordenstreng)这五位北美和西欧批判传播学者的学术生涯和学术思想。

2013年，约翰·兰特已77岁高龄，但在学术上还非常活跃。他当时所做的学术项目之一，就是与美国女性主义传播学者米歇尔·阿玛泽恩（Michelle A. Amazeen）一起，编撰一部《自辟蹊径：批判传播学者剪影》的续集。这部2015年由 Palgrave Macmillan 出版社出版的新书，名为《批判传播学关键思想者：从先驱到下一代》（Key Thinkers in Critical Communication Scholarship: From the Pioneers to the Next Generation）。除了约翰对我的访谈和米歇尔对约翰自己的访谈外，书中还包括了他与米歇尔分别对以下其他10位学者的访谈：诺姆·乔姆斯基（Noam Chomsky）、克里斯蒂安·福克斯（Christian Fuchs）、爱德华·赫尔曼（Edward S. Herman）、罗伯特·麦克切斯尼（Robert W. McChesney）、米汉（Eileen Meehan）、文森特·莫斯可（Vincent Mosco）、格雷厄姆·默多克（Graham Murdock）、曼珠纳特·潘德科（Manjunath Pendakur）、杰拉德·苏斯曼（Gerald Sussman）、珍妮特·瓦斯科（Janet Wasko）。由于作者按被访者姓氏的英文字母次序排列，我又是最后一位，不过，我已经不是最年轻的一位了。

在开拓不同于主流的批判学术道路上，会碰到各种阻力、困难甚至打击，这是约翰·兰特自己作为一名西方批判传播学者的经历，也是所有西方批判学者的共同经历，而这也正是他所有访谈的核心问题之一。

不过，几乎完全出乎他意料的是，在访谈中我告诉他，除了因自己的批判立场而碰到一些试图把我的观点脸谱化和边缘化的情形，让我最没有思想准备接受，也是让我最为伤心的打击，来自批判传学者群体内部。具体地说，一个因我的学术和中国背景而无情对我进行莫须有的"背后捅刀子"打击的人，是另一位曾经与我关系非常密切的知名传播政治经济学者。"反共和白人种族主义意识形态的双重影响"，是这位我一直视其为"一个战壕里的战友"的知名批判政治经济学者轻易被别有用心的人误导，在2012年以一封给西门菲莎大学校方的密信的方式，对我进行毫无根据的指控的深层原因。好在校方经过调查，完全意识到这位学者的错误，就这封密信给了我一个令我满意的处理结果。不过，从此以后，我不仅对种族主义有了刻骨铭心、永远也无法忘记的体验，对"工会"狭隘的工联主义有了更具体的认识，而且对西方传播政治经济学在中国问题上和种族问题上的盲点有了更高的警觉。

因为约翰·兰特访谈的一个重点是批判学者所面临的挑战，我觉得我有必要告诉他这样一个颇有悖论色彩的故事：给我的学术生涯带来最残酷的打击的人来自北美传播政治经济学者内部，UDC 的创建者之一。但是，我也意识到，由于这位学者给西门菲莎大学写的是一封我本不应该知道的密信（因校方一位高管自己的疏漏,这封信很快到了我手里),也由于我认为自己已经没有必要再去理会这位学者,教他如何时刻对反共、反中和种族主义意识形态保持警觉。在这个英文访谈定稿时,我纠结了很长时间,最后决定隐晦处理这件事。如果要谈学术出版中的自我审查经历,这应该是让我最为伤心和最为痛苦的一次。这一切发生在加拿大,在英文语境下,并不直接涉及国家。

当然,我也无意把这件事个人化。我甚至以把坏事变好事的心态,把这位我曾经十分尊重,并在他自己的书中肯定了我的学术贡献的北美传播政治经济学者当作"反面教材"。是他如此轻易地被别有用心者操纵的行为,让我意识到,白人种族主义和反共意识形态在西方是多么的根深蒂固。

本访谈的中文译者黄艾曾是西门菲莎大学传播学院的访问学者,现任中国社会科学院新闻与传播研究所助理研究员,张晓星时为西门菲莎大学传播学院博士生。本文在英文的基础上删去了许多内容,中文版刊登于《江西师范大学学报(哲学社会科学版)》,2016年第2期,第27—35页。

约翰·兰特(以下简称"约"): 请问您是何时开始在政治经济学或者批判研究领域著书立说的呢?

赵月枝(以下简称"赵"): 1992年,我在《加拿大社会学期刊》(*Canadian Journal of Sociology*)发表了第一篇学术论文。那篇论文基于我博士生综合考试的文献综述,探讨了后结构主义、后现代主义以及后马克思主义对"意识形态"这一马克思主义的核心范畴所产生的影响。

在读博初期,我把自己研究的主要精力放在与导师罗伯特·哈克特(Robert Hackett)一起将我关于新闻客观性的硕士论文修改成书的工作上。这既为我提供了一个扎实的批判视角来审视西方媒体理论与实践,亦是我考察中国媒体转型的研究基点。因此,当1994年底我准备写作博士论文的时候,我意识到,后一九八九时期中国媒体最引人注目的发展,是媒体在现有结构内的急遽商业化。我意识到了这一进程所带来的自由化冲击,也看到了中国新闻业所滋生的大量腐败和媒体商业化所带有的明显社会倾向性。

回想起来,这是发生在中国媒体业显而易见的事情,而我也似乎被证明就是那个在恰当的时间找到了关于中国媒体的恰当叙事的"恰当的人"。在1994年9月,我将18个月大的女儿送到中国农村老家,请我父母代为照看,自己到北京进行田野调查。1995年初,我独自回到加拿大,花了几个月的时间,完成了博士论文。等到我申请美国加州大学圣迭戈分校教职的时候,我已经有两本书即将付梓,一本是由我的硕士论文修改而成的合著书——《维系民主?

西方政治与新闻客观性》，(*Sustaining Democracy? Journalism and the Politics of Objectivity*)，另一本是我的博士论文《中国的媒体、市场与民主》(*Media, Market, and Democracy in China*)，两本书都在1998年出版。

约：嗯。那么在您的经历中，您是否面临过选择不同立场或不同路径的重重阻碍？

赵：对知识分子而言，我认为与主流观点相左被"污名化"与其说是一种阻碍，倒不如说是我必须去面对的痛苦。在"左派"观点被全盘否认的情境下，我首先不得不面对的便是被视作"左倾"观点的拥趸。简言之，谁也不想被贴上"左派"的标签。

约：是这样的。

赵：我清楚记得，1995年底当我在完成博士论文结论部分时，部分由于受到1960年代西方"新左翼"思潮的启发，我意识到，虽然改革好像埋葬了左翼思想，中国需要一个"新左翼"。但在我的博士论文中，我有意规避了这一术语，而是呼吁"重新阐释社会主义"。当然，我并不知道，正是1995年在台湾召开的一次学术会议上，有人提出，中国出现了"新左"。

因为西方的中国传媒研究被自由主义观点所牢牢统治，我成了这一霸权的挑战者。然而不可避免地，作为一个年轻的学者，我必须面对两大学派冲突的后果，即受到有意或无意的脸谱化与边缘化。即使在冷战早已被宣称已经结束的时代，学术界依然深受冷战意识框架的影响。同时，中国共产党一直坚持马克思主义。这样，作为麦卡锡主义遗产的对"赤色分子"的迫害仍易如反掌。你有可能因自己的马克思主义立场而被认为是支持权威国家，而且无法为自己辩护。

约：的确如此。

赵：幸运的是，我得了一些认可我的学术的批判传播学者强有力的支持。在我备感沮丧之时，他们劝慰道，如果他人极为不当地故意歪曲我并将我视为攻击目标，那么他们将承担失去学术公信力的风险。这些志趣相投的学者不仅对我的学术被曲解义愤填膺，还就如何回应这些误读给了我许多建议。在我学术生涯的初期，他们的鼓励对我来说意义非凡。当然，我尽己所能不将这些误读理解成个人攻击。事实上，我也决意宽容对待甚至支持我的学术对手。

当然，在中国国内的情况更为复杂。我起初并没有在中国国内发表论文，而且我的英文著作由于其对改革进程的批评而未被译成中文出版，于是学生们往往是间接地从别人的曲解中了解到我的观点，因此，在很长一段时间内我不得不反复回应那些将我的观点简单化的言论。最常见的是将我塑造成"只批市场不批国家"的"稻草人",尽管如你所充分了解到的,在批判传播政治经济学的理论框架里,国家与市场并不是二元对立的两个实体,而将国家权力与市场权力结合起来分析恰恰是我研究的核心。

这也许算不上一个主要的障碍,但我在回中国讲学时不得不面对另一种困境。一方面,由于西方学术界与中国学术界的不平等,一些从西方回国的人颇具学术声望。我受益于此,多次受邀回国讲学。另一方面,和1990年代研究中国媒体的海外学界一样,国内的中国媒体研究仍然受到那些除了自由资本主义民主之外无法想象任何替代道路的学者的主导,因而我的学术对于国内自由主义的学术场而言,也是一种威胁。由此,我的学术立场不仅承受着被刻画成支持威权国家的风险,还常常被视为在道德层面存在问题:"你在加拿大过着西方中产阶级的生活,却又回中国提倡反对资本主义的批判学术,这是多么虚伪!"

约:没错。

赵:当然,在这样一种逻辑的背后不仅仅是狭隘民族主义情感,更有一种历史线性思维在作祟。那就是,在我的批判者的眼里,我在试图劝说国人放弃他们追赶西方的努力,也就是放弃过上我在西方所享受的"美好生活"的机会。这中间也不乏教条的和阶级决定论的臆断,诸如,因为我已经享受了西方资本主义带来的种种实惠和好处,那么我在学术上仍然坚持批判立场就只能是一种自相矛盾。极具讽刺意味的是,这些反马克思主义的学者实际上是最为教条主义的、阶级决定论的庸俗马克思主义的忠实拥趸,而这种庸俗的马克思主义观点早已因为"文化大革命"及其教条化的阶级标签而受到过驳斥。无论如何,这些是我必须处理的问题。我意识到自己继续前行的唯一道路便是直面这些矛盾,在尽可能地保持自主性的同时,不断自我反思。应该说,这些年来,情况有所改观。此外,在中国的讲坛,我能以自己愿意的方式说出自己的所思所想。当然,在出版时,我必须面对出版社的审查,但我也竭尽全力去挑战主导学术话语的"极限",包括将阶级分析重新引入中国的媒体研究。

由于我并不靠发表中文论文作为我职业晋升的筹码,因此我可以负担得起挑战极限的"代价"。也许别人会称此为"共谋",但我将发表每一篇中文论文都视为中国传媒研究在批判学术道路上前进的一小步。

约:那您在加拿大又是一番怎样的经历?

赵:在加拿大多年的生活经历,使我知道这里有着不一样的权力形态和压制模式。我想强调是,发生在19世纪华裔铁路工人身上的种族歧视并没有消失,即使我已是加拿大国家特聘教授,我仍然在今天直接地、亲身地感受到其影响之深。种族歧视与随处可见、根深蒂固的性别歧视一道，是一种剥削和胁迫的力量。尽管种族主义操控和陷害没有使我丢掉工作，也没有使我停止自己的学术努力，但它逼迫我耗费一些本应花在学术问题上的宝贵时间为自己辩护。

事实上，这正是我昨晚在斯迈思奖获奖感言里最后一点的背景和潜台词：我以民主传播工会（Union for Democratic Communication，UDC）的名义接受这一奖项，因为在这个全球动荡不安的不确定年代里，我们更加需要克服自己内心的恐惧，让UDC所代表的学者、从业者和行动主义者——不论他们的性别、肤色、国籍以及其他的差异——紧密地团结在一起。作为一名来自中国的华裔传播学者，在对"中国崛起"的焦虑确实存在的语境下，我被夹在所有这些荣耀与恐惧之间。我不得不说，性别歧视与种族歧视，相较于中国的政治审查制度，更深地伤害了我也更加剥夺了我作为人的尊严。在政治审查制度下，至少你知道审查者会认真对待你所说的——也许是过于认真，然而，种族歧视者否定你的人性，拒绝把你当作同类看待。

约：您刚才回答了许多我准备好的问题。您谈到中国的出版审查制度。然而，另一方面，您在中国担任长江学者这样显著的学术职务，并在中国任教政治经济学。这两者是如何协调一致的呢？他们仿佛是相互矛盾的。

赵：准确地说，这是因为中国的复杂性和多面性超过任何一个学院、大学或任何一个批判学术群体。这里有两种不同的逻辑在起作用。长江学者讲座教授项目是由中国教育部授予的，这一点类似于加拿大国家特聘教授，旨在提高中国在世界上的学术地位。实际上，长江学者讲座教授项目有着严格的学术评议过程，远比加拿大国家特聘教授项目要繁杂细致。此外，我并不是首位获得长江学者称号的海外华裔传播学者，在我被授予长江学者时，至少已有三位在美国完成学业的海外华裔传播学者获得了长江学者讲座教授职位。

约：嗯。

赵：另一个逻辑涉及我的批判学术立场。马克思主义仍是中国的官方意识形态，中国的大学仍然在讲授这一理论的某些阐释。因此，当我被任命为长江学者时，我猜想即便是反马克思主义者也很难公开宣称："她是一名马克思主义者，我们不能任命她。"

提到出版，又有不同的游戏规则。与长江学者聘用体系不同的是，编辑决策往往有着各自特定的方式。我猜想我的著作要由出版社主编或更高的领导来审查。例如在出版我的一部文集的过程中，有两家出版社认为我的内容太过于敏感而拒绝了，然而同样的书稿却在2011年由中国传媒大学出版了，而且并无任何问题。这得益于出版编辑敢于承担责任。事实上，编辑拥有一定程度上的出版决定权。某些情况下，可能是编辑并不赞同我的批判视角和阶级分析，应该是他们，而非某种单一和抽象的"政党"权力，不愿意出版我的著作。当然，在某些问题上确实存在着明确的政党路线。总之，一方面，中国的学术场仍然是论争重地；另一方面，中国的学术审查权也相当分散，因人因时以不同逻辑运作。

约：那您能否谈一谈政治经济学研究是怎样被中国所接受的，以及中国的政治经济学社群发展到何种程度？

赵：中国的现状非常具有讽刺意味：历史上，政治经济学、科学社会主义和国际共产主义运动史是中国大学的必修课，但是过去30多年的经济转型，使马克思主义丧失了其在大学的魅力，尽管这门课程还没有从课程表中被完全删除。例如，大学里通常设有"马克思主义学院"，除了其他事务，其主要作用便是为大学生开设马克思主义基础理论课程，当然也承办一些政治经济学者的大型学会。但是由于中国当前的意识形态变迁过程复杂，许多政治经济学者骨子里是新自由主义者和反马克思主义者，然而这并不意味着现在批判政治经济学者的队伍不在壮大，而事实也的确如此。传播学领域的情形与之相似。一些大学开设了马克思主义新闻与传播理论课程，但与此同时，主流的美国传播学理论，尤其是新自由主义理论仍处于主导地位。然而，由于中国的年轻一代大学生经历了改革开放过程的诸多矛盾，重新发展与意识形态教条截然不同的批判政治经济学的条件也日趋成熟，作为一个致力于在中国振兴批判政治经济学的学者，我坚信这一学科必有发展空间。实际上，官方几年前推行了旨在强化马克思主义理论建设的"马工程"。然而，这种自上而下的努力效果不佳，一些官方资助所产生的马克思主义教材，不但有很强的教条主义色彩，而且往往信息匮乏。由于这些著作没有运用马克思主义立场来分析中国的改革开放过程本身，它们往往脱离实际和前后矛盾，进一步疏远了学生与马克思主义的联系。正如我曾经与两位志同道合的同事谈到，我们不忍看到官方的"马工程"产生"活埋"马克思主义的客观效果，这也是我们为什么要在中国振兴批判的马克思主义政治经济学视角，并通过这一视角对中国和它在全球资本主义秩序中所处的位置进行审视。

我在中国已经举办过许多次批判政治经济学的讲座，我也参与到一些较小的机构建设努力当中。几年前，我受学术同人邀请当过复旦大学新闻与传播学院成立的当代马克思主义新闻与传播研究中心的兼职"学术主任"。2013年夏季，作为长江学者项目的一部分，我在中国传媒大学成立了传播政治经济学研究所，它是中国在这一领域的第一个研究所。需要再次重申的是，我的学术理想是激活马克思主义,这是一种不同的马克思主义,而不是被资本主义全球化改革意识形态所劫持的马克思主义。此外,正如历史上中国革命的思想家们在革命实践中挑战了教条主义马克思主义一样,今天,中国的批判学者非常有必要在当代西方批判思想与中国的理论与实践间建立起建设性的对话关系。

约:是的,确实如此。

赵:实际上,除了愈发能认清新自由主义本质并被批判政治经济学分析所吸引的年轻一代,当下中国仍有少数对马克思主义有真实信仰,但其知识结构却已陈旧的老一辈学者。但毫无疑问,批判理论建设不仅依然任务艰巨,而且面临很高的学术和政治风险。在中国未来的发展中,这将是一个持续的斗争过程。

约:没错。

赵:更重要的是,正因为这是一场知难而上的在逆境中的努力,我们必须毫不动摇且保持开放的心态。一直以来,我都积极鼓励学生挑战我自己。我认为他们必须自主地思考。正如我在中国传媒大学对一位学生所说的那样:"一开始你把自己认定为一个极右分子,听完我的几场讲座后,现在你又说你已经变成了左派,你的这种转变太快了,也许明天你又变回去了,你应当学会自己思考。我并不希望将我的思维框架强加于你,我仅仅是为你提供另一种思维方式,你必须学会自己做决定。"

约:是这样。你多次提到了《报刊的四种理论》。

赵:对。

约:《报刊的四种理论》这样一本书在中国最后怎么样呢?该书所描绘的共产主义模式与中国基本不相关,它指的是苏联。这本书并没有将第三世界纳入考量范畴。它诞生于冷战中期,据我所知,此书的写作受到了政府的资助。

赵:是的。

约:这本书写得极其糟糕,其内容也从来没有更新。

赵:对。

约:但是它却经常被拿来使用,这是怎么一回事?

赵:问得好。这个问题我也一直在思考。我认为是美国国家所支持的反共意识形态力量在作祟。在中国,这是对早期激进的马克思主义观点,尤其是"文革"激进思想的一种反弹。当然,这本无关中国的书却被中国知识分子如此内化,说明了很多问题:不仅仅是美国对抗苏联的冷战地缘政治意识形态的影响,同时也反映出中国知识界内化了的东方主义,以及许多人对这种占主导地位的冷战框架的全盘接收。

我带到加拿大的《报刊的四种理论》是它的首个中文版本,由中国人民大学出版社在1980年作为批判"资产阶级新闻理论"的"内参"而翻译出版的。然而实际上,在中国改革开放时期意识形态领域十分复杂的语境下,这本书是被当作对中共新闻理论和传媒体制的正面批判来阅读的。

约:嗯,你是否也认为这与谁能够将自己的书引入中国有着某种关联?

赵:当然,但这并不是故事的全部。例如,不仅《报刊的四种理论》最近被当作"经典著作"重新翻译出版,而且直到2013年,仍有某中国知名新闻学院试图将此书列入博士生的必读书目,随后因该学院一位批判学者的强烈反对才将它撤下书单。更不能令人相信的是,如你所知,伊利诺伊大学出版社很久以前就出版了《最后的权利》(*The Last Rights*)一书,对《报刊的四种理论》进行了彻头彻尾的批评,其目的,正如编者所说的那样,是让《报刊的四种理论》寿终正寝。这本书也有中文版,但显然在中国仍然享有学术权威地位的一些学者要么对此书不知情,要么因其意识形态中的冷战思维太过强大而不愿承认这本批判之作的存在。

约:当然还有"大鼻子"的概念,我在中国的时候总是能听到,正因为你是大鼻子的西方人才让你获得如此多的声望,无论你到底说了些什么。

赵:当然,这种自我内化的民族自卑感以及内化的种族歧视在支撑西方中心的自由资本主义意识形态的过程中起了很大作用。回到我们讨论的是谁占得了先机这个问题——这其实也不是那么简单。在中国改革开放时代,一般认为这个人是威尔伯·施拉姆,一位冷战反共战士,他于1982年访问中国,并引发了巨大的影响。即便施拉姆宣称在他访问期间,他几乎都忘了《报刊的四种理论》这本书,但他的观点和理论在中国似乎是在恰当的时刻作为"正确的观点"服务于那些需要它的人。因此,他1982的访学被视为中国传播学研究的起点。然而,正如我们所知,达拉斯·斯迈思访问中国的时间更早。斯迈思于1970年代初就到过中国,并在70年代末又去过一次。此外,施拉姆访问中国是为了传播他的观点,然而斯迈思到中国却是进行了实地调研和考察,并向中国官方提交了《自行车之后是什么?》的调研报告。当然,斯迈思的访问并没有出现在中国主流学术叙事关于中国传播学术发展的记述中。这是历史的断裂,也是历史的讽刺。

因此,就像内化的种族主义是一个因素一样,政治和意识形态语境也非常重要。事实上,就因为我是一位华人,在一些中国同行的眼中,我的学术就理所应当不如"西方"学者,也即白人学者们。例如,在论文写作时引用一个"真正"的西方学者的名字被认为更具威信和权威。最近,一位从中国来的访问学者告诉我,他的校长发现他要来我这里访学,便问:"你为什么不选择一位'真正的'西方学者?"显然,我是一位"假的"西方学者!

约:原来如此。

赵:这就是我所说的另一种困境。

约:美国与加拿大是如何对待批判传播学研究的?它们有何不同之处?或者它们是否有所不同?

赵:加拿大传播学的发展源于加拿大对美国的依附状态,但它没有被动员到去服务美国所领导的"冷战"全球意识形态议程的程度。所以总体上讲,加拿大的传播学有着更强的批判传统。例如,一些批判传播学者获得了极具声望的加拿大国家特聘教授职位。这一点非同一般。事实上,我经常在中国说起这一颇具戏剧性的事例:在资本主义的加拿大,相对的学术自治权和同行评审系统意味着相当数量的马克思主义者获得了国家授予的研究职位。加拿大也有着很强的女性主义传播研究传统,这一点在传播史、文化政策和批判文化研究中都有所体现。但我认为,加拿大的传播学领域在批判种族主义与殖民主义方面,仍有很多不足。我相信,这可以通过从加拿大在这一领域里极为重要的原住民学者那里汲取学术营养来克服。在美国,种族歧视的存在众人皆知,因此,针对它的论述和抗争是非常重要的。然而,在加拿大官方多元文化的修辞之下,"R"(种族)一词在诸多公共话语中是不容被提及的。

当然,在文化研究领域,加拿大并非缺乏反对种族歧视的出色学术,更多时候,此类学术通常被边缘化或者被视若无睹。在达拉斯·斯迈思等批判传播学先驱们的引领下,加拿大在批判研究方面取得了骄人的成绩,也为一批在1960年代进入学术圈的学者们发展他们想象中的批判传播学术提供了有利的空间。今天,这批有影响力的学者正不可避免地年华老去,处在重新定位自己和建构自己学术遗产的过程中。他们是否会反省自己研究中的西方中心主义、潜在的性别与种族偏见以及其他学术盲点?他们是勇于改变,还是会维护自己的学术特权?他们是否会如他们著作中所写的那样,践行学术政治中的平等、公正以及民主传播?这些问题的答案对于加拿大传播学将来的发展意义重大而深远。作为一位生于1960年代的学者,我有机会见证这一以代际为主,但有很强的性别面向的学术权力转移过程,认为这一经验极具启示意义。

当然,正如我早些时候提到的,作为一个中国移民知识劳工,我熟谙加拿大白人男性工人阶级针对在加务工的中国铁路工人的种族歧视的历史,在今天,我也敏锐地观察到那些针对中国留学生的或明或暗的种族主义情绪。在当前"知识经济"的语境下,教育已经成为加拿大的"比较优势",同时,大学教育的便利性已成为加拿大这个中产阶级大幅缩减的福利国家最后的堡垒之一，如何反抗日益依赖于外国留学生支付的高额留学费用的新自由主义大学政策，同时又不至于陷入民族主义和种族主义泥潭，已经成了一个真正的挑战。我相信这种情况在美国亦然。

约：稍早之前，您谈到了中国的自由主义者。

赵：是的。

约：请您定义一下中国的自由主义者。

赵：这并不容易，"自由主义"这一术语在中国的历史和当今语境中有着具体的含义。当然，其与西方的自由主义传统确有关联，但正如这一传统在西方有多种历史含义一样，中国的自由主义也是如此。然而，可以说中国现在的"自由主义者"更多地是指古典的自由意志主义者或西方意义中的"新自由主义者"。实际上，正如有人已观察到，中国当下的自由主义者往往不是认同约翰·洛克就是弗里德里克·哈耶克，却对20世纪初尤其是"二战"后那些被社会主义观点所"污染"的自由主义思想视而不见。在传播学领域，自由主义者主要是指仍或多或少地将《报刊的四种理论》作为参考框架，将当今中国国家当作书中的苏联的学者。简单地说，这些人将中国革命看作不幸的历史事件，他们拒绝接触国际政治经济学和处理中国在全球资本主义结构中的位置这样的问题，他们坚持认为中国的问题在于没有实行"真正的"市场经济。作为"历史终结"论的信徒，他们视美国的资本主义民主模式为民族历史的理想终点状态和中国的命运所在。一位有名的中国自由主义知识分子曾说，中国的问题是政府这只看得见的"脚"踩住了市场这只看不见的"手"，从而导致中国的市场经济难以运行自如。他们忘了，正是1976年"粉碎'四人帮'"和其他政治进程催生了后期自上而下的改革，也正是中国国家在不断推动市场导向的改革。当然，我刚才所说的是"理想模式"的描述，事实上，很少有人持有一套系统与自洽的"自由主义"见解。

约：嗯，是这样。就我在中国所见，我认为现在中产阶层的物质主义是可耻的。

赵：但这与自由资本主义意识形态的盲点是完全契合的。这一意识形态无法超越占有性个人主义，从而直面资本主义发展的不可持续本质。譬如，一方面，一些聪明的年轻传播学者是公共领域、市民社会和民主这些概念的拥趸；另一方面，他们却没有将这些概念与中国发展模式关联起来思考的理论框架。西方自由资本主义的意识形态框架在他们脑海中是如此根深蒂固，以至于他们对"文化帝国主义"等相关概念一并否认。然而，这种本能的否定恰恰有力地佐证了西方意识形态的深重影响。

约：是的。我还有几个问题请您回答。您认为您和其他批判传播学者的研究是否起到了作用？

赵：这要看你怎么界定了。如果你以是否打开学生思维来界定，而且是一个算一个地看，无论是在新自由主义的上升期力图维持和复兴批判传播学传统，抑或是当下在资本主义的危机时期尝试扩大批判传播学的影响，我都相信，批判学者已经产生了某些作用。从一个学者的主要工作是教书育人这个角度，我必须把这个层面算作学术影响的一个重要方面。我也积极地参与到加拿大和中国的教学、科研机构建设中。我试着站在批判传播学先辈们的肩膀上，尽己所能发展批判传播学以应对21世纪的挑战。例如，我与葆拉·查克拉瓦蒂（Paula Chakravartty）提出了"全球传播的跨文化政治经济学"，我认为这一工作刚刚开启。正如我先前所说的，我努力将批判范式重新引入中国的传播学研究。但在政策方面的影响……

约：这正是我想问的。

赵：我很难说在这方面有任何影响。当然，别人可能在这个领域内进行了重要的政策干预，而我个人也十分钦佩他们的成就。就我而言，我在加拿大的最先努力是通过一个在媒体、政策与市民社会间当中介的叫IMPCS（Institute for Media, Policy, and Civil Society）的民间组织。这个组织开展了一些很有意思的项目，并在加拿大本土和国外产生了一些影响，但是，后来它由于资金问题难以为继。

同时，我也参加了其他一些旨在影响媒体政策的研究项目。例如，我参加过美国的一个民间媒体政策临时课题组的工作，旨在探讨技术融合背景下美国和全球媒体集中化的问题。我也参与过联合国教科文组织有关发展传播的一个政策框架项目。我还参加了在突尼斯举办的世界信息社会峰会，并与葆拉·查克拉瓦蒂（Paula Chakravartty）一道补充了其《市民社会宣言》中有关学者的地位和作用的条款。总体而言，我在政策干预方面没有多少成就，更不用说影响了。

2013年初，我作为中国环境传播政策的国际专家小组的一员，参与了迄今为止我所接触到的意义最为重大的与传播政策相关的工作。中国环境与发展国际合作委员会（国合会）是一个基于加拿大的国际机构，它的一项特别政策研究旨在为中国政府通过媒体和公众参与推动中国的绿色发展建言献策。作为这个项目工作的一部分，我发现我自己多次通过午夜邮件在政策建议协商的最后关头，在主导这个高度敏感的政策研究的中西方联合主席之间进行斡旋。

就中国的总体情况而言，我认为自己不可能完全外在于围绕中国何去何从所进行的学术论争和社会纷争。毕竟，学术界与"真实"世界之间不可能有清晰的划分。学术界的论争是社会斗争的重要组成部分，在我们这个领域尤为如此。

约：您对政治经济学和批判研究的年轻学者有什么建议？您建议在批判传播研究中的哪些主题上多下功夫？哪些地方是我们的空白？

赵：我想我最重要的建议便是相信你自己的直觉，尝试尽可能地开拓你的知识眼界。我自己与达拉斯·斯迈思结识的故事佐证了这一点：不要对别人的建议过分信以为真。当你感到被压迫时，要记住这一点：如果你放弃，那么这些力量就会达到边缘化你的目的甚至毁掉你。另外，重申我之前的一个观点，在当前这种经济衰退和社会动荡不安的年代，要警惕一切形式的沙文主义操控，尝试去结交志同道合的人并形成牢固的共同体。另一方面，对那种待你如权威人物一般或待你屈尊纡贵的人应当保持健康的批判的距离。

此外，作为一条总体原则，我认为很重要的一点是不要太过功利或工于算计，还是要敢于追随你内心真正的兴趣，甚至它并不是现在炙手可热的研究主题，更不是那些时髦的新闻话题。相反地，要当心提防那些主流新闻中的热点话题，尤其是要对这些话题是如何被构建的保持批判意识，毕竟我们是批判传播学者；也要尝试着将你自己所学与你自己的生活经验联系起来，否则，尽管你正在做那些看起来"客观"的社会科学，但实际上你可能成为自我异化的知识劳工。

此外，我觉得我不能就具体的话题提供建议。除了那些日益重要的与全球传播地缘政治急遽变化相关的议题，我自己最近在研究阶级、种族和国家在传播政治中的交集，生态问题以及与之相关的城乡鸿沟，以及传播与文化环境问题。为此，你需要有去西方中心化的激进的政治经济学视角。而这也必须是一种能够胜任中国和其他发展中国家的发展挑战以及21世纪的挑战的变革中的马克思主义政治经济学。

约：是的，《报刊的四种理论》和其他形式的概念如此纷繁芜杂地深嵌于中国的学术界，这的确是巨大的挑战。

赵：的确如此。

约：我为一本媒体与社会综述类的书写了一段中译本引言，而我惊奇地发现，他们竟然使用了我的序言，因为我在其中写道："为什么我会给一本如你所说，基于西方中心主义的思维模式的书写了序？"

赵：是的。

约：为什么您不从中国的视角写一本你自己的书？

赵：我想我会发表更多的中文学术成果。我也就方法论做了些反思，思考如何克服根深蒂固的内化的种族主义以及反共和反社会主义的冷战框架。这是一项艰巨的任务。

约：是的。

赵：但是如果政治经济学在中国有未来的话，如果中国将为21世纪的政治经济做出贡献的话，中国或西方的学者们应坚定走这条路。

约：您说得没错。

赵：我想我所接触到的激进的政治经济学已经做出了巨大的贡献。但是，它依赖于新一代的学者，从不同的国际和文化视角，去应对新的挑战。其中的一个任务便是批判地采用阶级、民族、性别和种族的交叉分析法。挑战主流的知识范式是另一个重要任务。正如我经常所说的，虽然西方的政治经济学在许多方面是激进的，也不能把它简单地打包发给中国。

约：好的，非常感谢您。

赵：也谢谢您。

3 东西方之间的批判传播研究：道路、问题与使命

如果第1章的问题主要来自国内学者，第2章的问题来自一位西方批判学者，那么，如标题所示，这个访谈意在从"东西方之间"定位我的批判传播研究体验。与第1章一样，这也是一个笔谈。所不同的是，访谈者邱林川、王洪喆是我非常熟悉的学者，他们两位所代表的《传播与社会学刊》的"学术对谈"专栏也是我所知道的。

邱林川，博士，现任香港中文大学新闻与传播学院教授；王洪喆，博士，现任北京大学新闻与传播学院助理教授。此文的一个版本刊登于《传播与社会学刊》，2014年（总第28期），第1—21页。

问：恭喜您今年获得国际传播学界两项重要奖项[1]。对这两个奖项而言，您都是首位华裔获奖者，其中一项您还是首位非英美背景的女性获奖者。这对您从事传播研究有何意味？

赵：谢谢。我没有把学术荣誉和地位看得很重，但几乎同时得到分别来自北美批判传播学组织民主传播工会（UDC）和国际传播学会（ICA）的两个奖，的确让我惊喜。"斯迈思"奖旨在奖励在传播民主化理论与实践方面有贡献的学者，而"C.埃德温·贝克"奖也是奖励在媒体、市场和民主问题研究方面有建树的学者。也就是说，这两个学术奖都把传播和民主问题当作核心议题，而这也恰恰是我自己最核心的研究问题。在这个问题上，我从研究西方和全球层面开始，而后研究中国。在理论上，我一直努力超越把中西方割裂开来东方主义和冷战思维视角，对把资本主义自由民主当作"历史终结"的线性历史观存疑。在研究方法上，我力图尊重现实的多重性和多面性，去分析和理解那些

---

[1] 这两个奖项分别为民主传播工会（UDC，Union for Democratic Communication）2013年度达拉斯·斯迈思奖（Dallas Smythe Award）以及国际传播学会（ICA，International Communication Association）2014年度埃德温·贝克奖（C. Edwin Baker Award）。

被库恩称为能挑战现有范式的"非常规"现象,即那些其他学者没看见、视而不见或刻意遮蔽的现象。在对西方的研究中,我的著作 Sustaining Democracy? Journalism and the Politics of Objectivity(与 Robert A. Hackett 合著,中译本《维系民主?新闻客观性与西方政治》)分析了西方自由主义媒体理论和以客观性为核心的新闻专业主义理论与实践的局限和危机。在有关全球传播的研究中,我和合作者把成果以《民主化全球传播:一个世界,多种斗争》(Democratizing Global Media: One World, Many Struggles,与 Robert A. Hackett 合编,2005)的书名出版,以强调以下主旨:民主化是一个世界历史性进程,它不仅与当年国际传播新秩序运动那个著名的《多种声音,一个世界》愿景有承接关系,而且在多个场域以不同形式展开,像交响乐一样,是一个主题的多重合奏与变奏。在有关中国的研究中,我直面中国的革命历史和它的激进民主实践,并从建设社会主义民主传播的视野批判地分析中国媒体的市场化与民主化的关系。虽然这两个奖是给我个人的,但也是给所有敢于挑战西方自由主义传播与民主理论框架和所有关照中国历史和现实的复杂性和多重性的传播学者。这不是"套话",是我的真话。

问:近年您很多工作是对达拉斯·斯迈思的继承和发展,获得以他命名的奖项,可谓实至名归。能跟我们谈谈您与斯迈思的渊源吗?您当年在加拿大留学时期,是否接触过他?是什么力量推动您走上传播政治经学研究之路?

赵:我跟斯迈思的学术关系有偶然和必然的因素。1984年,我考上了国家公派留学,国别就是加拿大。当时美国主流传播学已登陆中国,而我们对加拿大一无所知。因多伦多大学等加拿大知名学府没有传播学位课程,我曾要求主管部门改派美国,但被拒绝。就这样,我选择了当时没有听说过的西门菲莎大学,因为这所大学有传播学博士课程。不想这就是斯迈思创立的加拿大最有国际影响的传播研究重镇。不过当时,斯迈思已退休,只教一点本科生的课,而且当我向一位来自中国的学姐请教应该跟哪些教授学时,她警告我远离斯迈思,因为他左,对中国有错误的观点。不久,斯迈思主动请我吃午餐,并把他那篇有关中国的研究报告——《自行车之后是什么?》给了我,从而强化了我有关中国发展和探索社会主义道路的前景的问题意识。

当时,东西方冷战即将结束,新自由主义意识形态已经崛起,在传播学术界,文化研究是热门,政治经济学在西门菲莎大学也正是青黄不接的时候,没有人教政治经济学研究生课程。不过,我旁听了斯迈思讲的国际传播政治经济学的本科课程。后来,等我博士课程学分修满以后,终于有位教授开了传播政治经济学研究生课程,我就旁听了这门课。实际上,我在西门菲莎大学接受的是政治经济学、文化研究和批判技术哲学相互关联、不可分割的批判传播研究理论传统。直到我到加州大学圣迭戈分校任教，我才有了传播政治经济学的"学科身份"认同。不过，为了避免政治敏感，也考虑到政治经济学广泛的内涵，传播政治经济学在加州大学圣迭戈分校传播系是以"传播作为社会力量"（Communication as Social Force）这一研究方向存在的。这也使我明白，任何学科名称有其特定内涵和必要性，但也有其局限性，在具体的研究中，必须被打破，实现"跨界"研究。所以，我并没有主动去"选择"政治经济学，而是我在中国读大学本科时积累的马克思主义理论底子加上去加拿大学习和留到加拿大任教的经历使我"自然而然"走上了这条路。

问：能否谈下您的家庭出身和跨国求学经历？它们如何影响您的问题意识？

赵：我出身农民家庭。这点我在《传播与社会》序言中讨论过了。我的家庭背景与我的问题意识不无关系，但我反对简单的成分决定论和阶级标签。第一，我希望这是一个在不带阶级偏见、不把对方"他者"化的前提下提出来讨论的问题，否则，就成了来自底层社会的学者的问题意识与其底层家庭背景有关，也即是特殊的，而来自上层社会或中产阶层家庭的学者就可以免谈这个问题，进而假定其学术是"客观"的。如果因为我是农民出身，就有了平等的问题意识，那么，我总不能说，因为别人来自统治阶层或中产阶层，所以就自然有了维护不平等社会关系的学术立场吧。第二，在中国改革开放语境下，我们熟知的是1980年代的"伤痕文学"叙事（如因为在"文革"中失去了高等教育机会，所以就有了反思制度的问题意识等），问题不在于这些个体经历是否真实或相关，而在于，当这一占社会少数人口的叙事成为"主流"甚至唯一叙事时，就遮蔽了现实的另一面：难道那上亿的工农子女因为"好"的阶级背景就都因为工农兵大学生制度上了高中和大学吗？这是不是也应该成为问题意识之一呢？

我出身农民，但我连参加高中入学考试的资格都没有。这不是因为我的阶级成分不好，而是因为当时上高中的机会有限，村中的权力阶层把稀有的几个机会留给了自己的子女，这使我不会把阶级概念本质化和标签化，而是注重权力的概念，并在具体的和动态的社会历史关系中分析权力的运作。我的上学机会是有正义感的老师为我抗争得来的，这使我有很强的社会抗争和下层自我赋权的问题意识。我的高考成绩明明可以报北大，但我自己、我的家庭和我的老师缺乏布尔迪厄所论的"文化资本"，仅仅因为我没有英语成绩，就不敢把北大当作第一志愿填写。学了新闻，农村生的身份使我认为自己不适合当记者，做学问成了我通过高考跨越城乡鸿沟后融入城市社会的自我选择，这使我对文化研究和布尔迪厄所聚焦的阶级再生产的问题有刻骨铭心的理解。而考上去加拿大留学，就意味着社会主义和资本主义、东方和西方、中心和边缘、发达国家和发展中国家、民族主义和国际主义等都成了我必须面对的问题。同时，部分由于自己的女性和华人身份，性别关系和种族关系的问题意识逐渐在我的学术中得到强化。当然，城乡关系问题意识始终让我很纠结，尽管这一问题在西方传播学术，包括批判学术中很边缘，甚至是盲点。最近，由于深化的环境危机和一个研究中国环境传播政策的机会，我的生态问题意识得到了强化。但神奇的是，离开农村和离开中国去西方求学之路又在二十多年后最终把我引回我的农村老家做研究。我不会忘记去年的春天，一边听老家一位老支书悲怆叙说着村里的农田变成污染的工厂后村民们的无奈和无助，一边回忆起自己童年时代所处的农村生态的情景。

　　问：当下对中国社会主义革命有两种截然对立的评价。香港中文大学不久前举行了两场公开演讲，两位学者正好代表褒贬两种意见。有同学听完两场后觉得非常矛盾，难以理解。作为切身经历过社会主义建设时代和改革开放时代的传播学者，您如何看待中国革命历史？这对今日的中国媒体研究有何启示？

　　赵：如果从革命是一个阶级推翻另一个阶级的统治这个最粗线条的历史唯物主义角度来分析，如果接受改革和开放已经加深了阶级分化这一前提，如果我们进一步接受马克思主义有关意识形态的阶级性的基本立场，那么，当下对中国革命有两种截然对立的评价就不足为奇。在这样一个当年的"改革共识"和方向因阶级分化而不再不言自明的时代，在这个问题上有共识，那才难以理解呢。如我在上面的回答中表明，我对简单的出身论和阶级决定论保持警觉，我也不会简单地给你提到的这两位具体的学者贴阶级立场的标签，但要在中国重新建立西方跨国资本、官僚、买办和地主阶级的统治，就必然要虚无中国革命历史和新中国前30年的历史。还有的立场更极端，不仅要否定1949年的革命，还认为辛亥革命也过火了，如果不推翻帝制，我们也可能生活在英国式的君主立宪国家，而我们的小报也可以像英国小报那样，忙于报道紫禁城内的最新婚姻和阿哥、格格们的新闻，多好啊！

　　在对中国革命的立场上，我欣赏两位美国学者的评价。第一个是哈佛知名学者、我的 *Communication in China* 一书的主编裴宜理的观点：如果美国革命给了美国人自由，古巴革命给了古巴人民免费医疗等社会福利，那么，中国革命则致力于把人的尊严带给底层社会的人们，而这在人类历史上是前所未有的。[1]而另一位美国学者迈斯纳（Maurice Meisner）则从民生的角度认为，很少有像中国革命那样如此大幅度地改善了这么多民众的生活的世界历史事件（few events in world history have done more to better the lives of more people）。[2]事实上，改革开放成果部分来自于作为中国革命遗产的土地革命和社会革命的"红利"，包括基于社会主义建设时代的基础教育和普遍医疗的高质量劳动力。

总之，尽管革命是血腥的，革命的后果也不一定都是光明的，但革命不会因为这些就不会发生，就像毛泽东所说的那样，"哪里有压迫，哪里就有反抗"。而革命的暴烈程度与统治者的压迫程度有一定的联系。

当然，讨论历史是为了决定未来的方向，而这个问题对今天媒体研究的意义的重要性无论如何强调都不过分。最可怕的是传播研究中的"去政治化"的政治和新自由主义意识形态下的"集体政治无意识"，也即把西方的反共意识形态内化为自己的意识形态，把美国冷战时代的传播学当作"客观"的社会科学，把新自由主义意识形态有关市场和国家的一系列假设及其政治目标——即建立资产阶级宪政理想国和与之匹配的、但被隐去了其（资产）阶级性质的、事实上也是个"历史范畴"的"公共领域"——当作自己的规范性研究前提。

问：您也开始介入三农问题和"新乡土主义"的讨论。为何传播研究在"三农"议题上长期"缺席"？传播学的介入又可为"三农"议题带来哪些新的主题与可能？

赵：传播研究在"三农"议题上的长期缺席与中国传播研究的西方中心主义和城市中心主义偏颇有密不可分的关系，与整个传播产业的在商业化过程中越发强化的城市中心主义倾向有关，也与中国在改革开放时代国家总体发展政策的偏颇相辅相成。这也是从西方引进的中国传播学脱离中国社会实际的重要表现之一。首先是理论范式的问题。诚然，如在2010年我在某本学刊上发表的对吕新雨教授的一个访谈中所提到的，农民与乡村社会是美国主流传播学中传播与（第三世界）"发展"范式的主要研究议题。受这一范式的影响，在中国传播学界，也有一些关于传播与农村现代化问题的专项研究。不过，这些研究基本上在美国的现代化理论框架内进行，从把农民当作既定现代化价值的改造

---

[1] 郭台辉：《崛起的意义：把人的尊严带给底层社会——访哈佛燕京学社社长裴宜理教授》，《新华月报》，2013年4月25日。

[2] Maurice Meisner, "The Significance of the Chinese Revolution in World History," *London: LSE Asia Research Center Working Papers 1, 1999, 1, 12,* cited in Lin Chun, China and Global Capitalism (London: Palgrave Macmillan, 2013), p. 48.

对象和现代传播技术的推广对象这一理论定位出发,来研究中国农民对媒体的使用和传播技术在农村的扩散等应用性问题。然而,由于这种理论框架本身的冷战意识形态基础,这种研究不仅不能解决"三农"问题,而且本身与其所依附的现代化理论一样,成了产生"三农"问题的根源之一。同时,作为对美国主流传播学的矫正的批判学派,在中国的流传过程中则更完全地复制了西方马克思主义的城市中心主义偏颇,在农民问题上几乎是盲点。另外,对"三农"问题的忽视也与中国传播学在研究议题上对日益商业化和都市化的媒体产业的依附关系有关,更与传播研究者的主体性和"阶级意识"有关——在告别了以农民为主体的中国革命的时代,在告别了"上山下乡"和知识分子与工农相结合的时代,中国传播学的"主流"远离工人农民,远离"三农"就很自然了——毕竟,不管是西方现代化的框架还是西方马克思主义的框架,农民作为一个阶级是要被消灭的。

然而,就像吕新雨在与我的访谈中谈到的那样,从20世纪二三十年代的共产党人与晏阳初、梁漱溟等乡村建设派到今天重新出现的一批像温铁军这样的做乡村运动的知识分子,不同历史时期的中国知识分子都有"到农村去"的历史动机。[1] 传播学领域的知识分子没有也不会例外。也就是说,随着中国传播研究走向成熟,"三农"议题会在传播研究中更显重要,而且传播的介入也会在现代农民的主体性问题、媒体和文化在农村社会转型中的地位和作用问题、作为中国文化根基的乡土文化和作为中华文明主要内容的农耕文明的生命力问题、传统知识的意义及其创新和传播等问题上,做出本领域应有的贡献。

就我自己来说,由最先在博士论文中批判媒体商业化带来的传播资源分配中的城市中心主义和媒体对农村受众的忽视,到写有关电信政策中的普遍服务和村村通工程,再到引用黄宗智的观点指出基于西方的"公共领域"和"市民社会"概念对于中国"乡土社会"的局限性,到最后在2009年把自己在中国传媒大学的长江学者项目定为"传播、文化与中国的城乡协调发展",对"三农"问题和城乡关系问题之于自己的研究的重要性也有一个不断深化的问题。

更重要的是,对我来说,对"三农"问题的研究,或更确切地说,从城乡关系的视野来研究中国传播,不再是由于农民出身所"自然"产生的问题意识,不再是对农民作为中国的"底层"的知识分子的悲天悯人,甚至是居高临下的同情和"人文关怀",也不仅仅是为了寄托一个海外华人的"乡愁",而是事关中国发展方向和道路的最基本的中国传播政治经济学和中国文化研究的问

---

[1] 吕新雨:《学术、传媒与公共性》(第二版),华东师范大学出版社六点分社,2018。

题。在这个问题上，我的历史逻辑、理论逻辑、价值理性和情感理性是一致的。回到前面的阶级分析框架，这是事关当下中国的主导阶级把西方资产阶级当摹本，把中国国家形塑为实现自己阶级利益的向外扩张型的资产阶级国家，还是在新的形势下，寻找"工农联盟"和"城乡互助"的新形式，从而真正走出一条社会主义道路的大是大非问题。在理论层面，对农民的主体性和他们作为直接生产者的重新认识，对纠正马克思主义中的东方主义和产业工人中心主义倾向也非常重要。在这方面，许多中外学者都有非常重要的理论研究，我自己也希望能在今后把2009年就确定的题目真正做起来。

问：为何您近年提出"跨文化政治经济学"（transcultural political economy of communication）？相较于传统的传播政治经济学分析框架，"跨文化"概念有何增值（added value）？

赵：我正好在《传播与社会学刊》的这一期上发表相关文章，所以，这里只做一点补充。"跨文化政治经济学"这个概念是我和当年在加州大学圣迭戈分校的印度裔同事葆拉·查克里巴蒂在2008年合编的 *Global Communications*: *Toward a Transcultural Political Economy*（《全球传播：迈向跨文化政治经济学》）一书中初次提出的。不过，对"跨文化政治经济学"这一翻译我始终不满意。我们提出这个概念不是为了标新立异，而是因为认识到了西方——主要是英美传播政治经济学在理论和方法上的局限性，尤其是其在研究非西方国家和西方国家内部的种族、性别问题上的局限性，希望用自己的研究来丰富和修正现有的传播政治经济学。

我们这两位非西方背景的女性传播政治经济学者合作还有一点个人学术背景方面的原因：我比葆拉早一年到加州大学圣迭戈分校传播系工作。这是批判传播研究的重镇，能连续两年聘任我们这两位少数族裔女学者，也是这个系在学术政治上践行批判立场的体现。但是，系里为我们两位分别指定的带我们的两位老资格同事间有嫌隙，所以，葆拉来了以后，我跟她谈到的第一点就是，作为有"第三世界"情结的学者，我们二位之间要团结，不能"再生产"各自"导师"之间的嫌隙。在此基础上，我们酝酿合作，而且在项目一开始，我就以资格稍长但姓中以"Z"开头的身份主动提议，我们的合作成果以字母顺序署名。在找作者的过程中，我们还确立了一个原则：不是慕名找学者，而是找正直的、对非西方国家和西方国家内部被边缘化的传播问题有实证研究的青年学者。结果是，我们当时的作者中，没有一个人有副教授以上的职称。

讲这一背景，实际上是为了从一个侧面回答这一框架有何"增值"的问题：对我来说，"跨文化"意味着新的全球传播知识生产的理念和机制，这是一种在现有的知识生产框架内的尽可能地包含国际主义团结、平等，而且是基于"第三世界"或"南方"（也包括"第一世界"中的"第三世界"，或"北方"中的"南方"）视野的知识。当然，这并不意味着我们只研究非西方现象，而是从彻底的反帝和反霸权的视野关注全球传播问题，比如，在"反恐"战争中，北美的自由主义女性主义框架是如何被调用起来以"拯救阿富汗妇女"的名义为美国的帝国目标服务的。与此相关，相对于传统的传播政治经济学，尤其是我们所知的"西方理论、其他地方提供案例和经验"的套路，我们没有把"理论"和"案例"分开，而是追求那种理论与实证/案例结合的研究，所以，我们的书中，每一篇都是既有理论意义，又有扎实实证研究的文章。再者，我们有意在批判的框架下追求政治经济分析和文化研究的结合，因为，如我在前面所提到的，在我自己的学术道路中，这两者从来没有分开过。第四，相对于传统政治经济学对阶级问题的侧重，我们强调民族国家、种族、性别等层面的问题，并且强调这些因素间的复杂关系。

最后，也是最关键的是，我们强调历史的开放性、现实的多重可能性，尤其是不同的政治经济和文化形式在不平等的世界体系中碰撞的过程中产生新的、解放性的文化形式的可能性。也就是说，在批判"文化帝国主义"的压制性力量的同时，我们不但强调被压迫民众的抵抗能力及其在与帝国主义政治经济和文化势力抗争过程中产生新文化和生活形式的可能性，而且强调这些抵抗甚至对抗性的文化形式对帝国中心的文化的转型意义——而这正是"transcultural"中"trans"这一词根的"transformation"的意义，和"transcultural"作为"transculturation"的形容词的意义所在。

最后这一点听起来有点抽象，正是因为我们要不已经把自己定位为"受害者"，要不想象自己是"接轨者"或"追赶者"——融入国际社会曾是，也还是中国许多学者的目标——而忽略了自己改造世界和重新书写世界历史的能力。回到前面关于中国革命的问题。除了对中国国内的意义外，中国革命和其从抗美援朝到冷战格局下的国家建设和外交政策，不仅让中国人民站立起来了，而且激励了第三世界的反帝、反殖民族独立运动，甚至激励了第一世界内部下层民众和进步社会力量为社会平等和公正而进行的抗争，包括美国的黑人民权运动。而这正是"transculturation"的内涵之一。从这个意义上，把"transcultural political economy of communication"翻译成"文化转型传播政治经济学"也许更贴切，但这又太拗口了。总之，挑战历史终结论，挑战西方中心主义知识、强调中心和边缘的互构关系和下层/边缘国家、民族、阶级、种族的主体性是我们这个框架所强调的。至于这是"学"还是"研究"，这在中文语境里好像很重要，但在英文语境里，没有区别。

问：您今年在中国传媒大学组织翻译工作坊译介《马克思回来了》特刊[1]。完整地将外国传播学期刊的一整期译为中文，在华语传播学界很可能也是首创。为什么选择这期专刊？

赵：2008年全球金融危机后，马克思（又一次）复活了，有关"共产主义"理论的书也出了好几本，传播学也不例外，出版了《马克思回来了》特刊。我曾被邀请投稿，但放弃了，这本有近30位学者就马克思原著中的思想对今天传播研究在理论和方法上的意义的特刊没有任何华人学者的贡献。但是，中国可是有通读马恩列斯全集并从中提炼马克思主义新闻传播思想的资深马克思主义新闻专家，而且在今天也还宣称并力图发展马克思主义新闻传播学的国度啊。看着我自己的加拿大本国的博士生拿着政府的奖学金，办《资本论》阅读小组，而我自己的许多来自中国的学生和学者则不知"自在"和"自为"阶级为何，的确很有感慨。

选择这一特刊做翻译工作坊，有在深受冷战意识形态影响的中国传播学界重新介绍马克思的动机，也有向国内批判地介绍西方马克思主义传播研究前沿的动机。更重要的动机是基本学术训练和文献述评能力的培养：让年青学者从一字一句的翻译工作中得到严谨的学术逻辑涵化，并通过工作坊的形式交流精读和翻译体会，在学术共同体前对所译文章提出批评，而后写出"导读"文字与译文一起发表。在操作的过程中，我们也强调学术梯队的作用：由最年轻的学者，主要是博士生，做最初的翻译，由更资深一点的青年教师做校译工作。另外，由于这本特刊的一些文章作者不是什么"大师"，而是普通的博士生——包括我自己的一名加拿大博士生，我们希望翻译过程也是一个对西方学术从仰视到平视的过程。

总之，跟前面讲到的我是基于何种学术合作关系提出了"跨文化传播政治经济学"一样，这个工作坊是与这一框架的学术立场一致的一个有"增值"和"学术文化转型"取向的学术实践。我们重视内容，也重视知识生产形式的创新和新的学术文化和学术共同体的培育。这是我所建立的中国传媒大学传播政治经济研究所和由吕新雨教授主要负责的、我也参与了其建立的复旦大学当代马克思主义新闻传播研究中心以及台湾的冯建三教授的合作项目。我们既没有把年轻学者，尤其是学生，简单地当作学术翻译的劳动大军，也没有像有人批评的那样，不加批判地甚至不合时宜地引入西方马克思主义传播研究。相反，

---

[1] Fuchs and Mosco, TripleC: Communication, Capitalism, Critique(2012).

我们特别要求每位导读写作者就文章中可能有的西方中心主义问题和对中国的相关性问题提出看法。所以，对我们来说，这里的"译站"同时有知识旅程中的加油充电的"驿站"的含义。

实际上，这期专刊是这个被命名为"传播驿站"的项目的初次实践，我们正在总结经验教训，做第二个翻译工作坊的工作。

问：斯迈思在《自行车之后是什么？》中提出："今日资本主义的运作仰仗于对资本主义消费关系的发展。"而您在斯迈思奖领奖发言时说："只有生态社会主义（Ecological Socialism）才能拯救中国和世界。"我们理解，您是从资本主义的危机和不可持续性出发，来重新激活斯迈思当年的激进理论。生态社会主义或曰生态马克思主义的出发点，跟传统马克思主义相比有何不同？

赵：这个问题正是2013年第12期的美国《每月评论》（Monthly Review）杂志讨论的问题。当然，这跟什么是"传统马克思主义"有关。就我自己来说，儿时有对农村生态和非消费主义生活方式的记忆（为了避免被扣要回"文革"的帽子，我先声明，我并没有认为那是一个没有被破坏的伊甸园），大学时代，我不仅读了马克思早期著作中有关人和自然关系的论述，而且读了恩格斯的《自然辩证法》。到了西门菲莎后，除了接触斯迈思对消费资本主义批判的思想，我还深受当时系里的另一位批判传播学者，马尔库塞的学生 William Leiss 的有关资本主义对自然的统治的思想影响（至今还记得刚去加拿大那年，自己乘公交车到温哥华的史坦利公园，一个人趴在草坪上读他的 Domination of Nature 的情景）。所以，对我来说，生态社会主义或生态马克思主义一直是一个自然而然的、没有什么争议的隐含的知识框架，尽管这两个词汇本身的流行是过去十多年的事。

按照《每月评论》主编福斯特（John B. Foster）的分析[1]，在西方马克思主义传统中，马克思的辩证法框架只被应用到社会领域，没有被应用到人和自然的关系领域，而恩格斯的自然辩证法被认为是错误的。这也正是西方马克思主义往往把马克思与恩格斯分开、西方马克思主义与第二国际和第三国际的马克思主义，更何况作为中国这样的国家的官方意识形态的马克思主义和"科学社会主义"相区别的重要地方之一。但是，过去十几年来，部分由于全球生态危机的加深，不但马克思关于生态问题的分析被重新发现，而且如福斯特最新的文章强调，西方马克思主义传统中把马克思的辩证法的意义只用于社会分析，

---

[1] John Bellamy Foster, "Marx and the Rift in the Universal Metabolism," *Monthly Review*, December 2013, pp. 1-17.

而且抛弃恩格斯在《自然辩证法》中的贡献，也是有问题的。由于传播在维系消费主义意识形态中的核心地位，也由于媒体和传播体系本身也是高耗能和产生高污染的电子垃圾的产业，生态的视角从来没有这么重要过。

问：与其他人文社会科学对社会议题的介入相比，传播学在重大社会问题讨论中经常"缺席"或"失语"。这种状况应如何改善，以实现传播学与其他姊妹学科更充分的对话，并促进传播研究与社会进步的有机联系？

赵：这是一个经常被问到的问题，也是一个不可能一下子解决的问题。毕竟，传播是门年轻的学科。首先也是最重要的步骤，我想应该是去媒介中心主义，跳出传播研究传播。第二，重新解放思想，不要再让新自由主义意识形态的假设局限自己的学术想象力。由于特殊的原因，新闻传播领域好像比其他的人文和社会科学领域更受"国家对社会""自由对控制"等简单二元论的框架的禁锢。第三，像吕新雨所强调的那样[1]，重新思考社会科学的方法论问题，重构学术伦理，深入社会，深入民间，发现真问题，做接地气的研究。

我在2009年写过中国传播研究转型的5个"R"或5个"重新"，即"重新根植于历史""重新嵌于社会领域""重新定义主体""重新关照意义与社区""重新发现乌托邦"。[2] 在《传播与社会》的最后一章，我也就如何开拓中国传播研究新的理论想象提出了一些思路，[3] 在这里就不重复了。

问：如何看待传播政治经济学在中国的发展？您在国内已从事了多年的相关研究与教学实践，今年又在中国传媒大学创立了传播政治经济学研究所，还设计并促成了2013秋季开始的西门菲莎大学和中国传媒大学国际传播双硕士学位项目。对该研究领域的未来您怎么看？它有怎样的前景？面临怎样的挑战？

赵：跟前面讨论过的"重返阶级"问题一样，传播政治经济学在中国处于既传统又前沿、理应"主流"实则非常边缘的境地。由于主导意识形态没有抛弃马克思主义，也由于上面已经讨论过的当下中国关于中国革命和马克思主义在中国的实践的意识形态分歧，传播政治经济学往往因其马克思主义理论渊源而被认为是迎合官方理论而从意识形态的角度被一些学者污名化，尽管这些学

---

[1] 吕新雨：《传媒、学术与公共性》（第二版），华东师范大学出版社，2018。

[2] Yuezhi Zhao, "Rethinking Chinese Media Studies: History, Political Economy and Culture," in *Internationalising Media Studies,* eds. Daya Thussu (London: Routledge, 2009), pp. 175-195.

[3] 赵月枝：《传播与社会：政治经济与文化分析》，中国传媒大学出版，2011，第280-295页。

者也清楚，作为官方意识形态的马克思主义和作为批判学术的马克思主义是有张力的。出于相关的意识形态动机或者由于现有理论框架的局限，也有的学者在没有全面和充分理解传播政治经济学文献的前提下就过早和过于草率地下结论，甚至扣上一些"莫须有"的弊端——只批市场，不批国家；只研究宏观，不研究微观；只重结构，不重主体性；甚至阴谋论，等等。还有的学者按特定的线性历史观和本质主义的东西方二元逻辑把它看作是"西方"的"新"理论而认为不适合在中国传播，进而以历史虚无主义的态度把它与20世纪的中国马克思主义新闻理论割裂开来。当然，传播政治经济学本身也有其局限性，而它在中国传播过程中的脸谱化问题和一些学者的急功近利则更强化了其局限性。最后，即使没有意识形态的抵触，由于教条化和形式主义的"邓三科"课程偏离了马克思主义基础理论和方法论的教育，也更由于马克思主义意识形态在事实上的边缘化，在中国讲述传播政治经济学也会碰到许多基础知识薄弱的问题。

不过，从我自己在国内讲学的经历来看，不但传播政治经济学在中国的发展有空间，而且近几年的变化令我振奋。我感谢那些给我讲学空间的国内学术机构和学术同人，我更感谢那些敢于冲破意识形态的牢笼，像我当年那样，不因师姐认为斯迈思左就自己也认为他不值一听的青年学子。传播政治经济学不是万能的，但没有它而去研究传播，正如麦克切斯尼所说的那样，就像戴着手套弹钢琴，不给力。

传播政治经济学是一套理论，一种方法论，但它更是与国际社会主义运动相关的学术实践。所以，传播政治经济学的前景与国际社会主义运动的前景相辅相成，而关键在于青年，在于这一理论是否能在他们认识世界和改造世界的过程中有意义。

我很幸运，不但有机会在中国传媒大学建立了传播政治经济学研究所，而且成功开办了中加双学位硕士班，使我能在教学中实践我的"跨文化传播政治经济学"理念。我在实践自己学术理念的过程中碰到过各种问题，但我从来没有过如此令我满意的教学经历——这是真正的 transcultural 体验。

问：最后，您对有志于从事传播政治经济学研究的青年学者有何建议？学术真能改变世界吗？

赵：走自己的路，得出自己的判断，让人家说去吧；不要太功利，不要机关算尽，不要只知道一点皮毛就高举起传播政治经济学旗帜，也不要还没找导师商量就认为他会反对你走上传播政治经济学研究的道路。当然，绝对不能好高骛远，如果真有兴趣，就从加入我们的下一个"传播驿站"工作坊开始吧。

这最后一个问题使我想起我在10多年前在一个学术访谈中的话，我坚信学者有秉承社会良知、展示思想力量的天职。

4 解构与重构"主流"

走自己的路,不能急功近利,更意味着敢于面对自己也许是少数的现实。用我经常说的,做批判研究,不仅要更加扎实,还不能太在乎自己是否"主流"还是"非主流"。当然,什么是"主流",什么是"非主流"或"边缘",既不是不言自明的,也不是一成不变的,这在当下中国,尤为如此。这正是2015年3月底,我在举办首届"河阳论坛"期间,与来自"破土工作室"的学者黄谬的访谈所一开始就涉及的讨论。本访谈2015年4月13日由破土网发布,此处个别地方稍有修订。

一、"批判路径"非主流?

破土:首先感谢赵老师一直以来对破土工作室的支持,破土工作室的宗旨是基于底层立场,反思发展主义和新自由主义,而赵老师您的学术之路也正是在这个方向上。这与主流研究话语差异非常大,可以请您谈谈您为何会走上这条"非主流"的道路吗?

赵月枝(以下简称"赵"):首先我要挑战一下你问题中"主流"与"非主流"的说法。目前的中国,新自由主义成了"共识",有意无意间,在整个媒体研究领域,或媒体内部,新自由主义观念都非常盛行。所以,从某种角度,你说的是对的。

但是,我认为,在中国语境中,你不能说马克思主义不是主流。中国的宪法把国家的性质定位为"是工人阶级领导的、以工农联盟为基础的人民民主专政的社会主义国家"。从这个意义而言,我的理念是主流,我不主流谁主流?所以你不要把"主流"推给新自由主义者。

还有,从动态的意识形态斗争的角度,今天的主流,可能是明天的边缘,而今天的边缘,也可能是明天的主流。在中国语境下,新自由主义的确左右着媒体和媒体研究,甚至一定程度上左右着国家的发展道路,但这并非无法改变的定论和宿命。从合法性角度来说，我认为我所坚持的马克思主义批判道路才是主流。实现国家宪法中的社会主义承诺，建立生态社会主义，这难道不应该是主流吗？所以不要把主流固化了，不要把话语权和主流定义权交给别人。

进步知识分子的任务，应该是联合工农改造这个国家，重新锻造国家的左手，而不是放弃社会主义价值观，把话语权让给新自由主义者。在西方，左翼被边缘化，是实实在在的非主流，那是因为西方国家政权本身就是资产阶级政权，而在中国，虽然右翼一直在把国家引入新自由主义道路，但是批判新自由主义的空间，是真实存在的，起码是我们要有信心不断去争取的。

破土：感谢赵老师的提醒，也许我们的确应该调整自己的位置，不局限于主流与边缘这个二元对立的结构中。那么，我们就不说"非主流"，我们用"批判视角"，是否可以请您谈谈为什么会走上批判这条道路呢？

赵：我采取"批判视角"，跟前面的回答是有关系的。马克思主义就是对资本主义的批判，与此同时也是对建设社会主义的新想象。我在国内读书的时候，学的是马克思主义，出国后依旧学马克思主义和其他批判思想，所以走上批判之路对我而言是自然而然的。当然，留学这条路对我的影响很大。作为一个农民的女儿，我在1980年代中期，得到了难得的公费留学深造的机会，我是带着希望这个国家更加公平正义、实现共和国诺言的愿望去读书的。

1980年代初，里根和撒切尔夫人都上台了，新自由主义思想也开始影响中国社会。《中国青年》杂志上的"潘晓来信"说人都是自私的，挑战了新中国一直在倡导的社会主义意识形态，为改革时代个人私欲的横流，开辟了思想空间。你可能知道，潘晓并非一个真人，而是一个媒体构建，一个思想典型。那时候，这种个人主义价值观已经在中国社会开始萌芽了，在那之前，我们谈的是塑造社会主义新人，塑造大公无私的、以雷锋为典型的共产主义新人。

不过，1980年代初，我从中国农村到北京上大学，自己还是抱着改革社会主义，使社会主义变得更公平、正义这样的理念。也就是说，80年代初，我心里的改革，是社会主义框架下的改良，改革"文革"时期的极端和教条主义，等等。在大学，我们还上国际共产主义运动史和马克思主义政治经济学的课，课后，在读马克思的《1844年经济学哲学手稿》这些文章的同时，我也读萨特等人的东西。总之，我的"批判路径"是沿着马克思主义思想，从国内到国外，不断丰富发展的。

当然，我的"批判路径"也跟我出国的具体路径关系很大。我出国读书是国家计划，那年我所学专业的公费留学国家是加拿大。加拿大一直有比较强的批判传统，传播研究跟美国有很大的不同。传播是美国建立新帝国主义的重要手段之一。在北美内部，加拿大和美国是一种边缘和中心的关系，所以，加拿大这个国家本身对于传播控制、军事主义和帝国主义等这些概念都持批判态度，故而加拿大本土从未像美国那样，发展过与美国冷战战略相辅相成的现代化理论和实证传播研究。又因为加拿大以前是英国的殖民地，与英国的学术思潮有一定联系，基于西方马克思主义的英国文化研究对加拿大影响很大，我所在的西门菲莎大学恰好是加拿大批判传播学者达拉斯·斯迈思所在的学校，所以我很自然地承接了80年代初在国内学的马克思主义思路，而且通过接触更多的西方马克思主义思想资源，发展出对中国1980年代后盛行的新自由主义意识形态的批判。应该说，这对我来说是比较自然的一个过渡。

破土：这里面有趣的是，我在提问的时候已经预设了您的"批判路径"是突兀的，对于您而言的自然而然，对于成长于中国社会90年代后的我们而言，却不同寻常。

赵：对啊！这的确是很值得我们深思的。首先，这说明，1980年代末后，新自由主义思想对中国思想领域的冲击是多么大，马克思主义思想在中国是在多大程度上被边缘化了甚至污名化了的，当然，马克思主义被工具化、庸俗化和"形左实右"那一套也是年轻一代对其疏远进而反感的原因之一；其次，这说明，国内对西方在1980年代后的学术发展是经历了一个什么样的选择性输入过程。实际上，即使在美国学术界，尤其是拔尖学校的前沿人文和社会科学院系，批判思想并不是像我们想象的那样，是多么的异端。然而，我们的媒体和学界，尤其是媒体，不断地在制造新自由主义共识。如我在自己的学术中分析过，这跟中国媒体的商业化以及中国知识界与媒体的特定关系有关。

二、社会主义农村记忆

破土：赵老师，您过去一直成长在农村，有小时候的农村成长经验，近年来也一直非常关心农村的发展。您在多次谈话中都提到，您的研究和实践与您的农村背景有关，那么，从您早期的农村成长经验到今天重回农村，您觉得今天的中国农村与过去有什么不同？

赵：不一样的太多了！我是1965年出生，15岁上大学恰好是到1980年，这个时间段恰是"文革"到改革开放期，所以我记忆中的农村是"人民公社"时期的中国农村。比起1950年代末和1960年代初的困难时期，我在成长的过程中没有忍饥挨饿的记忆，在读高默波的《高家村》时，有许多似曾相识的感觉。当然，在许多文献中，对这个阶段的描写是负面的，而描述这段历史的主角，往往是"文革"中受批判的知识分子和伤痕文学中的下乡知青。

我先说最直接相关的。那时候,我不担心上小学的问题,因为小学是办在村里的。毛主席的指导思想是,要把学校办到离农民最近的地方,所以,我那一代的农村孩子,不像现在的小孩子,要被送到很远的地方去上学。我所在的岩山下自然村很小,只有400来人,但也有村学,到我小学毕业那年,甚至有完小,所以,我是先在自己村里上了两年,到隔壁一个村上了两年,后来又回到村里上五年级。而几乎是一桥之隔的河阳村,不但有初中,在我快上高中的时候,刚好是从社会主义建设时代到改革时代的转折期,还办过两届"五七高中",我就是上的"五七高中"。但是今天,不仅我自己出生的自然村早就没有小学了,连村庄也被并了,而且河阳村也只剩下小学了。总之,我小时候,上学方便,而且我和同学们也没有因为没有现在所强调的所谓名师和优质教学资源就没有读好书,反而因为一边在家读书,一边有更多参加劳动和与家人互动的机会,能得到比较全面的发展。

第二个最大不一样,当时环境还没有严重污染,当然也不是完全没有污染,毕竟当时已经使用农药了,而且,由于人口非常多,山林没有现在这么茂盛。但是,当时的水、空气、土壤的污染没有今天这样严重,农业大量用的还是有机肥料,我们可以到小溪里戏水、抓鱼。

第三,也是非常重要的,那时候农村社区并没有被空心化,没有"389961部队",当然,用现在新自由主义的标准衡量,农民也是被绑在农村,几乎没有流动自由的。但不可否认的是,那时候的村庄,由于有集体经济,大人小孩都在村庄里劳动和生活,生产队里的土地没有一寸是被浪费的。我记忆里的中国农村,是非常兴旺的生产和生活场域。

破土:那个时候会有大部分历史材料里描述的"受苦"的体验吗?

赵:所谓的"受苦",要看怎么理解,也就是说主体的体验。那时候,我父母生产负担很重,上有爷爷奶奶,下有四五个孩子,都在上学,劳动力很少。所以,劳动是非常辛苦的。这毫无疑问。

但是,劳动的辛苦并不意味着精神上受压迫和异化劳动。那时候,我们并没有多么富足,但是我们也不认为自己多么贫穷,因为当时的经济本身,并非以商品经济为主,真正用金钱来买卖的东西不多——在那种语境下,一人一天一美元才算不贫穷这种"世界标准"好像不适用吧。你问我的父母辛苦吗?是的,非常辛苦,他们辛辛苦苦在生产队干了一年,到年底还欠着生产队的钱,因为挣来的工分不足以购买生产队根据定额分给我们家的口粮,成了"缺粮户"。但是,到了年底,把家里养的猪卖了,把钱还给生产队,第二年继续过,虽然卖了最好的猪肉,但还有猪头、猪内脏吃,也买回点好肉,年还是好过的。应该说,那个时候的生产队本质上有类似于福利社会的功能。

再说我自己,上小学和中学间,我从来没做过家庭作业,因为当时一般都是上学和生产结合的。我们家做过很多副业,比如加工我们缙云有名的土面,用做好的面换麦子,从中赚加工费。做土面的季节,我在上学前后,包括中午回家吃饭的时间,都参加相关工序,做完了及时回去上学,每天都是这样。在周末、假期和放学回家后,我在生产队干过活,还在家做过其他手工和副业,如把竹笋的外壳加工成绳子去卖,到几十里外的山上割一种非常有韧性的"岩草",把它加工成粗大的绳子卖给供销社,等等。当然打猪草是最轻的活了。

你说我苦吗?按现在的想法就是苦,还是"童工"呢!总之,农民干活脸朝黄土背朝天的,工作量非常大,尤其是农忙期间,没有人会把那样的生活理想化。你也知道,人民公社时期,中国主要是靠农业积累支持国家工业化的,中国的农民,为国家的发展做出了极大的贡献。有些地方的农民真有吃不饱穿不暖的状况,但是,我生长在相对好的浙江农村,而且按我个人的体验,当时我们在农村的辛苦跟新中国成立前被压迫、替别人干活的苦不同。

三、寻找"三农"的主体性和尊严

破土:那您认为这些不同的原因在哪里?目前乡村状况有什么改变的可能性?

赵:最明显的不同是,当时的农村是有集体经济的农村,是以"人民公社"为主体的、组织起来的农村。当时的农村是社会主义国家里的农业社会,当然也不同于新中国成立前的农耕社会。

而现在的农村,自从改革开放分田到户以后,尤其在1990年代,国家基本上不介入农村的发展和基本建设了。现在国家又慢慢重新介入,建设新农村。然而,现在的农村,农民或者出去打工,或者自己做小生意,或者种点责任田,已经没有集体经济了。农村要复兴,农民必须重新组织起来,走集体经济的道路。当然,集体经济要有新形式,不是要回到过去,而是面向未来。

现在也有各种形式的合作社,但在许多情况下,合作社实际是龙头企业。是以合作社为主体,让农户成为龙头企业和"大户"的产品提供商和雇佣劳动者,还是真正的以农民作为直接生产者,按一人一票的原则组织起来的联合体?这个区别很重要。总之,今天的农村要复兴,农民必须有新的生产组织形式,村社共同体必须有新的经济基础。

破土：赵老师您所推动的传播与农村的联结，与破土工作室希望让底层的声音发出来的愿望实际上是不谋而合的，可以请您谈谈您是如何看待农村与传播的关系吗？

赵：这个问题我的论文上说了很多，这里我就简单地说。实际上，现在的传播，尤其是基于大众媒体的传播，是城市中心主义的，这对农村实际上是一种殖民。农村有自己的传播方式和社区维系机制，人际传播、节日、各种庆典仪式都很重要。我认为，更重要的是，要在整个国家的传播制度中重构农民的主体性，整个国家的传播体系里面要有农民的声音，而不是把农民当作看客，甚至像媒体里当作正面新闻报道的那样——"政府搭台，农民看戏"。

重构农村传播另一个重要的前提，是要把"农民落后，农村要被淘汰，大家都城市化了就好"这种"城市中心主义"的思路打破，还要把"只要农民看得上电视，能上网，就解决问题了"的"技术中心主义"思路打破。商业化电视本身其实是一种"城市中心主义"的最大载体，看到电视的同时，就是农民思想受到消费主义和城市中心主义"殖民化"的时候。好在农民也未必看，可能自己去从事自己更喜欢的文化活动。

我的意思就是说，在我们主导的"城市中心主义"或"技术中心主义"思想中，农民被认为是落后的和没有共和国公民的主体性的。当然，现在媒体里又大谈乡愁，通过把农村和农民理想化，来满足城市人的精神需要。搞不好，这会是城市对农村、农民和农业的又一次客体化和另一种形式的、从文化层面的榨取。

总之，关键是在整个政治经济体制中，在整个国家的话语体系中，"三农"的主体性和尊严应该怎么确立的问题。回到开头的你的问题，毕竟，在中国，农民从人口上还是"主流"呢，而我们这个国家还是个农业大国，大家总不能靠外国的农业资本家和国际市场解决吃饭问题吧，更不必说，乡土中国一直是中华文化的根，这可不仅仅是不是"流"的问题，而且是"源"的问题啊！

5 批判理论视野下的跨文化传播

初次与《中国社会科学报》打交道,缘于中国传媒大学一位同事的组稿。2015年4月1日,我在该报《新闻与传播》专页发表了一篇题为《重构国际传播秩序的中国贡献》的文章。此后,大概是2015年底,该报记者冯建华联系我,希望做一个学术访谈,并给了我一个问题单。

一个阳光明媚的日子,我在中国传媒大学参加一个会议期间,我们相约在学校旁边的内蒙古饭店大堂里,畅谈了很久。此为这次访谈的预热。

我真正以笔谈的方式,逐一回答冯建华当初提出的问题,则由于时间关系,一拖再拖。丹·席勒2016年10月至11月在北京大学讲学期间,我还作为"中介",主动联系冯建华老师,促成了《中国社会科学报》与丹·席勒的一个学术访谈。

2017年6月1日,我在微信中写道,"冯老师,拖了一年半,今天终于写了访谈了"。经过反复修改,2018年9月21日,《中国社会科学报》第二版"对话"栏目发表了这个访谈。在我女儿潜韵琳的翻译支持下,文章的一个缩写英文版,于2017年10月25日在《中国社会科学报》英文网络版 *Chinese Social Sciences Today* 发表。冯建华老师在微信中笑言,"上场母女兵"。

需要提供的另一个背景是,中文版访谈在出版前的标题原来是"超越西方中心主义:一个事关学术生命的斗争"。从我自己的学术经历角度,感觉这个题目更能体现我的立场。说心里话,"挑战种族主义:一个事关学术生命的斗争",更让我觉得淋漓痛快。当然,"批判理论视野下的跨文化传播"更平实更"学术化",也更宏观。在本文的语境中,"跨文化传播"还包括跨越一个国家内部的"城乡之间"文化鸿沟的内涵。

以下两段为《中国社会科学报》出版时的导读,本文署名者冯建华博士现任中国社会科学杂志社编辑。

作为一个建制化的学科,传播学诞生于"二战"时期的美国,成长于冷战时期的北美与欧洲,具有较强的西方中心主义色彩。1980年代初,传播学引入中国。1997年,传播学与同为二级学科的新闻学组合成为一级学科"新闻传播学"。可以说,中国的传播学发展,是一个在"西方化"与"去西方化"之间交互演进的历史过程。传播学能否做到"去西方化",换言之,传播学有无可能实现"本土化",乃至建立中国本土的传播学,中国传播学界对此问题展开过多次比较集中的讨论与争鸣。

在一定层面上,"去西方化"或"本土化"体现的是学术自觉,但是,如若掌握不好分寸,学术研究也容易陷入"二元对立"的境地。著名传播政治经济学者、加拿大西门菲莎大学传播学院教授赵月枝,常年把"去西方中心主义"视作自己的学术使命。近几年回到国内高校任教育部"长江学者"讲座教授后,她又开始着力于构建跨文化传播政治经济学理论框架。在"去西方中心主义"的学术道路上,她有着怎样的心路历程?中国的传播研究缘何缺乏宏大历史观?如何消除传播研究中的"二元对立"?围绕以上相关问题,本报记者近期先后多次采访了赵月枝教授。她的睿智及充满激情的话语风格,给记者留下了深刻印象。

一、一个慢慢觉悟和实践的过程

《中国社会科学报》(以下简称"《中》"):作为一个常年在北美从事研究工作的华人传播学者,"去西方中心主义"贯穿了您的学术研究之路,这让外人有些不可理解,也充满了好奇,请问您为何有如此强烈的意识?

赵:这应该与我一到北美就接触西方批判学派有关。从政治经济和文化层面批判西方帝国主义是这一学派观点的核心内容之一。我是1986年到加拿大读研的,由于知识上的东西方"断裂",我当时并不知道,在中国引入美国实证传播研究之前,萨义德的《东方主义》一书1978年就在美国出版了。当然,我也不是一到加拿大就有这样的思想和知识背景,对于西方中心主义的批判,尤其从普通的认识到在自己的学术研究中体现这样的立场,也是一个慢慢觉悟和实践的过程。比如,当我和哈克特教授合作写《维系民主?西方政治与新闻客观性》一书时,还没有很自觉的"去西方中心主义"立场。该书聚焦西方新闻体系内部的困境、矛盾和危机。我的博士论文对此问题有所推进,揭示了用西方自由主义理论无法解释中国媒体改革的复杂性。在学术研究中更鲜明地表达超越西方中心主义立场,是在我更多地接触了西方内部的反种族主义学者的理论和汉学界有关中国研究的理论框架问题的讨论之后。

《中》:这个"慢慢觉悟和实践的过程",想必是一个复杂而又充满艰辛的过程。我很想知道,这期间是否有一些关键性的时间节点或思想转折点?

赵:是的,的确如此。这其中经历了几个"里程碑"意义的飞跃。第一是1997年到美国加州大学圣迭戈分校任教后,我接触了美国激进黑人学者和许多来自世界各地的后殖民批判学者的学术成果,促使我对西方批判传播政治经济学本身进行批判和反思。这方面努力的成果就是10年后我与一位印度裔同事在2008年合作出版的《全球传播:走向跨文化传播政治经济学》。在美国工作期间,我还接触了黄宗智等知名学者对中国社会的研究和他们对于诸如哈贝马斯的公共领域理论是否适用于中国这样的讨论。这使我意识到,虽然自己来自中国,但并没有关于中国社会的系统知识,这使我对传播中心主义有了自省,认识到中国传播研究不但必须建立在扎实的中国社会和历史知识基础上,而且不能随意套用西方的理论框架。也正是出于这样的考量,当我出第二本个人专著时,我不再在传播学的书系里出版,而是选择哈佛大学政治和历史学家裴宜理教授主编的一个书系,以求自己的学术成果得到海外中国研究学界专家的评审。

当然,对于中国历史和社会的了解本身和反思西方中心主义这两者之间,并没有必然的联系。欧美许多汉学家和中国研究专家都是西方中心主义者,他们研究中国问题的出发点,是基于西方社会经验的假定。我只是强调,对中国历史社会的了解和对中国社会内在逻辑的把握,是传播研究"去西方中心主义"的必要条件。

第二个对我在学术"去西方中心主义"的旅程上很有纪念意义的事情是2010年7月,我受邀第一次去台湾地区,在"中华传播学年会"上作主旨演讲。这个会议的主题是"向东看,往南走:传播研究的在地知识与全球实践"。这是一个充满学术想象力和前瞻性的主题,它通过颠覆惯常的"全球知识"和"本土实践"表述,引领我们重新审视"全球"与"本土"、"知识"与"实践"的关系。我在会上作了"'向东看,往南走':开拓后危机时代传播研究新视野"的演讲,此文收入我的《传播与社会》文集的最后一篇。

第三个重要事件是2013年,时值加拿大西门菲莎大学传播学院40周年院庆之际,我在温哥华主办了主题为"传播与全球权力转移"的国际会议。这个会议的主题之一就是把知识"去殖民化"作为追求更平等的全球传播秩序的认识论基础。为此,我们请来了北美几位优秀的原住民学者作大会的主题发言。他们对北美垦殖主义历史的批判告诉我们,"去西方中心主义"不是学术时髦和姿态,而是一种事关平等、正义甚至个人尊严和学术生命的反殖民主义和反种族主义学术立场。

不瞒您说,我之所以对这样的一种立场感同身受,有如此强烈的认同感,是因为，到了那时，我作为来自中国大陆的一位有鲜明的学术主体性的传播学者，已经在影响和改变我所处的学术生态了，而这难免使西方中心主义者和种族主义者受到挑战和感到不安。我想强调的是，就像为了自己的文化生存而抗争的原住民学者一样，对于一个身在西方、坚持批判学术立场的华人学者来说，"去西方中心主义"以及背后更深层的学术领域去殖民主义和反种族主义，是事关一个人学术生命的斗争。

《中》：由此可见，在特殊的环境中，"去西方中心主义"已经慢慢融入您的学术生命当中。我们知道，1980年代初传播学引进中国不久，传播学"本土化"的冲动和争论就随之而起，其背后的价值指向就是"去西方中心主义"。在这种语境下，请问您如何理解"去西方中心主义"与"本土化"两者之间的关系？

赵：让我接着以上提及的我邀请加拿大原住民学者来做主旨演讲的故事来回答您的问题吧。这些原住民学者是坚定的"去西方中心主义"者——没有比他们的立场更"去西方中心主义"了，然而，在北美这块西方土地上，他们的学术才是不折不扣的本土化学术呀！英国文化研究学者雷蒙德·威廉斯有一个很有意思的词"militant particularism"，可以解释这一地理概念上的西方内部所产生的激进本土化学术。我不知这个词是否已经有被认可的中文翻译，我姑且把它理解为"特例"，也就是那种能让普遍性昭然的极端特殊性吧。

在我看来，真正"去西方化"的学术必然是"本土化"的，而要"本土化"，去"西方化"是前提。不过，我这里需要指出，在一定意义上，"西方中心主义"和"本土化"是伪"二元对立"的关系：如果你用本土的案例来证明西方中心主义的理论，还是"西方理论，本土经验"的套路，在本质上依然是西方中心主义的。正如激进的"本土主义者"，即那些要回归到"没被西方文化影响"的原生态状态的立场持有者，与西方中心主义者有"一体同构"关系一样，"西方化"和"本土化"也是一体同构的问题。本土化问题表达了对学术主体性的追求，但它之所以成了一个热门话题，在一定意义也因为它是一个去政治化的表达。在"全球"和"本土"的背后，往往是阶级和政治的问题。

二、超越"全球"和"本土"的二元对立

《中》：为了实现"去西方中心主义"的学术使命，您提出构建一个跨文化传播政治经济学的框架。这是一个很具有学术想象力的宏伟目标。请问您提出这个设想的学术初衷是什么？

赵：我试图发展这个框架，或者说，在这个框架下做学术，已经有十来年了，也零零碎碎写了一些东西。对我自己来说，这既是试图发展一个理论框架的过程，也是一个学术实践的过程，更是一个与中外学术共同体和不同的社会实践主体一起互动、共同探讨和相互促进的过程。我希望通过努力，超越一些简单的"二元对立"。

在认识论层面，"去西方中心主义"或学术去殖民化是我重要的学术使命。同时，前面提到的原住民学者实例也清楚地表明，我不希望把"西方"和"东方"、"全球"和"本土"本质主义地和去政治化地对立起来，而"跨文化"概念和全球史视野刚好提供了这样的理论和历史视野。正如我多次说明的那样，在我的框架里，"跨文化"的英文对应词汇是"transcultural"，不是"intercultural"或"cross-cultural"。前者与法国人类学家阿兰·勒·比雄等人的欧洲跨文化研究院学者们一直在讨论和阐释的概念相关。在我的理解里，"跨文化"有不同文化中的主体甚至不同文化体系之间的交流和碰撞，双方产生相互转型，在此基础上形成新的跨文化主体和社会文化形式的含义。与此相反，"intercultural"或"cross-cultural"关于主体性的哲学思想最多停留在"主体间性"的层面。赵汀阳教授2017年2月在《江海学刊》上发表了一篇他与阿兰·勒·比雄对话的文章，文中讨论了"主体间性"的局限，认为跨文化交流的哲学依据应当是一个现在还难以被清楚定义的"跨主体性"概念。我感觉，这个尚未被明确定义的"跨主体性"概念，也许是我正在发展的"跨文化传播政治经济学"框架的哲学基础。正是在这个意义上，我十分赞同您用"设想"这个词来描述它。

《中》：如您所讲，传播研究中简单的"二元对立"模式亟待消除或超越。从这个意义上讲，您提出的"设想"其实体现的是一种深远的学术抱负。为此，请您再深入谈谈其中的思考，这对于传播研究者或许更具启发意义。

赵：谢谢您的认同和激励。作为一个在国内接受人文学科教育，到国外又接受了社会科学基础训练的跨学科学者，我对现在被夸大的有关国外"传播政治经济学"和"文化研究"间的分裂始终保持警觉。我一直在自己的研究中走政治经济分析和文化研究相结合的道路，力图辩证地看待主观和客观、结构和主体、理性和情感的关系。我曾在一篇题为"重思中国媒体研究"的英文文章里，对哈贝马斯公共领域理论中的理性主义和认知主义偏颇提出过批判。最近几年，当我跳出西方学术话语，蓦然回首东方文化的直觉和洞见时，才发现，"动之以情，晓之以理"这样的理念早就是中国传播实践中的智慧结晶了。

我试图超越的另一套二元对立是理论和实践之间，或知和行、认识世界和改造世界之间。美国主流传播学以"客观"的"社会科学"迷思掩盖了其高度政治化的起源及其与美国国家战略的关系,并被改革开放初期的国内学界作为"客观"科学引入。但是,在学术实践指向这一点上,国外的批判传播政治经济学者和像斯图亚特·霍尔这样的英国文化研究者是完全一致的。而对我来说,没有比达拉斯·斯迈思这位北美批判传播政治经济学的先驱更有激发和示范意义了。斯迈思在1970年代初就跨越东西方冷战沟壑,不远万里来到中国,希望用自己对技术政治路线的研究,来参与中国发展道路的讨论和社会主义理论建设实践。当1986年我一到加拿大,他就郑重其事地把《自行车之后是什么?》的打印稿送给我的时候,我好像就避不开传播与中国道路问题,以及中西方学者的跨文化主体性问题了。今天,作为信息时代共享经济的新形式,共享单车已然成了中国这个曾经的自行车王国的"新四大发明"之一,斯迈思那个"自行车之后是什么"的"世纪之问",在中国大地上也仿佛有了一个"否定之否定"的新回答。这无疑为中国传播研究的理论创新提供了新的灵感与视角,也为中国学者写出有别于丹·席勒的《数字化衰退》的作品提供了独特的条件与机遇。

通过这些年的思考与探索,我认为跨文化传播政治经济学的内容已经比较清楚了。这是一个从彻底的反帝和反霸权的视野关注全球传播的整体性和解放性的理论框架;这是一个强调历史的开放性、现实的多种可能性,尤其是不同的政治经济和文化形式在不平等世界体系中相互碰撞,有可能产生新的社会文化形式的能动理论框架;这是一个批判"文化帝国主义",同时又强调被压迫民众抗争主体性的辩证理论框架;这是一个超越精英主义和理性主义偏颇的"情"与"理"、"心"与"思"并重的人文主义框架;这是一个知行合一,在认识世界中改变世界的实践性学术框架。

三、传播学具有冷战社会科学"原罪"

《中》:在不时兴起的"去西方中心主义"和"本土化"的思潮中,中国的传播学研究何去何从,是让学界深感焦虑的一个问题。您对此问题也有深入思考,并提出"重塑传播研究的人文精神和想象力",这个观点很有启发意义。请问传播研究缘何背离了人文精神?在新的时代背景下,传播研究又该如何重塑人文精神?

赵:"人文精神"听起来不言自明,内涵实则因语境而异。在国内思想界,1990年代有过"人文精神大讨论"。我把"人文精神"理解为那种促进人类自由与解放的价值理性,而非强化剥削和压迫关系的工具理性,并试图从这个角度回应您提出的问题。

面对整个人文社会科学的科层化和功利化，背离人文精神的不止传播学。不过，相比其他一些学科，传播学的问题可能更明显。有关传播现象的分析古已有之。在加拿大，也有像伊尼斯这样的人文学者对传播现象，包括传播与帝国关系充满人文精神的分析。然而，作为一个建制的学科，现代传播学一开始就从属于工具理性学科，它源于20世纪前半叶两次世界大战的战争宣传，其主流与美国作为一个"二战"后正在上升的帝国的国家利益和资本利益密切相关，也就是说，这个学科是有冷战社会科学"原罪"的。不久前，我和吕新雨教授主编的"批判传播学"书系，出版了一本有关美国传播学科史的译著，书名就叫《胁迫之术：心理战与美国传播研究的兴起》，可以说是一语道破天机。这本书的英文原著由牛津大学出版社1994年出版，作者辛普森（Christopher Simpson）当时是美利坚大学的副教授，他以翔实的资料证明，1950年代初美国政府的心理战项目如何型构了作为一个学科的美国传播学，而我们现在所熟知的美国主流传播学之父们，又是如何服务于美国的心理战目标的。说实话，当我在许多年前读到此书的英文版时，是非常吃惊的。正是这种刻骨铭心的阅读记忆，使我把这本书作为书系第一批翻译和出版的美国传播学著作之一。辛普森的书不可能呈现美国传播学在1950年代的全部复杂历史，我也不想把"原罪说"绝对化，毕竟，这个学科不管是从主流内部还是外部，从一开始就有反思和挑战：拉扎斯菲尔德写于1941年有关行政研究和批判研究的文章至今还值得我们去读，更不必说一代又一代西方批判学者对主流传播学的批判了。

要在新时代背景下重铸这一学科的人文精神，首先有必要了解美国传播学的知识社会学历史以及中国引入传播学的历史语境。作为这种努力的一体两面，我非常赞成《读书》在"新人文精神"对话的编者按中提到的，"要回到'人'的问题，也要回到马克思主义的问题"。当然，这并不意味着以"为西学注"的方式去介绍西方马克思主义的传播研究，而是像斯迈思那样，就技术的政治与意识形态属性、主导当代传播技术发展的资本逻辑等问题，做出马克思主义的分析和批判。当年，针对中国正在进行的社会主义实践，斯迈思就中国发展道路提出了"自行车之后是什么"这个隐喻性的"世纪之问"；今天，在一个大数据和人工智能的时代，斯迈思当年提出的技术是否自主，社会主义的技术发展道路是什么，一个社会主义国家要提供什么样的传播和文化服务，这些与资本主义有什么不同，为什么不同，这些问题依然能为我们重塑传播研究的人文想象力提供有益的参考。

四、拓展传播研究的历史视野

《中》：在重塑传播研究人文精神的同时，您提出传播研究应树立一种更宏大的历史观，将中国传播问题看作是世界体系结构与意识形态变迁的一个组成部分。由此观之，目前很多传播研究成果缺乏思想厚度，这是否与传播研究缺乏宏大历史观有一定关系？若如此，原因何在？

赵：我非常同意您对传播研究缺乏宏大历史观的知识症候的分析。这其中的深层次原因，我想大概有以下几个。第一是中国传播学的母体，即西方传播学本身的历史短视。正如我在《中国的挑战：跨文化传播政治经济学刍议》一文中指出的，虽然国外的批判政治经济学在这个方面比主流实证传播学好一些，但它依然把资本主义的崛起当作历史时间的零点，而忽视了那些被称为"前现代"的历史和经验。第二是主流传播研究的技术中心主义和媒介中心主义偏颇，以及由这些偏颇所产生的功能主义、实用主义和工具理性分析取向。第三，由于受美国主流传播学的冷战思维影响，中国传播学或多或少存在历史虚无主义倾向。与此相关，是对国际共产主义运动的传播历史缺少研究和对冷战传播历史所做的西方中心主义解读。这带来的一个后果就是对中国在20世纪50—70年代的国际传播历史缺乏研究，而这也包括对70年代的国际传播新秩序运动的研究缺乏中国视角的理解。

此外，这还与中国传播学科的功利化、碎片化和传播教育缺乏更宏大的人文和历史视野有关。国内传播学界青睐麦克卢汉，而对伊尼斯和斯迈思相对陌生，就是对此很好的注解。

《中》：近两三年来，您开始重点关注二元城乡关系背景下的传播失衡问题，认为目前的传播体系存在严重的"城市中心主义"和"媒介中心主义"。为推动构建平衡互哺的城乡关系，您于2014年成立了河阳乡村研究院。这应是我国第一个扎根于乡村的传播研究机构。请问这一"创举"背后是否寄托着您的学术情怀和理想？

赵：十分感谢您的这个问题。河阳乡村研究院寄托了我"学术回乡"的情怀和理想，体现了我希望在东西方关系和城乡关系两个维度同时拓展跨文化传播政治经济学的努力，也包含了我在探索理论与实践相结合方面的尝试。我更希望通过回到我老家浙江缙云，一个传说中的轩辕黄帝飞升地，一个既有深厚农耕文明底蕴，又是革命老区的一个县域层面，来处理传播学的西方中心主义和历史短视问题。历史短视的一个重要表现就是城市中心主义，仿佛世界从来就围绕城市，而且只有城市才代表现代和未来。

　　基于这几年的初步实践，我认为学者可在推动构建良性城乡传播关系中大有作为。河阳乡村研究院在促进良性互动的城乡传播关系方面做了一点努力，但我主要希望通过它探索一条跨文化、跨学科、理论与实践相结合的学术道路，促进有全球视野和乡土中国立场的传播学术的发展。不过，与其说这是一个普通的研究机构，不如说这是一个有志于从城乡关系角度研究传播问题的学者和乡村建设实践者的网络。没有参与各方充满人文精神和超越工具理性的贡献，河阳乡村研究院就不存在。回到您前面的一个问题，也正是在这一方致力于促进传播学术政治和学术文化转型的"试验田"中，我看到重塑传播研究的人文精神和想象力是有可能的。

6 社会主义女性主义的话语定位与学术立场

记不清什么时候认识唐觐英博士了,但是,她无疑是我的学术活动的最积极参与者之一。她是中国传媒大学媒介与女性研究中心的助理研究员,无论是在中国传媒大学我的讲座课堂上,还是在缙云的河阳论坛上,我都能见到她的身影,还能听到她的提问与反馈。后来,在我的推荐和协调中,她还如愿以偿地申请到中国留学基金委访问学者的名额,到加拿大不列颠哥伦比亚大学访学,师从我在温哥华的学术朋友、反种族主义女性主义学者苏瑞拉·托巴尼(Surena Thobani)。我希望,她能在超越媒体中心主义的同时,能从托巴尼教授那里学到反种族主义和反帝国主义女性主义的立场,因为我认为,这样的视角,对于中国女性主义研究克服自由主义女性主义的许多盲点,在全球资本主义危机的时代,重构有国际主义视野的社会主义女性主义的立场,有非常重要的意义。

有过多次与唐觐英对话的记忆,甚至有一次是在回加拿大的途中,在首都机场候机厅里通过电话与她聊学术问题——因为觉得没有时间回应她给我的留言,所以在上飞机前无论如何跟她聊聊,了却一桩事。

至于这个访谈,记不清是在国内还是加拿大做的,只记得由于时间关系,没有做好,让她没法写出理想的文字,更谈不上自己能有时间补充、定稿和试图出版。本文在她以前给我的一个文本基础上补充和扩展而成,发表在《教育传媒研究》,2019年第4期,第29—35页。

一、女性主义、传播政治经济学与参与式行动研究的交叉视角

唐觐英(以下简称"唐"):赵老师,您是中外传播学界知名的传播政治经济学者,莫斯可在他的《传播政治经济学》第二版中,专门谈到是您奠定了中国传播政治经济学的基础。近年来,您又致力于克服西方传播政治经济学在种族、民族国家理论等方面的局限,发展跨文化传播政治经济学。不过据我所知,

即使在西方，这一领域也基本是男性学者主导的领域，您能讲讲传播政治经济学是如何处理性别问题和您自己是如何在学术中处理性别问题的呢？

赵月枝（以下简称"赵"）：的确，西方传播政治经济学中男性学者占主导地位，而文化研究领域，女性学者以及对性别问题的关注更多一些。这在一定程度上反映了传播政治经济学更重视生产、所有权、管制等"硬"性问题，而意义和消费等"软"性问题处于次要地位的倾向。当然，这也是政治经济研究和文化研究各自的局限性所在。

不过，话又说回来，从一开始，传播政治经济学领域就有活跃的女性学者，她们对这一领域中如何从阶级与性别交叉的角度进行研究做出了重要的贡献。比如，阿芒·马特拉的夫人和学术伴侣米歇尔·马特拉（Michelle Mattelart）、美国批判传播学者苏·卡利·詹森（Sue Curry Jansen）等学者就是这种交叉研究的开创性人物。詹森还写过达拉斯·斯迈思《依附之路》的书评，在与她的通信中，斯迈思对詹森有理论深度的书评给予了很高的评价。在我主持西门菲莎大学传播学院的斯迈思纪念讲座期间，我邀请詹森来做斯迈思纪念讲座，詹森还把自己与斯迈思的学术通信给我，让我补充西门菲莎大学的斯迈思档案。在加拿大，女性主义政治经济学者米歇尔·马丁（Michele Martin）1991年出版的有关加拿大电话系统发展中女接线员和女性使用者的关键角色的研究，堪称阶级和性别交叉分析的经典。我自己早在美国加州大学圣迭戈分校教课时，就把她的书当必读书。到了2002年，一群女性主义学者，更是出版了一部名为《性与金钱：媒体中的女性主义和政治经济学》（*Sex and Money: Feminism and Political Economy in the Media*）的论文集，从理论和方法论的高度，讨论这两个领域的交叉和更好融合。

至于我自己，性别视角不是我聚焦的核心，但我在研究中也不是对性别问题没有关注。比如，我在2000年年初有关街头小报的一篇文章中，就突出了新自由主义话语中的性别维度。在2008年出版的英文专著 *Communication in China: Political Economy, Power, and Conflict*（《中国传播政治经济学》）中，我在对媒体的结构和话语的分析中，都体现了性别视角。当然，性别维度更是我致力于发展的跨文化传播政治经济框架中的交叉分析方法的核心内涵之一。

唐：那您做过专门聚焦女性问题的研究吗？有没有经常参加女性主义与媒体问题的学术活动？

赵：不多，但也不是没有。不过，我在这方面的参与从一开始就有行动研究的取向。早在21世纪初，我刚刚从美国回到加拿大任教，就从一位女性主义媒体行动研究者那里接手了一项旨在改变加拿大主流媒体有关针对妇女的家暴问题报道框架的研究。这位学者是我在西门菲莎大学的学姐,博士毕业后,她以西门菲莎大学一个非政府学术团体为基地,申请到了本省妇女平权组织的一项行动研究横向课题。她到东部任教后,我就成了这个项目的主持人。在分析媒体报道框架的基础上,我把相关媒体批评研究成果带到社区,对妇女组织中的相关人员进行有针对性的媒体素养和新闻实践方面的赋能训练,从而改变主流媒体对妇女,尤其针对妇女的家暴问题的报道框架,促进妇女与媒体表征关系从被动到主动转变。

现在回想起来,这项研究是我后来在浙江缙云开展参与式行动研究的方法论前导和启发性研究之一。2011年10月,我应邀在丹麦举行的第四届中国-北欧社会性别和妇女研究学术会议上,做了题为"知识生产、认知正义与'南方认识论':对作为实践的跨文化学术的贡献"的主旨发言,阐述阶级、性别、南北关系的交叉视角和通过重构全球知识与权力关系来发挥学术在认识世界和改造世界,尤其是建立更平等的传播秩序中的作用。后来,我不但自己组织过西门菲莎大学-中国传媒大学"性别传播与社会发展"研讨会,而且还在2018年夏天参加了中国妇女研究会、《妇女研究论丛》与中国农业大学人文与发展学院举办的"乡村振兴与妇女发展"研讨会。

作为我参与式行动研究取向的体现,我建议"乡村振兴与妇女发展"会议的组织者允许我带一位缙云的妇女代表参会,结果在缙云县委组织部的推荐下,缙云县妇联主席参加了会议。她应主办者的要求,做了缙云妇女在乡村春晚中的关键作用的发言,效果非常好。此后,我自己也带着一位博士生,以缙云田野调研为基础,写了一篇《乡村春晚、女性主体性与社会主义乡村文化》的文章,发表在《妇女研究论丛》上。这是我第一篇聚焦女性和在女性研究刊物上发表的文章。

唐: 您能具体谈谈怎样把社会性别视角融入您的研究框架吗?

赵: 由于家庭背景,也得益于社会主义建设时代的男女平等意识,我一开始就有很强的社会性别意识和对男权中心主义的批判意识。不过,到了国外后,我一直在传播政治经济学这个男性学者主导的领域。在西门菲莎大学期间,曾一度有过自己一个女学者带8位清一色男性博士和硕士生的经历。不过,在我更大的中外学术参考圈里,女性主义学者一直有很强大的存在和影响。在我看来,批判的马克思主义立场或者社会主义的立场,自然要包含女性主义的立场。

从上研究生课程开始,我就一直接受不同的女性主义理论的熏陶,包括西方马克思主义女性主义理论和传播与发展领域的后殖民批判女性主义理论。重要的是,我所吸收的女性主义既不是自由主义女性主义,也不是本质主义女性主义。比如，我很早就接触女性主义哲学家南希·弗雷泽（Nancy Fraser）对哈贝马斯公共领域理论的社会主义女性主义批判，而印度女性主义生态学家范达娜·席娃（Vandana Shiva）在发展领域的研究对我也有很深的影响。实际上，我在1990年代初就认真学过席娃对西方科学的化约主义弊端（她把这个称为"暴力"）、跨国农业资本主义对全球南方的剥削、西方知识产权体系对传统知识体系的掠夺以及新自由主义全球化的批判。我还记得，一门博士课程上的一篇阅读文献的基本观点是：第三世界为了家庭的生存和社区的维系而在日常生活中有坚忍不拔品格的普通妇女，而非学院派的、以救世主自居的西方自由主义女性主义学者，才更称得上是女性主义者。

不过，我并没有因此把自己的研究定位为女性研究，刻意去找女性主题。我更多的是在自己的研究中汲取批判女性主义的思想资源，在适当的时候体现这样的视角。比如，因为街头小报更把女性当作描写对象，我的文章就有更强的性别视角的分析；当我研究中国媒体商业化对社会传播的影响时，我会专门去采访《中国妇女报》，关注商业化过程对传播领域的性别平等议程的影响；在分析孙志刚事件时，我的社会主义女性主义视角会让我去追问：假如孙志刚是女的，这件事会成为这样的媒体和公共事件吗？在一个多位学者协作的口述史项目中，我主动选择了一位乡村妇女作为对象；在河阳做口述史项目，当我注意到村里最初给我推荐的采访对象是清一色男性的时候，我深知这是男权中心主义的"无意识"表达。因此，我花了大力气来纠正，从而使村庄的"另一半"不至于在项目中"被消失"，同时，我也动员女性参加口述史志愿者团队。

当然，研究缙云乡村春晚，乡村女性的角色自然成了我的研究焦点，因为乡村春晚舞台上下，女性占绝对多数，这不仅使我去思考中国革命、社会主义建设与妇女解放今天在缙云乡村的表达，而且使我想起读博时就接触到的用第三世界妇女日常实践来反观和批判西方自由主义女性主义学术霸权的理论文本。不过，当今年河阳论坛结束后，我为准备采写革命妈妈故事的缙云妇联提供口述史知识培训，并建议把"妇联小姐姐的红色之旅"新闻标题改为"妇联姐妹抢挖革命故事"时，我无论如何也没有想到，这跟自己当年为加拿大地方妇女组织做的行动研究还真有相似和延续之处。

二、西方自由主义女性主义的特定话语框架

唐：从您的在社会主义的东方民族国家与资本主义的西方民族国家之间的跨国学术历程，我们看到了妇女领域与社会大系统的广泛关联，看到了"性

别"与"传播"这两个范畴的多层面连接,也看到了女性主义更多的内部差异性与复杂性。在2008年金融危机以来全球政治经济矛盾深刻的背景下,近年来,西方国家大选中女性政治人物的参选被普遍解读为代表职业性别偏见的最高层"玻璃天花板"被挑战,而且依托媒介、传播的力量,总统竞选中围绕性别议题争论激烈、声浪巨大,甚而引发全球性的女性游行。这是否是"性别"越来越进入传播议程中心的体现?是否显示"性别政治"越来越发展,甚而是国际潮流所向?为什么以美国为代表的西方社会"性别意识"强烈,"女权"比较发达,在社会中"性别"更多得到聚焦?

赵：在西方,女权主义经历了两波发展,19世纪出现的第一波女权主义运动,就是围绕妇女要求获得选举权这一妇女解放问题展开的。女性参与总统竞选是自由主义民主形式和妇女解放脉络的产物,挑战"玻璃天花板"的反性别歧视解读无疑有性别平等与妇女解放的意义。同时,西方社会语境下,女性参选总统是精英式竞争性民主框架里的一个事物,政治人物最重要的身份是其所代表的政治立场、阶级立场。这不会因为某位政治人物的性别身份就例外。在竞选口号之下,更应该看的是政策立场。如果更仔细地观察总统竞选中的"女权"声浪,在"女权""反性别歧视"这样一种看似超阶级的、包含全体女性的普世旗号之下,挑战"玻璃天花板"的话语所代表的往往是中产阶级女性的"反性别歧视"诉求。也就是说,作为精英式竞争性民主框架内的一种话语表达,"反性别歧视"话语并没有外在于特定的阶级政治话语。更毋庸说,解读甚至强化"性别"方面的"反性别歧视"意义,有一定的争取选民特别是女性选民的用意。而当这样一种实质上是中产阶级女性的"女权"在传播中被言说为代表全体女性的,甚至在国际传播中被言说为全世界女性解放的旗帜时,美式"帝国民主"（Imperial democracy）在全世界的话语霸权也随之得到了强化。总之,与其说"性别"越来越进入议程中心,不如说是特定阶级的"性别"议题越来越在全球传播中进入议程,它是全球传播格局中文化领导权之争的一个体现。

在西方"性别"得到聚焦、以"性别"为核心范畴的中产阶级自由主义女性主义居于主导地位,"性别意识"很受关注,但"性别"范畴的注重并非是因为"性别意识""女性意识"强这样的单纯观念领域的进步所致,而是可追根溯源至20世纪五六十年代妇女没有得到同工同酬、没有托儿所等公共支持这样的经济社会领域的矛盾。不过,由白人中产阶级主导的第二波女性主义往往会在突出女性的自由、解放与平等的同时,掩盖和遮蔽阶级和种族层面的不平等。拿美国总统选举来说,希拉里·克林顿先从民主党候选人选举中胜出后在总统选举中败给特朗普,不能仅仅从性别天花板的角度来分析,在这背后有更复杂的民主党内和美国国家内部的阶级政治因素。更具体地说,如果美国民主党的阶级政治有更强的社会主义倾向,那么,它就应该选择桑德斯,而不是希拉里作为总统候选人。

更为讽刺和悖论的是,在所谓的后女权主义时代,女候选人反女性主义的现象也是有的。你可能听说过我主导组织翻译和介绍的《马克思归来》一书。在书中,有一篇美国学者米歇尔·罗迪诺·科罗奇诺(Michelle Rodino-Colocino)关于美国共和党总统候选人女性竞争者萨拉·佩林(Sarah Palin)的《反女权主义的女权主义》的文章。文章指出,在佩林对女性主义话语的挪用和转换背后,是她以女性主义之名,行维护父权资本主义秩序之实,而佩林更大的危害是对一个世纪以来美国妇女解放运动所取得的成就进行反攻倒算。这项基于马克思主义女性主义立场的研究揭示:在妇女解放问题上,美国政治生活和理论领域有复杂的斗争,而美国妇女解放和女性主义理论更是可以用"进一步,退两步"来描述。虽然这样的马克思主义女性主义传播研究几乎是凤毛麟角,但这一研究对理解性别、种族等身份认同政治的局限性,尤其是西方社会不断出现的右翼女政治家现象背后的阶级政治、性别政治和族群政治复杂交互关系,有普遍意义。

唐:也就是说,我们不能简单地视西方女性总统候选人现象为全球各国的"女权"的象征与旗帜,而且我们也不能孤立地研究性别问题。

赵:对。尽管"性别"范畴的独立有其历史进步性,所引发的女性主义学术成果对于人类知识的丰富、完善具有启发意义,但单面向聚焦"性别"范畴有其根本性的缺陷。从马克思主义的角度,自由主义框架下西方统治阶级中的女性所争取的"性别平等""女权",其本质是在剥夺者的特权利益中分一杯羹,虽然有历史进步意义,但相对于被剥夺的国家、民族、阶级,这样的女性也扮演了剥夺者的角色。这就是自由主义女性主义的根本性的缺陷。它说明,任何女性主义都有其特定社会语境与脉络,主导西方国家的自由主义女性主义并不能被照搬到第三世界国家,它不但不能解答第三世界妇女解放的问题,而且还有可能在特定条件下成为帝国主义的同谋。如果我们从其普世、无涉阶级、种族的表面宣称出发,认为聚焦"性别"的自由主义女性主义作为一种工具任何社会均可以用,我们就有可能因缺乏对阶级和国族关系的反思,而陷入性别研究领域的西方中心主义泥潭。

总之,在私人资本与雇佣劳动的生产关系广泛存在、阶级利益的冲突异常激烈、地缘政治日益复杂、战争阴云不散的当代全球政治经济现实中,任何事物都无法超越阶级、民族考量,"性别"也同样如此。从马克思主义角度,只要资本主义生产关系还存在,就无法实现真正的性别平等。今天,在中国传媒中,自由主义女权也成为热点,这是自由主义女权意识主导传播的结果,也体现了媒体对自由主义女权缺乏阶级和种族、国族层面的分析的问题。

实际上,在西方,自由主义女性主义的这种缺陷已受到批评。从1990年代开始,学界对于"性别分析"的单向度问题就有大量讨论,倡导"性别、阶级、种族交叉分析"的方法论。无论如何,将美国自由主义女性主义从其特定的资本帝国主义语境中抽离出来,拿来用到中国的妇女领域,是一种错位。一味单纯地诉求"性别平等",以西方"先进的发展水平"为典范,很可能导致中国妇女发展领域不能面对我们自己的中心问题,进而在客观上强化美国自由主义女性主义的领导角色和中国在妇女解放领域的依附性。

三、传媒"新自由主义个体化"的女性叙事的文化政治

唐:传媒空间中以西方女性总统候选人作为"女权"榜样的此类"自由女权"话语流行的同时,近几年我国媒体中以宫廷女性争宠上位为主题的"宫斗剧"热播,在文化工业的生产方式下从中国传统开采资源,获得市场成功,并成为中国文化以商业方式"走出去"的范例。这种建构女性作为竞争性个体的叙事还被名之为"女性成长励志"甚至"女权"。在您看来,它体现了女性主体性的彰显、女性话语空间的扩大还是相反?它在向世界讲好中国故事方面的意义如何?

赵:传媒中"宫斗剧"这类故事热播,反映了一种传媒市场化背景下我称之为"再封建化"的显著现象。前几年成为热门类型的"宫斗剧",把各种尔虞我诈、残酷竞争演绎得淋漓尽致的同时,也把新自由主义丛林法则和精致利己主义人生哲学推到了极端。与其说这些是古代宫斗戏,毋宁说这是当代新自由主义意识形态以古代内宫为场景的极化表达。在当代政治经济背景下,这种女性叙事何尝不也是商业化媒体逻辑和新自由主义价值导向的一种折射呢。更进一步说,"宫斗"之类"新自由主义个体"的女性叙事的兴起,与其说代表了女性主体性的彰显、女性话语空间的扩大,毋宁说是对广大妇女劳动者的主体性的遮蔽和对广大妇女劳动者话语空间的挤压。

唐:您是说媒体缺少对劳动妇女的关注吗?

赵:是,但问题要追溯到全球资本主义体系中性别化的劳动分工、阶级分化和全球化语境下的生产和消费的分离。1970年代以来,全球政治经济经历了

新自由主义重组，内在于这一过程，中国成为"世界工厂"。在这个政治经济过程中，阶级关系、性别关系都发生了重构。伴随着市场关系的蔓延和资本与男权权力关系的彼此强化，在社会生产领域，出现了种种专门由女性从事的依附型职业，从保姆到女秘书，从流水线上的女工到把女性肉体商品化的地下色情业，社会性别分工领域发生了巨大的变革。

在社会主义建设时代，体现不平等阶级关系的保姆职业，除了少数作为例外遗存，是基本被去除了的。而今，保姆成了重要的职业——从城里的下岗女工到农村妇女甚至到在读女大学生，保姆成了为数众多的女性谋生的手段。在《保姆在中国》一书中，澳大利亚华人学者孙皖宁教授对这一职业背后的阶级、性别和城乡关系进行了深入细致的分析。毋庸置疑，保姆问题是一个阶级问题和城乡分野问题。许多情况下，农村妇女要到城市里照顾别人的孩子，而不能照顾自己的孩子。正因为从事这个职业的妇女面临性别和城乡分野层面的双重不平等权力关系，有一次，当我听到一个地方在办一个"月嫂"培训班，为农村妇女进城就业提供培训时，我主动向主办者请求，从城乡关系层面给这个班上的妇女提供一点社会历史背景。

当然，改革时代产生的最大性别化职业群体还有"打工妹"。由于在许多出口导向的电子代工厂中女性占多数，甚至有一种说法，全球信息社会是建立在中国打工妹的脊梁上的。资本的逻辑是利润最大化和管理的最有效化，而"打工妹"成了其在全球寻找到的最廉价、最易被管理的劳动力。为了尽最大可能延长工时和提高效率，种种伤害女性尊严和限制人身自由之举闻所未闻，劳动者的尊严和权利受到极大的侵害，这对妇女地位的影响是深刻的，也是今天人们议论的诸种性别问题的在生产领域的结构性背景之一。

与数以亿计的从中西部内陆农村流动到沿海工厂和服务业的打工妹阶层形成对比的，是在数量上极为少数，但在社会学上非常有研究价值的跨国华人中产/资产阶层妇女：那些往往作为"成功男人"配偶移民到温哥华、洛杉矶、悉尼等全球城市，在那里没有/不需要工作，只消费、只养孩子的华人家庭妇女。从阶级角度，她们是有社会流动性的，然而从性别角度，她们在移民的过程中又往往是依附性的，有许多甚至是放弃了在国内原有的职业，不但成了家庭妇女，而且由于语言和知识背景的障碍，很难在西方社会有什么职业上的流动性和独立性。她们中，有通过越洋电话和电话单追踪在国内继续经商的丈夫的行踪，成天担心他在国内养"二奶"而处于焦虑状态的；有靠看国内电视剧消磨时间的；有靠消费尤其买名牌衣物证明自己价值的；当然也有因发现丈夫在国内出轨而毅然决然捍卫自己的尊严，与丈夫打起你死我活、涉及巨额家产的跨国离婚官司的。在这些妇女身上，阶级、性别、在国外的"少数族裔"地位在跨国语境下复杂地纠缠在一起，为我丰富和发展跨文化传播政治经济分析提供了绝佳的案例。我一直在找能做这个题目研究的博士生呢！

总之，对性别问题的讨论，不能停留在抽象化的"反对男权""要求女权"层面，不能不深入到具体的、高度语境化的层面。

这也告诉我们，"性别"这个范畴具有相对独立性，但是不能把它孤立化，它没法跟政治经济"脱离""独立"出来，把它跟"阶级"分离开来，强调它对"阶级"的先在性，是将二者割裂，对"性别"没有益处。笼统的"妇女"概念很可能是在遮蔽现实矛盾，仅仅是从两性之间平等的角度诉求妇女跟男性同等的权利，不触及造成问题的根源，更不能回答妇女普遍解放的问题。

唐：您一直关注如何讲好"中国故事"的问题，如何从性别的角度提升国家形象？

赵：说到国家形象、中国妇女故事，重要的问题依然是，我们要讲什么样的妇女故事？讲谁的故事？许多年前，在纽约时代广场播放的中国宣传片中，所呈现的50个人物代表，除了一位女明星、一位北京老太太，女性寥寥无几。比如，片子中讲到科学家、学者时，所用的形象代表，女性就一个也没有。女明星形象固然美丽，但是，一个社会主义国家，不应只推出充满个人主义气息的经济、社会、文化领域的男性精英和女明星，作为国家形象代表。后来，屠呦呦获诺贝尔奖，是事实对这个片子最好的纠偏。

总之，妇女解放问题离不开政治经济问题，是一个性别跟阶级、种族、一个国家在国际产业链和劳动分工以及国内城乡关系等问题相交织的过程。没有抽象的"妇女"，只有"美国黑人妇女""白人中产阶级妇女""中国打工妹""农村留守妇女""温哥华的留守华人中产阶级妇女"等。泛泛而论、全称化的"女性""性别平等"话语在现实中很有可能发挥抹杀现实阶级政治、地缘政治和其他层面的文化政治的功效。所以，将"性别"放置在什么地方、放置到什么框架中去是一个重要问题，必须将"男性、女性"放置在政治经济中去，而不能本质化、抽象化。

女性权益的真正维护、妇女领域种种问题的深入解决不能不有赖于政治经济秩序的重构，有赖于经济民主与政治民主，只有回到马克思主义妇女理论的基本论断，即"妇女解放与劳动解放的结合"的路径，才能通向妇女的普遍解放，通向社会的普遍解放。

四、历史视野中的中国妇女解放

唐：如您前面指出的，西方自由主义女性主义有其特定的社会语境与脉络，不应被轻易"普世"化，不能解决我们的问题，反而还有可能在特定条件下成为帝国主义的同谋，那么我们又如何看待中国在革命、建设的历史过程中发展出的妇女解放理论与实践？中国妇女解放的历史实践与"革命""国家"有较多关联，在有些人的印象中，与国外的女性主义以及某些"独立的"妇女运动比起来，似乎难以相提并论。怎样看待中国妇女解放的这种特点？有的看法认为，过去我们的妇女解放中，"性别"维度较少被关注，"革命"主题、"国家"主题淹没了"妇女"主题，"阶级"身份淹没了"性别"身份，如近些年被妇女界议论较多的工作-家庭冲突议题，传统的妇女解放理论与实践中关注不够，是否说明其存在"性别盲点"，在妇女解放、"妇女的主体性"上不够充分、存有局限？

赵："缺乏性别意识""不讲女性身份"，这作为对"阶级斗争扩大化"的一种反思，也许有一定的合理性，但是也不能走向极端，将"性别意识""女性身份"扩大化，不能将"性别"身份与"阶级"剥离开来，"女性"主题并不能独立于历史-社会之外，中国革命中包含了"妇女解放"内容。

中国妇女解放的历史实践与"革命""国家"有较多关联，而与西方女性主义有很大的不同。这里也有一个历史视野的问题，需要放在历史中来看。第三世界国家的妇女要解放，要反对帝国主义、殖民主义。中国妇女解放与阶级解放、民族解放的道路也是在实践中选择出来的。李大钊、毛泽东、李达等都对妇女解放问题进行过研究、讨论，中国的妇女解放并不只是向警予、蔡畅这些女性在推动，男性知识分子、革命家也在推动。中国共产党自成立起，就将妇女解放作为自身的奋斗目标，在1922年《关于妇女运动的决议》中明确写有"中国共产党除努力保护女劳动者的利益而奋斗——如争得平等工价、制定妇孺劳动法等之外，并应为所有被压迫的妇女们的利益而奋斗"。在中国共产党的妇女解放理论中，妇女被认为受到多重权力压迫，毛泽东在《湖南农民运动考察报告》中就写道，"妇女受到神权、政权、族权和夫权四大绳索的束缚"。因此，中国妇女要实现解放，必须要反帝、反官僚资本，必须在抗日民族动员中和解放战争中来完成。从红军长征中小脚女战士无论如何也要跟着队伍前进的故事到沂蒙山区支援抗日前线的妇女，无不体现了妇女的革命主体性。

所以，不能将革命与妇女解放割裂开来。妇女解放不是自己给自己解放，而是跟阶级解放、民族解放一块去谋求解放。正是因为中国的妇女解放是跟革命关联的，革命后的中国社会是得到彻底改造过的。中华人民共和国成立后，妇女地位比较高，比同一时期西方社会妇女地位要高得多。华人学者王政教授在她的《寻找国家中的女人》一书中，也用非常具体的研究，分析了新中国妇女解放运动中妇女与妇联的积极主体角色，可以说，这也是列宁在1913年提出的"先进的东方"理论在性别层面的体现。为纪念改革开放40周年，有文章说，中国女性普遍参与社会劳动，是中国比印度、巴西等其他发展中国家崛起得更快的重要原因，我觉得这不失为性别层面的一个独特分析。

对于新中国的妇女解放，或许有"妇女承受着社会劳动与家务劳动的双重负担"的说法，以此认为"国家没有考虑妇女的需要""马克思主义妇女观没有性别意识"，这种说法有待推敲。在新中国，国家通过公共食堂、托儿所等对家务劳动提供社会支持，也积极鼓励男性承担家务劳动的新风尚。当然，确实有不能完全解决妇女双重负担的地方，但是，我们不能离开当时的历史条件允许去要求国家，要看到这种困难是国家要谋求工业化这一现代民族国家的重要任务的情况下的代价。所谓"妇女的双重负担"的问题与其说是社会主义妇女解放不彻底的问题，更应当说是社会条件的历史阶段限度的问题。以家务劳动负担来解构"国家"的正当性、"革命"的正当性，恰恰反映了一种新自由主义意识形态消解"国家"、消解"革命"的知识症候。改革时代媒体和妇女研究领域出现的对中国革命和社会主义建设时代妇女解放成就的历史虚无主义书写和从抽象"女性"角度的清算，可能还跟自由主义男性知识精英"告别革命"的意识形态话语影响有关。我是在重新阅读改革初期一位知名自由主义者在一篇著名报告文学中对一位女性政治人物的暴力化语言中感觉到这一点的。

女性的平等、自由必须是经济民主与政治民主的统一体，这是新中国社会主义妇女解放实践的重要经验。对于妇女问题的讨论，必须回到这样一种历史唯物主义的基本观点之上。当然，这不是为中国在性别平等领域还存在的许多问题，尤其是改革开放过程中妇联的官僚化和对新自由主义权力关系的屈从开脱。在我自己正在做的乡村老年妇女口述史对象中，除了农村党支部书记、上海市革命委员会副主任、"中共十大"主席团成员等特殊劳动妇女个体，更多的是普通的经历了社会主义建设时代和改革开放时代的乡村妇女。我看到，她们是如何在"双重负担"下，为国家、社会和家庭做出巨大贡献，同时也在这个过程中获得自身解放和主体性的。在她们的故事面前，在今天已经成为中国城乡社会一道特有风景的有强烈主体性的"中国大妈"面前，在今天活跃于乡村春晚台上台下的我故乡的各界妇女面前,在那些"抢挖革命故事"的年轻乡镇妇联干部面前,那些与自由主义男性精英"告别革命"意识形态有同构关系的学院派自由主义女性主义"解构革命"的学术呢喃,尽管看起来精细和精致,却难免显得无病呻吟。这使我想起一句批判西方马克思主义者的话:"让他们吃理论饭吧!"

五、迈向性别、阶级、种族交叉分析的方法论

唐:在您多年的跨国学术道路中,从方法论的层面来说女性主义对您意味着什么?

赵:作为基本的社会分野,"性别"应该是各个领域都要研究的,性别关系视野是社会科学研究都需要有的,不是只"性别研究""女性学"才研究性别,仿佛其他的就不研究"性别"。而且,性别关系的视野应该跟阶级关系、种族关系、城乡关系等其他重要范畴的视野结合起来。

我给你讲几位女性学者的故事吧。1990年代后期,我在加州大学圣迭戈分校任教的时候,推荐了国内一位做性别研究的学者在那里访学。"三八国际妇女节"时,学校里举办演讲,我就与这位访问学者一起去听了。演讲者是极富人格魅力的美国黑人女性主义学者安琪拉·戴维斯(Angela Davis),她曾是美国黑豹党成员,1960年代因反战被关进监狱。她关于"美国监狱－工业复合体所体现的阶级和种族双重压迫"的演讲,给我特别是给当时同行的中国女性学者很大的震撼。从此,我知道了在美国社会里,还有这样的反种族主义的解放性女性主义,这也大大丰富了我对女性主义本身的复杂性和多元性的认识。而安琪拉·戴维斯所代表的反种族主义的批判女性主义是国内的女性主义很少关注的。

第二个学者是你所知道的加拿大不列颠哥伦比亚大学的女性主义学者苏瑞拉·托巴尼(Surena Thobani),她是一位来自非洲的印度裔的学者,在当教授、走学术道路之前,担任过加拿大全国妇女地位联合会主席。她跟别的女性主义、我们所理解的女性主义、专注于"男性女性"的那种女性主义不一样的地方,在于她的全球政治经济视野和反种族主义视野。她首先是位批判学者,她对国际政治经济、法律,尤其美国在中东的帝国主义政策以及主导人权和主权概念中的白人种族主义权力逻辑有很深刻的批判。"9·11"后不久,在渥太华的一个"妇女抵抗"研讨会上,针对美国政府以拯救阿富汗妇女为名发动的反恐战争,她提出:这是帝国主义在挪用女性主义话语为战争服务,阿富汗妇女包括

世界的妇女，在没有推翻帝国主义之前不可能得到解放。在发言中，她大胆批判美国外交政策，批判美国的帝国主义，揭露帝国主义者是如何调用自由主义女性主义话语来为帝国服务的。这就把妇女解放跟反帝联系在一块，与改变不平等的国际秩序联系在一块了。当然，这种反种族主义、反帝的国际主义的女性主义视野，中国也曾经是有的。

在她演讲之后，加拿大主流舆论哗然，有人将她称为"本·拉登姐妹"，有媒体甚至将她刻画成一位特别可怕的、歇斯底里的妇女形象。于是，我与其他参会者不得不在会议还没有结束时就组织媒体反击。她演讲之后回到自己任职的不列颠哥伦比亚大学，就有人威胁她的生命，学校不得不派警察保卫她的安全。也就是说，即使在加拿大这样标榜有言论自由的国家，要说这样的话，也是需要很大的勇气，并且付出巨大代价的。为什么她这样的立场会产生威胁？因为她的分析不是一个简单的帝国框架内的自由主义女性主义分析，而是非常有挑战性的、具有全球政治经济视野和反种族主义和反帝视野的女性主义。这是非常彻底的、批判性的国际主义女性主义视野。总之，不要以为你是女性主义就必然是进步的，你可以同时是女性主义者和帝国主义者。从方法论角度，女性主义者首先要意识到你的话语本身的位置。

这两位女性都是有色人种，这两位女性主义学者开阔了我们的视野，我们必须把性别问题跟民族问题、阶级问题联系在一起。

前面还提到过南希·弗雷泽。对我来说，她跟单向度的女性主义学者不一样的地方在于，她首先是个哲学家。如果你只是女性主义者，而放弃了对其他学科的发言，那等于把其他的学问都变成男性的了。南希·弗雷泽对公共领域理论的批判有很强的女性主义视野，但她不局限于仅仅从性别角度来批判。她是从"女性"的视角研究人类共同的问题，而不是从"女性"的视角研究女性自己的问题。在她看来，只停留在认同政治层面，是不够的，必须在再分配层面讨论平等问题，从更彻底的社会主义女性主义立场出发，性别平等需要通过生产关系的重构来实现，而这还涉及全球资本主义劳动分工体系层面的问题。

总之，回到方法论层面，女性主义的"立场理论"（Standpoint Theory）所强调的，不仅仅是女性的立场，而是要我们去反思所有可能的立场和知识与话语生产中的多种权力关系。

唐：您在为《马克思归来》中文版一书所写的"导读"中指出："马克思主义传播研究中，往往缺乏女性主义的立场；女性主义传播研究中，则缺乏马克思主义的视角。"对这一状况的矫正，也是您多年来大力倡导并身体力行地构建中国传播学学术主体性的重要一环。请您就女性主义如何更好地与马克思主义传播研究融合，简要谈谈您有怎样的寄望？

赵：当代女性主义领域，受国际上主导话语体系的影响，某种程度上可以说是对深受以冷战思维为隐含前提的国外社会科学的直接迁移的、以性别差异与平等为中心研究框架的性别研究，难以触及当代社会的深层，难以将妇女问题放在一个整体性的框架中加以探究。

要破除窠臼，女性主义非常需要一种跨学科的研究取向，不能囿于学院化的学科切割划分，而阻碍了整体性视野的建立。要克服学院化，避免在"学科"导向下成为又一种支离破碎的学科，仿佛只有女性主义者才研究性别问题，其他人就不研究，女性主义也不研究其他的政治、经济、社会和生态问题等。

在危机与转型的年代，女性主义要怎样去直面当下妇女领域最核心的矛盾？怎样去有力回答在当代的历史、社会条件下妇女主体性面临的挑战？怎样在全球资本主义扩张并引发经济、政治、文化、生态诸层面深刻危机的当代语境下参与到人类未来另类道路的探求中？怎样在当代世界对妇女问题的探求中做出中国女性主义的重要贡献？面对这些迫切的问题，女性主义学术要重新将自己嵌入到全球背景下社会主义的追求与建设中。它必须改变倚重精英式的女权的倾向，将广大普通女性放到中心位置，以政治经济文化的整体秩序、社会主义与女性主义相统一的秩序为诉求。在方法论层面，需要以性别、阶级、种族交叉分析代替单维度的性别分析。就当前研究状况来说，要改变对相关研究领域中的自由主义女性主义的分析框架与范畴的沿袭运用，重新挖掘被抛弃、压制、边缘化的女性主义与社会主义的理论与实践。

让我高兴的是，在缙云乡村，从女性在乡村春晚等新时代社会主义乡村文化建设中的关键作用到"妇联姐妹抢挖革命故事"，我看到了许多令人欣喜的社会主义女性主义文化实践。

第二编
还问西东

7 "美国中心论"与新闻传播学术的发展

虽然"无问西东"是一种兼容并蓄的学术境界,但是,在国家、阶级、种族等权力关系不平等的世界里,西方中心主义是东西方国家普遍存在的现象,而在20世纪的世界秩序里,西方中心主义又以"美国中心主义"为主要形式。

正如萨伊德的《东方主义》所示,西方中心主义的构建离不开东方的"他者"。美国社会学家、我当年在加州大学圣迭戈分校时的汉学家同事赵文词(Richard Madsen)有一本书——《中国与美国梦:一个伦理追问》[1],分析美国如何把中国当作"他者",将自己的立国迷思,包括把"美国梦"和对民主与市场关系的理想主义情怀,投射到作为"他者"的中国身上,希望从中国的发展道路中来证实美国人关于自己的文化迷思的正确性与普世性。也就是说,如果中国的发展不能证明美国的文化和政治迷思的话,那么,美国人就面临自我认同的危机了。赵文词的分析从文化和民族心理结构的层面,丰富和补充了世界体系理论和传播政治经济学对美国文化帝国主义的批判。

作为美国文化帝国主义确实存在的例证,中国在改革开放初期,甚至直到20世纪初,又有多少人何尝不是希望按美国的迷思去想象中国的发展道路。由于美国式新闻自由和媒体制度是美国迷思的最重要部分之一,"美国中心论"在新闻传播学界的影响自然非同一般,而它在方法论方面的误区恰恰在于其方法论民族主义。

2007年,我在北京大学做讲座时的一个访谈就是以此为背景展开的。访谈者邓理峰当时是清华大学新闻与传播学院2006级博士生。此访谈发表于《新闻大学》,2009年第1期,第39—44页。邓理峰,博士,现任中山大学传播与设计学院副教授,公共传播学系主任。

---

[1] Richard Madsen, *China and the American Dream: A Moral Inquiry.* (Berkeley, CA: University of California Press, 1955).

原文导读：2007年11月19日，加拿大西门菲莎大学传播学院教授赵月枝应邀在北京大学新闻与传播学院做讲座。课间赵老师提到一个问题：批评美国，会存在什么样的政治与意识形态风险？她把问题摆出来，教室里一片沉寂。我想可能在场的大多数人尚不能理解她的问题所指是什么，更不理解目前中国百业多以美国为师，何来批评美国的说法。

面对在场同学的茫然，赵老师暂时搁置了原来计划的讲义，和大家讨论起"美国中心论"。后来同学们一边提问，赵老师一边解释，大家方才大致明白她所讨论的是一个什么样的问题。美国的新闻业问题重重，而且和中国的历史传统分殊巨大，但目前国内新闻传播业界广泛地存在一种思想倾向，就是向美国看齐，以美国当下的做法作为效法的标杆，作为行动的目标和方向。然而，盲目崇拜美国对中国的前途而言，可能是一件危险的事情。

当天在场多数同学未曾对此有过深入思考，因而同学们的现场回应不多且难及肯綮。后来带着相关问题，延续当天课堂上未尽的话题，我对赵老师做了补充访问。这里整理并综合赵老师的课堂讨论和课下答问，形成了本访谈录。

一、国内广泛存在的"美国中心论"与中国的复兴之路

邓理峰（以下简称"邓"）：为什么要反思美国？为什么在目前阶段，中国的新闻改革尤其要以"前车之覆，后车之鉴"的心态来反思美国新闻业存在的问题？

赵月枝（以下简称"赵"）：目前中国社会及新闻传播领域里的"美国中心论"的最大问题，是往往只看到美国国内的新闻自由，而不考虑美国媒体的对外报道。实际上美国的《今日美国》（*US Today*）和美国之音（VOA）是不能分开来的。外交是内政的延伸。我们不能对美国在国外所从事的类似先养萨达姆·侯赛因，后又将其送上绞刑架等颠覆他国政府的活动置若罔闻，而盲目地欣赏美国国内的所谓新闻自由。我们现在提倡和世界接轨，避免不了和美国接轨。但是要搞清楚，究竟是和美国的哪一部分接轨？是和美国的资产阶级，还是和美国的中下层接轨？是要全面地和美国的外交政策接轨，然后一起去压制第三世界国家吗？中国要走美国的老路，就意味着中国要逼美国改变现有的消费模式，要和美国争资源，争生存空间。因此更大的可能是，美国不会允许中国走上美国曾经走过的道路，不会坐视一个和自己争夺资源的国家"和平崛起"。

那么我们究竟是不是要做美国这样的一个大国？我们是否要放弃"第三世

界",要去接受现在的世界体系,要成为现在世界体系里的赢家?不去谴责现在世界体系里的"狼",反而要让其他国家去当现在世界体系中的"羊"。如果要中国这样去选择,对中国普通人来说究竟意味着什么?中国现在若有这么多人如此热望我们的国家成为当代世界体系的赢家,而不是设法去改变这个体系本身,这将是一件非常危险的事情。当然,现在有人就是坚持认为这个世界奉行的仍旧是丛林法则。

邓:为什么说中国不改变现在的世界体系,而去做这个体系的赢家,对中国将是危险的?难道渴望国家复兴,学习美国,反而会毁掉中国的复兴之路?

赵:我作为长期工作生活在国外的学人,相对较有处在庐山之外,识其真面目的优势,比较能看清楚国内的人想要做什么。中国未来的目标和路径选择不仅仅关系到中国人自己的利益,更关系到世界。中国的复兴是中国人的责任,也是对世界的贡献,这点毛泽东当年曾经提过。

中国现在提出和平发展与和谐社会的目标,但是,中国毕竟是后发国家,而历史上后发国家所走过的道路,特别值得中国来反思。比如作为后发资本主义国家的德国和日本,都曾经误入歧途。中国现在讲走和平发展的道路,但问题是国际社会愿意给中国这样的机会吗?还有中国的国际贸易问题,中国商人受到的反倾销等挫折,是不是会变成一种在经济精英阶层的民族主义?总之,美国的发展道路,在中国是走不通的。

二、反思美国的新闻业与传播研究

邓:您在课间提到,几年前中国人民大学主办的《国际新闻界》刊发了美国传播学者詹姆斯·凯瑞(James Carey)的文章《新闻教育错在哪里》[1]并引发过一场讨论,但后来国内学界对该文章的论争偏离了学术讨论的正轨,使得中国学术界失去了一次反思美国新闻业的机会。您为什么这样说?

赵:凯瑞是美国主流的新闻教育家,他正是看到了美国新闻教育中存在的问题,才写出了这篇文章。凯瑞的观点是美国已经没有新闻了,美国的新闻企业都已经被美国的大型娱乐公司吞并了,这是美国新闻业的悲哀。而相关的讨论也正是试图让国内学者把问题的重点回到什么是新闻的焦点上来。但是国内的这场讨论由于后来变成为一场新闻学和传播学之间的学术权力之争,就把这一努力消解了,这也再次让中国学界失去了一次反思美国的机会。

---

[1] 该文刊发于《国际新闻界》2002年第3期,第8-11页。

邓：国内目前的学术争论缺乏平和的环境，现代学术套路规则在中国似乎一直都是缺位的。很多学术争论刚一开始，各方都容易将对方所关注的问题视而不见，而是很快变成了对对方道德的猜测，或者是断章取义，歪曲对方论点，变为攻击。

赵：以国内外学界对《妖魔化中国的背后》一书的批评为例，很多人认为此书太"左"，但问题不在于此书的观点本身是不是"比较左"，而是中国学人那种习惯性地戴帽子的做法至今不改。而"乱扣帽子"的最大特点就是把复杂事情简单化，对《妖魔化中国的背后》持批评态度者，并不意味着就是"妖魔化理论"的支持者。撇开"妖魔化理论"本身不说，问题的关键在于社会上存在一种不允许批评美国的氛围，这是不正常的。一方面，我们在通过实证研究追求学术的"去政治化"；另一方面，我们动不动就把学术讨论政治化和意识形态化，而批评"妖魔化理论"，不一定是要站在民族主义的立场上，也可以从国际主义或世界主义的角度来看美国。

邓：您刚才提到新闻在美国的萎缩，在中国新闻业界也有类似趋势。尤其是最近十几年里的市场化改革，商业化导向的新闻媒体去政治化越来越明显。去政治化的问题似乎也表现在这些年来国内对于研究方法的偏好上面。科学实证主义的定量研究向来在美国社会科学研究中占据主导地位。美国一直被认为是传播学的发源地，因此向美国学习才能得其真传。对于这种说法，您怎么看？

赵：1980年代初，随着中国的对外开放，美国主流传播理论被引入中国，"传者""受者""信息""渠道""反馈"这些概念使厌恶了"工具论"和"阶级斗争"话语的中国学者耳目一新。可以说，美国主流传播理论在中国之所以有吸引力，部分是因为权力概念在该理论表述中的缺席及其"媒介中心论"和"传播本质主义"倾向。作为一门"冷战社会科学"，美国实证传播研究以"自由多元主义"（liberal-pluralist）意识形态"共识"为前提和假定来建构"宏大理论"和"抽象实证主义"，它不但有很强的科学主义色彩，而且往往在分析传播现象与过程中忽视权力问题和淡化社会历史背景。而这在某种程度上正好符合"文革"后的中国学者希望纠正学术研究过于政治化的趋势，迎合了他们希望建立学术相对独立性的要求。

中国学界急于摆脱学术讨论中的政治关联，力图使得传播学领域的学术研究去政治化，而实际上这又是不可能的。目前新闻传播学界去政治化的一个典型方法是选择科学主义的道路，迷信和崇拜定量研究，一切都以定量研究的标准来衡量。批评去政治化的实践其实是政治经济学里面最常见的批判，殊不知，去政治化本身就是一种政治。

邓：国内传媒领域最近一些年出版了不少对包括美国在内的西方发达国家媒体企业的研究成果，这些成果偏重于关注生意经，关注新闻媒体作为商业企业市场化运营的经验得失。此外，最近几年陆续有国内媒体企业成功走向了资本市场，成为上市公司。这些变化似乎使我们感到，中国的新闻媒体在市场化改革的道路上，和美国等西方国家的差距越来越小了，市场化改革带来媒体的繁荣与社会表达空间的扩展，似乎也是越来越值得期待的了。我们该怎么来看待国内的这样一种变化？

赵：在国内，大家现在都很迷信市场，但是真正的完美的市场什么时候存在过啊？从来没有抽象存在的市场，市场总是嵌入社会关系之中的。国家与资本有不同的运作逻辑，但是市场没有国家提供的法律基础就无从行使，也就不能称其为市场。

关于市场和民主的关系，我们要全面地、历史地理解资本主义与自由民主的关系。这个问题很重要。法兰克福学派的霍克海默曾说过："谁不想提资本主义就应该对法西斯主义保持沉默。"意思是，对法西斯主义的检讨必须涉及对资本主义的分析。我们总是容易把自由民主和资本主义市场连在一块，但是实际上这是一种特定的历史的现象，也可能是暂时的现象。资本主义这个经济体制有时候有可能以自由民主的政治形式来表达，有时候可能也会以法西斯主义的形式来表达，而且这还不是线性的，我们不能说今天有民主了，然后就永远一劳永逸了，我们要有一种历史视角，要具体分析，不要偏信简单的宏观叙事，好像从这个社会必然到那个社会，市场关系必然带来民主。当然自由民主是资本主义一种最理想的方式，因为在这种制度下，精英之间可以按一定的可预期的程序讨价还价。

作为权力的不同矢量，国家和市场力量都有既能限制，也能赋予社会表达的双重功效，这两个力量有其对抗的可能，也有其相互叠加从而形成合力的可能。与此同时，在商业逻辑的驱动下，传媒可能因下层劳工与农民这两个社会阶层不是广告商的目标受众而忽略他们的话语表达和社会传播需求，这样一来，媒体的政治控制就可能与媒体的"市场逻辑"形成结构上的合力，同时压制这两个社会群体的话语权力。同样，政治控制和集团化经营这样的经济模式也可以在权力的集中方面相得益彰。传播研究需要进行具体分析的是，在特定政治经济条件下国家和市场的相互构建情况以及最终形成的传播体系在什么情形下，如何赋予或者限制不同社会力量的传播权力，并对社会的权力结构和社会文化发展模式产生何种影响。

邓：国内广泛存在的"美国中心论"和新闻传播教育大概也有关系。我体会到的是，现在新闻传播教育领域的教材引进和学术交流等大都来自美国。甚至学生出国留学，大多数都是以去美国为荣，而且事实上也是多数选择去美国。就新闻传播的教育与研究而言，中国在向美国学习的时候，应该如何选择？

赵：的确如此，因为美国大学多，奖学金也多，而且美国政府奖学金、富尔布赖特等各种基金会也多。这本身是一种结构性的霸权，会增加这样的可能，即我们得到的知识也是以美国为中心的。但这也仅仅是可能，而未必一定会如此，不一定去了美国，就会形成"美国中心论"。

美国的学术也是多元的，现在的问题是，我们国内在向美国学习的过程中，往往是一厢情愿，有意做偏向选择。我们没有学习美国学术的多元，而是专门挑对我们胃口的东西，是有偏向选择的结果。比如，在方法论上对科学实证方法的偏好，那是因为和商业利益很合拍，我们不愿意去学那些似乎比较刺耳的东西，而美国科学实证的东西，总是比较温和的。比如我们1980年代就翻译过的"经典"——《报刊的四种理论》，而且至今也还在重译，实际上，施拉姆等人的这本书是经典的"冷战社会科学"的产物，他的研究受美国政府的支持，有很强的冷战意识。而同一年在英国，有社会主义立场的文化研究学者雷蒙·威廉斯也提出了四种理论，但跟施拉姆等人的四种理论非常不一样，他说这四种媒体模式一种是威权的（authoritarian），一种是家长制的（paternalistic），一种是商业的（commercial），再一种是民主的（democratic）。这样一来，他就把"商业的"和"民主的"给分开来了，而在我们接受的所谓西方理论中，商业模式往往被等同于相对独立于政府，进而被等同于民主。实际上，并不是那么简单。然而，施拉姆等人的冷战理论被我们所熟知，而社会主义者威廉斯的理论却没有被传到国内。

三、欧美之外的经验可能对中国新闻改革更有启发

邓：您在课堂上提到，欧盟在寻找"非欧洲中心视野中的欧洲研究（non-Europe-centric perspective）"，这是怎么回事？欧盟为什么要这样做？我们应该怎么来看待？

赵：欧盟在寻找"non-Europe-centric perspective"的研究。我自己刚刚得到的学术邀请是参与对有这样的研究取向的研究申请项目的评估。欧盟的这种心胸，恰恰是目前中国需要的。

邓：我注意到在您的新书《全球传播：跨文化政治经济学的视角》（*Global*

Communications: Toward a Transcultural Political Economy）中，关注的主要对象以拉丁美洲、非洲等发展中地区居多，而并不是北美和欧洲等我们一贯最为关注甚至是唯一关注的区域。为什么会是这样一种选择？关注拉美和非洲等发展中地区的传播问题，对于中国的传播研究有怎样的借鉴意义？

赵：我们有必要克服对西方理论的崇拜心态和盲目求新的浮躁。我以前回到国内来，往往有同事会问，西方有什么新理论？我说第一，西方不是隔三差五就产生一个新理论；第二，我们为什么非得这么关注西方的新理论呢？也许1930年代的理论，比如说罗斯福新政时候的理论，对我们现在这种情况更有用。

8 价值重构：中国传播研究主体性探寻

挑战西方中心主义与价值重构是一体两面的事情，新世纪以来，这也是越来越多的中国传播学者的共同关注。我和胡智锋教授是同龄人，曾同在中国传媒大学任职长江学者——他是特聘教授，我是讲座教授。虽然我们之间交往不是很多，但彼此有共同的话题，也觉得可以就如何建立中国传播研究的主体性问题进行一次对谈。2010年12月27日，在中国传媒大学校园，胡智锋教授邀请我在《现代传播》的编辑部，进行了一场极为愉快的对谈。

胡智锋，博士，时任中国传媒大学文科科研处处长、教授、博士生导师、《现代传播》主编，现任北京电影学院党委副书记、副校长。当时在场的中国传媒大学电视与新闻学院讲师张志华[1]整理了对谈初稿。对谈以《价值重构：中国传播研究主体性探寻》为题，刊登于《现代传播》2011年第2期，第13—21页。原文编者按称，"两位长江学者在全球视野下围绕中国传播研究的现状、问题、特征及发展趋势进行了深入探讨，提出了不少一针见血、启人深思的理念与观念"。

胡智锋（以下简称"胡"）：今天两位长江学者要做一番关于中国传媒学术的对话[2]。一位是在中国传媒大学前身北京广播学院毕业，现在世界知名的华人传播学者赵月枝教授，一位是本人，与中国的传媒一起成长，做中国传媒研究的本土学者。我们两位，恰好成了有中国传媒大学背景的两位"长江学者"。

赵月枝（以下简称"赵"）：我很高兴有机会跟国内的学者做深度交流。

---

[1] 张志华，博士，现任中国传媒大学新闻学院副教授。
[2] 我的论文《"向东看，往南走"：开拓后危机时代传播研究新视野》是此对话的一个相关话题背景。该文最初出版于台湾《中华传播学刊》，2010年第18期，第3-30页，后收入《传播与社会：政治经济与文化分析》，中国传媒大学出版社，2011。

一、众声喧哗与价值危机

胡：与中国社会一样，中国的传媒正经历一个超速的发展，带来的传媒剧变以及传媒学术剧变也是始料未及。

按照传统做法，我们会做很多理性推演，做调查，用科学的方法来选择对象，细细揣摩，沉下来，再经过若干年的积累，慢慢形成一个观点，一种说法。而现在，传媒学术和传媒的变化速度一样快，很多事情感觉来不及，你还没有确定好方向，新的潮流又来了。无论是世界的变化、中国的变化、传媒的变化、传媒学术的变化，都非常匆忙。在这种匆忙中，整个传播学界都出现一种众声喧哗的状态，也出现了一种失语的状态。

原来可能会有潮流引领者，会有权威和跟随者，形成所谓流派、学派，但是现在越来越难了，都匆匆忙忙。很多种方法、很多论文、很多著作，汗牛充栋，但是你又感觉似乎没有说清楚。

赵：其实，众声喧哗和失语的背后，是危机。国内传播学是在当年新闻学的基础上嫁接西方，尤其是美国实证主义传播学而繁衍的，我们当年新闻学的基础理论是马克思主义新闻理论。改革开放以后，尤其经过80年代"新启蒙"、告别革命，当年马克思主义新闻理论面临危机。记得当年在学校，我们一方面批判资产阶级新闻虚伪性，另一方面又把《纽约时报》当作标杆，把客观性当作我们的目标，认为我们的媒体是宣传，而他们是客观的。

胡：是专业主义。

赵：当年的马克思主义新闻理论被我们自己认为是僵化、教条，没有说服力的，同时，我们引进了以美国主流传播理论及其实证主义为研究方法。虽然实证主义本身好像不考虑价值层面的东西，是科学的，但实际上，它隐含的理论前提是美国自由主义的价值体系。如霍尔所论，实证方法所假定（assume）的价值观，即美国在战后五六十年代的"冷战"意识形态，是不被讨论的一种"共识"。用这样的意识形态共识来理解刚才您说的中国现在千变万化的传播现象，的确力不从心。

我们面临的境况是，传统马克思主义理论已经不能解释改革开放的一些新发展，以美国为主导的西方实证主义研究方法所假定的理论框架面对中国的现实又力不从心，这导致我们当下的危机。与此同时，我们确实也引进各种西方批判理论，但是西方批判理论从法兰克福学派到后现代也有其具体的语境，我们怎么样把它们跟中国的现实相结合，也是一个挑战。

胡：刚才您提到一个问题，就是怎么看我们的理论武器。理论武器后面是价值观，没有价值体系的支撑，就没有核心。

赵：没错，任何理论与方法后面都有一套价值观。被我们认为是主流的美国的实证研究，它假定"二战"后美国社会比较稳定，没有剧烈转型，更没有大规模的社会冲突，基本价值已经被承认，没什么可讨论了，他们是在这个基础上来做实证研究的。当然，"越战"和美国国内民权运动的崛起很快暴露了这种前提价值假定的迷思和霸权性质。中国这30年经历了这么巨大的宏观转型，我们自己的价值观还在形成过程中。当我们不问价值盲目套用别人的理论与方法时，就把别人隐含的价值有意无意地给假定了。

胡：西方对中国影响比较大的有三个理论资源，第一个是马克思主义新闻观，中国化的马克思主义。辩证唯物主义和历史唯物主义是它的理论武器。从德国古典基础衍生出科学社会主义，经过了列宁和斯大林，经过了毛泽东，支撑它的价值观是革命价值观。

赵：反封建和反帝反殖反资一起进行。

胡：通过革命来寻求人类解放。这套东西我们拿过来，结合了中国的新闻实践，衍生出中国化的马克思主义新闻观，像党性、人民性。革命的价值观与党性、人民性这一整套的范式是一个对应关系。

第二个理论资源——自由主义和实证——又是另一种范式。自由主义对应的是实证方法，它的价值观是自由主义和现代化理论。欧洲经过资产阶级革命，资本主义扩张，资产阶级财富大量积累并遇到危机，刚才您提到，"二战"后欧美社会比较稳定，允许不同的主张来为稳固它的社会状态做研究。

赵：只能说是在自由多元主义（liberal pluralism）意识形态里面的不同社会主张，不可能多元到让共产主义者掌握话语权。经过两次世界大战后，社会比较平稳，自由多元主义成了"共识"，在这个前提下来推行实证研究，仿佛社会意识形态问题解决了，可以隐而不谈。

胡：当我们在学习和引进一种西方的研究方法时，我们更多看到技术层面的问题，而忽略了理论来源、深层次的价值观问题，如果缺了这个深层次的理解，我们的方法论就是缺乏生命力的。根深才能叶茂，不见得非要把西方树根挖过来栽到中国，这是徒劳的。中国经验告诉我们，真正的培植还要在自己的国土上，要根据自己的土壤和环境，来栽种植被。

赵：就这棵树本身，我要追问，它是充满生机的希望之树还是千疮百孔的病树？西方资本主义早在马克思时代就已经展示了它的危机、它的矛盾。资本主义到了现在，它的不可持续性应该说不言而喻。我们甚至还要进一步追问：

这是一棵为人类遮风挡雨的庇荫之树,还是流着毒汁、结出战争恶果的灾难之树?

胡: 是要打一个问号。

赵: 更要打一个叹号!正因为这样,所以我们要创新。这个创新不仅是为中国自己,而且是为人类未来。从2008年美国次贷危机到现在陷入债务危机的欧元区,到生态危机,西方自己也在寻求出路。事实上,自从《共产党宣言》问世以来,就已经不再是资本主义能否持续的问题,而是应该用什么样新的制度来替代它。现在,这个问题更迫切了。

胡: 第三个理论资源是后来西方的批判学派,它是建构在资本主义后期,对从现代到后现代转型过程中出现的种种弊端进行的自我反思、自我批判,形成改良主义这一整套理论,它的价值观是改造的。

赵: 马克思主义在欧洲产生,它的传播在政治地理上有两条线。一条红线到了现已成为历史的苏联和目前还正在建设社会主义的中国,另外,在西方内部也有马克思主义。也就是说,马克思主义的解放话语在世界上分了两支,一支以20世纪的苏联革命和中国革命为主导,在不发达国家形成与革命相关的理论与实践,在媒体领域,这体现为党报理论与实践;另一支,西方知识界把马克思主义思想延续了下来。从法兰克福学派到后结构主义以及与之相关的"自主马克思主义"等流派,"西马"思想体系比较复杂。如果改良成了政治诉求,这部分是因为,如列宁的帝国主义理论所示,"西马"学者所在的西方国家处于世界资本主义体系中,可以通过强权和国际劳动分工剥削边缘国家及其人民的位置,阶级冲突没有到暴力革命的地步。但是,"西马"传统在西方语境内一直没有放弃马克思主义人类解放的愿景。从这个角度来看,马克思主义最基本的解放价值诉求,在西方和东方都有表达,只是表达方式不同。

讲到东方的马克思主义理论与实践,有一点很重要,那就是,中国的模式跟苏联的模式不同。政治学者林春就认为,中国共产党在其追求解放的实践中,在不断探寻与苏联国家社会主义不一样的东西,就是群众参与。

胡: 我们探讨价值观的问题,就是为今天中国的传媒学术正本清源。我们要清楚在中国自身发展进程当中,我们的新闻传播实践和理论中,马克思主义人类解放理念其实是一以贯之的,体现在我们的传媒实践中,特别是群众性、人民性,具体包括群众参与的方式,这实际上是反专制、反精英主义的。

二、中心与边缘，霸权与挑战

胡：我多次说过，对任何一个媒介来说，收视率和广告收益可能是重要的，是它所谓赖以生存的物质基础，但是，我始终强调一句话，态度决定一切，也就是说价值观是最根本的。[1] 如果一个媒体没有一种核心价值来支撑，它就失去了方向和目标，再好的技术也无能为力。对传媒学术也一样，如果没有一个核心价值去支撑，用什么样的方法可能就是奇技淫巧，就不可能充满着激情，也不可能沉淀于理性。你的学术是缺乏活力的，只是为了完成一篇报告、一个项目，为了得到更多学术资源，而不是带着长远的设想真正去解决问题，没有一种价值观去支撑你做这样的学术。

赵：我比您更激进一点，不是没有价值观，而是有意无意甚至稀里糊涂认同了别人的价值观。因为任何一种理论和方法背后都有价值观，所以，即使你不去讨论价值观，也会通过理论框架和方法的选择把其背后的价值观有意无意给带进来。结果却是橘逾淮为枳，不仅浪费资源，而且南辕北辙。

胡：比如说"后学"，这些年我们引进若干个"后"，似乎很时尚，但是慢慢发现，其实我们引进的某一种学说可能就是某一个学者他个人的视角，也未必在西方学术主流中得到广泛认同，或者也未必见得就如何，很有可能因为一个偶然机缘被我们碰到，就奉为神明。

赵：这说明我们不自信，老是问什么是西方主流。某种理论可能在西方不是主流，我倒不担心，只要这一理论立得住。刚开始被认为异端的东西有可能代表未来的走向。如果我们承认中国在开拓一个新的社会形式，我们是在探索中国特色的社会主义道路，那我们为什么非得迎合西方主流？为什么西方主流就应该是我们的主流？为什么明明知道西方那个模式建立在过去的殖民扩张和现在的美帝国体系之上，我们还要跟西方主流结合？

所以，"是不是西方主流"这个问题本身就体现了我们没有自主性，没有主体意识。

胡：中国的传媒学术界有两个现象特别有意思，一个是所谓"理论"，一个是"国际化"。只要说到理论，特别是传播学，就认为中国没有理论。比如说学生做论文，根据中国传媒的实践，花了大力气做了一个经验的梳理，会有人问，你的理论呢？如果你的博士论文里头没有西方的传播理论，那就不是理

---

[1] 胡智锋：《创意与责任：中国电视的本土化生存》，中国传媒大学出版社，2010，第14页。

论。这个现象很普遍。非西方不理论，中国自己总结出来的不是理论。第二是"国际化"，中国是不是跟国际接轨，就拿美国和欧洲作参照，再看看我们中国，结论必然是如此落后、如此差劲。

这是两个非常突出的问题。在我们的研究方法和价值观里，其实有一个深层次的问题，就是对我们自己本民族、本土的成就经验的漠视、不自信，包括对我们自身的新闻传播、广播电视研究的经验梳理。

赵：因为我们把自己的经验放在割裂的西方理论中，认为西方有理论，我们只能提供经验，好像理论就姓"西"。

胡：我们自己要建立自己的知识范式。

赵：我们习惯去承认西方知识的普遍性，再把中国经验放在里边。实际上任何一套知识体系都是以本地为基础的，包括中国革命和建设在内，任何社会运动和社会实践都有不同知识，都有不同理论资源，而不是西方就是理论，中国只提供经验。这点我本人也一直在抗争。有学者说，我有这套有关资本逻辑的普遍理论，赵，你来提供中国的例子。我说对不起，不是这么回事，资本主义逻辑跟中国社会结构有个磨合的过程，不能把资本逻辑抽象出来，把它本质化，然后说中国只提供经验。

胡：中国只能做例子，知识体系和范式都是西方的。

赵：这本身就是西方中心主义的一种表达，把西方当作是普遍主义的。

胡：而且这种问题在中国知识界，特别是传媒学术界很普遍，因为传播学我们更多的是引进，我们已经习惯了认可"全球知识本地实践"，有意无意就把自己给矮了三截。

赵：这是话语霸权的集中表现。那你怎么赶超？即使发表更多的文章又如何？再多，也是人家的框架。所以要反思以西方为中心的知识论，也就是认识论。什么是知识，谁的知识，不同知识体系之间的权力关系如何，我们自己要反思清楚。像您刚才说的，当我们有意无意认为西方有理论、我们有经验的时候，实际上我们就永远不是这个游戏中的平等玩家了。

胡：我们已经上了圈套。

赵：对。再举个例子，几天前我在国内讲课，讲到中国"走出去"的时候，我说"走出去"很重要，但是还有一个"谁的声音走出去"的问题，比如《英雄》这部电影是"走出去"了，但我认为"走出去"的是秦始皇的视野，孟姜女的视野并没有"走出去"。课后，马上就有学生反问，美国有吗？可问题是，如果我说美国没有，是否就万事大吉，问题终结了？历史终结了？当然，在这里，秦始皇和孟姜女的视野只是象征性的符号。但问题是，为什么要拿美国作为一个评判标准？这里面是否隐含着美国代表"先进文化的前进方向"这一前提？在好莱坞的意识形态中，灰姑娘和《漂亮女人》（Pretty Woman）的视野是主流，我们的花木兰也被挪用（appropriate）了，但我们不能指望有更底层的孟姜女的视野。孟姜女代表被压制的阶级和民众，而且还是女性的。

胡：这很典型，这种发问我想不仅学生会有，甚至相当一部分学者也会自然地问美国有吗？或者问你的理论是哪里的，西方哪一派的？如果不是，他马上会质疑，会说，你国际化了吗？与国际接轨了吗？

赵：当我们说"接轨"的时候，我们老想着纽约的摩天大楼，想着跟美国的中产阶级接轨，但是我们忘了美国中产阶级所依附或者它能够形成的内政和外交条件。在内，美国有自己内部的第三世界，在加州的一些贫民社区里，一个黑人男性在成长的过程中进监狱的机会比进大学的机会还要多；对外，美国有帝国的位置，它在全世界设立那么多军事基地，它出兵海湾、阿富汗，它可以先把萨达姆扶上台，再把他妖魔化，在巴拿马，它可以先扶持某政权，再把它推翻。我们一些知识分子，凭着自己的经验和想象就要跟美国中产阶级接轨，但是忘了，它是一个整体的社会结构中的一部分，是一个世界体系中的一部分。

胡：在学术上也一样，我们也参照所谓与国际接轨。大学排名，我们要进世界一百强，实际上是想进入那样的体系，变成那个体系下被他们认可的一个案例。

赵：对。资本主义在英国最先形成以后，整个资本主义世界体系（world-system）只能是一个中心。当英国形成资本主义以后，它把其他国家卷进来，不可能同时有另外一个中心。你跟想象中的美国中产接轨了，自己成了跨国消费精英的一部分了，但是谁在这个过程中被牺牲了，成了失地的农民和下岗的工人？从方法论角度，这是一个线性思维（linear thinking）和关系性思维（relational thinking）的区别问题。

胡：所谓国际化更多是一种想象，这种想象把西方的话语和知识体系当成了真正的知识，当成了全球普遍的知识，这样我们只能是它的案例，这个就是典型的所谓"全球知识本地经验"的体现，无非就是把西方或者美国代表的这种理论当成了唯一的理论资源，或者是让我们中国学术与这样的理论接轨，作它的注脚，这个才叫"国际化"！这在今天是个非常要命的问题。

赵：我们的学术还有深深的"殖民学术"印记。

三、西方与中国，解构与重构

胡：中国慢慢在融入世界，如果说经济上的全球贸易、跨国资本流动还可以接受的话，文化上的洋务主义或许对我们的文化和学术是伤害最大的。

赵：从政治经济学的视野，社会的经济政治文化是分不开的，它们互相建构。从某种角度说，我们学术的这个情况实际上跟我们经济改革后大规模依靠国外资本，依附美国并为美国生产和为美国金融资本主义买单是相关的。所以，这样的语境下怎么获得自己的学术主体性，是一个很重要的问题。

说到中国学术的主体性，不是说要本质化中国，要在西方和中国之间画一条线，而是我们要有自己的关于世界普遍主义的辩解，要有自己的世界视野。我们学术要挑战西方中心主义，不是为了弘扬东方主义和中国文化本质主义，而是以另外一种普遍性来与现在占主导地位的普遍性进行一种对话。要从中国的立场出发，但是，要有世界眼光。

实际上，中国与西方对立，很多时候是人为的，用萨伊德的话，是构建的。我们所说的"西方"现代科学，在许多方面得益于"东方"知识，是文明交融的结果。毕竟，现代数学所依附的数字是阿拉伯数字。

胡：所谓云计算，0和1最基本数字是阿拉伯世界创造的。

赵：因此，一方面要挑战西方主导知识霸权体系，另一方面我们又不是提倡文化相对主义和"文明冲突论"，而是要在更高的人类解放的层面来批判和挑战现行的资本主义文化霸权。

刚好现在地理上的西方是资本主义文化霸权的发源地和主体，工业文明是从那里发展起来的，但这只是一个在特殊历史条件下的产物。所以，在这个语境下，挑战西方，更具体地说，是挑战现在仍由西方主导的全球资本主义及其知识霸权。当然，这个"西方"现在早已在我们中国人的心里了。当中国学生问"美国有吗"时，西方已经在他心中。

要挑战西方，同时要解构西方，不能把西方本质化，只当地理概念来理解。马克思主义也是在西方产生的，马克思之后，新的马克思主义、批判理论和"后学"里面的进步内核，都包含解放的诉求，所以西方也有挑战西方霸权的资源。另外，在西方还有被压制的原住民，他们一直在与西方资本主义价值体系进行着抗争。

要解构西方，同时要解构东西方二元论。在美国有第三世界，在中国有第一世界。在经济一体化语境下，早就是中国有西方，西方有中国。从跨国公司的运作到我们自己心中想象的作为价值规范的美国,资本主义现代性价值体系的霸权无处不在。

胡:在谈到全球和本土的时候,有两个极端倾向。一个以西方为中心,应该说近几百年以来,基本上是西方中心,经济政治文化都如此,马克思主义以来的世界变化,整个民族解放运动,还是没有在根本上颠覆西方中心。另外一个倾向是极端的封闭,以我为中心。这两种倾向都很危险:狭隘的西方中心主义已经造成很多恶果,消除很多丰富人类文化的一些东西;狭隘的民族主义过于封闭,不接受世界,不接受其他民族和文化。所以一方面,对所谓以西方或者以美国为中心建构所谓理论和国际化,我们要批判;另一方面,对狭隘的封闭的所谓的民族主义或者文化本质主义我们也要说不。这两个东西我觉得都有一个偏狭的倾向。

"全球知识本地经验"这个话语,它隐含着非中就是西,非西就是中,我们要解构它,消除二元对立。我们可能要反过来说,一个丰富的世界由多种知识建构,由全球各种在地知识建构起来。其实我们应该推动在地知识的建构,这是为了建构新的知识体系。

赵:新形式的世界主义。

胡:我们把不懂西方叫作无知,把懂西方叫作有知,这是问题。但是,仅仅是以本土作为一个封闭的场域,也是问题。

赵:实际上我们要的是一种有历史视野,有中国立场,但是又有国际眼界的知识。不是把中国和西方对接,而是在国际结构里理解中国、理解西方,来构建批判性的世界主义。

我刚才说,我们说"西方",意指在西方占主导地位的资本主义现代性,所以,我更愿意说,我们要超越的是资本主义现代性。从这个角度来说,我们要构建的是另外一种现代性,或者说一种后资本主义的现代性,一种超越了中心与边缘、剥削与被剥削关系的新的人类共同体。

胡:我们的理想核心价值还是支撑我们的,追求人类解放的终极目标。具体在运行过程中,体现在我们的政治经济领域,强调的是尊重、平等的主体,突破二元化的对峙,或东方,或西方,或全球,或在地那种简单狭隘单一中心和单一本质,实现多种在地、多个中心、多个主体同时并进的世界主义。

赵:还有一点,知道自己的知识结构是跟什么样的权力结构相关的,这是一种有反思性的知识体系。

胡:谈到这种知识体系的建构,我们要建构的体系是一个真正的无所谓有知无知,不是简单的二元对立。我觉得在欧美其实有一批具有世界主义情怀的学者，他们非常令人尊敬，比如美国已故历史学家 L.S. 斯塔夫里阿诺斯。有人说他是最伟大的历史学家，他的《全球通史》[1]在任何时段都没有简单把欧美作为唯一线索，而是平行看；他在各个民族之间的关系建构中，试图构建真正的人类历史和全球历史；他说受材料的限制，受思想的限制，历史上任何历史教科书免不了以西方为中心；他努力在建构打破西方中心的还原历史真相的全球通史。

赵：所以我们肯定要相信是有世界史，有人类史的。讲到西方理论，刚才我们说，有人非西方不理论，实际上，这里的"西方"还需要进一步解构。以我熟悉的传播政治经济学理论为例，因为斯迈思和席勒等学者在北美用英文出版，我们就说这些理论是"西方理论"。其实我认为不是，因为他们的理论中，早就融入了对东方、对南方的关注和对全球反帝反资实践的总结。实际上，斯迈思的学术思想受到了毛泽东思想的影响，他早在70年代初就到中国研究中国的传播理论与实践。文化帝国主义理论受了非洲反殖民理论和实践者范农（F. Fanon）等人的影响。席勒"二战"期间被派到北非当兵，目睹了西方殖民主义给当地带来的压迫，这对他理论的形成也产生重要影响。

从这个角度说，他们的理论不是任何本质化语境中的"西方理论"。这些理论融进了他们对自己本社会的批判反思，也包括像对"越战"这样的美国海外战争所带来的灾难的反思。他们之所以有这种批判精神，是因为当年有中国和越南这样的国家在探索另类现代化，也就是超越资本主义的现代化，或者可替代资本主义现代化的全球实践。

即使像美国主流学者阐述的现代化理论，也是以第三世界为观照的。现代化理论实际上跟"冷战"联合在一起，是希望把当时没有进入社会主义体系的一些第三世界国家拉到资本主义阵营里面的一种理论。它的目的在于维护西方的利益，但与此同时，其意识形态"工作对象"实际上是西方之外的"第三世界"。

胡：现代化理论是有核心价值的，但是我们往往只看到表象。

赵：我所知道的传播政治经济学领域当年的那些开拓者们，都观察与分析了非西方国家反帝反殖的民族解放与社会革命实践，并在这个基础上进行了理论总结，所以从这个角度上说，这些理论不是纯粹意义上的"西方理论"。当然，这不是说这些理论没有体现出这些身居西方的学者的局限性，正因为如此，中国学者加入理论对话就显得尤其重要和迫切。

---

[1] L.S. 斯塔夫里阿诺斯：《全球通史》（上下英文第7版），北京大学出版社，2005。

胡：是的。应当摒弃非此即彼，或东或西的二元对立思维，尊重相互交流、相互尊重融合的多元化、多样化的理论学术探求。恰如生物多样性保证了人类自然生存的良性生态一样，学术探求的多样性也会有利于人类社会文化生存、精神生存的良性生态。

四、中国传播研究的学术定位

胡：前面从范式危机衍生出方法与价值之间的关系、东方和西方的关系、全球和在地的关系，以及有知和无知的关系。其实我们俩有一个共同的认知，我们需要建构一个真正全球意义的一种非本质主义、非二元对立的一种新的知识体系，这种知识建构不论是出自哪个国家，建构的知识体系应该是普遍主义的。越是民族的越是世界的。

赵：也就是说，这里有特殊与普遍的辩证和具体历史关系，不是本质主义的国粹，也不是抽象的普遍。

胡：中国新闻传播学界目前面对中国传媒发展的多种层面，像您刚才讲到"走出去"，这属于政府行为，提升文化软实力，提升国家传播力。在政策层面，我们也会有一些具体的推动，比如说振兴国产电视剧、动画片，推动三网融合，现在刚刚推动国产纪录片，等等，所有这些政策层面的推动其实已经不是单一的中国化的东西，可能参照了日本、韩国这些亚洲相对发达的区域的实践，也参照了港台的一些实践，还可能参照远一点的欧洲和美国的一些经验。这些东西在我们的政策体系和我们对传媒的观察和传媒经验的梳理过程当中，已经变成了一个你中有我、我中有你的状态。

起点于中国的传媒实践和传媒经验，采用了多种来源的知识所建构的未来中国传媒学术，我想它应该自觉地建构一种全球知识，以中国为起点的，适应于全球的普遍经验，既是中国知识，又是世界知识，基于中国经验，但是超越了中国经验。

赵：对，还是如我前面已提及，要有历史视角、中国立场和国际眼界。而且我们中国自己本土也有追求解放的实践，我们有很多经验，我们自己的批判理论与实践资源，不仅已经影响了世界格局，实际上也有别人已经或正在借鉴。

我们既有五千年的传统，也有150年追求民族解放和社会解放，并创立自己民族国家的经验与教训，这个过程很曲折。我们先是反帝反殖，创立了一个多民族的现代民族国家，而不是欧洲那样单一民族一个国家的方式。在进行社会革命的实践过程中，中国一直在反对苏联式的官僚主义。我们曾经不仅希望从"资"解放出来、从"帝"解放出来、从"殖"解放出来,还要从"官僚主义"里面解放出来。可以说,中国革命比苏联有更彻底的民主精神,比苏联有更普遍的社会基础。中国媒体理论与实践中曾经的群众路线,在苏联是没有的。中国的党报原则跟列宁的党报原则既有继承,又不同。苏联垮了,很重要的一个原因是其官僚社会主义。现在有人提"鞍钢宪法",有人提当年的群众路线。我们有这些在特定历史条件下的激进民主尝试,当然也有惨痛的教训,但是,不要因为有教训而不总结经验。

另外,改革开放以来,尽管崇拜美国之风盛行,而且与美国接轨是许多人心照不宣的目标,但是无论从官方角度还是民间角度一直都没有把中国加入资本主义体系的,我们一直是在探索中国特色社会主义道路,也就是说,中国没有像俄罗斯那样,通过休克疗法全盘西化。

刚才说,西方那棵树本身有毛病,而且是特定世界历史环境中的独苗。尽管这棵树是某些国家和某些阶级的摇钱树,我们不能也不应把这棵本身已经病入膏肓,而且给我们带来过灾难的树搬到我们这儿来。中国一直在与西方的互动中发展着自己的批判理论与实践。更值得记忆的是,我们自己当年的批判传统是激发过西方理论和西方以解放为诉求的社会运动实践的。当年"红宝书"影响了西方60年代新一代知识分子,影响了西方的批判理论,包括"西马"的发展和"新左"社会运动。我刚才也说到,在传播学界,斯迈思被毛泽东的矛盾论和中国的传播理论和政策所吸引。可以说,正是中国等非西方国家激进社会革命理论和实践的警示作用以及受这些革命影响的西方批判理论和进步社会运动所起到的啄木鸟式的改良作用,资本主义这棵病树才得以延续其生机。可是,为什么到了现在,我们反而到了非西方不理论,往往把西方学者作为"大师"请到中国来宣讲他们的理论,而不是与我们一起平等地讨论世界共同面临的问题?我们新一代中国学人在理论创新方面的确任重道远。

胡: 从全球视野看,我们很容易走向民族虚无主义状态,要不盲目自大,要不妄自菲薄。这两个都很可怕。刚才说到越是民族的越是世界的,其实不管是天人合一,也不管是鸦片战争以来,还是新中国成立以来,有经验,也有教训,我们必须历史地去看,要去总结我们的历史经验,去规避我们的历史教训,不能因为自身问题,而去拥抱我们想象中的西方中产阶级美好图景。与此相关,面对今天传媒的走势和传媒学术的走势,我觉得我们应该给它一些辨析,比如说在学术诉求上,到底我们的学术为谁说话?是为精英专业主义说话?还是为大众说话?政策设计是面向公共的社会,还是面向一小部分既得利益集团?这是个很重要的立场问题。

赵：是提高收视率，娱乐百姓？还是为百姓说话？或者更为重要的是，百姓自己是否能有自己说话的平台。

胡：我开篇就说，大家很急躁，很匆忙，于是不断呼唤创新，传媒的创新和传播理论的创新，时时发生。回过头来看，似乎也没有感到我们在创新。其实我们经常是为了技术，而丢掉了我们的核心价值。我们的目标在哪里？方向在哪里？有两种指向非常重要。一个是传媒要生存，自己养活自己，我们经常说，做大做强。这个路子应该是跟文化产业的规律相接轨的。另外一个就是在社会效益的诉求上，应该是以公共服务作为它的核心诉求，因为简单的意识形态宣传我觉得不能代表大多数，简单的精英表达更不能代表大多数。应该确立公共服务价值取向，确立大文化产业生存发展、做大做强的目标。

赵：中国媒体在做大做强向"时代－华纳"等西方媒体跨国公司看齐的时候，我们要提醒自己，我们跟西方应该是不一样的，"时代－华纳"是资本主义牟利的媒体机构。

媒体如果以收视率为目标，这就背离我们自己宣称的价值理念。一个很重要的问题是，我们媒体生产的目的是什么？媒体在做大做强的过程中，如果本身成了市场经济下的利益集团，目的就是收视率的话，我们就有理由问，这还是社会主义国家的媒体吗？如果是社会主义，那么，生产的目的是满足人民群众的文化传播需求，而不是更多的牟利。当然牟利和民众的文化传播需求有某些结合点，市场在某些方面能够提供某些需求，但是你如果只通过市场满足需求，更多方面的需求市场提供不了，尤其那些没有购买能力的下层民众和那些挑战市场权力关系的观点，广告商不青睐这些群体和这些观点。

与此相关还有一个问题，我们学术生产的目的是什么？很多年前有人问我，WTO要进来，中国媒体怎么办？我说，先别问中国媒体应该怎么办，因为这是把我这个学者定位于媒体策略发展部的研究者了。从另一个角度来想问题，我们需要考虑的是，WTO进来以后，中国传播生态会怎么样？也就是说，我们应该更多地站在社会的立场，来考虑在WTO的语境下媒体更会传播什么样的内容和价值，我们应该构建什么样的媒体制度来捍卫与倡导什么样的价值。可能是因为我们学界许多研究资助来自媒体，我们把自己定位成媒体的战略发展部，想着如何按资本逻辑和所谓的"市场规律"做大做强。在社会主义体制下，媒体跟教育和医疗都是社会的公共服务体系。更确切地说，媒体是一个社会定义自己价值的系统，是不同社会成员表达自己和创造意义的场域。媒体有这么重要的文化和政治意义，把它们沦为牟利工具，不但本末倒置，而且会在价值传播方面南辕北辙，因为市场机制本身不是价值中立的。自由主义新闻观有其合理的内核,但是当年的马克思主义新闻理论有一个内核也十分值得我们去重温,那就是,马克思主义的新闻自由定义包括媒体免于成为资本牟利工具的自由。当然,资本也不一定都以私人资本的形式出现。

学者定位非常重要。因为我们是学者,我们要站在公共立场上。然而,在不平等的社会里,公共性又与阶级性密不可分。我们不少学者有意无意地把自己摆在了一个专业主义的、阶级中立的立场,想着如何构建这样一个公共领域。不过,在这个公共领域里面大概听不到下层民众的声音,只有"公共知识分子"自己及其认同或想象的"中产阶级"的声音,好像公共领域的主体不是上海咖啡馆里的市民就是北京的网络前沿推手。当然,公共立场也不一定非得是国家的立场,如果只要国家的立场,还要学者干什么?总之,学者应该有一个相对独立的定位,同时,这一立场又是与其他权力主体在社会共同价值体系下形成的良性互动结构中的一部分。

胡:这里有两个概念,一个是公共服务,公共服务的建构当然要面向全社会,一个是公共知识分子。刚才我讲我们对于中国传媒未来蓝图的描述,实际上是基于公共知识分子的立场或视角,设计公共服务的目标,不是设计政府的宣传目标。我们的传媒机构和我们的传媒学术都应该有这样的诉求,为更广大的民众提供公共服务。

中国传媒学术的定位和走向现在要建构新的知识体系。首先在价值观层面,对应做大做强,我们需要公共服务的产业,它不等于我们精英知识分子狭隘的小咖啡馆公共领域,一定不是这样,而是面向更广大的民众,更为多元化,为多个阶层民众服务,是这样一个体系。

赵:社科院的卜卫教授长期做与妇女儿童相关的媒体研究,但在主流传播圈里,她的研究往往不被承认,说是太边缘。卜卫倒自信,说我研究一半以上的人口,还边缘吗?说实在的,这不是卜卫的遗憾,是中国传播学的悲哀。刚才我们说只有西方的才被认为是理论,国际层面有中心和边缘,到了国内也一样,好像国内所谓大写的传播研究就是那种把研究对象定义为都市中产白领男性的研究,其他像卜卫那样研究农民工、妇女,尤其是与农民有关的传播,成了边缘。中国至少有一半人口是农民,而我们数数国内有几个学者做农村传播研究!当然,这些研究被称为"农村传播研究",而对象为中产白领的传播研究却不被命名为"都市中产白领传播研究"。

胡:它不需要。就像过节,很多时候被授予节日对象的往往是弱势群体,像妇女节、儿童节,所以西方也用不着说它的才是理论,但是我们要拼命拉着西方,用它来贴我们的理论标签。

赵：我们传播研究观照的是什么？研究妇女、儿童、农民，要被命名，可见，我们的传播研究隐含着都市中心主义和中产阶级的学术立场。

胡：不需要命名的实际上暗含了一种理所当然，那个本质上就是都市中产阶级。

赵：很多人的都市中产研究暗含着一个历史线性逻辑，就是中产阶级一定会变大，但是，当下的"蜗居""蚁族"等现实证明中产阶级不一定越来越大，而且，美国社会的中产阶级也面临危机。当然，研究都市中产没错，因为这一阶层毕竟存在，只是要从一个我上面提及的"关系思维"的视角来研究。在特定的国内国际政治经济结构中，某些人成了中产阶级，必然意味着某些人成了农民工。

虽然我们离不开概念和各种宏大叙事，但我对线性思维（linear thinking）和孤立的范畴思维（categorical thinking）时刻保持警觉，我提倡关系性思维（relational thinking）和辩证思维（dialectical thinking）。没有中国就没有西方，没有西方就没有中国，没有中国的农民工就没有中国的中产阶级，没有中国的农民工，也就没有美国的沃尔玛。

五、思想解放与后发优势

胡：关于未来中国传媒学术首要的就是价值观问题。要基于全球视野中的中国经验和中国历史，来建构真正的中国经验，然后以中国的立场来表达，为全球知识体系贡献中国知识。具体到传媒学术本身来看，应该有独立于政府和媒体机构的公共知识分子这样的学者立场，为公共服务描绘蓝图，为所谓做大做强，以独立的状态去创造知识。实际上都是一个命题，就是中国立场、中国价值。

赵：与此同时考虑的是全球视野中的中国。要考虑中国问题，必然要考虑中国在资本主义世界体系中的位置，这必然是世界的。也就是说，要从中国被卷入全球资本主义体系这一基本前提出发，来考虑中国农民工的境遇。这不是说不分析中国本国的政治经济结构和具体的工厂劳工境况，就像市场和国家力量总是在特定历史过程中相互构建一样，不同层面的分析并不互相排斥。

胡：第二个问题是研究方法论问题，方法论所谓质化研究和量化研究已经本末倒置了，其实都是手段。科学主义和人文主义今天还要强调结合，谁也离不开谁。

赵：现在我们国内传播学界有一种焦虑，有人会说，看看人家社会学做得多好，政治学又做得如何如何，我们怎么这么没出息，尤其有些博士生，很焦虑，恨不得自己搬到政治学系和社会学系。我会说，像结婚似的，下层阶级想高攀，与上层阶级联姻，是不容易的。我们是新的学科，他们是比较传统的学科，他们的发展历史比较长，他们在学术殿堂中的身份和地位的确比我们高。但是，我认为我们的学科是很有前途的学科，因为我们有跨学科的研究取向，我们既做人文又做社科。在社科领域，我们有条件和有必要在汲取政治学、社会学等传统学科的理论与方法资源的同时，避免且超越它们各自的局限。我们代表学术发展的未来方向，我们也不是注定浅薄和拾人牙慧。

胡：人文社科结合，科学主义和人文主义结合。

赵：对，我们要探索社会科学方法和人文主义方法，历史逻辑和理论逻辑相结合的一种研究。事实上，这是我们唯一的出路。因此，与其说恨不得把自己嫁到社会学系，或者抛弃这里的博士课程，转到政治学系，还不如立足自己的学科，使它作为"后发者"在下一波的范式革命中后来者居上。

胡：跟中西方对比一样，用传统学科的标准来看我们自己，觉得很弱小，很自卑，但是我们不要那么去看，换一种视角来看，这种社会科学和人文科学结合，质化和量化结合，恰恰是传统学科不具备的方法论优势。

赵：传统学科有可能会压制创新，而我们没有这个负担。

胡：反而有活力。方法论我们非常开放，代表着未来。

赵：关键是我们要自己解放自己，包括从那种轻易贴左右标签的自我束缚中解放出来，并在随时随地保持自我反思性的同时，对任何党同伐异的个人学术权力政治冲动保持警觉。人文知识到了这个阶段，东西方要融合，不同学科间的界限要打破，这么一来，我们反而代表了在一个新的时代、更符合时代要求的解释世界的一个领域，所以我们可以后发，我们可以有制高点。我觉得我们传播学有这个天时和地利。至于人和，除了学术共同体的构建外，我觉得学术自信很重要，要有自己的学术主体性。在北美，我很幸运，除了传播学者外，汉学家中的政治学者、社会学者、历史学者都来找我，因为他们都需要有关中国的传播学分析，所以我个人没有这个焦虑。比如我2008年的专著是哈佛大学费正清东亚研究中心前主任裴宜理（E. J. Perry）教授主动约的稿，她问我在写什么，并邀我在她主编的一套丛书中出版我的著作。我觉得咱们自己应该有这个信心，因为在现在所谓的信息资本主义或者网络社会的时代，社会科学不能没有传播视野，其他学科没有传播视野，这是他们的盲点和悲哀。但是，如果我们自己贡献不出像样的东西，要么在媒介中心主义的狭隘框架里自娱自乐，要么忙于媒体产业发展与战略部门该做的活计，那是我们自己种瓜得瓜，种豆得豆。但是，我们也没有理由妄自菲薄。

胡：从世界学术发展来看，以传播学为代表的传媒学术研究是一个综合各种各样优势的前沿学科。我们应该有自信，看到我们不仅对传媒学科本身，而且对整个人文学科、对整个社会创造开辟新的道路。

中国的传媒学者，面对西方传媒学术应该有自信，要依托中国经验，建构中国知识来做世界性的贡献。

9 传播学研究取向区分再认识

去西方中心化和挑战传播研究中的自由主义意识形态影响是一个漫长的过程，也是一个破和立之间的拉锯战。对我来说，它还是一个在自己的跨国学术活动中，在碰到不同学者时，与他们进行深入对话的过程。这种对话有时在国内，在课堂上和会议间隙，在特意安排的访谈中；有时在加拿大，与以学术名义来找我的许多国内访问学者。有时，我真不知道自己是否太一厢情愿，但我好像乐此不疲。

我富有激情，性情偏急，语速飞快。在一次 ICA 会议间的好友晚间聚会上，美国批判传播学者约翰·唐宁（John H. D. Downing）教授取笑我说："赵，你说话这么快，等你去世时，你可能说了别人四倍的话！"我乐坏了，回应道："最多三倍吧，因为我25岁之前几乎不说话！"

我还是一个认真的傻人。尽管经常处于忙碌之中，还爱小题大做，甚至把鸡毛当令箭。比如，有时别人也许是礼节性地来找我谈几句，而我却滔滔不绝，说个没完，因此浪费对方的时间。

家人经常说我说话啰唆，同一个意思，重复多遍。这还不算，我没有经过语音训练，总是扯着家族遗传的大嗓门说话。也有类似大嗓门的一位缙云女性朋友告诉我，说话又响又硬，也是缙云话这一非常原生态的山里人语言的特征。总之，无论什么原因，我的声音与人们想象中的南方知识女性的"吴侬软语"相差十万八千里。所以，可以想象，听我说话的人，尤其是对我并不熟悉并又让我着急的人，会有一个什么样的不愉快感受！

2010年12月在中国传媒大学与胡智锋教授那场对谈，给我的记忆是令人愉快、高效率和富有建设性的。当时我没能想到的是，在数年之后，我会在温哥华自己的办公室，与来自中国传媒大学新闻学院的一位叫肖弦弈的学者，硬是把一个我计划中一两个小时的访谈，变成了一场历时七个多小时的高声论争。我已经记不清具体是在哪一天了，但在我的记忆里，这是一场最长、最让我感到吃力也是交锋最激烈的对话。如果有这场谈话的录像，我一定会因自己当时的许多表情和声调而感到尴尬！

在答应为肖弦弈办访问学者身份到加拿大之前，我不记得与他有任何直接的学术交往。不过，因为自己当时是中国传媒大学的长江学者讲座教授，我对来自该校的教师和博士生的访问申请几乎有求必应。2015年1月初的一个上午，肖弦弈回国前一个多月的时间，他与我约好，做个访谈，也算是我的学术答疑。我当时嗓子疼，也没有做长谈的准备，更没有对肖弦弈提出先读一下多年前《现代传播》上我与胡智锋教授的对谈内容，看看能否在此基础上深化的要求。

结果是，就肖弦弈提出的问题而言，我感觉在"价值重构"这一目标上，不但没有前进，而是回到了各种我早就批判了无数遍的自由主义迷思的起点。就传播学而言，我们的交谈从我自己早就处理了多次的"批判研究和实证研究"两分法开始。更让我提高嗓门，一边显得不耐烦，一边又没完没了地说的原因是，我感觉肖弦弈在对话中，带有许多对批判研究学术和学者的误解，甚至是我认为是不公平的偏见和道德审判。我被激怒了，越说越多，整整说了一个上午后，请他吃了中饭，下午继续说，直到下午三四点。到了那时，我真的感觉自己筋疲力尽、声嘶力竭了。

过后，我感觉驱动我的是理论只要彻底就能说服人的信念。当然，我也为自己把访谈拉得这么长和过于激动和不断为批判传播学术辩解向肖弦弈道歉。好在肖弦弈很大度，翻看邮件，有他2015年1月11日的以下回应：

"赵老师，您这一周大部分时间都给我了，应该说'不好意思'的是我……跟您这一周的接触，给了我很多新的思考。这些新的思考或许能改变一些东西，也能改进一些东西。"

肖弦弈于2015年2月22日回国。此后的几个月间，我们就如何处理这七个多小时对话有过几次邮件来往。我收到过肖弦弈在录音基础上转换出来的长达六万一千多字的文字稿，但文字很乱，由于有太多的专业词汇，加上我发音不准，整理起来非常费时。我也知道，他忙于别的事的同时，为整理出一个可出版的访谈努力过。

一年多以后，因为觉得其中的一些内容，对那些习惯于从教科书和考研资料上得到传播学术知识的年轻学生还有一定价值，我让当时在温哥华访学的中国传媒大学博士生白洪谭按自己的理解，加上自己的问题，编辑出一篇可出版的访谈文章。再后来，大概是2016年夏天，我在白洪谭整理过的稿子基础上，全部重做，编辑出了一篇稿子。

不过，做完后，我已经没有精力顾及这篇访谈在刊物上的出版了。这篇稿子在本书是首发，编辑时，个别地方在2016年稿子的基础上又做了修订。因此，不管是内容还是形式，它离最初我与肖弦弈的七个多小时谈话，都很不一样了。有许多地方，我已经把它当作书面文章来写了。不过，我希望它针对的，主要还是他最初提出的一些问题。2019年3月18日，在我就这个访谈的出版与他的微信交流中，肖弦弈告诉我，国内传播学研究对西方传播学理论、历史、方法还有一知半解的状态，因此，他四年前采访我，"其实是想通过您的回答来纠正国内传播学学术圈内的一些错误认识"。

肖弦弈曾在德国柏林自由大学新闻传播学院留学，2009年在武汉大学取得经济学博士学位，曾任中国传媒大学新闻学院副教授。他于2016年从中国传媒大学辞职创业，通过一个叫"两个黄鹂"的公司，致力于提高中国孩子的语文能力和素养。白洪谭于2017年获得博士学位，现任济南大学文学院讲师。

一、两个学派区分的背后

白洪谭（以下简称"白"）：赵老师，您是如何理解传播学研究中的经验学派、批判学派的区分？

赵：传播研究中有两派区分，这是事实。但是，作为一个早年就在国外做研究的学者，我真没有想到这个区分在国内是如此的被强调，甚至已经被本质化了，好像我们整个传播领域至今还被这样一种二分法所笼罩。不过，既然要谈这个问题，我希望先澄清一下用词，因为名不正，言不顺。究竟是"行政研究"和"批判研究"的对立，还是"经验学派"和"批判学派"的对立？

这里先抛开"研究"与"学派"的区别不谈，也许有人会说，"行政研究"和"经验研究"是同义语，一回事，问题的关键是它们与"批判研究"对立。但是，作为传播学者和话语分析者，我认为这里用"行政研究"或"经验研究"去对应"批判研究"的区别还真不小，而且这一对术语对学术政治影响也不可低估。从逻辑上，"行政研究"对"批判研究"更匹配，因为两者是在研究性质这同一层面上的比较，一个服务于现有的行政机构以及更广义的体制机制，一个批判地审视现有体制机制；而把"经验研究"和"批判研究"作为一对对立的范畴，并不是那么符合形式逻辑，因为它们一个是涉及研究方法，一个事关研究性质。

实际上，把"经验学派"与"批判学派"对立，会有两方面的"意识形态"效果。一方面，这在学术政治上起到了掩盖或起码遮蔽前者为现有机构甚至体制服务的性质，上升到具体的社会历史层面，在美国，这就是行政研究为美国的资本主义政治经济机构服务的性质；另一方面，这同时造成了后者不做"经验"或"实证"研究的假象，从而在方法论上先入为主地误导人们相信，"批判研究"脱离现实甚至在"实证"方面有短板。总之，当你用国内流行的"经验学派"与"批判学派"二元对立来问我问题的时候，对批判研究学者来说，他们在学术政治上就已经处于国内传播学术界有意无意所构建的"主流"传播学术政治话语霸权之下了。

中国传播学界是通过一个什么样的过程，使主导话语变成"经验学派"与"批判学派"的对立我不得而知，我自己在以前也可能随大流这么用过，或者别人在这么用时我没有反对，否则，所有谈话都会变得超过7小时！但是，在这里做点学术史功课，还是有必要的。

让我们回顾一下美国传播史上两篇相关的文献。第一篇是拉扎斯菲尔德（Paul Lazarsfeld）1941年在《哲学与社会科学研究》（*Studies in Philosophy and Social Science*）上发表的名为"关于行政与批判研究的言论"（*Remarks on Administrative and Critical Communication Research*）[1]的文章，这应该是这方面比较早的讨论。如文章的名字清楚表明，拉扎斯菲尔德用的是"行政研究"（administrative research）和"批判研究"（critical research）这两个词。

在这篇文章中，行政研究是那些为公共和私人机构做的研究。更值得注意的是，拉扎斯菲尔德不像我们现在想当然的那样，并列来说这两个学派。他首先描述了行政研究，然后指出，这类研究面临几个层面的批评。第一是来自研究资助方的批判，他们有可能觉得没有得到应有的效益。第二层批评涉及对这些有限研究的目的的批判，它们会被认为只是解决一些如何更好销售某一产品这样的具体小问题，而同样的研究方法如果应用于更有前瞻性的、急迫的当代社会问题，就能服务于更广泛的改良社区生活（improve the life of the community）的目的。然而，拉扎斯菲尔德所讨论的对行政研究的批评不止于此。他接下去说，如果前面两层批评都不怀疑研究可以服务于特定具体目标的话，第三个层面的批评则更深刻：你不能脱离总体的历史情境来追求特定的研究目标和它们的实现。而批判研究正是在这个基础上，针对行政研究而发展起来，它要求在做那些服务于特定目的的研究之前和之上，必须对媒体传播在当下社会制度中的作用做出研判。

随后，拉扎斯菲尔德提到了批判研究有别于行政研究的两个方面：第一，

---

[1] Paul Lazarsfeld, "Remarks on Administrative and Critical Communication Research," *Studies in Philosophy and Social Science* No. 9 (1941): 2-16.

它提出了一套有关当代社会发展趋势的理论，而这些趋势也许还没有以具体研究问题的形式被考虑；第二，它隐含了一些基本人文价值思想，这些思想是用以评价事实上或期待的效果的依据。更令我们今天已经把"行政研究"和"批判研究"的区分固化、去历史化甚至相对主义化的认识相对立，也与我们把拉扎斯菲尔德当作不折不扣的行政学派鼻祖的认识有些出入的是，拉扎斯菲尔德对当时美国社会的媒体所有权集中现象和广告商不择手段用媒体做营销，从而损害社会的基本价值体系和阻碍人的全面发展的倾向，进行了批判性的反思，认为这是批判学派产生的根源。

令我们惊讶的还不止这些。在文章中，拉扎斯菲尔德不但提出了批判研究的基本问题（如：媒体是如何被组织和控制的？在现有体制下，集中化、标准化和营销的压力是如何表达的？它们以什么样的隐蔽形式威胁人文价值？），还用具体的4个步骤和例子来说明批判研究是如何做的。同样让我们惊诧的是，拉扎斯菲尔德对那种认为批判研究只展现问题，而不是提出建设性建议的批评做出了回应。最后，他还就批判研究对"当下传播研究"的可能贡献做了积极的评价。在前一个关于批判研究缺乏建设性的问题上，拉扎斯菲尔德用英国皇家委员会调研报告以及以狄更斯为代表的社会批判文学对英国工业体系造成对童工的剥削和贫民窟现象的批判为例说明，尽管这样的批判也许一时解决不了问题，但是，起码在这个问题上表达了一定的共识和社会良知，而明天的社会道德标准要归功于今天少数极其敏感的知识分子。他甚至设问道，为什么我们不可以对批判更友善、更有耐心，来看看，到了最后，究竟什么是建设性的，什么不是？

在具体的操作问题上，拉扎斯菲尔德对行政研究者如何能得益于批判研究的贡献，也提出了一些设想。他承认，由于没有经验，这很难，但是，令人回味的是，他认为，这有很强的学术要求，因为几乎没有一个行政研究者不在实际研究中，因感受到横亘于抽样和误差这样烦琐的程序与当代重大社会问题间的距离，而感到失望和焦虑。他还说，有些学者的解决方法是，把他们对社会问题的兴趣当作自己私人的追求，与实证研究程序分开，希望有朝一日两者会重合。原谅我过分阐释，在这里，我感觉，拉扎斯菲尔德这位美国行政传播研究的鼻祖级学者，分明在说，没有一个行政研究者不感觉到自己是在做异化劳动！拉扎斯菲尔德因此希望，如果批判研究能与实证研究相结合，那么，那些从事研究的人，那些被研究的问题，以及研究的效用，都会得益。顺着这个思路，拉扎斯菲尔德举例说，控制问题将会得到更多的关注，这是因为，如果只研究传播效果，无论手段多么精致，我们只能研究那些已经被传播的媒体内容的效果,而批判研究则对那些从来没机会进入大众传播渠道的内容感兴趣:什么思想、什么形式在它们有机会在大众中曝光之前,就被扼杀?是因为没有足够的人对它们感兴趣,还是因为它们不能赢得足够的投资回报?然后,以音乐和文学为例,他分析了为什么在内容生产出来后,广告和市场因素对某些内容大加传播而忽视另一些内容。他还批评了明星制造所带来的"反民主"的影响。针对当时最重要的广播的影响问题,他也特别强调,不能停留在广播对个体日常习惯的影响的表面观察上,而应该考虑人们对现实的态度是否被深刻改变了。

这哪是我们在国内传播学教科书上的行政学派鼻祖拉扎斯菲尔德呀!在以上分析中,我们不但听到了法兰克福学派学者的回音,还能体会到,他可以说是批判研究的理解者、同情者以及批判研究与行政研究相结合的倡导者。实际上,拉扎斯菲尔德文章的结尾还真是强调了这点:如果学术工作有什么基本原则的话,那就是,不要放过另一个人观点中任何建设性的可能。他在把自己明确地定位为行政研究领域的学者的同时,强调了以下的坚信(conviction):如果批判研究取向能被包含在传播研究的普遍系统中,就能在现有知识的阐释和在新数据的发掘中,为提出挑战性的问题和新的概念做出贡献。总之,拉扎斯菲尔德在文章中突出的不是方法,更不是两个研究传统的对立。而英文中的"研究"(research)一词,也相对于"学派"(school)更开放。

我接下来要提到的是罗杰斯(Everret Rogers)在1982年的《传播学手册》第五卷上出版的一篇名为"传播研究中的经验学派与批判学派"[1]的文章。这里,我们看到,研究中有了"学派",而且已然是我们所更习惯的"经验学派"对"批判学派"了。有意思的是,罗杰斯一开始就认为这样的分法是有点太过简单化。不过,他不加解释就说,他的文章用"经验学派"和"批判学派"的术语,因为这是最常见的。他也提到了拉扎斯菲尔德1941年的文章的用词,并认为在当时,"行政研究"和"批判研究"的说法是双方都认可的。更有意思的是,他也提到了欧洲批判学者韩姆林克(Cees Hamelink)的说法,认为"实证研究"是"压制性的科学"(Repressive Science),因为它的基本目标是对社会的控制,而"批判研究"是"解放性的科学"(Emancipatory Science),因为它的基本目标是"解放现实中的可能性",从而助推在产生新现实中的创造性

---

[1] Everret Rogers, "The Empirical and Critical Schools of Communication Research," in *Communication Yearbook 5*, ed. Michael Burgoon (Transaction Books: New Brunnwick and London, 1982), pp. 125-144.

相互学习过程。当然，罗杰斯也承认，有些批判学者反对"经验学派"和"批判学派"的用词，因为批判学派也用经验研究。在这一点上，罗杰斯也认为，批判学者的反对是"相当正确"的。不过，在罗杰斯眼里，虽然两派的存在是事实，批判学者在这方面的意识更强，而在他看来，经验学派的大部分学者，基本不把自己想成是属于这一学派，而只是普通的传播研究者，因为他们根本不知道传播研究中的批判学派。从这里，我想，在国内，我们这么注重两个学派的对立，与我们对西方传播学一直停留在教科书式的介绍有关，也与中国传播学界对中国传播研究性质的纠结有关。

二、两个学派的方法论区别

肖弦弈（以下简称"肖"）：您如何看待批判学派和经验学派二者在方法论上的区别？

赵：首先，如上所说，如果用方法来定义两种研究范式，并得出一个搞经验研究，一个不搞经验研究的结论，这显然是有问题的。真正的区别在于，前者对现有的体制，也即资本主义体制及其与之相应的媒体和传播制度有总体性的分析和价值理性层面的批判，后者服务于现有的政治和商业体制机制，对现有的媒体制度及其体现的价值理性没有批判，只是在它们的固有框架内解决工具理性层面的问题。遗憾的是，方法层面的问题成了国内学术界最流行的区分。

批判学者很少搞受众效果的定量调研，这不假，因为这不是他们研究的问题。这里还需要提出的是，什么是"实证"或"经验"，甚至"实验"。我们很难想象把赫伯特·席勒的研究和"实验"研究结合在一起，但是，你如果去读一下中国传媒大学张志华翻译的《信息资本主义时代的批判宣言：赫伯特·席勒思想评传》一书，还真有这样的讨论。书中提到，"二战"时，席勒在美国军队服役，被派到了欧洲战场，在那里，他目睹了战后重建德国的过程，他把这个过程看成是在社会科学领域内应用政治科学与经济工程的"一场实验室试验"。也就是说，席勒把德国怎么被重建看成是一个有史以来最大的活生生的实证研究实验。从一定程度上，这比霍夫兰的实验室中的心理研究更真实。"二战"以后，法西斯主义被打败了，德国在盟军的指导下被重建，这是一个前所未有的历史机遇，也的确是规模宏大的历史实验。那么，是什么样的人被美国主导的盟军总部选来进入德国政府，参与德国重建呢？在这个前所未有的历史性实践和巨大实验室中，席勒目睹了，是右翼，包括原来的一些法西斯主义者，被安排到战后德国政府的重要位置，而那些有"左"的倾向的人，则被排挤在外面。从这个历史性的实验中,席勒意识到了阶级立场和阶级的重要性,而这也成了席勒批判研究思想的重要经验性根据。

还有斯迈思,当年为了干预传播政策,除了做内容分析等实证研究外,我还在他的档案中看到美国主流报刊对他的内容分析研究的报道,在他的著作《依附之路:传播、资本主义、意识和加拿大》(*Dependency Road : Communications, Capitalism, Consciousness, and Canada*) 中,有从传播角度对中国文化大革命的研究,对中国整个社会主义道路探索的研究,他还去南斯拉夫、智利等国家做研究,这不也是活生生的社会实验吗?

更需要指出的是,并不是实证研究和定量研究就必然不批判。在传播效果领域,乔治·格伯纳(George Gerbner)的涵化分析(cultivation analysis)就很有批判精神。他关于媒介暴力对社会影响的定量研究,就是一个实例。他认为,媒介暴力最主要的社会效果不是观众对暴力行为可能的模仿(这是行为主义的视角),而是对社会权力关系的表征和对现有不平等权力关系的维持:谁有权力?谁在施暴?施暴会不会受到惩罚?谁是受害者?等等。另外,他认为,影视媒介上对暴力的渲染制造了威权文化的氛围。这点对新闻媒介社会效果的批评同样有关:没完没了的凶杀犯罪新闻有可能让一些观众支持那些主张威权、增强对国家暴力机器投入的政治家,因为大众希望这样的执政者能带来安全与社会稳定。

实际上你的问题,我在十年前就试图回答了。大概是2006年,中国人民大学新闻学院的几位青年教师把我叫去讲研究范式和方法的问题。他们提到,当时的国内传播研究有一种趋势,似乎只有实证研究才是科学的,而且实证研究又进一步被定义为量化研究。我去做了讲座,讲座的主要内容后来以"批判研究与实证研究的对比分析"为标题,发表在《国际新闻界》2006年第11期上。其中的观点我就不在这里重复了。

肖:我在德国学到的东西里面把定性和定量都叫经验研究的方法。

赵:没错。但是在中国就把科学的研究方法狭隘化为定量研究了。定性和定量都是经验研究,所有知识都是从经验中来。如果我们首先把经验研究和批判研究在方法论层面对立起来,然后再把经验研究化约为定量研究,定量研究里面又恨不得化约到某种统计方法,那可真是方法论化约主义,甚至霸权了。

肖:把批判研究看成是质的研究,这个也是错误的。

赵:是的。实际上,不管什么研究,方法当然重要,但过于纠缠方法,不仅会作茧自缚,而且首先就本末倒置。关键是你的研究问题,有什么样的问题才有什么样的合适方法来解决。你不能拿着一把凿子去做一个木工的全部活计吧。在这方面，我记得芬兰批判研究学者卡拉·诺顿斯登（Kaarle Nordentreng）有一句非常好的话。他说，世界上有很多事情是可以用数量来描述的，但不是所有的能拿数量描述的事情都是最重要的事情。就是你可以数，但是有些东西数起来不一定有意义，而且一些问题本身可能就是一个伪问题。

肖：就是一个不成立的问题。

赵：不成立，或者只是表象性的，或者对一些群体和在一定历史时期不是关键的问题。更重要的是，虽然量化表述和评估非常重要，正如托马斯·库恩在讨论科学研究中的范式转移时讲过，有时候世界上"唯一"的一个也很重要，因为正是这样的"唯一"或"例外"，挑战了原来的所有的研究前提，导致了范式革命。

三、导致"范式革命"的一个例子

白：您自己在研究中有没有碰到过这样的"唯一"或"例外"的实证性例子？

赵：我不敢在库恩的意义上奢谈我自己研究的科学性，但是，我的确可以举一个例子来说明我自己研究历程中碰到的那个"例外"或"非正常现象"，以及它所揭示给我的另一个被遮蔽的中国传播政治的图景。那是1999年，我的第一本关于中国传播的英文著作已经出版，我到美国任教也有两年了，当时，我已经把现在已经变得非常时髦的"三网融合"问题当作自己下一本书的主题。为了从事"三网融合"的研究，我到北京做调研。

然而，正是在去广电部大楼做调研的路上，我碰到了令我震惊的托马斯·库恩意义上的有可能导致范式变革的"非常规"实证证据：在北京南礼士路上，中央人民广播电台大楼西门口外展示着中共北京市委机关报《北京日报》的读报栏玻璃窗上，张贴着一份名为"共产主义宣言"小字报。从内容到形式，这一传播文本于我都是那样突兀、那样"不和谐"。那天，一位朋友陪我去广电大楼，我们从中央人民广播电台大楼西门进去时，并没有发现什么，可一个多小时后出来时，朋友发现了这张小字报，惊叫道："快看，反动传单！"是啊，中国革命的意识形态遗产是如此影响深远，以至于任何"地下"政治言论，哪怕明明是宣传共产主义思想的，在日常言语里都是"反动"的。这实际上是一张抨击市场原教旨主义并呼吁全社会对改革方向进行讨论的传单，而从其遣词造句的风格上和明显的劳动者立场判断，作者应该是一位有共产主义信仰的首都工人阶级有机知识分子，他对"计划"与"市场"关系中的一些迷思的批判，对美国国家在美国经济中的作用的分析,在今天看来,都非常超前。

正是这张作为中国传播生态中的一个不常看到的"例外"的小字报,使我重新关注中国的精英和大众层面对改革方向的论争,意识到新自由主义意识形态在中国强大影响力的表面下,中国革命遗产那不可压制的存在,马克思主义批判分析那不可被轻易压制的存在,以及共产主义在中国上空的存在。也正是这张小字报背后的那位匿名作者,使我重新聚焦作为传播主体的中国社会各阶层在改革中的话语权力分配问题,而这张小字报与它背后的党报和党中央喉舌所造成的时空、结构与内容各个维度的张力,则更成了我重新检视中国传播政治经济不可忽视的历史和现实考量。实际上,正是这张"小字报",使我放弃了已经做了不少研究、也出了几篇文章的"三网融合"和中国电信改革研究,重新聚集中国的新闻和意识形态领域,尤其是有关改革方向的媒体讨论。几乎十年之后,也就是在2008年,我以此为主题,出版了我的第二部英文专著。[1] 在书中,我描述了这个改变了我的学术方向的"非正常例子"。对我而言,它是偶然露出的中国意识形态问题的冰山一角,它改变了我的问题意识,深化了我的研究,也在很大程度上影响了我后来更接地气的研究取向。

四、两个学派之间的互动

白:赵老师,您在《关于北美的传播学研究》(2005年)一文中曾经提到:"从研究取向来讲,美国实证研究和欧洲的批判学派这两个'圆'是不一致的,但是这些研究者不但在特定的历史条件下聚合在一起,他们的研究也有一个互动的过程。"如何理解两个学派之间的互动过程?

赵:"批判学派"和"行政学派"的出现是一个历史的过程,是在相互对话和相互冲撞的过程中建立起来的,而这两个学派的固化和对立化,要放在"二战"以后的世界地缘政治历史,尤其是冷战历史中来理解。我以往也谈到过,从思想史的角度来看,在美国行政学派形成之前,欧洲的法兰克福学派,还有卢卡奇、葛兰西等马克思主义传统的学者们,就开始以不同的视角来研究传播问题。他们看到了大众媒介的崛起,也看到了大众媒介被法西斯分子用以煽动仇恨和极端种族主义,他们还反思,大众媒介为什么没有使工人阶级联合起来反而使国家走向了法西斯主义。总之,欧洲的批判学派是在当时欧洲特定

---

[1] Yuezhi Zhao, *Communication in China: Political Economy, Power and Conflict* (Lanham: Rowman & Littlefield, 2008). 中文版见,赵月枝:《中国传播政治经济学》,吴畅畅译,唐山出版社,2019。

的政治、经济、文化的背景之下形成的。

"二战"期间，部分法兰克福学派的学者为了逃避法西斯的迫害而到了美国，从欧洲来的这些批判学者看到美国在战争中的宣传力量的同时，也提出一个疑问：希特勒利用广播和电影做仇恨宣传，从而助长了法西斯主义，那么在美国，大众传媒所有权的集中越来越明显，商业营销机器的操纵性越来越明显，这会不会同样带来法西斯主义，或者反民主的倾向？

前面提到的拉扎斯菲尔德1941年的文章，实际上就是在这种氛围下写的，而且从文章的口气来看，他对美国媒体被政府或商业营销机器所利用，产生强大的反民主的担忧也是同情的，而且真心希望批判研究和行政研究两种研究取向能结合。实际上，不只是拉扎斯菲尔德有这样的想法。正如丹·席勒在他的美国传播思想史研究中所讨论的那样，美国主流传播的另一位重要学者默顿（Robert Merton）在1946年出版的一部关于1943年CBS一个有关战争债券推销的研究中，也表达出了对"大众说服"对民主价值和个人尊严的冲击的担忧。在美国传播史上，这是一个相对开放的时期，用麦克切斯尼（Robert McChesney）的话，这是美国传播学史上的一个关键性节点。然而，由于"二战"和随后的冷战成了美国传播研究真正学科化的历史背景，美国主流传播研究在很大程度上成了为战争机器宣传和"文化冷战"的工具，也即批判传播思想史家眼中的"冷战社会科学"或"胁迫的科学"。这方面，丹·席勒在《传播理论史：回归劳动》一书和以克里斯托弗·辛普森（Chirstopher Simpson）的《胁迫之术：心理战与美国传播研究的兴起》一书为代表的美国传播研究"新史学"都有非常清楚的分析。前者的中译本几年前就由北大出版社在我参与联合主编的一套传播政治经济学译丛出了，后者也在华师大出版社由我和吕新雨老师主编的批判传播学书系中出版了。[1]

正是在冷战的意识形态背景下，有关传播效果的研究，出现了从原来的被称为"皮下注射"模式的强大效果到"有限效果论"的转化，而"有限效果论"的经典代表性研究是拉扎斯菲尔德在1948年《人民的选择》中的研究。在这个研究中，拉扎斯菲尔德和合作者通过对选举的研究证明，美国是一个自由主义且文化多元的国家。通过两级传播、意见领袖等概念，该研究认为媒体的直接影响有限。就这样，批判学派的疑问被认为是没有根据的，在美国，自由多元主义是存在的，没有必要担忧大众媒体对舆论的操控和对民主价值的负面

---

[1] 克里斯托弗·辛普森：《胁迫之术：心理战与美国传播研究的兴起》，王维佳、刘扬、李洁琼译，华东师范大学出版社，2017。

影响。从宏观上讲,《人民的选择》背后隐含着意识形态之争,这种对话在冷战期间从后台走向前台,形成了鲜明的批判学派和行政学派的对立。从微观上讲,从事行政研究的拉扎斯菲尔德同批判学者的紧密关系以及他前期对批判学派的问题意识与价值理性的认知,使他能敏锐地把握到关键的问题。虽然1948年推出《人民的选择》的拉扎斯菲尔德与前面讲到的1941年拉扎斯菲尔德还是一个人,但是,到了1948年,他作为一名冷战中的美国主流学者的学术政治立场也更明朗了。

与此同时,有关传播研究的术语也出现了明显的变化——可以说经历了去政治化、"科学化"甚至冷战意识形态化的过程。在"一战""二战"期间,美国学者们名正言顺地从事"宣传"或"大众说服"(mass persuasion)研究,如果查看文献的话,"一战""二战"的时候,propaganda这个词汇在美国传播研究是正面的意思,当时美国政府还有一个部门,叫战争宣传处,很多知名学者都曾为之服务。冷战以后,"宣传"这个词在美国本国就不用了,变成了"大众传播"或"说服","宣传"一词成了德国法西斯宣传和共产党宣传的"专利"。实际上,如丹·席勒所指出的那样,直到"二战"后,"传播"这个词才流行起来。

说到批判研究者和行政研究者之间的关系,我们也要用历史的眼光来看,包括像拉扎斯菲尔德和默顿这样的"经典"的行政派学者的学术立场变化。大家知道,到了美国后,法兰克福学派中如阿多诺等也为美国政府做过行政性研究,而他们中的 Leo Lowenthal(罗文森)更是在立场上经历复杂的转变。

总之,我们不能把批判学派和行政学派的区分简单化、本质化和相对主义化,我们更不能简单地把批判学派和行政学派简单地与"欧洲"与"美国"联系在一起,好像美国天生就只有,也只能"自然而然"地产生"经验研究"似的。实际上,在美国,"经验研究"的固化是有特定的世界历史和地缘政治、文化意识形态背景的。更重要的是,从它在"二战"后和冷战初期的形成,到1960年代后期其所"假定"的"战后自由主义"或"自由多元主义"(liberal-puralist)意识形态共识受到挑战,它的真正的"黄金期"也是相对短暂的。

五、意识形态"共识"与学术政治

肖:您能详细说一下经验研究及其背后隐匿的战后自由主义的共识吗?

赵:古典自由主义叫作 Classical Liberalism,"二战"以后的自由主义叫作 Postwar Liberalism 或 Welfare Liberalism,也有叫 Embedded Liberalism(嵌入式

自由主义)。相对于古典自由主义,战后自由主义已经意识到国家干预的重要性、阶级妥协的必然性,以及社会对市场进行管制和调节的必要性。这个区别我与加拿大导师在《维新民主?西方政治与新闻客观性》那本书里面讨论过。正是在这样的一种意识形态"共识"的假定下,主流传播研究得以不去考虑体制性和价值观冲突的问题,就像鱼在水里面,因而感觉不到水的存在一样。

然而,到1960年代后期,美国民权运动、女性主义运动和反越战运动的崛起,挑战了这个共识。这背后,是美国社会的内外危机:虽然白人工人阶级的阶级意识被福利社会和消费主义文化"中和"了,但是,黑人、妇女和学生群体对主流社会在种族、性别和文化政治上的问题提出了挑战;同时,美国在越南的战争激起了国内外的反战运动;第三世界的反殖运动和不结盟运动方兴未艾,而中国的"文化大革命"和反美斗争也激荡了西方社会内部的激进知识分子和学生。

在这样的语境下,在美国文化批判领域,法兰克福学派中的马尔库塞以他的《单向度的人》,成了1960年代学生反文化运动的精神领袖;在传播学界,斯迈思、席勒们对以施拉姆、勒纳(Daniel Lerner)为代表的带有很强冷战色彩的发展传播学,提出了基于依附理论和文化帝国主义理论的批判。

白:美国是不是也有很多批判学者?能介绍一些学者和他们的代表性著作吗?

赵:应该说,相对于传播学者的总量,批判学者数量不多,但是,他们影响不小,颇有真理不一定在多数人手里的意味。实际上,有关批判传播学者的影响,即使美国主流学者也是不得不承认的。比如,我和石力月在2015年第5期的《新闻大学》上发表的一篇题为《历史视野里的资本主义危机与批判传播学之转机》的文章中,就引用上面提到的丹·席勒《传播理论史》中的话,认为到了1970年代,即使代表"主流"的罗杰斯(Everret Rogers)也不得不承认,批判学派的"十年的攻坚"使代表主流的"传统"失去了正当性[1]。

重要的是,在更广阔的层面上,就像我们不能把美国"经验研究"自然化一样,我们也不能把美国为什么没有社会主义这个问题自然化。美国也有产生批判思想的土壤,它之所以没有形成气候,是美国主导政治、经济、文化和社会力量长期努力的结果,或者是美国的统治阶层掌握了意识形态斗争主动权的

---

[1] Everett M. Rogers, "Communication and Development: The Passing of the Dominant Paradigm," in *Communication and Development: Critical Perspectives,* ed. Everett M. Rogers (London and Beverly Hills: Sage Publication, 1976), pp. 148-211.

结果。霍华德·津恩（Howard Zinn）有一部很有影响的著作，叫《美国人民的历史》（*A People's History of the United States*），曾一版再版的。书里有一章的题目，就叫作"社会主义者的挑战"。回到美国传播学思想史，上面讨论过，本领域从20世纪三四十年代的相对开放，到后来成为冷战社会科学的重要分支，就是这样的一个过程。在这个过程中，美国国家机构和美国主要的基金会，尤其是洛克菲勒基金会，起到了很大的作用。

我这里不可能罗列介绍美国的批判学者，但你可以去看一些传播思想史方面的书，包括前面提到的张志华翻译的赫伯特·席勒思想评传和斯迈思的学生古贝克编的斯迈思学术传记《逆时针转》，以及约翰·兰特（John A. Lent）1995年所编的《自辟蹊径：批判传播学者剪影》（*A Different Road Taken : Profiles in Critical Communication*）以及他2015年与人合作续编的《批判传播学关键思想者：从先驱到新一代》（*Key Thinkers in Critical Communication Scholarship : From the Pioneers to the Next Generation*）。当然，这些著作不可能提供有关批判传播学几代人的全面介绍，如阿芒·马特拉、丹·席勒这样的重要学者就由于没有被采访到或篇幅有限等原因，没有被兰特的这两本书写进去。

在方法论方面，在社会学领域，米尔斯（C. Wright Mills）对美国实证社会科学中的"抽象实证主义"的局限及其对美国社会主导权力结构的关系做了透彻的分析，这早被国内学者所知。具体到传播领域，这方面最值得看的除了英国文化研究者霍尔（Stuart Hall）的《"意识形态"的重新发现》（*The Rediscovery of "Ideology" : Return of the Repressed in Media Studies*）一文外，还有《新左派运动的媒介镜像》（*The whole world is watching : mass media in making and unmaking of the new left*）作者托德·吉特林（Todd Gitlin）的一篇专门分析美国实证研究的局限性的文章《媒介社会学：主流范式》（*Media Sociology : The Dominant Paradigm*）。

你让我介绍学者和文献，我想说几点。首先，我以上提到的这些文献，不管是中文和英文，国内不是没有。比如，我与别人合编的《传播政治经济学》英文读本，就收录了50篇批判传播学的文章，早在2007年就出版了。国内传播学界，对批判传播学思想，不是缺少介绍，也不缺翻译的鸿篇巨制，如上面提到的丹·席勒的《传播理论史》，也有翻译。但是，问题在于，在国内传播学界如此浮躁的情况下，在博士生教育如此短、平、快，三年时间不仅要不断跟导师做项目，而且要出文章的前提下，除了重复教科书上有关主流和批判的一些简单化的东西之外，还会有多少人认真去研读相关学科史和思想史的中英文文献？

其次，正如我一直希望强调的那样，虽然两大学派的区别的确存在，我们不能把学术研究像冷战政治那样，简单地区分黑和白、对和错，而是要把研究当作一个历史的和动态的过程，对不同的学者要兼容并蓄。实际上，有些"中间"地带的学者的东西也是非常值得学习和吸收的。在加拿大，我的学术坐标更没法简单地用行政和批判、经验和批判等二元论来区分。不管是麦克卢汉还是伊尼斯，都不是这些标签能涵盖的。

最后，我也深深觉得，归根到底，学术政治是一种立场，对西方学术的引介与国内学者们的学术立场和政治立场有关。不是你千方百计地把美国学者们自己批判《报刊的四种理论》的《最后的权利》这样的书引介到国内，就能让一些人放弃对冷战新闻学的推崇的。从1980年代初引进美国的行政研究到现在，已经过了30多年，我们还在简单化地、本质化地谈什么批判学派、经验学派，有建设性吗？没有啊。在这个过程中，又出现了一些莫名其妙的方法论上的化约主义，从批判与实证的二元论再简化到只有量化研究才是科学的，这与西方今天的传播学现实没有多大的关系，而与中国国内传播学术界的去政治化的政治和与知识分子的犬儒主义有更大的瓜葛。

肖：这个问题实际上有一个现实的背景，在国内有些学者说自己搞批判的就不用去学定量的东西了，搞一些理论研究就可以了，这就是批判了。搞批判的不搞经验研究，这对年轻人的影响也很深，所以是一个很大的问题。

赵：我不知道哪些学者说选择搞批判，就可以闭门造车，拍脑袋做学问，或只在网上扒扒别人的观点，"论来论去"凑出一篇就完了。这是中国传播研究急功近利这一普遍现象的另一种反映。不过，我也听到另一种与你所说的现象相关的分析。有一次，我与一位资深编辑提到国内某本刊物被学者认为只发实证研究，不发批判研究。当我问这位编辑，这是不是该刊物的明确编辑思想的时候，她说不是呀，但在现实的编辑选择中，由于理论性文章一方面有流于空洞的问题，另一方面由于政治上不好把关，而量化研究好像既有"干货"，又没有意识形态和政治上的问题，更容易被选用。总之，省事和急功近利不是从事批判研究的人的专有毛病。实际上，我经常对学生说，因为你选择批判研究，因为你逆流而上，你就要比别人更努力，更扎实，一步一个脚印做学问。

最后，不管是经验研究还是批判研究，我觉得最重要的是，都要落实到实践层面。在这点上，我认为，批评批判理论没有实际指导意义不仅没有当年拉扎斯菲尔德的情怀，而且就马克思主义新闻传播理论和中国语境而言，颇有点历史虚无主义的意味。不管你喜不喜欢马克思主义理论，没有马克思主义理论，包括其新闻理论,就没有中国现在的人民共和国,你能说批判理论没有现实意义吗?我想,现在恰恰是好多人担心批判理论太能武装人民了,担心批判理论一旦被人民群众掌握,对现有秩序太有破坏性,而对另类更平等的社会太有建设性了吧。

　　回到我自己的研究。我现在做的文化、传播与城乡协调发展就是一个很具体的课题。作为这个课题的一个子项目,我甚至与我的团队做起了我家乡的缙云烧饼产业的研究。缙云烧饼作为我家乡县里的一种民间小吃,是我们整个县所有人民的共同文化遗产。我们县里的领导希望农民能通过出去做烧饼致富增收,而我也希望这个乡土文化遗产在商业化的过程中,不被城里的工商资本的利益所吞噬。这不是应用性很强的项目吗?当然是。而且由于这个烧饼产业是我家乡县委、县政府在推动的,我做这个项目得到了县里的大力支持,有非常明显的"行政研究"的意义;另一方面,由于我们用了网上问卷调查、烧饼从业者访谈等研究方法,你不能不说这个研究有实证特性。但是,这个"行政研究"和"实证研究"跟一般意义上的"主流研究"还是有区别的。这个区别就是,我们在研究的立论和出发点上贯穿了马克思主义的问题意识和我所倡导的"生态社会主义"的价值理性。也就是说,这个烧饼研究项目,它同时是经验的、行政的和批判的。我相信,在中国,尤其在中国,尝试拉扎斯菲尔德所设想的批判研究和经验或行政研究的结合有广阔的天地。

六、批判传播学术的课程设置

　　肖:不同的传播学院有不同的学术传统,以批判学派见长的学院和以经验学派见长的学院在传播学的课程设置上是不是也有很大不同?

　　赵:当然有不同,以我所熟悉的加州大学圣迭戈分校传播学院为例,这个学院拥有悠久的批判研究传统,在那里,整个传播学的内容设置包括四部分。第一部分叫作传播作为一种社会力量(Communication as a Social Force),是政治经济学加批判性的技术哲学两方面的内容,也就是有关传播的政治、经济和技术基础的批判分析。第二部分是批判的文化研究,包括英国文化研究学派的理论,也包括后殖民文化研究、反种族主义文化研究和基于女性主义的批判研究。第三部分是人类的信息处理研究(Human Information Process),从批判的视角来研究人类传播能力的获得,尤其是影响个体掌握和处理语言的能力的社会结构和权力因素。例如,在贫民窟里长大的孩子,去考美国的SAT肯定是更困难的,因为语言获得和知识结构建立过程本身已经有阶级的偏向了。加州大学圣迭戈分校课程的第四个方面是另类媒体实践,就是批判现有的商业主义媒体生产的程序和范式本身隐含的商业主义的价值,在解构它的同时,去构建另类更有解放性和平等价值理性的媒体制作和实践规范,也就是说,用另类媒体的生产方式来创造出另类媒体的内容。在这方面,学院当年有一个很有影响的学者,她叫迪迪·哈雷克(DeeDee Halleck),是一位大学都没毕业的媒体实践者,纸老虎卫星电视(Paper Tiger TV)的创立者。"纸老虎"这个词是从中国来的,因为毛泽东说过帝国主义和一切反动派都是纸老虎。她还是一位独立纪录片的知名实践者。她做的一个很重要的内容,就是"赫伯特·席勒读《纽约时报》",就是让赫伯特·席勒拿着《纽约时报》,一边读,一边批判其所隐含的意识形态偏向。与此同时,她教学生怎么样以平民的目光、平民的视线去记录人们的生活,也就是说,她所做和讲授的是怎么样去重构更民主的传播实践的问题。有关她的媒体实践,我曾经的访问学者,现在在厦门大学任教的罗慧博士在她的著作中有介绍。总之,加州大学圣迭戈分校的批判学术课程,是我所见过的最全面的批判传播学课程,它体现了政治经济、文化研究和技术哲学的结合,大众传播与人际传播,甚至是语言和认知科学的结合,以及理论、政策与媒体实践的结合。

  这里,我希望强调的是,这样一个批判的传播研究的学科设置不是天上掉下来的,而是这个大学的师生们自己斗争来的。或许很多人根本不会相信,但是在讲了一点传播学术思想史后,我可以以加州大学圣迭戈分校传播学为例,讲一点传播学教育的历史,来说明批判的传播学课程是如何在学术政治斗争中建立起来的。

  最早要提到的是美国伊利诺伊大学香槟分校法兰克福学派的几位学者和美国一些知名传播学者都与这所学校的传播学研究所有着很深的历史渊源。施拉姆、拉扎斯菲尔德都在那儿做过研究,他们获得了很多资助,例如施拉姆当年做的《报刊的四种理论》等研究都是美国政府拿了很多钱资助的,其成果本身就是冷战社会科学的一部分。也正是出于这段历史,后来这个学校的几位批判学者,出版了前面提到的对《报刊的四种理论》进行全面检讨的《最后的权利》。当然,这是后话。

  从批判传播学科历史的角度,值得一提的是,北美批判传播学的两位主要奠基者,达拉思·斯迈思和赫伯特·席勒与这个学校都有关系。斯迈思在伯克利读经济学博士的时候是一个共和党人,但这时他深受研究德国法西斯主义政治经济和意识形态结构的罗伯特·布莱迪(Robert Brady)教授的影响,产生了批判的问题意识。然而,如果赫伯特·席勒的"经验"教育是在战后德国重建这个历史实验室的话,斯迈思的经验教育是在更早的美国经济大萧条后的罗斯福新政时期。斯迈思博士毕业后,到美国农业部工作,被派去计算农业劳工的工资,在这个过程中,他发现什么叫剥削。后来,作为美国联邦通讯委员会的首席经济学家,他在无线电波频率分配的过程中,又发现了资本的利益是如何主导传播资源的分配的。他就是在这样的实际工作过程中,被现实所"洗脑",洗成了一个马克思主义者的。

但是,随着麦卡锡主义的崛起,斯迈思不得不离开美国政府。他的第一份工作就是在伊利诺伊大学香槟分校教学,虽然有批判思想,但是,他不敢把"传播政治经济学"(Political Economy of Communication)这么一门课设立起来,而是把自己教的第一门批判传播学的课叫作"媒体经济学"(Media Economics)。也就是说,有如法兰克福学派在德国法西斯主义崛起的语境下用大写的"批判"代指马克思主义,在美国麦卡锡主义的氛围中,斯迈思以"媒体经济学"的名义来教马克思主义传播政治经济学。

施拉姆参与了对斯迈思在伊利诺伊大学香槟分校的聘用。施拉姆还是FBI的线人,也就是说,在美国大学里,有一个同事会向政府情报机构报告另外一个同事的情况。美国有一点好处就是信息公开制,最后斯迈思到美国的FBI拿到了他的档案,不过,档案里面这个线人的名字被划掉了,但是基于那个名字的几个字母判断,他说这个人99%就是施拉姆。美国传播史上的这个故事来自我前面提到的斯迈思的学术传记《逆时针转》。

赫伯特·席勒退役后,按照罗斯福新政时的退伍军人可以免费上大学的政策,他在纽约读博士,后来在伊利诺伊大学香槟分校任教。席勒教了很多年书,成了教授,基于席勒自己对美国在战后世界建立文化霸权的观察,他写出了《大众传播与美利坚帝国》这样一本极具批判意识的书。当时是1969年前后,可以想象,席勒的书在美国并不好出,而且很保守的伊利诺伊大学也排挤他。

此时此刻,西海岸的加州大学圣迭戈分校发生了什么呢?反战和民权运动。加州大学是美国学生运动的中心之一,而法国则在1968年出现了著名的"红五月"学生革命。更需要提及的是,正是当时中国正在进行的希望建设一个不是官僚统治的社会主义社会的"文化大革命"理想,激励了或者起码部分激励了这场世界性的社会运动。在加州大学圣迭戈分校,不但有一名激进的反战学生在学校广场以自焚的方式抗议越战,而且也发生了类似"文革"时期学生"踢开党委闹革命"的现象:学生说,我们反对美国的大学作为美国的军事帝国的研究基地参与越南战争,我们反对美国的大学保守地成为美国军事-工业复合体的研究基地,我们要支援越南人民和第三世界人民的革命,我们要让我们的大学成立一个第三学院（third college）。什么意思呢？因为大学里面已经有两个学院了，学生希望新成立的学院成为一个服务于第三世界解放事业的学院。学生们说，我们要聘任批判美帝国主义的教授，而且学生也争取到了在聘任教授过程中的发言权和投票权。

正是在这样的语境下，席勒来受聘，而且据说他还被学生面试了两次，因为学生要证明席勒是足够批判后，才支持他。所以说席勒被雇，不是什么学科内部，也不是校长们说了要搞批判研究，其主要机遇和动力是1960年代末的学生运动和第三世界反资、反帝的大背景，包括中国的"文革"向西方知识界传递的批判精神。正是这样的在世界反帝、反资革命运动里面产生的一个机会，正是加州大学圣迭戈分校作为一个新大学要成立一个新学院的微观机遇，使其有了引入批判传播学者的可能。

后来，学生们要以刚果革命者卢蒙巴的名字来命名这个第三学院，这当然太激进，没有成为现实，但是，正是由于学生们的抗争和20世纪60年代末70年代初世界范围内的反帝、反资的运动，使席勒能从伊利诺伊大学受聘到加州大学圣迭戈分校。当然，如果加州大学圣迭戈分校没有给他终身教授职位，他也不会轻易离开原有的职位。也正是在这样的背景下，我们才会理解美国的终身教授制度对保护学术自由的意义。当时，法兰克福学派的赫伯特·马尔库塞也在那里，这两个赫伯特是非常好的朋友，但是圣迭戈是个军港，它的整个政治氛围是如此的"右"，以至于有人写匿名信威胁马尔库塞，让他"滚回德国去"。马尔库塞的研究生们，则像保镖似的保护着导师。

席勒到了圣迭戈后，校方的保守势力当然不会为批判传播学的发展铺平道路。他们知道席勒激进，所以就不让他负责成立一个传播系而只是把传播学办成一个program。这里的区别是，program仅仅是一个教学项目，没有独立的人事权。比如，当时席勒雇了一个很激进的青年学者叫麦克·瑞奥（Michael Real），他也是反对美国文化帝国主义的。瑞奥就因为席勒没有人事权而未能留下。直到后来，到该校其他更保守的相关院系在传播研究领域有足够的师资能把席勒的批判视角给平衡掉，加州大学圣迭戈分校才成立传播系。总之，我们不能脱离历史和学术政治语境，抽象谈学科设置。

当然，在成立传播系后，更保守的学者就可以在系里的日常学术政治中打击和压制批判学者，而在日常的学术政治中，主流意识形态的"规训"作用也一直存在。比如，师从赫伯特·席勒的博士生不多，不仅是因为系里的招生委员会不会热衷于替席勒找人，而且博士生们也有自己的选择，担心跟着席勒没有饭吃，也即找不到工作。这有点像现在的国内，选批判、做批判的人也有开题和答辩不通过或找不着工作的担心（我自己的学生在传媒大学开题的时候，就有同事让他们别做批判的题目）。虽然席勒博士生不多，但是他在本科生中非常有影响，而且你总不能剥夺一个终身教授讲课的机会吧。前面提到的张志华翻译的《信息资本主义时代的批判宣言：赫伯特·席勒思想评传》的作者理查德·麦克斯维尔（Richard Maxwell）就是席勒当年的一位本科生。

　　我为什么又绕回到历史呢？因为所有事情都必须从具体的历史语境下解读才有意义。为什么有批判？批判思想首先来自于学者在现实世界社会斗争中对权力关系的体验和认知，来自于世界范围内的革命运动，而不是席勒等人在书斋里凭空就建起了批判研究传统。他们看到了法西斯主义是怎么兴起的，也看到了在战后世界秩序重建过程中，资本利益尤其是美国资本利益的驱使。他们看到了资本主义和法西斯主义的关系，只批判法西斯主义而不批判资本主义，而且不加阶级分析，只看表面就把法西斯主义和共产主义联系在一起，称它们为极权主义，这是右翼理论的误导。这个右翼理论框架的另一面，就是把资本主义跟自由民主"自然而然"地联系在一起。

　　总之，如果非要在二元范式下谈批判传播学教育的话，我感觉批判传播学在帮助学生建立全面整体的历史观、技术哲学观和意识形态分析方面，在学科思想史的分析和梳理方面，其所涉及问题的深度和广度，绝对不是"主流"教学所能相比的。

　　肖：你们那里定性和定量的研究方法都教吗？

　　赵：我在西门菲莎读博时，学院里两者都教，我也学过统计与定量研究，我们的老师还是斯坦福来的主流学者。正如前面已经谈及，关键是你要去问有意思的问题，当发现的问题不需要用数量关系回答的时候，就不必去用。实际上，定性的方法非常多样，比如女性主义的方法、历史分析法，还有基于韦伯研究取向的比较历史方法，更不用说人类学志的方法和参与式行动研究方法了。当然，马克思主义和政治经济分析也是一套方法论。

七、批判研究在德国和加拿大

　　肖：为什么批判传播学会在德国衰落又在加拿大兴起？

　　赵：这个问题挺有意思，批判传播学在加拿大兴起，却在它的滥觞之地——德国——衰落，确实值得思考。不过这里我要申明的是，批判研究不是任何一个国家的地理所定的，没有哪个地方本质主义地就应该产生批判传播研究，哪个地方就该出实证研究。

回到历史语境之中，德国有卢森堡、马克思，也有革命实践，当然还有马克思主义传统，更有法兰克福学派，但是，就像席勒所看到的那样，"二战"之后，随着美国意识形态的渗透，德国的批判传统给清洗掉了，美国的实证传统影响了德国的社会科学研究。而说到加拿大的批判传播研究，首先不赞同你在问题中把加拿大和德国放在一起，就好像批判传统在德国衰落和加拿大兴起有什么联系似的。实际上加拿大一直都有批判研究的传统。加拿大在美国的边缘，加拿大人民享受着当美国"小老弟"的福利，他们自己不需要有强大的国防。但是，正因为这样，加拿大也要付出代价，这个代价就是政治、经济和文化上的依附。从地缘政治来看，由于加拿大的边缘性质和很小的人口基数，很容易产生依附性的政治经济，加拿大的思想家也一直对依附进行批判。

肖：既然依附怎么还会批判依附呢？他们应该制造一种意识形态为依附做支撑。

赵：你这个提问的逻辑值得玩味。从表面上，这个问题显得非常唯物主义：依附的政治经济产生依附的意识形态。这当然也是有的，加拿大右翼媒体里就有非常多这样的观点。但是，学术和意识形态领域也有相对的独立性，而且也是抗争的场域。依附是一种无可奈何的状态，一个民族中，有些群体从依附中得益，但是，总会有些有思想和求解放的知识分子，对这种依附提出挑战。这种挑战可以以民族主义的视角提出来，表达本国民族资产阶级的立场，也可以以更激进的批判马克思主义的视角提出来，表达更普遍的人类解放立场。

白：您能谈一下麦克卢汉、伊尼斯和斯迈思三人的学术差异吗？

赵：在加拿大传播学界里，麦克卢汉可以说是最不批判的，他是加拿大传播学界与美国主流意识形态结合得最为紧密的学者之一。麦克卢汉出身文学，他以一个诗人似的说法提出媒介即信息、地球村等口号，说明他有很好的学术直觉，但与此同时，也存在缺乏思想深度的问题。

而麦克卢汉的前辈伊尼斯是学经济学史出身，研究加拿大的大宗产品贸易，他的著作非常厚重也非常复杂，所以不可能像诗一般被人传颂。主流传播学界把麦克卢汉捧成先知与教父，其背后的原因在于：他对媒介信息技术的那种颂歌似的直觉，符合美国主流意识形态中的技术决定论。正是在技术决定论和新自由主义的意识形态框架下，"地球村"概念为美国推行文化帝国主义披上了学术外衣。当然，地球村概念也好，媒介即信息的观点也罢，都是很好的学术洞见。然而，没有真空中的学术，只有在特定的政治经济和文化与学术政治语境下的学术。更有意思的是，尽管麦克卢汉是最不实证的，主流意识形态好像也没有人要求他实证。

伊尼斯的东西，十分厚重，他的中心与边缘理论包含了对美国作为一个帝国的批判。不过，我们国内学者很少了解伊尼斯的思想，而对麦克卢汉耳熟能详，这从一定角度也与我们对美国主流理论的依附有关吧。不过，美国的知名学者詹姆斯·凯瑞（James Carey）对伊尼斯有很深的研究。总体来看，伊尼斯关于技术的思想比麦克卢汉深刻得多，而斯迈思关于技术政治的思想又比伊尼斯的思想深刻得多。与伊尼斯相比，斯迈思不但有马克思主义的视角，而且受到中国革命和实践的启发，包括毛泽东思想的影响。我很庆幸我在西门菲莎碰到斯迈思。当然，加拿大传播学不只是这三个人，Robert Babe 编的 *Canadian Communication Thought：Ten Foundational Writers* 一书里介绍了加拿大的十位传播学者，其他学者研究的不是制度经济学就是批判的传播政治经济学，麦克卢汉是唯一的例外。

10 批判视角下中国传播学研究主体性建构的思考

"进一步,退两步",送走了一位国内来的访问学者和博士生,又来一位或更多,有时有两到三位国内学者同时在西门菲莎我的名下做访问,而我自己却经常在国内,这几乎是过去十来年的常态。

本章的访谈者曾兴,也是中国传媒大学新闻学院的老师,她是在2015年3月至2016年3月间在温哥华做访问学者的。由于我与她多年来有更多的学术交往,她对性别问题感兴趣,对批判传播学也有更多的背景,而当时我思考最多的是如何从种族和性别层面深化中国传播研究主体性问题的讨论,所以,她到后不久,我就建议,她可以先准备,我们找时间在这个方面做访谈。

2015年12月1日下午,我们在西门菲莎大学港湾校区我的办公室,进行了三个小时的交谈。虽然也有出版访谈的动机,我当时就非常明晰地告诉她,通过访谈,回答她的真问题,共同深化我们在学术主体性问题上的认识,才是最重要的目标。

此访谈经曾兴整理和我自己修改后,发表在《全球传媒学刊》,2016年第3期,第1—17页。曾兴,博士,现任中国传媒大学新闻学院副教授、传播系主任。

一、知识分子的身份认同与学术立场

曾兴（以下简称"曾"）：赵老师,您好！像您这样的海外学者,在国内有个很经典的描述,即"经过自身锲而不舍的努力,终于被国外主流学界所接受,从而成为西方学术圈为数不多的华裔精英"。请问您怎样看待这样的叙事？

赵月枝（以下简称"赵"）：这在国内应该是很高的评价。我当然感到荣幸。但是,这样的叙事不但因突出个人而掩盖了个人深处其中的学术政治,而且还可能隐含着一种内在化的学术殖民主义的立场。我想从两个方面来讨论。

首先,从我的自身经历来看,在海外的学术历程可能是一个见证学术场中的权力政治,包括种族主义的不同层面的过程,而不是"经过自身锲而不舍努力"就能成功的个人奋斗史。

当我还是一个学生的时候,应该说"西方学术圈",或者说"白人学术圈"对我是友好和喜爱的,因为我主要是向他们学习,还没有形成自己的学术主体性。毕业后,我获得了教职,从一个角度看,这是这个学术圈对我接纳的结果,但从另一个层面看,这也是学术政治的结果。例如,与我竞争同一职位的也许是某位明显可能威胁到学院现有权力平衡的白人男性学者,我被选择,可能因为我优秀,也可能因为有人认为,比起我的竞争对手,我很可能是一个软弱的学术依附者,最多是一位潜心于有关中国问题的学术研究与教学,不会对学院现有学术权力关系产生威胁的学者。当我把传播政治经济学引荐到中国时,我的白人老师和批判学术圈的同人应该是非常开心的,因为他们认为,我是在把他们的思想传播到中国,我是他们学术思想传播的中介,他们并未意识到我在这一过程中的学术主体性。随着我自身在学术上的成熟与发展,当他们发现无法忽视我的学术主体性,并感觉到我对他们有竞争性,甚至要进入核心权力关系圈,并有可能改变现有学术权力格局和制度安排时,种族主义开始公然显露,各种打压与内部争斗纷纷开幕,昔日的良师益友关系也变得复杂多面。

很多的海外学者都面临同样的情形。要在学术界有自己的学术主体性与学术地位,在充斥种族主义影响的海外学术界,必须处理复杂的学术政治关系。"自身努力"并不能解释与说明一切。

另外一个解构,就是对"西方主流"的解构。我是加拿大国家特聘教授,从职位上讲,应该是很主流的,但从我是从事批判传播学研究这一点,我从不认为自己是"西方主流"的传播学者。按照目前国内就"西方主流"定义所包含的几项指标,我好像都不符合条件。

首先,从学术杂志的角度来说,我在大家认为很主流的传播学杂志上很少发表文章,除了2000年在美国主流传播学杂志 *Journal of Communication* 上发过一篇头条文章之外,就是在 *International Journal of Communication* 上发了一些文章。如果按照目前国内关于学术研究影响力的评价方法(主要是看在他们一度认为有影响力的杂志上发表文章的数量来评估,连专著也不算),那么我在"西方主流"谈不上影响。我甚至在西方批判传播学颇有影响的 *Media, Culture & Society* 上,也没有发表过文章。由于基本都是别人邀请我为某部论文集或者杂志的特刊写文章,所以我根本没有稿子投给任何刊物,包括 *Media, Culture & Society*。

第二,我也从未在被认为是主流传播学领地的大学工作过。我第一个工作的地方是美国加州大学圣迭戈分校,这所学校不是主流传播学的领地。后来,我确实也有机会去那些国内人认为是主流传播学高地的美国名牌大学工作，但因为各种原因，我主动选择不入主流，回到"边缘"的西门菲莎大学后，一直坚守在这里。

我被认为可以被主流承认的东西，就是2014年获得了ICA（国际传播学会，International Communication Association）的贝克奖。这个奖项奖励在媒介、市场与民主领域做出卓越贡献的研究者。如果大家认为，是ICA的，就是主流的，那么，我的这个奖说明，在媒介、市场与民主领域，批判思想是前沿，有引领主流的潜质。

总之，从大部分所谓的"客观"指标来说，我不认为自己是进入"西方主流"的传播学者，最多，在西方对中国传播的研究领域，我被认为是有一家之言的。一般写中国媒体的学者，或者说当西方传播学者想知道中国传播的时候，他们可能会看我的东西。

除了有关中国传播的研究，我也确实做了其他一些研究。比如，我对美国和加拿大新闻客观性问题的批判研究。我也从批判研究的角度，做了国际传播研究，但这是对西方批判传播学的贡献，不是对西方"主流"传播学的贡献。所以，从对主流的实质性影响来看，我不认为我自己对国内所假定的西方主流传播学有什么影响力。

但是，为什么我们这么焦虑于是否"进入主流"？为什么为了体现我们的水平，就要说我们是"进入西方主流"呢？这才是问题所在。我们一直说我们对西方主流传播学要有所影响，我们的目的就是进入"西方主流"，但问题是，你是要以中国的例子来证明西方理论的正确，从而变成"主流"吗？如果我的思想，我对中国的研究是以批判西方理论的角度出现，我能成为"西方主流"吗？如果我成了"西方主流"，那么我是不是就改变了"西方主流"了？

曾：那我们应该如何认识和理解所谓的"西方主流"？

赵：我们经常把"西方主流"当作是固定的，一成不变的，而且是我们不断要去迎合的一个东西，而不是从动态的、历史的、多面的角度来看待它。比如说ICA设了个贝克奖，这本身就说明，ICA中有批判的东西。我们不但应该用历史的和动态的目光来看"西方主流"本身，而且要关注我们自己的学术研究与"西方主流"的互动。

一直以来，在中国话语里，除了我们刚说的学术研究要进入"西方主流"外，我们的移民要进入西方"主流社会"，我们的国家也要进入西方文明的"主流"。然而，从移民的角度看，起码在温哥华，已经差不多有一半的人是亚裔了，移民在接受"主流"文化影响的同时，也在不断改变当地的文化。在这样的语境下，啥是"主流"就不是我们想象的那么简单了。

还有我们的媒体也一样。老是说我们要被西方主流所接受，如果还假定西方的主流价值是资产阶级的，而我们倡导的是社会主义，那我们进入西方主流，是要改变我们自己的价值体系吗？如果是影响他们，我们要用什么思想去影响西方？

总之，当我们在言说"西方主流"的时候，往往假定了一个单一的、一成不变、规范性的东西，你不"融入"它，你在西方就站不住脚。就像移民一样，来了之后，要进入"主流"才行，否则就不是成功的移民。这就回到了我们前面的问题：为什么不能说这些成功的海外学者是在"学术界有影响的学者"？

曾：一定要加上"西方主流"和"华裔"这两个修饰语。所以我们就会有这样的叙事话语，你作为华裔或其他少数族裔能进入西方主流，才能证明你的能力和水准，这实际上自己贴上了种族的标签。

赵：对，我们自己非得把族裔的标签贴出来。当然，对于国内对我的评价，我一点都没有吹毛求疵的意思，都是很高的评价，我受之有愧。但如果是从学术场中的种族主义来理解我们自己的学术主体性问题，刚才的这一番解构，是很有意义的。

曾：那么在国外人们会怎么评价您？也会强调您的华人身份吗？

赵：在国外也有这个问题。只要看到你是华人，就觉得你的研究就是关于中国的，我原来做的关于中国以外的研究，往往被忽视了。当然这也是种族构建的一个层面。还有一个就是，在国外，因为你是研究中国的，所以，你被期望对中国所有的传播现象都有研究。

曾：那么其他族裔，比如说阿拉伯裔和印度裔的学者也有这个问题？

赵：是的，都有这个问题。主导性的西方理论姓"白"，其他区域的人都是提供本地经验的，这与种族主义的倾向有关。但这中间也有区别，比如说印度裔学者，会被认为理论能力要比中国人强些，也有日本人被认为更有理论能力，这与国族在国际中的权力和地缘政治地位是相关的。

曾：在您的一些著作或研究成果中，您从不掩饰自己的个人经历对研究视角的影响。以您的河阳研究为例，这似乎与费孝通先生当年以自己的出生地作为研究对象的江村经济研究有异曲同工之妙，但这似乎又与当下在国内传播学界占主导地位的实证主义所强调的"科学、中立、价值无涉"的学术宗旨相矛盾。您如何看待学者个人的价值观与学术研究客观性的关系？

赵：我是一个做过新闻客观性问题研究的学者，新闻客观性与学术客观性是有类比性的。到底什么是学术研究的"客观性"？做任何研究当然是要有一套方法，有一套严谨的逻辑推理，以及对文献的忠实和保证资料调查的全面，这都是很基本的。但这个层面上的客观，就是学术研究的"客观性"吗？

我们都知道，在实证研究中，研究结论会有信度和效度问题，也就是说任何标明自己是"科学、客观、中立"的研究方法所得出的结论，都是有"明确的使用边界"的，如果没有"明确的使用边界"的话，恰恰表明你不是通过"科学、符合规范"的研究操作程序得出来的。这才是社会科学"客观性"和"价值无涉"的意义之一，即它是在具体的语境下，对经验事实的逻辑综合和整理，都是"个体性""特殊性"，不能上升为对经验事实"本质的、规律性"的反映。所谓的"价值无涉"和"客观性"，实际上是我们研究中的逻辑工具，是我们研究的"手段和工具"。"手段和工具"不是目的，更不能成为"价值判断的标准"，价值尺度只能来自于特定的文化自身。

而价值意义恰恰是这些"客观、价值无涉"的"手段和工具"获得逻辑意义的前提。实证主义本身也是假定了一套价值和意识形态的，它把美国战后的自由主义的意识形态当作既定的、合理的价值前提，在这个前提下来做经验研究。这也没有问题，因为在一个学术公共领域里，任何不同的立场和观点都具有平等准入的地位与权利，这也是"价值无涉"重要的含义之一。

问题在于为什么实证主义能不谈主体性。任何学者做研究都有自己的立场和主体性，实证主义假定学者个体主体性问题可以不论的原因是，它假定了一个白种的、男性的、中产阶级的主体性，或者说就是马克思主义所说的资本主义社会"统治阶级"的主体性。马克思只说了阶级的部分，但其实还有种族、性别层面的问题。因为你是白种的、男性的、中产阶级的，你就代表了那个客观的、"普世"的价值观，而知识共同体不能以某种预设的绝对价值作为规范，或者以"普世价值"来压抑和取消歧见。从这个层面来看，实证主义对学者主体性的回避，与学术公共性的宗旨是相反的，它不愿意承认其他的立场和观点有同样平等准入的权利，这正是学术霸权的显现。

正因为这样，实证主义在美国受到了女性主义学者 standpoint theory（立场理论）的批判。反种族主义学者也一直从知识去殖民化的角度对实证主义进行了批判，而后结构主义与后现代主义学者更是把这种批判推向了相对主义的极端。

国内传播学界占主导地位的实证主义是从美国占主导地位的实证主义搬过来的。美国的实证主义虽然假定政治意识形态上的中立性，但实际上这是一种冷战思维，同时，它在种族、性别、阶级上假定白种男性中产阶级地位，这种地位不被问题化，被认为是"普世"的。有一本新闻研究的书叫 News *from nowhere*（《没有出处的新闻》），这种实证主义是"academic work from nowhere"（没有出处的学术），不知从哪里来的新闻，就是上天的视角，就是普世的视角。

曾："普世价值"成为"客观、价值无涉"的价值前提，而且会给人造成一个错觉，觉得这才是走向"学术自由"，建立"学术公共性"的康庄大道，实际上这个"普世价值"就是"白种男性中产阶层"的价值，而它自我标榜的"普世性"，恰恰说明了它的"学术话语霸权"。

赵：是的，国内现在也有主导的男性都市中产阶层立场，虽然这不一定是内在化了的西方白人男性中产阶级的"普世"立场，但是他们的学术范式往往被当作一个普遍的学术范式。但是这么做的时候，会带来两个严重后果，一是这一立场很可能会边缘化其他阶级、性别、族群的研究；二是它很有可能内在化西方主导阶级立场，从而掩盖西方国家与中国国家间的权力关系。当然，需要强调的是，我这里不是特指任何个人，而是从韦伯的理想类型意义上讲"男性都市中产阶层立场"。

曾：是的，即使是作为专职的学者，现在有时候要是不研究中产阶级感兴趣的话题，旁人甚至自己都会想：这样的选题是否是边缘甚至异类的？

赵：学术话语霸权在日常学术实践中的运作，没有比这个更清楚的了。霸权就是被认为"理所当然"的，那些选择中产阶级问题意识的中产阶级学者，往往把自己的题目看成是天经地义的、中立的、普世的。

关于这一点最近有篇很有启示意义的文章，就是黄宗智教授2015年发表在《开放时代》上题为《问题意识与学术研究：五十年回顾》的文章。他在文中指出，自己研究问题的选择受到了自身深层感情因素的影响，来自于代表美国资本主义和科学主义思想的父亲和代表传统中国文化和农村的母亲。当他认识到，这两种思想和文化的并存以及他们之间的张力才是决定自己学术研究基本问题意识的关键的时候，做出来的学术的高度与深度都是前所未有的，也体会到了学术研究所带来的无穷乐趣。

学术研究必然有价值观，但这不意味着必然要牺牲你做学术的严谨性，和你对资料调查的全面性和行文的逻辑性。我没有因为自己的价值去扭曲自己所得的研究资料。在理论、方法、实证之间，我自己认为是自洽的。

曾：其实现在有些实证研究的论文看上去好像数据很翔实，但实际上结论也是比较空洞的，没有太多的现实指导意义。

赵：没有指导意义是问题，更可怕的是误导社会。这又涉及"谁的问题"了，这又让我想起赫伯特·席勒的话——做学术研究"没有比对人民更有意义和更有用,能够更给人动力了"。这是很有意味的说法。在研究的过程中要"价值中立",要把自己排除出去,不能是你家乡的问题,也不能是你爹娘的问题,也不能是你兄弟姊妹的问题,必须是"没有人"的问题,才是客观的问题,而这往往是"大城市的、中产阶级"的问题。

所以,我们很少研究农民的传播问题、工人的传播问题。总之,做研究关键点不在于你理论用什么,方法是什么,你的研究结论是什么,而在你选择的问题,你问的是谁的问题?

学术场无非是代表不同主体性的知识,变得被大家所接受,就被认为特定时期的共识,而这个特定时期的共识后来有可能又被别人推翻了,这本身不就是库恩说的"科学范式的革命"的过程吗?

曾:从您对西方新闻客观性体制的批判研究,到跨文化传播政治经济理论分析框架的深化,再到现在提出生态社会主义研究,都体现了突出的学术主体性与鲜明的学术立场。在这一研究轨迹中,您对学术内化殖民主义与种族主义的警觉一直都存在吗?这对您的研究产生了怎样的影响?

赵:在我一开始从事学术研究的时候还没有这个警觉,但是由于我个人的经历和身份定位,我对问题的思考离不开东西方关系、民族国家范畴以及"资本主义"与"社会主义"这一对相关的政治经济和社会文化概念的审视。我在1986年以公费留学生身份"出国"时,箱子里装的第一本书是《报刊的四种理论》,当时我认为这本冷战时期美国新闻理论的经典应该就是西方大学的必读教材。然而我的"第三世界"国民身份又使国际传播秩序的不平等问题萦绕于心,因此我又带上了作为"世界信息传播新秩序"运动成果的联合国教科文组织报告——《多种声音,一个世界》的中文版。

来到国外以后,我最开始也没有打算把重点放在中国媒体的研究上。作为一个从社会主义中国到西方资本主义国家的留学生,特别是在国内认为社会主义新闻理论已经失去解释力的背景下,我很想去探究到底什么是西方媒体系统,尤其是它强调的"客观性",希望以此来对照中国媒体的自我审查机制,以及对媒体工具论的认识。因此,我开始了对北美媒体新闻客观性的研究。虽然这个研究的出发点,仍是以"他者"来建构自己,但是在这个研究过程中,我开始意识到,即使主流的西方理论也有其"地方性"。在这一研究的主要成果《维系民主?新闻客观性与西方政治》一书中,我和我的合作者——我的导师——不仅用福柯的知识/权力理论破解了西方新闻客观性的迷思,而且也指出西方的新闻客观性是植根于其自身的特殊的政治经济结构及意识形态框架的。也正因如此,我对学术种族主义和殖民主义逐渐地有所意识,在以后关于中国的研究中，我一直都拒绝简单地用"历史终结""意识形态终结"这样的自由主义话语来分析中国媒体。

在研究过程中，我一方面对西方理论的"普世性"持批判态度，另一方面则更为关注现实，尤其是问题意识与现实语境的关联性。1992年后，邓小平的"南方讲话"加速了中国以"市场为导向"的改革开放，中国的媒体改革也开始走向了市场化和商业化的道路。正是基于这样的现实观察，我将自己的研究转向中国媒介、市场、政府关系的研究。在这一研究中，我质疑把"市场与国家"二元对立的思维方式，通过对中国社会内部复杂传播政治经济演变的动态历史过程研究，挑战了当时流行于国内外中国传播研究中有关市场如何会带来西方式自由民主化的简单线性分析，而当有关市场和国家"共谋"的市场权威主义制度分析框架在新世纪初又几乎成为新的简单化分析框架的时候，我则开始致力于开拓中国传播研究的社会历史深度。我的学术主体性也在逐渐地趋于成熟与完善。尽管如此，在这一阶段，"民主"仍是我研究中主要的概念，而且我对于它的理解也深受西方主流框架的制约——我虽然没有简单认同资本主义自由民主，但自己一直是把这个框架当作对话的对象。

另外，需要强调的一点是，在警惕西方理论被"规范化"和注重对"本地"实践考察的同时，应该有全球结构的视野。我在研究中国媒体初期的时候，对中国改革开放问题的研究，更多是一种"民族国家中心"的视角，而没有意识到改革开放的国际政治经济背景，也没有意识到西方媒体产业的全球化和跨国广告经济对中国媒体改革的影响。这一认知上的局限在我的《中国的媒介、市场与民主》英文著作中非常明显。后来，在把中国传播的研究置入全球结构的分析框架后，我对于"民主"的理解也有了更为广阔的视角。冷战期间，以美国为首的北大西洋公约组织将"资本主义"与"社会主义"对抗的话语转换成"民主抗争"的话语，并且发展出"只有选择资本主义才能拥有民主"的逻辑。这一"民主"范式的构建，对于后来包括苏联在内的东欧国家的解体有一定的影响。因此，在我后继的研究中，"资本主义与社会主义的对立"逐渐替代了"民主"，成为核心的概念。基于对中国现实的关照，我对于"民主与社会进步"问题有了更深入和全面的认识，意识到任何有关当下全球结构的社会分析范畴都有其局限性，应该有分析的开放性和不同分析范畴的对话和相互补充。正是在这些研究基础上，我努力超越传播政治经济学的欧美中心主义，立志为跨文化传播政治经济学贡献一己之力。

我的理论与实践仍在不断地进行对话。当下"中国的崛起"揭示了这样的现实：一个发展中的国家在国内阶层不平等情况加剧的同时，成功地在全球资本主义秩序中崛起，同时，这还是一个拥有着难以想象的民族、性别、城乡与地区差异的多民族国家，它的海外移民的人口规模巨大并与中国在经济文化上有多重关联。在传播领域，直面"中国挑战"意味着，我们要对国内外复杂交互关系中诸如阶级、民族、地域以及身份差异等文化传播问题，进行批判性检视。这意味着中国社会主义革命历史与转型中的文化传播实践将是发展跨文化传播政治经济学框架的深厚土壤。

当下，"绿色发展"的理念正在主导政策和舆论话语，大力推进生态文明建设也已成为中国社会主义建设的重大命题。探索生态社会主义是建设生态文明的核心。在这样的现实语境下，在跨文化传播政治经济学的基础上，我希望通过强调文化和生态的视角，进一步打通从全球到村庄、从国际到国内两个层面的分析，为探索生态社会主义道路提供理论和实践资源。在思想、文化与传播层面，必须坚持不懈地批判西方霸权和内在化了的种族主义，彻底抛弃西方中心主义、城市中心主义，扬弃资本主义发展本体论和资本积累的逻辑。只有这样，中国才能超越资本主义、城市中心主义和工业主义，实现生态社会主义"新地球村"的愿景。

最后我想强调的是，保证自己的学术立场独立性和主体性，同时又对现实有解释力和指导意义，最为重要的因素是让自己的问题意识根植于社会现实和人民群众的实践。现在有不少学者认为中国的传播学没有与生机勃勃的传播实践进行充分的对话，没有在中国社会的重大命题上发声，恐怕也是其中的原因之一。

二、"西方理论，中国经验"还是"全球化中的中国视野，中国问题"

曾： 从1983年美国传播学家施拉姆在香港中文大学余也鲁教授的引介下到中国的讲学开始，美国实证主义研究成为中国传播学的"正统"。虽然中国社科院最早提出了"系统了解、分析研究、批判吸收、自主创造"的十六字方针，但在这一探索过程中，"西方理论，中国经验"成为一个难以摆脱的陷阱。您对于中国传播学的起源有不同的表述，认为加拿大重要的传播政治经济学家达拉斯·斯迈思于1971年12月至1972年1月期间，首次到中国研究有关意识形态和技术哲学方面的问题，是先于施拉姆对中国传播研究的关注，近年来传播政治经济学也成为中国传播学界的生力军。但斯迈思同样是一个"白种男性"，传播政治经济学同样是源于西方的理论，这样的学科发展脉络与施拉姆在中国的影响有何不同？传播政治经济学的研究在中国如何避免走进"西方理论，中国经验"的陷阱?

赵:关于这个问题,首先我仍要对"主流"进行解构,对"国内传播学主流"的解构。部分由于我锲而不舍、没完没了地说斯迈思在1970年代到过中国这个事实,现在国内学界对此是难以否定的。当然仍然有的学者坚持以"施拉姆来到中国"作为中国传播学的开端这样的"主流叙事",但是国内的传播学"主流"也不是固化的。

举个例子,中国社会科学院新闻所出版的《2015年新闻传播学年鉴》中有一篇综述性文章,是李彬和刘海龙两位学者写的。我非常感谢李彬教授,他在文章写出来的时候给我看了一下,问我有什么意见。看完之后,我发现文章中有关中外传播学最新一轮交流还是以"施拉姆来中国"为起点。一个被重复了100遍的某种历史叙述,如果不是有意识地警觉和反思,就会被内在化,所以我就跟李彬教授说,能不能把这个历史叙述稍微更正下,把斯迈思1970年代到过中国的事加进去。李彬教授以他的宽容和大度,接受了我的建议,把那篇文章的相关部分做了改动。

应该说,社科院提出的"十六字方针",表达了希望有自主性的传播学研究的愿望。中国的传播学研究一开始也不是就要走"西方理论,中国经验"的道路的,这个中间有一个过程,是一个不同力量较量的过程。国内一些"主流"学者,因自身特定的知识背景、社会背景和历史包袱,会拒斥有批判立场的传播学研究,坚持"价值中立"的实证研究,在某种程度上决定了中国传播学的研究只能以"西方理论,中国经验"作为开端。当然还有些人由于有既定利益,要改变自己的方向,也是有一定困难的。这里有路径依赖的因素,也有圈子的制约。总之,"主流是学术权力场上不同声音较量的结果,是一个动态的过程,不是一成不变的"。对于中国传播学研究而言,从刚开始要"批判吸收、自主创造",到逐渐言必称"施拉姆",再到现在新自由主义与批判学派的互动,到底什么是主流,现在下定义恐怕为时过早。

从某种角度,传播政治经济学能成为中国传播学界的一股涓涓细流,也说明"主流"是动态的,有一定开放性的。如果"主流"是一成不变,我们大家都去迎合,而没有挑战和互动的话,那这个"主流"就固化了,这不利于学术发展。

就像没有本质主义的"主流",也没有本质主义的"白种男性",这是我回应你提到的施拉姆和斯迈思同样是"白种男性"这一问题的基本前提,问题的关键在于特定个体的学术立场和学术政治。

斯迈思是一位白种男性学者,但他来中国时,不是以殖民主义者或者冷战斗士的身份来宣扬西方理论，让中国走西方道路的，也就是说，他不是带着"西方理论"来指导中国实践的。相反，他是受了中国的毛泽东思想影响，带着问题到中国来研究，并以此来批判西方理论，进而希望发展出一套基于中国实践的社会主义传播理论的。在一定程度上，他是在用"中国经验"挑战"西方理论"。他来中国的时候，突出的是自己的阶级政治立场，也就是说，斯迈思是以国际社会主义运动理论者的身份，来分析中国的传播实践，并希望通过这个实践提炼社会主义传播理论的可能性。

传播政治经济学作为一套理论，与中国的实践有不解之缘，两者之间有对话关系。事实上，不仅中国的社会主义革命实践启发了传播政治经济学理论，而且这一理论也隐隐受了中国和苏联不同道路的争论的影响。斯迈思是站在中国群众路线等实践的基础上，来发展社会主义传播理论的。

曾：这与施拉姆所持的主导模式是不一样的。

赵：是的，施拉姆不是到中国来做调查研究和探讨问题的。他到中国，是推行他的发展道路，更具体地说，他是冷战思想的推行者。当然你也可以说，斯迈思是社会主义框架的推行者，但不同的是，斯迈思是带着问题来研究的，他希望中国走出一条社会主义传播体制的道路，然后进行实地的调研，看看在这个过程中有什么样的困难与矛盾，能不能走成功。在与中国科技和意识形态领域的对象进行访谈的过程中，他发现不同的人对中国怎么走有不同的看法，对技术有没有政治性也有分歧。这些研究内容和研究结论在他的《自行车之后是什么？》的报告里是非常清楚的。

曾：目前国内的传播学基本由经验学派、批判学派、技术控制论等几大理论范式所主导，在方法论上通常也归为实证与思辨研究两大类别。但实际上，这种"泾渭分明"的标签贴识本身就是西方现代学术研究注重分类方法的体现。应该如何有效地与西方学界进行对话，在促进自身的发展的同时，又避免中国传播学成为"西学注"的宿命？

赵：现在有些研究不仅是在为西方理论提供中国经验，成为"西学注"，而且热衷于为西方理论做"考据"工作。如果说"西方理论，中国经验"是用我们的经验为别人背书，那么，另外一个问题就是没完没了地在分析西方学术，给他们分类编码，你分出五种模式，我就非要分出六种模式不可，我觉得这真的很可悲。好多博士生问题意识还没有，就在那里给西方理论分类，而且乐此不疲不断地分，到处找西方理论在中国的复制，而且不全面复制不足以显示自己的水平，以至于我自己的一位博士生，一上来就跟我说，你们这个批判传播学年会怎么只做政治经济学，不做法兰克福学派，不做文化研究？

不是说西方理论本身没有这些标签,任何学术都要有一种语言去谈,但问题是,当你在不断地为别人做"注释和考据"的时候,你就不仅把人家的东西神秘化和本质化,而且会更远离自己的问题意识和自己的学术主体性。靠为别人做"注释和考据",是发展不出自己的理论的。而且这么一来,你永远都只跟西方对话,没有自己内部的对话。就像你提到的,先把西方的东西越来越细分,然后生硬地把自己分成各个学派,对号入座,这样不仅导致学科的碎片化,而且无法从历史语境中理解学术知识的生产。

曾:有时候我们对西方理论可以说到了崇拜的程度了。

赵:是崇拜,也是神化。我们自己的学术衡量的机制和体制更强化了这点,胁迫学者做"西学注"。实际上,西方理论流派的产生,以及他们之间的对话和分歧,都是有特定历史条件的。可是,我们往往把自己的学术权力嫁接在西方基础之上,通过再生产西方的学术权力关系,为自己谋得一席之地。要借鉴西方理论,首先要理解西方理论产生的具体政治、经济、历史、文化、社会语境。西方理论本身是一种地方知识,这种知识往往首先针对西方自己的问题。

曾:比如说芝加哥学派当时就是主要解决美国的城市化问题。

赵:对,不能直接把他们拿过来解释我们的问题,来套我们。对话是可以的,但我们总不能为对话而对话。更何况,我们为什么一定要和西方对话呢?

曾:因为我们总觉得自己没理论,人家有理论。

赵:也许。但是,我们为什么不与印度对话?为什么不与拉美对话?为什么不与自己的过去对话?跟西方对话只是我们做学术的一个方面,如果做所有的东西,都把与西方对话当作目的,那就成问题了。

曾:从历史上来看,自中国学术与西学碰撞以来,如何处理西方与中国思想理论之间的关系,如何建构自我的学术主体性一直是中国学者关注的话题。但是经过长期的抗争,中国的学界并没有达到理想的状态。传播学在中国作为一门来源于西方的年轻的社会学科,更是难以与西方进行"平等的对话"。

赵:首先这与西方学术话语霸权的强大影响是分不开的。由于西方的强势,他们的价值观和理论方法,很容易被国人内在化,要批判和改变现状,建立自己的独立性是非常困难的。社科院的"十六字方针"提出来是对的,但要走自己的路很难。

曾:除了"往西看,向北走",还应该"往东看,向南走",拉丁美洲、非洲及其他区域的发展中国家在传播研究领域中已经积累了丰硕的成果,即使是西方社会也有不同的学术声音。比如您所提到的加拿大原住民学者的研究成果,在这些研究中,有哪些是值得我们关注的?我们应该如何积极地与之展开对话?

赵：是的，即使是西方社会也有不同的学术声音，我们前面已经解构过了西方主流。在西方，有反种族主义的学者、女性主义学者和马克思主义学者。在西方学术前沿中，原住民批判学者是最激进的，他们的反殖民主义立场也是最彻底的。对许多原住民学者来说，北美的国家性质还是殖民的，他们认为，自己的反殖民任务并没有完成。原住民对于殖民统治的残酷性是刻骨铭心的，这与我们一些知识分子恨不得"再被殖民三百年"的心态形成了鲜明的对比。

一些亚非拉国家内部的损失，在成为独立的国家后，往往想变成与先前的宗主国统治阶级一样的资产阶级，与他们平起平坐。对原住民来说，这个可能性是不存在的，所以他们对殖民的批判，对国家的解构就非常彻底，因为对他们来说，"国家"就是殖民主义的国家。

此外，因为他们是原住民，他们对环境生态、土地的感觉是任何其他的民族，尤其是工业化的民族所不能比拟的。他们更接近"天人合一"的思想，他们对工业主义的批判，他们对马克思所说的生态新陈代谢的断裂，更有切身的体会。

他们的研究中还有一个值得关注的面向，就是对于社群关系的强调。因为他们基于部落社会，在艰苦的环境下生活，他们的群社主义思想更深厚，对社群共同体中所蕴含的互助概念更看重。与原子化的个人主义相反，他们更看重代际关系。他们的群社主义思想与自由主义思想是非常不一样的。

总体来说，原住民对殖民主义残酷性的批判，对国家压制性一面的批判，对人与自然之间、人与土地之间关系的有机性的理解，对社区群体主义的理念的强调，对更平衡的物质和精神生活的追求，都是很值得我们关注的。

当然，他们的研究也有盲点。例如，由于他们自己没有经历过建设国家的过程，所以，对他们来说，国家就是一个殖民主义国家，就是一个种族主义国家。因而，他们不能想象一个非殖民化的、非压迫性国家，一个可以赋权的社会主义国家。这样的国家只有我们才经历过。

曾：我们怎么与他们进行对话呢？

赵：你首先得了解人家。2013年西门菲莎大学传播学院办40周年院庆学术会议时，我们请来了几位原住民学者，他们非常友好，也很愿意与我们交流，但是与此同时，我认为我们华人学者在与他们进行学术交流的时候，也是有些结构性的问题需要面对的。

还有就是我们自己有多少知识储备与人家对话的问题。我们基本上内在化了西方主导意识形态，从用词到我们的知识，我们都是很受美国主流的构建。

不久前美国过感恩节，我们的朋友圈子基本上全跟着美国人动起来了，都感谢起主，感谢起上帝，感谢起家人朋友来了，只有个别人说，"今夜我们都是印第安人"。当我们自己没有足够的文化、心理准备与知识储备时，我们几乎没有资格与别人对话。实际上，我们跟北美原住民，比跟西方白人社会有更多的共同点，如果说是全世界无产者联合起来的话，我们应该是与北美的原住民联合，而不是与美国的垄断资本联合。但是我们不是这么想的。当然，这里的无产者，不仅仅是劳工阶级，而是所有的被压迫民族。有时候我还想，原住民和环保主义者反对在原住民土地上建输油管的生态主义诉求，能否倒逼我们改变自己的发展道路。但这当然是很困难的。

同时，我们也不能把原住民群体本质化，他们中有批判学者，也有被主流构建和买办的群体，他们反对能源开采或出口，无非是为了在消费资本主义体制中分更多的一杯羹。就像引进西方理论需要理解其语境，对于原住民的理论，我们也要了解，他们产生于解决他们自己问题的语境之下。总之，我们一方面要详尽地理解别人的理论，另一方面分析这些理论的局限性和具体语境。

曾：传播学在国内经常被视为"舶来品"，但实际上从先秦时期我国就有关于传播思想的记载，近现代中国更是积累了丰富而深厚的新闻传播理论，如中国共产党在长期的民主革命与社会主义建设中所形成的新闻理论思想，当下的传播学研究应该怎么样正视和继承这样的双重文化遗产？

赵：传播学是一个新学科，但对传播现象的分析自古就有。作为一个跨学科的研究领域，传播是一个关于知识和意义的研究，从某种角度上来说，整个人文学科都是有关传播的研究。虽然与传统中国文化对话非常重要，但是我们不能拿我们现在的传播学概念去读那些经典史籍，而要把传播现象放到中国文化一整套关于社会、人与人之间、人与自然之间关系的思想和哲学体系中来认识。如果只是单独把经典文献中有关传播的片言只语摘出来，然后用现在的传播概念，尤其是西方传播学思想去解读，是会有问题的。

但是，由于中国整个20世纪的教育以西学为主，现在大部分人，包括我自己，国学底子并没有打好，要真正地认识和理解中国传统文化，很多人都要补课。

曾：如果是用现代传播思想去解读中国的传统和历史，这就变成了"现代理论，古代经验"了。

赵：可不是吗。还有一个问题要明确，你对话的目的是什么？是说明我们自古就有现代传播思想，还是说我们对传播有不同的观念？有一个很经典的例子：在日常生活中，我们经常说的"动之以情，晓之以理"，这就是说，在中国传统的传播思想里，理性与情感是并存与并重的，我们要认识到哈贝马斯公共领域理论中的理性主义和认知主义偏颇。当然，如果硬要拿哈贝马斯去套中国传统，肯定也能得出一些东西，因为人类实践是有共性的。但是，这种拿西方的理论框架去套出来的结论能有多大的价值和意义，是值得商榷的。

曾：在正视和继承社会主义文化遗产上，我们目前又有哪些问题？

赵：在中国革命历史上，否定过资产阶级新闻学，建立过无产阶级新闻学，然后，我们又把西方的传播学引进来。当时，西方传播学是遭到了部分马克思主义者反对的，因为他们认为这是"资产阶级传播学"。现在回过头看，这样的意见并非完全不合理。当然，对有些人来说，引进传播学，确实蕴含着反官方、反宣传的意义。即使到现在，新闻学和传播学两者之间似乎还有着对立的趋势。从学科设置上来看，新闻传播学为一级学科，但是新闻学、传播学又被单独划分成二级学科。

曾：而且在实践中，新闻学和传播学各自有着完全不同的话语体系，这两个话语体系很难进行对话。

赵：是的，但实际上，新闻和传播是分不开的，学科对立在逻辑上是行不通的。在现代社会里，新闻仍然是最主要的传播形式。为了发展传播学，就以学科间的平行关系将它与新闻学割断，应该说是一种机会主义的表现。传播学不同流派之间不对话可悲，新闻学和传播学不对话也可悲，学科间不对话的实质，是意识形态和立场的对立。

表面上看起来是个学科问题，实际上是学科的阶级性和政治性问题，归根结底是学术立场和学术价值的问题。不管是把西方传播学分成N派，还是在国内把新闻学和传播学对立起来，最后都涉及学者的学术立场问题。我和华东师大的吕新雨老师一直想做的事情，就是把批判传播学作为重新嫁接、打通新闻学和传播学的一个途径。这是因为，只有批判传播学才能用马克思主义的立场，在阶级的视野下，把马克思主义新闻学和传播学在具体的历史过程中统领起来。

正视和继承中国传统文化与社会主义双重文化遗产，应该说是现在新闻传播学的重要命题。我的跨文化传播政治经济学框架，就是希望能与这双重文化遗产对接。第一，用马克思主义的立场、观点和方法，处理从资产阶级新闻学到无产阶级新闻学再到资产阶级传播学这一系列东西方学术遗产及其在具体历史语境下的跨国与跨世纪学术旅行。第二，用超越东、西方文化本质主义的理论立场，来处理民族与国家、现代与传统等二元对立的问题。

1970年代斯迈思在中国的研究就是个很好的例子,他跨的不仅仅是东、西方,而是社会主义东方和资本主义西方。我前面提到的西方批判传播政治经济学理论与中国共产党的社会主义实践有一个对话关系,这点的意义也就在此了。也就是说,一方面,我希望有跨越东、西方文化的视角;另一方面,我又不会把东、西方本质主义化,而是希望把它们放在具体的阶级、国家、种族等一系列复杂的互构关系里面来打通。

此外,我也希望能超越"西方理论,中国经验",也就是把理论与实践的关系打通。对我来说,理论和实践从来都是一个对话关系,"西方理论,中国经验"也好,"中国经验,西方理论"也罢,共同的问题都是把理论与实践割裂开来。

曾:中国的社会主义实践对西方的批判传播学理论有着怎样的贡献?

赵:由于"西方"在现代世界体现中的霸权地位,"西方理论"往往不仅仅关照西方。比如说,美国的主流现代化理论,虽然基于西方现代化经验,但是它试图解决的是发展中国家的问题,最主要的就是使东南亚国家不像中国和越南一样,走上社会主义道路。斯迈思的一些分析,刚刚我们也说了,与中国的社会主义建设实践有一种历史对话关系。现在的一些西方批判理论,比如说自主马克思主义,也是在与包括中国在内的国际社会主义实践对话的基础上产生的。所以,从一定角度,这些源于西方的理论已经部分关照一些被认为是"本土"的现实了。

三、未来的面向

曾:"西方理论本土化"和"中国理论国际化"这两个是传播学界关注已久的理论建设问题,这一话语本身是否需要解构?该如何回应这两个问题?

赵:前面已经谈到,无论是西方理论、原住民理论、中国的传统理论都有其产生的具体社会文化语境,同时,它们也都有一定的普遍性。"西方理论本土化"和"中国理论国际化"这两个命题本身都有方法论民族主义和去政治化的偏颇。最近有人发了关于毛泽东《在延安文艺座谈会上的讲话》对非洲文学产生了巨大的影响的文章,这应该说是一个中国理论国际化的实例。但是,如果你是一个对毛泽东思想怀有敌意的学者,你会对这样的"中国理论国际化"津津乐道吗?实际上,与其泛泛而谈"中国理论"的"国际化",还不如说,由于其鲜明的阶级立场,毛泽东《在延安文艺座谈会上的讲话》对从事反殖反帝斗争的第三世界被压迫民族的进步文学产生了积极影响,也对美国的黑人文学产生了积极影响，但是，他的理论不可能对美国主流，包括好莱坞的文化产品，产生积极的影响。而这又回到了理论的阶级立场的问题，实际上，"本土化"和"国际化"涉及的不是简单的国别问题和区域问题，更重要的是阶级问题和政治立场问题。

曾：从实践层面来看，建构中国传播学研究的主体性，对中国媒体现实的关照应该有怎样的转变？

赵：中国的媒体，如真能像斯迈思希望的那样，能走出自己的一条道路，就必须有自己的理论指导。这一理论指导不能是商业化那一套，也不能是新闻客观性那一套。现在我之所以去研究缙云烧饼，去研究家乡的创意经济和美丽乡村建设，研究农村和农民主体性问题，研究生态文明问题，有部分原因是希望跳出媒体领域，去关注媒体之外的社会传播与文化现象；另一部分原因是希望在深入中国本土的社会实践的过程中，深化自己的理论认识。同时，我也希望自己在学术中真正践行知行合一，通过做一些力所能及的、对周围的情况有所改变的，能对社会产生一点点影响的研究，来体现传播政治经济学的实践性。

曾：就像卜卫老师关注打拐等，从一些具体的地方做起。

赵：算是从大处着眼，小处入手吧。这也回到了小和大的关系、中心和边缘的关系问题，以及我们前面讲的"我是否是在西方主流学界有影响的学者"的问题。最近一两年，我基本没写英文文章了，写得更多是中文文章。但是，写完几篇有关媒体、软实力与文化领导权的中文文章后，我觉得自己没什么新东西可说了，于是，就回到村庄，希望与学生们一起，自下而上从头了解社会，并通过做农民口述史这样的项目，切切实实做点改变社会的话语权力分配的工作。这样一来，我是否更远离主流了？也许吧。但是，我从来就没有想过，我做学问是为了进入所谓的主流。正如士兵突击，我只是希望做自己认为有意义的事情。

曾：对于学者而言，主体性的建构，除了我们前面谈到的学术立场和阶级立场外，最根本的问题在于"你做学术的目的是什么"，"你的学术对谁是有意义的"。

赵：这就回到了"对谁有意义"的问题。因为最后你还是一个人，你的人性应该超越你所谓的专业性。就像我们这次的访谈，我是把你当成一个可以与之交流的学者，而不是学术采访者，我把和你交流本身当作第一位，而不是把这个过程看作是纯专业性和技术性的访谈。也就是说，我们之间首先是交流，学术出版是这个交流过程的副产品。

11 超越西方传播学迷思，关注中国问题的本质

有的访谈者我从未见面，有的访谈者基于一面之交，更多是自己的同事、学生和访问学者，而有的则是与某国内学院长期学术交往的"制度性安排"。以下这个访谈就是我与武汉大学长期学术交往的结果。访谈者是我第一次见面的两位年轻人，该学院硕士生谢灵子和本科生李佳玮，她们说，根据老师的安排，她们采访的目的，主要是与同龄人分享我是如何建立学术主体性的。

我当时没有提到的是这样一点：正如她们的访谈，她们所在的武汉大学新闻与传播学院，有如国内外许多与我有学术关系的院校，在我的学术主体性构建中，也起到了重要作用。我与武汉大学新闻与传播学院的学术交往可以回溯到2004年，当年，应单波教授之邀，我参加了该学院主办的中法合作跨文化传播国际学术会议，从此建立了与武汉大学新闻与传播学院的学术联系。会后，与阿芒·马特拉（Armand Mattelart）夫妇以及约翰·唐宁（John H.D. Downing）等国内外学者同游长江三峡，通过三峡时他们感叹中国才是最成功的现代化建设者，令人难忘。

几年之后，面对我自己在西方各国做学术旅行，回到国内也一直来往于"北上广"，对中国的中西部缺乏认识的状况，我主动与武汉大学新闻与传播学院联系，选择到那里访学。我还动员丹·席勒也加盟我在武汉的访学。2007年3月到4月间，武汉大学樱花盛开的季节，我在该校新闻与传播学院以11次课程，每次3小时的容量，第一次系统讲述传播政治经济学的理论和方法。这一讲座课程算不算国内传播政治经济学的第一门课程不重要，但这次访学对我很重要，直接促成了我的两个学术成果。讲课期间，丹·席勒不但成了我这位客座的客座，与我同台讲传播政治经济学，而且与我深入讨论了中国在信息传播领域的自主创新和能否赶上与超越美国的问题。这场讨论成了我2010年在 Chinese Journal of Communication 上发表有关中国在信息技术领域自主创新的机遇与挑战文章的动因，而基于这次课程所整理的书单和阅读材料，也成了我

后来与人合编《传播政治经济学英文读本》一书最初的资料基础。

更重要的是，正是我在国内开始系统讲述传播政治经济学的机遇，促使我去思考传播政治经济学的"跨文化"学术旅行问题，以及如何发展有全球视野和中国立场的传播政治经济学的问题。

2017年11月下旬，第九届跨文化传播国际学术会议在武汉大学新闻与传播学院召开。此时，我已比较系统地提出了针对以上问题的跨文化传播政治经济分析框架，在此基础上，我在会议上做了"一带一路背景下的跨文化传播：理论探索和实践"的主旨发言，并在该学院媒体发展研究中心做了有关中国学术主体性的学术讲座。

以下访谈是这个讲座针对硕士生和本科生的延伸。武汉大学媒体发展研究中心微信公众号于2017年12月17日发布了该访谈。

问：1980年代您从北京广播学院（现中国传媒大学）毕业，前往加拿大西门菲莎大学（Simon Fraser University）攻读硕士学位。您刚开始接受西式传播学教育时，如何处理中国与西方不同教育理念间的碰撞？

赵：这个碰撞确实存在，但不是你们通常想象中的碰撞，在理解我所谓的"碰撞"前，应该先理解时代背景。你们现在接受的基本是1990年代以来的东西，我是流行歌中所唱的"八十年代的新一辈"，而80年代和90年代间的差异是十分显著的。在1980年代，我们许多人充满社会主义理想，希望通过改革，让社会主义更加完善。有如"振兴中华"是大学生们看完女排赢得一场世界大赛后发自内心喊出的口号，就我个人来说，为了振兴中华而学习，把个人的命运和国家的命运结合在一起，"从我做起，从现在做起"，等等，都不仅仅是堂而皇之的政治口号。但90年代却演变成为一个商业主义、犬儒主义、个人主义的时代，消费主义盛行，利益成为行动的主导目标，人慢慢变成了经济人，即economic man，虽有个体差别，80年代和90年代之间也有连贯性，但是这两个时代的人思考的东西是不一样的。

不过，在80年代，我们对西方的理解比较狭隘，也比较笼统，因为那时冷战还没有结束，东西方多面向的交流刚刚开始。在观念上，我们也往往把美国当作西方。其实西方除了美国，还有英国、德国、法国等欧洲国家；在北美，美国和加拿大也是有区别的。我去的西方刚好是加拿大，而不是美国，这对我的学术影响十分深远。当时，国内引进的传播学基本是美国的主流传播学，即带有强冷战色彩的传播学。我以为美国和加拿大的传播学没区别，所以出国时带着《报刊的四种理论》这本经典的美国冷战新闻教科书，认为我的老师会将其当作课本。去到加拿大以后，我才发现，我所选择的西门菲莎大学是西方马克思主义传播学的重镇，是早已抛弃了冷战意识形态（或者说从未接受过冷战意识形态）的地方。实际上，作为冷战意识形态的批判者，传播政治经济学主要奠基人之一的达拉斯·斯迈思正是为了逃离美国的麦卡锡主义（McCarthyism），才在1960年代初回到加拿大，先在萨斯喀彻温大学（University of Saskatchewan），然后到西门菲莎大学开创有别于美国主流传播学的批判传播研究的。

回到你们的问题，我的"碰撞"则在于，我原本想象要把在国内接受的马克思主义新闻学教育全部抛弃，准备面对美国的主流传播学教育，却在出国后发现国内的马克思主义教育对我来说十分重要，可以与西方马克思主义对接，并相互补充、丰富和发展。这也告诉了我们，西方是一个多面体，而不是想象中的铁板一块。实际上，我们通常接受的是以美国主流意识形态为中心的传播学，而直到那时我才知道，诸如施拉姆的传播理论，即使在美国本土，也不是什么主流了。

问：您觉得在80年代时，处于这样一个特殊的地缘位置是否让您更客观与全面地认识中国和世界？

赵：我当时是国家公派出国，初衷就是学成回国工作，这意味着我真诚地希望去学习、理解和分析西方，回来以后向大家介绍西方。带着这个思路，我硕士期间的研究即是关于西方的新闻媒体制度。这与我们现在许多留学生不一样，他们许多人中，出国不是研究西方，而是研究中国，写作业基本写自己熟悉的中国问题。但是，在没有把西方搞懂、建立起比较全面的理论框架之前就来研究中国，往往会产生带着在国际上占主导地位的西方中心主义甚至冷战眼光与框架来看中国的问题，这和待在国内但受西方主导意识形态影响并没什么区别。如果说我的学术道路和别人不同的话，那就是我事先研究与批评西方的新闻与传播体制，再反观中国。我认为这点很重要，只有搞懂美国主流传播学背后的迷思之后，研究中国时才不会再被西方当年那一套冷战意识形态框架给束缚住。

问：所以您觉得在做研究时要有一个自省和外审视的过程。

赵：的确是一个需要互相观察的过程。现在许多学者在研究中国媒体时，拿《报刊的四种理论》来参照自己，逻辑都是中国没自由、没有专业主义、没有公共领域。但实际上应该先弄清楚西方自由是如何来的，是什么意义上的自由；西方的专业主义是何种特定历史条件下的产物，当年有怎样的局限性，今天又面临什么样的挑战。我们总把西方主流理论理想化，再用它来判断中国，这导致我们的研究往往成了西方主导意识形态的衍生物，也就是说，关于中国的知识基本是在西方主导意识形态框架影响下产生的。

问：现在许多学者的研究会运用西方的理论模型来解释中国问题，虽然中间会根据中国本土情境重新调整，但基本框架仍然来自西方。您怎么看待这种研究方法呢？

赵：我不是倡导完全抛弃西方的框架，我强调的是，要批判地审视西方学者的框架。更重要的是，正如我一直强调的，西方不是铁板一块，西方有不同的理论框架。比如说，我认为，用西方马克思主义的框架来看待中国问题，比用自由主义框架更有解释力和更有指导意义。那种总把西方资本主义和自由民主当作一个历史终结点、一个标准和参照的认知，存在很大的局限性。但是，就算是用西方马克思主义框架来研究中国，也会有盲点。

问：您之前说过，传播学应该先从社会理论出发，而不是大众传播理论。您觉得目前国内传播学的学科建设存在什么问题？

赵：英国两位批判学者 Peter Golding 和 Graham Murdock 早就提出过，不能离开社会理论谈传播理论。然而，我们现在的情况是，媒介中心主义理论和技术中心主义分析大行其道，传播问题与社会问题失去了联系。目前国内的综合性期刊中很少有新闻传播学栏目，那是因为我们的学科基本不涉及社会理论的探讨。因为我们不和社会理论接轨，所以陷入了一个自娱自乐的境地。在一定程度上，学科细分是学术研究深入化的体现，但这也是学术体制化和科层化的结果。这一过程造成的知识的割裂和学者间的隔阂是很大的问题。不管是中国思想的传统还是西方学术的前沿，整体性、跨学科甚至"后学科"的学术思路，也就是一种超越学科边界的意识，都是被重视的，被认为是值得追求的。当然，这并不意味着我们没有自己的专业领域和关注重点。作为一位新闻与传播学者，我关注的现象一直是新闻与传播。我只是强调，在研究新闻与传播问题时，必须拥有一个宏观的、跨学科的、社会科学与人文的视野，只有跳出传播学领域的局限，才能看到更加本质的东西。

问：近几年您主要关注城乡问题。而您刚才说要"跳出传播学"思维，那么，作为一个传播学研究专家，您觉得媒介与乡村发展的关系是怎样的呢？

赵：这个问题很大。之前的传播学把农民假定成落后的群体，假定要给农民传播技术，使他们变得有现代意识，假定只要带领农民慢慢进入消费主义就能实现发展与现代化。这种逻辑所依附的是冷战时代的社会理论，本质目的是抗击当时的第三世界共产主义革命潮流，维护整个资本主义世界体系。

我们不能从媒介中心主义、技术决定论的角度来看媒体对乡村的影响。两年前，我带着一个国际研究团队去家乡做调研，一位来自加拿大的博士生就十分关注"手机给中国乡村带来什么影响"的问题。可是，当他到达乡村以后，却发现，许多老百姓怀念的竟然是社会主义建设时期的有线广播。实际上，正如我向他解释的那样，如果他只停留在这个发现的表象，那他就错了，这里的关键和更深层的问题是技术背后的社会关系。有线广播兴起的时候，刚好是乡村最兴盛的年代，有线广播给予人们社区感，不但整个村庄有共同体的概念，而且有线广播的记忆还和群众路线、党群关系、干群关系以及社会主义建设、农村现代化和乡村公共生活的记忆相联系。现在的新媒体对乡村的影响显然是巨大的，但它又是分层的、个体化与私人化的。例如"互联网+"使一些乡村发展成电子商务村，使一些人富起来了，但乡村集体经济依然薄弱，乡村公共生活依然无序；又如村里某个村代表的微信朋友圈可能包括上级官员和像我一样的外来学者，但这样的圈子却无法覆盖到所有村民。

所以，新媒体给村庄共同体的传播形式带来了动态的变化，包括对村庄的进一步分化以及碎片化的情况。有些人因为新媒体而变成地球村村民，有些人却被抛弃在时代的后头，而整个村庄共同体面临消解。我们应该从这样一个动态变化过程中考虑问题。而如何利用新媒体将村庄共同体重新构建起来，这则是一个艰巨的挑战。

问：您提出的跨文化（transcultural）概念，不同于通常意义上的"intercultural"或"cross-cultural"。您认为，人类文明的历史是一个"transculturation"的过程，即文化间一种互动的、创造性"转型"的过程。"共同体"概念似乎与您在昨天讲座中又提到的跨文化概念（transcultural）相呼应。能否请您解释一下，这一概念在您的中国问题研究及城乡关系研究中会有一个怎样的形态呢？

赵：对中国而言，跨文化的过程是建构中国的新型社会结构和新共同体，在这个共同体中，不同的社会分野，包括城市与乡村之间的分裂，慢慢缩小，乃至消失。现阶段，无论来自城市还是农村，每个中国人的主体性都是扭曲的状态。一方面，农村人被城里人以居高临下的态度对待，在媒体的报道中他们是弱势群体；另一方面，城市生活环境恶劣，许多城里人，尤其是劳动阶层成为蜗居一族，即使所谓的中产阶层，也不能免于各种城市病，而且因可能的社会冲突而没有安全感。因此，我们需要思考，如何重构每一个中国人的主体性，使每个人都能在一个平衡且平等的社会里生活。

问：在中国这种社会环境下，城市和农村是不一样的主体。您认为它们在创造性的跨文化转型过程中是否会面临不一样的解构与重构呢？

赵：这是必然的，城市和乡村的分裂是现代资本主义历史发展的结果。除了关注劳资对立，马克思也十分关注城乡对立的问题，而当年毛泽东更是把克服三大差别，即城乡之间、脑力劳动与体力劳动之间、工农之间的差别当作社会理想。所以，城市与农村的割裂，对任何人来说都是不好的状态。新闻与传播理论需要思考如何克服社会分野的视角，包括思考在当下中国社会发展中如何克服城乡分裂的问题。但要明确一点，克服这个分裂的目的不是让农村人都到城里，过上今天城里人的日子，而是让农村人也能享受现代化的生活条件和公共服务，让城里人也像当年马克思所想象的，早上钓鱼，下午打猎，晚饭后从事批判活动。

问：所以您认为城市与农村间的互动应该是一个相互赋权的过程？

赵：对的。一个所有人从前面所讲的1990年代开始的"理性经济人"和此后出现的"精致利己主义者"人格中解放出来的过程。我去做乡村研究并不是为了解救农民，不是为了让农村人过上城市人的生活，而是希望带着一个城乡关系的视角来研究传播与文化问题，来讨论和探索什么样的生活是我们大家可欲和可求的"美好生活"，如何在自我解放的过程中去实现这样的美好生活的问题。我希望我的研究是一个促进我自己和我的农村研究对象在互动中共同重新认识自己和重构自己的过程。农村要转型，城市也同样要转型，就像我前面提到的，中国要转型，西方社会也要转型，它们之间是一个互动互构的过程。这个过程不但有农民在与我们的互动中建构自己的主体性的问题，也有我们作为传播学者重新认识自我，从而克服我们自己身上的城市中心主义和西方中心主义，使自己能在这个关系中理解自己，这是传播学者重新认识自己、改造自己和解放自己的过程。

问：您一直强调事物之间都具有联系性，中国全球化的关键是重新理解与乡村的联系。作为一个传播学者，您的这些研究早已超越了媒介感知、媒介效果等视域，而是站在宏观的角度看待问题。这里能否请您介绍一下当代中国的传播学研究应当具备的理论框架？

赵：首先要有基本的中国化马克思主义政治经济学立场，要明确西方资本主义的发展与扩张必然带来阶级剥削与城乡分裂的状况，必然带来资本主义体系边缘的人民最剧烈的抗争。而中华人民共和国这个国家本身就是世界东方一个最古老的农耕文明和西方帝国主义及东方日本帝国主义碰撞下的跨文化政治经济斗争过程的产物，当资本主义扩张过程碰到了中国传统的思想观念和各种社会力量，尤其是占社会大多数的农民，中国社会不同的力量和思想在相互"碰撞"中融合，在抵抗与吸纳资本主义的过程中，就发展出了以建设社会主义为目标的人民共和国。如今，这个已经在世界体系中通过不断调整自己的内外政策而依然屹立在世界东方的国家，在一个资本主义体系陷入了结构性危机的时代，面临着建立更平等的内外权力关系的双重挑战。对内，要处理好不同群体间的关系，包括干群之间、劳资之间、城乡之间以及不同民族间的关系；对外，因为这个国家是以反帝国主义、反资本主义、反霸权主义和支持第三世界国家的许诺立国的，她也面临着如何"不忘初心"，尤其在与发展中国家交往中，不重蹈西方帝国主义覆辙的挑战。我以为，这个马克思主义政治经济学框架是中国新闻与传播研究应该拥有的基本理论框架和道义立场。很多年前，我讨论过国内外传播的民主化这一双重任务问题，我认为，今天重提这个双重任务非常有必要。

马克思主义框架强调世间所有事物都是联系的，现象背后有本质，统治阶级的意识形态，包括西方主流社会科学，可能掩盖社会关系的实质。我们在看待问题时一定要带着整体性、联系性的思维，要透过现象看本质。这么多年来，中国许多传播学者和社会科学学者大量接受了西方主流的理论，用西方中心主义甚至冷战的立场，用割裂的方法来思考和做研究，使中国的新闻与传播学术失去了自己的主体性。我们要回归一套能解释整个世界体系和不同国家在体系里的客观地位的理论，我们还需要一套能使我们在认识世界中改造世界的有主观能动性的理论，只有马克思主义理论才能使我们有这样的高度和这样的实践品格，而整体性、主观能动性、实践性、把握时势等也恰恰非常符合中国本土思想和智慧。

12 市场化、专业主义与民主：迷思再解构

初次与王芊霓认识，是2018年5月25日我在北京大学"传播大讲堂"作了题为"跨文化视野下的传播政治经济学重构"的演讲之后。由于当场人很多，她又表达了要好好与我聊聊的意思，我们约好第二天再单独见面。

我们的微信交往记录开始于2018年5月26日。我发给她的第一个微信是一则有人因为我在《新闻记者》上的"如何认识中共的新闻理论与实践"文章而骂我的帖子。根据这位我的"左边"的批判者，我的文章的叙述基调和"看山还是山"的基本框架表明，"她之所以能骗钱，是因为她还是有几把骗钱的刷子"。这篇文章像我以前的文章一样，挑战了美国中心主义和自由主义，因此，它受到自由主义学者的批评，是我意料之中的。我的一个学术朋友告诉我，她转发一下我的文章，朋友圈里的自由主义学者都骂她，觉得她不该转发。不过，这个骂我"有几把骗钱的刷子"的人，显然来自"左边"。这是哪儿跟哪儿呀？莫非这就是中国意识形态领域的"左右合流"？

王芊霓有香港中文大学中国研究专业的文学硕士（MA）和人类学专业的哲学硕士（MPhil）两个硕士学业，对媒体与民主问题感兴趣，认识我时是澎湃新闻的自由撰稿人，专攻学术采访。2017年12月，她曾为澎湃新闻做过当时在北京大学讲学的澳大利亚政治学者约翰·基恩（John Keane）就民主和媒体问题的专访——"'后真相'的解药不是重回真相"。基恩的著作我也很熟悉和引用过，基恩也在自己有关中国的一本新书中引用过我的著作。碰巧的是，2018年5月底，刚好他也在北京大学讲学。我们仨约好5月28日下午在北大勺园喝茶。

碰到王芊霓这样一个真心希望了解我的学术访谈者，并有基恩这个共同的西方民主和媒体问题的学术参照，我们自然有很多共同的话题。我和王芊霓的第一次交谈在五道口的一个咖啡馆里，那个咖啡馆打烊后，我们又找了另一个咖啡馆，一直聊到很晚。我的微信记录里有她在5月27日凌晨1点多问我是否回

到住地的微信,有我第二天早上的如下微信:"昨晚说得太多,超过了疲劳极限,也许是那杯抹茶喝的,一夜没睡。不过有机会这么聊,也是一种缘分,很高兴!"

王芊霓非常认真,在阅读了我的一些资料后,准备了非常多有针对性的问题。而我,面对我所写的两部关于中国媒体的英文著作都没有中文翻译,许多学生对包括我自己的分析在内的批判学术有从一些第三者口中以讹传讹的问题,觉得也有必要好好回顾一下自己学术的来龙去脉。这是我2013年与约翰·兰特的访谈后,又一次系统反思自己的学术道路。

几个月的打磨和在澎湃新闻实习生刘易欣的帮助下,采访终于成文。当时王芊霓也正式入职澎湃新闻,她为当时准备发表的采访写了如下摘要:"赵月枝教授分享了她对当前新闻传播领域一些重大问题的看法。基于她自己二十多年的新闻传播研究经历,赵月枝首先试图澄清中国新闻界在美国的新闻与国家关系问题上的一些误解,指出了新闻专业主义背后的意识形态和权力关系,以此破除'市场化将带来新闻民主化'的迷思。针对中国新闻传播业的市场化发展以及西方'自由民主'话语的强势影响,她强调重新言说'人民民主'的重要性,正面宣传社会主义意识形态的必要性,并认为需要关注中国公共传播被商业利益主导和工人与农民声音被边缘化的问题。她强调,传播关乎社会价值和方向,应该像医疗、教育、养老等领域一样,倡导去市场化的发展方向。"

可惜,文章没有发表。王芊霓后来把稿子投给《文化纵横》,该刊物于2019年第3期发表了该访谈的一个修改版本。

一、从北美新闻的新自由主义转型到中国媒体的转型:相同问题,不同语境

王芊霓(以下简称"王"):在之前的访谈和公开演讲中,我注意到你多次谈到1986年赴加拿大留学,以及在美国和加拿大任教对你的学术的影响,以及你的农民出身,我在今年6月中国农大的"乡村振兴与妇女发展"学术会议上,也听到你强调你的很多研究是解决"自己的问题"。这些经历是如何影响你个人学术研究的?

赵月枝(以下简称"赵"):我对新闻理论的理解和我的求学经历有密切的关系。1986年我公派到加拿大留学,无意中去了一个西方马克思主义传播政治经济研究的重要院校——西门菲莎大学(Simon Fraser University)。

到那里的第一学期,除了上研究生课,我还旁听了西方批判传播学重要奠

基者达拉斯·斯迈思的国际传播政治经济学本科生课。当时他已经退休了,但还在教课。他曾任美国联邦通讯委员会首席经济学家,为美国广播电视管制中"公共利益"原则的建立做出过贡献,后因麦卡锡主义而回到母国加拿大任教。斯迈思是一位马克思主义传播政治经济学者,而且非常关心中国的社会主义道路。我记得很清楚,教室里的座位不是一排排前后排列,而是围成一个圈,四年级的大学本科学生围着他,他给大家讲国际无线电波分配等问题中的政治经济学。

然而,我去的第二年(1987年),里根主政下的美国联邦通讯委员会就把"公正准则"给废除了,说它不符合美国宪法第一修正案。这一准则要求美国广播电视提供一定的公共事务报道,并在报道的过程中对不同立场保持公正。这对我是个极大的震撼,因为"公正准则"实际上是美国新闻报道的专业主义和客观性原则很重要的一个部分。在广播电视政策领域,这是"公共利益"原则的具体表现之一,其核心是公众得到充分和公正的信息的权利,要高于广播电视拥有者的产权和用公共资源的无线电波牟利的绝对自由。当然,这一原则也不是一开始就有的,而是包括斯迈思在内的改革者在美国体制内斗争的结果。里根上台后,新自由主义意识形态主导了美国广播电视的改革,"公正准则"被认为违反了美国广播电视商的美国宪法第一修正案权利,其实是"公众利益"让位于资本的利益了。

受这一事件的部分影响,我的硕士论文做的是北美新闻客观性理论与实践的研究。我综合传播政治经济学、马克思主义意识形态理论、话语理论、媒介社会学等视角,分析了北美新闻客观性的历史、理论与实践。后来,在我读博的前期,我和导师合作,在硕士论文基础上写成了《维系民主?新闻与客观性的政治》一书。在书中,我们把客观性这一新闻专业主义的核心内容,当作福柯意义上的知识-权力体制,并把它放在英美新闻历史的变迁和资本主义体制下新闻和民主之间关系的角度来研究。我们认为,媒体的资本逻辑和民主逻辑之间是有矛盾的,前者是一元一票,后者是一人一票。在北美,以客观性为核心的媒体专业主义的危机与资本主义自由民主体制的危机组成了一体两面的"双重危机",而一个危机中的新闻客观性体制已无法承担起维系资本主义自由民主大厦的重任了。

我们在批判了市场自由主义意识形态的基础上,对自由主义传媒理论的一些核心概念,当作"消耗殆尽了的意识形态"进行了批判。这些概念包括新闻自由、第四权力、信息自助餐理念、新闻作为历史的观察者和记录者的定位,以及新闻市场中的消费者至上神话等。我们还指出,苏联的失败不能证明对资本主义的批判和对社会主义探索的无效,而右翼民粹主义者的反叛也给先前极为自满的自由主义政治和媒体精英们敲响了一个极为必要的警钟。

1994年秋,等我回到国内做博士论文研究,反过来看中国的时候,我发现,中国媒体正处于1992年后的商业化大潮之中。周末版、珠江经济广播电台、东方广播电台、中央电视台新闻评论部以及各种都市报纷纷登场,商业化大潮一浪接一浪。当时西方主流学者的假定是,中国媒体的商业化能带来其所想象的媒体民主化。

王:你的批判对象就是这个商业化能带来媒体民主化的假定?我注意到你对媒体的商业化倾向十分警惕。

赵:对。这一假设是我当时批判的对象。1998年,我的博士论文以《媒体、市场与民主:党的路线和商业路线之间》为书名出版。书中,我讨论了中共的马克思主义新闻传统、1980年代的新闻改革与相关的理论争论与风波,以及1992年后的媒体商业化改革之路及其结果。我的结论是,1980年代新闻改革理论有自由主义和技术精英主义的倾向,虽然1990年代初以来的商业化带来媒体业的发展和活力,也在一定程度上拓宽了社会表达的空间,但是,商业化和市场化并没有给工人与农民带来更多的表达机会。另外还有腐败,我书里有一章就是关于"红包新闻"。

正如我后来在一篇文章中所反思的那样,在当时的后冷战语境下,"民主对专制"的话语已取代了"社会主义对资本主义"的国际意识形态框架。有关中国媒体商业化和民主化关系的研究,也正是在这样的后冷战"民主对专制"框架中展开的。

不过,我在1980年代中期出国,当时所持的有关中国改革的"初心"是社会主义的自我完善,而不是向资本主义全面转型。到了国外,这一"初心"又受到西方马克思主义批判传播学的强化。因此,我一直坚持社会主义的政治和学术主体性。我希望中国更民主,但我学术中的民主不是资本主义"自由民主",而是社会主义"人民民主"。在我的书中,我谈到了人民民主,并引用了加拿大著名政治学者C.B.迈克菲森(C.B. McPherson)的民主理论,因为他承认在资本主义"自由民主"之外的第三世界民主观,也即非自由主义的民主观。这是一种更有大众视野的实质民主观。作为《维系民主?西方政治与新闻客观性》一书中对西方资本主义批判立场的延续,在这部有关中国媒体改革的书中的结论部分,我强调对社会主义的重新言说。总之,我呼唤的是社会主义方向的改革,而不是市场化一路走到底,因为我在《维系民主?西方政治与新闻客观性》中已经清楚表明,媒体商业化有反民主的倾向,而资本主义更不是出路和历史的终结点。这不是我不知"中西语境"的区别，盲目拾西方批判学者牙慧的结果，而是我从世界历史的高度，从中国革命的内部逻辑出发，不但认同马克思所说的作为历史趋势中出现的一种可能性的共产主义，而且直面世界社会主义运动的现实性。更重要的是，我反对那种"西方已经吃饱了才要减肥，我们还饿着"的线性历史观和西方中心主义思维，认为只有西方批判知识分子才配批判资本和谈社会主义，而谈中国社会主义就是不是不知"文化语境"，就是政治投机。

面对当下普遍的生产过剩的危机，有人提出了医疗、教育、养老、住房这些社会领域的去商业化，认为这符合社会主义的目标。作为新闻传播学者，我认为这一领域的去商业化是前面这些社会领域去商业化的重要前提和条件。因为，这一领域事关社会的精神生活、社会的价值和方向、生活的意义，以及什么样的生活才是好的定义。

二、当新闻专业主义意识形态碰上挥之不去的中国革命遗产

王：也就是说，你的硕士和博士研究，前者关于西方新闻，后者聚焦中国媒体，但贯穿了同样的问题意识。在你后来的研究中，似乎更加关注意识形态领域？

赵：我博士毕业后，于1997年得到了美国加州大学圣迭戈分校的传播学助理教授职位。那个学校也是批判传播学重镇。当时，美国文化帝国主义的批判者赫伯特·席勒（Herbert Schiller）已经退休，我的位置是接替他的。我教的是传播政治学的基础课，本科生和研究生必修。在那里的三年间，我开始从研究中国新闻领域的改革到聚焦电信和更广阔的信息产业的改革，算是从传播学角度较早研究"三网融合"问题的学者之一。可是，正是在研究"融合"问题过程中一个偶然的机会，我在北京市中心繁华的大街上，更具体讲，在中央人民广播电台大楼外的阅报栏上，发现了一张呼吁改革的社会主义方向的、名为"共产主义宣言"的"地下"小字报。这一魔幻现实主义般的"田野经验"刺激我重新研究中国的意识形态领域。

于是，我花了10年时间，在2008年出版了有关中国传播政治经济的第二本英文书。这部书的中文版以《中国传播政治经济学》为名，但是，英文直译的话，原书名是《传播在中国：政治经济、权力和冲突》。除了续接第一本书中的媒体商业化和市场化改革的分析，我在这部书中突出了第一本书结尾所讨论的重新言说社会主义的主题：第一，挥之不去的中国社会主义革命历史遗产；

第二，有关中国改革何去何从的媒体和网络讨论、社会抗争与中国社会主义前途的关系。应该说，10年后，这两个问题不仅依然相关，而且因全球资本主义的结构性危机而变得更加尖锐了。

王：你如何看待美国的新闻专业主义？从你今年6月在北大的讲座，我感觉到你的声音和大部分那种认为中国新闻传播专业主义被压制的观点有非常大的分歧。是这样吗？

赵：我不是抽象地反对新闻记者的专业精神，就像我没有抽象反对新闻客观性原则一样。专业精神有如工匠精神和敬业精神，各行各业都应如此，但一旦上升到"新闻专业主义"，就有了"至上"的涵义，成了一套意识形态，规范着新闻媒体与国家、市场和社会的权力关系。在美国，专业主义在从"二战"结束到1980年代这个阶段成为主导性新闻理念，是有特定的媒体政治经济结构和社会政治文化和意识形态条件的。针对美国报业的垄断与集中倾向和政府是否应该管制的讨论，针对新闻业越来越受制于商业集团和资本利益的事实，专业主义一方面成了报业阻止政府管制的护身符，另一方面又成为自由主义媒体精英社会改良和中产阶级自我身份认同的基石。毕竟，哪家私人媒体公司愿意自愿接受国家管制，哪位编辑记者又愿意把自己定位为商业媒体中为资本服务的雇佣劳动者呢？更重要的是，美国专业主义新闻业的存在还基于一套有关社会基本价值的意识形态"共识"。更具体地说，正如我在美国加州大学时的同事丹尼尔·哈林（Daniel C. Hallin）所分析的那样，在"二战"后的美国，这样的媒体结构包括家族拥有的、有市场垄断地位的高盈利报业，国家以公共利益为原则进行管制的ABC、CBS、NBC三家寡头垄断的广播电视业公司，以及从新政——冷战外交政策中产生的战后福利资本主义意识形态共识和对公共机构的高社会信任度。这是因为，只有在意识形态论争有限的条件下，新闻记者从"客观"和超越政治派别的公共利益立场的报道才有可信度。但是，1980年代以来，这些媒体产业结构和政治文化条件被改变了。而一旦社会冲突加剧，意识形态共识不再那么容易被"假定"和"制造"，专业主义就会让位于剧烈的话语斗争。当下的美国，在一个极端商业化的新媒体语境下，原来被左翼学界批判的战后自由主义意识形态受到了右翼的攻击，自由主义媒体精英被边缘化，民粹主义在"后真相"的舆论环境中，通过诉诸人们内心的恐惧来操纵舆论，左右政治议程。正如布鲁金斯基金会网站的一篇文章所言，曾经，CBS新闻主持人瓦尔特·克拉凯特每晚的"就是这样"结束语深入人心，他被认为是美国最可信的人，今天，特朗普把美国自由主义媒体骂为"人民的敌人"。而盖洛普一项调查显示，只有32%的美国人对新闻界有"很大或相当"的信任。当然，我们也没有必要美化专业主义的"黄金期"。正如哈林所指出的那样，1980年代前的美国新闻专业主义文化本身也有新闻议程狭窄和精英主义等局限性。那是一个白人中产阶级主导的时代，一些边缘的社会群体，没能实质性享受到美国新政——冷战外交政策的福利资本主义民主的好处。

你采访过《生死民主》的作者约翰·基恩（John Keane）教授，我在博士论文中也引用过他有关媒体商业化与民主之间有矛盾的观点。我非常赞同他认为"后真相"的解药不是重回真相的看法。在一个"事实"和"真相"被极度商业化的传播环境里，在一个社会撕裂，以希拉里为代表的新自由主义全球化精英因自己的傲慢和缺乏反思性而失去制造"共识"的能力和信任的年代，即使你提供更多的真相，那些被希拉里骂成"失败者"的选民们也不会选择相信的。这里涉及中国传统传播理念中的"心"与"思"的关系。针对资本主义自由民主和自由主义新闻业的"双重危机"问题，解决的办法不是更多的真相和媒体专业主义，而是更多的实质性民主，让民众免于对自己生活没有控制和预期的恐惧。

回到中国新闻业的语境下，如果把新闻专业主义理解为美国自由主义新闻理论中的那一整套自由民主资本主义的媒体权力关系和新闻规范，那它没有发展的制度空间是事实。实际上，这一套在民国时代就被争取过和尝试过，但是，"不党、不卖、不私、不盲"的新闻理想早被中国革命发展的历史否定和扬弃了。实际上，在中共新闻史中，党性、专业性、群众性的关系问题，在延安时代就已经有一套基本完整的理论和实践了。当然，这个问题不是能一劳永逸解决的。从1980年代开始，新闻专业主义之所以不断被提出来，当作一种受压制的理想，其强调的显然不是工匠精神意义上的敬业，其最初针对的也显然不是媒体的市场化和商业主义所带来的问题。相反，它以媒体改革为契机，争取的是媒体和知识精英相对于政治权力的主体性、自主性，以及为人民代言的新意识形态霸权。1990年代以后，媒体的商业化和市场化在为专业主义理想的表达提供了经济基础的同时，又因带来了新闻领域的腐败和新自由主义意识形态偏颇而失去广泛的社会认同，并使政治权力不断以维护新闻道德和"中国特色社会主义"的名义重新加强管制。更重要的是，正如我在2008年的书中所分析的那样，在社会利益明显分化和论争纷呈的语境下，一些以专业主义自居的媒体人，事实上并没有用统一的专业主义标准去报道不同的新闻事件，相反，"专业""客观报道""相关事实"等概念被某些自身有很强新自由主义改革政治导向诉求的媒体人玩弄于股掌之间。

当下，媒体专业主义倡导者的困境也是明显的。一方面，传统媒体市场的萎缩、极端商业主义、新闻工作的"民工化"、自媒体甚至"机器人写作"已经侵蚀了媒体精英的专业主义经济和职业根基；另一方面，日益激烈的国内外政治经济和意识形态斗争现实、社会利益的分化以及干群之间的矛盾又使执政党不断强化媒体的党性原则和各种宣传纪律，并不断要求媒体人通过"走转改"等行动贯彻群众路线，以人民的名义从事新闻工作。

三、美国国家的角色和新闻专业主义的政治经济与意识形态条件

王：你前面讲到了美国新闻专业主义和政治经济与意识形态条件，你认为我们对美国新闻业都有哪些误解？

赵：最重要的应该是对美国的国家、市场和媒体关系的认识。我们对美国宪法第一修正案给予美国新闻业的负面自由津津乐道，以为商业化不但"自然而然"带来了美国新闻业的繁荣，而且"自然而然"支撑起了美国新闻专业主义的大厦。但是，正如美国批判学者所揭示的，历史上，美国报刊业的繁荣部分是由于美国国家给予经济保障，也就是正面自由的结果，而不是极度商业化和我们所想当然的自由市场的产物。这里最重要的就是美国联邦政府的邮资补贴。

在美国建国之前，邮资补贴就是北美殖民地报纸得以兴旺的重要条件。美国建国的时候，邮局是最重要的一个联邦部门，其工作人员占联邦雇员的四分之一。华盛顿希望给报纸全额邮资补贴，麦迪逊不同意，两者妥协的结果是1792年通过的《邮政法案》（The Postal Act），给予美国报刊75%的邮资补贴。正是这一巨额的国家经济补贴，保证了美国国家内的报刊能"自由"流通。我们都知道，报刊的发行很重要，一定程度上，发行决定报刊的生存，很便宜的邮资，就是美国国家给予新闻业的正面自由。遗憾的是，大多数人只知道1791年的美国宪法第一修正案，很少知道1792年的美国的邮政法案。

美国国家给予报刊的第二个正面自由支持是税惠，包括买新闻纸和油墨的税惠。其他还有政府强制相关公共机构和私人机构在报纸上发布公告，这意味着报纸是政府规定的广告载体。在这方面，《华尔街日报》得益最多，相当于其5%到10%的营业收入。当然，美国国家给予媒体的正面自由还包括联邦政府的巨大科研投入以及知识产权保护等。所以，当我们以美国为例，讨论国家和市场关系时，我们要深刻理解美国所提供的正面自由及其有形无形的巨大效应。

这方面，美国还通过了一个很值得我们关注的报业法案，这就是尼克松

时代的报纸保护法（The Newspaper Preservation Act）。由于广告的作用，到了1960年代，大部分美国城市都只剩下一份报纸，没了竞争。为了保护少数几个还有竞争性报纸的城市报业市场，美国于1970年通过了这一法案，让两家竞争关系的报纸共用一个印刷厂。这一法案违背了美国反垄断法的相关条款，但恰恰证明了美国国家给予报业的特殊"正面自由"。

正是基于以上这些，已故宾夕法尼亚大学法学教授埃德温·贝克（Edwin C. Baker）2009年在美国国会就美国报业危机举行的听证会上坦言，不能期望市场能提供专业水准的新闻，这点美国国父们在200年前就认识到了，而且一直是被美国历史所证实的。面对新世纪以来美国传统新闻业的危机和美国专业记者被大量裁员的事实，这位一直致力于美国和国际语境下媒体、市场与民主关系研究的教授建议，一个有效的方案是美国政府提供对记者工资的税惠补贴。当然，这个改良建议即使对民主党也是太激进了，不可能被采纳。特朗普上台后，干脆与美国主流媒体的大部分记者为敌，自己发推特治国。我之所以提到贝克教授的研究，针对的就是中国新闻传播不够商业化的迷思，因为这部分建立在对美国新闻业的误解的基础上。

四、批判学者只批资本，不批权力？

王：有种说法是中国的批判传播学学者只批判资本，不批判权力。

赵：我明白你这里的"权力"一词是特指国家权力，而有时"市场"一词又用来隐喻"资本"，尤其是私人资本。许多年前我在国内讲课的时候，也经常听到学生以此质问批判学者。近年来，学生们的理论水平提高了，跨国资本和私人资本的权力对媒体和传播业的影响也更昭然若揭了，这样的问题很少听到了。实际上，这可以说是一些学者按自己所假定的"国家对市场"或"国家对资本"二元论设置的一个稻草人目标。在马克思主义传播政治经济学框架里，国家和资本是特定历史条件下相互构建的两种权力，我们不能脱离具体的社会制度和政策语境抽象地谈只批这个，不批那个。

美国广播电视管制中曾经有过的"公正准则"，就是福利社会时代美国国家权力节制资本权力的一种表现。在新自由主义时代，国家权力越来越从属于资本的权力，所以，"公正准则"被抛弃，公共利益原则也边缘化了。在中国的语境下，从跨国资本对中国网络的影响到私人资本在娱乐圈的呼风唤雨，我们为什么不能批判资本，要求国家站在人民的立场，来节制私人资本的社会传播权力呢？还有，对国家在改革中的市场威权主义和新自由主义偏向，批判传播学者也一直在批判吧。当然，如果这里的"批判"是特指对基本制度的否定，把自由民主资本主义当作永远的"中国梦"，让中国国家"改旗易帜"，那又是另外一回事了。由于批判学者大多不是倡导"改旗易帜"的学者，而是希望中国能在改革中发展与完善社会主义，在利用资本的同时节制资本，所以从自由主义意识形态的角度，他们被认为"不批权力，只批资本"并不奇怪。

王：你在北大的讲座里还谈到了你认为新闻工作者的"正面宣传"应该被重视起来，如何理解你说的这个"正面宣传"？这个是你想推进的一个事情，是吗？

赵：你这个问题对我有点危险，因为一说正面宣传为主，马上就会有人说我是为制度辩护。20世纪初，针对后冷战时代资本主义制度被自然化，西方马克思主义学界有句名言：想象地球的末日比想象资本主义的末日更容易。在中国，探索社会主义的实践依然面临很大的意识形态挑战。这些年，我也领教了，这是一个一场动车事件也能在网络上掀起对国家和制度"根本缺陷"的讨伐的舆论场；这是一个一说到中共新闻史上的"全党办报""全民办报"和"业余通讯员"的理论和实践，就会有人站出来用"大跃进"和"文革"中的"假大空"来挑战这些理念的学术话语场。可是，我们为什么不会因为美国的专业主义新闻业不但助长过麦卡锡主义的崛起，而且煽动过侵略战争而全盘否定美国的根本制度和自由主义新闻理论呢？

在中国共产党的新闻理论和实践里，新闻媒体从来就不是媒体公司及其雇用的专业记者的事，它本来就是党的工作的一部分，是人民的事业。作为一个新闻理论原则，正面宣传不是不批评官员和具体政策，而是突出社会主义媒体的价值引领作用。

王：也有一种说法是"若批评不自由，则赞美无意义"？

赵：这实际上是自由主义新闻理论的另一种叙述，其所假定的是一个稳定的民族国家政治秩序内的媒体批评和正面宣传的关系。但是，放在国际意识形态斗争的语境下，事情就不是那么简单了。面对你死我活的国际政治斗争，面对阶级对立条件下的话语斗争，"若批评不自由，则赞美无意义"同样没有什么意义。西方媒体会对中国这样一个坚持社会主义宣称的大国保持又批评又赞美的平衡吗？面对那些旨在颠覆一个国家政权的声音，能期望其有赞美的动机吗？面对真实世界里的意识形态斗争，这种去政治化的说辞看似不言自明的公理，实际上经不住推敲。在一个强势的世界资本主义体系中建设社会主义，需要有对资本主义意识形态的批判，需要强化用社会主义价值来引领舆论。这与"为专制辩护"和"为腐败官僚辩护"是两个意识形态框架和两个层面的问题。

我们有必要从分析层面把两者分开，并在具体的报道中具体情况具体分析。

在正面引领和批判的关系上，还有一个历史的维度。资本主义是一个发展了500多年的制度，它是一个守成的制度，它的核心价值是其意识形态机器几百年引领的结果，而且已经成了国际性的"共识"，即《德意志意识形态》中所说的占统治地位的意识形态。而中国搞社会主义才几十年的历史，不仅内部经历了许多艰难困苦和挫折，而且一直处于资本主义强大的意识形态攻势之下。

前面你问到对美国媒体认识的误区，在这个问题上还有一个，那就是，我们往往片面强调美国媒体对政府的批评角色。实际上，对政府的批评只是美国媒体的一部分功能。竞选期间的政治广告是对制度合理性和体制优越性的最好宣传。对美国这样一个帝国式民主（imperial democracy）国家而言，外交更是内政的继续，对外宣传也是宣传。当我们把美国整个国家的对外传播与美国媒体的对内功能割裂开来，并拿美国私人媒体的部分功能来衡量中国的媒体的全部功能时，我们已经陷入了美国国家的意识形态迷思，忘记了美国国家的帝国主义性质。

总之，媒体批评很重要，舆论监督不可缺，这毫无疑问。但是，不能抛开一个国家的性质及其在世界体系中的地位和国内外意识形态斗争中的态势，抽象地谈媒体的批判和正面宣传问题。当美国统治阶层已经把中国当作战略对手，当美国媒体对中国充满偏见甚至敌意，当国内外势力利用各种新闻事件制造直指体制的负面舆论，甚至说要用谣言谣翻政权的时候，"若批评不自由，则赞美无意义"这样的言说，就不再是不言自明的常识。

王：你是如何看待经济基础、政治主体和意识形态领域的关系的？我注意到你一直主张坚持对社会主义的重新言说，旗帜鲜明地坚持社会主义传播话语。

赵：我是一个传播政治经济学者，我知道经济基础对上层建筑尤其话语的决定性影响。在今天传播业包括媒体本身已经市场化和资本化，也即成为经济基础重要部分的时候，尤其如此。但我也相信政治的主体性和意识形态领域的相对独立性。我在2000年时，就与美国的一位同事有过争论，认为中国被整合进数字资本主义的过程不但还没有完成，而且充满了斗争。我不承认的原因有两个。第一是官方坚持社会主义话语。作为一个意识形态问题的研究者，我相信这个话语本身是有力量或社会效用的。第二，老百姓还在用社会主义话语来抗争。当然，有些人对此也是视而不见的，或者贬低人家没读过书。前面我提过，我就是被一张"共产主义宣言"小字报所震惊而重新关注中国的意识形态问题的。一次在一个国内的课堂上,我还碰到过一位博士生,当我说到一位底层报摊老大妈,用"这不是社会主义"来挑战侵害她利益的行为时,他回答说这个老大妈之所以这样说,是因为她没有读过书。我猜想,这位博士生的言下之意是这位老大妈没有读过自由主义经典吧。让我欣慰的是,当我离开校园坐上出租车,与司机谈起课上内容时,我得到了共鸣。我把中国的社会主义话语当作一种积极的力量,我不会因为国际社会主义实践中的挫折和有些人玷污了社会主义的名声而抛弃它。

更重要的是,在中国,社会主义不仅仅是官方的坚持,它也是民众用以驯服国家和市场,使其服务于人民的日常实践。当然,理想的情况是,有关社会主义言论能在一个比较开放的条件下,在一个相对平等的语境中,通过竞争赢得胜利,成为一种共识。但事实上,这个游戏是不平等的,反社会主义的声音内外结合,形成了强大的跨国话语联盟和话语霸权。在美国,特朗普本来也不应是应对新自由主义全球化危机的唯一出路。然而,民主党精英宁愿要希拉里也不要有社会主义倾向的桑德斯当美国总统候选人。不过,有意思的是,有调查显示,近年美国民众中有40%的人对社会主义比资本主义有好感,以至于《国家评论》这样的右翼刊物煞有介事地认为,这对美国是威胁。针对纽约州一位29岁的拉丁裔社会主义候选人在民主党众议院议员初选中的胜利,《纽约时报》便以《社会主义的时髦》为题,讨论了现存资本主义的失败和社会主义对美国年轻一代有吸引力的原因。

五、再谈学术主体性问题

王:最后,你强调要建立中国传播学术主体性,并且在你看来,中国在国际上的学术话语权是最迫切的问题。这个问题的迫切性和现实性是怎么来的?你的学生们是否能够很好地理解或者说接受你的这些关切?

赵:先说学生的反应,不同时候,学生的问题还真不一样。前面我提到,以前被问得最多的问题是批判学者是否只批判市场,不批判国家,也有学生问过一个我自己无论如何都想不到的问题,"你都过上好日子了,你为什么还批判?"唉,根据这一逻辑,我就应该成为西方资本主义的卫道士才算身份与立场相匹配?开头我讲到,我到西方后,接触的就是批判学术圈。虽然我不是共产党员,但是我自认是一位社会主义者,这点我从来没有隐瞒过。在这点上,我对刚刚去世的埃及马克思主义学者萨米尔·阿明(Samir Amin)公开亮明自己政治立场的勇气充满敬意。我不在乎别人说我的学术因为明显政治立场而

"不客观"和"不专业",在这点上,我与我前面对媒体专业主义的分析是一致的。不过,现在,也许学术氛围变了,也许是我接触的学生群体已经知道我的立场了,问的问题也变得友好了,包括"如何找回初心?""你是如何坚持下去的?""如何做好乡村传播研究?"等等。

建立中国传播学术主体性的国内语境是繁荣中国哲学和社会科学、促进新时代的马克思主义中国化。国际层面,中国这样一个有着几千年持续的农耕文明的非西方国家的现代化和在世界体系中的"崛起",无论从哪个角度看都是一个可能引发社会科学范式转变的"非常规"案例。从传播学的角度,这涉及整合不同的学术资源,包括中国传统知识中的传播智慧和民间文化、基于国际共产主义运动和中国革命传统的马克思主义新闻观、受西方自由主义新闻观和美国主流传播学影响的国内主流传播研究、受当代西方马克思主义传播研究影响的批判传播学术等。

我的学术对话对象不仅包括自由主义和各种技术决定主义的传播理论,也包括西方马克思主义和各种"后学"框架下的传播政治经济学和文化研究。我希望通过反思这些学术资源中的西方中心主义、城市中心主义、白人种族主义以及理论与实践相脱节等问题,建立有全球视野和中国立场的跨学科理论与实践相结合的学术模式。我所创立的中加全球传播双硕士学位项目和我近年在故乡浙江缙云的学术实践是这一模式的尝试。

任何学术话语都是特定历史语境的产物。当下,中国还是处于引进国外社会科学理论和概念的过程中,可我们的实践早走在前面了。在新闻传播领域,前面我们谈到过自由主义新闻理论、新闻专业主义概念,当然还有西方的批判传播政治经济学。然而,这些都解释不了中国丰富的现实,更枉论指导中国当下的国际国内传播实践了。更令人窘迫的是,我们还有可能在国际话语场陷入被动。

以软实力问题为例。今年六月份在美国开完一个国际会议,我与一群来自中国的年轻学者谈笑,说要写一篇文章,叫作"你也配姓赵?!"大家知道,软实力是美国学者约瑟夫·奈(Joseph Nye)在1990年代初提出来的一个概念,这是美国精英内部的一个策略性说法,意在维护美国的世界霸权地位。中国把这个概念当作一个中性概念,平移过来,也说建设软实力。几年前,我就写过分析文章,认为国内对这个概念有误读和误用,重要的是,美国精英不干了!美国民主基金会的学者发布的报告,实际上是以赵老太爷的口气,打了阿Q一个耳光,说:"你也配用软实力这个词?你们那是下三烂的'锐实力'!"很快,英美主流媒体就开始宣传这个报告,奈何自己也写文章炒作"锐实力"

这个概念。因为我刚好姓赵,我说了这个后,大家笑成一团,觉得这个文章由我来写,特别有幽默效果。可是仔细想想美国政界、学界和媒体界在中国问题上的基本意识形态共识,想想中国学术话语和媒体话语在国际话语场面临的逆境,我还真幽默不起来。

13 中国媒体制度变迁辨析政治经济学与制度经济学的对话

这是一场遭遇式的突发性对话。2019年4月末,在本书脱稿之后,我利用在清华大学讲课的间隙,应邀到河南大学和郑州大学讲学,第一次踏上了中原大地。4月28日上午,结束了河南大学的两场讲座转向郑州大学的路途中,我与前来接我的郑州大学新闻与传播学院党东耀老师进行了一场对话。小车在中原大地笔直的高速公路上飞奔,尽管我们是初次相遇,但是我们间的对话非常直率,节奏也超常的快。

我们的相遇也许有偶然的因素,但事后想起来,就像我认为对中原的访问是迟到的访问一样,这场传播政治经济学和传播制度经济学的对话,也早就应该进行了,而它作为本书脱稿以后又加上去的一章,也并非偶然。此文本先由党东耀在车中对话的基础上整理,然后由我们一起修改而成。在尽量保持对话的随意性和轻松性的同时,我们在修改中加强了严谨性和系统性。

一、中国媒体改革过程的两种视角

党东耀(以下简称"党"):赵教授,见到您很高兴,非常欢迎您能抽出宝贵的时间到郑州大学讲学。您是国际上非常著名的学者,您的研究可以说贯通中西,希望有机会多向您请教。

赵月枝(以下简称"赵"):嗯,不客气,你是从事哪个方面研究的?

党:我此前在电视媒体工作,后来进入高校从事教学和研究工作。在我的职业生涯中,对广电媒体体制的变革非常关注,所以在攻读博士的时候,就对中国广播电视媒体制度的变迁进行了研究。

赵:那你说说你的研究取向和研究结论,好吗?

党:我是从制度经济学角度出发来研究的。在新古典经济学看来,市场是资源配置的最佳手段,消费者和生产者在理性选择的原则下追求自己利益的最大化,在消费者和生产者相互作用的市场中,双方的行为通过价格机制加以协调。这实际上是一种零交易费用的新古典世界。制度经济学创始人康芒斯将资源配置的关注点从纯自然物的关系拓展到人与人之间的关系。他第一次将"交易"概念引入经济学,他认为交易关系不是取决于物的交换而是取决于物的背后人与人的权利交换。科斯在此基础上首创了市场"交易成本"的概念,使经济学走向正交易费用的现实世界,创立了以交易成本、产权约束和制度变迁等理论为核心的新制度经济学方法论基础。在新制度经济学看来,制度设计的核心是交易成本和产权。产权实质上是一套激励与约束机制,产权制度是制度变迁的基石之一,通过产权明晰可以节约交易费用,即降低制度成本,提高制度效益。

我觉得,中国媒体的发展历程是和制度变迁,即体制变迁紧密结合在一起的,它是一个不断地开拓合法性机制的过程。意识形态功能的合法性是中国媒体的首要合法性,也是一以贯之的合法性。只有符合国家意识形态理念,能够实现国家、社会所要求的意识形态功能的媒体才能够生存和发展。在保持意识形态合法性的基础上,首先实现了宣传向信息的转变,宣传合法性表明媒体主要作为政治宣传工具存在,而转向信息合法性,媒体被要求转换职能,作为信息传播工具存在,重在提供信息公共服务。其次是确立了经营合法性,主要是指媒体可以从事经营活动,特别是介入资本运营活动方面的合法性。媒体可以通过"借壳"或IPO方式实现间接和直接上市。

这两个过程完成了媒体主要作为政治宣传工具存在的单向度合法性阶段,向媒体作为信息传播渠道和企业化经营实体存在的双向合法性阶段转变。在这个过程中,制度设计的核心问题是产权明晰和规模经济。1990年代后期,我国新闻媒体开始了集团化的探索进程,就是通过产权明晰,引入资本,从而拓展媒体经营范围,扩大媒体产业规模,追求良好的经济效益。

赵:我第一次听到对中国媒体转型这么系统的制度经济学视角概括。从内部视角,您的逻辑很严密,也有自洽性,不但好像能解释中国媒体转型的历史,而且对这一过程也有引领的意义。但是,我认为,这套解释不足以解释中国媒体转型的全部。更重要的是,在媒体的商业化和资本化道路遇到困境的今天,如果还按照这套理论来指导中国媒体和传播业的发展,可能会有误导之嫌。从传播政治经济学角度,恕我直言,您的这个解释可以用四个成语来概括,那就是"冠冕堂皇""掩耳盗铃""暗度陈仓"和"偷梁换柱"。

冠冕堂皇:主要是针对你把"产权明晰"当作核心问题。我知道,这是制度经济学中非常重要的概念，然而，它是一个去历史化的教条概念，更是一个为资本主义私有产权作意识形态辩护和提供合法性的概念。放在具体的历史语境里，在资本主义发展过程中，资产阶级私有产权建立和明晰的过程在英国就是"圈地运动"的过程，在北美就是殖民主义者对原住民共同体的剥夺过程，这个过程到今天也没有结束。比如，加拿大温哥华我所在的大学，就是在加拿大西海岸三个原住民部落一直没有割让的土地上。在中国，在经济改革的过程中，也一直有认为全民所有制企业产权不明晰的观点。虽然国有产权的建立算是解决了问题，但是，在一些新自由主义学者那里，私有产权才是最理想的产权制度安排。而这一产权明晰的过程，也往往是"剥夺积累"的过程，这一过程使不少曾经的社会共同体财产和集体财产变成了私有财产，当然，这其中也不乏各种不公、抗争和冲突。在新闻媒体领域，党报和各级广电机构依然按事业单位、企业化管理的原则运行，产权基本大多处在不明晰的状态，而这正是"中国特色"所在，国家在这一问题上，也是早有说法的。比如，正如我在《中国传播政治经济学》一书中所写，1999年，就有过围绕中国社会科学院工业经济研究所主办的《中国经营报》及其下属的《精品购物指南》的产权归属问题的行政批复。在这一批复中，国务院机关事务管理局、财政部和当时的国家新闻出版署认定报纸的主办单位才是报纸的法定投资者和产权所有者，而在报刊创办过程中个人或单位自筹的启动资金只能被当作无偿的捐赠行为或借贷关系处理。这一批复，实际上维护了中国新闻媒体的公有制和事业单位控制的性质。媒体体制改革到今日，面对纸媒的衰落，面对广播电视商业化的普遍困境和县市广播电视机构向事业和公共服务性质的回归，我不知道，制度经济学的产权明晰诉求能有多少回响？

掩耳盗铃：你谈到的从宣传到信息的转变，的确是中国新闻媒体改革初期一个非常重要的突破。不过，与其把这一转变看成是一种制度性的转变，毋宁认为是一种观念的转变，或者说实用主义的意识形态的转换。至于这一转变背后有多少理论上的可靠性，那又是另外一回事了。这是因为，宣传与信息这两个概念并不是非此即彼、相互排斥关系，宣传离不开信息，信息也往往隐含广义的宣传动机，因为任何信息的产生都离不开产生它的认知框架和价值导向。广告提供商品的信息，同时也包含社会价值判断，更是对消费主义意识形态的宣传。实际上，离开东西方冷战历史和美国主流传播学术如何在冷战语境下把"宣传"一词贬义化，离开美国"信息社会"理论是如何作为克服资本主义体系的经济危机和社会文化矛盾提出来的，离开1980年代美国主流意识形态对正在"拨乱反正"中的中国知识界的影响，我们就无法理解从"宣传"到"信息"

转化的具体历史语境。正是在这个意义上,这一转化如果追究起来,就不免有"掩耳盗铃"的意味。当然,正如我在多个地方讨论过的那样,在改革初期否定"文革"式宣传的语境下,信息概念不仅带有去政治化和价值中立的意味,而且极大地扩展了媒体传播的内容。曾几何时,各种服务于经济活动的信息成了报刊和广播电视的内容,而且许多往往是以有偿传播的方式,成了媒体机构创收的重要手段。

暗度陈仓:所谓的承认经营的合法性,实质上就是在国家财政困难的时候,让媒体自收自支,通过商业性经营,从市场上获取生产和扩大再生产所需的资金,同时增加媒体从业人员的工资和福利。但是,不得不承认的是,这一个过程本身不是中性的,而是有媒体在"为了谁"和"服务于谁"的导向性方面的变化的。从最根本的意义上,承认经营的合法性,就是承认市场逻辑影响媒体导向的合法性。上纲上线的话,就是通过"暗度陈仓"的手法,把媒体服务的对象从政治意义上"人民"变为市场意义上的"受众",也即斯迈思意义上的"受众商品"的过程。当然,"受众商品"是基于媒体经济但又十分抽象的分析概念,在具体的运作中,它可以表现为追求最大公约数,像当年湖南卫视的《超级女声》那样,通过激发大众狂欢,追求受众规模,也可以表现为追求高职位、高收入和高学历的"三高"精英"受众",甚至是"小众"。但是,无论如何,受众不等于人民,人民不能被化约为"受众商品"。在中国媒体改革的过程中,媒体通过被赋予在市场上经营的权力,在产业发展上取得了巨大的成就,但正如我在自己的研究中所展示的那样,这其中所体现出来的话语偏向和阶级偏颇,也不容忽视。媒体的商业化过程,与工人、农民等社会群体在话语场被边缘化的过程不无关系,或者起码可以说,媒体商业化的过程,并没有给中国宪法所规定的最基本的阶级基础——工农联盟——赋权。由于中国转型的政治经济逻辑比较复杂,我们不能用简单的因果关系来解释媒体商业化和工人农民成为"弱势群体"的过程,但说这两者之间有某种程度的互构关系,应该不会错。当然,正如我在《中国传播政治经济学》一书中所论,媒体商业化的过程,也是媒体从业人员本身的"中产阶级化"过程。在这个过程中,媒体经营管理者和从业者得到了原来作为党和人民新闻事业的媒体的企业化管理和商业化经营的红利,进入媒体领域,成了名利双收的好事。当然,这其中也出现了不少腐败现象,包括《广州日报》总编黎元江案、央视赵安案和《21世纪经济报道》案等。

偷梁换柱:上市、引入资本逻辑,实现资金到资本的转变,这是一种把媒体业彻底市场化的行为,最终可能抹杀媒体业和一般盈利产业的区别,这也是以上所讨论的商业化和市场化逻辑的深化。从单纯的经济逻辑，资本化是更高级的经济形式，是做强做大的手段，但是，与商业化一样，这个逻辑的推行在媒体"服务于谁"的问题上不是没有社会政治后果的，而这正是政治经济学视角与你的经济学框架的区别之处。从政治经济学的角度，如果上面所讨论的过程是把"人民"变"受众商品"的偷梁换柱过程，那么，资金变资本——尤其是资本市场上的资本——的过程可以被看成是一种"偷梁换柱"的过程，其对媒体的"为了谁"的生产目的影响是非常大的。还是让我用英国、美国和加拿大的媒体业来解释吧。在北美，报业以私有产权、市场逻辑为主导，直到1960年代，报业以家族企业为主要特征。在美国和加拿大，都是如此。这时候，报业是资本，但不是上市资本，没有进入资本市场和金融资本主义的核心资本积累过程，在这样的情况下，企业一年的利润如何分配，花多少钱在培养记者上，资本家高兴就行。也就是说，如果企业一年盈利10%，而且现金流很足，这个资本家家族又多多少少有点媒体人情结，我们可以想象一下，这个家族的家长在年终说，兄弟姊妹们、儿女们，今年我们干得不错，编辑记者们也很卖力，为我们家族赢来了声誉。为了报纸的质量，让我们把更多的钱投入报纸质量的提高，让我们花钱扩展国外记者站，让中年记者去修写作或深造，雇佣更多的年轻记者吧，等等。

除了家族企业，还有英国《卫报》以"卫报基金会"的形式出版的例外情况。作为一个信托基金，它是严格意义上的用来出报纸的资金，不是需要以增殖为目的的资本。当然，还有英国的BBC，议会允许它获得收听费。加拿大的CBC有议会拨款，也允许有广告，但它本身没有盈利的动机，目的不是赚钱而是提供公共服务。媒体的资金没有被资本化。

在我们国家，要做媒体也必须有钱，但不管是政府拨款，还是通过商业化从市场赚来，得到的都是发展媒体事业的资金。好，现在要上市了，要把资金变资本。上市的目的是什么？圈钱。但是，天下没有无本的生意，把媒体业拿去上市了，你就把媒体业与其他任何产业挂在一起了，对吧？

党：是呀，是呀。

赵：这样一来，如果你的回报率，也就是效益，没有富士康那么好，你说投资者还会投入你的企业吗？那不可能了。也就是说，一旦进入了股票市场以后，媒体业就跟一般的产业一样了。那么好，如何最赚钱，你的产业就要如何发展了。总之，一旦上了市，媒体产业就变成与其他产业没有区别的效益最大化和资本回报最大化的工具了。更糟糕的是，媒体，尤其是报纸，往往成了上市公司的现金奶牛（cash cow），投入少、产出高，其高额的利润被拿来交叉补贴对其他产业的并购等。总之，资本化的过程，就是媒体商业化和市场化逻辑深化的过程。在这样的情况下，你还去开新的记者站吗？还送记者去深造吗？你是不是把报纸当作印钱机器做了？

党：包括我们国内很多媒体，上市完之后，很多的精力去做房地产了，这个你很了解的，很明显的现象。

赵：对，不用我说了啊。也就是说，上市以后，报纸跟做衬衫、做电器是一样的了，只要富士康那样的流水线了。

党：对，对，彻底产业化，彻底商品化了。

赵：现在用AI写稿，也就顺理成章了。推到极端的话，是不是不要记者了？

党：不需要了，不需要了，今日头条就是了，一个是AI，另外还要养一批调查人员，去了解受众，或者消费者需要什么，就生产什么就行了。

赵：对，消费者需要某个新闻，我给这个新闻就是了。总之，媒体完全彻底的资本化就意味着一个社会把新闻业这一事关一个社会的核心价值和政治生活质量的领域交给资本。我不知道这是否你们真正想要的？如果这样，我们也不必做什么以代表公共利益自居的学者，都从股票投资者/股票分析师的角度来讨论媒体就是了。

我不敢说我的四个成语指出了整个的制度经济学在媒体领域的运用的本质，但是，媒体资本化给资本主义国家也带来了很多问题，最终也把自己的新闻业给毁了，也许这就是资本主义自我毁灭逻辑的演绎吧。当然，在这个逻辑的演绎中，最后也要受制于资本逻辑的还有编辑记者本身。前面提到，在中国媒体的商业化过程中，媒体人是能分享到一部分红利的，有的甚至幻想媒体的商业化能带来专业上相对独立于党和国家的自由和独立性。但是，随着商业逻辑和资本逻辑的深化，媒体人的"中产阶层"地位就慢慢地演化为"新闻民工"的地位了。最后，随着新闻业陷入数字资本主义的普遍危机，连记者职业本身也岌岌可危了。

总之，如果用媒介管理学、制度经济学来改造中国的媒体，那中国的新闻事业离想象的目标还很远，而一旦进入了制度经济学的逻辑，信奉它的学者们就会发现改革非常不彻底，自己的理论无法施展，有很多被称为"意识形态"层面的限制。但问题是，如果这样做，不是典型的教条主义吗？媒体生产是一个物质的过程，离不开资金，但无论如何，我们都不能否定，其本身是一个意识形态领域呀！都说批判学者激进，实际上，那些希望按制度经济学来改造中国媒体的学者，才叫激进呢。

二、新媒体发展的过去与现在

党：赵教授，我们可以再想一下，报纸、广电可以不资本化，但是新媒体不得不资本化啊，你看，我们传统媒体和新媒体比，力量那么弱，不借助经营实现发展，不是更没有出路了吗？

赵：既然您提到新媒体，那我就按上面的嬉笑怒骂风格，再放肆一下，补上两个词吧，它们是"亡羊补牢"和"七擒孟获"。

"亡羊补牢，犹未晚矣"。没错，顺着上面我们讨论的媒体改革逻辑，非新闻类媒体生产和网络经营领域，商业利益和私人资本占了主导地位。有人说这是大意失荆州，其实并不是大意了，而是历史发展的曲折性所致，如果非要找主观原因，那也更像马克思主义立场不坚定，被新自由主义意识形态，被制度经济学忽悠了。君不见，有一段时间，连新闻出版的最高管理部门的某些说法中，也有一副要把媒体领域的市场化进行到底的架势呢。直到现在，上面才把融合和打造自主可控主流新媒体平台当作关键问题。但是，意识形态领域是整体的，所有内容都有舆论导向要求，私人资本主导的新媒体从技术和自己所掌控的高端精英市场两个层面边缘化和倒逼曾一度在商业化和市场化中得益但同时也在很大程度上脱离了群众的主流媒体。现在，随着围绕5G等新媒体技术的全球信息地缘政治斗争白热化，也随着移动互联网在三、四线城市和乡村的扩展所带来的传播技术运用的民主化和群众化，就看党中央能不能领导人民群众七擒孟获，把新媒体运营者都改造成真正的中国特色社会主义事业的建设者了。

许多学者一直以美国的媒体为标准，但是，美国媒体的新自由主义转型所带来的危机也是非常棘手的，而这一危机实际上就是李普曼早在1920年代末就提出来的美国新闻业与美国民主的双重危机的新表现。20世纪，美国的解决方案是新政和广播电视事业的公共服务原则，今天，特朗普的解决方案就是与建制派媒体为敌，用个人推特治国。对外，美国在针对中国的贸易战中早已露出了霸权主义本质，如果我们的学者还希望按西方经济学那一套来改造中国自己的制度，那真是美国的第五纵队了。

也正是从这个层面，我可以感受到中国意识形态领域的问题。由于资产阶级意识形态的影响，许多媒体人，一方面掌握着国家的话语资源，一方面去追求小资产阶级的个人自由。在自媒体领域，众声喧哗，情况更复杂，大V和公知们一度呼风唤雨，主导网络舆论。因此，国家只能在媒体和信息领域进行管制。为什么这样？因为你认为你不是在做党和人民的宣传工作，你是在享受个人化的信息传播权利，甚至按媒体的商业主义原则，什么能吸引眼球写什么新闻标题；你也不是从事建设社会主义的事业，而是选择了一个比较能给自己带来中产阶层身份和地位的行业。

党：说到了新闻审查，我们发现经常有行政上的官员调任报社做主编，而他们原来根本就没有干过宣传岗位或者传播岗位的。前两天有条新闻，说是湖南有个县，把医院的院长调到广播电视台当台长了，官方说符合正常干部交流条件，都在同一行政级别上，属于正常的流动啊，你怎么看呢？

赵：这是个案，对吧。这次是一个医院的院长，此前好像还有一个传闻，说是殡仪馆的呢。这其中的幽默点是，媒体病了，甚至奄奄一息了，所以有医院和殡仪馆经验合适。抛开这个层面，我对这些人的具体能力、立场和这么安排的原因一无所知。不过，我希望从抽象的层面，追问一下的是，这种事，为什么会是新闻，引起你们群情激奋呢？

我们可以假定，这种新闻的前提是，这个人没有专业能力，是典型的外行领导内行，而更糟糕的逻辑，可能是官场腐败。但是，如果这个人的党性比你好，那从"全党办报""群众办报"原则的角度，他就有这个资格呀！也就是说，批评者之所以对这样的事大惊小怪，一个原因，是把专业主义当作最重要的标准了，但是专业主义并不是问题的全部，在没有又红又专的人才的前提下，如果这么做的动机是首先保证这个人的"红"，也是说得过去的呀。就比如，如果我是党组织，让你现在这样去管报纸，我也不放心啊。因为你就要搞产权改革，把资本主义私有化道路走到底啊。

你刚才批评让一个管医院的人去管媒体，对此表示不解，但是如果按照一般的经济学逻辑，如果让媒体业按一般的商业逻辑和资本逻辑行事，那卖报纸的不是和卖衬衫的、卖棺材的一样吗？如果这样，那我们也没有必要对以上的现象大惊小怪呢。实际上，在美国，早有一本书，叫 *When MBAs Ruled the Newsroom*（《当工商硕士统治新闻编辑室的时候》）；记得以前也有美国学者批判以经营一款罐头汤著名的某企业高管去管媒体的事。也就是说，新闻业商业化的必然逻辑是，不是专业新闻人，而是专业经理人来管理新闻生产。从这个角度，你们对上面的新闻大惊小怪，感觉官方不该这样做，新闻就应该是专业人来做，说明你们还认为新闻业不是一般的产业，但是，按照你们的产权逻辑、资本逻辑，那就应该这样，是谁能赚钱谁来做。

回到中国新闻改革的起点，当年是全额拨款单位，现在是事业单位企业化管理。然而，在具体的运作中，许多媒体的所谓"经营性"资产都已经剥离上市了。比如，广播电视产业所赖以传输的网络。但问题是，有稳定现金流的网络营业收入被分离出去后，媒体的内容生产部门就没有资金流了，而广电集团内部再分配制度又不能保证内容生产部门的投入需要。这样一来，事业与企业之间，就可能出现本末倒置的问题。当下，在建设县级融媒体的语境下，原来的网台分离、编播分离这些政策，都需要反思。现在我提一个问题要请教你，事业单位企业化管理这条路，从制度经济学角度，现在走到这一步该怎么办？

党：我认为，"事业单位企业化管理"原本就是一个权宜之计，它不是个长久之计。

赵：很好，我喜欢这句话，因为它提供了当时的语境，把这个事情历史化，强调了它的"权宜"性。

党：当时，在无奈的情况下，它只能这样提出，或者就是这事儿我先不解决，先这样做着，后面再说，不行再看，就像当年搞改革是"摸着石头过河"一样。走到现在了，该剥离的都剥离了。我在下面做过很多媒体的调查，县级媒体发展得很艰难，它的经营性资产已经被剥离了，它已经衣不遮体了，没办法再往下走了。现在政府突然发现再这样走下去，党的基层组织就没有了，国家治理的基础就没有了。

赵：没错了，你看到的，我在《中国传播政治经济学》书里面已经说得很清楚了。当时，主管部门在商业逻辑和央媒的主导下，在关闭与整合县级媒体。这一方面有其内在原因，因为商业化逻辑到县一级，尤其是经济不发达的县域，必然走不通，或者会出现各种宣传导向上的问题，尤其是庸俗化的问题。在报纸领域，当时还有一个集体经济衰落和乡镇财政危机后，农民订报负担的问题。但是，把县级媒体除掉，也不对呀，党难道会把自己深入到中国基层的毛细血管都砍掉吗？无论如何，需要有当年有线广播那样的从中央到地方的声音去把农民联系起来，去占领农村的意识形态和文化阵地呀。否则，真会是党将不党，国将不国。用我当时的一个表达就是，在媒体的区域逻辑和资本逻辑之间，难道可以"克服党和国家自身"？县级融媒体的战略说明，这是完全不可能的。你是从广播电视业出来的，广播电视领域改革的下一步，应该如何做呢？

党：广电网络要成为全国性的第四大网络运营商，要跟电信、移动和联通的网络去竞争，但我认为这条路走不通。

赵：这也是市场竞争逻辑和部门利益在驱动呀。归根结底，可能还是以经济学的角度来思考的问题。

党：我认为，广电网络应该是一个网格化的而不是垂直线性的网络，在追求国家一张网的同时，还应该把县级的网络还给县里，要打造这样的地方性全媒体。

赵：在我老家浙江省，以前被浙江报业集团收上去的一些县报，已经还给县里了，但是，市里呢？省里呢？

党：市里和省里也应该还，不然广播电视台都没法生存。产业这块走了之后，它资金都没有了。当年网台分离，一个是电视台没钱了，造成宣传的削弱，另一个是广电网络没人支持了，造成网络的削弱。本来在市、县级，广电局是一体管理，分开后，电视台没有资金流了，宣传受到了很大的影响，而人们接入卫星也没有人主动去管了，反正广电网络是网络公司的，和广电局和电视台没有关系的。

浙江广播电视集团这块比较好。华数是国内大型广电运营商，长兴是县级融媒体典型，其实浙江网络没有全省整合才给了下面广播电视台的活路。当年华数仅仅依赖的是杭州的市区网，但是为什么好呢？它的思维转变的好，它做了互联网的内容，它拿到了互联网内容的牌照。它绕过了网络整合，也就是"省级一张网"这个做法，现在反而向全国的网络发展了，与各级广电网络或电信网络实现合作。

赵："事业单位企业化管理"本来就是一个权宜之计，后来又来了一个"网台分离"，再来一个"编播分离"，这是内容生产的分离，只把新闻制作还保留在电视台，对于其他内容，电视台只管审查。

党：县级这个层面，虽然新闻制作还保留在电视台，但是基于财政紧张和编制限制，连播音员都养不住。发展新媒体也养不了专业技术人才。

赵：希望这次能抓住媒体融合的态势，搞好县级融媒体建设，真正实现更好引导群众，服务群众的目标。遗憾的是，由于西方制度经济学的影响和技术中心主义的影响，现在中国传播学界，真正懂得中央在这个问题上的用意的人都不多。

三、正本清源：走向社会主义的跨文化传播政治经济学

党：赵教授，最后请教您一个问题。学者们认为，传媒经济学研究有三个研究的进路。第一是经济学的进路，主要是用经济学的理论来研究传媒现象，解读传媒业的发展动力。第二是管理学的进路，主要是用管理学的理论来研究传媒的运营。第三是政治经济学的进路，主要是用政治经济学的理论来研究传媒的内外在影响要素和规制等。这三者是不是互动的？

赵：互动是应该的。但是，我注意到，您的总揽性概念是"传媒经济学"，

把经济学、管理学和政治经济学三者相提并论，当作三个研究进路。我的学科谱系图与您的不同，主要有以下几点。

第一，按照我所接受的中西方马克思主义知识谱系，亚当·斯密所开创的古典政治经济学一边发展为马克思主义政治经济学，一边发展为当代西方经济学的各种流派，包括你所熟悉的制度经济学，而管理学是媒体组织在具体运营方面的学问。因此，我既不认同你用"媒体经济学"来总揽这三者，也不认为你所列的三者之间在形式逻辑层面是平行或并列的关系。

第二，关于政治经济学与经济学的关系及其在传播领域的发展，莫斯可在他的《传播政治经济学》教科书里有非常明晰的梳理，我觉得你所代表的学者如要另外建立一套以"传媒经济学"为核心的知识谱系，就需要首先处理莫斯可教科书中被中外学者广泛接受的知识谱系和学科构建。

第三，在我的知识谱系中，自由主义的传播政治经济学和马克思主义传播政治经济学或批判传播政治经济学是两个总揽性的框架，前者与亚当·斯密的古典政治经济学相对应，为资本主义传播体制提供合法性理论基础和改革方案，后者是西方马克思主义政治经济学在传播领域的应用，是批判和超越资本主义传播体制的理论框架。而中国的社会主义跨文化传播政治经济学，正是在对自由主义传播政治经济学的批判中和对西方马克思主义传播政治经济学的借鉴中，建立起来的。

最后，你的分类倒也使我想起麦卡锡主义语境下，斯迈思1948年第一次在美国伊利诺依大学香槟分校开设实质为传播政治经济学的课程。但是，由于在西方主流学术语境下，"政治经济学"已经变成了马克思主义的代名词，所以，为了避免惹麻烦，他故意把课程叫作"媒体经济学"，没想到，到了你这里，传媒经济学还真成了总揽性学科范畴，而政治经济学只是经济学的一个路进。如果没有"去政治化的政治"考虑，为什么"经济学"是总揽性的？与"政治经济学"并列的"经济学"路进是否不考虑政治问题？还是这个"经济学"路进实质上就是自由主义的政治经济学路进？把媒体运营层面的"管理学"包括进来，是否合适？总之，在我看来，不管是马克思主义的还是自由主义的，传播政治经济学可以解释和包容传媒经济学，传媒经济学解释和包容不了传播政治经济学。至于传播概念比传媒概念更广泛，这点应该是你我都同意的。

当然，在学科和学理上正本清源和建设社会主义跨文化传播政治经济学是一回事，在具体政策中如何用马克思主义的立场、观点和方法指导中国传播业的发展，又是另一回事，两者之间需要更多的结合。当下，面对一些地方的广播电视工作者的讨薪风波，面对资本操控信息服务过程中出现的魏则西悲剧，面对在"全媒体"时代崛起的广大三四线城市和乡村传播主体，面对日趋复杂的全球传播地缘政治博弈，我的感觉是，如果再用新自由主义经济学的市场化和资本化指导中国传播业的发展，那可真是匪夷所思呀。

党：这也是我们思考的一个问题，那赵教授，您能不能开出一个药方？不开出一个药方，真的很危险啊。

赵：说起药方，我也没少开呀。但是，我不是传播政策制定者，我只希望能在传播学术领域做一点正本清源的工作，让马克思归来，让新闻与传播学术多一点敢于面对国际国内矛盾的马克思主义声音，少一点脱离实际和没有解释力的教条主义马克思主义，同时也少一点用各种西方经济学理论来解释甚至指导中国传播政策的削足适履的徒劳，甚至南辕北辙的误导。在国内的学术会议上，我曾听到有权威学者引用习近平总书记的如下说法，"如果我们党过不了互联网和新兴媒体这一关，可能就过不了长期执政这一关"，这表达了中共最高领导人的忧患意识和新媒体时代舆论斗争的严峻局面。

我曾多次引用意大利共产党人葛兰西的名言，把自己看作是一个理智上的悲观主义者，意志上的乐观主义者。早在延安窑洞时代，中共就开创了"全党办报""群众办报"的传统，而这正好与今天先进的互联网思维相一致。中国共产党是真正以马克思主义为指导和以人民为中心的，那么，互联网则为中国共产党更好地建立与人民的血肉联系和更好地为人民服务，提供了传播技术基础。从这个角度，也许唯有一个真正践行马克思主义和群众路线的中共及其所领导的中国人民，才能真正成为"全媒体"的主人，克服信息资本主义的生产社会化和资本私人控制的矛盾。

党：赵教授，您是一个标准的马克思主义者，这个我看到了。我这个出身你也看到了，我原来在媒体里工作，待了很久，可以说是一个标准的传统媒体人，然后，又做了学术研究，也是在追求一个真相，一个真理，一个科学的媒介制度变迁的路径。

赵：你看，我只知道你姓党，名字我都没问。不过，我还真假定你是一个共产党员，一个不想把中国的媒体带入新自由主义陷阱的人。现在咱们把这个问题给说清楚了，我们这场政治经济学和制度经济学的对话也成功地结束了吧。

党：是，是，名字不重要，最重要的是被赵老师批判过。我本身是一个媒体人，也是一个学术人，更是一个共产党员，我尊重事实和科学。真理是越辩越明的，今天能够向赵老师请教，聆听您从传播政治经济学角度对传播制度经济学的辨析和批判非常的宝贵，希望我们国家的媒体能够找到和坚持自己的特色，实现健康发展。

赵：哈哈，你被我批判过，我也经常被别人批判。以我的立场，来自"右边"的批判自不必说，我早已习惯了，但是，近年我才发现，我也被极"左"的声音批判了。不过，这样一来，我也就真正体验到了中国意识形态场上的某种"左右合流"景观了。

第三编
全球视野

14 超越性的、多元化的思维

2006年10月27—29日，我应邀参加了题为"文明的和谐与共同繁荣——对人类文明方式的思考"的北京论坛。北京大学是论坛的主办单位之一。其间，当时在北京大学新闻与传播学院攻读博士学位的王维佳受其所在学院指派，对我进行了一个学术访谈。

国家与市场的关系问题，是王维佳思考的核心之一，我的回答也显然引发了他更多的思考。这次访谈的一个结果是，王维佳决定跟我去西门菲莎大学做一年的"联合培养"。他成了后来陆续到西门菲莎大学"联合培养"的一群博士生中的"先行者"。

此访谈发表于《国际新闻界》，2006年第12期，第50—53页。王维佳，博士，现任北京大学新闻与传播学院教授，北京大学国家战略传播研究院常务副院长。

一、文化产业与文化多样性：超越消费主义框架

王维佳（以下简称"王"）：这次您参加了北京论坛的会议，有什么感受？一些学者对于文化产业的认识似乎分歧很大。

赵月枝（以下简称"赵"）：是的，学者们看待文化产业的视角很不相同。比如我的观点和澳大利亚几位学者的观点差异就很大。但是正是这样一种安排，让我既听到了支持自己观点的声音，也看清了与自己的认识框架相对立的具体思路。印象最深的是最后一组讨论。我第一个发言，讲的是特别宏观的问题，我讲到了传媒产业、市场逻辑、消费主义价值体系、新闻和公共领域的衰落、联合国的相关政策等问题。而下边三位学者的发言也正是从这几个方面展开的，比如，冯建三教授的发言就是对WTO（世界贸易组织）和联合国政策的讨论；王进的论文讲到的就是美国的选举和公共领域的衰落；而罗文辉老师的讲话更精彩，他通过镶嵌式新闻讲了台湾公共领域衰落的问题。这些发言都

回应了自由派知识分子的认识，比如，台湾不是民主化了吗？不是已经开放报禁、党禁了吗？那为什么还会出现镶嵌式新闻呢？而且居然是在政治新闻中，以类似拍卖的形式出现，这不是很不民主的现象吗？我觉得这一组几位学者的议题和观点都是相当接近的。还有前面的几位教授的观点也都让我觉得自己的想法在各个方面得到了国内外学者的支持。从阿玛蒂亚·森的主题发言中对人类文明的相容性的阐述，到 Saskia Sassen 讲的横向连接（Horizontal Linkage）和传统实证主义分析范畴在理解全球化时代特殊跨界地域、权威和权利群体时的局限性，从马克·波斯特（Mark Poster）教授讲的资本对版权的越来越苛刻的要求是对自由表达和民主的挑战，到意大利的 Leopoldina Fortunati 和国内的杨善华、杨伯溆和彭兰各位教授对新媒体及其社会意义的研究，我都深有共鸣。

而前面三位澳大利亚学者的发言则和我的框架和立场完全不同。他们那种文化产业的逻辑已经把人文的思想排除在外了，已经不再问文化要不要产业化，文化产业会不会带来多样化，什么叫多样化这样的问题了。即使有人讨论这样的问题，也是讨论消费主义框架内的多样化。他们不再考虑文化的内涵是什么，只要是中国制造就好了，这些思想反而像是文化民族主义，而我们的框架则认为文化本身是有内涵的。中国文化很重要，但是这里还有一个国内文化政治的问题，是秦始皇的文化还是孟姜女的文化？这还是有区别的。如果秦始皇的文化太统治了，孟姜女们急了也会把长城哭倒的。

王：这次您在会议上的发言提出了一些比较关键的概念，比如 critical cosmopolitanism（批判性的世界主义），还有南茜·弗雷泽（Nancy Fraser）关于公共领域的观点，能不能做一个解释？

赵：在发言中，我提出了圣战和麦当劳的二元对立之外还有其他选择，前面两种都不是可持续的、良性的、人类希望的选择，所以我倾向于批判性的世界主义这样的概念，这一概念与康德的世界公民概念、马克思主义的国际主义有相通之处。像 Sassen 所说，并不是华尔街股票商满世界跑就是世界主义，他们的世界观也许就很狭窄，她说的世界主义是一种观点或者信念，即使山沟里的土著人的世界观和理念很可能就是非常的世界主义、天人合一的。所以 Sassen 的观点刚好为我的批判性的世界主义的观点提供了理论支持。

还有我讲到的南茜·弗雷泽对哈贝马斯的公共领域理论的批评。哈贝马斯的理论实际上讲的是"资产阶级公共领域"，他把平等、不平等，有财产、没财产这些问题抛开，而且在女性主义的问题上存在盲点——似乎男人出去就是"公"，女人在家就是"私"。而南茜·弗雷泽则认为：首先，要实现真正的公共领域的参与必须先有平等，经济上的平等才能保证言论上或参与上的平等；

其次没有女性的参与社会也无法完成再生产，所以很多的私人领域是有公共的意义的。因此南茜·弗雷泽的理论构建的实际上是一种"后资产阶级"、有社会主义性质的公共领域，她对哈贝马斯的理论虽然不是全盘否定，但是做出了修正。

王：怎样看待这些理论与现实的联系呢？

赵：所有这些理论都不是坐在书房里空想出来的，而是在实践的基础上产生的。现在世界范围内风起云涌的在全球化中追求社会正义的实践是这些思想的外化，同时也为理论提供了现实基础。比如，在西雅图、热那亚、魁北克等地发生的反全球化，或更确切地说，自下而上的全球化运动，还有在巴西、印度举行的世界社会论坛（World Social Forum）。这些都对自上而下的以资本逻辑为主导的全球化进行批判，进行讨论，提出"Another World is Possible"（"另一个世界是可能的"）这样的口号。在传媒实践方面，这样的运动也很多，西雅图的活动之所以能搞起来，很大程度上归功于独立媒介的参与。在所有活动中，"另类传播"（alternative media）都起到非常重要的作用，而且，我们很多的传媒学者是参与这样的活动的。比如罗伯特·麦克切斯尼（Robert McChesney）做的 Free Media（自由媒体）等运动，使他似乎从理论家变成了传媒改革家；再如乔治·格伯纳（George Gerbner）在年迈之际从事"文化环境运动"（Culture Environment Movement），要创造一个没有暴力的新的文化环境等。

王：理想的多样化和话语资源的平均分配应该是什么样的模式呢？

赵：有不同层面的"理想"。像威廉斯这样的西方社会主义文化理论家认为，超越主导性的商业逻辑和媒体私有产权是实现理想的社会文化传播体系的基础。现在英美批判传播学界有一种比较被认可的"第三条道路"式的宏观体制设计，是让不同性质和按不同运作逻辑组织的媒体互相补充，就像詹姆斯·科瑞（James Curran）在 *Mass Media and Society* 一书中的那篇著名文章中的图示：一个圆圈的最中间是公共广播电视，边上有商业化的私营媒体、社会市场媒体、职业主义媒体、志愿者主办的非营利社区媒体、不同党派的党报等。不同逻辑之间会产生一个有机的、互相补充的话语制度，这被西方许多媒体改革者认为是一个比较理想和可行的模式。不过，这种逻辑和我们现在说的"多种所有制并存"是不一样的，如果都是按照商业逻辑运行的媒介，外资和内资的媒介真的有很大区别吗？

二、超越国家与市场的二元观：开放的、多样化的思维

王：市场化改革后，中国传统的政治意识形态在很多领域发生了断裂，许多自由派知识分子对社会主义者和政治经济研究的取向不以为然，甚至保持警惕，您怎么看待这个问题？

赵：我始终认为我们应该超越一种非此即彼的思维方式。反思改革和指出市场的局限性并不意味着为"文革"招魂，社会主义也不仅仅意味着当年的计划经济体制，不是还有很多人在提倡民主社会主义吗？不是还有人提出自主马克思主义、社会马克思主义吗？为什么不可以站在一个更好的社会主义角度来批判过去现实存在的社会主义和现在的市场化、商业化呢？在国内，有些话语成为压制人的话语，对社会主义心怀敌意的人把世界性的社会主义思想和中国过去实践中的黑暗面混为一谈，一棍子打死。这绝不是理性的分析，更不是历史的态度，也谈不上有什么全球视野，这是冷战思维的继续。

王：有的学者认为，对威权的批判应该先于对市场的批判，您怎么看待这个问题？

赵：这绝对不是一个先后的问题。首先，到了今天，我们应该有制度经济学的常识，那就是，国家与市场并不是外在于对方的，它们彼此相互构建。在我自己的理论框架中，我的分析单位是特定社会和特定历史条件下的权力结构和传播资源分配模式，这一权力结构包括特定的国家与市场权力的组合形态及其形成的对社会传播的特定的赋权和剥夺/排除形式。其次，从中国的现实出发，我们的政权如果没有走市场逻辑会成为今天的政权吗？政权本身已经是改革和市场化的结果，不能把今天的政权看成是几十年前的政权，否则就是一种静止、机械的观点。当然，今天的政权有它矛盾和复杂的一面，比如提出文化体制改革要有产业也要有事业，所以绝不能简单地看问题。我们更不能从先验的、基于西方经验的线性历史逻辑和某种理想化了的市场经济理念出发来提出今天批判市场是否为时过早的问题。抛开权钱结合的问题，我们先从中国的现实出发，看看国内媒体的商业化程度：除了少数西方国家，还有多少国家的媒体像我们这样高度依赖于广告？目前欧洲大部分国家的公共广播还是很强的，美国也起码还有 PBS（公共广播协会），还有 NPR（美国国家公共广播电台）和其他没有广告的频道，我们有吗？看看我们的有偿新闻、镶嵌式报道、广告商对内容的影响、春节晚会和一些节目的彻底商业化运作……商业化程度已经很高了，市场权力的影响也相当惊人。所以，威权还是市场这个二元选择问题

不仅前提就是错误的，而且在实际上可以说是个伪问题。

王：但是很多学者在谈到国内媒介变革的问题时，都把最主要的制约因素归结到意识形态的问题上，认为意识形态是传媒产业发展的一个刚性的边界。您怎么看待这个问题？

赵：在国内的语境里，这点可以理解，但这里边的问题也很明显。我们自己建构了一个假设，好像理想的媒体是超越意识形态的，好像人家的媒体不是意识形态的，只有我们的媒体是意识形态的。实际上没有一个媒体不是意识形态的，也没有一个国家的媒体是不受这样或那样的权力制约的，只是意识形态运作的方式和制约的目的、机制和结果是不一样的。比如，美国政府不能在对内宣传上直接投资办媒体，但是他们的政治选举广告是不是对媒体的间接补贴，而且是最赤裸裸的、最个人化的政治宣传？美国政府对外的宣传投资有多少？比如 VOA（美国之音），我们都把这些事情在经典冷战传播理论，也即《报刊的四种理论》引导下给"忘"了。但是我们不能把国家的功能给分开，对美国来说，外交政策某种程度上就是内政。反过来看，这个刚性边界的某些方面难道就一定是不好的东西吗？如果完全按照市场逻辑发展媒介，中国的《工人日报》《中国妇女报》能够继续存在吗？但是，这些报纸难道没有存在的价值吗？难道非得让《工人日报》开设股市专页，《中国妇女报》刊载整容广告？虽然在某种意义上，这些报纸本身也是"喉舌"，但它们总还有一点点不一样吧，哪怕仅仅有一种象征意义。总之，关键不是有没有意识形态边界的问题，而是如何定义边界，谁来定义边界，有什么样的守护边界的制度安排的问题。

王：怎么理解我们曾经有过的将文化、经济都政治化的状况？现在的情况不是有所不同吗？像一些学者说的，市场化带来了文化的"去动员化"。

赵：文化、经济当然是有政治含义的。当年我们是泛政治化，但是现在的商业化难道就没有政治了吗？"超女"就没有政治了吗？还是有。正如吕新雨教授在一篇分析"超女"的文章中所言，这是一种所谓非政治化的政治。所以不是说以前有政治，现在就没政治。由于曾经有过走入极端的问题，所以有的时候我们总有一种逆反心理，把政治和市场对立起来，因此在不知不觉之中被另一种意识形态给控制了，对"政治""底线""刚性边界"这些说法我们不假思索，而且不把它们和具体情况放在一起分析。自由派要想让自己的逻辑成为政治就必须说"我这个没有政治"。这种二元思维就把很多人的常识搞混了。就像我说过的，反思和批评现在的改革并不等于为"文革"招魂，我们还可以站在更高的共产主义的立场上说现在还不够好，这有什么错的？还有，批评美国也并不一定从民族主义角度出发，我们可以站在一个世界公民的角度来批评帝国主义。还有所谓的放松管制,难道就意味着不管制了吗?它是让市场来管制。以前我们学的辩证法都到哪儿去了?最后,说到"去动员化",这也得看你是否还把自己束缚在机械的政治与经济二分法里。是的,我们的媒介今天不再动员民众搞政治运动了,也不再动员大家把有限的生命投入到无限的"为人民服务"中了,但在经济建设被认为是改革开放时代最大的政治的今天,在消费主义代替了"新三年,旧三年,缝缝补补又三年"的时代,从对"千方百计"发展经济和吸引外资的报道,到铺天盖地让你把有限的生命投入到无限的消费活动中的广告,我们的媒介不是一直在从事着另一种意义上的动员吗?

15 新媒体：重塑公民社会

2007年11月，我参加了当年北京论坛中以"多元文化、和谐社会与可选择的现代性：新媒体与社会发展"为主题的分论坛。开会前夕，我就论坛关注的新媒体主题接受了《中华读书报》记者韩晓东的访问。

《中华读书报》记者韩晓东（以下简称"韩"）：新媒体有哪些主要形态？您是从哪个角度研究的？

赵月枝（以下简称"赵"）：新媒体是一个很宽泛、多层次的动态概念。作为使用者，我们会从终端出发，马上想到互联网、手机，以及各种应用，但是作为传播制度的研究者，我更愿意从这些媒体所依附的基础网络，以及基于这些网络的各种应用来综合考虑。也就是说，从所谓的"信息高速公路"和上面跑的"车"整个系统来考虑，当然这些"车"还属于不同的家庭、机构和"运输公司"，也就是不同的媒体机构和社会信息传播主体。

韩："没有新媒介的发展和社会使用，就没有全球经济、政治、社会和文化的一体化进程"是本届北京论坛"多元文化、和谐社会与可选择的现代性：新媒体与社会发展"分论坛论旨阐述中的一句话，应该怎样理解？

赵：我觉得这句话是新媒体时代的一个迷思，需要解构。当然，任何一个迷思都有合理的部分，从世界各大股票交易中心的计算机终端如何支撑庞大的全球金融资本的流动，到互联网如何把世界各角落的使用者连成一体，再到消费文化的全球化，这句话确实有其合理性。但同时，这句话又掩盖了很多真相。说来很巧，这次一起跟我来参加北京论坛的加拿大同事、著名传播政治经济学家文森特·莫斯可教授2005年出版的《数字化崇拜：迷思、权力与赛博空间》一书，就专门解构了新媒体时代有关"历史的终结"、"地理的终结"和"政治的终结"等迷思。

韩：如何解构这句话呢？

赵：我从两方面来分析。第一，这句话体现了典型的媒介决定论。它所规定的因果关系，体现了一种简单的线性思维逻辑。事实上，媒体的发展与社会使用，不管是新的还是旧的，与具体历史时期的特定经济、政治、社会和文化的发展形态，总是有一种相互促进、互为构建的关系。新媒体之所以在1990年代以来得到蓬勃发展，是与20世纪七八十年代以来，全球传播政治经济领域在新自由主义意识形态主导下的放松管制、市场化和全球化变革相关的。而这些变革更深刻的政治经济根源则要追溯到西方资本主义积累模式从"二战"后的福特主义向弹性积累的转变。在这个过程中，资本要摆脱民族国家和西方福利制度有关劳工待遇和公共利益的约束，与世界各地，尤其是发展中国家更廉价的劳动力结合，从而克服资本积累的危机。而计算机网络、电信网络在这一新积累方式的实现中有至关重要的作用。具体到中国，大家都知道1980年代以来的国家政策优先发展电信，尤其是沿海开放地区的电信网络，以吸引外资，促进向外型经济的发展，使中国以自己的廉价劳动力、优惠的税收政策等的"比较优势"参与全球市场体系的大循环，这个过程与这句话所指的"一体化"有密切的关系。

当然，作为以上所说的"一体化"过程的一部分——急速发展的电信网络、计算机网络和广播电视网络，就成了我们今天所说的新媒体离不开的基础网络。与此相关，从手机短信到视频点播等电信和广播电视增值业务的发展，都离不开这些产业自1980年代以来的放松管制和商业化改革。正是这种全球经济中的变化为新媒体的发展与社会使用创造了制度性的前提，而新媒体的发展与使用又反过来促进了数字化资本主义和网络社会的兴起。

韩：第二层面的解构又从何说起？

赵："全球经济政治社会和文化一体化"这个概念有一个由谁来主宰、在什么价值体系下"一体化"的问题：是新自由主义的资本主义全球化还是我们曾经高唱过的《国际歌》中追求的超越了资本剥削的全球化，还是什么新的全球主义和其他什么主义，甚至是教条上的"一体化"？比尔·盖茨曾有过"没有摩擦的资本主义"的幻想。2005年，《纽约时报》的专栏作家、新媒体和资本全球化的积极推动者托马斯·弗里德曼又出版了畅销书《世界是平的》，但这只是一厢情愿和一面之词。的确，柏林墙是倒了，但独联体和前南斯拉夫的民族冲突也发生了；欧盟形成了，但法国巴黎市郊却发生了前所未有的带有强烈种族原因的骚乱；在北美，美国与墨西哥边境有形无形的用于堵塞墨西哥非法移民的墙更是戒备森严。因为，虽然资本投资是一体化了，劳工却没有一体化。不同国家的边界，甚至是在一个国家内部用人为的户口制度造成的劳动力价格非一体化正是资本主义全球化推进的条件之一。

更有甚者，在"反恐"语境下，原来加拿大与美国之间基本不设防的边境也出现了重重关卡。恐怖主义的兴起，可以说是对上面这句话所说的那种"一体化"带来的文化冲突的一种逆反。弗里德曼说"世界是平的"，作为全球新媒体发展的重要中心城市——印度的班加罗尔——的景象是他观点的重要印证之一。恰巧今年1月份，我也去过班加罗尔，参加那里的一个有关如何使世界的贫困人口能用上电话的研讨会。在那里，我们招呼不到出租车，只好在大街上步行。我发现班加罗尔的街道不是很平。到了最后一天，当我们好不容易有时间看看整个市容的时候，我才发现，我们已经无法在班加罗尔自由旅行。你猜为什么，因为城市里的伊斯兰市民因抗议美国处死萨达姆的游行引起了部分伊斯兰教和印度教市民间的种族骚乱，当局对部分地区实行了戒严。我们在想，弗里德曼这样的大人物，肯定是空降到班加罗尔与平民百姓隔绝的高新信息技术和新媒体开发区，所以才会得出"世界是平的"的结论。

总之，新媒体的发展与社会使用在促进资本主义框架下的全球政治经济一体化的同时，所带来的经济社会发展的不平衡、社会的断裂、文化的错位，也导致了世界公民社会不同力量的抗争，而且抗争者也在运用新媒体来追求他们自己所理想的"一体化"。一方面，互联网等新媒体成了各种宗教和类宗教进行社会动员、塑造特定的身份认同的有效传播工具。另一方面，也正是互联网在1994年首先把墨西哥恰帕斯（Chiapas）原住民反新自由主义一体化的抗争的声音传到了世界各地。1999年，以互联网为核心的独立媒介，更是成为发生在西雅图的反对资本主义全球化抗争运动的集体组织者和鼓动者。

韩：那对于分论坛的主题，赵教授作何理解？

赵：这个主题与我上面谈到的观点密切相关。一方面，新媒体的发展与推广所促进的新自由主义全球一体化，给某些地区、某些人群带来了前所未有的繁荣与方便；另一方面，不同地区间不平衡的发展与文化鸿沟的加深，也促进了各种左的、右的、宗教的、世俗的公民社会运动的兴起。这一历史发展说明，新自由主义一体化或曰全球化，不可能带来世界和谐。

这次北京论坛的主题中用了"可选择的现代性"一词，我觉得意味深长。这一概念挑战了一种模式的现代化道路，使我想起"世界社会论坛"等各种反新自由主义全球化社会运动中的一句流行口号：另一种世界是可能的。当然，这里隐含的是对一种更公平、更正义的世界秩序的追求。

韩：新媒体给我们带来的便利和冲击有哪些？其导致的变化又是怎样的？

赵：这个问题使我想起了葛优主演的电影《手机》。手机在给我们带来便利和新的自由的同时，也带来了新的束缚和羁绊。同样，在工作场所，计算机和互联网的应用，使雇员们有可能"假公济私"，在上班时间与朋友聊天，甚至偶尔玩玩游戏，而老板们也可以通过手机随时随地找到雇员，从而将私人空间更全面地纳入了资本积累的轨道。

韩：网络论坛和博客对公共舆论的冲击和改变有哪些？

赵：这是一个很重要的话题。这几年在国内，以孙志刚事件为主要标志，网络论坛和博客等新媒体在影响公共舆论方面产生了巨大的社会作用。不过回到我上面所坚持的对媒体决定论的警惕，我更愿意从新媒体背后的社会传播权利的重新分配角度来思考。媒体是社会表达的工具，其中最重要的问题是传播权利在社会不同群体中的分配。在不平等社会中，社会话语权的分配是不平衡的，而这种不平衡又促进了对不平等的社会制度的维护与巩固。一部传播史既是新媒体不断出现的历史，也是不同社会群体争取话语权、争取社会表达权利的历史。

在传播史上，新媒体的兴起往往与新的社会群体对社会话语权的争取结合在一起。在西欧历史上，印刷媒体的兴起即缘自新生的资产阶级致力打破教会和僧侣对知识的垄断，也就是说，新的社会势力通过新媒体获得了话语权。在当今世界，如果看一下网络论坛和博客等新媒体的最活跃的使用群体和他们所关注的社会议题、表达的观点与情感，就会发现，他们大多是传统媒体（包括报纸、广播、电视等）中没有充分话语权的群体。

从近年来一系列网络事件中可以看出，新媒体在扩大社会话语空间、反映中下层民众关注的话题等方面，给传统媒体和主导传统媒体话语权的社会团体及他们的社会传播议题，带来了很大的冲击。当然这也引起了传统势力的吸纳、警惕和反弹。应该说，新媒体在拓展公共传播议题、促进社会传播多元化方面起到了重要的推动作用。

韩：如何理解新媒体与旧媒体的关系？

赵：没有必要将两者对立，我们最需要关注的不仅仅是新媒体本身的作用，还有新旧两者之间的互动，甚至还要看到超出两者之外的人际传播在新的传播环境下的重要作用。我在即将出版的英文著作《中国的传播：政治经济、权力与冲突》一书中，尝试对一系列由新媒体引发的事件加以分析。我注意到，孙志刚事件实际是由作为传统媒体的《南方都市报》最先曝光的，而国内学者罗岗的研究表明，人际传播，更具体地说是以孙志刚大学同学为最先基础的中国知识分子人际网络，在推动整个事件的媒体舆论方面起到了重要作用。所以，对于包括网络论坛和博客在内的新媒体对公共舆论的冲击和改变，不但要从媒体背后的社会表达群体要求对现有话语权重新分配这一社会角度去理解,还要从一个包括人际传播和旧媒体在内的不同传播渠道互动的传播生态的角度去把握。

韩：新媒体环境下公民社会的建设遇到了哪些新问题？

赵：与以上分析框架相一致,我觉得这个问题首先要从旧媒体环境下公民社会的建设所面临的挑战来把握。当然,在不同国家和媒体制度下,公民社会的建设遇到的问题各有不同,这里我仅从国际传播的角度泛泛而谈。实际上传播学者对这方面的讨论可谓汗牛充栋,而许多学者关注的核心是新自由主义政治经济逻辑主导下,在西方自由民主国家,统治性政治经济权力,尤其是资本和大公司权力,对公民社会充分的社会表达所构成的威胁。在这方面,西方传播学者的文献在国内也有了不少译本传播。我的加拿大同事、我的《维系民主？西方政治与新闻客观性》一书的合作者罗伯特·哈克特教授,在他的新著《再造传媒》中,结合各方面的文献,提出了公民社会传播所面临的八大挑战：公共领域的失败、权力的集中、传播权利和资源分配的不平等、公共话语的同质化、对社区意识的损害、以跨国公司利益为主导的知识产权体系对人类知识共同体的圈地、社会文化传播政策制定过程中精英主导和缺乏足够的公众参与、在电子传播领域对民权的侵害。

新媒体的出现改变了现有的媒体生态,包括上面所谈的其对社会传播民主化的促进,但在另一方面,现有的政治、经济势力也加强了对新媒体的控制。在资本控制方面,最新的例子就是默多克对 My Space（我的空间）网站的并购。新媒体使大公司就一个网页或一段音乐的收费成为可能,使公民社会的传播越来越受制于资本积累的逻辑。

韩：我们要警惕新媒体的资本化吗？新媒体的资本化对公民社会会产生哪些影响？

赵：在国外,对许多学者来说,这不是要不要警惕的问题,而是公民社会如何从现有的高度资本化的新媒体中争取表达空间的问题。如前所述,新媒体的发展本身就与资本主义在世界范围内积累方式的演变密切相关,是其过程的关键部分。虽然互联网的雏形是非资本环境下的美国军事、科研部门的产物,但是到了后来,可以说资本本身就是新媒体的"助产士"、"养母"和"教父"。国内的情形不太一样,但许多新媒体的研发公司都有国际风险投资背景,我们的三大门户网站都已在纳斯达克上市,甚至我们的主要电信运营商也已上市,而几年前,国内信息产业管理部门一句"手机要不要单向收费"的传言,就能引起相关资本市场的震动。

资本为了牟利，就必然要使社会话语权的分配为其所用，在内容上使社会的价值体系更张扬消费主义、利己主义和私人占有等观念。我曾在《维系民主？西方政治与新闻客观性》等多篇论著中论及资本积累的逻辑和公众服务的原则是有冲突的。新媒体发展中以市场为导向的原则，不可避免地加深了所谓的数字鸿沟与知识鸿沟。因此，一边是边缘化的群体连接受教育、成为识字的公民的权利都得不到实现，一边是新媒体发展商千方百计推出高技术和新服务，争取富裕的都市消费群体。同时我们也要注意到，广告商对新媒体发展的影响越来越大，而广告商青睐的是高消费的社会群体和他们的传播需要。总之，资本主导的"一元一票"的市场逻辑与理想中的公民社会传播的"一人一票"的逻辑是截然不同的。

顺便提一下，在有关资本对新媒体发展的影响的研究方面，美国伊利诺伊大学的丹·席勒教授是最有权威的学者之一，这次他也会和我一起来参加北京论坛。他的著作《数字资本主义》早已翻译到国内，而他今年的新著 *How to Think about Information*（《信息拜物教：批判与解构》）也将很快由社会科学文献出版社引进出版，这本书可说是有关新媒体研究的最深刻的著作之一。

16　传播、政治与新媒体：更广阔的多维视角

与王维佳一样，张海华在2007年的北京论坛后采访我时，也是北京大学新闻与传播学院的博士生。她的问题依然围绕当时困扰许多年轻学子的市场与国家关系问题。不过，张海华的问题有更多的新媒体视角。此访谈于2007年11月11日进行，结果刊登于《全球传播评论》，2010年第5期。

一、市场、国家和社会是互为依存的

张海华（以下简称"张"）：您在很多文章中提到，应该超越一种非此即彼的思维方式，是否可以理解为这是在对国家威权和对市场资本的批判之间寻求另外一种批判的视角？

赵月枝（以下简称"赵"）：既然是一种思维方式，它就可以用在不同的问题上，当然也包括对国家与市场权力的讨论中。国家控制过紧或者市场化过于严重对于社会的公平、正义来说都不一定是好事。传统的马克思主义把国家理解为阶级统治的工具，而自由主义的国家理论否定国家的阶级性，强调国家作为市场秩序的"裁判员"和"公共产品"的提供者的中性角色。但有一点可以肯定，不同的社会力量、不同的阶级和阶层希望通过国家体现自己的意志和实现自己的利益。市场、国家和社会是互为依存的。国家政权本身很可能就是社会运动的产物，而市场秩序的形成和巩固往往是靠国家暴力实现的。市场秩序的形成有时是先从国家内部的权力斗争开始的，而且国家，包括国家暴力，在市场经济发展的过程中有关键的作用，英国的圈地运动、美国的南北战争就是例子。所以，新自由主义理论那种"市场是天生的秩序，国家是市场秩序发展的绊脚石"的认识是有偏颇的。国家与市场是互动的、互相构建的关系，当然这种关系在不同的国家、不同的历史阶段有不同的表现，不能把政治和经济分开就是这个意思。有些分析把国家当作敌人，有些分析把市场当作敌人，这不是敌人不敌人的问题，应该看到权力组合背后的社会关系，包括谁剥夺了谁、

谁占有了更多的社会资源。

张：您强调传播政治经济学派把政治、经济放在更广阔的社会关系的维度中，应该怎么理解社会这个维度？

赵：人是通过不同的社会关系组合起来的，阶级关系、性别关系、种族关系、民族关系、老幼关系等，中国还有农村与城市、沿海与内地等，这些关系在中国复杂交错，甚至重叠，例如，中国贫穷的地方往往是农村，往往是西部，又往往是少数民族地区。这些关系并不是很多人想象的那样是天然存在的，它们是具体的社会政治经济和历史文化结构的产物。当然，国际关系也是重要的权力纬度，而国族、民族与阶级关系之间又有很复杂的交错表现。在经济全球化和人口流动性加剧的背景下，一方面，民族主义的情绪在高涨，另一方面，各国和各民族的政治、经济和文化精英们之间的利益和身份认同有同质化的趋势。英国社会学家莱斯利·斯克莱尔（Leslie Sklair）甚至提出了"跨国资产阶级"的概念。我们不但不能把国家和市场的关系理解为简单的二元对立关系，而且也不能把它们孤立于社会关系来理解，也就是说，国家和市场必然是镶嵌于具体的社会关系之中的。中国的社会主义国家本身就是社会运动，包括工人运动、农民运动和妇女运动，当然，还有民族解放运动的产物。这一立国过程就注定了这个国家是镶嵌于由这些社会阶级和阶层组成的社会关系之中的，也就是说，这个国家对这些社会力量是有政治和道义许诺的，而这些社会力量也对这个国家有一定的期望。同时，正如我在《传播与社会学刊》上的《国家、市场和社会：从全球视野和批判角度审视中国传播与权力的关系》一文中引用的制度经济学家波兰尼所言，市场关系也是镶嵌于社会关系之中的，如果市场要得以持续，它就必须要在维护社会生活的道义基础方面有所作为。

二、公平正义的话语权分配

张：您提到传播政治经济学派是有价值追求的，是为了社会的公平和正义，那么您眼中话语权分配的理想状态是什么样的？

赵：自然是越平衡越好，当然这个社会不是理想社会，在一个封闭的环境里造理想国也不可能，而且学者的主要任务不是描绘理想宏图。但是，话语权分配越平等这个社会才能越和谐，这一点是不容置疑的。为了使不同的倾向、不同的利益在话语中得到表达，就需要不同的媒介组织逻辑。同时，人们对多种信息的需求也需要多种制度逻辑来满足，市场逻辑更多的是满足娱乐需要，而在提供社会各阶级成员行使充分的公民权所需的信息和文化身份认同资源方面，市场逻辑的"一元一票"的机制意味着对有产阶级和高消费群体的青睐以及对没有消费能力和消费能力较低的社会阶层的忽视。为了实现话语权更加均衡和公正地分配，就需要一种多元机制并存的制度安排。在现有条件下，由公共利益原则、商业主义、党派逻辑、专业主义、社区参与等不同的逻辑组织起来的多元传播机构在一起运作，相互补充，才能使传播权利的社会分配更公平。

张：关于话语分配的先后和比重，传播政治经济学派提出过哪些设想吗？

赵：在现有资本主义政治经济条件下，最有影响的应该是詹姆斯·卡伦（James Curran）在《媒体与权力》一书中设计的社会民主模式。在这一模式中，基于公共利益原则的公共广播电视处于媒体制度的中心位置，辅之以私营媒体、专业主义媒体、非营利的社区媒体和社会市场媒体类。这一模式没有考虑到新媒体。此后英国的另一位传播政治经济学者格雷厄姆·默多克（Graham Murdock）提出过在网络时代，应该强化以公共利益为组织原则的网站。当然，目前中国的政治经济状况不一样，党报在定位上处于中心地位，但在报摊上没有踪影。同时都市类、经济类报纸相当繁荣，占领了报摊和市民阶层的阅读空间，但是《中国妇女报》《工人日报》《农民日报》等代表众多人口的社会群体的报刊在市场逻辑的挤压下，生存空间非常有限。由于都市类、经济类报纸往往更多地代表商业利益和都市中产阶级的利益，这种话语权的分配谈不上是公平和合理的。所以要看改革过程中哪个社会群体的话语权更多了，报业结构是一个很好的分析切入点。

三、去政治化本身就是政治

张：目前全世界范围内有比较明显的去政治化倾向，越来越多的老百姓对政治的关注度在下降，甚至有人提出中国进入一个空前的"去政治化"时代，您怎么看？

赵：首先，我不知道你的"越来越多的老百姓对政治的关注度在下降"的判断是基于什么，是不是基于美国和西欧等发达国家和地区民众对议会政治的冷淡与失望？从世界范围看，我不这么认为。看看印度的选民是如何把推行新自由主义经济政策的政府选下台，墨西哥民众围绕选举公正性的长久的、大规模的抗争和拉美各国民众反新自由主义的普遍的社会运动，再看看最近泰国和巴基斯坦的政局及民众在其中的角色，我不敢苟同你的前提。在美国、加拿大与西欧，大家对前几年的反 WTO 和以跨国公司利益为主导的全球化社会抗争运动，乃至美国民众对美国国会对垄断媒体集团进一步放松所有权上限的抗争也是应该有所知的。虽然美国和加拿大目前没有大规模的民众社会运动，包括反战运动，但民众并不是没有想法和行动。比如，在我这次来北京之前，在我所在的温哥华，就有反战游行。除了什么是政治的问题，我甚至认为，老百姓对政治的关心度在下降的认识本身就是媒体舆论形成的产物。另外，去政治化本身就是政治，你不可能没有政治，就像投弃权票和"莫谈国事"也是一种政治姿态一样。罗马统治者用"面包"与"马戏团"让大家都不去关心政治，但这种策略往往不一定奏效，因为没有民主和建立在普遍的政治参与基础上的社会分配，注定了不是所有人都能得到"面包"，而同时得了"面包"与"马戏团"的社会势力因为没有掌握政权，也不甘心，更何况，人毕竟有超越物质利益的个人尊严等方面的要求。还有，你如果是既得利益者，也就是说，当政治已经服务于你的利益的时候，你当然可以"不管政治"，因为别人已按你的利益要求替你管起来了，但如果你的权利被剥夺了，你能去政治化吗？不参与某种形式的政治，甚至主流政治之外的抗争，是不可能的。所谓政治，就是参与权利分配的事情，既然各个人都有自己的权利诉求，怎么可能没有政治呢？总之，"去政治"或是因为有人觉得没有必要去关心，因为他们的政治就是主导的政治，或是因为有些人对现有的政治形式已经失望，不再关心这种政治，但是，一旦他们最基本的生存条件和尊严在现有的政治框架内受到威胁，他们会重新使自己政治化。

张：去政治化很大程度上表现为一些主流媒体议题设置的生活化倾向，您如何看这个现象？

赵：不谈政治只是一种姿态。当然，媒体议题的设置越来越生活化也是一个问题，这是媒体市场化的重要结果之一，而媒体市场化正是新自由主义政治在媒体领域的核心体现。在中国，这有可能也是对当年泛政治化的一种反弹。但其实专业人士照样可以得到各种政治信息，只是介入的群体越来越小而已。媒介越来越去政治化本身就导致了右翼政治，导致大家都脱离了公民社会的公共讨论。政治还是要有的，决定还是要做的，不在前台做就肯定在后台做，不让全民参与做就肯定是少数几个精英在做。在美国也有国会的权力相对被削弱，行政权力越来越大，导致三权分立越来越不均衡的趋向。在新自由主义政策下，越来越集中和越来越信息娱乐化的媒体，作为所谓的"第四种力量"的角色也在消退。

张：有一种解读认为人们远离政治，追求轻松、娱乐是人性的一种体现。

赵：追求轻松、娱乐的确是生活的一种方式，但我们不但不能抽象地谈论人性，而且要把追求轻松、娱乐与现在的被商业化了和小资化了的"休闲文化"

区别开来。人是社会关系的总和，什么是人的本性？1980年代初的"潘晓讨论"，认为人是自私的，这样的理念成了改革开放追逐利益的理论基础。但是一个人存在的价值是什么？是休闲吗？从哲学的角度讲，劳动才是人类的本质属性，人们通过劳动使自己得到发展，获得存在的价值和生命的意义。但是，在当今社会里，雇佣劳动是常态，在一些人的劳动成果被另一些人占有的情形下，"休闲文化"成了与"打工劳动"相对立的范畴。除非赚够了钱不再需要工作，或者处于食利阶层。对一般人来说，有一定的工资才能参与旅游、看展览等商业性的"休闲"，你如果是个失业者，"休闲"大概就另有一番滋味在心头了。休闲不是不关心社会，反政治的休闲是和消费文化很合拍，是上面谈到的"马戏团"。让民众进行这样的"休闲"，本身就是一种政治统治术。

四、中国出现统一、独立的民族资本的可能性

张：本次北京论坛上，您在对"信息产业发展和自主创新之路"的政策话语分析中提出能否形成统一的民族资本的问题，能具体阐释一下吗？

赵：发展自主创新的信息产业和独立的民族资本之间是相辅相成的关系，但是，在边缘国家，或者说后发国家，在被卷入资本主义世界经济体系的过程中，在一个对外资开放的经济政策框架内，要形成统一和独立的民族资本几乎是不可能的。有一些本国资本势力从事为国际资本服务的经营活动或采取与国际资本结盟的商业策略，这个阶层不可能为了民族产业的发展而放弃自己的商业利益。而没有独立的民族资本，也就没有独立的民族工业。至于中国，目前情况比较复杂，但是从信息产业有关国家技术标准的案例分析明显可以看出，本国资本并没有联合在一起去抗衡国际资本，而且我国经济对外贸的依赖度很严重，这就与新近提出来的加强自主创新的政策导向形成了张力，出现了所谓的牺牲了国产技术标准的"小我"，保全了现有对美国贸易依赖和维持跨国公司投资以及在华生产现状的"大我"，但是这个"大我"是谁的利益，很难说。

张：对外资和美国贸易依赖问题让中国陷入了很尴尬的境地，自身要发展，但是又很难有动作，如何突围呢？

赵：中国对外出口和对跨国公司投资的依赖比例的发展中国家深很多，但这并不是没有选择的，只是谁做出牺牲和谁为发展模式的转型付出代价的问题。很多情况下，不同利益群体间是对立的关系。目前总的来说，国内精英是和以美国为主导的国际资本保持关系的得利者，而这就要牺牲其他阶层的利益了。比如关于汽车工业的发展，不一定非这样不可，但是，一旦外资在中国建

立了企业，把中国当作新的市场，一旦城市建设成现在这个样子，一旦媒体对汽车广告有了依赖性，而社会上的强势话语力量是有车族，要改变发展方向，就不那么容易了。在洛杉矶这样的城市，没有私人汽车，生活就不方便了。说到洛杉矶，当年"汽车大王"为了推行汽车有意破坏公共交通系统的发展，你说这个汽车市场和对私人汽车高度依赖的生活方式是自然的吗？有人说汽车在美国已经成了公民权的一部分，这没有错，但这是有因果关系的，是社会发展以资本的积累为最重要的目的，而不是以人为本的发展逻辑的结果。

五、新媒体：神话还是现实？

张：在2007年北京论坛上，文森特·莫斯可（Vincent Mosco）教授谈到新技术不是能解决一切问题的神话，有学者对于这个说法提出不同看法，认为人们经历的新媒体时代的体验是实实在在的，您如何看这个问题？

赵：莫斯可是从宏观角度来论述技术能不能解决人和人之间的不平等社会关系的问题的。我们可以试问，在新媒体时代，人和人之间的关系是否越来越密切了，更诚信了，交流更平等了？丹·席勒在一本新书中就提到，手机给老百姓带来了很多方便，但是为什么需要这样？手机广告强调随时和家人保持联系，为什么要这样？因为现在的社会变成了一个高风险、高流动性的社会，有很多不稳定因素，个人只能靠自己来解决这些问题，减少不稳定性。还有，对大部分美国人来说，工作时间和开车时间延长了，手机就成了工作和开车时间与家人保持联系和处理家务与私事的途径。也就是说，现有社会结构是如此不稳定，造成了人们对于手机的依赖。手机等新技术当然给人们带来了方便，但这个方便首先是资本积累的方便，还有资本通过新技术，增加劳动强度，时时刻刻都能找到你的方便。总之，这是一个结构性问题，不是简单的新技术是否有用，以及人们对新技术的体验，包括解放性的体验，是不是实实在在的问题。保持联系不一定是对人们生活质量的改变。要从更深刻的角度来理解这个问题，有时候所谓的方便还只是技术神话里的一部分。

17 新媒体是如何重构公共领域的

新媒体是学界和媒体界在过去十几年中持续关注的问题。2015年10月，当时任职于《南风窗》的媒体人李北方在北京采访了我。本文发表于2015年10月21日的《南风窗》。《南风窗》是南方报业集团中有影响力的刊物，而李北方则是以"左翼"立场知名的"南方系"媒体中的一个异类声音，因此，我很珍惜这次采访机会。

原文导读：智能终端设备的普及和基于其上发展起来的新型媒体形式的兴盛恐怕应该算作近年来最重要的社会现象之一。新媒体的崛起重塑了商业形态，也重塑了人接收信息的方式和人际交往的模式，新媒体当然更直接冲击了传统媒体，冲击是两方面的，一是抢占了传统媒体的市场，二是颠覆和替代了传统媒体的话语地位。

媒体形态的深刻转变必然会对社会形态产生影响，这个过程已经发生，而且仍将持续。就这一趋势的相关问题，《南风窗》记者与加拿大西门菲莎大学传播学院副院长、中国传媒大学长江学者赵月枝教授进行了交流。

一、新媒体转移舆论议题设置权力

《南风窗》（以下简称"《南》"）：媒体有意识形态的功能，传统媒体在一定程度上设置社会的议题，培养大体相近的趣味，比如什么样的内容会上头版头条，媒体界有些共通的标准，然后通过媒体本身的影响力传导给社会。这当然涉及话语权的问题，但也不能否认它有正面作用，这是整个社会的公共生活得以成立的一个很重要的原因。而新媒体颠覆了传统媒体的运作逻辑，相应地它必定会对既有的社会结构产生影响。我想跟你交流一下怎么看新媒体的社会后果这个问题。

赵月枝（以下简称"赵"）：其实你关注的这个问题并不是网络时代才开始

出现的,实际上从开路电视向有线电视转型的时候就已经引起关注了。在美国,有三大台——ABC(美国广播公司)、NBC(美国全国广播公司)、CBS(哥伦比亚广播公司),都是公共领域里的电视台,等到有了有线电视,就开始按不同的兴趣分类了,什么电影台、娱乐台、体育台都出来了。美国宾夕法尼亚大学的一个学者写了一本书,叫作《分裂美国》,他讨论的问题就是,在开路电视的时代大家有一个共同的公共空间,但是有了有线电视以后公共领域就被搞得支离破碎了。

有了网络和新媒体以后,应该说这个问题有了新的表现形式,公共领域不止于原来意义上的那种分裂了,因为新媒体是个性化的。但从另外的角度看,新媒体也是存在议程设置的,而且由于它传播速度快的特性和人们的从众心理,它可以在很短的时间内形成一个舆论中心,比如一个个的微博事件。应该说,新媒体既是个性化的,也是集中化的,它还有议程设置,只是舆论中心的主导者变化了。

《南》:传统媒体是总编辑主导的,但现在总编辑也在跟着网络跑。

赵:对啊,新媒体的权力结构是不平等的嘛,有些人是带着文化资本进来的,为什么姚晨在微博上影响大?就是因为她是姚晨。新媒体在一定程度上呈现出去中心化的特性,但更多的是带来了舆论议程设置者的权力的转移,从传统的媒体领导人手里转移到网络大V的手里了。

《南》:汪晖最近提出了一个新说法,"资本力量的公知化",这跟你谈的意思有相通之处,其实还是资本力量在主导新媒体的话语逻辑。

赵:是资本力量在左右,有三种力量形成了联盟,一是维护资本利益的公知们,二是资本家群体里面的一拨人,三是跟随他们的中产阶级。他们的话语背后是西方话语,在我和吴畅畅合作的一篇文章里面,我们把它叫作跨国话语联盟。这套话语确实挑战并在某种程度上替代了传统媒体的话语。其实传统媒体也很复杂,其中很多人想的跟公知是差不多的,主动把话语权交了出去,以至于传统媒体也内化了这套话语。

这个舆论生态是在中国特定的条件下发生的,很多问题主流媒体的报道不充分,人们就到网上去找,一来二去舆论就被新媒体占领了。传统媒体也意识到了新媒体的作用,但是他们做的新媒体的舆论引领能力并不强。

《南》:回到《分裂美国》涉及的问题,美国公共领域的分裂在现实的政治生态里面有所表现吗?

赵:美国社会舆论的"极化"趋势是很明显的,在20世纪六七十年代形成的所谓战后意识形态共识破裂了,当然战后共识的存在跟美国三大台是有很大关系的。共识破裂后，就反映在政治社会上面了，美国的右翼变得越来越右，保守派越来越保守，恨不得在学校里教进化论都成问题了，不要说战后共识，启蒙共识都要被打破了。另一方面是自由派围绕生活方式做文章，在堕胎、同性恋婚姻、女权问题上都表现得很明显。在政治的分裂以外，还有族群的分裂，包括对移民，尤其是拉美移民的恐惧，等等。

《南》：我最近注意到，白宫雇用了第一位跨性别的雇员，就是民主党政府的一种姿态吧。你提到的这种社会现象肯定跟媒体形式的分化有关系吧，应该怎么看待它呢，是好事还是不好的？

赵：媒体的多元化和小众化确实跟公共领域的碎片化、社会的分化是有关系的，但不是因果关系，而是一个互为条件的关系。可是这种状况你也不能说它就是倒退，因为1960年代美国的那个社会共识也是有它的局限性的，对某些真实存在的问题也是视而不见的。

二、美国的新媒体没有像中国这么厉害

《南》：回到新媒体本身，在美国和加拿大的社会里，新媒体为什么没有像在中国这么厉害，起到议程设置的功能？

赵：我觉得有社会结构和媒体结构两方面的原因。首先，中国社会正处在急剧的现代化进程中，社会转型的过程刚好跟新媒体出现的过程是并行的。美国的主流社会在过去这几十年没有经历像中国这样大的变化，我老说西方社会已经是垂死的、没落的。中国人经历的事情是别人没有经历过的，要反映的事情就会比别人多，也就是说，在新媒体崛起的时段内，西方社会没有产生足够大的要通过它来释放的表达需要，这跟中国的情况不同。另外就是媒体结构的因素，在国内，传统媒体确实没能表达更多人的心声，所以很多人就转向了新媒体。媒体人本身不是也诉诸新媒体吗？他们通过新媒体来表达他们在传统媒体里不能表达的东西。

《南》：在西方，新媒体更多的是一种人际交往的工具，媒体功能相对少，比如 Facebook（脸书）。

赵：对，它没有那么政治化，这也要从社会结构上去找原因。比如，在美国，主流的社会力量把社会政治变化的动能都给压制下去了，美国也有"占领华尔街"运动，但它的社会精英和中产阶层是比较团结的，社会反抗力量被边缘化了。反抗力量虽然用新媒体来组织，但是主流媒体基本不给他们发声的机会。

《南》：随着新媒体的形式的丰富，它改变了很多人接收信息和认知事物的方式，新媒体更加娱乐化，受众吸取的信息也更加个人化。有人说，新媒体会不会把人变"傻"了，你觉得呢？

赵：公共领域的分裂可以追溯到有线电视的出现，至于说媒体使人变"傻"的问题，就更古老了，在电视出现的时候就开始被讨论了。美国人有个说法，把电视叫作 idiot box（傻瓜盒子），还有一个理论是"娱乐至死"，还有传播学者说电视创造出一片 wasteland，就是荒原嘛。其实每种新的媒体形态出来的时候，都是带着启蒙的使命的，电视也是要教育人民的，电视是开放的大学，我们不是还有电大吗？问题是电视的教育和启蒙功能很快被娱乐功能代替了，"娱乐至死"不能说是电视本身带来的，只能说是电视的特定用法、特定的电视节目组织方式带来的。我们国内现在不也是这样吗，电视的娱乐功能已经到了极端了。新媒体也是一样啊，技术创新是好事，就看你怎么用。

关于新媒体，我还可以给你说个笑话。美国有一个传播学者叫丹·席勒，他写了一本书叫 *Digital Depression*（《数字化衰退》），讲信息技术与资本主义危机的关系。有一次他在餐馆里跟人谈话，说起他的书，旁边有人插话说他们家就有 Digital Depression 的现象。Depression 也有抑郁的意思，席勒谈的是萧条，结果别人以为他说的是手机带来的抑郁症。新媒体不只是让人变"傻"的问题，还会引起抑郁，也会使社区的结构或者说人的圈子发生变化。你不再跟身边的人交往了，而是更多地跟远方的人来往，这个传播模式使"内部群体"和"外部群体"的界限变化了。

《南》：这种趋势从宏观上讲，是不是有可能导致 Nation，也就是我们说的民族的解体，那么进而国家的维系也就成问题了？

赵：你可以说从某个层面它使民族瓦解了，但是从另一个层面又可以说，由于网络的存在，又形成了新的 Nationalism（民族主义），因为 Nation 本身是虚构的，可以用这种方法虚构，也可以用另外一种方法重构，所以我不认为有了网络以后民族主义会衰落，也许会有新的表现形式。

三、所有新闻都从财经视角出发很可怕

《南》：新媒体有一点比较有意思的地方，就是它变得诚实了。传统媒体总是企图做出具备公共性的姿态，批判传播学则研究媒体与资本的关系，研究起来还需要分析和拆解，才能揭示所谓公共性的本质，但新媒体把这层面纱给抛开了，它就是商业项目，就是要挣钱的。从某种意义上这是不是可以算是

好事？

赵：对，代表人民的冲动在新媒体那里已经没有了。也正因为没有了所谓的公共性的约束，它可以肆无忌惮，想说什么就说什么，这会导致连媒体本身存在的合法性都没有了。

在西方，关于媒体合法性的最初论证源于个人的舆论自由，是指在没有媒体的情况下个人发布意见的自由。公共性是商业媒体出现之后为了赚钱而假定出来的，它声称自己是为公共利益服务的，是为每个人发声的。美国最早的商业报纸是《纽约太阳报》，为什么叫"太阳报"呢，正是因为它是商业性的，是要迎合所有人的。它之所以声称自己是公共性的，正是因为它是资本家办的报纸，只有掩盖这一点才能赢得民众的支持。所以它的公共性论证是以其私人性为前提的，是对其私人性的一种合法化。在中国，马克思主义新闻观里的媒体的公共性是以政治的公共性来保证的。

我同意你说的，新媒体形态赤裸裸地把公共性的面纱给撕掉了。传统媒体由于蒙着公共性的面纱，那么它就逼着自己要兑现一点承诺。另外在美国的三大台时代，由于它们用的是公共的无线资源，所以要接受国家的管制。现在到了媒体就是为了赚钱且在某种程度上不接受管制的时代，话语场仿佛回到了丛林时代。

《南》：是否可以这么说，从批判的角度，由于其虚伪性没有那么强了，批判就变得容易了。

赵：没错，揭穿它容易了，但是揭穿它以后怎么办？还是拿它没办法，而且新媒体又制造一种新的迷思，说现在是人人都有麦克风的时代，可是每个人的麦克风是不一样的。

国内的平面媒体，尤其是报纸，很不景气。一方面是因为经济不景气，做广告的少了，另一方面是新型媒体对广告的分流。目前传播学界讨论的一个热门话题是"新闻之死"，其实不是新闻之死，而是持续了一两百年的由商业广告支持的新闻模式受到了挑战。在国内，过去一些年媒体靠广告的支撑还可以做一些调查性的新闻，不管怎样还有一些公共性和专业性，但以后呢，是不是媒体都小众化了，或者都靠网络上的未经专业采访的信息源来传播信息？又或者大众媒体衰退了，只有小众人群能得到专业的信息服务？布隆伯格基本上就不做大众新闻。这个趋势目前我还真说不好。

《南》：对，现在致力于服务所谓高端人群的财经类新媒体特别多，包括各种各样的微信公众号，都在企图靠那些有钱人赚钱。

赵：从大众新闻到财经新闻，这种新闻模式的转换很重要，消费财经新闻的是经济精英或自认为是经济精英的人。可是如果所有新闻都从财经视角出发,我觉得这是可怕的,也就是说都从金融资本的角度来看世界了,那别人还能活吗?新闻财经化对公共领域、对民主都不是什么好事。

《南》:我在一篇文章里谈过这个现象,即便出了坠机或自然灾害一类的悲剧性事件,财经媒体也会把讨论引向股市的涨跌。过去财经类媒体还只是媒体中的一个品类,未来很可能出现你说的媒体全面财经化的问题,如果所有的媒体都那么看待世界,想想确实很恐怖。

赵:新闻财经化之后,大众也不是什么都得不到了,但得到的可能只是无厘头的、去政治化的娱乐。比如那位著名主持人做的关于雾霾的纪录片,很多人观看、转发,但很少有人真正关注到这个片子本身内容和逻辑上的问题,看到就是人家多厉害,能把一个纪录片搞起来。

你不是担心新媒体会不会把人变"傻"吗?这些借助新媒体的表演也会使大家清醒起来。我是相信人民群众的,我觉得人总得相信这个,不相信还活着干吗呢?我相信在适合的语境下,人民是会觉醒的。

《南》:这是辩证唯物主义的观点。

赵:现在舆论场的态势已经在变化了,有一批被现实教育了的知识分子在发声,人民群众本身也在觉醒。我认为,并不是所有人都已经认定了既定的方向,我觉得舆论场是可以争取的。这种乱象不能只怪新媒体,还可以通过新媒体起到引导作用。公共空间是分化了,但也可能在分化的基础上形成一种新的话语体系,不过能不能实现仍然要取决于多方面的合力的作用。

18 新媒体不会造就理想地球村

第一届河阳论坛期间，澎湃新闻《思想市场》记者李丹就新媒体、知识分子与乡村、我的多重身份、什么是批判传播政治经济学等问题采访了我。该访谈发表于2015年4月16日。

原文编者按：2015年3月底，首届河阳论坛暨"乡村、文化与传播"学术周在浙江缙云召开。学术周包括"2015年批判传播学年会"等系列学术会议。这些会议致力于搭建乡土中国建设的思想交流平台，试图探索构建平衡而互哺的新型城乡关系路径。澎湃新闻作为特邀媒体参与了会议，对与会学者做了系列访谈，并将陆续发表会议相关成果。

赵月枝，传播学中卓有成就的华人学者，她出身于浙江农村，在加拿大获得国家特聘教授的头衔后，又成为中国教育部长江学者讲座教授。

有人曾经质疑她：你已在西方过上了资产阶级生活，有什么资格回来谈马克思主义和批判学术？在之前的一篇访谈中，她曾剖白："第一，我是农民出身，没有知识分子血统。第二，我的学术跟别人不一样，我搅了别人的'清梦'。第三，在一个男权主宰的学术界，我还是一个刚性十足的女学者。知识场也是权力场、名利场。"她称自己是拥有高级职称的跨国知识劳工，认为以上对她的质疑不是基于狭隘的民族主义，就是有选择地调用庸俗的"身份论"，否定她回国发出批判声音的合法性。她还认为，如果非要把她看成加拿大人也无妨：共和国的旗帜上还有她的加拿大先辈白求恩大夫"血染的风采"呢，她总可以沾点白求恩的光，以他的新"同乡"的身份，在加拿大本国促进媒体实践和传播教育民主化与国际化的同时，研究一下白求恩曾经战斗过的中国现在什么样了，并试图继续他的国际主义事业吧。

她的工作是用批判的视角看待传媒，反对传媒对社会不平等的加深。她忧虑地提醒，新媒体的发展与扩散，与全球范围内贫富不均的扩大、族群矛盾的加深、生态危机的加剧，是同步共生的。"新媒体不但不会造就麦克卢汉所寄托的理想地球村或网络共和国，反而会不可避免地成为控制和反控制、压迫和反压迫的斗争场域。"

2008年的金融危机重构了全球传播体系，而作为一个主权主体的中国该怎样参与进去？既然《中华人民共和国宪法》中明文规定"工农联盟"是政权的基础，那么"工农联盟"如何在一个全球化和商业化的传播体系中成为真正的传播主体？这是她所关切的。

另一方面，赵月枝是接地气的实践者。上个月，她在家乡浙江省缙云县举办"乡村、文化与传播"学术周，学者云集，动机之一正是让学术走出象牙塔，让传播研究克服西方中心主义和城市中心主义。就此，澎湃新闻记者对她进行了专访。

李丹（以下简称"李"）：有学者质疑，新媒体真的新吗？您怎么评价国内外新媒体的发展？我们澎湃新闻也是一种新媒体的尝试。

赵月枝（以下简称"赵"）：新媒体既新也不新。从传播手段上，它的确新，但因为它是在既有的不平等的社会传播权力关系下产生的，它的扩散有可能会深化（而不是抚平）现有传播体制所维系的不平等的社会关系。

要知道，前天的广播，昨天的电视，在今天的网络"新"媒体出现之前，都曾是"新"的。从普及知识到连接"地球村"的每一个角落，人们对这些当年的"新媒体"，如同对今天的网络一样，寄予了许多乌托邦式的幻想。

然而，在西方，尤其是美国，资本的利益，包括广告商的利益和媒体资本家的利益，逐渐主导了广播、电视的发展，使它们变成了消费资本主义的"售卖机器"，资本积累的逻辑劫持了民主传播的逻辑。1980年代以后，随着新自由主义意识形态的崛起和美国的世界霸权地位的巩固，美国的商业主义模式进一步侵蚀了广播电视媒体的公共性，以及它们对于维系社区团结的积极意义。

我们必须看到，现在所说的新媒体，正是在这样的政治经济背景下产生和发展起来的。

正因为如此，新媒体的发展与扩散，与全球范围内贫富不均的扩大、族群矛盾的加深，以及由消费资本主义生产和生活方式扩散所引起的生态危机的加剧等人类所面临的重大危机同步共生。总之，从批判传播学的角度，不管有意还是无意，任何形式的技术决定论和技术乌托邦主义不仅是危险的，更是意识形态工程的一部分，服务于统治性政治经济和文化权力转移社会矛盾的目的。当然，批判传播学者并非反技术主义者。我们强调的是，不能脱离现有的政治经济结构和社会权力关系,抽象地谈技术的民主化特质。

回到我们所聚焦的"乡村、文化与传播"这个主题,如我在今年初发表的一篇访谈中所提及的那般,促使我回到乡村做研究的一个重要事件,就是几年前在温哥华的一份中文报纸上看到的一则新闻,这则新闻讲述了我家乡的一位青年与云南的两位青年在网络上相约自杀的故事。如今村庄空心化的现象日渐恶化,如果青年人出去打工很大程度上会成为没有城市身份的农民工,留在农村又看不到可欲可求的未来,如果有一天连像澎湃网这样的新媒体也因为商业广告或其他的意识形态原因,边缘化、客体化和奇观化我们的农村,使农村人看不到生活的意义和有希望的未来,农村就算是人人有手机、家家有电脑、日夜能看到卫星电视,即使能上澎湃网,那又如何?

媒体人和媒体学者很容易产生技术中心主义和媒体中心主义的认知偏颇。殊不知,在农村,人际传播、传统仪式、社戏、乡村春晚这些能表达农民主体性的传播形式对维系社区共同体依然非常重要,同时,对一个村庄来说,一所学校的存在,一个集体经济体的存在,也许比任何新媒体的普及,对维系农村社区共同体而言,都更为关键。比如,去年我在对家乡一个山村的调研中,就发现有不少村民至今仍然对村校的被撤销耿耿于怀,他们对新媒体的态度主要集中在电脑如何使孩子们沉溺于游戏等负面担忧。

李:您邀请了很多乡土中国研究者和乡村建设实践者共同讨论中国乡村问题,您说知识分子下乡不该是走马观花,不该变成"文化乞丐",他们是不是较易有这样的倾向?

赵:面对今天的脑体差距深化和固化的现实,要求知识分子下乡不走马观花,是很困难的。实际上,就是请同事们全程参加最近在浙江缙云举办的"乡村、文化与传播"学术周的活动,也不是所有有教学任务的学者都能够做到的。现在国内许多大学规定学者不出国一年无法申请正高职称,却好像没有规定学者如果不到工厂、农村和其他国内基层单位做一年田野调查就不能申请正教授;博士生也是在中外"联合培养"的计划下被源源不断地送到国外去,而不是鼓励下到基层,获得问题意识和一手资料。

在缙云的学术周期间,我随便跟一位学术领导提起这点,这位领导说,在经历了"文革"后的今天,谁还敢提知识分子下乡这样的要求啊!当然,我不是说要一刀切,所有人都得出国一年或下乡一年。更何况,这也不是一个非此即彼的问题。不过,即便如此,我也立刻意识到:从狭隘的身份政治的角度,我这个不仅出国留了学,还移民国外的人,甚至想都不应该想国内学者下乡的问题!

"文化乞丐"这个词是这次我回家乡筹备学术周时,第一次间接听到的。当时觉得很难过,但后来一想,这也不是偶然的——在没有用实绩证明我不是来索取之前,我最好不要觉得自己与"文化乞丐"有什么两样。有多少知识人到了农村,收集了资料,拿了土特产,拍拍屁股走人,回去后发表了文章,满足了学院体制内知识生产的要求,但是,他们为研究对象做了什么?为乡村的建设和发展带来了什么?还好,不是所有知识都会变成政策,如果这样的话,某些走马观花或带着西方中心主义和城市中心主义框框得出来的"学术垃圾"对农民、农村和农业的影响,可能就不再局限于"文化乞丐"的索取,而很可能是长期的负面政策效应了。

李:您个人比较赞同怎样的乡村建设模式?

赵:坦率地说,我还没有足够的乡村建设的经验,对中国丰富的乡村建设历史和当下实践也缺乏深入的研究,所以我不敢奢谈乡村建设模式。但我以为,最重要的是,不仅要尊重农民的主体性,还要跳出乡村建设看乡村建设。

正如我们这次学术周的征文启事所言:乡村是传统中国安身立命的所在,乡村是近现代中国革命与变迁的焦点,乡村是当代中国剧烈变革的前沿,乡村更是探索中国未来发展的关键。从这个角度看,我不希望把自己定位为具体的乡村建设者,我的出发点和归宿都是一名批判学者——一个从世界历史视野来理解中国乡村何去何从问题的学者,一个尝试理论与实践相结合的学者。

李:关于您自己,您的身份在精英知识分子和村民、外来者和当地人之间转换,您能否谈谈在几种身份之间转换的体会?

赵:从生长在一个叫"岩山下"的小自然村的农家女,到"地球村"里的跨国知识分子,再到今天试图通过重返乡村做既有"高大上"的全球视野又"接地气"的学术工作,我的确一直经历着不同的身份转换。

在中国传统文化中,读书人的理想人格是"先天下之忧而忧"的士大夫;在资产阶级社会里,法国社会学家布尔迪厄把知识阶层定位为统治阶级中的被统治者;在中国社会主义革命和建设的理论与实践遗产中,知识分子曾被定义为工人阶级的一部分,需要通过与工农相结合,在认识世界的同时改造世界,包括自己的主观世界,从而在社会主义建设的实践中克服脑力劳动者与体力劳动者之间的差别。作为一名有社会主义理想的学者,我自然更倾向于后一种认知,认为村民与知识分子之间只有劳动分工的不同,没有身份高低贵贱的不同。实际上,我一直把自己看成是拥有高级职称的跨国知识劳工,而且我坚持认为,就像体力劳动离不开脑力成分一样,自己的学术劳动也是体力劳动,它不仅使我腰椎和颈椎劳损,而且让我的声带长出了老茧!

作为一名在人民公社时代的生产队里利用课余时间挣过"工分"、深受中国革命理论和实践影响的华人知识分子,我相信自己的批判学术与一直身处西方的某些批判理论家的学术是有区别的。你知道,一些西方知名批判理论家,往往因脱离人民群众争取社会正义的斗争的实践而绝望,甚至自杀。与此相反,我一直以意大利共产党人葛兰西的名言为座右铭:理智上的悲观主义者,理志上的乐观主义者。我不会小看知识分子的有机性作用,所以一直在努力工作,相信写出一篇文章、培养一个学生就是自己存在的价值所在,但我也经常对一些因为当下中国某些知识分子的所作所为而感到失望的年轻学人说,不要太把我们自己所属的知识分子群体太当回事,历史是人民书写的。

除了知识分子这一身份,我还有其他社会身份:对于"岩山下"这个村庄,我是个迁出了户口和嫁出去的女儿,除了客人,没有其他的身份;对于加拿大白人社会,我是有色族群的一分子,可能是永远的"他者";对于依然把温哥华看作是他们曾经的"冬天的村庄"的加拿大原住民来说,我也许是与最先占领了他们土地的白人垦殖主义者没有多大差别的"新移民";而在个别受庸俗唯物主义和身份决定论影响的国内学人眼里,我早已是一边享受着西方资产阶级生活,一边回国高谈马克思主义的"伪善者"。这些都是我在穿梭于不同场景时所需要面对的。总之,我力图把一个"里外不是人"的客体,变成一个"里外都是人"的行动主体。人是社会关系的总和,每个人的身份必然是多元的,关键是不要把任何身份本质化,而是在日常的工作和生活情景中,能动地处理不同身份给自己行动所提供的空间和规定的约束。

所幸的是,于我自己而言,我的生活逻辑和学术志向是一致的。我不是在传统文人的"先天下之忧而忧"的道德制高点上做学术,我也不是在资产阶级价值体系中的"人文关怀"和"同情弱者"立场上做学术,我更不是仅仅为了慰藉自己的"乡愁"和表达爱国情怀回国做"学术反哺"。作为一名移民加拿大的华裔批判知识分子和反种族主义者,我既不会站在加拿大原住民眼里的新殖民者立场做学术,也不会站在西方霸权主义和反共新冷战的立场做学术,我更不希望自己重蹈北美西海岸的日裔美国人和加拿大人的覆辙——在珍珠港事件后,他们中的许多人,仅仅因自己的族裔身份,就被关进集中营。也就是说,为了我自己的自由、平等和尊严,我的学术立场必须是,也只能是反帝、反殖、反资、反种族主义和反男权主义的。

李:您能否用简明的语言告诉我们的读者,您所从事的批判传播政治经济学是什么?目前中国批判传播理论的发展状况如何?由于传播理论来自西方,您回到中国,最迫切地在哪些方面致力于推动能体现中国本土的传播批判理论？

赵：批判传播政治经济学是以传播与政治经济权力的相互构建问题为切入点，以挑战不平等的传播权力关系为价值取向的一套传播理论。作为批判社会科学的一部分，以及随着马克思主义政治经济学在传播领域的演绎与发展，这套传播理论坚信劳动者至上的理念，坚持构建劳动者共同价值体系和文化的可能性，反对社会的传播资源和话语权从属、维系甚至帮助深化一切不平等的权力关系。

不言而喻，因为马克思主义以人类解放作为价值取向，批判的前提和归宿必然是建设。批判传播政治经济学是促进国内和国际传播民主化的建设性学术实践。

中国在1980年代引入的美国新闻传播学"主流"，是与美国反共冷战意识形态有千丝万缕联系的"行政学派"。从学术政治取向上看，这个学派倾向于维护不平等的资本主义权力关系，并在国际传播领域从属于美国的冷战思维和策略。引入中国后，这个传播学派在中国的发展不仅与以中国共产党的党报理论为核心的马克思主义新闻观之间形成张力，更为新自由主义意识形态在中国新闻传播领域的落地生根提供了理论基础。

不过，自21世纪以来，批判传播学在中国的发展令我欣喜。在内容层面上，中国的批判传播学术已超出了对法兰克福学派和英美传播政治经济学等相关国外学术的译介，进入了针对中外传播现实发展原创分析的阶段；在学术团队的建设层面，一批既有国际视野又有中国立场的年轻批判传播学人已初露锋芒；在学术平台的层面上，如我作为长江学者讲座教授有机会成立了中国传媒大学传播政治经济学研究所，吕新雨教授先在复旦大学成立了当代马克思主义新闻传播研究中心，后又受聘华东师范大学紫江教授职位，目前以华东师范大学—康奈尔大学比较人文研究中心为平台开展工作。也正是在这样的条件下，我们得以在华东师范大学出版社六点分社出版"批判传播学"书系。

当然，要确立中国批判传播学术的主体性，还必须面对很多挑战。首先，对美国主流传播学及其背后的冷战意识形态的影响进行深入的反思和批判，包括对一些早已"深入人心"的基本概念的批判分析，依然任重道远。比如，正是出于这样的考虑，我最近挑头与两位年轻学者合写了一篇有关电视收视率的文章，近期会在《开放时代》发表。其次，对英美批判传播学术本身的局限性，包括它所隐含的西方中心主义、城市中心主义，甚至白人种族主义的偏颇，也有很多的反思和批判工作要做。

以上这两方面的"破"的工作，又与以下"立"的工作密切关联。首先，迫切需要处理批判传播理论与中国传统文化和在中国革命过程中产生的新闻理论和新闻实践遗产之间的关系；其次，批判传播学需要全面分析、理解并介入当下国际和国内传播体系的改革实践过程。

为了面对这些挑战，我在最近的学术工作中，致力于发展跨文化传播政治经济学，力图处理在"中国崛起"和"全球权力转移"语境下，中西方传播关系与重构全球传播体系的中国贡献、中国"软实力"与"中国故事"的内核和力量源泉，中国内外传播中的阶级、民族和地缘政治之间的复杂交错关系，以及中国传播与"人民民主""工农联盟"这些至今依然作为立国根基存在的理念的关系。

在我看来，有中国主体性的批判传播学必须处理互为表里的国际和国内两个层面的问题：一是作为一个主权主体的中国以何种立场和战略参与后2008危机年代全球传播体系的重构，二是《中华人民共和国宪法》中明文规定的作为权力基础的"工农联盟"如何在一个全球化和商业化的传播体系中成为真正的传播主体。而让学术走出象牙塔，让传播研究克服西方中心主义和城市中心主义，进而打通"从全球到村庄"的整体性研究路径，正是我这次联合其他合作者在我的家乡浙江省缙云县举办"乡村、文化与传播"学术周的动机之一。

19 什么是中国故事的力量之源

从21世纪初开始,"软实力"一词从美国引入,成了热词,后来,在对外传播中"如何讲好中国故事"成了中国媒体面临的挑战。《人民论坛》所属《学术前沿》记者谭峰曾热忱约稿,可是我一直没能找到时间写论文。后来,他建议以访谈的形式,就他关心的问题,给我一个谈谈我的主要观点的机会。于是,有了这篇《什么是中国故事的力量之源——全球传播格局与文化领导权之争》的文章,刊载于《学术前沿》,2014年12月(下),第34—43页。

原文摘要:"软实力"这一概念诞生于特定的世界地缘政治和美国国内政治语境,其魅力有赖"硬实力"的支撑,其内涵包含美国霸权的现实存在。因此,以"软实力"来主导中国的主流话语并不妥,而文化领导权因其包含了阶级分析视角和如何推翻资本主义制度的人类解放诉求,则是更全面、丰富和深刻的理论框架。当前,要提高中国的国际话语权,促进全球信息传播的民主化,需要考虑与新兴国家在媒体和互联网方面进一步合作,推动国内传播秩序的民主化,抵制新自由主义文化意识形态的侵蚀,重建有社会主义、国际主义内涵的批判新闻传播理论,彰显"社会至上"原则和表达最大多数劳动者的立场。

一、"软实力"与文化领导权

《学术前沿》(以下简称"《学》"):有些西方学者提出,约瑟夫·奈(以下简称"奈")将权力资源简单地二分为"硬实力"和"软实力"并不妥当。您觉得"不妥之处"在哪里?基于"软实力"产生的魅力是先验性的吗?

赵月枝(以下简称"赵"):区分"硬实力"和"软实力",并强调"软实力"的重要性和优先性,有其理论分析价值和政策指导意义。毕竟,"不战而屈人之兵"是上上策。但是,正如我在《国家形象塑造与中国的软实力追求》一文中提到的,奈的概念是建立在"循环论证"基础上的。基于"软实力"产生的魅力不是先验性的，不是任何文化、意识形态以及价值观都有天然的魅力，一场正义的反侵略战争，也即"硬实力"的展示，也可能产生魅力和吸引力。

从"美国经验"来看，奈的分析也是片面的。这是因为，没有美国的军力和财力，就没有其"软实力"。例如，第二次世界大战后，美国电影在西欧的影响，得益于战争硝烟未灭，美国的军用飞机就把好莱坞电影运到了欧洲做宣传；更得益于马歇尔计划，冷战期间，社会主义价值体系对资本主义价值体系形成过实实在在的挑战，否则，在被美国视为"后院"的拉美，美国就不必对古巴进行封锁，更不必用颠覆手段推翻智利民选的、有社会主义倾向的阿连德政权了。"冷战"以后，新自由主义意识形态成了美国"软实力"的核心，但我们不能忽略的是，这期间，美国在世界上多少国家有军事力量，又大大小小打了多少战争。在这方面，美国新自由主义意识形态的旗手、《世界是平的》的作者托马斯·弗里德曼（Thomas L. Friedman）早在1999年就说了句大实话。在《快的世界宣言》（*Manifesto for a Fast World*）一文中，弗里德曼道出了美国的"软实力"和"硬实力"以及市场这只"看不见的手"与它背后那个"隐藏的拳头"的关系：没有F-15战斗机的制造者麦道，就没有麦当劳的繁荣；那只为硅谷技术创造了安全的世界市场的看不见的拳头叫作美国陆军、空军、海军和海军陆战队。他进一步引述美国一位外交政策史专家的话说，好的思想和技术需要一个强大的政权通过示范来推广和通过在战场上获胜来保护。

这里，还有必要回顾一下奈提出"软实力"这一概念的世界地缘政治和美国国内政治语境。1990年代初，美国通过"冷战"拖垮苏联，通过侵略、颠覆和有选择的经济支持分化和瓦解"不结盟运动"后，已在军事和经济上力不从心，而且面临与日益重新强大起来的德国和日本竞争的局面。面对部分美国精英关于美国即将衰落的悲观论调，奈认为，美国还有"软实力"资源可以维护其世界霸主地位。今天，中国知识界希望通过与美国的"战略伙伴关系"，实现"和而不同，美美与共"的"大同世界"的梦想，但是，如果因为这个梦想就有意无意遮蔽，进而抹杀美国的军事帝国主义性质和现实存在，那他们就真的把"软实力"概念变成了美国知识精英在中国投放的一枚"烟幕弹"了。在客观上，这等于为增强美国的"软实力"起到了奈和他的同事们恐怕自己都无意奢求的"自干五"或"美分党"作用。

这个概念在美国产生的时间和十多年后被中国进口、大力弘扬的时间差，以及此后的世界历史语境变迁本身，也导致了中国"软实力"话语对美国"软实力"的无意强化。2008年金融危机早已彻底暴露了市场自由主义意识形态的误区，斯诺登在揭底美国自由民主和人权话语的虚伪性的同时，也挑战了信息技术的解放性特质的言说以及"谷歌"民主的迷思,而奥巴马的亚洲"再平衡"战略更再一次彰显了美国在亚洲的军事野心。在这样一个美国"软实力"急剧下降和美国及其亚洲代理国家不断向中国进行军事挑衅的时刻,中国部分知识精英偏偏不但在拾人牙慧,而且把美国的"软实力"继续当作理所当然的存在,这实在是匪夷所思。

最后,从一般的方法论角度泛泛而论,就像任何一对二元对立的范畴一样,如果从孤立、静止和机械的立场去把握"硬实力"和"软实力"的关系,显然是不妥的。作为一种对权力的不同性质的分析和政治策略的指导性分析框架,我一直认为,葛兰西的"文化领导权"(cultural hegemony)理论比奈的分析更深刻、更丰富,也更全面。基于对西方资产阶级统治的研究,葛兰西认为,一个阶级或特定的阶级联盟要实行自己的统治,除了强制性的国家权力,还需要通过市民社会建立起自己的文化领导权,而这里的关键是这个阶级或权力集团必须在意识形态和日常生活领域把自己特定的阶级利益表达为,而且被接受为是代表全社会的。同时,葛兰西强调意识形态斗争和强制性权力在危机时刻的重要性。事实上,当下国际关系理论界也不乏将葛兰西原来针对意大利国内问题的理论作为国际关系层面的学术资源。当然,"文化领导权"理论和奈的"软实力"分析最重要的区别在于,作为一名共产主义理论家,葛兰西的理论包含了阶级分析视角和如何推翻资本主义制度的人类解放诉求,而奈显然是为了维护美国在世界资本主义秩序中的霸权地位。不过,也许正因为如此,中国有些不仅青睐美国的"主流"理论,而且想把"中国梦"做成"资产阶级共和国梦"的话语权拥有者,有意无意地拥抱奈,而对葛兰西视而不见。

由此看来,用什么样的理论资源来指导中国的改革实践,包括中国在世界上的话语权扩展,的确是一个事关改革方向,尤其是是否以马克思主义理论为指导的关键问题。

二、全球信息传播民主化的阻力与前景

《学》: 曾有中国新闻从业者提出"建立一个长效机制来协调全球传媒行业,比如建立一个'媒体联合国'",您觉得这样的机制是否可行?若可行,至少经过几个阶段方可实现?

赵: 这是一个很美好的意愿,《华尔街日报》还在其意见专栏里刊登过这样的呼吁,从而展示了其意见多元的姿态。但我认为,起码在当下,这是一个一厢情愿的想法。这可以从历史和现状两方面来看。

国际传播历史上，"冷战"语境下，1970年代曾有过一场由不结盟国家发起的建立"世界信息传播新秩序"的运动。虽然这一运动没有提出"建立媒体联合国"的建议，但是，这个运动的主要平台就是联合国教科文组织。针对第二次世界大战后由西方资本主导的不平衡的国际传播秩序，这个运动从反帝和反资的角度提出了批评，并就改革世界传播秩序提出了一系列建设性意见。这一运动的文字成果体现在1980年由联合国教科文组织发布的《多种声音，一个世界》的报告中。

但是，由于以美国为首的西方国家的极力阻挠，也因为以《华尔街日报》等为先锋的西方媒体的百般诋毁，更由于不结盟运动国家内部的问题和矛盾，这个运动以美国、英国和新加坡先后退出联合国教科文组织为结局。当然，《多种声音，一个世界》所提出的国际传播改革愿景也就随之黯淡了。

由此可见，为了美国资产阶级的意识形态利益和跨国垄断媒体的经济利益，美国政府是不惜置联合国机构于股掌之中，说退出就退出的。十多年前，我在巴黎参加联合国教科文组织下属的国际传播部门的一份政策咨询报告起草的过程中还得知，为了不惹怒美国并让它重返这个机构，在这个机构里，不但这段历史被遮蔽，而且连"世界信息传播新秩序"这个词也是要避而不谈的。

1980年代以来，部分由于"世界信息传播新秩序"运动的挫败，也由于社会主义阵营的现实困难，以美国国家政策开路，以美国媒体巨无霸为先锋，全球传播业经历了以全球化、自由化、商业化和私有化为核心的新自由主义转型。当然，也正是在这样的语境和前面所提到的美国军事铁拳的最初催生及美国国家政权的持续呵护下，硅谷的信息技术、资本的力量，裹胁着民众对传播民主化的需求与热望，使互联网成了全球传播最主要的平台。在这个全球传播的前沿领域，美国国家机器的各部分——从美国商务部到国家安全机构——与美国信息技术公司相互协作，极力维护美国国家的单边主义管控。也就是说，美国一直实行着"只许州官放火，不许百姓点灯"的网络霸权主义政策。与此同时，美国媒体以维护"网络自由"和中国、俄罗斯等国家企图扼杀这一自由为名，阻挠任何挑战这一霸权的努力。

当然，迫于其他国家的压力，美国在过去十多年来也不得不在互联网治理的国际问题化和在本领域奉行多边主义原则方面做出一些妥协，但是，当下这个领域的斗争不但非常复杂，而且日趋激烈。美国政府和美国信息传播资本为了保护自己的核心利益不遗余力，尤其在分化发展中国家，包括"金砖国家"在这个问题上形成的反美联盟（也即葛兰西所言的"counter-hegemonic historical bloc"）方面咄咄逼人。例如，不是偏向于更有人文关怀和国际代表性的联合国教科文组织,而是偏向于更重视技术和产业利益的国际电信联盟,主办了2003年和2005年的"信息社会世界峰会"。即便如此,到了2012年,在国际电信联盟的迪拜会议上,仍有89个国家站在了要求更平等的互联网全球治理机制一边,形成了多数派。但是,这个大会通过的多数派决议是非强制性的。这也表明,会议决议对美国网络霸权的挑战有很大的局限性。

之所以有这样的结果,美国对挑战国家群体"分而治之"的策略是一个因素,而非西方国家的当权者没有坚强的政治意志是另一个因素。这里,一个更重要的解释很可能是,这些国家的统治精英为了维护本国信息传播资本集团与以美国为主导的跨国信息资本所业已结成的利益共同体,本来就没有从根本上挑战美国所主导的新自由主义全球信息传播秩序的强烈政治意愿,而只是希望通过机会主义地与美国斡旋,为本国资本在全球信息资本主义秩序中多分一杯羹而已。

也就是说,非西方国家的当政者有没有决断挑战美国信息传播霸权是一个不确定的问题,而这点又与这些国家内部在信息传播领域的阶级利益布局和意识形态斗争态势紧密相关。在这方面,印度可能是最好的例子。比如,我注意到,作为中国最大的亚洲邻国,印度并没有参加2012年9月的北京"新兴国家互联网圆桌会议",而只派了使馆官员作为观察员。印度学者的研究表明,美国的威逼利诱,与硅谷信息技术资本有紧密联系的印度本国产业资本集团的利益驱使,国内的党派政治利益,还有在印度社会十分活跃的、高度认同美国"信息自由"意识形态的印度市民社会组织的压力,使印度在全球互联网治理问题的国家立场上蛇鼠两端,在联合新兴国家反对美国信息霸权方面出尔反尔,游移不定。

当然,尽管《华尔街日报》发表过时任新华社社长李从军呼吁建立"媒体联合国"的文章,在美国媒体有关互联网治理问题的报道中,压倒性的话语主题还是中国等国家的"网络控制"框架。这在左右全球舆论方面也有很大影响。

不过,在全球信息传播民主化这个问题上,我会持谨慎乐观的态度。实际上,在斯诺登的爆料已经摧毁了美国"网络自由"意识形态的可信性之后,现在可以说是其他国家联合起来挑战美国信息传播霸权的历史性好机遇。在这方面,巴西政府通过2014年4月的互联网制宪会议,既整合了国内的相关力量,通过了非常有进步意义的互联网立法,又赢得了国际声誉。同时,在双边关系上,巴西更是通过这一会议用足了与美国讨价还价的机会。与2012年9月印度在北京的"新兴国家互联网圆桌会议"中的缺席形成类比,中国和俄罗斯被排除在巴西会议的13个主办国之外这一事实,也进一步说明,不用说"媒体联合国",就是"金砖五国"在互联网全球治理问题上形成共同抗衡美国的力量,也是难上加难的。由于涉及意识形态、信息主权,甚至一个国家的自我认同问题(如印度的"世界最大民主国家"的自我认同),这方面的联合和另类机制建设比设立"金砖国家银行"难得多。但是,基于当下"金砖国家"在国际金融合作方面的实质性进展,我认为,这些国家把媒体和互联网问题当作下一步合作的努力方向也不是不可想象的。比如,下届金砖国家峰会的时候,中国的相关部门是否可以考虑把"金砖五国"在全球信息传播秩序问题方面的合作提到议事日程上?为了这种可能,中国的官、学、媒各界需要做哪些多边和双边的沟通和准备?如果中国和印度这两个不但在政治制度、意识形态上属于不同类型,而且有边界纷争恩怨的亚洲大国和邻国能在这个问题上有更多的合作关系,那么,实现"世界人民大团结"的理想图景就进了一大步了!

当然,对于中国来说,如果要在这方面有所建树,需要在国际场域一边挑战美国的网络霸权,一边走好"群众路线",通过"农村包围城市",也即团结和争取亚非拉国家的积极力量,来促进全球传播民主化。为此,中国需要一套比美国的"新闻/网络自由"言说更有说服力的新闻传播理论。面对以西方为主导的资产阶级新闻传播意识形态咄咄逼人的攻势,面对"不争论",淡化意识形态的韬光养晦策略在新闻传播理论领域造成的失语和混乱,以我之见,这套新理论非继承20世纪反帝反资革命遗产,并在新语境下重建有社会主义、国际主义内涵的批判新闻传播理论莫属。

作为一个多年行走于国内外传播学界的批判学者,我深感在西方学界,甚至批判学界的西方中心主义、白人种族主义和麦卡锡主义余毒的根深蒂固以及殖民主义与反共双重"文化遗产"在新"中国威胁论"语境下被"发扬光大"的现实可能性。同时,我也有理由乐观地认为,全球传播领域基于非西方国家,尤其是中国的激进民主传播理论、政策和实践的空间也许比大部分中国传播学者想象的要多,而国外倾听我们声音的愿望也比我们想象的更急迫些。

最后,也是最关键的一点,与传播理论创新和中国社会扎扎实实的人民民主建设互为表里,中国需要在国内新闻传播制度改革和传播实践中真正落实最广大人民群众的"四权"——知情权、表达权、参与权和监督权,只有这样,中国在国际层面挑战美国信息传播霸权才有底气、有自信和有现实支撑。也就是说,国内传播秩序的民主化和国际传播秩序的民主化必须并行,而且要相互呼应和相互促进。

这里,我们倒是可以参考一下美国的例子。在冷战初期,美国一边在国际上急于显示其自由民主制度相对于苏联共产主义的优越性,一边由于白人种族主义对黑人群体的种族压迫和隔离政策而成了国际舆论的众矢之的。最终，在国际层面赢得与共产主义国家的意识形态冷战的动机，成了美国白人精英阶层回应黑人群体最基本的民权诉求的重要因素之一。同时，也正是由于冷战氛围的限制，黑人民权运动中更激进的社会和经济平等内涵被压制。基于此，美国学者 Mary Dudziak 把美国黑人所取得的民权称为"冷战民权"。我无意把今天中国社会中的阶级与阶层不平等和美国社会的种族不平等相提并论，但是，我相信，中国如能实质性地提高工人、农民等弱势群体的政治、经济、社会和文化地位，在国际上提升自己"软实力"的努力就会事半功倍。

三、如何看待文化商业化问题

《学》：目前，中国的文化产业方兴未艾，政府鼓励支持、企业乐于投入，既有积极的传播效果，也有过于功利的商业痕迹，您觉得这是中国文化的自我救赎还是自我毁灭？

赵：这是一个很大的问题。不过，我不希望从"中国文化"这样一个泛指概念出发，更不希望把中国文化本质化和从当下流行的"去政治化"角度谈文化商业化的影响。从中国古代的哲学思想到汉字，再到"舌尖上的中国"，某些价值观、共同符号和衣食住行等日常生活实践在历史上的沉淀形成了特定的民族文化。但是，如我在上面的讨论中已有所示，我更倾向于从民族和阶级的交互关系角度，以及不同文化在相互交流中产生新的文化的动态社会历史过程中，来看待文化和文化在当下的商业化问题。

从根本上说，如果文化商业化成了主流，那么，资本家阶层资本积累的动机，不管是私人资本还是官僚资本，就主导了一个民族的主流文化。这更意味着，资产阶级的文化品位、价值观和政治意识形态有可能成为这个社会的主导意识形态。这些包括占有性个人主义、拜金主义、消费主义价值观、商品拜物教和有关自由、民主、人权这些看似"普世"但在具体的话语霸权体系中有特定阶级内涵的意识形态迷思等。

对新产生的资本家阶层来说，文化商业化是其得以建立和维护其阶级权力，包括前面所谈到的本阶级和阶级联盟的"文化领导权"的途径。从这个角度来看，这不是中国文化的自我救赎问题，而是一个新的阶级和阶级联盟的"自我形成"，也即从马克思主义意义上的"自在阶级"转为"自为阶级"，并对其他阶级进行统治的问题。

前面已谈及以美国为核心的全球资本的跨国金融化及其在信息和文化产业

中的扩张。当下,美国大片早已在中国抢滩,韩国的一档电视节目在湖南卫视演变为更具商业化的、更迎合城市中产阶级目标受众的《爸爸去哪儿》。当年,《超级女声》和中国自由知识界对其政治意义的一厢情愿的诠释,标志着商业文化和自由主义意识形态在中国的双重胜利;今天,"郭美美现象"则彰显了极度商业化了的中国媒体和网络空间以及文化场的堕落,而某些知识分子在"郭美美现象"上的过分话语投机,则更展示了这一群体希望在任何领域创造一切机遇推行他们自己的"救赎中国"方案的超强政治意识形态动机。总之,文化商业化,也包括媒体商业化逻辑在中国的演绎和深化,不仅意味着资本主义通过在文化传播市场的扩张继续得到"自我救赎",也为资产阶级自由民主意识形态在中国鸣锣开道。

同时,非商业性的工农文化和民间文化被边缘化。在国外,《花木兰》等优秀中国文化作品和其他中国文化元素被好莱坞挪用和糟蹋;在中国都市,不但"无产阶级文艺"和"工人文化宫"已成为过去式,甚至"中国大妈"跳广场舞也因其与小资文化品位相左而不受主流媒体待见,纷纷以"扰民"框架报道这一大众文化现象。在中国乡村,随着一个个村庄的消失或空心化,作为中华文明主要载体的乡土文化在快速消失。连《纽约时报》也在2014年2月1日以"在中国,一旦村庄消失,文化随之消失"为标题表达其痛心疾首之意。

从人类共同体的高度来看,文化和信息产业化及其所支撑的消费资本主义和信息资本主义在创造了过剩的文化和信息消费机会的同时,也深化了经济和社会的不平等以及人类在幸福观、身份认同、意义和人们所赖以生存的生态环境等层面的深刻危机。更可怕的是,这些危机正以颓废、忧郁症、有害食品、公共健康危机、战争、恐怖主义、极端气候等威胁人类共同体。如果超越狭隘民族主义和文化本质主义来理解你的问题,这些就是"自我毁灭"吧。当然,处于世界资本主义体系产业链上的不同国家和这些国家内部有着不同阶级和阶层地位的人群对这些问题的体验是不一样的。

按理说,在中国,教育、医疗等方面的市场化改革所带来的社会恶果已被广泛认知,在价值失序这些文化层面的问题已十分严重的今天,反对文化商业化应该成为中国政治经济和文化精英阶层主流的共识。毕竟,文化事关人与人的关系,事关生命的意义。但遗憾的是,尽管国家在政策指向方面已区分了所谓的文化事业和文化产业,而且最近几年也加强了文化建设方面的公共投入,但是,商业逻辑和资本逻辑在媒体、信息和文化领域的主导地位却更加深化了。更令人担忧的是,信息、媒体和文化领域还发展"支柱产业",进一步由资本主导这些领域被当作克服经济危机的手段。从某种意义上说,这真有饮鸩止渴的意味。

当然，就像中医文化在国外被一些亚文化群体所欣赏一样，在当下的中国，新生代工人的"打工文化"幼苗，也在国家和市场的夹缝中、在城乡接合部以各种传播形态为载体，顽强地开拓自己的生长空间，而在深受市场原教旨主义影响的中国文化教育界乃至媒体界，也出现了新的批判思想和媒体内容。总之，一方面，全球性的文化商业化大潮汹涌，新自由主义作为这一大潮的政治意识形态不但没有在2008年国际金融危机后销声匿迹，而且有以克服危机的名义变本加厉，以更极端的方式卷土重来的可能；另一方面，非商业化的、体现人类共同体团结共享精神，尤其是劳动阶层价值和理想的文化实践和知识实践也在不断萌生，并在与新自由主义文化意识形态的斗争与交锋中成长。

四、"官方色彩"与媒体公信力

《学》：中国媒体的公信力因为其"官方色彩"而被西方社会贬损，但中国媒体也必须受到现有传播体制的约束，中国媒体如何走出这个"两难命题"？

赵：的确，无论是出于意识形态或专业身份认同的动机，还是从与中国媒体在国际话语场上竞争的策略来考量，西方媒体经常拿中国媒体的"官方色彩"说事，进而抨击它们缺乏"新闻自由"。不过，就像"软实力"的魅力不是先验性的一样，"官方色彩"本身也不一定必然没有公信力，不管是相对于"中国社会"还是"西方社会"。

理论上，把媒体与"官方"相对立是典型的西方自由主义"国家—社会"二元对立框架下的迷思。实际上，即使在西方社会，这个框架也不能解释媒体与"官方"的千丝万缕的联系。当然，这更不能解释美国国家对外宣传的"美国之音"在一些国家的亲美和异见人士中的"公信力"。一般情况下，西方国家和媒体不会喋喋不休地拿他们所支持的独裁国家的媒体是否有"官方色彩"说事，更不会贬损这些政权的国际形象。总之，不是媒体的"官方色彩"本身，而是这些媒体的政治倾向性及其所在国的统治阶层与西方统治集团的政治经济利益关系，才是问题的核心。

现实中，就像"中国社会"的意识形态光谱很复杂一样，"西方社会"更是一个非常宽泛的概念。我们往往把"西方"等同为"西方大国"，特别是美国，进而把美国等少数国家中对中国持批判态度的政客和媒体等同于"西方社会"。这更进一步强化了"西方"，尤其是美国统治阶级的"软实力"。

有关媒体本身的话语政治是国际意识形态斗争的一个重要层面。如果因为西方的这一说辞，中国就按自由主义意识形态的设计，在通过深化市场化改革把国家变成事实上的资产阶级国家后，再按这一意识形态某些教条所规定的国家是市场"裁判员"的角色，将国家"中性"化，同时将中国媒体引上由私人资本操控的道路，那么，西方媒体的意识形态攻势在中国就真的很有功效了。

实际上，如果中国的官、学、媒精英真有道路、理论和制度上的自信，那么，媒体的"官方色彩"根本不是个问题，更不用说是个棘手的"两难问题"了。前面我在谈到文化产业化时引入阶级分析的视角，在这里，我再"小题大做"和"上纲上线"一次，从国家的性质，也即"官方"代表谁的角度，回到阶级分析的层面。几天前，有机会读到潘毅教授的一篇文章，讨论如何重新认识"中国革命"和"共产主义"之于当下解放性政治的意义。文中就国家、政党、阶级理论问题引用了毛泽东写于1949年6月的《论人民民主专政》一文，包括他对那些控告"你们独裁"的"可爱的先生们"的如下理直气壮的回应："你们讲对了，我们正是这样。中国人民在几十年中积累起来的一切经验，都叫我们实行人民民主专政，或曰人民民主独裁，总之是一样，就是剥夺反动派的发言权，只让人民有发言权。"我想这段话对我们今天如何面对中国的媒体制度问题应该依然有启发意义。

新中国成立前夕，毛泽东之所以有这样的理论自信，不但是因为有马列主义有关国家的阶级本质的理论武装，更是因为有着鲜明阶级代表性的中国共产党刚刚取得了新民主主义革命的历史性胜利。也就是说，当时的毛泽东，是在一个理论逻辑和历史逻辑相统一的境界中写这篇文章的。展望未来，他所要建立的"人民民主专政"的国家，对人民内部实行民主，对反动派实行专政，套用我们现在谈论的关键词，就是"软实力"和"硬实力"互相结合。

绕了这么个大弯，是为了更全面和更历史地回答你的问题。中国的媒体制度基于共产党的革命传统及其"党报理论"，相反，资产阶级把"新闻自由"定义为媒体相对于政府的"自由"。中外反对"新闻审查"和"网络控制"的话语正是以后者为出发点。如何面对这样的舆论攻势？

与对中国媒体和文化的极度商业化的批判相辅相成，我一直是当下中国媒体的城市中产阶级偏向、官僚资本化，包括被媒体人的经济利益和表达需要所劫持等问题的批判者。当下，中国共产党正希望通过重拾群众路线和反腐保持自己的先进性、纯洁性和执政合法性。作为这些努力的核心部分，中国媒体应该通过去商业化和推进在媒体制度、媒体组织内部管理与分配、日常生产流程与媒体实践各层面的去官僚资本化和民主化，来真正落实最广大的人民群众的"四权"，从而赢得自己在国内外的声誉。这里需要强调的是，媒体民主化意味着被边缘化的群体有机会进入社会话语空间，它不等于商业化，更不等于私有化和"去官方化"，相反，它要求去商业化和更好地落实"官方"的群众路线，使媒体的党性和"人民性"，也即"官方色彩"和"民间色彩"更趋一致。

鉴于现代西方商业媒体制度本身就是与垄断资本主义相配套的社会传播方式，中国如果要坚持社会主义道路，就必然要有自己的制度创新。如我曾引用黄平教授所言，追求"软实力"最重要的不是如何走出去影响别人，而是中国自己得有个被广泛认同的"文化—伦理格局"，"然后广大人民身在其中能自得其乐"。如果不再有成群的工人在接二连三的工业事故中失去生命，如果他们中最受压迫的群体不需通过跳楼自杀来向国家和社会表达他们的绝望，如果一个真正致力于兑现自己立国革命诺言的中华人民共和国，如毛泽东在《论人民民主专政》中所希望的那样，能防止资本主义复辟，以社会主义的姿态屹立在世界东方，纵使其媒体有"官方色彩"，又何妨？更何况，就像当年远在延安山沟里的共产党吸引到了像斯诺这样的西方进步记者一样，在与中国媒体的竞争中，西方媒体不但不会因为其对中国媒体"官方色彩"的贬损而得分，反而还会因为偏见而最终失去自己的公信力。

总之，我以为，在中国媒体的"官方色彩"问题上，出路不应是"去官方化"，关键在于"官方"本身的阶级性质和媒体的阶级立场。不是中国媒体的"官方色彩"的问题，而是一个宣称是社会主义国家的官方媒体，有没有体现"社会至上"的原则和表达最大多数劳动者的立场的问题。

20 探究中国对外话语体系的多重维度

本篇可以被看成是《什么是中国故事的力量源泉》的姊妹篇，从中国话语体系的理论、国际和国内社会历史背景，以及当下和未来发展等多重维度进一步阐述如何讲好中国故事。访谈者姬德强博士时任中国传媒大学国家传播创新研究中心副研究员，现任中国传媒大学人类命运共同体研究院副院长，读博士期间曾于2010—2011年在西门菲莎大学传播学院访学一年，对我的跨文化传播政治经济研究相关文献和背后的理论脉络和学术政治诉求有深入的了解。他的主要著作《数字化中国：有线电视数字化的政治经济学》获第四届全国新闻学青年学者优秀学术成果奖，当下研究聚焦中国国际传播的历史性和结构性特征以及新的互联网平台公司在全球传播权力转型中的角色等问题。

本文作为2012年国家社会科学基金重大项目"国际传播发展新趋势与加快构建现代传播体系研究"（项目编号：12&ZD017）阶段性成果之一，由姬德强署名，以《探究中国对外话语体系的多重维度——专访国际知名传播学者赵月枝教授》为题，发表于《对外传播》，2014年第5期，第13—15页，后被收录在全国哲学社会科学话语体系建设协调会议办公室编的《中国学术与话语体系建构》（社会科学卷）一书（北京：社会科学文献出版社，2015年，第260—266页。）

原文摘要：习近平总书记在2013年8月20日举办的全国宣传思想工作会议上指出，"要精心做好对外宣传工作，创新对外宣传方式，着力打造融通中外的新概念新范畴新表述，讲好中国故事，传播好中国声音"。2013年11月12日通过的《中共中央关于全面深化改革若干重大问题的决定》再次明确要求"加强国际传播能力和对外话语体系建设"[1]。由上而下的"顶层设计"正在关注中

---

[1] 参见《中共中央关于全面深化改革若干重大问题的决定》。

国对外话语体系的建设或者说创新,从而引发了有关"对外话语体系"的学术讨论和社会热议。然而,就中国的"对外话语体系"而言,知其然不易,知其所以然则更难,这需要对世界史,中国史,国际政治、经济、文化和信息传播格局有全面而深刻的把握。基于此,我们专访了国际知名传播学者赵月枝教授,她从跨文化传播政治经济学(transcultural political economy of communication)的宏观框架出发,对"对外话语体系"的多重历史和社会维度进行了解读。

一、世界史与中国:一个大历史维度

姬德强(以下简称"姬"):从国家政策的角度来说,"对外话语体系"建设更多地表现为一种策略或技术问题——如何向世界,尤其是西方讲好"中国故事"成为政府、媒体和部分学者的考虑重点。然而,如果把视野拓展至更长的历史时期和更宏观的国际政治经济和传播秩序,中国的"对外话语体系"则整体表现为一种国际传播话语的"合法性"(legitimacy)问题,从而与特定的价值体系,与20世纪"世界结构"[1]中的中国革命史、社会主义建设史和改革开放进程密切相关。如果建设"对外话语体系"是一项"发展主义"(developmentalism)和"软实力"(soft power)思路下急迫的战略任务,那么我们是否可以说,更为急迫的在于如何从历史和社会维度找寻这种"合法性"的谱系,从而回应您所提出的"中国的挑战"[2]?

赵月枝(以下简称"赵"):是的。如果要回答中国的"对外话语体系"是什么,其"合法性"在哪里,需要首先深刻理解中国与世界的关系在历史中发生了怎样的变化,这决定着中国在世界的位置,以及不同肤色、种族、性别、阶级和国家的世界人民对中国的认知。

在《中国的挑战:跨文化传播政治经济学刍议》[3]等最近发表的相关中文论文中,我主要讨论了两个"历史观"。第一是"世界体系"学者对以西方为

---

[1] 邓正来:《全球化时代的发展传播学·中文版代序》,载科林·斯巴克斯《全球化、社会发展与大众媒体》,刘舸、常怡译,社会科学文献出版社,2009,第10页。

[2] Yuezhi Zhao, "The Challenge of China: Contribution to a Transcultural Political Economy of Communication for the Twenty-First Century," in *The Handbook of Political Economy of Communications*, eds. Janet Wasko, Graham Murdock & Helena Sousa (Wiley-Blackwell, 2011), p. 558.

[3] 赵月枝:《中国的挑战:跨文化传播政治经济学刍议》,《传播与社会学刊》2014年总第28期。

中心的资本主义世界史观的反思，乔万尼·阿里吉（Giovanni Arrighi）和安德烈·贡德·弗兰克（Andre Gunder Frank）等人认为，全球化始于更早（而不是西方资产阶级主导的工业革命及其后续的殖民主义）的历史时期，因此也具有超越资本主义扩张的多样性道路，比如具有"非剥夺式积累"特征的宋朝时中国的市场经济。换句话说，如果我们能超越以西方资本主义的崛起为时间零点的世界史知识框架，那么，讲述"中国故事"的"大历史"，则拥有更为深厚和多彩的土壤。当然，我们也要警惕那种"我们曾经阔过"的本土主义和文化本质主义偏颇。第二个历史观聚焦于20世纪，就中国与世界的关系而言，几个重要的历史阶段值得我们去回顾，这些历史足迹及其遗产给了当下中国对外传播的合法性和解释力。这首先包括以民族（融合的多民族，而非单一民族）独立为目标的新民主主义革命及其与战后世界范围内民族解放运动的关系。发端于这段历史的"国际民族主义"（international nationalism）超越了欧洲的"民族－国家"（nation-state）范畴，以反抗殖民主义压迫、尊重世界各民族的独立和平等为价值依托，形成了广泛联合的第三世界国际主义运动。中国不仅受惠于这一合法性，被非洲兄弟抬进联合国，而且作为该运动的旗手，对战后的世界体系产生了重要的文化影响力。其次是以社会革命为逻辑的社会主义建设与世界范围内反对阶级不平等的社会运动之间的关系。如果我们抛却对"社会主义"（socialism）的标签式和"冷战"语境下的东西方对立框架中的理解，将其定义为"国家垄断和市场扩展中发展起来的社会保护运动"[1]，那么，我们就可以清楚地看到，中国的社会革命和社会主义建设与战后世界，尤其是西方国家的反社会不公正运动之间不仅存在着先天的价值共享，而且有着事实上的相互促进关系。比如，正是中国革命的胜利和中华人民共和国在成立初期的辉煌成就，鼓舞了战后第三世界的民族解放运动的兴起，包括以万隆会议为标志的不结盟运动的展开，而社会主义中国在社会平等方面的巨大成就也使美国对本国黑人的种族歧视政策相形见绌，从而促进了美国民权运动的发展。

姬：正如您所说，这种历史的相关性至今仍然可见，至少有两个例子可以佐证。一个是2013年在国内某著名视频网站上播放的一档网络自制节目。一对年轻的中国夫妇以游客身份来到战乱中的索马里，偶遇当地一剧院（中国政府援建）的守护人，是一对年过花甲的老夫妻，他们用中文对两个中国旅客说"中

---

[1] 汪晖：《"新自由主义"的历史根源及其批判——再论当代中国大陆的思想状况与现代性问题》，《台湾社会研究季刊》2001年6月第24期。

索人民友谊万岁"，并情不自禁地唱起了《北京的金山上》，跳起了藏族舞蹈。[1] 作为观众，我们可以看到至今为止这一"国际民族主义"强大的生命力。另一个案例是始自2011年的"占领华尔街"运动。当身处世界金融资本主义腹地的抗议者高举中国国旗的时候，我们至少可以认为，只要是在资本主义失灵或失败的地方，社会主义就会出现[2]。

赵：可以这么理解。因此，我们不能搞历史虚无主义，否定中国革命的历史及其对世界的进步意义。如习近平总书记所说，我们更不能把新中国前30年的历史与后30余年的改革开放割裂开来[3]，这对当下建设中国"对外话语体系"至关重要。那么，第三个阶段就是我们正在经历的"改革开放"。不可否认，伴随着与全球资本主义市场的接轨以及由此导致的社会结构转型，这30年来中国的意识形态和文化领域发生了巨大的变化，"对外话语体系"的建设需要充分考虑这一市场化为导向的资本扩张逻辑与中国特有的社会主义建设历史逻辑之间的复杂张力[4]。就"对外话语体系"的合法性而言，国际方面，承接欧美发达资本主义国家的"霸权接力棒"[5]，崛起成为新的霸权不仅是不现实的，显然也是包括西方在内的整个世界体系所无法容纳的。更重要的是，这个以侵略他国和过度消费地球资源为基础的称霸世界的"零和游戏"与国际社会主义运动要秉持的建立更平等和公正的国际体系的原则是水火不相容的。从国内出发，如何将不断分化的社会结构、不断加剧的社会不公、不断隔离的城乡和身份差距、不断出现危机的生态系统、对可持续发展的艰难诉求与崛起中的富裕阶层及其国际化想象通盘考虑和检视，将成为"对外话语体系"建设的重要课题。这不仅涉及未来中国的道路选择问题，而且事关一个建立在民族解放和社会革命基础上的人民共和国对中国人民和世界各国人民的庄严承诺。

---

[1] 参见优酷出品《侣行（第1季）》之"恐怖之都：索马里"。

[2] 参见 Chun Lin, "The Socialist Economy: Step Forward or Backward for China," *Science & Society* Vol. 73, Issue. 2, ISSN 0036-8237, Date 04/2009, p. 234.

[3] 可参见习近平关于"两个不能否定"的论述。

[4] David Harvey, *A Brief History of Neoliberalism* (Oxford: Oxford University Press, 2005), p. 180.

[5] 相关论点参见赵月枝：《全球传播研究的新范式：多维历史性分析及去殖民化知识建构》，转引自胡正荣等主编《国际传播蓝皮书：中国国际传播发展报告（2014）》，社会科学文献出版社，2014，第11-30页。

二、民族国家、种族与阶级：交织的社会维度

姬：是否可以这样理解，"对外话语体系"建设需要在国际格局和历史谱系中，充分考虑"国际民族主义"、"社会主义"和"发展主义"三者的相容或互斥关系，从当下世界最大多数人民所公认的合法性或价值的"最大公约数"出发，去塑造中国的国际传播角色？

赵：如果从简单的"国家"角度出发，如何协调以上这三者之间的关系，的确是个关键问题。在一个我称为"危机与全球权力转移"[1]的历史时刻，崛起中的中国及其对外传播有可能为世界塑造新的价值或合法性标杆。

但是，"对外话语体系"或者笼统地说"国际传播"则需要涉及更多的维度。如我刚才提到的，"国家"（state）这一概念与"民族"（nation）、"种族"（race）和"阶级"（class）等范畴密切相关，它们共同塑造了每一个国家的内外文化的特质。

姬：可否请您在"全球权力转移"的背景下，简要分析一下构成现代国家的这些维度将如何影响中国的对外传播话语？

赵：首先，我们有必要认识到，尽管与当下普遍存在的多民族国家世界现实相去甚远，西方意义上的单一"民族－国家"（nation-state）逻辑至今在国际话语中还是个主导概念。基于这一概念的中心叙事起源于欧洲，它所关注的是单一民族国家及相互之间的权力平衡关系。更重要的是，由于在欧洲，现代民族国家的形成过程是与资本主义扩张的历史重合的，民族国家的逻辑也就是资本主义国家的逻辑。然而，中国的情况不同。第一，中国是一个多民族国家，其内部的多元复杂性使得任何一种以单一民族身份或想象为前提的对外传播努力（特别是在发展主义的框架下）都无法讲清楚中国故事。第二，也是更重要的，如我在《中国的挑战》一文中引述其他学者所论，作为一个自觉实体的中华民族是在近现代争取民族解放和社会平等的革命中产生的，离开了中国近现代的革命历史，中华民族就无法叙述中国故事。所以，中国故事就必然是一个超越单一民族，尤其是超越汉民族中心主义的民族融合、民族平等和各兄弟民族在社会主义的框架下追求社会解放的叙事。任何或明或暗的单一民族中心主义的叙事不但会强化西方的单一民族国家框架及其资本主义扩张逻辑，而且会

---

[1] Yuezhi Zhao, "Communication, Crisis, and Global Power Shifs: An Introduction," *International Journal of Communication* 8 (Jan. 2014): 275-300.

为民族分裂主义提供话语空间。第三，斯诺登事件所引发的国家间"信息间谍"行为日益浮出水面。这一冷峻的事实给欢呼信息全球化的世人注入了一针清醒剂，它所暗示的是，如果仍旧坚持"国家主义"（statism）的立场和视角，那么国际传播依旧是一个"零和游戏"，或者如美国前国务卿希拉里所说，是一个正在进行中的"信息战争"。在这个意义上，中国的对外话语体系，不仅需要超越单一的"民族－国家"认识框架，而且有必要超越西方意义上的资产阶级国家所体现的资本扩张逻辑。也正是在这个意义上，我们需要超越对"文化帝国主义"（cultural imperialism）批评的简单化的和从文化民族主义立场的理解。实际上，如我多次在文章中强调，更为深刻的"文化帝国主义"批判理论包含了对跨国资产阶级统治的批判，也就是说，批判西方文化霸权，尤其是美国"文化帝国主义"的目的，不在于建设别国的"文化帝国主义"，即发展后发国家自己的资本主义文化霸权（以中国的"好莱坞"替代美国的好莱坞），而是防止在新独立的后殖民国家产生新生的资产阶级文化，从而把这些国家纳入全球资本主义发展的轨道。

其次，"种族"与"民族"在汉语中一字之差，在现实中的含义却相去甚远。如果我们把世界现代史部分地归结为资本主义发展和扩张的历史，那么以下洞见便切中其要害，即资本主义的生存通常依赖于殖民和种族主义剥削以及由此延伸的种族文化霸权，这就是白人种族主义。今天，我们不但要认识到这一种族歧视的存在，敢于在国际话语场中旗帜鲜明地反对各种形式的种族歧视，而且更要警觉中国自己的叙事是如何被这种白人种族主义逻辑所构建，甚至在自己的话语中包含"逆向种族主义"逻辑的。比如，在我们的媒体中，有多少被西方话语框架所影响而不自知的报道？在我们自己的学术中，又有多少唯西方学者马首是瞻，甚至是"逆向种族主义"的现象？比如，当某大学领导得知自己学校一位教师是跟我做访问学者时，居然质问他为何不师从一位"真正"的西方学者，难道我是假的？当下，由于旷日持久的经济危机，在欧美和其他地区出现了日益极端的种族主义言论，面对这一现象，中国叙事必须以鲜明的反种族主义立场赢得国际话语场中的道义制高点。回到前面关于不能隔断历史的观点，实际上，在这方面，从支持美国黑人的民权斗争到支持曼德拉的反种族隔离抗争，新中国前30年在国际话语体系中有非常正面的历史遗产值得我们今天去清理和继承。

再次，改革开放的宏观经济崛起所伴随的是不断分化的社会结构，中国的这一社会分化过程在诸多新兴经济体中具有代表性，在这个意义上，中国的对外话语体系具有怎样的阶级代表性将成为一个核心议题。不管是从经济回报还是自身的社会地位认知出发，中国媒体更多地将注意力投向国内外的中产以上阶层，关注其工作生活经验，而且把中产精英，包括许多具有跨国身份的成功人士，当作"国家形象"推向世界。同时，我们看到，某些国际媒体则通过个别有选择的报道把自己塑造成中国国内底层群众的代言人。比如，与中国在美国时代广场的以姚明等"成功人士"为主体的国家形象片相左，美国《时代》周刊就曾经把中国这一世界工厂中的一线工人搬上了其"封面人物"的位置。一个有社会主义宣称的国家，在对外的国家形象中忽视了这个国家宪法中的基本政治权力基础的工人、农民，而西方的资产阶级媒体却俨然成了中国工人阶级的代言人，这无论从哪个方面讲都是匪夷所思的。因此，社会分化背景下的中国对外话语体系，一方面要向世界全面讲述自己的成功故事，尤其是大规模的具有世界意义的脱贫和社会建设领域的相关成就，另一方面更应该直面改革所带来的社会分化过程，尤其是从公平、正义和可持续性发展的角度更多地关注改革与下层群众福祉的增进问题。更重要的是，如果要使"中国叙事"有世界意义，就要鲜明地站在本国和世界范围内最大多数人民的立场之上，也即"99%"的立场上，对任何已经和可能剥夺最广大民众的权利的社会结构进行批评，从而使"中国叙事"真正获得具有普遍意义的对外传播的话语合法性。

三、国际传播新秩序与中国的角色

姬：正如您所说，中国的对外传播和话语体系建设，需要超越一系列简单化的认知框架，比如"民族－国家"中心叙事，从而在历史和国际背景下，寻求更为扎实和具体的"新概念新范畴新表述"，以及更具普遍接受力的合法性来源和价值谱系。值得一提的是，所谓"新"和"旧"往往是相对而言的。彼时的"旧"往往对此时来说是"新"的，这是严肃的历史分析给我们展示的辩证法，而您刚才所论说的中国与世界关系的历史恰恰印证了这一点。也许，"对外话语体系"建设的根基不在"进化论"和"发展主义"意义上的单向度学习（比如西方）和创新，而是从具体的政治经济和文化权力关系出发，找寻更长历史时期内的"元话语"及其在不同时间点上的具体表述。

赵：是的。纵观20世纪至今的世界史，尽管国际政治局势风云变幻，全球市场格局波诡云谲，意识形态领域从"冷战"时期的对立到"后冷战"时期的"历史终结论"，再到如今的新自由主义霸权的危机，变化不可谓不深刻、不迅速，但这都是世界资本主义的内在矛盾在国家、民族、阶级和种族等不同层面的复杂交错与演绎的结果。建设中国的"对外话语体系"需要将具有民族、种族、阶级、性别、城乡等多重维度的中国放在世界史和世界体系的框架内加以综合考虑,从中国革命史、社会主义建设史和改革开放史中找寻与世界对话的复杂谱系,从而为当下的理念和实践创新提供源源不断的经验财富。

姬:回到文首提及的《中国的挑战:跨文化传播政治经济学刍议》一文及其主题,我们是否可以说,中国的对外传播话语并不是要挑战旧霸权,建立新霸权,而是要"超越"或"转化"既有的包含多重维度的不平等的国际信息和传播格局,正如不结盟运动所努力的那样?

赵:的确如此。不过,回到前面所说的不能割断历史和陷入历史虚无主义的泥坑警示,在这里,我们在强调不结盟运动所追求的更平等国际传播秩序的遗产的同时,不应该遮掩甚至遗忘马克思主义话语体系和国际共产主义运动对于改变世界传播秩序和话语体系的贡献。也就是说,当我们在时间纬度上讲不能把前30年和后30年割裂开来的时候,我们也不能在空间纬度上把中国国内和国外的经验割裂开来,"虚无中国"作为二十世纪国际共产主义运动主要实践者的角色和贡献。当然,就像我们要汲取前30年在探索社会主义道路方面的国内经验教训一样,我们也要汲取这一探索在国际关系和国际传播方面的经验教训,唯有如此,才是全面的、辩证的和有中国立场的国际传播历史观,而这也正是我参与创立"跨文化传播政治经济学"并把这个命题定义为"中国的挑战"的要义所在。这个框架所强调的不是通常意义上的不同文化间的沟通,而是在不平等的世界体系中不同政治经济体系的碰撞以及在此过程中的"一种社会体系的动态转型与历史性演变"[1],因此需要全球视野和对不同文化之间多种维度的全面和精到的考察。与在西方曾经流行一时的以为世界历史将终结于资本主义自由民主制度的"历史终结论"相反,历史不但是开放的,而且包含着人类解放和同时作为这种解放的一部分的民主与公正的全球传播秩序的不懈求索。在这个上下求索的过程中,中华民族曾经有过历史性的巨大贡献,而且必将做出更大的贡献。

---

[1] 赵月枝:《中国的挑战:跨文化传播政治经济学刍议》,《传播与社会学刊》2014年总第28期,第156页。

21 环境传播：历史、现实与生态社会主义道路

2012—2013年间，本人作为国际性高层政策咨询机构中国环境与发展国际合作委员会(China Council for International Cooperation on Environment and Development, CCICED，中文简称"国合会")的三位外方专家组成员之一，参与了一项题为"促进中国绿色发展的媒体与公众参与政策"专题政策研究，对中外环境与传播问题进行了一系列调研。基于从传播政治经济学角度研究环境传播的重要性的认识，本人邀请当时正在做环境传播博士论文的中国传媒大学博士生范松楠通过"联合培养"项目到西门菲莎大学访学。此访谈为范松楠2014年在温哥华访学期间所做，旨在围绕中国与全球环境传播问题实现从传播政治经济学到跨文化传播政治经济学的学术创新与转型。作为一个批判性的跨文化传播研究宏观框架，跨文化传播政治经济研究不仅会为环境传播这一国内新兴传播学分支领域注入新鲜持久的活力，还意味着需要把中国的环境传播实践置于历史与现实、中国与世界的互动关系中加以考察。在这个基础上，我阐述了"只有生态社会主义才能救中国与世界"的立场。该访谈发表于《新闻大学》，2015年第1期，第1—7页。范松楠，博士，现为北京城市大学副教授。

范松楠（以下简称"范"）：赵老师，您好！2013年11月，您在旧金山UDC（民主传播工会）的"达拉斯·斯迈思"奖（Dallas Smythe Award）获奖演讲中谈到三个很有意思的口号："只有社会主义才能救中国"、"只有中国才能救资本主义"以及"只有生态社会主义才能救中国与世界"。您能对此进一步说明吗？

赵月枝（以下简称"赵"）：好的。这三个口号指涉不同的历史时期，但彼此间又有一定的历史承接关系。"只有社会主义才能救中国"是针对中国的近现代革命历史而言，是被普遍认可的。然而，对革命后到改革开放前的30年是否以及在多大程度上是社会主义一直存在不同的声音。对此，中国官方强调前

30年和后30年不能分开，前30年是对社会主义的一种探索。在学术界，虽然一些西方中心主义者或托派学者否认中国曾经发生"真正"意义上的社会主义革命，但也不乏像林春这样一直坚称中国当年的实践就是一种社会主义实践的学者。尽管有很多问题，前30年的国家建设在工业基础、基础教育以及医疗卫生等方面取得的成就是有目共睹的，并且为后来的改革开放奠定了基础。这些都是在"社会主义"的名义下取得的。

"只有中国才能救资本主义"是一个稍显夸张但形象的表述，反映了改革开放后中国与世界资本主义的关系。西方福利资本主义在1970年代遭遇了政治、经济、文化等多方面的深重危机，其应对危机的方法是新自由主义经济。中国在1970年代末实行的改革开放恰好迎合了西方以资本积累的空间扩张来缓和危机的历史趋势。不断上涨的工人工资和日益严格的环境法律极大地提升了资本主义国家国内的生产成本，在这种情况下，急于向外转移的跨国资本选择了与中国便宜的劳动力和尚未建立起健全环境管理机制的生产环境相结合。从这个意义上来说，中国改革开放30年形成的一个客观结果就是从危机中拯救了资本主义。丹·席勒指出，西方克服自身危机的两个增长极分别是中国与信息产业，与此相关联，资本主义金融化更是克服1970年代危机的重要手段。但无论是信息资本主义还是金融资本主义都与中国这个地理空间密不可分。无论是中国已经成为世界加工厂的现实，还是信息资本主义中中国作为核心增长点，抑或是中国在全球金融资本主义中的角色，都表明了"只有中国才能救资本主义"这一客观世界历史事实。换言之，在过去的30多年间，没有任何一个国家或地区像中国这样对资本主义的扩展和延伸起到了如此重要的作用。当然，除了中国在经济层面上延续了资本主义生产方式，改革开放以后中国经历的意识形态转型和对社会主义信心的普遍失却相当于默认了资本主义意识形态的胜利。

"只有生态社会主义才能救中国与世界"则是针对当前全球资本主义危机、生态危机以及中国自己的内部危机，我所提出的未来式的口号。相对于"只有社会主义才能救中国"，它是否定之否定和从中国层面到世界层面的飞跃。2008年，资本主义国家再次爆发危机，同时，气候变化等环境问题也成为全球热点，与世界已经结为一体的中国不可能在这种全面危机中独善其身。2008年的金融危机虽然没有给中国带来像其他西方国家那样恶劣的影响，但由于中国早已卷入全球资本主义劳动分工体系，且其长期依赖的出口导向型经济必然受制于衰落的西方经济，加之国内早已出现的生产过剩、消费不足等问题共同促成了中国经济领域的困境。不仅如此，30年来的发展也造成了中国社会、文化、意识形态、民族等多领域的困境。

此外，中国另一个重要的危机表现在生态环境领域。中国卷入全球经济的过程是以便宜劳动力和环境资源为代价的。由于缺乏严格的环境监管体系，在卷入全球经济的过程中自然的禀赋被破坏了，出现了水污染、空气污染、土地污染、能源衰竭等问题。这种生态危机与其他社会危机交织，产生了近年来越来越频发的环境抗争。所以，在中国与世界已经结为一体的语境下，克服上述种种危机的路径只能是生态社会主义。生态社会主义首先意味着要重新思考整个社会的生产目的，从以往的发展主义转向满足广大人民群众的物质和文化需求；其次，消费资本主义发展至今已经到了地球无法承载的地步，它的不可持续性是不言而喻的。在全球层面上应对由资本主义造成的包括生态问题在内的种种危机非将社会主义与生态考量结合起来不可，正是在这个意义上，我说，"只有生态社会主义才能救中国与世界"。在我看来，中共十八大有关中国应该追求政治、经济、社会、文化、生态"五位一体"协调发展的表述，跟生态社会主义的理想就有共同之处。可以说，追求这样一条实现"五位一体"协调发展的道路，就必然要走生态社会主义的道路。

范：您在《全球传播研究的新范式：多维历史性分析及去殖民化知识构建》中提到了工业资本主义和信息资本主义对生态的破坏。前者似乎很好理解，后者您能进一步解释一下吗？

赵：这需要我们打破对信息社会的认知迷思，即认为信息社会超越工业生产，与工业生产以及资源能源消耗无关。通常认为电子化存储会减少纸张的使用，但已有的研究证实电子化存储媒介不仅没有减少反而提升了纸张消费量，即无纸化办公悖论。事实上，任何一款电子信息承载品都是经过工业流水线生产加工出来的，其间伴随着原材料投入与资源能源消耗：苹果手机的元器件材料——钽金属，一度来自非洲刚果民主共和国，这种稀缺金属被称为"冲突原料"，因为购买它的资金被用于资助非洲的暴力武装组织；另外，电子信息产品都需要电能，互联网巨头谷歌拥有耗能巨大的服务器农场，它的数据中心2011年的耗电量达到全球耗电量的1%；再者，电子信息产品产生的有形垃圾污染和无形电磁波污染都会对生态环境和人体健康产生危害。有研究指出，全球70%的电子垃圾最终流向了中国。而且电子产品在设计时就植入了达拉斯·斯迈思所说的折旧和破损性能，加速了电子产品转变为电子垃圾的速率。还需要强调的一点是信息资本主义社会本身是极端的消费社会，信息被设计成督促人们更多、更好、更快地消费工业资本主义生产的物质财富的催化剂。因此，信息资本主义本身非但不会消除污染问题，反而会加深生态危机。虚拟世界其实没有脱离物质世界。

范：环境传播在我国还是一个刚刚兴起的传播学分支领域。作为传播政治经济学方面的国际著名学者，您认为传播政治经济学会给这个新领域注入怎样的活力？

赵：既然传播政治经济学是一个始终关注资本主义体系产生、发展、危机以及如何克服危机的整体性、系统性的研究思路，那么，环境问题就不可能被这种总揽性的研究思路忽视。首先，马克思和恩格斯的著作中包含大量有关他们生活时代的生态和自然问题的论述，如《政治经济学手稿》《资本论》《反杜林论》《自然辩证法》等。霍华德·帕森斯（Howard L.Parsons）的《马克思和恩格斯论生态学》总结了马克思和恩格斯纵然不尽详细却明确的生态立场。但是，历史上作为传播政治经济学思想资源之一的西方马克思主义出于对科学社会主义的排斥心理有意避开或放弃了对自然问题的关注，认为辩证法只能应用于社会与历史，不能应用于自然领域。对此，生态马克思主义的学者，如约翰·福斯特（John Bellamy Foster）不仅指出了西方马克思主义的这一局限，还证明了促使自然辩证法在西方马克思主义传统中的问题地位的乔治·卢卡奇（Georg Lukács）同时也是对彻底抛弃自然辩证法持坚决反对立场的学者。卢卡奇甚至在1920年代中期，即《历史和阶级意识》完成几年后，就表现出了对自然辩证法认识的转变。其次，传播政治经济学的另一个思想来源，即北美批判传播学，一直保持着关注生态环境问题的传统，比如，西门菲莎大学的批判传播学学者、马尔库塞的学生威廉·雷思（William Leiss），在他的颇有影响的论著《主宰自然》中，就批评了包括马克思主义在内的西方现代性中控制/统治自然的思想。再次，在传播政治经济学内部也不乏关注环境问题的学者，比如，达拉斯·斯迈思很早就展开了对消费资本主义的批判，而这种批判的落脚点除了人生活的意义就是资本主义对生态环境的破坏。最后，具有生态视野的传播政治经济学有助于克服传统传播学在环境议题上的工具理性导向。它能够使环境传播超越具体情境下的应用层面考量，转向反思环境传播与现存的政治经济结构之间的关系这一基本层面，思考重新定义人生活的意义以及人与自然之间关系的传播形态。简而言之，环境传播这个领域如果没有传播政治经济学高屋建瓴的思想高度，就不可能会有强大的生命力和影响力，只有传播政治经济学能突破环境传播领域中"就环境谈环境"的窠臼，将环境传播与可持续发展的生态社会主义道路相结合。

一、中国与世界、历史与现实

范：环境正义运动是美国20世纪70—80年代出现的以低收入群体和少数族裔为诉求主体，侧重于环境领域的经济正义和社会正义等诉求的进步社会运动。环境正义思想后来不仅在西方社会内部流动，甚至还延展至亚洲、拉美等地区。1970年代印度出现了由当地妇女组织并领导的反抗伐木商的"拥抱树木运动"，巴西的割胶工人和当地居民则一起抵制破坏雨林的大地主的利益。近些年，受气候变化的影响，发生在太平洋岛国、亚洲、南美等地区的气候正义运动构成了环境正义运动的新的组成部分。无独有偶，近年来，我国也出现了类似运动，但其主体构成更为复杂。您有着多年的海外生活经历，能否谈一下，中西方对环境正义的追求存在何种关联性？

赵：就我在北美的生活经历而言，由原住民引领的对抗政府和大型公司开采他们土地上资源的运动成为西方环境正义运动的新类型，比如加拿大的"不再懈怠运动"。原住民的自我定位是自然的保管者，他们的传统文化中没有征服自然或资源私有化的理念。原住民的抗争无论是在意义上还是规模上都更具有挑战性，包括对资本主义生产/生活方式的批判，而且包含着重新定义人与自然关系的立场。它与上述你讲到的早年环境正义运动反对向生活环境中倾倒污染物不同，而是直接挑战到资本主义生产方式、资源的拥有权以及人类与自然的关系等本质问题。

中国近些年来备受瞩目的是由城市中产阶层发动的"邻避运动"。此外，农民追求环境正义的抗争也是显著的。以垃圾问题为例，城乡接合部或者更边远的地区成为垃圾处理的首选地点，这些地方又常常是产生有毒污染物的工厂聚集地，这就必然会破坏生活在此的农民的生活环境。此外，农民的生产资料，如土地和水资源，在工业化的发展过程中也被大量污染，农民正是为了保护自身的生活环境和生产资料才展开环境正义的抗争。再者，在各种征地矛盾中也包含着环境正义的诉求。农民的土地被剥夺征用除了改变甚至恶化当地的生态环境，往往伴随着土地权益分配不公的现象，在这种情况下，农民的抗争表现出同时反对征地造成的经济非正义和环境非正义的特征，所以，中国农民对环境正义的追求始终是与经济正义结合在一起的，并且成为社会分化与阶级抗争的有机组成部分。

随着中国农民日益成为环境正义抗争的主体，我认为有必要澄清认为农民落后，缺乏环境意识的错误认知。云南地区长期存在被视为破坏生态平衡的刀耕火种的生产方式,但有研究显示,正是适应当地独特生态环境的刀耕火种保障了当地农业生态系统的良性循环。2013年春,在参与一项由中国国际环境合作发展委员会主持的环境传播政策研究时,我采访了家乡的一位老村主任。他开门见山地指出:"如果再这样下去,这个地球要灭掉了!"这番出自普通老农之口却与出自科学精英的环保经典作《增长的极限》有内在一致性的话语表明了农民对环境的认识已经上升至对不可持续的生产生活方式的总体批判。农民并非如某些中产阶层学者认为的"尚未解决温饱,不具备环保理念",相反,他们与土地/自然保持着世世代代的直接的经验联系。在与土地日复一日的亲密接触中,一种朴素的、直觉的保护生态环境的理念早已根植于他们对人与自然的认识中,对于他们来说,解决生计的"吃饱"问题和维护生态的"环保"问题从来都是不可分的。这与和自然缺乏真切联系的城市中产阶层所持的将自然视为旅游观光的物化对象的消费主义立场截然相反,这种质朴的环境观与上述西方原住民反对进一步开发土地和资源的诉求遥相呼应,他们都在试图重新定义人存在的意义、人与自然之间的关系。从农民身上体现出的环保能量以及在追求环境正义的抗争中表现出的革命性来看,中国农民可以构成约翰·福斯特(John Bellamy Foster)所说的"环境工人阶级(生态农民阶级)"。如何将西方原住民、中国农民、城市中产阶层的环境正义诉求结合起来是环境传播需要关照的。

范:就环境正义诉求而言,历史上有相似的举动。据《人民日报》记载,环境议题在20世纪六七十年代曾经是中国联合第三世界国家力主建立国际政治经济新秩序的出发点。但同一时期,媒介借助"人定胜天""愚公移山"等口号进行广泛的政治动员,中国掀起了围湖造田、毁林开荒、大炼钢铁、除四害等破坏环境和生态的运动。该如何理解这种看似矛盾的既追求环境正义又破坏生态环境的话语与实践呢?

赵:环境议题曾被作为建立国际政治经济新秩序的出发点意味着当今气候变化的协商框架是有着历史渊源的。换言之,早在20世纪六七十年代,中国在发展中国家环境问题产生根源的认识上就已经达到把这个问题与不平等的世界政治经济秩序相结合的高度。

对于当时国内的多项破坏生态环境的运动则应该秉持在批判的同时对其抱同情之理解的历史态度。一方面,需要承认,当时这些运动确实给生态环境造成了负面影响。究其原因,首先是指导当时社会实践的思想受到了主流马克思主义征服自然观的影响,"人定胜天"这个口号就是这种意识的集中表现;其次,我们不能忽视"从启蒙运动中继承下来的态度,即自然应当用来满足人类的物质利益,以及人类生存不可避免地与一定量的杀戮和自然开发相联系这一事实";再次,中国发起上述种种环境敌对性运动与当时中国遭受到的内外压力密切相关,这其中不仅有短缺经济、人口增长以及实现工业化等来自国内的压力,更有"冷战"背景下的西方封锁以及1960年代中苏关系恶化等国际压力。如果将这些运动放置于当时的历史情境下,不难发现,这些运动带有向自然索要发展空间以求突破外围压力的被动性。从这个角度来看,以当今环境意识中流行的生物平等主义或环保主张为标准批评几十年前人们破坏生态环境的作为,则犯了削足适履、苛责前人的错误。

范:更何况这些运动并非完全是一无是处的,比如除四害运动就大大改善了当时的卫生条件。

赵:是的。另一方面,中国在20世纪六七十年代除了出现上述这些破坏环境的运动,还保留着大量生态友好型的本土生产生活实践。在农村,农民还广泛使用农家肥、种植绿肥,并利用动植物之间相抵相克的生物特性来灭虫害;在城市,人畜粪便以及生活垃圾以各种方式回流到农村以促进地力。这样不仅解决了今天城市建设中令人头痛的垃圾问题,更形成了一种和谐的城乡关系,堪称马克思意义上的人与自然之间良性新陈代谢关系的体现。由此可见,当时的中国具有一种内生的现代化努力。遗憾的是,部分由于缺乏自信以及西方资本主义现代性对知识分子的强大影响,部分由于"冷战"中西方的大力宣传和消费主义生活方式的胜利,部分由于对所谓"先进科学技术"的迷思,疯狂追逐GDP(国内生产总值)的发展思想最终挤占了各种生态友好型的生产生活实践的存在空间。这些趋势在改革开放时代从生产方式到社会生活层面得到了前所未有的张扬。

范:中国当前的环境问题困境可以分为国际国内两个层面。国际上,中国是第二大碳排放国家,面临很大的减排压力,但它对国际能源与原材料的需要又是巨大的。在国内,虽然自2003年以来,中央开始提出一套新的发展话语来改变对以社会发展以及环境可持续性为代价的经济增长模式的狭隘追求,但经济增长与环境保护之间的矛盾依然存在,尤其是在欠发达地区。您认为这种形势给中国的环境传播提出了什么样的挑战?

赵:中国当前的环境问题困境是需要放置在国际语境下考虑的。中国的碳排放量巨大与它的发展模式相关。中国作为世界加工厂,在完成世界性生产任务的同时自然也释放出相应份额的碳排放,只是这些碳排放都集中在中国境内。换言之,在资本主义生产全球化,也即前面所指的"只有中国才能救资本主义"的时代,中国从事的世界性生产所带来的碳排放是资本主义生产外部性的组成部分，但这一点尚未被当前国际上使用民族国家作为分析单位来要求各国承担减排责任的媒体话语框架所揭示。

在这种情况下，国际层面的环境问题还需要在中国境内解决，解决方法的核心就是改变原有的生产方式。对此，有两条道路供中国选择。其一就是改变中国在国际劳动分工中加工代理人的地位而力争成为劳动分工的上游，从而选择传统西方道路，即将产能转移到其他国家与地区。这一道路既是资本主义发展不平衡导致的，又是资本主义逻辑的必然延伸。作为一个备选项，中国这一宣称坚持走社会主义道路的最大的发展中国家，需要审慎思考这条道路在国际上能不能走通、能走多远。其二是彻底放弃中国作为西方资本主义投资生产的加工工厂角色，走一条可持续的生态社会主义道路，发挥中国作为一个发展中大国的优势，在与西方消费资本主义和金融资本主义抗争的同时，引领其他发展中国家走向生态社会主义的道路。这条道路通过促使人们思考生产为谁服务、生产什么以及如何生产，激发对消费主义生活方式以外的另类生活的想象，带动生产方式的转型。这条道路不仅不会产生严重的环境问题，还会减少中国对外国资源和原材料的巨大需求，避免走上像美国那样严重依赖中东石油的帝国主义老路。不难想象，它的革命性必然会触及西方跨国资本主义、国内新自由主义知识分子以及出口导向产业等的既得利益，从而加大实现难度，但如果因此放弃这条道路则意味着自然的无情报复，而这种报复的暴力性和残酷性不见得比一般社会抗争的流血牺牲来得轻。向这条生态社会主义道路进军意味着社会价值要被重新思考和定义，这正是媒体、知识分子以及刚刚兴起的环境传播需要面对的挑战。

中国国内的环境问题已经为中央政府重视，2003年后提出"和谐社会"和"科学发展观"等正是对之前牺牲环境和社会发展，单纯追求经济增长的发展模式的反思。但经济增长的压力往往成为环境保护的阻力，这点在所谓的欠发达地区尤为明显。"发达""欠发达"这类话语本身就是发展主义框架的产物。当一个地方被冠以"欠发达"的名号时，它就已经预设了该地区要在经济发展上奋起直追的不二选择。所以，环境传播有必要突破这套话语结构，为界定"发达""欠发达"注入新的内涵。

一些地区之所以被视为"欠发达"的，正是因为它们没有走上工业化道路，保留了相对完好的生态环境。我们有必要吸收西方国家以及中国境内发达地区已经出现的"先污染，后治理"的教训，促使这些地区直接进入生态文明阶段。在政策层面，建立起用于补偿生态环境资源的交叉补贴或转移支付机制；在话语层面，除了上述提及的重新定义发达与否的标准，还需要建构起与当前形成环境问题且制约环境问题妥善解决的消费资本主义相抗衡的话语体系。西方资本主义国家自1970年代末起不但把能源开采和生产转移到第三世界，还把消费完的垃圾也非法转运到第三世界。比如，广东省不但集中了大量为世界市场而生产的电子工厂，还是世界电子垃圾的重要处理地。相似的逻辑与实践在中国境内的发达地区和欠发达地区同样上演着，比如中、西部省份开采石油、煤炭等资源供给东部省份的经济发展，乡村的劳动力被吸引至城市摩天大楼的建筑工地上。这种不平衡的经济发展造成部分中、西部地区的经济衰落和生态环境的恶化。实现环境的可持续发展需要终止这种不平衡的经济发展，这意味着所谓的发达地区不能靠继续剥夺不发达地区维护自己的发达地位。既如此，就需要环境传播担负起挑战维系原有经济不平衡发展关系的发展主义和消费主义话语的任务。现在，在我老家所在的浙江丽水的高速公路边和山区村庄里，"绿水青山就是金山银山"这样的口号随处可见。这是个很好的开端，但要挑战整套发展主义意识形态及与之互构的发展主义逻辑，谈何容易！

二、社会制度、市场与技术

范：目前出现一种认为集权制比民主制在实施绿色政策、应对全球环境危机方面更有效的论调。对此，您怎么看？

赵：这个问题可以从两个层面来分析。首先，就环境治理的有效性而言，民主制和集权制不应该被抽象地理解，它们并不是问题的核心，相反是政权的性质或者政治经济制度的组织形式和目的决定了环境治理的强度和有效性。民主制和集权制都能够保护或破坏环境。"二战"后，西方的资本主义自由民主制迫于本国环境运动的压力，曾建立了比较严格的环境质量监管体系，但在当今全球环境危机面前，随着资本势力日益强大和公共权力被石油等强大资本集团所绑架，这种资本主义自由民主制已经失灵。此外，"西方民主制不利于环境治理"在一定意义上是个伪命题，因为现实存在的西方民主制本来就是被资本主义这一政治经济制度所局限的，它并不挑战资本主义生产方式。从这个意义上说，并不是民主制本身不利于环境治理，而是在特定西方语境下不断被垄断和跨国集团利益抽空和钳制的资本主义自由民主制才是阻碍环境治理的根源。在中国，只有大多数民众对环境的认知转变为国家意志，而且国家政策不被发展主义话语所左右或被与环境污染相关的中外资本和官僚部门利益劫持时，才有可能出台并执行严厉的环境治理措施。

其次，沿用民族国家的分析框架来争论民主制和集权制在环境治理方面的优劣会忽视当今环境问题的全球性特质。从当今西方发达国家的环境状况普遍较好的现实出发，容易产生一种这些国家已经解决了环境问题的错觉，这种错觉与西方民主制在解决其环境问题时发挥过效用是相关的。20世纪中叶，还只有少数发达国家因工业化发展遭遇严重的环境危机，而这些国家的民主制发挥了"双重"效用：在国内建立严格的监管体系，在国际上凭借西方殖民主义和战后西方建立的不民主的国际秩序，将生产和环境成本转移至第三世界。但是，从全球环境正义的角度看，西方资本主义民主制非但没有解决环境问题，甚至还是全球环境非正义的根源。时至今日，环境问题，如气候变暖以及由此引发的极地冰川融化、海平面上升、冰川衰减、海水升温、干旱、暖冬与夏季气温升高、农作物减产、物种灭绝等，早已跨出国界成为全球性的问题。这不仅会使资本主义自由民主制转移国内环境危机的传统处理方式丧失有效性，也凸显了民族国家作为分析框架在应对全球环境危机时的局限性。

范：很长时间以来，市场与技术都被视为解决环境问题的利器，成为环境治理的核心话语。您如何评价这类话语与中国政府提出的可持续发展的政治目标之间的关系？

赵：市场和技术是资本主义解决环境问题时最常使用的方案，体现出生态现代化的思想，但二者的有效性近年来越发遭到质疑，最有代表性的例子就是詹姆斯·斯佩思（James Gustave Speth）。他曾担任吉米·卡特总统时期环境质量委员会的主席，创办世界资源研究所，与他人共建美国自然资源保护协会，被视为环境运动的"最后一人"。截至他2004年的作品，如《清晨的红色天空：美国和全球环保危机》（*Red Sky at Morning：America and the Crisis of the Global Environment*）还在鼓吹生态现代化的观点，认为市场和技术是拯救方法。然而，他在2008年的新作《世界边缘之桥：资本主义、环境、从危机走向可持续》（*The Bridge at the Edge of the World：Capitalism, the Environment, and Crossing from Crisis to Sustainability*）中则一改以往的立场，对现代资本主义对环境的破坏展开犀利批评。而美国实施的总量管制与排放交易和欧洲实施的环境税也只不过在一定程度上发挥着限制碳排放的效用。至于技术，电动汽车的技术早已问世，但囿于跨国石油垄断企业的利益而发展缓慢。所以，市场和技术并不会自动地解决环境问题，关键在于它们运行其中的政治经济制度以及那个制度下生产的目的是什么。

达拉斯·斯迈思很早就提出了技术具有政治和意识形态属性。所以，在中国已经明确提出可持续发展的政治目标的情况下，应该将已开发的生态技术与生态社会主义的目标相结合，这是技术解决环境问题的正途。

22 全球南方、社会主义探索与批判传播学新想象

全球视野中,非西方地区无论在国家数量上还是人口上,都是多数。然而,西方中心主义意识的统治地位往往导致人们把"全球"等同于西方,甚至纽约、伦敦、巴黎。这种意识形态的统治地位的另一个表现就是,非西方国家的人们倾向于把自己所在的国家与西方国家比较。在这样的语境下,把中国与印度这两个最大的"全球南方"国家放在一起思考和讨论,对于全球视野,就非常有意义。本访谈是分别来自中国和印度的加拿大西门菲莎校友间的三人谈。

曼殊纳特·蓬达库(Manjunath Pendakur),1945年出生于印度的一个小村庄,曾在印度的电影业工作过。1976—1979年,他到加拿大西门菲莎大学攻读博士学位,师从达拉斯·斯迈思,从事加拿大电影业研究。此后,他成了加拿大和美国传播学界一位颇有影响的印度裔传播政治经济学者,不但在电影、电视、电信和传播政策研究方面颇有建树,而且在加拿大西安大略大学和美国佛罗里达大西洋大学等知名学府担任职务。

虽然我到西门菲莎大学读书之时,曼殊纳特·蓬达库学长已经毕业,但是,通过西门菲莎大学的教授,我早就知道他的昵称名字——曼殊(Manju),后来与他也有不少学术交往。除了他有关印度的媒体和电信研究,对我影响最深的是他为一部纪念斯迈思的文集所写的一篇关于如何让传播政治经济学与扎根村庄的民族志研究相结合的文章。[1] 部分由于他的学术想象力,部分由于我自己也来自一个村庄的共鸣,总之,我认为这是一篇在方法论上对超越北美传播政治经济学的局限有开创性的文章。我先是把它收集在与人合编的一部传播政治经济学英文读本中[2],希望把它介绍给国内的学者,后来,我通过自己在缙云

---

[1] Manjunath Pendakur, "Political Economy and Ethnography: Transformations in an Indian Village," In *Illuminating the blindspots: Essays Honoring Dallas W. Smythe,* eds. Janet Wasko, Vincent Mosco & Manjunath Pendakur (Norwood, NJ.: Ablex, 1993), pp. 82-108.

[2] Jin Cao and Yuezhi Zhao eds., *A Reader in the Political Economy of Communication, Volumes* I & II / 传播政治经济学读本 (Shanghai: Fudan University Press, 2007).

的实践，真正力图把传播政治经济学与民族志结合起来。值得一提的是，虽然他在研究方法论讨论和研究建议阶段做了开创性的工作，但是后来由于在北美工作繁忙，并没有出版继续跟进的研究，我在缙云做的，则超出了他的文章所讨论的范围。从这个角度，我把他看作自己在学术上的引路人。

因为这篇文章对我的影响，我产生了邀请他到缙云暑期班讲学和访问我自己成长的村庄，并在此过程中与他深入讨论中国与印度的不同之处的冲动。2017年夏，我终于如愿以偿，邀请已经70多岁的曼殊学长到缙云，在"乡村作为方法"国际暑期班上讲课，并访问我自己的村庄。在走访村庄和深入的交谈中，我们才发现，不但"他村非我村"（他实际上来自一个没有什么历史的小镇），而且"他家也非我家"（他家庭背景堪称当地的资产阶级，而我祖祖辈辈是农民）。在暑期班上，他应我的建议，做了题为《我的村庄全球化了：政治经济学和民族志2.0》（*My Village Got Globalized: Political Economy and Ethnography 2.0*）的演讲。在演讲中，他沿着当年文章的思路，不仅回顾了自己在西门菲莎的经历，而且从阶级、种族、性别、村庄的国际化等角度对自己出生的村庄作了分析。

在参加暑期班活动之外，我给自己在西门菲莎大学的博士生张晓星布置了"作业"：策划一次我与曼殊学长的访谈，核心议题最好聚焦在中国与印度的比较上。虽然现代中国和现代印度分别所在的东亚大陆和南亚次大陆都孕育了古老的农耕文明，但是，这两个国家有非常不同的历史遗产和现代发展道路，而这两者由我们这两位在北美有着相似学术背景的学者来比较，应该是一个非常有意义的学术尝试。

张晓星在繁忙的暑期班组织工作之外，欣然答应。他也在与我多次交流的基础上，为访谈做了充分的准备。遗憾的是，由于每个人的暑期班活动都非常紧密，我自己更是繁忙，在缙云期间，我们三人竟然没有找到在一起从容交谈的时间。因此，我们只能分步实现我的初衷：张晓星先与蓬达库按我们讨论的主题和框架用英文做一对一的访谈，英文整理好后，再翻译和编辑成中文文本，由我"填空"，做书面"三人谈"。更没有想到的是，由于当时在缙云时间和精力都有限，张晓星为了严谨，后来通过邮件多次与已经回到美国的蓬达库进行补充访谈，而我直到编这本书的最后，也即2019年4月，才有机会在张晓星提供的文本基础上，在北京做我的部分。因此，这是一个在时间和空间上都有很大跨度的"全球到村庄－村庄到全球"的多种交流模式混合在一起所产生的文本。

张晓星本科毕业于南京大学，后获得伦敦政治经济学院和美国南加州大学的全球传播双硕士学位。他目前正在西门菲莎大学传播学院完成他的博士论文。此文发表于《全球传播学刊》2019年第4期,第121—146页。

一、"全球南方"的批判学者:如何做到知行合一?

张晓星(以下简称"张"):众所周知,批判传播学领域的奠基人达拉斯·斯迈思,是一位将理论成果运用于社会实践的身体力行者。两位老师都曾经在加拿大西门菲莎大学求学,并和斯迈思有过交流,能否回顾并分享一下斯迈思对于你们之后学术道路的影响?

曼殊纳特·蓬达库(以下简称"蓬"):达拉斯·斯迈思在我心里是一位无与伦比的导师,而我甚至并没有上过他的课。因为当时西门菲莎大学的课程选择非常自由,我几乎是完全自主地设定了自己的学习计划。而在将计划提交给录取委员会之前,我去找达拉斯聊了一次。1975到1976年间,美国宇航局和印度政府发起了一个名为"卫星教育电视实验(The Satellite Instructional Television Experiment)"的联合项目,当时我已经搜集了一些相关的数据,就想以此为题来进行我的博士研究。听了我的想法,达拉斯却很直接地说:"印度总是让我困惑,我并不了解它。"那段时间他非常关注中国,所以听到他这么说,有一件事我变得更加确信,那就是他非常谦逊,而这在我所认识的传播学领域的学者中并不多见。事实上,在那之前西门菲莎大学还没有人在他的指导下取得博士学位,而我是他第一个毕业的博士生。他对我很关心,也愿意用心去和我交流,也许是因为我来自亚洲吧。首先,他对当时亚洲的欠发达问题非常关注;其次,我就像一块海绵一样,每个星期带着问题与笔记走进他的办公室,坐下一聊就是几个小时。我们聊天的状态往往是这样的,比如我会说"我不知道毛泽东所讲的'一分为二'是什么意思,他谈到了辩证法,但我并不是很理解",这时候达拉斯就会站起身来,真的去画一张图来解释什么是辩证法。毛泽东在延安的一系列讲话,对于来自第三世界的我来说真的是受用无穷,让我知道了什么是主要矛盾、什么是次要矛盾,而我对于这些讲话中关于农民阶级的部分也是感同身受。

另一件达拉斯非常擅长,而我也是从他身上学到的事情就是:学生们对于这个世界充满着好奇,因此他们也期望能有一个没有任何拘束地和他们交流的导师。例如,1979年德黑兰的学生占领了美国大使馆,这也成为美帝国主义遭受重击的一个重要历史瞬间。就在那一天,我大步走向达拉斯的办公室,他坐在那里忙着一些工作。我问道:"达拉斯,我可以跟你聊聊吗?"他回答:"嘿!

快过来,我也正想和你谈谈呢。"所以我就坐下来问他:"这件事意味着什么?这之前从未发生过类似的事情。"当时我非常兴奋,我认为这可能是帝国主义遭受的一次重大打击,并可能会蔓延到世界其他地区。达拉斯则说:"是的,这可能是对美国霸权的最大打击之一。但看看它来自哪里,它来自伊斯兰原教旨主义,而这将成为未来世界所面临的最大问题,不仅是作为美帝国主义的头痛所在,也是作为对人类和平的威胁。"那一刻,他已经能够预见到这一点。另外一次,我在和他谈论购物的时候说道:"达拉斯,在这家印度杂货店里有一台大电视,会一直播放各种录像带。"他回答说:"这只是一个开始。以后当你站在结账柜台时,你将会看到各种商业广告。"而我对他接下来所说的话感到更加震撼。他说:"资本主义正在做的是试图征服你意识的每一个角落。"他也总是教导我从一个系统的角度去批判地看待一个现象。与达拉斯·斯迈思之间的这些点点滴滴对我之后的学术发展都非常重要。

当我在完成博士论文的时候,伊利诺伊大学香槟分校成立了一个政治经济工作组,我有幸成了受邀参与他们首届会议的八位报告人之一,而我的入选也完全得益于导师的推荐。当时参加会议的学者包括达拉斯·斯迈思、赫伯特·席勒(Herbert Schiller)、托马斯·古贝克(Thomas Guback)、文森特·莫斯可(Vincent Mosco)和奥斯卡·甘地(Oscar Gandy),而听会的学生里面则有简妮特·瓦斯可(Janet Wasko)、艾琳·米汉(Eileen Meehan)、珍妮佛·斯莱克(Jennifer Slack)等人,所以我完全是因为斯迈思的帮助,才获得了在这些学者面前宣读论文的机会。他在我的身上看到了一些东西,并鼓励我努力做自己。而这些还仅仅是他在学术层面对我的指导。

我在攻读博士学位的第二年,积极参与了校园里的政治活动。当时我们创建了一个名为南亚学生协会(South Asia Students Association)的学生组织,现在它仍然活跃在校园中。那是一个由22人组成的激进团体,其中一些人是马克思主义者、共产主义者和女权主义者。我们的目标是让校内和校外的人更加深入地了解印度不发达的原因,并与市里的工会合作开展反种族主义工作。达拉斯·斯迈思是参与我们每一次会议的仅有的两位教职员工的其中一位,他总是坐在第一排,以此来鼓励我们。通过这种方式,他间接地教会了我当一名好老师的重要性:要成为学生的良师益友,光是著名学者的头衔与身份远远不够,你还需要许多其他品质。我们院里有数十位老师都崇尚理论与实践之间的有机联系,却只有达拉斯会一次不落地参加我们的活动,因为他认识到人不仅是通过阅读书本,更是要通过实际参与到社群之中来得以塑造。在斯迈思的鼓励下,我也在市里找到了另一个名叫北美印度人协会(Indian People's Association in

North America）的马克思列宁主义小组，总部设在温哥华，分支机构遍布美国。其核心活动之一是组织农业劳动者，我也从他们那里学到了很多东西。

赵月枝（以下简称"赵"）：曼殊学长有幸成为斯迈思的第一个博士生，有机会与他深入讨论毛泽东的思想和伊朗革命等国际问题，在我听来，斯迈思的确是一位无与伦比的导师，也没有比这更理想的师生关系了。我是1986年才去西门菲莎大学读硕士的，那时，斯迈思已经退休，自己不再带研究生，而且我自己才21岁，思想上没有曼殊学长那样成熟，但是，斯迈思对我的影响还是巨大的。更重要的是，正像前面曼殊学长所讲到的，斯迈思在许多问题上有非常超前的远见卓识，虽然当年我并没有意识到什么，但越是到后来，我就越来越认识到斯迈思思想的重要性。

正如我在许多场合说的那样，1986年秋天我刚到西门菲莎大学不久，斯迈思就通过一位华人研究生约我吃中午饭，给我讲了他自己中国之行的体验，并把他自己那篇当时并未出版的《自行车之后是什么？》的手稿给了我。当时，我没有能力去回答这个问题。直到2007年，在一篇关于信息技术的控制与运用以及中国信息革命的社会层面思考的文章里，我才用《手机之后是什么》这样一个标题，来直接回应他的问题。不过，他的那份手稿和与他的几次就中国社会主义的前途、命运和改革方向的讨论，深深地影响了我的学术道路，尤其是我的问题意识。

斯迈思有深刻的思想，他的分析很有权威性，是那种非常有影响力的人，但同时，他从来不故装深沉，更没有像有些学者那样高高在上，他那种平易近人和与学生打成一片的风格，就像我以前也提到过的，从他教本科生的课堂上都能体现出来。我是在旁听他给四年级本科生开设的一门课程中，第一次比较系统地接触了国际传播政治经济学的框架。

对我来说，斯迈思的影响更多是在他去世之后。首先，我回到西门菲莎大学任教后，担任了学院为纪念他而设立的斯迈思讲座的召集人，每年组织和主办斯迈思讲座。这个过程，就是通过不同的学者，对他的思想进行重温和阐发的过程。在这些讲座中，让我记忆最深的一次，就是曼殊学长的那次。除了公共学术演讲、与研究生的讨论，我还在家里举行了全院教授和研究生的晚会。其次，正像曼殊学长所讲的那样，斯迈思是个实践者，他的传播政策实践和社会活动家方面的贡献被我视为楷模。而这种认识也在他去世后一直不断得到强化。比如，有一次，在我与丹·席勒的电话交流中，他就非常兴奋地告诉我，说自己在查阅美国电信史的相关档案时，意外发现了斯迈思在休假期间为美国电信工会所写的关于如何更有效地参与美国电信业重组过程的建议信。为此，也为了挑战我们国内学界关于批判学者只批判不建设的刻板印象,我还专门指导当时自己的一位博士生为《新闻大学》写了一篇文章。第三,在过去的20年间,自主马克思主义学者从斯迈思的受众商品论中受到启发,赋予这个电视时代的概念网络时代的新意义,而我自己的几位优秀的博士毕业生都做了这方面的博士论文研究。从指导他们的博士资格考试到与他们讨论博士论文,斯迈思不但从来没有离开过我们,而且变得愈来愈相关。有一次,我把曾与斯迈思一起进行"盲点争论"的英国政治经济学者默多克(Graham Murdock)和自己的加拿大博士生、学术新秀罗伯特·普雷(Robert Prey)一起请到中国,在上海复旦大学的《传播政治经济学手册》翻译工作坊上同台上演"盲点争论"的最新篇章。在现场,我甚至想,斯迈思的在天之灵,一定会感到高兴的。实际上,许多年来,我也一直在推动斯迈思的著作在中国的翻译和引介,这也为我在新的语境下理解他提供了新的机遇。当然,我也希望把他对我的影响扩展到更多的学者群体。最后,也是最让我震动的,是不久前,为了写一篇中西传播学术交流历史,我在西门菲莎大学的档案馆,查阅那里保存的他的两次中国之行的原始笔记的时候,他的问题意识、他严谨的治学态度、他对中国社会主义实践的高度评价、他那充满热情而又对中国的发展方向不无忧虑的复杂心情,最重要的是,他作为一位国际主义学者的博大胸怀,依然充满了感染力。

张:米尔斯在他的《社会学的想象力》中有着关于"个人困扰"与"公共议题"间相互关系的经典阐述。在两位的学术生涯中,是否有着将"个人困扰"转化成"公共议题"的特殊时刻呢?

赵:你知道,我在2014年与沙垚的一个访谈中,在谈到我为什么决定回家乡创建河阳乡村研究院,做参与式行动研究的时候,就讲到其中一个直接原因就是让我深感困扰的家乡一位青年与人网络相约自杀的消息。后来我在一篇文章中,把米尔斯在《社会学的想象力》中这段著名的话当作最前面的开篇引文。实际上,虽然这样的事情不是严格意义上的"个人困扰",因为它不是个人主义层面直接涉及我的家人和我本人的事情,但是,作为一个成长于村庄共同体和"中国社会主义大家庭"这个共同体的主体来说,这样的事情的确让我困扰,而且它们对我的学术道路的影响也是巨大的。

在另一个访谈中,我曾经谈到1986年我去加拿大留学后,是如何被美国里根政府废除美国广播电视中的"公正准则"所困扰,并把这件事上升到北美媒体与民主问题加以研究的。在我力图打通"全球到村庄-村庄到全球"的学术道路之前,我在博士毕业后的1990年代后期,曾有一个从媒体和意识形态领域研究到电信改革和三网融合研究的转向,而且我当时已经在做一本新书的一些部分了,然而,正是我在北京调研三网融合过程中碰到的一件非常意外的事,更具体地说,中国社会传播中一份我意想不到的只有半页纸的"小字报"所引起的"困扰",让我抛弃了做了一半的电信改革和三网融合项目,回到媒体和意识形态领域深耕,结果用10年时间写了《中国传播政治经济学》一书。在中国文化中,有明代东林党首领顾宪成的名联——"风声雨声读书声,声声入耳;家事国事天下事,事事关心"。几百年来,它一直是许多读书人的座右铭,我自己也经常想起它。

蓬:是的,在我的生活中也有这样的时刻。看到印度农村的贫困和由于种姓、阶级等长期存在的不平等所导致的社会环境的持续恶化,意识到这些并不仅仅是理论问题,也是一个个实践问题,直接影响着我选择的研究方向、研究对象和研究方式。而关键在于要富有同情心,并且了解如何运用你所拥有的技能和知识来传播农村文化中那些往往背离特定时代主流意识形态的内容。当下,印度正快速发展成为一个经济巨人,GDP 年增长率约为9%,拥有超过2亿的中产阶级,并正在建设着像中国一样的超高速公路。然而,这个故事还有另外一面,涉及所有这些发展的受益者究竟是谁,这是政治经济学者所关心的,也正是我所关注的。

在美国,由于特朗普政府对于自由的限制,公民权利成了当下一个非常显著的问题,因此,像美国公民自由联盟(American Civil Liberties Union)这样的团体在这个时代就显得异常重要。在我所生活的县,我是美国公民自由联盟的理事会成员,而我们是第一个对特朗普提起诉讼以阻止他推行"穆斯林禁令"的团体。我很乐意将时间和精力投入实际的政治问题中,这也是我如何认识自己的方式,而不仅仅是做研究写文章。我认为我的理论、学术工作和实践的政治工作是同一枚硬币的两面。

张:那么两位老师是否也更倾向于走出"象牙塔",做扎根现实土壤的、以社会行动为导向的研究呢?

赵:我近年在缙云做的参与式研究你不仅积极参加了,而且做出了许多贡献,这些我就不在这里多说了。尽管大学被称为"象牙塔",但实际上,大学也是社会的一部分,而且是非常重要的部分,教学和做研究都是社会实践。教学实践是造就人才的社会实践,其重要性不言自明。毛泽东在《实践论》中讲到阶级斗争、生产斗争、科学实验是人类的三大实践活动,学者从事的,就是后者。当然,人文和社会学者的学术活动在这三大类中更属于广义的阶级斗争一类还是科学实验一类,值得讨论。不过,无论如何,学术研究不能脱离社会。当然,在基础理论和人文历史研究、政策研究和参与式研究之间,有非常广阔的领域，不同学者有不同的侧重，这非常自然。从我自己的角度，现在好像处于三者更平衡的状况，但也面临如何让理论研究、政策研究和行动研究更好地相互支撑的挑战。

我在美国和加拿大期间参与过一些基于民间组织和国际组织的政策研究和行动研究，包括有关美国媒体政策、联合国教科文组织媒体与发展问题政策导向建议以及通过中国环境与发展国际合作委员会的中国环境传播政策研究。这其中，持续最久的是我作为理事会成员参与的一个叫媒体、政策和市民社会研究院（Institute for Media, Policy and Civil Society，简称 IMPCS）的工作。这个机构的其他理事会成员有1990年代末和21世纪初加拿大三个主要联邦政党中的新民主党前领袖、自由党政策高参、保守党前议员、著名媒体评论家、加拿大广播公司高管等，还有一位前总理的孙女。我们所做的工作包括推进加拿大本地的媒体民主化和国际传播的民主化的一些项目。其中一个报告，还从创造更公平的政策倡导环境角度，对加拿大联邦税法中有关非营利机构的税惠问题提出改革建议。与其他一些机构不同的是，理事会不是摆设，而是每季召开为期两天的会议。从这些会议中，我学到了许多书本上学不到的东西，比如，作为理事会中的治理委员会（governance committee）成员，我还专门研究过非政府组织的治理问题，并为该机构写出详细的管理规则。我至今还记得自己带着学生作业，从圣迭戈飞往魁北克城外一个地方开理事会的情景。

在这方面，斯迈思和整个西门菲莎大学对我的影响也非常重要。这有直接的一面。比如，我刚回到西门菲莎大学任教，就接手了一项妇女与媒体的行动研究的项目。我所获得的更多的是间接的、潜移默化的影响。当年，斯迈思等人在积极参与全球传播新秩序运动的同时，西门菲莎的同事们还积极介入加拿大本国，尤其是学校所在的英属哥伦比亚省和大温哥华地区的传播民主化运动与实践，如温哥华合作电台（Co-Op Radio）。后来，在我自己的两位博士导师中，跟斯迈思有密切关系的帕特·哈瓦特（Pat Howard）教授在1990年代中期与中国研究机构合作，在云南丽江开展了一项旨在恢复那里在"二战"期间的工合运动的参与式行动研究项目。我有一段时间作为项目的协调人参与了工作。这个项目也尝试在丽江建立一个国际性的在地民间研究机构。可以说，我在缙云建河阳乡村研究院，部分灵感来自于这个项目，希望继续这个项目未竟的事业。当然，由于各种条件都不同，我在缙云所做的与当年西门菲莎团队在丽江所能做的，非常不一样。总之，我认为，我们需要"象牙塔"里的基础性理论和历史与人文研究，也需要政策研究和行动指向的研究。在中国传播领域，我认为后者太少了。正因为这样，我对中国社会科学院新闻研究所卜卫教授和她的团队多年坚持的行动研究，非常看重。

当然，不管什么研究，关键是不能教条，不能生活在自己从别人那里拿来的、往往是知其然不知其所以然的理论框架里。在当下中国，迫切和重要的问题是，由于学者在认知方面还有严重的西方中心主义和冷战意识形态影响，或者仅仅因为"身在此山中"的问题，有严重脱离中国实际、脱离基层的问题。在新闻界，有上面推进的"走转改"行动，在学术界，许多管理和考核方面的指标在鼓励出国的同时，并不向真正深入田野的研究倾斜。我也曾想象，如果每位中国学者都去联系一个村庄、一个城市社区、一个政府部门、一个企业、一个民非机构，也许这样还能走出一条不同于西方大学的中国特色社会主义大学的知行合一的在认识世界中改造世界、改造自己之路。

蓬：一段时间以来，我的研究都与政策有关，例如加拿大的电影政策、新世界信息和通信秩序、美国互联网中立性问题等。但学术界的行动研究与我所说的不同。例如，在我参与到的美国公民自由联盟的事务当中，他们所处理的实际问题并不是抽象的。让我给你举个例子，我们有2000万人生活在佛罗里达州，而其中10%的人口是待在监狱里的，这当中绝大多数是黑人。佛罗里达的监狱主要是私人控制的，而司法系统却助长着这种监狱工业综合体（prison industrial complex）的形成，法官们在强制性量刑法的压力下被迫将犯人关押更长的时间。一个重犯刑满释放之后会有一份重罪记录，而有重罪记录的人将剥夺在佛罗里达州的投票权。他/她必须前往500英里（约805千米）外的省首府，在每月仅有一次的委员会会议上向政府请愿，才有可能重新获得投票权。而目前担任委员会主席的是保守派的州长，想要重新获得投票权变得更加困难，因为他们担心这些发起请愿的人会投票支持民主党。

在司法系统中所有的腐败不堪之外，我想说的是，佛罗里达政府已经让150万人失去了投票权。因此，美国公民自由联盟正在为这些人投票权的恢复不懈努力，也就是，一个人刑满释放之后应该自动恢复其投票权并且获得投票卡，这样也才能重新找到工作。在美国，拥有重罪记录的人几乎不可能找到一份工作，而这是一个问题丛生并充满恶意的系统。所以，我前面才会说希望将我所具备的研究能力用于这样的政治目的，而不仅仅是为了学术出版。同样，因为我对于环境问题的关注，所以在多年前加入了一个名叫"塞拉俱乐部（Sierra Club）"的大规模游说团体。在佛罗里达州，一年有364天都是晴天，然而太阳能却并没有被广泛使用，这是因为本地的电力公司是国家批准的一个垄断企业，政客们都在背后支持着这家公司，而它使用的是核能，不是太阳能。因此，塞拉俱乐部提出了一项推广太阳能发电的倡议，而我在传播领域的技能也许能对他们有所帮助。如果我的研究与行动之间存在某种关联,那就是这样一种联系。

二、"全球南方"社会主义探索的历史脉络:中印的比较视角

张:在中国,社会主义运动与乡村、与农民似乎有着"天然"的联系。

赵:可以这么说,但如果回到中国革命的历史,对这种现在看来是"天然"联系的认识,也不是自然而然产生的,而是在具体的革命道路探索中,在克服教条主义的过程中,用血的教训换来的。中国共产党走上革命道路初期,走的也是依靠工人阶级和占领城市的道路。不久前参观我老家浙江丽水的浙西南革命根据地纪念馆,还看到了1930年10月9日中共中央机关报报道活跃于当地的中央工农红军第十三军占领了我家乡缙云县城的新闻的展示,这体现了当时以攻占城市为导向的革命方针的影响。直到1949年中国共产党通过发动农民,依靠农民,走农村包围城市的道路,取得革命的胜利,是漫长的、从失败中汲取教训的斗争历史。在这个过程中,中国共产党把马列主义革命理论与中国乡土传统进行了有机链接,这些链接的具体过程、机制和经验,尤其是其中通过民族动员和农民动员建设和巩固文化领导权的历程,有待于我们传播学者超越原来狭窄的中国共产党新闻事业史视角,从具体时空中的革命经验与教训出发,进行挖掘和整理,为丰富和发展中国马克思主义传播理论提供基础性研究。1949年后,在土改、合作化和人民公社化等社会主义建设过程中,传统的宗法制度被摧毁,中国农村社会经历了天翻地覆的变化。对于这一历史,尤其对这一历史从文化和传播研究角度自下而上的分析,也并不充分,有待我们去丰富和发展。

张:印度农村的经历与中国非常不一样,蓬达库教授是否可以做一下比较呢?

蓬:我来自一个在意识形态层面处于"中间"地带的邦,而不是一个左翼的邦。在这个邦里仍然存在债役劳动(bonded labor)的成分,而这是非常封建的。因此,在短期内,即在未来20年内,我并不相信印度农村地区能够有中国农村在社会主义革命与建设之中所经历的发展,除了那些处于抗争状态中的边境各邦,比如孟加拉地区(Bengal)和旁遮普邦(Punjab),后者是因为它与巴基斯坦接壤。而旁遮普邦内部还有一个激进的左翼派系。目前在印度农村,53%的家庭拥有电视,很多人拥有手机,但智能手机却还没有普及。这些意味着社会变革的可能性,但它也直接体现着人们的购买力。此外,新的媒介是否

能变成一个组织化的工具是值得怀疑的,至少在我的邦情况并不是如此。

而在印度,左翼革命政党成功的主要障碍并不是地主集团,而是种姓制度,后者在日常的生活经验中不断强化着等级制度。印度有两个异常显著的社会变量:一个是阶级,另一个则是种姓。阶级主要涉及基于财富积累的财产和权力分配,而种姓则要复杂得多。无论是在城市还是在乡村,你都可以通过人们的名字分辨他们所属的种姓。它是以一种特定方式将人与人之间的相互关系进行定位的结构。但是印度的共产党并没有能够解决这种状况,相对应的社会认知也没有丝毫改变。

张:那么,印度的共产主义运动与中国相比,又有着怎样的差别呢?

蓬:从历史上看,在1930年代,就入党人数而言,印度的共产党处于崛起当中,这其中主要包括大城市里的知识分子和小私有者。他们之所以非常强大,是因为他们在争取独立的民族斗争中具有一定的可信度。到了1940年代初,不顾内部的反对声音,领导民族主义者的甘地认为,最重要的是打击纳粹主义和法西斯主义,而将对英国殖民者的抗争放在了第二位。他们如此宣称几个月后,尽管民族主义运动的所有领导人都被英国殖民者关进了监狱,运动也被迫停止了,但是他们做出了一个重要的决定,即在战争结束之前不再继续与英国人作战。相比之下,印度共产党(Communist Party of India)则决定不支持代表着帝国主义的英国,也因此,在印度独立前的这段时期,共产党失去了一些信誉。1947年印度独立时,共产党人也并不是站在最前沿的,而是资产阶级、地主阶级在支持着民族主义运动。与国民党组建的国民政府类似,印度独立时的民族主义政府是由支持地主和实业家的各种要素组成的,而这与共产主义者的期望截然相反。这是印度历史上的一个关键时刻。

第二个关键时刻是1960年代印度共产党人的分裂。最初只有一个印度共产党,成员数量相当庞大,并非百分比,而是绝对数量。得益于选举民主提供的机会,当时的共产党人在选举中有着强大的竞争力。1957年,他们在喀拉拉邦(Kerala)上台执政,喀拉拉邦也因此诞生了全世界第一个民选的共产党政府,而在印度独立之后的历史中,共产党人也在绝大部分时间里掌握着对喀拉拉邦的领导权。后来印度共产党还在加尔各答(Calcutta)所在的孟加拉地区赢得选举。但在1960年代,印度共产党人分裂为印度共产党(Communist Party of India)、印度共产党(马克思主义者)[Communist Party of India(Marxist)]和印度共产党(马克思列宁主义者)[Communist Party of India(Marxist-Leninist)]这三个主要派别。从1947年一直到1960年代,由于没有关于土地改革的立法成功,马克思列宁主义者认为,我们必须夺取村庄的控制权并重新分配土地。

而印度共产党（马克思主义者）则并不同意马克思列宁主义者的观点，但也和印度共产党存在分歧。马克思列宁主义者的群体占领村庄的行动从孟加拉地区名叫纳克萨巴里（Naxalbari）的一个小村落开始，随后就像大火一样蔓延，使得数百个村庄得到解放。但他们的政治路线是消灭敌人，这意味着通过杀死地主而不是遵循任何法律程序来夺取土地。而这带来了一个非常混乱的时期，其间甘地夫人领导下的中央政府也派出了军队来镇压起义。在西孟加拉邦已经上台的印度共产党（马克思主义者）此时则选择与甘地夫人合作，以摧毁马克思列宁主义者这一派。大多数加尔各答的学生和工人都认同纳克萨巴里运动，并在城市和乡村与警察发生了频繁的冲突，由此造就了一段血腥的历史。与此同时，世界形势也悄然发生着变化：斯大林去世了，毛泽东也步入了晚年，反越战运动以及其他解放运动在一定程度上动摇了美国的霸权。在这样的时代背景下，印度共产党（马克思主义者）在曼尼普尔邦（Manipur）、孟加拉（Bengal）和喀拉拉邦（Kerala）占据了主导地位。而印度共产主义运动的历史以及其中的种种分裂，也正是世界形势以及国际共产主义运动内部意识形态分歧的反映。

虽然印度共产党（马克思主义者）成功地摧毁了马克思列宁主义者的派系并强化了自己在几个邦的执政力量，但是作为革命先锋队赢得无产阶级的信任与拥护这一主要目标却被他们抛之脑后。无产阶级依然贫穷，越来越多的人从村庄来到大城市，却并不能在工厂里找到工作来过上好日子。因此，他们变成了无地劳工，而贫民窟也在不断增加。在这种情况下，共产党人在城市中的信誉并不高，在工人阶级当中已经很低，在中产阶级中就更低了，当然对于资产阶级来说几乎没有。而且，由于印度的执政权力来源于选票，印度共产党（马克思主义者）不单依靠学生、农民、工人和小资产阶级，还包括资本家，他们甚至会为资本家的利益服务来争取资本家的投票。

让我给你举个例子来展现印度共产党（马克思主义者）在西孟加拉的所作所为有多么骇人听闻。大约五年前，全世界最为富有的跨国公司之一，总部位于孟买的塔塔（Tata）集团，想在加尔各答外面建一家汽车生产厂，而他们背后有着政府的全权支持。然而，居住在那里的村民不想搬迁。结果印度共产党（马克思主义者）派出的打手用曲棍球棍殴打村民，将他们强行驱赶出村子。该事件被称为南迪格莱姆（Nandigram）事件。虽然我支持共产主义，但当印度共产党（马克思主义者）欺凌公众时，我对他们失去了所有尊重。也就是这样的事件，使得共产主义变得和印度其他任何一个党派一样，没有分别。换句话说，其政治意识形态的合法性被这样的行动严重地削弱了。

如果那些工厂能够给当地的村民创造新的工作机会,这往往会被视为满足了村民的利益诉求。然而事实并非如此。要获得工厂里的工作机会,必须拥有相当高的技术知识。在各行各业都在不断计算机化的今天,身为一个农民,你很难在一家汽车制造厂里找到工作。而美国工人现在也面临着同样的问题。将南迪格莱姆的村民和投票给特朗普的采矿工人放在一起比较,我们就不难看出为什么在那些时刻左翼失败了,而一个民粹主义者却攫取了权力。在印度,那些民族主义、沙文主义政党至少在他们的言辞中很好地回应了穷人的诉求,比如对于工作、清洁的生活用水以及用电的需求。因此,这些党派连续多年在选举中获胜。他们通过重新分配资源来"购买"选票。也正是在选举民主的制度设定下,他们才有可能做到这一点。现在,共产党人仅仅在一个州执政,甚至连孟加拉这个印度共产党的长期据点都已经丢失了。

赵:曼殊学长以上的讨论中,实际上涉及了三个层次的问题,第一,1930年代印度共产主义运动在民族独立斗争中的地位和作用及其所采取的策略对自身地位的影响;第二,印度在民族资产阶级领导下取得独立后,1960年代印度共产主义运动内部的分化,各派采取的策略及其与印度资产阶级政府的关系,包括印度共产主义运动在不同地区的不平衡发展;第三,在新自由主义时代或后冷战时代,在地方执政的印度共产党(马克思主义者)是如何被认为脱离了自己的阶级基础,变成新自由主义政策的机器,甚至资本的打手的。

实际上,曼殊学长所提到的发生在印度共产党(马克思主义者)执政的西孟加拉邦的南迪格莱姆事件,我也印象非常深,因为我圈子里好几位同情印度共产党(马克思主义者)的学者朋友大为吃惊,他们告诉了我,并且认为这件事使他们相信印度共产党(马克思主义者)与新自由主义资产阶级政党已经没有什么区别了。这件事发生在2007年3月,涉及政府在一个被辟为经济特区的地方为了征地与农民的暴力冲突,在这个过程中,地方共产党政府被认为已经根本没有什么底层立场可言。

与中国不同,历史上,印度次大陆上从未出现过能够统治现代印度大部分领土的中央王朝,因此,正如学者毛克疾观察的那样,"现代印度的社会整合缺乏其赖以奠基的历史遗产与文化认同"[1]。进入近现代以后,印度又完全被英国殖民,而英国殖民者更是在印度建立起有"钢铁骨架"之称的垂直现代官僚统治体系的同时,娴熟地调用"分而治之"的策略,使印度社会的民族、种姓、

---

[1] 毛克疾:《莫迪的"印度梦":印度国家能力建设的三重任务》,《文化纵横》2019年第1期。

宗教、阶层分野和基于这些认同的社会区隔尤为显著。

但是，由于印度与中国在全球资本主义体系中有类似的边缘性地位，中国共产党在不同的历史阶段，也结构性地面临以上三个层次的问题。实际上，用华人马克思主义学者、伦敦政治经济学院政治学教授林春的分析框架，这就是共产党在具体的语境中需要辩证处理的民族主义、社会主义和发展主义三者关系的问题。[1] 这三者之间有联系，但又有张力，而如何妥善处理三者的关系，也就是抓住毛泽东所说的主要矛盾以及主要矛盾的主要方面，一方面反对"左倾"教条主义，另一方面反对右倾投降机会主义，是决定革命胜负的关键性问题。

就第一个问题而言，中国共产党先是通过在1920年代与国民党的第一次国共合作，使中国取得了反封建（军阀割据）斗争的决定性胜利；然后，在蒋介石所代表的资产阶级右派背叛革命的时刻，中国共产党以鲜明的阶级立场和巨大的勇气，毅然决然走上了独立自主的武装斗争道路；在1930年代，又通过在抗日民族统一战线中与国民党的合作与斗争，在保持自己独立性和革命性的同时，以坚定的反帝和反法西斯立场，为自己成为中华民族的先锋队奠定了基础。这些我们从教科书上学来的知识，一旦在历史语境中被具体化和在地化，就显得非常关键和生动。还是回到我现在正在学习的浙西南革命历史，早在1934年6月，当"左倾"路线导致中央苏区第五次反"围剿"面临失败之际，中共中央就及时组建了中国工农红军北上抗日先遣队（简称"抗日先遣队"），从中央苏区所在的江西瑞金出发，由福建转战到蒋介石政权的腹心地浙江，一边"宣传和推动抗日运动"，一边试图"调动和牵制围攻中央苏区的国民党军，掩护中央实施战略转移（长征）"。[2] 方志敏烈士就是这支先遣队最伟大的战士，而他那一篇《可爱的中国》，更是永远把共产党人与中国、中华民族联系在了一起。当然，这是后话。但是，在自己力量非常薄弱和日本帝国主义强敌入侵之际，共产党通过呼吁建立抗日统一战线和促进和平解决"西安事变"等使自己站在了民族解放斗争的前列。用林春的话，中国共产党人"坚信如果社会利益与民族利益发生冲突的时候，社会利益必须让位于民族利益"[3]，这与曼殊学长

---

[1] Chun Lin, *The Transformation of Chinese Socialism* (Durham, NC: Duke University Press, 2006).

[2] 《浙西南革命精神》，载弘扬实践活动领导小组办公室编《浙西南革命精神学习读本》，2019，第9页。

[3] Chun Lin, *The Transformation of Chinese Socialism* (Durham, NC: Duke University Press, 2006), p. 40.

前面讲到的印度共产党在"二战"时期和印度1947年独立前这段时间的表现和在民族独立斗争中没能赢得声誉的情况,形成了对比。

就曼殊学长讲到的第二个关键期,也即印度独立后到1970年代这一段,印度的共产主义运动在资产阶级议会民主的框架内和在国际共产主义运动的分裂中,经历了内爆和裂变;中国在1949年之后,尽管也有各种内部分歧和斗争,直到"文化大革命",但是,以列宁主义原则组织起来的中国共产党不但经历了考验,在纠正苏联过于集中的计划经济模式,发挥地方积极性的同时,坚决地反对宗派主义、山头主义和地方主义倾向,而且以自己强大的组织与动员能力以及在基层的影响力,领导了中国的现代化建设,而彻底的土地革命、社会整合以及意识形态动员和文化建设的红利,更使中国共产党领导的中国有了印度现代国家望尘莫及的"国家能力"[1]。这包括在新中国成立后前30年建立的独立工业体系,国家基础设施和教育、医疗等方面的巨大成就。实际上,当我有一次抱怨中国的发展不如人意的时候,正是曼殊学长提醒我说,别忘了,中国是经过社会革命的国家,而在印度,还有种姓制度这样的落后东西存在。总之,对中国革命遗产之于中国当代发展的重要性的认识,我自己也是在不断的比较和反思中,尤其是在对无所不在的冷战意识形态的警觉和对历史虚无主义思潮的辨识中,慢慢体会的。

至于曼殊学长讲到的第三个阶段,这里问题的核心实际上是社会主义与发展主义之间的张力,涉及地方执政的印度共产党(马克思主义者)为了在新自由主义全球化的语境下寻求发展,暴力征地,欺凌公众,从而影响了意识形态的合法性,并失去了像他这样的知识分子同情者的尊重。这样的叙述在印度跨国左翼知识分子中非常普遍。政府在发展主义和资本逻辑驱动下,为了征地诉诸暴力,当然不对。不过,从另一个角度,正如毛克疾所认为的那样,由于印度社会整合度低,国家能力薄弱,国内政治中确实存在短期利益、族群利益、地方利益长期凌驾于长远利益、整体利益、国家利益的问题,而选举政治的驱动,又使这些问题更加严重。[2]

2007年初,我在印度参加一个由非政府组织主办的信息技术与发展问题学术会议,会议期间我们也讨论到,在电信基础设施建设和提供普遍服务

---

[1] 毛克疾就是用"国家能力"这个框架,来分析印度的。见毛克疾:《莫迪的"印度梦":印度国家能力建设的三重任务》,《文化纵横》2019年第1期。

[2] 毛克疾:《莫迪的"印度梦":印度国家能力建设的三重任务》,《文化纵横》2019年第1期。

这样的问题上，的确需要国家强大的整合能力和全国一盘棋的协调能力。在《全球传播：迈向跨文化传播政治经济》（*Global Communication*：*Toward a Transcultural Political Economy*）一书的序言中，我们写到了这一经历，其中还不无调侃地提到中国与印度之间的一个吸引外资方面的比较，就在中国由于征地和劳工方面的政策优势，把外国产业资本吸引到经济特区里的跨国制造业的时候，印度作为一个世界最大的民主国家，它的非政府组织领域当时吸引的外资比印度的制造业更多。莫非非政府组织真是印度在全球产业分工中的"比较优势"？[1]

总之，如何在发展中协调各方利益，尤其不让弱势群体的权益在发展的名义下被剥夺，让新自由主义"剥夺积累"大行其道，是一个巨大的挑战。中国在发展的过程中，也出现了社会分化加深、国企工人大规模下岗、农民工讨薪、征地抗争以及民工返乡潮等各种问题。这些问题被认为是发展中的问题，必须在发展过程中妥善解决。从西部大开发到扶贫攻坚，从生态文明建设到乡村振兴战略，这些都旨在实现更平衡的发展和解决人与自然的生态断裂问题。我们也看到，中央政府和各级政府在力图调节各方利益的同时，又通过"实现中华民族伟大复兴的中国梦"和"不忘初心"等宣称和不断增强的意识形态工作，维护自己的文化领导权。

张：蓬达库教授，正如您所说，进城的农民工最后基本上都处于失业状态，而印度共产党在某种程度上失去了组织反资本主义运动的政治合法性。那么在印度将无产阶级团结起来还有其他希望吗？

蓬：你需要的是一个非常强大的工会运动。传统的方式是通过工会组织工人，以形成一股强大的力量来与国家进行谈判。但在新自由主义制度下，工会失去了其原本巨大的影响力，因为随着失业人数的增加，工会成员的数量也在急剧下降。此外，即使工人在工会的组织下团结起来要求社会公平和正义，也无法保证其会取得成功。例如，印度最大的产业之一是纺织业。在1980年代，孟买有大约80家纺织厂，大约250,000名纺织工人劳动异常辛苦，但工资却严重不足。他们没有住房，都栖身于棚户中。他们进行了罢工，并集结在一起与工厂业主协会进行了长期的抗争。然而由于各种原因，工会最终失败了，大多数（如果不是全部的）纺织厂最终选择停止了他们的业务，而进口纺织品则逐

---

[1] Paula Chakravartty and Yuezhi Zhao, "Introduction," in *Global Communiications: Toward a Transcultural Political Economy*, eds. Paula Chakravartty and Yuezhi Zhao (Lanham, MD: Rowman & Littlefield, 2008), p. 2.

渐开始取代本地制造的产品。

同时，共产党人还需要建立与学生运动、女权运动、穆斯林和达利特人（dalits）（以前被称为贱民）之间的联系。达利特运动目前正在快速发酵，印度17％至18％的人口是达利特人，而他们已经在认识上将自己确定为一个群体。如果共产党人能够赢得更多的朋友，那么他们在选举中也会有更多的席位和信誉。

张：您好像没有提到印度的毛主义者们，他们是印度共产主义运动的潜在希望吗？为什么？

蓬：至于那些幸存的毛派运动者，他们在1960年代后期遭受了印度联邦政府的沉重打击，这些年都在丛林里，比如东北部的比哈尔邦（Bihar）一带，而在南部也有一小撮抵抗力量。与1960年代城市知识分子领导的运动不同，今天运动的领导者来自这些地区的农民、贱民以及原住民群体，当然他们也是最为激进的。而"主流"的共产主义政党中，印度共产党（马克思主义者）以及印度共产党的基地都不在丛林之中，而是在大学里。他们主要依靠小资产阶级，而他们的领导层也已经严重老化，需要来一次大换血。在上次的全国大选中，纳伦德拉·莫迪（Narendra Modi）获胜，而共产党人则失去了他们在议会中的绝大多数席位，这也进一步说明他们的基础已经被侵蚀了。我们确实有一个非常根深蒂固的选举民主，但我不确定那是否是一条通往重大变革的道路。

然而，印度人非常政治化，他们无时无刻不以饱满的热情在对待政治。由于印度的资产阶级民主在宪法上给予了不同的声音以空间，因此它也给另类社会运动赢得社会信誉提供了机会。例如，女性在受到侵犯时不会保持沉默。在2012年德里轮奸事件发生后，它激怒了整个国家，每个城市都有成千上万人游行。而那正是一个公开表达对政府的不满的时刻。我今天早上读了一个故事，两天前在一个小镇上，一名年轻女子在下班的路上发现一个男子骑摩托车跟踪她。当那个男人越来越靠近时，这名女子转过身来，用她的智能手机拍了一张照片。回到家后，她在Facebook上发布了这张照片并配文说："你正试图吓唬我并剥夺我的自由。我不会让你得逞。我们将奋起反抗。"这则消息很快在网络上疯传起来。成百上千人对她表示了支持，而警察也最终逮捕了那名男子。像这样的小火花还有很多很多，涉及性别、民族、贱民等社会问题，这表明这个国家已经开始苏醒。在我来缙云的前一周，每个城市都出现了大规模的示威活动，德里更是出现了数十万人参与的大游行。被称为"不要以我之名（Not in My Name）"的这一系列抗议，是一次对莫迪的警告，让他的右翼沙文党羽不要以民主之名行暴政之实。尽管我并没有看到任何联盟的建立，但是如果这些运动能够和左翼政党形成联盟的话,那么夺取政权也并非没有可能性。

赵:首先,我补充一点观察。2007年初我在有印度"硅谷"之称的班加罗尔开会,对印度社会的宗教冲突和印度民众的政治热情,还真有一点切身体会。刚好那时伊拉克前总统萨达姆·侯赛因(Saddam Hussein)被处死,这一消息传开后,在该市一个社区的不同群体中引发了冲突,当局不得不采取了戒严措施。不过,说到民众,我认为,即使在经历了几十年的去政治化过程后,当代的中国民众,不但依然非常有政治热情,而且非常有政治水平和政治见解。这部分得益于当年的政治动员和群众学哲学、学马列运动。今年三月份在缙云举办的"乡村故事,中国道路"第五届河阳论坛上,我就分享了自己在当地的一个见闻。一天,我去缙云双溪口乡著名的"博士村"姓潘村参加杏花节活动,其间逛了逛该村的旧书摊,发现书摊上摆着《反杜林论》《国家与革命》《经验主义还是马克思列宁主义》等书籍。这让我更加深刻地意识到,今天的中国老百姓中的许多人并不是当年鲁迅笔下的"愚民",更不是今天一些精英口中的"刁民",而是经过"反修防修"锻造的中国社会主义革命与建设的主体。虽然有些专家学者深受历史虚无主义和资产阶级意识形态影响,而另一些知识分子则没完没了地沉醉于"伤痕文学",但这些人并非代表着社会的大多数。我相信,在今天的中国,经过革命锻造、马列主义武装和改革开放洗礼的社会主义主体,绝非凤毛麟角。这些人,才是人民共和国的脊梁。

其次,曼殊学长一方面讲到需要强大的工会,另一方面也体认到传统工联主义的式微和莫迪的崛起,还提到印度的选举民主是否是通向重大变革的道路。这些都是涉及印度现状和未来的十分重大的问题。尽管印度作为"世界上最大的民主国家"的地位在西方媒体和印度本身的认同中非常重要,工联主义与西方式的议会民主也有密切关联,但是,正如西方议会民主形式面临危机,印度也一样,而印度激进力量所坚持的武装斗争道路,在当下又面临各种极为严峻的可持续性挑战。莫迪与反莫迪的各方力量如何在互动中改变印度的政治,是一个非常令人关注的问题。

与印度相比,中国有一个在近现代革命斗争中形成的多元一体的中华民族认同。更重要的是,中国有一个按列宁主义原则组织起来的、有强大政治动员和社会整合能力的共产党。[1] 在改革开放的过程中,尤其是21世纪以来,中国共产党在没有放弃自己的阶级基础的同时,强调了自己作为中华民族先锋队的地位,同时通过加强基层党建等措施,强化自己的执政根基。莫迪所领导的人

---

[1] Timothy Check, *Living with Reform: China Since 1989* (London: Zed Books, 2006).

民党之所以能崛起,在很大程度上得益于他在国大党所主导的印度传统政治模式和政治文化发生葛兰西意义上的"霸权危机"(hegemonic crisis)的时候,对印度政治在民族认同和政治组织方面的重构:一手通过"国族再造"重新定义了民族主义在印度的内涵,一手采取"类列宁党组织术"来实现社会整合和民众动员。[1]

实际上,对于任何新独立的后殖民国家来说,按照西方现代民族国家的形式来打造一个稳定的国家,无论在哪个方面,都是一个巨大的挑战。在传播学研究中,传播与发展问题就包含传播与国家建设(nation-building)这样一个重要的议题——这里的国家建设,以我的理解,有两个互为表里的内容,一方面是具体的基础设施和物质层面的建设,从交通到电信,再到工农业生产;另一方面,是把不同阶层、民族、宗教、区域,甚至部落的人联系在一起,打造"想象的共同体"。对于像印度这样一个独立不久就有印巴分治惨痛经历的国家来说,这是一个至关重要的问题。根据毛克疾的分析,印度建国政治精英意识到,如果不小心,印度还将因继续内爆而"国将不国",而意在超越印度社会根深蒂固的民族、种性、宗教和阶层身份认同的"以印度共和国公民身份为认同基础的印度民族主义(Indian Nationalism)",就成了国大党所倡导的"包容性的印度民族主义"。这一意识形态指导下的政治体制包括以下内容:用联邦主义化解民族矛盾,用世俗主义化解宗教矛盾,用以优惠性差别措施为核心的进步主义化解种姓矛盾,用以公有制为主导和有平均主义内涵的社会主义促进社会公平,也即化解资本主义市场经济的矛盾。在这样的民族主义意识形态和国家制度设计中,所有印度人都超越了自己的民族、宗教、种姓和阶层,获得了印度议会民主框架内平等的政治身份——印度公民。[2] 我相信,这也是曼殊学长这一代知识分子所认同的印度现代民族主义。这种民族主义,在加拿大政治学者德塞(Radhika Desai)的框架里,又被称为发展型民族主义(developmental nationalism),因为它是以新独立的民族国家的发展为前提的,而且是前瞻性或面向未来的。[3] 它代表了国家与公民的一种社会契约,是一种制度设计,也是一种制度许诺。

---

[1] 毛克疾:《莫迪的"印度梦":印度国家能力建设的三重任务》,《文化纵横》2019年第1期。

[2] 同上。

[3] Radhika Desai, "Introduction:Nationalism and Their Understandings in Historical Perspective," *Third World Quarterly* Volume 29, Issue3 (2008): 397-428.

然而，制度设计和许诺是一回事，具体的历史过程是另一回事，更何况，任何一个国家的精英和民众，都要在自己继承下来的现有民族文化遗产和国际体系条件下"创造历史"。霸权国家让不让你走独立自主道路是一个因素；在国内，主导权力精英中的不同成员有没有大局观，愿意为了自己阶级或阶层的长远利益，接受必要的妥协，是另一回事；而底层民众，有没有足够的耐心和信心，会不会被各种利益所操纵，变成民粹主义力量甚至不要命的极端主义力量，也是一个问题；更不必说具体历史语境下各种精英与大众，国内与国外因素的复杂互动了。这其中不仅夹杂着各种形式的民族主义与机会主义，还包括了对特定历史时期国际/区域形势的误判。比如，有分析认为，1962年的中印边境自卫反击战，很大程度就是由于印度对边界对峙形势的误判而导致的，相比之下，2017年洞朗对峙时中印双方的处理就更好。

印度开始市场导向的新自由主义经济改革比中国的改革开放要晚，直到1991年才是关键性的一年。但是这一改革所造成的负面效果，也带来了由国大党所长期主导的政治文化的危机。在这样的语境下，前面所讲的发展型的民族主义，即印度民族主义，被德塞所讲的新自由主义时代的文化民族主义（cultural nationalism）所替代。[1] 这种民族主义诉诸民族、宗教等传统身份认同，是向后看的——我（们）曾经是谁，甚至曾经阔过，辉煌过，而且一般是排他性的。从一定程度上，这种新形式的民族主义满足了许多人对传统的怀念和对文化意义的需求，但更重要的，这种民族主义是基于西方经验的现代公民权概念在发展中国家的实践中失败的一种表达。这是因为，与制度许诺相反，在实践中，基于西方的现代化模式处处捉襟见肘，无法满足这些社会中各界的政治、经济和文化需要。从英国脱欧和特朗普的美国第一主义也可以看出，它也是全球现代性危机的症候。

回到后新自由主义时代的印度，莫迪的人民党精英所转而拥抱的印度教民族主义（Hindu Nationalism），虽然与以往以国大党精英为代表的印度民族主义只有一字之差，但内涵有重要区别，是德塞所定义的文化民族主义的典型代表。这一以占印度逾百分之八十五人口的本土印度教"为底基，带有强烈进取心、覆盖印度社会最大公约数"的新形式民族主义，被当作"支撑印度大国崛起的意识形态基础和政治哲学依据"。与此互为表里的是莫迪通过"类列宁主义"方式在社会、文化、宗教领域所推进的社会整合和动员活动，尤其是人民

---

[1] Radhika Desai, "Introduction:Nationalism and Their Understandings in Historical Perspective," *Third World Quarterly* Volume 29, Issue3 (2008): 397-428.

党背后母体机构国民志愿团（Rashtriya Swayamsevak Sangh，简称RSS）所推动的、深入印度各种社区的各项活动。[1] 对于印度的穆斯林社区来说，莫迪的崛起非常令人担忧，我学术圈里的一些朋友也经常与我讨论这个话题，而"法西斯主义"这个词在讨论中也经常出现。我也注意到，曼殊学长在以上的讨论中，尤其在讲到2012年围绕德里轮奸案的抗争中，民众要求"右翼沙文党羽不要以民主之名行暴政之实"的诉求。

这里不是深入讨论莫迪的政治实质的地方，但是，回到我们原先讨论的共产主义运动的话题，我想起了我在教授传播政治经济学课程时用过的美国批判学者麦克·普兰迪（Michael Parenti）的一本书中的讨论。在这本讨论新旧法西斯主义内容与形式以及苏联与东欧共产主义运动失败和学术导向的书中，普兰迪指出，尽管法西斯主义和共产主义有类似的政治动员形式，而反共冷战意识形态影响下的自由主义学者和媒体话语一直以"极权"之名把两者混为一谈，两者之间一个关键区别是形式背后的实质性阶级政治——究竟是哪个阶级，资产阶级还是劳动阶级，从这样的政治中真正得益？也正是在这样的语境下，普兰迪批判了那些被他称为"唯阶级不谈（Anything But Class，ABC）"的学术。[2] 因而，想要超越这样的将法西斯主义与共产主义混同的学术话语，就必须把时下流行的表征的政治（Politics of Representation）和认同的政治（Politics of Recognition）与再分配的政治（Politics of Redistribution）结合起来考察。

三、重新讲述"全球南方"的故事：批判传播学者的历史使命

张：相较于冷战思维框架下不断自我再生的"中国威胁论"话语，您觉得西方话语霸权所建构的"印度经验"是什么？

蓬：印度在1947年推翻了英国殖民主义，也恰逢美国趁着英国在"二战"中受到重创一跃成为超级大国，从而确定了其在资本主义世界中的霸主地位。然而，它当时依然有着苏联这一强力的对手，新生的印度也就因此受到了来自美国的压力，美国胁迫其加入自己的阵营。而印度第一任总理贾瓦哈拉尔·尼赫鲁（Jawaharlal Nehru）成功地抵抗住了这一压力，并试图与毛泽东所领导的中国以及其他新兴国家建立更强大的联系。他们至少成功建立了介于两个超级

---

[1] 更多讨论参见，毛克疾：《莫迪的"印度梦"：印度国家能力建设的三重任务》，《文化纵横》2019年第1期。

[2] Michael Parenti, *Blackshirts and Reds: Rational Fascism and the Overthrow of Communism* (San Francisco, CA : City Lights Publishers, 2001).

大国之间近半个世纪的"不结盟运动（Non-Aligned Movement）"。作为一个遭受英国长期剥削的贫穷国家，诞生于温和抵抗而非农民所主导的暴力革命的新生的印度政权，无法简单地走自己的路。当时国家政府的首要任务是建设国家，处理包括健康、卫生、食品、教育和相关的基础设施/机构建设在内的一系列基本问题。而华盛顿发出的声音宣告着印度是不值得信任的，因为尼赫鲁被视为一个社会主义者，虽然他曾在英国受过教育，却改变不了他是社会主义者的言论。作为世界上许多国家相继覆灭、东南亚破坏性战争持续不断以及中央情报局及其买办盟友领导的世界各地的秘密战争的根源，美国战后的外交政策很简单，任何没有为美国实现其帝国野心助力的人都将被视为敌人。因此，围绕印度经验的话语霸权的一个重要维度就是，它一方面表达着对于通过非暴力斗争的方式赢得国家独立的钦佩，另一方面又包含着对其领导者的深深的疑虑，因为他们并没有将资本主义的世界秩序视为唯一"自然"的秩序。

当然，没有什么能够始终如一。当印度在1991年几乎放弃其社会主义道路并拥抱新自由主义时，你就可以开始看到西方话语的变化，特别是在大众媒体中，这其中不仅仅包括"自由贸易"的主要倡导者——比如《纽约时报》的托马斯·弗里德曼（Thomas Friedman）——开始在其专栏中赞扬印度，还有当时的总统比尔·克林顿（Bill Clinton）等各色政治家。印度的高温和沙尘、泥屋、耍蛇人、耍猴人、积贫积弱的群众（特别是儿童），纷纷从西方报纸的版面上消失了，并逐渐被孟买闪亮的高楼大厦所取代。

在20世纪行将结束之际，印度理工学院（Indian Institute of Technology）等公立院校中培养出来的印度工程师们被世界各地的计算机软件和硬件公司聘请去解决行业中的诸多疑难杂症。硅谷的大量创业公司都是印度人发起的。谷歌、微软、苹果以及许多金融机构的首席执行官，比如花旗银行、麦金利咨询公司、百事公司等，都是印度裔。这些发展也助长了一种关于印度裔美国人如何成功实现美国梦的虚假故事。现实中，成千上万的印度裔美国人从事着没有任何退休或健康保障的工作，生活在公立学校经费不足、充满暴力的地区，他们的孩子因为高昂的学费而无法入读最好的学校。而这些印度裔美国人并不是媒体所关注的，也不是政治家所关心的。在媒体话语中，少数印度裔美国人的巨大成功被摆在非洲裔美国人的对立面，企图以此来抹消后者所一直面对的历史性欠发达、种族主义和边缘化，这背后充满政治意味的反问就是"为什么非洲裔美国人不能像这些印度移民和他们的后代一样努力工作以取得成功"。答案则显而易见：这种不公正的制度本身没有任何问题，错误全在于这些个人和家庭没有创造成功的良好氛围。

孟买电影业在这一时期的崛起以及它以"宝莱坞"之名风靡全球的成就终于在西方媒体中得到应有的肯定。印度的明星、制片人和导演开始轮番出现在电视上的夜间节目来宣传他们的作品。甚至《纽约时报》也开始发表对不同媒介渠道中流行的印度影片的评论。在时任总统巴拉克·奥巴马（Barack Obama）的促成下，一位在好莱坞喜剧中非常成功的印度裔美国演员卡尔·佩恩被聘为白宫与"印度社群"之间的联络人。奥巴马总统和夫人也开始庆祝印度的主要节日。如果你将这一切与印度2013年在德里选出了一个亲资本主义、向外国投资敞开胸怀的右翼反穆斯林政府联系起来，我们就能够理解，为什么在西方关于印度和印度移民的认知在发生变化了。

当然，印度也开展了名为"崛起的印度（Rising India）"和"印度闪耀（India Shining）"的公关宣传活动，并开始在美国的各个电视频道做广告，以吸引投资、旅游，促成文化纽带的形成与加深，等等。而所有这些都为印度这个潜在的全球体系的争霸力量披上了一层柔和的色彩。但与中华人民共和国相比，它仍然是一种可以被俘虏、引诱和哄骗的力量。

赵：曼殊学长上面的这段话，使我想到中国在美国媒体中的形象变化、中印两国与美国关系的变迁及互相构建的动力机制、华裔与印度裔在美国认同政治中的地位等许多话题。我提纲挈领地讲三点。

第一，比起印度来，由于中华人民共和国是共产党领导下的国家，中国在国际舆论中，尤其是在美国所主导的国际舆论中，承受了更大的压力，而共产党执政的中国与印度这个"世界最大的民主国家"之间有意无意的比较，几乎是一个永恒的主题。当然，相对于印度的媒体，中国由国家主导的媒体体制，也更加把自己放在国际意识形态斗争的前沿。与曼殊学长讲到美国媒体因印度1991年后实现了新自由主义政策而更正面报道印度类似，美国媒体对中国相对正面的报道期，是中美建交和改革开放初期，尤其是围绕邓小平访美。当时，美国舆论，从《时代周刊》的封面就能看出，也许一厢情愿地认为，中国从此会真正告别革命，告别毛泽东的影响，告别共产主义意识形态。当然，这一切随着1989年而转变，美国自由主义精英们在中国不但看不到他们所期望的"颜色革命"，其期望更是在后2008年全球危机时代随着中国的强势"崛起"而走向幻灭。当下，不但美国媒体，就是美国的许多学院派知识精英，也成了连中国的孔子学院都无法容忍的学术民族主义者。

第二，随着美国的特朗普政权把美国的地缘政治话语从"亚太"转为"印太"，用印度来制衡中国的战略更加突出，也随着印度教民族主义驱动下的"印度崛起"或让印度成为世界第三强国的目标的提出，美国用印度制衡中国的地缘政治策略必然会在部分雄心勃勃的印度精英中得到积极回应。比如，在中国提出"一带一路"倡议后，美日印也做出了相应的回应。在我自己的研究中，我就注意到，美国又重提当年早已提出，但后来被遗忘的美印之间的两个基础设施项目，而日印于2017年5月提出了一个"印日亚非自由－海上增长带"（Indian-Japanese Asia-Africa Freedom Sea Growth Corridor）。在印度的相关媒体报道中，还突出了日本的"高质量基础设施"优势，而有些印度媒体评论者更是突出印度历史上的香料贸易，甚至把"丝绸之路"说成迷思。实际上，在我自己更早做的一项关于全球媒体围绕"中美国"一词的报道中，我发现，尽管印度媒体相对多元，在对中国的报道中，竞争性的民族主义框架还是非常强烈的。更有极端言论把美国和中国当作必然的同谋者，旨在遏制印度民族。这样非此即彼的、排他性的民族主义媒体言论，是非常令人担心的，也是两个国家的学者和媒体要非常警惕的。曼殊学长讲到"崛起的印度"这样的话语有被俘虏、引诱和哄骗的可能，中国何尝不是一样。正是基于这样的担心，中印两国知识界和媒体界的对话和相互沟通，就非常有必要。在这点上，我不得不佩服新加坡学界的远见卓识——我唯一一次去新加坡访问，就是应邀参加新加坡国立大学召开的一个中印媒体学者与媒体对话的会议。

第三，曼殊学长讲到美国社会和美国主导族群政治话语中的"模范少数民族"话语及其遮蔽的美国社会的种族歧视问题。一方面，与印裔一样，华裔也被当作"模范少数民族"；另一方面，华裔与他们的祖国中国一样，在美国当下的主流话语中，比起印裔要承受更多的被怀疑和被不信任。这对在科技和人文社会科学领域工作的华裔学者尤为如此。不过，我要在这里反弹琵琶，说说问题的另一面，即华裔社区中的逆向种族主义和反共意识形态。我们都知道，美国境内的犹太人族裔和古巴在美国的移民群体，尤其是在迈阿密的古巴革命流亡群体，分别对美国对以色列和古巴的外交政策有重要影响。从一定角度，在美国这个多族裔移民国家境内的各个少数民族移民群体，一方面是白人种族主义意识形态的受害者，另一方面也是美国在全球的霸权主义政策的内部默认者——如果不是积极主动的支持者甚至倡导者的话。虽然就中国大陆的新移民来说，反共意识形态者是少数，但是，考虑到大部分新移民是中产以上的经济精英，这些群体的阶级立场与在同性恋等社会问题领域的文化保守主义立场相结合，很容易成为西方社会中极为保守的社会力量。

张：面对这样的国际舆论环境和西方社会中的复杂阶级与族群关系，我们应该如何重新讲述"全球南方"的故事呢？或者说，在政治上与学术上构建作为一种另类方案的"全球南方"，两位认为是否具有可能性（相对于历史上曾经出现过的作为一种方案的"第三世界"来说）？

蓬：我不这么认为。它们是历史上两个完全不同的时刻。"第三世界"作为一种方案的理念脱胎于去殖民化斗争，当时亚洲、非洲和拉丁美洲的数十万人为更美好的未来而奋斗。"全球南方"这个概念则出现在当下这个新自由主义（垄断资本主义）霸权不受约束的贸易时期。目前唯一不确定的因素是特朗普政府，墨西哥坚定不移地反击着其提出的建立隔离墙的愚蠢计划，但我不确定古巴、委内瑞拉、巴西和玻利维亚可以坚持多久。

从学术上讲，我也并不乐观，因为"全球南方"的传播学者之间的合作受到现有世界秩序的阻碍。资金困乏、语言以及其他困难确实妨碍了联合的实现。

赵：我基本同意曼殊学长的悲观判断，但也希望带进一点更为乐观的因素。首先，我非常同意这是历史上两个完全不同时刻的判断。回到前面有关发展型民族主义和文化民族主义的区分，当年的"第三世界"语境下，许多后殖民国家的精英对未来还是充满希望的。而现在，这些国家的精英已经不再有多少理想主义了，有些更是为了特权玩起了各种各样的文化民族主义甚至极端主义之火。政治上的威权主义、经济上的亲资本和亲市场新自由主义、文化上的排他主义和保守主义，成了普遍的政策选择。这一区别，印度评论家维贾·普拉沙德（Vijay Prashad）在他有关这两个阶段的连续性和断裂性的两部著作中有相当全面和生动的描述，尽管我认为他在这两部书中对中国的分析显得不够，也不全面与准确。[1] 在最近与丹·席勒的交流中，他也不无焦虑地告诉我，自己所担心的是全球法西斯主义。这的确是一个非常令人担忧的世界历史转折期。不过，正如毛泽东所说的那样，在困难的时候，我们要看到光明。在这一点上，我非常认同2018年8月不幸去世的埃及马克思主义者萨米尔·阿明对后2008时代世界形势和全球反帝反资可能性的分析。阿明谈到了"全球南方"，尤其是阿拉伯世界的觉醒。也许不是偶然，前面曼殊学长也谈到了印度这个国家的觉醒。2018年5月，我听了阿明在北京大学的纪念马克思诞辰200周年暨第二届世界马克思主义大会上的发言。我永远不会忘记，在每人发言时间极为有限的主旨发言环节中，这位对中国寄予厚望的国际马克思主义学者，是多么热切和真诚地希望中国学者同行能在关键的土地所有制、金融等领域坚持社会主义发展方向。坐在会场上，我为听到他的声音而激动。没有预料到的是，三个月后，

---

[1] Vijay Prashad, The Darker Nations: *A People's History of the Third World* (New York and London: The New Press, 2007); Vaijay Prashad, *The Poorer Nations: A Possible History of the Global South* (New York and London: The New Press, 2013).

他就与世长辞了。

回到我们的学科，就发展中国家或"全球南方"在传播领域的合作来说，我不但很早就带着一位来自孟加拉国的博士生做过"全球南方"国家在全球互联网治理领域的合作可能性的研究[1]，自己也曾围绕金砖国家[2]和"一带一路"倡议[3]做过一点探索性研究。总的感觉是，由于政治意志、意识形态、地缘政治、本国资本利益和跨国资本联盟等因素的影响，更由于美国对"全球南方"国家的离间策略，"全球南方"要在媒体和传播领域挑战美国的霸权，并不容易。此外，学界的冷战意识形态影响也使任何联盟的建立举步维艰。但是，学者之间小规模的合作和一些同人性学术刊物中的话语空间还是有可能形成的，当然也需要我们不惜一切代价去争取和开拓，而且这也不一定非得在"全球南方"的框架中展开——当年的"第二世界"学者、美国内部的批判学者也是相关力量。比如，我自己就参加过芬兰科学基金会资助的、由参与过当年全球传播新秩序运动的芬兰教授卡拉·诺登斯顿（Karla Nordenstreng）领衔的金砖国家媒体研究项目。尽管项目也有许多局限，参与的学者在立场和投入度方面都有很大的区别，但是，一群来自不同国家、不同肤色的学者，在从赫尔辛基开往莫斯科的夜间火车上畅谈，并拿出代表不同金砖国家的纸币，想象起金砖国家联合的可能性的场景，还是非常令人难忘的。这样的时刻不是学术本身，但也不是毫无意义的。就我自己而言，我就是在与印度裔学者、当年在加州大学圣迭戈分校的年轻同事的合作中，最先提出过去十多年来自己一直在深化的跨文化传播政治经济研究理论框架的。当然，这也使我在此必须对曼殊学长对我们的支持表示由衷的感谢。

张：某种程度上，学术界的分歧与冲突也正反映着全球政治经济层面的结构性失衡与权力转移。例如，许多文献研究表明，在西方占主导地位的全球学术出版业中，西班牙语、中文、阿拉伯语的作品被广泛地边缘化。

蓬：我同意你的观点。在美国的高校里，一般来说，如果你是用英语以外

---

[1] Abu Bhuiyan, *Internet Governance and the Global South: Demand for a New Framework* (London: Palgrave Macmillan, 2014).

[2] Yuezhi Zhao, "The BRICS Formation in Reshaping Global Communication: Possibilities and Challenges," in *Mapping BRICS Media*, eds. Kaarle Nordenstreng and Daya K. Thussu (New York: Routledge, 2015), pp. 66-86.

[3] Yuezhi Zhao, "China's Belt and Road Initiative: A Critical Communication Perspective," Simon Fraser University President's Lecture, January 31, 2018, available at: https://www.sfu.ca/video-library/video/1951/view.html.

的其他语言发表的文章，即使比如说是发表在最好的中文学术期刊上，他们没有办法来对其进行评估。如果它被翻译成英文并在英文期刊上发表，他们也许会有一种方法来阅读和评估它。但很明显，语言创造了隔阂。现在英语是全球通用的语言，是商业、知识和各种交换行为所仰赖的符码。因此，讲西班牙语、葡萄牙语和其他语言的人就会处于劣势，因为他们的出版物不像英文出版物那样地被广泛传播。这是一个现实存在却无法解决的问题。在全球化时代，我们是相互联系的，但与此同时，这些语言的界限非常严重。我之前在国际媒介与传播研究学会的年会上遇到几位用西班牙语和葡萄牙语写作的学者朋友，他们已经做了一些高质量的研究，却并没有能够被翻译成英文。我对此表示同情，但与此同时我也很担心。我在过去十年参加的国际会议上，见到了许许多多的中国学者。参加这些会议的正在攻读博士学位的年轻中国学生或年轻助理教授往往会提交一篇署了五个以上作者名字的论文。其中一次就发生在伦敦召开的国际传播学会年会。当时他们在一篇论文上放了五个人的名字，每个人都站起来做了两分钟的演讲。这样做真的糟透了。论文质量差强人意，研究模型一塌糊涂，核心问题更是模糊不清。他们都不是批判传播学者，而这件事发生在一个关于"金砖四国"的全天活动中，这是我最糟糕的经历。

赵：总体而言，"全球南方"的学者处于边缘地位，但"全球南方"中，不同国家与地区又有区别。在亚洲，日本和韩国的学者，又需要不同分析。比如，在我自己的体验中，我虽然曾试图尽一切努力去雇用和团结一位来自韩国的同样做传播政治经济研究的同事，但是，他偏偏更愿意与非传播政治经济取向的白人男性同事为伍，无缘无故把我当学术对手，甚至敌人，以至于他在自己教的关于亚洲媒体制度的课中，根本不用我的文章！更令我不得其解的是，这门课还是我从美国带回来的，我还把自己的课程大纲给了他。虽然我不会与任何个人计较，也不会把这位学者当作韩裔学者的典型，但有时候，我也忍不住小题大做地想，也许这就是在西方语境下的亚裔学者内部自我"分而治之"，或者至少是学术民族主义的表现。

我的学术朋友中，印度裔占多数，而且感觉彼此之间有兄弟姐妹般的关系。不过，在国际学术分工中，部分由于印度裔学者的英语优势和印度裔学者与西方学术传统更紧密的结合，印度裔学者与华人学者之间又在一定程度上存在着不平等的关系。总体而言，在硅谷，白人往往是资本家和业主，经理和部门主管更多是印度裔工程师，而华裔更多是普通的工程师。在人文社科领域，印度裔或更广范围的南亚裔学者在后殖民批判学术领域颇有影响，而华人学者的影响，则大部分被局限在中国研究领域本身。这里最让我感到忧虑的是，华人学者把印度后殖民理论当作反西方中心主义的一种时髦理论，用来分析改革开放时代的中国社会，从而遮蔽或虚无中国不同于印度的社会主义现代化经验。

至于曼殊学长讲到的中国学者在国际会议上的论文质量不高，而且五个人同一篇论文的状况，我有时候也有同样的观察。但是，我相信，中国学者会在不断参与国际会议的过程中提高自己的论文质量。实际上，我认为，在这方面，近年的变化也是可喜的。

张：那么两位如何看待"全球南方"国家的年轻学者在促进和发展知识去殖民化和去帝国化方面所起到的作用和肩负的使命呢？

蓬：我不知道中国的未来是否能够依赖一直在看屏幕的年轻人。当我环顾四周时，对我来说非常令人失望的是，无论我走到哪里，他们都只是盯着屏幕上的愚蠢游戏。这不是一个政治化的年轻社群，而是一个全球化的新自由主义年轻人群，他们的注意力总是可以被轻易地导向一个去政治化的目标，比如消费。

赵：这也许是事实。不过，也许我是为自己通过各种途径培养年轻学人的努力寻找持续的动力，我对中国的年轻人，尤其90后和00后，更乐观一些。他们是网络原住民，也内在化了许多新自由主义意识形态，但是，面对全球新自由主义在政治、经济、社会、文化和环境各个领域的危机，他们不可能没有感知。消费主义不可能完全消解他们的政治意识，而网络也已经成为他们以自己的特定方式进行政治化表达的渠道。一方面，在危机时代国际意识形态斗争日趋激烈的语境下，他们表现出了异于父辈的高度的文化自信与道路自信，面对西方的话语攻势，他们不仅有着高度的政治敏感，还有着充满创造性的政治艺术，这在"帝吧出征"中"小粉红"们通过现象级的"表情包"创作来进行的政治表达中可见一斑；另一方面，成长于中国经济腾飞、社会主义革命与改革红利收获年代里的他们，对于社会主义、乡村建设与生态文明都有着全新的认识，尤其是在文化与传播领域，年轻一代思想的"转向"显得尤为明显。当然，青年人往什么方向发展，与我们教育系统和媒体系统的导向有非常密切的关系。这也是为什么我们在这里，在主流的学术生态之外，组织这个暑期班，并试图为年轻学者打开认识世界和认识自己的另一扇窗户的原因。

张：非常感谢两位老师。

蓬：谢谢。这是一次愉快的谈话。

赵：请曼殊学长来看看中国的乡村，是我的一个夙愿。很高兴这一夙愿现在不但实现了，而且还在缙云开始了这样的一次对话。

第四编
乡土聚焦

23 重构中国传播学：城乡视野、历史实践与农民主体性

2014年秋，沙垚还是清华大学新闻传播学院的博士生，他以"联合培养"博士生的身份到西门菲莎大学传播学院访学。几次学术交谈后，我说我是当年的公费出国留学生，你现在也是中国留学基金委的公费生，咱们的话题对于中国传播学术有一定的公共性，也考虑到其他许多年轻学者没有像你我这样的公费留学和公费访学机会，咱们干脆就乡村传播问题做个访谈吧。沙垚欣然同意。

于是，就有了以下访谈。这篇访谈是随后一系列有关乡村、文化与传播访谈的开端，也是我与到西门菲莎大学访问的一些国内博士生和访问学者的学术访谈的开端。

沙垚，博士，现为中国社会科学院新闻与传播研究所副研究员。此文发表于《新闻记者》，2015年第1期，第5—14页。《人大复印报刊资料·新闻与传播》2015年4月号转载。

原文摘要：在社会主义的语境下重构中国传播学，城乡关系问题应当成为整个学科的重要出发点之一。具体来说，首先在历史层面，继承汲取传统农业社会的文化资源，继承中国社会主义实践的遗产；其次在当下层面，重视农民的主体性和文化创造力；最后在世界层面，对具有西方中心主义和城市中心主义的发展传播学有清醒的认知。

一、转向城乡关系的传播学研究

沙垚（以下简称"沙"）：赵老师，您好！您是国际知名的传播政治经济学者，但在2014年您与邱林川、王洪喆的对谈中有很多与"三农"问题相关的论述，2015年在浙江省缙云县您与吕新雨教授等即将召开"乡村、文化与传播"国际学术会议，这是否意味着今后您将把"乡村传播"作为自己新的传播研究

方向？

赵月枝（以下简称"赵"）：是的，近年来我确实在各种不同的场合强调城乡关系视野和乡村传播研究的重要性，正如我在和邱林川、王洪喆的对谈中所说，随着中国的传播研究走向成熟，"三农"议题会更显重要。在这个过程中传播学者应该做出自己的贡献，比如现代农民的主体性、媒体和文化在农村社会转型中的地位和作用、乡村文化和农耕文明的生命力、传统知识的意义及创新和传播等。[1]

但是，我并不觉得乡村传播仅仅是一个新的研究方向。说抱负也好，希望也罢，我认为，乡村传播不应是本已十分支离破碎的传播研究的小分支，而是中国传播学整体都应该具有城乡关系、中心与边缘的大视野。换句话说，在社会主义中国的语境下重构中国传播学，城乡关系就像劳资关系一样，应该成为传播学关注的核心议题，乡村问题应当成为整个学科的重要出发点之一。在我看来，如果像有人研究健康传播，有人专攻组织传播一样，有些学者研究城市传播，有些学者研究乡村传播，那就把城乡关系切碎了。在城市主导话语权以及城乡权力关系和传播资源不平等的今天，这样的区分本身就是一种把乡村边缘化的表现。当然，这不是说学者的研究不应有侧重点和自己的专业领域，我这里是把城乡关系提升到定义传播研究的基本理论框架的高度来讨论的。

沙：您提到城市主导，是否可以这样说，传播学自诞生之日起，就具有天然的城市中心主义视角，这也正是您要批判的？

赵：是的，但为了不把问题简单化，我想我们应该首先区分三个概念。第一是传播现象，从最基础的言语到古代的烽火台、驿站和今天的网络传播手段，这些是人类实践的一部分。第二是广义的对传播现象的分析，这包括我们所理解的传播学科"之前"和"之外"的人文与社会科学分析。在这些文献中，不乏中心与边缘、城市与乡村关系的视角，比如我们所熟知的哈洛德·伊尼斯（Harold Innis）的《帝国与传播》以及《传播的偏向》等，以及英国文化研究者雷蒙·威廉斯的（Raymond Henry Williams）《乡村与都市》（*The Country and the City*）等。实际上，在美国早期实证社会科学中，也有对本国的村庄和农业的研究，其中涉及传播分析和技术扩散等问题，但是这个研究路径并没有在作为学科的美国主流传播学中得到继承和发展。第三是我们现在所说的传播学，尤其是1980年代初中国引进的传播学，也即以施拉姆为代表的美国"二

---

[1] 邱林川、王洪喆：《东西方之间批判传播研究：道路、问题与使命》，《传播与社会学刊》2014年总第28期。

战"之后出现的作为冷战社会科学产物的传播学。就这一意义上的现代传播学而言，它确实从一开始就有城市中心主义的偏颇。

用这一传播学的视角来书写传播史，这个传播史就一定是西方中心主义和城市中心主义的。中国古代传播史会讲到唐代的邸报和宋代的印刷术，但这种历史书写跟现代传播史是割裂的。现代传播史的书写是与印刷技术在西方发展起来之后，欧洲报纸的商业化与资本主义的崛起、殖民主义、帝国主义联系在一起的。中国现代传播史，也是从西方传教士在广州、上海、北京等地办"外报"开始的。在帝国主义与国内民族主义的张力下，中国的志士仁人才开始办我们自己的现代意义上的报纸。因此可以说，中国的现代传播史是西方传播史的本地化和延伸，是全球殖民传播史的一部分。当然，基于民族革命和共产主义革命的叙事会从反帝和反殖的视角书写这一历史，而当下在中国传播研究中颇有市场的修正主义传播史则可能更多地书写当年传教士报刊对中国的启蒙作用，以及它们如何给中国带来客观上的发展。但是，无论是批判视野还是殖民主义视野都不可避免地存在城市中心主义和西方中心主义的偏颇。

当然，现代传播学并没有放弃乡村。从施拉姆开始，第三世界乡村的发展问题就是美国主流传播学很重要的一个研究方向，这就是发展传播学。但是，正如我在与吕新雨教授的一个访谈中已提到的，发展传播学对第三世界乡村问题的关注是具有强烈的冷战地缘政治意义的，因为1949年中国农村包围城市的革命取得成功，也因为亚非拉其他地方激进社会运动的风起云涌，西方，尤其是美国的统治阶层担心第三世界的农村会不会像中国一样，由于贫穷与落后走上激进革命的道路，使这些国家都倒向共产主义，所以发展传播学所关心的不是抽象的农村，而是有可能作为共产主义根源地的第三世界的农村。在发展传播学所隐含的西方资本主义现代性宏大叙事中，农民一方面由于贫穷会接受革命的蛊惑，另一方面又是落后、狭隘和不求上进的，需要通过现代传播技术，把他们从传统的束缚中解放出来，让他们获得以进取为特性的现代主体性，进而纳入全球资本主义体系。总之，发展传播学对乡村的关注是有特定的政治指向的，在冷战地缘政治框架下，它不但将第三世界乡村置于西方中心主义的视角之下进行研究，而且将第三世界乡村纳入资本主义现代化进程和发展主义的轨道之中。

沙：那么您自己为什么转向城乡关系研究呢？是出于什么样的理论视角的考虑？

赵：我转向乡村，有几个方面的原因。第一个是现实层面的。在中国，农村有庞大的人口基数，经历了改革初期的繁荣之后，在近二十多年的中国政治经济转型中,"三农"问题凸显,年轻人看不到希望,社会矛盾冲突加剧,比如农民抵制苛捐杂税、反抗剥夺土地、抗议环境污染等。但是对此传播学并没有太多的参与和发言,即便有,也是基于现代化和发展主义视角,认为只要普及电视、实现电信村村通、送文化下乡就可以解决问题。在国际层面,ICT4D这一研究范式,也就是通过信息技术促进发展,实现联合国的千年减贫目标,体现的基本上还是美国主流发展传播学的思路。记得2005年我在突尼斯参加信息社会世界峰会,美国麻省理工学院媒体艺术与技术实验室(The MIT Media Lab)希望在第三世界推动100美元电脑计划就颇吸引眼球。虽然我对这种技术主义的发展思路一直存疑,也从宏观层面写了《一个世界峰会和一部中国电影之间》《手机之后是什么?》这样的文章,但对全球传播秩序这样的"大格局"问题的关注是我所致力于发展的全球传播政治经济学的重要内容。因此,我在21世纪头10年的中期受聘加拿大国家特聘教授时,是从"天上"和"全球"的层面定义我的研究题目。具体说,我当时感兴趣的问题是卫星电视新闻对全球秩序的构建。

但有一件事使我刻骨铭心,产生了强烈的把批判研究落实到"地面"和"村庄"的学术冲动。那是几年前的一个周末,我去超市购物时,无意中看到一份免费的温哥华华人报纸《环球华报》,头版头条竟是两位云南青年与一位浙江缙云县青年通过网络相约自杀的故事。最后两位云南青年只来了一位,与那位浙江青年一起自杀于我老家所在的缙云县新建镇的一家小旅店,而那位浙江缙云青年是河阳村人,也就是我出生的那个村庄。[1]

沙:我在陕北做过一个新农村文化建设的项目,就看到乡村中老年的男性农民用智能手机看"黄片",并且他们还告诉我,可以定期去镇上的网吧更新,一个片子一元钱,形成一个微型的地下产业。

赵:对啊,这些事情让我感到震惊,农村就算是人人有手机,家家有电脑,24小时能看到卫星电视,又怎么样呢?有了手机之后干什么?这个我曾问过的重要问题于我有了新的迫切性,而这不是发展传播学所能解决的。

这进一步涉及我所要讲的第二个方面,也就是理论层面的动机。很显然,现有的基于西方经验的传播学理论已经不足以解释中国复杂的现实。从1990年

---

[1] 网络相约自杀的现象近年来屡见不鲜,除了浙江缙云的自杀事件,还有2010年5月4日,浙江台州三名90后农民工通过网络、手机等相约集体自杀;2012年11月底,三名平均年龄不到25岁的青年在淮南火车站附近一家宾馆的卫生间里自杀;2013年9月23日,二女一男相约温州宾馆,躺床上烧炭自杀,等等。

代开始研究改革开放以来的中国媒体的商业化,到在21世纪初解读小报故事、研究中国传媒与入世,以及讨论中国电信领域如何实现普遍服务,[1] 我力图反思全球资本主义、新自由主义、城市中心主义和消费主义逻辑与中国的关系。也正是在这个过程中,我开始接触吕新雨等批判学界同人有关资本主义和乡村问题的理论分析。资本主义源于西方,在其以城市为中心的世界扩张过程中,亚非拉被边缘化,由中心剥削边缘,支撑庞大的帝国,这同时也是城市剥夺农村的过程。传播研究如何摆脱西方帝国主义框架和冷战框架,有真正的世界视野、中国立场,成了一个重要的命题。因此,我2009年受聘中国传媒大学教育部长江学者的时候,就把自己在国内项目的研究方向定义为"传播、文化与中国城乡协调发展"。我认为,发展具有真正的社会主义的、后资本主义的传播学离不开对城乡关系的关注。因为一旦忽视城乡关系问题,尤其是还在发展传播学的西方中心主义和城市中心主义的资本主义的意识形态框架中进行,那中国的传播学研究会不可避免地沿着资本主义和帝国主义的道路走下去。

也正是在这样的语境下,我开始反思改革开放前的中共马克思主义新闻理论与改革开放后从西方引入的传播学的断裂与脱节问题。在中国,共产党领导了以"农村包围城市"为核心和以农民为主体的社会革命,在这个过程中,通过马列主义新闻理论和实践的"本土化"发展出了源于"山沟沟里"的中共新闻理论,包括毛泽东的新闻理论。虽然这一套理论没有被"传播学"所取代,从"新闻传播学"这一学科设置中颇有"中国特色"的词汇中,我们还能看到有本土革命历史渊源的"新闻学"之于有深刻冷战色彩的"传播学"的优先地位,但是,这两者实际上是两套话语,水火不容,而且前者处于实际上被边缘化的尴尬状态。

更要命的是,即便是重新引入西方马克思主义的批判传播理论,也不能关照,更枉论针对当下中国的"三农"问题以及中国还是一个以小农为主的国家和有九亿人口靠农业和农村生活和实现劳动力再生产这一基本国情。西方批判学者聚焦工人阶级,以及工人的阶级意识能不能形成,他们的理论是以19世纪的欧洲城市中心主义和工业主义为基础的。在北美,垦殖主义历史使农民问题被种族问题和城市贫民窟问题置换和遮蔽,那里的批判传播政治经济学更缺乏农村和农民的视角。然而,随着中国乃至全世界的生态问题、食品安全、农业危机都越来越复杂,越来越严重,是否应当重新看待农民在中国乃至世界

---

[1] 赵月枝:《世界结构中的中观传播》,载《传播与社会:政治经济与文化分析》,中国传媒大学出版社,2011,第167-258页。

历史变迁中的作用？并且，西方批判学者最感兴趣的中国的两亿多农民工的主体意识很复杂，他们有很强的乡土观念，客观上他们的户口也都在农村，农民工的出现过程不是西方工人阶级的形成过程可以类比的。更重要的是，中国是个有着基于农民革命的社会主义传统，至今还要建设社会主义的国家。这是否意味着，中国或许可以在新的历史条件下为超越资本主义提供理论与实践的资源，或者说，新的主体性很可能是在新形式的工农联盟中产生？当然，在当代中国，新形式的工农联盟以什么形式实现，我也不知道。约翰·福斯特（John Bellamy Foster）讲到的"环境工人阶级"[1]或许在中国会离不开农民的成分。总之，中国的宪法说"中华人民共和国是工人阶级领导的以工农联盟为基础的人民民主专政的社会主义国家"，中国的传播学研究不应该忽略乡村、农民以及城乡关系视野。

二、历史遗产与中国社会主义实践

沙：您认为发展传播学和传播批判理论各有缺陷，不足以在复杂的城乡关系视野下解释中国的传播现象。那么重构中国具有社会主义性质的传播学，应当从何处着手呢？

赵：人民群众是历史的创造者，他们的历史实践值得我们深入地研究。近代以来有一个反复被讨论的问题：中国为什么没有发展出资本主义？将之置于城乡关系视野中，我们会发现中国封建时代的城乡互补结构。尽管我们的长安、洛阳、开封、南京等在当时都是国际大都市，但是中国古代的文化传统是，无论你做到多大的官，挣了多少钱，最终都要回到农村。中国历史上的城乡关系不是单向的剥夺和被剥夺的关系，而是一个双向的互补过程。当然，这种关系不是仅仅靠文化和传统就可以维系的。在皇权和土地都趋向集中，尤其是农民被剥夺程度加深的王朝末期，农民通过起义的方式要求重新分配土地，使之重新趋于平等。这虽然破坏了社会生产力，但却改善了生产关系。

如吕新雨所说，正是由于这种内生的城乡互补的社会结构使中国没有走上殖民扩张与资本主义的道路。今天，中国又走到了一个新十字路口，是企图走"中修帝国主义"扩张性道路，继承大英帝国和美帝国主义的衣钵，去拉美、非洲殖民，还是走出一条在国内是城乡互补、在国外是反对霸权的良性的发展

---

[1] John Bellamy Foster, "The Epochal Crisis," *Monthly Review: An Independent Socialist Magazine* Vol. 65, Issue 5 (Oct. 2013).

道路？这里的答案不言自明。因此，传播学者回到城乡关系，从历史实践中发掘资源，还涉及中国未来道路选择的重大命题。

沙：谈到历史遗产，回看20世纪，我们绕不开中国革命与社会主义建设时期的实践，传播学应当如何去面对和继承这一历史文化遗产呢？

赵：说革命遗产是可以的，但是尽管我自己在以前的文章中也用过，我希望慎用"社会主义遗产"这个词，因为中国还在社会主义的道路上不断探索，因此，我更愿意把前30年定位为国家主导的社会主义，也即国家计划在社会生产和再生产中起决定性作用。改革开放之后，尤其是1992年之后，官方的定义是中国是在建立社会主义市场经济，也即市场力量起了更决定性的作用。我在《中国传播政治经济学》一书中曾指出，社会主义就是社会至上主义，我希望中国对社会主义道路的探索能归结为社会之上，尤其是劳动者至上。我这个定义得到黄平、姚洋、韩毓海那本《我们的时代：现实中国从哪里来，到哪里去》的直接启发。我的理论来源包括布洛维（Michael Burawoy）的"社会学马克思主义"，而布洛维的动态的、历史的社会概念又得益于葛兰西的"市民社会"概念及波兰尼（Karl Polanyi）《大转型：我们时代的政治与经济起源》里面的"能动社会"概念。

说到如何对待计划经济体制时期的文化遗产，我马上就会想到我老家浙江缙云县一个山村里那个失修的大会堂，它上面还写着"中华人民共和国万岁，世界人民大团结万岁"的口号，作为计划经济体制时期的公共文化符号的物质代表，它依然是村里唯一的公共室内聚会空间。今天，是让其倒塌还是修复？目前，浙江在新农村建设中修建了很多新的文化礼堂，我相信国家的初衷是想要赢回农村的文化领导权，但关键是建成之后用什么样的公共机制去维护，在里面演绎什么样的文化和在何种意义上成为农村的文化中心和农民的精神家园。我知道，在没有了集体经济支撑的条件下，村里的领导希望得到上级政府资助，修复这个大会堂。我更憧憬，返乡的大学生、经商归来的村民，能与常驻村民一起，在这个大会堂从事各种文化活动，使之发挥新时代的文化和村社共同体的各种仪式功能，将上一代的集体记忆和当下村庄的文化实践和社区共同体的意义生产联系起来，而不是割断。或者说，我希望看到，新时代的知识、财富与计划经济体制时期的遗产相结合，产生出时代的新文化。

事实上，传统与现代的结合本身就是中国革命和计划经济体制时期的文化遗产。中国革命和中国在改革开放前30年的传播实践就是将现代的西方马克思主义新闻理论与中国传统相结合的过程。这些文化实践包括用快板书来说革命、用信天游唱《东方红》、用现代广播播放传统的戏曲等，将传统形式与现代话语以及现代媒介与传统内容相结合的探索。但是,在现代传播学引进中国之后,传播研究与马克思主义新闻学的血缘关系被割断了。

沙:我有一个数据,1953年4月到5月,陕西地方戏占陕西广播文艺节目总时间的79%。[1] 对于当时的乡村,广播堪比今天的互联网,都属于外来的新媒体。

赵:对,但是它们的区别在于,当时的新媒体跟社会运动是紧密结合的,共同促进社会的改造。比如配合农村卫生健康运动,广播、黑板报、戏曲、妇女主任和卫生员会挨家挨户动员。但现在,以商业化运作的方式将电视、手机、互联网送到农村,与系统的、全面的农村文化建设是脱节的。第一,内容问题,电视节目、互联网的内容越来越城市中心主义,有关农村的内容越来越少,很多农民看不懂电视了;第二,新的传播技术以消费主义的方式进入农村文化环境,注定冲击和腐蚀农村的社会肌体和村社共同体的价值体系;第三,乡村传播组织者缺位,过去的公社广播有广播员,通过一个具体和真实的人,将党和政府的群众文化工作与农村的文化现实联系在一起,现在没有了这样一个人,新媒体在农村应用中的针对性也就减弱了,技术与社会的脱节就更严重了。一言以蔽之,现在的新媒体基于农村社会就不是那么有机结合了。所以我考虑的不是作为学科的传播学应该怎么办,而是传播技术如何与农村社会有机地结合。

在这个过程中,人是关键。我所说的人,不是到村庄做个公益形象宣传的大牌明星,而是与农民日常生活实践息息相关的基层文艺工作者。比如为了配合浙江省的"五水共治"[2] 宣传动员,缙云县文化馆的创作人员根据自己切身的乡村生活体验编排了一些跟乡村传统相结合的方言文艺节目,供村民演出;在更日常的工作中,基层工作者从指导农民春晚到建立农村文化站等各项工作,都与计划经济体制时期的乡村文化工作方式是一脉相承的。我想,当下的农村实践中可能还有更多没有被抛弃的计划经济体制时期的文化遗产,需要我们传播学者去发掘。

沙:您强调文艺工作者在乡村文化与传播实践中的重要作用,那么如何理解农民的文化主体性呢?

赵:农民是中国革命的主力军和共和国的主人,一位叫陈永贵的农民还当

---

[1] 陕西省地方志编纂委员会:《陕西省志(第69卷)·广播电视志》,中国广播电视出版社,1993,第125页。

[2] "五水共治"是指治污水、防洪水、排涝水、保供水、抓节水这五项。这是浙江省政府近期推出的大政方针,既保证经济增长,又促进绿色环保的人居环境。

过国务院副总理,农民的形象也一直是正面的。农民的地位是随着改革开放下降的。不错,改革开放初,还有农民万元户和创业者,但是,到了1980年代后期,农民在自由主义知识精英的话语里成了现代化的负担。典型的代表是《河殇》,我记得里面有一些农民跪在那里求神的镜头,解说词好像是,面对这样的人的素质,就是大经济学家凯恩斯活转过来又能奈之若何?前面提到,在发展传播学鼻祖施拉姆们的笔下,农民不求上进、没有知识,需要现代传播技术去开启。在这里,至少施拉姆还觉得只要对农民进行教育、启发、改造,就可以获得现代主体性,可是,《河殇》却认为凯恩斯来了也没用,言下之意是农民是现代化的障碍,没有获得现代主体性的希望。

但事实上,当代中国的农民可不是落后的农民,与大多数第三世界国家的农民很不一样,他们是社会主义革命和社会主义建设所锻炼出来的农民,是具有政治主体意识和社会批判力的农民。大概是1994年我回老家农村,就有农民对改革开放所带来的社会权力关系变化有深刻的分析,跟我说:"月枝啊,'三座大山'又回来了。"他们当中,大部分受过初中教育,有的出去打工见过世面,他们的儿女里面也有不少中专生和大学生。还有一个例子也很能说明问题,2012年我和几位学者一起去河阳村参观古民居,因为有古民居管理委员会的领导带领,我们就没有买票。进入一个祠堂时,负责收票的是一位60多岁的农家妇女,就当着所有人的面说:"你们都不懂规矩,都不买票,领导来了又怎样,还要我们在这里做什么。"她敢说,因为她有她的主体性,她觉得上面带过来的人不缴费是不对的,起码是不尊重她的职位的。总之,中国农民既不是被驯服的农民,也不是有些人所说的刁民。问题是主导的精英阶层,包括知识分子,往往居高临下,在城市中心主义和发展主义传播体系里,农民成为话语中的弱势群体,但这不代表他们真的无知和落后。

沙:我看过汪晖老师十几年前发表的《当代中国的思想状况与现代性问题》,如文中所述,知识分子一方面具有责任感和使命感,希望让国家和民族变得更好,但同时他们在马克思主义、儒家等传统文化、新自由主义等各种思潮以及天翻地覆的现实变迁中感到迷失与困惑。所以,我们看到1990年代以来知识分子似乎很少从工农群众运动和实践中汲取养分和能量。

赵:你说得对。作为知识分子,我想我们应当具有一种能力,去超越自身所在群体的局限性。如果知识分子没有能力超越自己的利益和小资情调去思考问题,对社会充满牢骚和怨气,还能被称为知识分子吗?知识分子应关注工农的社会运动,进而与工农相结合,这个观点并没有过时。我们没有资格去替农民表达,更没有资格去教化农民,而是应该在与工农相结合的过程中教育我们自己。

三、从消费主义到主体性创造

沙：赵老师，您说得太好了。我的博士论文的题目叫作《农民的表达》，正是沿着您的这一思路展开的，把话语权还给农民，让农民自己表达，倾听农民的表达，而不是代表农民表达。可是近年来，我看到农民的文化在农村消失了，相反在国际舞台和都市舞台上却受到极大的欢迎，比如皮影戏，您怎样看待这种空间错位的表达？

赵：先分享一个案例。2014年秋我到浙江的"良渚文化村"参观，一开始我以为这真的是一个村庄，后来去看了才知道，这是一个房地产项目。这个"村庄"里的建筑像民居，还有村庄食堂、书屋，业主们过着美好的田园生活，有绿地种菜，亲近大自然。可是问题来了，原来生活在这里的农民到哪里去了？因此，不仅是你说的皮影戏等农民的文化，甚至"村庄"这个概念本身都变成了小资生活的一种方式。一方面农村变成城里人休闲消费的地方，农民的文化让城市人高价欣赏，同时农民被赶上高楼，他们被逼着以在楼下花园里种菜等方式，追忆他们失去的生活方式。作为一种置换，城市中产阶层落户村庄，农民的生活方式、文化形式、村庄空间就变成了一种消费的资源，是城里人表达乡愁的方式，也是文化产业增值的手段，农民的文化成了资本的点缀，农民本身成为文化商人的工具。有意思的是，城市居民开始向往农村、消费农村，不正说明了城市中心主义的内在困境吗？

谈到消费主义对农村和农民文化的主导，还有更为隐藏的一个层面，即我们现在正在大规模开展的新农村文化建设，其中送图书下乡、送电影下乡，还包括上面谈到的送家电、手机、互联网下乡。在与吕新雨教授的对谈中，她讲到"送货下乡"忽视的是农民的主体性，我们的观点不谋而合。[1] 我认为这是城市中心主义的治理者居高临下的福利主义思想。"政府买单农民看戏"，听起来很好，可是你买得过来吗？更重要的是，在这种消费主义和福利主义的思路中，农民是作为一个城市文化的接受者和消费者而被建构的，这是文化单向流动的模式。在这一模式里，农民缺乏作为主体的参与性。

沙：2013年我有机会参与过一次送书下乡活动，我们给五个试点村的农家书屋送书。最多的时候七辆车，市文广新局领导一辆、区分管领导一辆、区文

---

[1] 吕新雨、赵月枝：《中国的现代性、大众传媒与公共性的重构》，传播与中国·复旦论坛（2009）会议论文，上海，2009，第290-312页。

广新局一辆、乡镇领导一辆、村干部一辆、新华书店领导一辆,最后是新华书店的大货车。

赵:这看起来浩浩荡荡,但是问题不少。第一,你送的书真的是农民需要的吗?我们的图书出版业本身就是城市中心主义的。第二,青壮年都到外面去打工了,留守的老人、小孩,谁会读农业科技的书?至于电影下乡,则更讽刺。刚上院线的片子太贵,因此送下乡的片子里,老掉牙的内容占了很大比例,这些片子农民都看了几十年了,都是些都市文化的"残羹冷炙",这简直是在侮辱农民。我在调研中听到一个故事,在一个送电影下乡的放映现场,观众只有一个老人,放映员说:"大爷你也回家吧,很冷啊。"老大爷说:"我回家了就没人给你锁门了。"因此,这里最关键的还是福利主义的思路不对。当下,主导政治的精英们已经意识到了,现代工业发展过程中农民吃亏了,因此想要反哺农村,做出一些补偿,这比起《河殇》里对农民的态度,是一个进步了,但是在这个过程中,农民还是被当作亟待教化的对象、都市精英文化施舍的对象,最多也只是都市文化的消费者,而不是文化的主体。正如在西方世界,资本主义生产方式让一部分人失业,他们无法通过劳动实现自己的价值,政府就通过发一点救济金以示慈善,从而缓和阶级冲突。可是怎么可能把几亿的中国农民都当作文化反哺的对象呢?这会扼杀多少人的文化创造力啊。

沙:您认为,在当代的社会和文化语境下,农民还有没有可能像计划经济体制时期那样,创造出属于自己的主体文化?

赵:这不应成为一个问题,我看到当下农民正在创造他们自己的文化,他们是有创造力的。比如现在全国各地都很流行的农民春晚,因为中央电视台的春晚离农民太远了,不是赵本山演几个农民小品就能代表农民的,所以农民开始办自己的春晚。首先是筹钱,外出打工和经商的农民愿意出资;其次是内容,在我老家的一个山村,有去上海打工的农民在外面学会了一种叫作"滚灯"的文化形式,回乡后,这些农民就地取材,将灯的做法用当地的材料加以改造,搬上了家乡的春晚舞台,受到欢迎。还有,春晚这个形式也是改革开放之后中央电视台创造的,农民不仅挪用了,还加入了自己的内容。这说明在文化碰撞交流的过程中,中国农民是具有创造的主体性的,他们能够综合分析、利用计划经济体制时期和市场经济时期的各种文化形式,再结合农村当下的经济情况,创造出新的文化生活。当然,这不是说农民春晚的节目中就没有城市中心主义的意识形态影响,就是"纯粹"的农民主体性的表现了。正如马克思所说,任何人都是在特定的历史条件下创造历史的。

沙:现在农村普遍流行的广场舞也值得关注,这里面是否有一种集体主义的回归？

赵：你说的对。不仅是集体主义，广场舞是回归到日常生活实践的城乡文化形式，成为妇女们每天生活的一部分，这是"送货下乡"的文化反哺所不可能做到的。并且，广场舞将个人生活的意义与价值和社区的文化建设联系在一起，不仅锻炼了身体，还让人与人之间的关系更加紧密，凝聚了社区。更为重要的是，第一批跳广场舞的妇女应该是50后和60后这一代人，70后甚至80后是在她们的带动下开始的，因此，农村广场舞可以看成是获得社会主义现代主体性的一代女性带动年轻一代女性的日常文化生活实践，中国城乡妇女开始不再沉溺于个人主义的文化消费和做"沙发土豆"了，她们要自己跳起来，而且是在公共空间，在大庭广众之下，以集体的形式。

地方政府把广场舞变成落实群众路线的一个措施，也具有不小的推动作用。在缙云县，县政府门前是最大的广场，这里是最大的跳广场舞的地方。这是很意味深长的，又很自然的：一个社会主义国家的人民政府的广场，怎么可能拒绝人民群众自发的文化实践呢！政府部门顺应民心，给群众提供机会和条件，应该是理所当然的。但是，不容否认，广场舞也成为部分城市小资的心病，遭到各种各样的诋毁和妖魔化，这与小资的洁癖有关，联系着小资对公共空间私有化和社会生活个人化的诉求，同时，也不排除有部分人在政治和意识形态层面害怕来自人民群众的、汹涌澎湃的文化活动。

四、方法与计划

沙：说到这里，我想请教一个具体的问题，传播政治经济学一向以宏大理论著称，分析全球资本主义扩张过程中不平等的文化权力关系。它是否有可能去做具体村庄的个案研究呢？或者说，它如何处理宏大理论与具体个案之间的关系？

赵：传播政治经济学以宏大理论著称，但这不是它的特质。实际上，主流传播学、发展传播学也离不开现代化、资本主义、历史终结等宏大叙事，只是由于这些宏大叙事是被当作理所当然的，具体到技术扩散等研究的时候，主流传播学者就觉得没有必要把宏大理论写出来了。

确实，我们看到的西方的传播政治经济学，由于其工业主义、城市中心主义和信息化的视角，大多把注意力放在对西方国家内部和全球宏大传播格局的分析上。但实际上，传播政治经济学也有很多个案研究，比如瓦斯科（Janet Wasko）做的就是关于迪士尼的个案。北美来自第三世界的学者中，我的印度裔学长 Manjunath Pendakur 就回到印度一个村庄去做过个案研究。[1] 再比如我原来工作过的加州大学圣迭哥分校的一位非洲裔学者，通过对加纳农村一种具有符号意义的布的生产、流通和使用的分析，来描绘物质文化与社会权力的关系。总之，传播政治经济学的学术取向与个案研究没有矛盾。

关于传播政治经济学的方法，我和邢国欣写的《传播政治经济学：理论渊源、研究路径和学术前沿》一文中已经讲到以下四个基本取向：第一置传播现象于资本主义社会不平等权力关系的大背景之下，第二是对权力场域与控制机制的图绘，第三是对传播机构和过程进行衡量与评估，第四是实践。[2] 具体到个案研究，我欣赏社会学马克思主义者布洛维，他提出 Global Ethnography（全球民族志），既有全球视野，又有民族志的方法与关怀。他还有本书叫作 *Ethnography Unbounded*（《没有边界的民族志》），采用拓展个案法，这也是我采用的方法。总而言之，作为传播政治经济学者，我不违言宏大叙事，但是我不仅不排除村庄个案研究，还认为传播政治经济学必须接地气，把研究落地到个案。

至于技术性的方法，我可以做深度访谈，选几十个村民作为我访谈的个案去跟踪；我可以用焦点小组的方法（这个方法我跟卜卫2014年初在浙江缙云就做过），召集有代表性的村民，让他们一起讨论；我也希望能做口述史，从访谈我自己90多岁的老奶奶开始，让她讲述她这样一位普通农妇所经历的新中国历史，包括农村妇女的历史；我的一位加拿大博士生计划用问卷，比如手机给村民带来了什么、什么时候开始用、平时用什么网络、联络什么人、联络频率等，从而研究他们的传播活动。但是，方法的定量定性都是"末"，不是"本"，不能本末倒置，关键是研究者的问题意识和学术取向。

沙：您接下来有什么样的研究计划呢？

赵：我正在做的以及计划做的有这样几个方面。第一，虽然2009年我就把自己长江学者的项目定为"文化、传播与中国城乡协调发展"，而且选定回老家浙江缙云县做个案并断断续续做了一些基础研究，包括一些深度访谈，但这个项目还有很多事情要做。第二，在完成加拿大这边的"全球"层面的研究工作后，我计划申请加拿大相当于中国的国家社科基金的项目，从事传播与中国

---

[1] Manjunath Pendakur, *Political Economy and Ethnography: Transformations in an Indian Village*. 曹晋、赵月枝编《传播政治经济学英文读本（下册）》(*The Political Economy of Communication: A Reader*)，复旦大学出版社，2007，第315-333页。

[2] 赵月枝：《传播与社会：政治经济与文化分析》，中国传媒大学出版，2011，第9-11页。

城乡关系的研究，这样就可以把我在国内和国外的研究统一起来。第三，正如你开篇所讲到的，我和吕新雨教授等2015年将在浙江缙云县召开"城乡关系视野下的文化、传播与乡村转型"的学术会议，作为中国批判传播学的第二个年会，我们希望能够提供一个平台，聚集更多的关注城乡关系的传播学者来讨论。第四，我希望通过指导博士生和访问学者来培养有城乡关系视野的批判传播学者。如我在中国传媒大学的一位博士生的论文是关于农村征地中的政治传播的，我的一位加拿大博士生将研究手机在中国农村的应用，我在中国传媒大学新招的一名博士生将研究乡村的宗教问题。访问学者中，除了你，我的另一位访问学者黄艾研究的是关于城乡关系视野下的广播电视政策。第五，中国社科院新闻与传播研究所在我的家乡缙云县刚成立了一个国情调研基地，我将以顾问的身份介入他们的研究。最后，作为我的研究的社会实践和行动指向的体现，我希望在我的家乡办一个"河阳乡村研究院"，下设"乡村与未来文化传播研究""乡村口述史研究与书写""乡村艺术研究与发展"，以及"乡村中国实习与培训基地"等部门，把它做成一个立足于一个中国村庄，辐射全球的跨国学术平台和教学与培训基地，从而使自己的学术实践贯通中西，连接全球与村庄。当然，这是我的学术梦，能否实现，还看天时地利人和。我自知能力有限，但无论如何，我希望能以一定的理论自信和道路自信继续自己的工作。

沙：感谢赵老师与我的分享。

24 我为什么做缙云烧饼研究

2006年10月，我有机会在北京参加高大上的"北京论坛"，并在新闻与传播分论坛发表了《文化产业、市场逻辑与文化多样性：可持续发展的公共文化传播理论与实践》论文，此文后来经《新闻大学》出版后，收入《传播与社会》一书。我当时是在全球和"民族文化"层面"高谈阔论"，而我所举的一个例子，是作为一个学者，我是如何以联合国教科文组织所属的非政府机构国际媒体与传播学会会员的身份，参与2005年在突尼斯举行的信息社会世界峰会，并与一位学者同事一起，把一段有关学术研究应该在衡量信息和传播是否满足公众的多元需要和多样利益方面起到关键作用的话，成功写入该峰会在2005年12月18日发表的《公民社会宣言》中的。

我在"北京论坛"的论文中写道："虽然这一文件不可能产生直接的社会效果，作为有条件参与此次会议的学者，我们有义务表明自己的理念，并力求在实际工作中实践这些理念。"[1] 近十年后，2005年突尼斯信息社会世界峰会上的"全球公民社会"具体化成了在缙云县民政局注册的民办非企业单位——缙云县河阳乡村研究院，我这个2006年在北京人民大会堂召开的"北京论坛"的参会者，变成了极为草根的"河阳论坛"的创办者，而我回到乡土中国做学术后，做的第一个"文化产业"调研报告，竟然叫《舌尖上的缙云，烧饼中的乾坤：缙云烧饼品牌推广与产业培育评估与建议》。民以食为天不假，但"从全球到村庄：传播研究如何落地"的确是一个令我深思的学术议题，而从做缙云烧饼产业研究开始，想来也是偶然中的必然。

2015年4月3日，时任缙云电视台记者张宁采访了我，地点在缙云县河阳村岩山下自然村我出生的"十八间道坛"隔壁的"十三间道坛"。当时，我的一群堂叔堂婶正在院子里做来料加工工作。因此，虽然我在乡村，但我所处的地

---

[1] 赵月枝：《传播与社会：政治经济与文化分析》，中国传媒大学出版社，2011，第278页。

方还是中国"世界工厂"最基层的"装配车间"。

此访谈由中国缙云新闻网发布于2015年5月19日,署名记者张宁、丁洪泉、王秋蕊,中国传媒大学传播研究院龚伟亮博士在整理文本中也有贡献。

原文摘要:凡是生态的、文化的、共同遗产性的东西要开发,就一定要走出一条公共的、惠及全民的、参与性的、民主化的道路来,否则,就不可能成功。这是我的一种理念,它实际上是一种社会主义的理念,我把它看成是"生态社会主义"的理念。

张宁(以下简称"张"): 赵教授您好,我们知道您是长期居住在海外的著名学者,却对农村,特别是缙云农村的生活充满感情。您现在离开家已经多少年了?

赵月枝(以下简称"赵"): 我离开家已经……我想想,我是1980年离开的,已经35年了。

张: 1980年离开,我看您缙云话说得还蛮好。

赵: 没错,我缙云话可能是更传统的,因为我保持了当年走出去时的缙云话,反而是现在这里的缙云话可能加入了不少普通话的成分。

张: 在外面身处讲英语的环境,为什么您的缙云话还能保持得这么好?

赵: 这个我也没法解释,我出去以后就是讲普通话,我到国外,在公共场合都是说英语,我在家里也不说缙云话,但这缙云话我就没忘记过,我真的没法解释,为什么我就是没有忘记它。

张: 那缙云话相当于烧饼一样了?

赵: 没错,应该是的,它是流在我血液里的东西,不是能忘了的。

张: 烧饼对于还在缙云的我们来说,不算很特别的东西,因为我们一出门就能吃到,对于您这样的在海外的缙云人来说,意味着什么?

赵: 意味着乡土,意味着家乡,意味着儿童时候的一切的记忆。英文里有一个词叫 comfort food,可以译为"安慰食品"。当你在外面想家的时候,想到童年的时候,或者你累了或病了的时候,你会想起儿时的食品。烧饼实际上以前在家里也不是天天吃的,对我们缙云人来说,它是一种节日的食品,你去看戏的时候吃,你去赶集的时候吃。所以从这个角度来说,它不是一种安慰食品,安慰食品对我来说是缙云面条,烧饼象征整个缙云比较传统、比较有文化品位的东西。因此,我觉得,缙云烧饼是一种象征家乡文化的食品。

张: 对您来说非常重要?

赵：嗯，对我来说，对我的记忆来说，非常重要。而且，实际上对很多出去的人，我知道，都很重要；对从外地来的，比如我自己的一个妹夫，他是外地的，但是他每次来缙云，一定要吃缙云烧饼，因为它是缙云的一种象征，是缙云文化的一种凝聚，是缙云历史的一种表达。

张：所以您才会接手做关于缙云烧饼的研究？

赵：这倒不是那么简单。实际上，我刚才表达的是我作为一个缙云人对于缙云烧饼的感情。但是，我做这个研究不是那么简单。缙云烧饼已是一个希望通过乡土传统文化的开发来使缙云县人民致富的产业，而文化产业正是我学术研究的领域。那天报社的记者采访我，我半开玩笑说，做这个研究是希望在温哥华吃上烧饼——这当然也对，因为我希望这个产业能做到国外去，但要这样理解我的动机的话，就有点狭隘和浅薄了，甚至成为一种新闻噱头了。更重要的动机是，我希望在研究缙云烧饼产业化开发的过程中，能维护文化遗产的公共性，一方面能弘扬缙云的文化，另一方面又不至于使缙云烧饼在哪一天被某一私人企业注册，成为私人资本谋利的工具。缙云烧饼是全缙云人民，也是周边人民，甚至是吃过缙云烧饼的所有人的共同文化遗产。在走向产业化的过程中，如何让这样一个文化遗产使全缙云人民得益，而不仅仅是让几个缙云烧饼店的业主获利，也不仅仅是让几个烧饼店里的工人有一口饭吃，这是我要关注的。

我希望，缙云烧饼开发所形成的产业，是能让全体缙云人民得益的产业；我还希望，通过缙云烧饼的开发，能使之从一个产业的政策变成一个社会的政策。比如说，我们缙云人做烧饼发财了，赚钱了之后，不是拿来挥霍的，而是用于公共事业和社区发展的，也就是说，希望缙云烧饼产业能成为一种取之于民用之于民的产业。

还有一个，我刚才说了，文化产业是我做研究的一个很重要的领域。文化在商品化的过程中，往往会被"糟蹋"。人类共同的文化遗产，一旦被产业化，就难免会侵蚀文化的品质。比如说缙云烧饼产业化经营后，它的口味被改变了，有些人说："啊，不好吃了！"如何处理这个问题，尽量减少产业化对文化的侵蚀作用是一个非常值得研究的问题。还有一个，也是更重要的，如前面所说，缙云烧饼是人类共同的文化遗产，如何使这一遗产在产业化的过程中不被某些个人和群体私有化？正是这些问题，让我觉得我有责任和义务加入这个过程中来。

实际上，我有点"自干五"，我不但自己带着经费来做这个研究，而且在选题上也有点自告奋勇的意味。在国外时，我就知道，我们县里的朱继坤书记，提出通过缙云烧饼的开发来实现富民强县的策略。这一策略实施后，深得缙云民心。我觉得，作为一个缙云人，作为一个中国教育部的长江学者，作为一个海外华人知识分子，我有责任和义务来参与这个事业。不管做的这个报告是多么不成熟——你知道，这种应用性的研究并不是我的强项，我做得更多是关于国家的软实力、关于国家的对外传播策略、关于国家的新闻制度这样一些更宏观的理论和政策研究——我都不在乎，只要能抛砖引玉，只要能促使全县的上上下下都来参与缙云烧饼事业的健康发展，我就觉得尽到了我作为一个缙云女儿、作为一个知识分子应该尽到的责任了。

当然，在抱着"重在参与"的理念做这个研究的同时，我也有高大上的理想。我希望，缙云能把这个产业做成一个标杆式的、在文化产业开发过程中有典型意义的、别的地方能借鉴的范例。这么一来，我们缙云烧饼开发的经验也许就可以在传统文化的开发、产业化以及在此过程中如何保护文化遗产、保护遗产的全民性和公共性等方面，为全国乃至全世界做出一个标杆性的示范。作为一个国际学者，作为一个中国教育部的长江学者，我觉得我有可能从这样的一个高度来做这个事情。所以千万不要认为，我只是想在温哥华吃烧饼了，我只是想家了。我想家，我经常回来探亲访友，但是，我不需要通过做这个项目回来。

张：您刚刚讲到，其实也没有很官方地来邀请您，或者说在某些方面给您支持……

赵：领导当然很支持的！我说的意思是，我这个项目不是那种官方先出一笔钱，邀请学者做的所谓横向项目。实际上，这个项目的缘起有一个很具体的语境。县里当时希望把我作为一个人才引回来，在申报过程中，我和县委组织部的李汝东副部长等几个人在杭州，有一次一起吃饭，刚好壶镇宫前村一个企业家也在。我们一块聊天，聊到了缙云烧饼产业做得很好，但是，其中会不会出现一些问题？当时，我马上就有一个问题意识：啊，就这个问题，我要来做一个研究！

为什么有这么强的学术冲动？第一，我知道这是我们县里很重视的一个项目。第二，这跟我的专业有关。我1980年就离开家乡去上大学，1986年的时候，我出国留学，第一学期就有一门传播与发展的课，学的一个很重要的东西，就是对一个发展项目的评估。比如，政府或者企业推动了一个发展项目，这个项目做到一定程度以后，往往要有一个专家评估。在这个过程中，你要评估这个政策、这个项目在推行中有什么成就、有什么问题，这是我的专业所长。第三，我想这样的研究也非常符合当下中国的国情和执政理念。前段时间国内在做群众路线教育实践活动。毛泽东的群众路线强调"从群众中来,到群众中去",实际上,我们县里朱书记主推的发展烧饼产业,就是一个"从群众中来,到群众中去"产业。也就是说,从群众现有的这种没有组织的、零散经营的状态,到县里统筹的有组织、有策略的推广,这是"从群众中来,到群众中去"的第一步。但是,实行"从群众中来,到群众中去"有一个循环往复的过程。你把政策推出去了,接下来在实行过程中会有什么样的问题,会有什么样新的以前没有想到的事情,会产生什么新的矛盾,这都是需要政策执行者在充分研究的基础上不断跟进的。我知道,我们的研究不能代替县领导在更高层次上更全面的调研,但是,作为一个缙云人,我乐于做一个关心家乡发展的"自干五";作为一个学者,我希望把缙云烧饼产业当作一个文化产业研究的案例,希望它成为一个标杆式的事业。总之,不管是从个人的角度,从我个人所学专业的角度,还是从我们国内现在进行的群众路线教育实践活动的角度,我都觉得我做这件事情是义不容辞和非常有意义的。

于是,当时在饭桌上,我就说我要做烧饼这个研究。县委组织部的领导非常支持,也非常关心,关心得不能再关心,想尽办法给我们提供条件。不过,我们的研究不是走上层路线,围着领导转,实际上,我们的研究走的也是群众路线,也就是说,我们先从客户,也就是从对吃烧饼的人的调查开始。

总之,绝对不是说没有领导支持,县委组织部的领导非常支持,只是说,这个项目是在一个非正式的语境中确立的,它不是命题作文,更不是通常意义上的横向项目,而是我自己希望做对人民有用的研究,我自己的研究兴趣与县委组织部领导的兴趣刚好重合了。实际上,早在2009年我受聘教育部长江学者的时候,就把研究方向定位为"文化、传播与中国城乡协调发展",可我一直没有找到自己感兴趣的切入点。这个烧饼课题使我找到了一个非常具体的切入点,而且我认为它是那种可以从大处着眼、小处着手的研究。

张:您刚刚也讲了,这是一个评估,那么对我们缙云现在做的这些您怎么看待?其中有哪些做得好的,又有哪些地方做得不足?

赵:我觉得,应该说——我那天在报告中也说了——这个绝对是旗开得胜,做得非常非常好,好几个方面都做得非常好。从有组织地培训师傅、从非常宏观的产业策略、从宣传推广各个方面……说实在的,我现在没有看到做得不好的地方:县里的政策制定者站的高度非常高,政策执行者的推广非常得力,策略也是非常得当的。所以,从这个角度,我们的评估真的没有负面的批评,但是,要想保持这个产业今后的健康发展,我们要研究现在出现的新问题。比如说,我就提出来,要有一个多层次的烧饼产业生态,我们要把旗舰店开到闹市区,甚至要开到北京、上海,这是目标,但是,我们的路边摊怎么办?不能因为要开标准店就忽略了路边摊。我们提出来的一个策略是,整个烧饼产业应该是一个立体的产业生态体系,这个生态体系如果是一棵树的话,路边摊就是它的根,是缙云烧饼产业源源不断的活力的根基。我在没调研的时候就想到,标准店开起来以后,会不会对面那个摊就被挤掉了?我估计会有这个可能性,但是,后来我们课题组在调研中发现,这样的问题不但存在了,而且还发生了标准店和路边摊之间的冲突。也就是说,我没想到的事情也已经发生了。县里策划的时候,不可能想到所有的问题,现在问题出现了,以后可能会有更合理的办法来维系一个生态,而不只是想着做大做强那些标准店。这是涉及产业发展中的共同利益和不同主体的利益间、不同业态间的协调的问题,也是如何协调"原生态"和"产业化"之间的关系的问题。

还有,报告做出来后,我们在县领导的支持下,搞了一个规模不小的发布会,请来了专家和领导做点评,也请来了县直机关的许多干部来参加发布会。虽然由于时间关系,会上没有讨论的环节,但是,我们把专家和领导点评的过程当作是一个不同的观点和思路碰撞的过程,一个集思广益的过程。比如,我们特意请来了中国传媒大学原副校长丁俊杰教授——虽然我跟他认识多年,但我们的学术取向是非常不同的。我请这样的专家做点评,就是希望他不是来为我捧场的,而是真的来提意见的。丁教授真的提了一些很中肯的批评意见,如我们对产业链的长度和厚度研究不够,对政府的角色没有精准的定位等。同时,他也提了一些非常有启发意义的建议,比如,他说缙云财政每年给烧饼品牌建设500万元资助,实际上国家也有这样的产业扶持政策,我们也有可能到国家去申请这样的经费支持。他还有一个建议——烧饼店能不能开到大学校园里边去?沙县当年是派出团队,全国各个地方,一片一片地去包干,你负责华东,他负责华南。我们缙云烧饼店应该是比沙县小吃高端一些的,我们有可能成为迎合城市白领的小吃。那么城市白领哪儿来?——大学,对不对?因此,我们可不可以组织团队,进军大学校园,到每个大学校园边上,甚至校园里面的食堂,去设缙云烧饼的窗口?就像我赵月枝记得缙云烧饼一样,大学生们在大学时代吃了缙云烧饼,那么他们今后是不是就更有可能吃缙云烧饼?

关于这个研究项目,我自己是这么定位的:我非常欣赏和支持缙云烧饼的产业开发策略,而且我希望缙云烧饼的开发是让全缙云人民得益的,因为这个文化遗产是全缙云人民的。在那天的讨论会上,我注意到,一手负责烧饼产业战略实施的县人大陈庆源副主任,实际上也是非常赞同缙云烧饼产业应该惠及缙云人民这样一个观点的:我们不可能把缙云烧饼弄成一个永和豆浆,因为永和豆浆是个私人企业。如我前面多次提到，我做缙云烧饼产业的研究，最主要的目标不是为了在温哥华吃烧饼，当然这也非常好。我是担心，缙云烧饼这样一个全县人民的文化遗产，如果在产业化的发展中，其商标被私人注册，变成某些资本集团谋利的工具，那我作为一个缙云人的女儿，会觉得很难过的。也就是说，我最核心的考虑是烧饼产业发展过程中的公共性、参与性和民主性，以及如何使产业化过程成为使全县人民得益的一个过程。当然，我不希望路边摊因此被消灭，消灭了路边摊，我们缙云烧饼这个产业今后的根就没有了。

张：我听说你在调研过程中吃了几百个烧饼。

赵：不是我吃的，是龚伟亮吃的。说实在的，你来采访我，因为我是最主要的研究者。不错，这个题目确实是我定的，支撑这个项目的经费来自中国传媒大学，这个策划是我做的，一些基本思路也是我提出来的，但是，真正做研究，我们是有一个团队的。这个团队有两部分人，一部分是我在中国传媒大学的团队。作为教育部长江学者，我成立了一个研究所，叫作中国传媒大学传播政治经济学研究所；我还有中国传媒大学资助的项目，叫作"文化、传播与中国城乡协调发展"。我有我的助理，在这里的这位，是龚伟亮，他原来是我的博士生，毕业以后留下来的，现在是传播政治经济学研究所的助理研究员，他在这里做了非常扎实和辛苦的研究，而且确实吃了很多烧饼；还有两位，一位是我现在的博士生，叫白洪谭，他也来了几天，做了一些辅助性的工作；还有一位助理是中国传媒大学的讲师，叫张志华，他也来了，参与了事先的讨论。我的团队还有另外一部分。为了家乡的发展，我策划成立了一个河阳乡村研究院。这个研究院现在有两个主要研究人员，一位是周春光副院长，他曾经在县委组织部任职，后来是电力公司的书记，现在退居二线了。他不仅为河阳乡村研究院的发展无私地贡献时间和精力，而且做了缙云烧饼的初步调研，我们写的报告也有他前期工作的贡献。还有一位是黄尚威，他是一位回乡的大学生，实际上是我中国传媒大学的项目在本地的一个研究助理。吃100多个烧饼，写出六万字报告，这是标题党吸引眼球的故事。不过，龚伟亮他们住在这里，确实吃了很多烧饼，我本人每次回来也都吃。总之，100多个烧饼不是我吃的，龚伟亮吃得最多，这个报告也是龚伟亮执笔的，但在这个过程中，我们一直在交流，在对话。

张：您刚才说到，烧饼代表缙云本土文化，对于缙云烧饼的保护和开发，其原理是不是也可以运用到缙云本土的很多文化的保护和开发当中？

赵：那是当然的。如我刚才所说，这个保护和开发的例子是可以用到其他地方的，当然也可以用到缙云本地的其他内容的文化开发中，包括河阳古民居和其他很多缙云传统的东西。还有，比如说缙云的生态资源的旅游开发，也肯定是要是体现公共性的。缙云烧饼有名，我们缙云现在的生态条件也比较好，这也是我们缙云人民世世代代留下来的东西。如果某人在某条溪上注册一个搞漂流的旅游公司，不顾这条溪流的公共性，用公共资源来为私人谋利，那其他人肯定是不干的。

凡是生态的东西和文化的东西，必定是公共的东西；凡是公共的东西，在开发的过程中，一定要有公共的参与，一定要造福全体人民。至于说怎么参与，我们可以有不同的方法。我们也提出来，可以组建国有公司，可以组建合作社，也可以组建村民的集体经济实体。无论如何，任何把公共资源当作私人谋利的手段的发展和开发，肯定是不得人心的。比如你去一个村庄旅游，如果一些村民没有得到利益，他们会"一不小心"给你做点破坏，游客肯定是不会高兴的。如何解决这个问题，是缙云在发展生态经济和文化旅游产业中需要面对的。

几天前，我在市委组织部一位领导的安排下，有机会去看了青田小舟山的油菜花创意农业。要在大片土地上种出各种图案来，这肯定是要协调，要所有人都愿意参与的，如果有人不参与，有人不高兴，那我白天没可能，夜里也要把你的油菜花给拔了，使你做不成。这不是村民有多么恶，多么没有素质的问题——这跟恶和素质关系不大——这是一个参与的问题，一个社区共同体的归属感的问题，更是一个利益共同体的建设的问题。那天我们也谈到了这个问题，比如说有个大老板，回来建一个农庄，然后他也许有能力把所有的种油菜花的地都给承包下来，然后自己种，但是，村口的那几个老人，如果他们没事做，如果没有任何自豪感，没有任何参与感，他们会向所有人说坏话。这么一来，游客不得安宁，你赚钱也不得安宁，最后还不一定赚得了钱。

所以，还是回到这句话：凡是文化的、共同遗产性的东西，凡是生态的东西，要开发，就一定要走出一条公共的、惠及全民的、参与性的、民主化的道路来，否则，就不可能成功。这是我的一种理念，它实际上是一种社会主义的理念，我把它看成是"生态社会主义"的理念。

张：那您期待中的我们的缙云文化也好，或者缙云烧饼也好，您期待它能达到一个什么样的高度？

赵：我当然期待缙云在建设生态社会主义的政治经济、社会文化的实践中能起引领作用，能走出"缙云模式"或"缙云道路"，而这将是"中国模式"或"中国道路"的一种试验。也就是说，我希望缙云在具有前瞻性和开拓性的领导的引领下，在全县人民的参与下，能走出一条生态的、社会主义的、有助于缙云人民共同富裕的发展道路，我更希望，这能为中国当前的全面深化改革做出有益的探索。缙云作为一个后发地区，在实现跳跃式发展方面，有自己的优势。

我身后的这个来料加工的劳动场景也是很有意思的，这是我生长的那个"十八间道坛"隔壁的"十三间道坛"，这些都是我的远房叔叔、婶婶，他们在这里做这个被我的一位堂姑姑说成是"垃圾"的东西。实际上，它就是垃圾，对不对？这是义乌的来料加工劳动，组装小孩的笔帽上的一种塑料装饰品。这种劳动，真的就是马克思意义上的异化劳动。他们也知道他们做的是垃圾，但是他们还是这么做了，因为他们没有别的出路。做这个很费眼睛，非常劳累，而且一天就二十元、三十元钱的收入。我希望我们缙云的父老乡亲今后能摆脱这样的劳动模式，能走出一个使他们能赚钱，而且使他们觉得骄傲、觉得自己的劳动是有意义和有创造性的新的发展模式。我刚才在看传统的编织的带子，在这个东西上，编织者其实是寄寓了很好的希望的。比如带子上，往往有"花好月圆""百年好合""自力更生"，甚至"毛主席万岁万万岁"的字样，这是能发挥人们的创造性的劳动。相比之下，你说这样的东西（再次回身示意）能发挥他们的创造性吗？

张：死板的机械运动……

赵：对，是死板的机械运动，是非常劳累的，而且他们也知道这样的东西卖到国外去，也是垃圾。也就是说，这些饰品与笔本身的使用价值没有关系。国外的那些孩子们，也是玩一下，满足一下消费主义的欲望，就扔了。总之，这就是异化劳动产生的垃圾产品，是人力资源和物质资源的浪费。这是我们中国卷入消费资本主义全球体系的结果，是我们义乌小商品城辐射的一个作用，我们这里是世界加工厂的最末端。

这样的劳动所支撑的发展模式是不可持续的。它不仅在生态上不可持续，在经济上也已经不可持续了——由于极度的贫富不均，美国普通消费者的购买力也有限，我们对美国的所谓"贸易顺差"已经很大，美国统治者拿这个来要挟我们，而我们的美元外汇储备在贬值。我们不应该再走这种所谓的"外向型"道路，让我的叔叔、婶婶们在这样的年龄还在这样的场景做这样的劳动。我希望他们能做有意义的劳动，当然了，像他们这样的年龄最好能好好地养老，好好地为自己的身心健康去享福。不过，人是要劳动的，只是，我希望他们做有意义的、非异化的劳动，这样的劳动，我认为，只有在生态的、社会主义的、集体的语境下才能实现。

25 乡愁是重新面对乡土中国的起点

一位海外学者用长篇报告诠释"一道乡土小吃",成了新鲜事。2015年6月30日,《浙江日报》记者裘一佼以"缙云烧饼:从民生到学术"为标题,用整版的篇幅,报道了此事。半年后的2016年1月8日,温哥华时间凌晨2点,我收到了裘一佼的微信,希望我谈谈对"乡愁"的理解。她给我发来了问题,问我有没有时间,说要得很紧,要求"每个问题四五百字就好""温哥华时间明天中午左右"。我说,"忙晕了,但无论如何挤时间答"。1月9日,我回了邮件。以下是《浙江日报》2016年1月12日见报文章的未删节版。

原文提要:加拿大温哥华时间1月9日,赵月枝给我发来邮件:我失眠了。让这位教育部长江学者讲座教授、加拿大国家特聘教授失眠的原因,只有两个字——乡愁。

这位热情开朗的缙云女子,很少彻夜未眠。在学界,赵月枝的出名是因她对国家软实力、国家对外传播策略、国家新闻制度等宏观理论和政策的研究,为"乡愁"而失眠,那是因为她正在向自己发起挑战。2014年底,她自己带着研究经费,还带着她在中国传媒大学的3名博士生来到家乡缙云,研究的对象就是缙云烧饼。

"这不是我的乡愁泛滥。"赵月枝曾经这样和我说。那么,是因为什么?我曾试图从她的每一个轨迹中读懂她对乡村的观点和理解,而这一句"我失眠了",给了我一条最佳的线索——深刻脑中的家园记忆、对故乡的期盼。作为一名学者,感性的表象背后,她看到的是乡土社会之于现代的价值,更是时代大潮中追寻个人命运、文化本根的紧迫。

一、乡愁,千滋百味

记者:您出生在缙云,在"十八间"厢房里长大,后来到北京、加拿大求学，乡愁对于您来说，意味着什么？

赵月枝（以下简称"赵"）：乡愁是感性的。它是对我所生长的那座"十八间"院子里每个人物、每个物件、每个生活场景、每个春夏秋冬的鲜活记忆；它是对养育我的村庄的一人一事、一山一水、一田一林、一草一木的无穷回味；它是我几回回梦里回老家的深深眷恋和对亲人与邻里的默默牵挂；它是总把那作为温哥华屏障的"北岸"山峦想象成延绵于缙云北部的群山；它是每次回缙云，总是在行囊里装满的土面、梅干菜、笋干、薏米、黄花菜、番薯干、茶叶等各种缙云土特产；它是我对"明月别枝惊鹊，清风半夜鸣蝉，稻花香里说丰年，听取蛙声一片"的至美田园生活意境的想象；它也是我听到家乡有不平之事或不理想之处而又无能为力时的揪心、纠结、无奈以及想做点什么的冲动。

乡愁也是知性的。1980年，15岁的我，背对乡土，登上绿色特快火车，离开缙云，去北京求学。此后，我留学国外，以做学问为生。我阅读过的书籍涉及古今中外，我学术旅行的足迹遍及地球村中的许多角落。但是，我对缙云的历史文化却知之甚少，除了方圆20里内小时候走亲戚或砍柴路过的村庄外，缙云这个"想象的共同体"中的其他那些大大小小的村庄，我只知其名，不知其貌，既熟悉又陌生。于是，乡愁于我就变成了一个缙云籍的社会文化学者，在绕了地球无数圈后，重新面对乡土中国，在求知路上再出发的起点。它是我发现"缙云"这个名字原来与轩辕黄帝有关和知道缙云博大精深的黄帝文化时，对什么是中华文化的再认识；它是我在阅读从《缙云县志》到《义阳朱氏家谱》等地方史志时，对什么是乡土中国的新理解；它是我在缙云壶镇观摩庙赤岩山庙会和民俗文化表演时，对中国软实力源泉所在的顿然感悟；它是我在参观从初建于三国赤乌三年（240年）的缙云古方山水库到修建于人民公社时代的大大小小水库时，对千百年来勤劳勇敢的家乡人民为农村生态文明的物质基础所付出劳动的由衷礼赞；它是去年春节在缙云拜年的路上，当我邂逅一群轮流在祠堂里守夜，以保护那些文物盗贼觊觎的精美"牛腿"木雕的山村老人时，对守望乡村文化的悲壮性和挑战性的震撼认知。

乡愁更是理性的。自从2013年中央城镇化工作会议以来，"乡愁"一词登堂入室，一夜之间，媒体上、微信圈里、国人的心坎上，乡愁滚滚，势不可当。这里有泡沫，有造作，有深陷城市围城中的城里人对乡村"他者化"的幻觉，也有把农村当作新积累场域的工商与金融资本的裹挟。然而，作为文化学意义上的一个时代的"心理结构"，它是生长于共和国前30年的几代人对国家和个人命运归宿的拷问；它是一个经历快速全球化、现代化、商业化和城镇化的中华民族对自己文化本根的追寻；它是一个通过农民革命建国、以"工农联盟"

为权力基础的共和国人民对日益深化的城乡鸿沟的跨越；它是世界上唯一持续的农耕文明在经历了欧风美雨的冲击后，对自己所欲所求的发展道路与生活方式的探索。

二、学术，要接地气

记者：您目前是缙云县河阳乡村研究院的执行院长，去年在缙云发起"乡村、文化与转播"学术周，还发布烧饼研究报告，并带着您在北京和加拿大的硕士生、博士生到缙云河阳村做调研，这是不是乡愁最直观的体现？您的这些努力，目标是什么？

赵：如果从以上的三个层面来理解乡愁，可以把我在缙云的学术实践当作乡愁的体现。缙云县河阳乡村研究院是在缙云县委、县政府的重视和关怀下，于2014年12月建立的一个民办社会组织，它致力于学术研究和乡村文化建设，也是一个立足河阳、辐射缙云和丽水、跨越中西方学术分界和城乡关系鸿沟的独特学术平台与民间智库。通过研究院的工作，我希望走出一条理论与实践相结合、打通从"全球"到"村庄"各个层面的学术创新和乡土文化建设的新道路。

近代以来，乡土中国作为一种思考和实践路径，凝聚了从费孝通到温铁军等几代知识分子的不懈追求。我非常同意西北师范大学的徐兆寿教授不久前在《光明日报》一篇文章中对我的评论：无论我在世界上获得了多少真知灼见，我的本根依然在中国文化之中，我的心里"始终燃着一炷中华文明的香火"。河阳乡村研究院强调以"乡村"为立场、为视野、为关切、为方法，其成立初衷，如我和同人们在2015年3月发起的"乡村、文化与传播"学术周征文启事中所言，是基于"乡村是中国文化的根脉所在，是近现代中国革命与变迁的焦点，也是当代中国剧烈变革的前沿，更是探索中国未来发展的关键"这样一种认识。在我看来，聚焦城乡关系与"三农"视角是中国国情的要求，也是中国社会科学创新的重要突破点，更是华人学者对世界学术有所贡献的切入点之一。河阳是一个千年古村落，缙云是一个有深厚的"黄"（黄帝）、"红"（革命传统）、"绿"（生态）文化底蕴的山区县，这里是乡土中国研究和新农村建设实践的热土，我把缙云看作从事有国际视野和中国立场的社会科学创新研究，以及通过学术实践回报母国和家乡的不二之选。

我的团队所做的缙云烧饼研究看起来"土"得掉渣，但是，它关照的是乡土文化遗产在商业化和产业化过程中如何坚持公共性和普惠性这一"高大上"

的问题，这也是中外文化产业和创意经济发展中带有普遍性的问题。我希望缙云烧饼店能开到温哥华，以慰我的乡愁；我更希望缙云烧饼产业能带动家乡经济社会文化的全面发展，在品牌管理、经营模式、业态发展、劳动者权益等方面走出一条真正的"富民强县"的道路；最重要的是，我希望缙云烧饼师傅不会沦为麦当劳式的私营连锁店里的廉价劳工，而是自主的"直接生产者"，进而组成马克思意义上的"自由生产者的联盟"。我带中外年轻学者到河阳村做调研，要求他们每人把自己的研究"落地"到河阳，是希望他们尊重地方知识，关注农民的所思所想，做"接地气"的学问，走知识分子与劳动人民相结合的道路。同时，我还联合缙云当地文化专家，在河阳做农民口述史记录与整理。在我看来，保护物理形态的乡土古建筑固然重要，抢救河阳人的故事，让古民居中的普通农民讲述他们的生命经历，以此丰富古村落的文化叙事和共和国自下而上的历史书写，也同样非常重要。我希望河阳村民能以自我管理为核心，通过对河阳古村落进行活态保护和社区再造，促进河阳作为"新地球村"的复兴。我相信，缙云烧饼也好，河阳古民居也罢，文化和生态资源是社区共同体的公共财富，只能在某种共有共赢的集体经济框架中才能健康发展。总之，我希望通过自己的接地气的学术工作，探索建设生态社会主义新地球村的历史文化资源与现实可能性。

三、乡土，期待回归

记者：对于乡愁，每个人都有自己的阐释，比如它可能是一道美食、一个人、一处风景，缙云把乡愁提升到整个县的乡村旅游发展方向，您觉得它的意义在哪里？对于未来乡村的发展，能起到什么作用？

赵：不久前，我有机会读到丽水市委常委、缙云县委书记朱继坤去年12月17日在《浙江日报》上发表的《谈乡愁旅游》的长文。我被文章围绕缙云建设"中国乡愁旅游先行区"目标所表达的思想深度、战略高度和文化厚度所折服，这也是我看到的各种乡愁阐述中有宏观视野，有想象力，又有可操作细节和现实指导意义的文章。在这篇文章里，乡愁旅游不仅是缙云乡村旅游发展的方向，还是谋划整个缙云在政治、经济、社会、文化和生态方面"五位一体"全面发展战略目标的抓手。用作者的话，乡村旅游是"连接城市、乡镇、农村，贯穿一产、二产、三产，融合生产、生态、生活，是工业与农业、城市与农村、农民与市民之间互动互惠的'桥梁'，也是推进乡村治理体系和治理能力现代化的'金钥匙'"。比起乡愁旅游，乡愁经济更宏观、更全面。它在时间上连接过去、现在和将来,在空间上耦合城市和乡村;它可能使缙云这样的"落后山区",通过挖掘文化和生态资源方面的优势和人力资源优势,走出一条跨越式发展道路;它是富有城乡互哺传统的中国社会在经历了太多的城市对乡村的单向剥夺后,对平衡互哺的城乡关系的修复和重建的一种努力;它是以自给自足、和平、稳定、追求物质与精神平衡等为价值指向的农耕文明在互联网和高铁时代以更丰富、更全面和更包容的形式复兴的希望所在;它也是中国在现代社会面临政治治理危机、经济萧条、社会分化、生态失衡、文化失序等诸多困扰时,为人类走出一条可持续的另类发展道路的一个重要实践前沿。

我特别认同朱继坤书记在文章中所强调的要突出群众主体地位和把群众路线贯穿发展乡愁经济全过程的观点。也就是说,建设乡村美丽经济首先是以农民为主体的社会实践,而不是反客为主,把农民当作城里观光客的附庸,甚至失去乡村家园的流亡者。相反,它要把部分进城的青壮年农民吸引回农村,让他们以主人翁的姿态,在以审美的目光来发展生产和创造农村生活的同时,把农村建设成为城里人想来就来、想歇就歇的最高境界的"无景点旅游区"。

不管是生于农村,还是因"上山下乡"运动而邂逅农村,包括本人在内的生长于共和国前30年的几代人,不仅都有一份刻骨铭心的乡愁,更有以自己的努力去愈合城乡鸿沟的特定资源和条件。这是我们这几代人对复兴中华文明的时代责任,也是我们对人类做出较大贡献的前所未有的历史机遇。"从我做起,从现在做起"——这句曾激励20世纪80年代的新一辈去实现现代化的口号,于今天有了新的内涵。

26 春晚与"村晚":国家、乡村与软实力

　　就"乡愁"问题答记者问不久,我回浙江缙云过年,一解乡愁,同时继续做烧饼产业研究。2016年农历丙申年正月十四,因为一个偶然的机会,我观看了五云街道官店村的乡村春晚。我不仅被节目的内容、形式所深深震动,并由此联想到当时媒体中唱衰乡村的声音,以及多年来一直思考和在学术层面上探索的一系列"宏大"论题,包括文化产业、国家公共文化体系、乡土文化复兴、乡村文化领导权以及中国软实力等。

　　晚会还没有结束,我就萌生了通过让同行的龚伟亮访谈我,以最快和最直接的形式表达我的观感和思考的冲动。这个访谈的构思和主要内容从我们在节目结束后,在春寒料峭的夜晚从官店村步行回县城的途中开始讨论,在缙云县新城黄龙路一间小吃店一边吃馄饨、烧饼补充热量,一边旁若无人地夸夸其谈中持续,最后在接下来的几天里在电话和微信里不断补充和完善结束。

　　龚伟亮在我即兴发表看法录音的基础上,按访谈形式写就了文本初稿,我作了修改后,最先分两部分在"批判传播学"微信公众号上发表。龚伟亮,博士,当时是我在中国传媒大学任长江学者讲座教授职位的学术助理,现为中国传媒大学传播研究院副研究员。

　　本访谈部分内容由"批判传播学"微信公众号2016年2月28日首发,见赵月枝、龚伟亮《从"春晚"到"村晚":兼谈农村的衰败叙事》。访谈主要观点以文章形式发表于《当代传播》,2016年第3期,第51—55页,见赵月枝、龚伟亮《乡土文化复兴与中国软实力建设——以浙江丽水乡村春晚为例》。本文为经过修订的访谈版本。

　　原文摘要:官店"村晚"等来自浙江缙云乡村的鲜活材料,为观察和思考农村新文化的生成、文化的有机性、文艺的引领价值等问题提供了参照,从中也可以反观央视春晚所面临的困境。在方法论上,随着中国社会的剧烈分化以

及剧烈的城乡分化和乡村内部分化,"乡村""村庄""农村"等词汇逐渐丧失了描述意义,研究者应当对农村分化保持高度敏感。乡村衰败论调反映出一种知识症候,不能仅满足于负面性的良知表达,要进入乡村,要看到政府的可能、民间的可能、政府和社会互动的正面的可能,以及看到农民自己的创造性。从2016年春节期间"村晚"、"春晚"与"网民狂欢"之间犬牙交错的三台舆情戏间的对比中,可以看到作为唱衰农村舆论主体的城市小资的政治背叛和道德优越,看到国家与社会的张力,看到乡土文化的希望,并且应当从中重新提炼软实力在乡土中国和在更广义的民间的意义。

一、"惊艳"官店乡村春晚

龚伟亮(以下简称"龚"):赵老师,除夕之夜的央视春晚余音未绝,正月十四,我们又观看了浙江缙云县官店村乡土戏剧春晚。不知您看完这台散发着浓郁乡土气息的"村晚"做何感想?

赵月枝(以下简称"赵"):一个突出的感受是,它是传统与现代结合的、有机的、多样的和积极向上的。从直观上,整台晚会看起来是传统戏曲,但吸收了很多现代元素,像文化礼堂外面的大屏幕直播这样的现代技术手段,像在内容上有不少现代戏曲和反映现代生活的曲目,像很多现代词汇和现代乐器的加入,像非常现代的舞美、灯光等,还有就是从整台晚会的价值观上看,是反映现代情感和具有引领性的,没有什么封建落后的东西。

龚:看完感觉非常提气,非常喜乐,充满精气神。

赵:对,而且从女性角度,乡村在传统上都是非常男权中心的,但在这里,整台晚会的内容,实际上凸显的更多的是女性,女性的智慧、美丽和勇敢。

龚:我注意到开场的婺剧器乐合奏和结束的《杨门女将》选段,都是女性占据舞台中心位置。

赵:不但如此,在幕后,女性也占据重要地位。比如开场前登台讲话的官店村委会主任是女的,还是外村嫁过来的一个年轻媳妇;兼村委文化委员的村妇女主任在晚会的组织方面也起到了很重要的作用。从这里,你会看到,无论是台上还是台下,性别政治和性别表达都很正面,所呈现的不是一个固化的传统乡村。从手段、内容、精神到性别观念,这台村晚都是现代的。

另外就是这台晚会的群众性和有机性。我们看到的官店村乡土戏剧春晚是2016年丽水各地举办的772场、缙云各地举办的97场"村晚"之一,与松阳县大东坝客家民俗文化春晚、莲都区畲汉民俗春晚、遂昌县民间杂技春晚共同作为精选而出的四场独具特色的丽水"草根村晚"面向海外直播。各地"村晚"各有特色，而官店村乡土戏剧春晚的有机性首先在于，对这个村庄来说，戏剧本身是有机的，官店村有远近闻名的戏班和源远流长的戏剧传统，村里的婺剧戏班平常都有训练和演出，村民"卸了戏妆能下田，上了舞台能唱戏"。而婺剧又是缙云本土的戏曲品种，是县里重点扶持的文化品牌，所以把这台"村晚"定位于乡土戏剧春晚，是有机于缙云县官店村的，不是强加的，它有戏剧的优势和传统。

龚：我本来还期望有相声、小品。

赵：相声、小品作为电视手段呈现的艺术形式，是城市品位导向的，是被央视春晚和综艺晚会熏陶出来的。它对央视春晚是"定式"，但对官店村的"村晚"或许就是不合理的要求。

而且我们看到官店"村晚"上的戏剧形式很多样，有传统戏剧，也有现代戏剧，甚至有《沙家浜》这样的红色京剧，有将相之家的虎虎威风，比如《杨门女将》，也有民间草根的风趣故事，比如《老鼠娶亲》《牡丹对课》。总体上是传统婺剧的唱法，但其中也有结合了京剧和越剧选段的《送凤冠》。

龚：在婺剧小戏《老鼠娶亲》里甚至有段踩着锣鼓点的街舞，结尾还以通俗歌曲《我想有个家》点题。

赵：所以说，虽然它是戏剧，但是它从内容到形式都是多样的。刚才说到官店"村晚"没有小品、相声，其他地方的"村晚"有没有呢？当然有。春节期间，微信上就流传一个出自缙云县新建镇凝碧村"村晚"的当地方言小品《算命先生》，虽然是2015年的"村晚"作品，但在今年春节火爆得很，从内容到表演上，那真的称得上群众喜闻乐见。

龚：同样的道理，是因为它能与乡土生活紧密结合。

赵：对，与乡土生活紧密结合，从艺术的形式和内容上体现出有机性。就像我们看到末尾压轴的节目《杨门女将》，不仅是本村编排和本村人主打演出，而且非常凑巧的是这个村本身就以杨姓为主。

龚：由此联想到央视春晚。央视春晚的问题一方面是政治上被掏空，由于整个生产体制脱离社会、脱离群众，对正气和红色的弘扬变成脸谱化、程式化的意识形态说教，都人格化地反映在主持人的拿腔拿调和主持人身份的突显上；另一方面就是商业上被绑架，晚会的参与变成了支付宝的营销。与之相比，官店"村晚"同样有官方话语，尤其在主持人串词和某些主旋律节目里，同样有借助微信形式进行的互动和抽奖，但是没有喧宾夺主，是服务于晚会和社区的。我们在这里看到的所谓与央视春晚"不一样"的地方，就在于看到了一个居于主体地位的、活跃的和能动的社会的存在。

赵：对，这个是很清楚的。有意思的是，如你前面提到的，在官店"村晚"上，村委会主任是出面了的，但这个出面很简单，甚至没有自我介绍，基本上是一个主持秩序的、当家者的角色；主持人的串词不算多，有一点主流的意思，但真的没有很多，而且在观众里是得到关注的；演出当晚，县里的有关部门领导、镇里的领导都是在场的，但他们从头到尾都是以观众的身份坐在那里，没有任何喧宾夺主的言行和举动；而且整台晚会没有任何商业味，微信只是一个借助的推广工具，没有出现任何形式的公司赞助。

龚：两相比照，作为"台长工程""国家项目"的央视春晚风光不再，尽显颓态。众口难调的托词背后，或许表明在剧烈的阶级分化下，央视春晚已经不可能承载起分裂的情感和价值了。

赵：这种分裂的情感和价值，某种角度是真实的，但在另外的角度，也是被知识精英和文化精英扩大化的。也就是说，这种分裂和分化，在对央视春晚进行评价的主流观众里面也许是更厉害的。考虑到春晚收视的背景化和随意化，这个问题本身也说明，站在某种角度上我们没有必要让央视春晚承担如此重大的一个使命。

龚：权力需要这个舆论机器，资本也需要这个全民观看的场景。

赵：所以是符合权力和资本的需要。但是反过来，我又不希望把"权力"这个词作简单解读，也就是说，你光用权力和资本来批判，我觉得有点教条。

龚："左翼"的教条主义。

赵："左翼"的教条主义和"右翼"的反政府主义。"权力"这个词在这里已经变成贬义了。实际上，一个国家，一个政权，当然要弘扬某种价值，问题在于怎么样去弘扬，以什么样的机制去弘扬。我觉得在现在这种体制、这种形势下，从央视的做法中可以看到它也做了一些努力，比如设立东、西、南、北分会场，渲染"全民大联欢"氛围等，但是这本身并没有改变春晚的生产体制以及春晚的生产者与社会的脱节。

龚：所以这种全民性只能是形式上和话语上、姿态上的。比如说要"开门办春晚"，但结束后连接受评论的勇气都没有。

赵：对，成为空洞的形式。它已经无机于这个社会，而这里的"村晚"还是有机于这个村庄共同体的。但也不能走向另一个极端，认为它完全是靠一村之力，在没有任何外部力量尤其是各级政府的支持和引导下完成的。比如我们看"村晚"演出的礼堂，它叫文化礼堂，而这个文化礼堂的建设，本身就是浙江省文化建设的一个重要工程。这些礼堂大部分是以大会堂为历史原型进行改建、重建的,是一项试图重新占领农村文化阵地、丰富农村文化生活的系统工程,这个硬件本身是非常重要的。还有县里对婺剧的扶持,尽管作为浙江省的欠发达县,缙云县财政紧张,但仍然拿出一定的资金来支持婺剧发展,比如设立民间的婺剧促进会;比如像官店村也会得到政府的部分资金以资助剧团和举办相关的文化活动;还有像这样的"村晚"活动也会得到政府文化部门的指导和支持,县文化馆会对晚会的形式和内容给予一定的支持和引导,像那台让我们印象深刻的婺剧小戏《老鼠娶亲》就是县文化馆的原创,创作过程中还与省文化主管部门有互动,并得到相应指导。所以,不是说这里的"村晚"就是完全内生的,纯粹属于村庄共同体的,政府是没有角色的,实际上政府是有角色的,这个角色包括提供基础设施,包括资金上的扶持,包括节目内容上的引导等,甚至包括由县文化馆直接提供像《老鼠娶亲》这样的节目。国家权力在其中的角色还体现在官店村作为浙江省的文化示范村,是得到省级的重点扶持的,还有,这台晚会是通过国家文化部下属的中国文化网络电视台联合丽水市文化广播电视新闻出版局进行全球直播的,是今年在丽水市直播的四台"村晚"之一,而且当时你也看到了,直播时文化礼堂后面停着一台巨大的、国家电网的黄色应急车。

龚:这是国家保障。

赵:所以,不是说要不要国家角色的问题,也不是先入为主地把国家认为是负面的角色,对国家权力进行批判,关键在于权力的政治性质和导向以及权力在什么样的层面和以什么样的形式来发挥作用。

二、"危言"与"症候"

龚:在官店"村晚"上,那台推陈出新的婺剧小戏《老鼠娶亲》给大家留下了深刻印象。正如您在现场发的微信朋友圈所言,它以老鼠的视角对城市中心主义作了批评,演出了乡村新一代在城市生活经验基础上对乡土生活的新认知和自豪感。这种情感与认知,既不同于官方话语的歌舞升平,也不同于中产阶层思乡病式的浪漫想象,当然更迥异于乡村衰败的知识分子话语和大众媒体叙事。它以诙谐的形式,从农民口中,在农民"村晚"的场合,做出这么自信的乡土文化表达,的确超出我们的想象。

赵:或许也超出我们大部分知识分子的想象。这个节目确实比较好,比较自然,既有正面引导意义,又不是假大空、喊口号。我觉得它的确代表了乡土的某些层面,但它不是一个本质化了的乡土。它已经是新一代的农民、城市打工者经过了城市化的洗礼，借用老鼠的口吻对什么是好生活的反思和选择，在"如再留恋城市不搬家，吾等鼠辈迟早要灭亡"的痛彻领悟基础上，他们转而向往乡村的"桃花源"的生活。这里面还表达了一个很重要的价值，它歌颂劳动，它说我们留在乡村，不仅是因为这里有青山绿水、蓝天白云，还因为我们要"自力更生，艰苦奋斗"。

龚：与此同时，就像它台词里说的，待在城市里则是"有了条件没了尊严"。

赵：对，它强调的是要活得有尊严，而不只是简单的物质生活。所以我觉得，这个节目从引领的角度，既有现实主义精神，又有非常明晰的引导意义和未来指向。一方面它是出于现实的。从我这么多年与村民打交道的经验，许多出去的人回来就说："说实在的，要过生活还是农村好。"像今年的经济不景气，我同学里面，有好几位是在外面养虾的，他们此时此刻还没有决定要不要继续外出，因为他们毕竟是向往回到村庄的。你说"乡愁"也好，你说是喜欢农村的氛围也好，从生活质量上，很多农村实际上不会比城市差的。在这个角度上，它虽然是一种理想化的表达，但这个节目本身是有一定社会基础和现实基础。另一方面，作为一种文艺表达，它又是高于现实的，它要起引领作用，所以你不能只是从对乡村与劳动的歌颂和美化上去指摘评判，而且由于它在艺术形式上的活泼谐趣，这种所谓的正面引导并不唐突和生硬，不是呼口号和脸谱化的表达。

这出妙趣横生的婺剧小戏，让我们看到乡土文化的传承不是固化的、简单的传承，这是一个现代化的、流动的农村文化在交流中生成的过程，是新文化创新融合的过程，在这个角度上，在许多角度上，这都是一个"有希望"的过程。

龚：我由《老鼠娶亲》这个节目想到，我们的社会科学者总是在讲一个严重问题，是"农二代""回不去"的问题，认为阻梗在城乡之间的"上不去，下不来"的一亿五千万新生代农民工是未来中国的真正危机。这个节目也启发我们看到基层现实的另一面，就是农民工二代的自我觉醒和对乡土价值的重新认知。

赵：还有一个，我想说的是，这个"农二代""回不去""不回去"的话是谁说的。说"农二代"回不去，实际上很多时候是我们知识分子替他们代言了。这么一来，就有满世界的舆论说他们回不去，这么一来，很可能就预言成真，就真的回不去了。所以我说这个节目的价值在于它有现实基础，而且它真的起到了文艺的引领作用。这样难道不可以吗？

龚：您指出的引导的问题的确很重要，这在如何看待春节期间反映农村溃败和城乡鸿沟的新闻报道和媒体事件上同样关键。

赵：对。至于很多媒体在春节期间唱衰农村的"大合唱"，更让我感到一种无法弥合的裂痕。在现实世界中，我沉浸在浙江缙云老家乡村春节的喜庆气氛中。正月十三的下午，没有任何事先计划，也没有找上级领导和通知村干部，我就跟朋友一起，顺道来到了缙云县舒洪镇一个叫仁岸的村庄。那里的村况整洁，房屋漂亮，宣传栏整整齐齐，文化礼堂修葺一新；老人在清澈的溪边聊天，妇女在溪边浣洗，孩童在生态小公园里玩耍，村民友好，氛围和睦，一派祥和的田园风光；那里出产浙江最甜的杨梅，我们去时浙江缙云县仁岸杨梅专业合作社的卡车就停在路边；那里还有抗战时期逃难至此的浙江著名的清朝举人、文化人何公旦先生和他的知名女婿潘天寿先生留下的许多文化遗迹。在由随机碰到的村民引领走遍村庄后，村民找来了村主任。他开着奔驰，带我们看村里的最新发展：有垃圾分类站，有新建的生态游泳场，有村里的农产品合作社，有村口在建的计划作为民宿的28栋别墅……毫不夸张地说，我当时的感受就是"美丽乡村"呼之欲出！

那种乡村凋敝的叙事，当然也有其根据，有的农村里土地荒芜、文化空心化、赌博盛行、自私自利等，这些都不是空穴来风。但是我觉得，那样的农村也是中国的极端，只能代表一部分乡村。我看到的也是真实的农村，而且要知道，缙云县还只是浙江这个富裕省份的社会经济相对落后的山区小县。作为一个研究乡村问题的文化传播学者，我认为，应避免对乡村的一概而论和以偏概全。

很多知识分子的春节"回乡笔记"，在写作上作为个体的村庄记录，在传播上却是作为集合的村庄呈现。这些"警世危言"在春节这个"规定"的返乡时段的集中爆发，当然背后也有真实性，但是没有代表性。它作为一个传播现象，还带有城市中心主义的猎奇和居高临下的视角，并且愈益凸显城乡对立的意味。

相对于某些媒体的哗众取宠，知识分子有关乡村衰败的写作，在态度上大多是严肃和真诚的，但在传播上，却往往表现为以"真实农村""真实中国"为名义的猎奇展现。媒体对农村死亡的"奇观"故事总是特别敏感，愿意乐此不疲地炮制加速逃离农村的文化想象和刻板成见。

龚：知识分子回乡见闻的题材和"故乡沦陷"的主题，是与其中从悲观、失望、迷茫到绝望的知识分子"心态史"相呼应的，使农村在这种知识分子与媒体合谋的衰败叙事中一路走向经济、政治、社会、文化、伦理的崩溃，知识分子在这当中的确看到了乡村的各种问题……

赵：但是他们没有出路，而且他们也不愿意承认这个国家，或者说起码像我看到的村庄本身及省、市、县、乡镇各级政府，他们创造种种条件的努力。不能只看到负面的东西，要看到政府的可能、民间的可能、政府和社会互动的正面的可能，看到农民自己的创造性。而实际上，很多"左翼"学者不愿意而且不可能想象这样的未来，很多人囿于传统士大夫情怀和学院高墙之内，并不进入乡村，不与工农结合，而只以一种"摇椅马克思主义"的方式来想象问题；从"右翼"的角度，又往往不切实际地抱定以美国式"大农业"来消灭农民的成见。所以，在这个时刻，媒体、知识分子（"左翼"也好，"右翼"也好），怎么样来看农村，以什么样的学术和什么样的舆论来引导，我觉得是尤其重要的。

龚：您早先开创的国家、市场、社会互构关系分析范式，一直强调要将社会层面带入传播讨论的视野。但在此之前，所谓的"社会立场"对我来说只是一个抽象的道义的宣称，没有深层的情感与认知的支撑——在这个意义上，尽管我这么长时间以来受批判思想影响，但其实也只是一个"姿势分子"。直到此次有机会春节来缙，正月初八看了宫前龙灯会，正月十一看了岩山下"平安戏"和正月十四看了官店"村晚"后，"社会"的存在和"社会"的力量才以一种直观的、形象的、生动的方式豁然呈现出来，我也才更深刻地体会和意识到什么叫"社会的活力"，什么叫"一个积极的、蕴涵变革力量的社会"，什么叫"传播与社会的互动关系"。看到一个生动有力的而不是抽象的社会是我此行最大的收获，这也许是一个"姿势分子"转变的开始，这也是我想由衷感谢您的。

赵：如果你有这样的收获，那我很欣慰。回想起来，新年刚过，我就邀请志华[1]和你从外地赶到缙云来，观看正月初八的宫前龙灯会。让我记忆犹新的，是龙灯会那天志华忍不住将作为龙身的"龙板"[2]往肩上一扛，加入舞龙队伍的情景，我知道后来你也加入了，感觉怎么样？

龚：很沉，原来舞龙手们是在举重若轻。其中有几斤几两，不是光在一旁看和揣摩就能拿捏的。

赵：对，这在志华那篇《龙灯·乡土与"希望"——正月初八宫前村龙灯

---

[1] 中国传媒大学新闻学院张志华副教授。
[2] 龙灯会上"板龙"的龙身由一节节板凳接榫组成。

会见闻》[1]的随笔里有生动描写。我想说的是，在你们把"龙板"扛在肩上加入队伍的一刹那，你们就从旁观者、城市中心主义者、可能的居高临下的道德洁癖者，变成了试图获得乡村视角的乡村的参与者。你们知道这里面的挑战。所以这是你们的一小步，却或许是城市知识分子企图进入乡村，或者说学者企图用乡村人的视角来体验春节民俗、体验乡村社会的一大步。

三、春节舆论场上的"三台戏"

龚：如前面所说，2016年春节期间的一个重要文化/媒体现象，是产生大量针对农村的猎奇和审丑的话题，最终汇成"农村逃亡大合唱"。尽管有些事件没过多久就纷纷被网信办证实系假消息，但其中的舆论狂欢还是将城乡撕裂的社会痛点真实地暴露了出来。

赵：是的，这种逃离农村的"大合唱"作为舆论事件的确意味深长。而且有意思的是，这样一来，围绕央视春晚、我们在浙江缙云官店村所看的"村晚"及某些市场化媒体（包括社交媒体）的唱衰乡村，实际形成三种高度相关的表达和构成三个微妙的舆论场，组成"村晚"、"春晚"与"网民狂欢"之间犬牙交错的三台舆情戏。或者，站在我们亲临其境的官店"村晚"的角度，这台"村晚"实际上同时对官方和非官方的，但都是城市中心主义的舆论场提出了挑战。

龚：就"村晚"与"春晚"的关系而言，在文化与社会有机联系的意义上，也许"乡村春晚"比央视春晚要更能代表文化的本义和"春晚"本应扮演的角色。站在舆论场的角度，对春晚的批评也存在学者批评脱嵌社会、小资以微信和微博吐槽为主要方式的批评政治逆反的问题。或者说，在您所强调的文化在各个层面上都应当嵌入社区这个意义上，春晚与对春晚的批评实际上陷入了同一个泥潭。

赵：尽管存在鲜明对比，但也不能因此把"乡村春晚"与"央视春晚"对立，以及潜在地把乡村与国家对立，这里并不是一个非此即彼的二元对立关系。不是"村晚"对"春晚"，而是从"春晚"到"村晚"。

一方面，需要说明的是，我们所看的缙云官店"村晚"延续了六十多年，是个特例。从总体情况而言，很多"村晚"实际上是受了央视春晚影响，加上政府文化部门的有意扶持，才遍地开花的，或者起码在作为文化大省的浙江是

---

[1] 张志华：《龙灯·乡土与"希望"——正月初八宫前龙灯会见闻》，"批判传播学"微信公众号2016年2月28日。

这么一种情况。央视春晚作为一个被模仿的对象,在"综艺晚会"的形式上起到了示范作用。另一方面,我们看的这台官店村"乡土戏曲春晚",它不仅是"乡村的春晚",也是"国家的春晚"。从它使用的视觉符号看,开场视频中出现的是辉煌气派,让人马上联想到北京故宫的大红门,而不是农家的木门荆扉。你可以说它"变味"了,但从另外的角度正面理解,它为什么不可以代表国家?为什么不能用北京的大红门?难道只能像2015年春晚那样,由央视到我们缙云的乡村取景,拍一点河阳和其他地方的乡土建筑和民间过年场面,作为"乡愁"一曲的影像背景材料,而"村晚"就不能把北京的大红门拿来当文化符号吗?尽管中国文化网络电视台和政府文广部门的介入对"村晚"的形态和自我认知会有影响,但能否因此就批评"村晚内在化了城市视角"?当然,这种"村晚"在内容和主题上复制了城市中心主义的视角的现象也是有的,这反映了城市中心主义话语霸权的影响。记得中国社科院新闻与传播研究所的卜卫教授去年跟我一起在缙云作调研的时候,就与我讨论过这个问题。不过,具体到我们这次看到的官店"村晚",我从整场晚会上没有看到这个问题。

在乡村与国家的关系上,如我在前面讲到官方引导和政府角色时已经涉及的,这已经是"层层国家"在场的乡村:有乡村最基层的文化干部的组织、有县文化馆的支持,官店村是缙云县"美丽乡村"建设的重点扶持对象,是"丽水市文化名村"和"浙江省文化示范村",这台晚会还有国家文化部的网络电视台转播……这是一个有强大的国家在场的乡村,从这个角度上,这台"村晚"当然也是国家行为,是这个国家文化建设的一部分。

此外,技术很重要,直播这个形式很关键。正如我们此前一直强调的,官店村这台戏曲春晚是通过文化部下辖的中国文化网络电视台及丽水市"文化丽水""村晚部落"等媒介向"一带一路"上21个国家和地区进行网络直播的。如果说央视春晚是从北京通过电视网络往乡村和世界发出的,官店村的"村晚"就是从乡村往整个国家和世界发出的,虽然与央视春晚不在一个平台,却是一种基本平等和互动的关系,且同样代表"国家形象"。这是乡村在通过现代转播技术手段向国家喊话(the village talks back to the nation),尽管双方有强势有弱势,但却不再是一种居高临下的单向传输,而是一个双向的"回望"和"回话"的关系。因而这是一台乡村的春晚,但已经不再是原来意义上的乡村,已经看不到《走向死亡的农村》里那种本质化的乡村——那种乡村反而不存在,存在的是已经全球化的、有国家重新介入的乡村。这是一种有意思的新型的乡村与国家的关系、城市和农村的关系,并不存在那种好像是国家与乡村断裂的平面化的、本质化的乡村。

龚：您刚才讲到各个层面的国家在场，讲到网络全球直播对其形态的影响，这其中是否也存在国家的介入对"村晚"的草根性的挑战并隐含一种被征用的危险？

赵：从我们现在看到的情况，这些变化还并不至于使它脱离乡土，但其中也的确隐含被国家挪用的挑战。对"村晚"自身，我们希望它不要因为变得"高大上"就脱离乡土文化的历史脉络；对政府文化部门来说，我们希望他们能小心善待，不要使"政治任务"压倒"村晚"的群众性和有机性，不要把它变成脱离群众的意识形态宣传。

龚：就央视春晚自身的脉络看，它也曾有朴素的形式和共享的价值，30多年来，它从一台"让老百姓高兴一下""向人民负责"的联欢会，逐渐走向"国家订制"和"造钱机器"，并在20世纪末开始在网民诟病中几成"娱乐痰盂"，不仅遗忘初衷，而且难以回头。与央视猴年春晚"不吐槽就看不下去"相比，我们今天对"村晚"的欣赏目光，多少有"礼失求诸野"的意味。

赵：今年央视春晚在"政治正确"上的变化未必不能凝聚共识，但太自上而下和硬扭了。媒体精英和演艺精英自身黔驴技穷，搞不出新的"东方红"史诗，这是文化精英因自己的立场和身份造成的创造力贫困的问题，更是作为媒体体制一部分的春晚生产体制的问题。而且你前面讲到的对春晚和农村的微信圈吐槽本身也是最大问题，一边吐槽春晚，一边猎奇贫困，两者都展示了作为这一舆论主体的城市小资的政治背叛和道德优越。

龚：在这个问题上，我也有些分析。例如，作为城乡对立的戏剧化呈现，被认定为假新闻以及同样突出女性身份以吸引眼球的《霸气媳妇回农村：光干活不让上桌掀翻了自己做的一桌子菜！》关联着作为"知识分子回乡笔记"分支的"城市媳妇回乡记"的叙事类型。在这一类型里，城里儿媳作为城乡差距的既能"入乎其内"又能"出乎其外"的人格化承载，被假定具有更客观的视角、更敏锐的感受、更细腻的笔触和制造更具戏剧张力情节的能力。媒体和网民对这类文章的热传热议，并不像名义上宣称的那样，是出于对"质朴表达"和"真实情感"的推崇，而显然是因为这符合了对农村作为封建堡垒的猎奇想象。我这些天在缙云当地的微信平台读到过一篇印象很深的嫁到缙云的外来媳妇写壶镇闹元宵民俗的文章，细腻生动，质朴真实，但其中既没有见乡村每况愈下哀婉悲切的"一唱三叹"，也没有与乡村格格不入忍无可忍的"霸气侧漏"，她融入其中，如鱼在水、"叹为观止"，但这种表达和情感基调显然入不了城市商业媒体的"法眼"，也引爆不了城市小资的微信朋友圈。

与前两者相比，闹得更加沸沸扬扬的"上海女逃离江西农村"事件事后也被证明是阴差阳错、子虚乌有。这一系列推动舆情升温的假消息，标志着城乡分裂对于社会心理影响的广度和深度达到了前所未有的程度。而无论是莫名其妙的乌龙，还是耸人听闻的造假，背后都揭示了一种深刻的真实。

赵：这里涉及"事实真实"和"本质真实"这一对中国新闻理论中曾经很纠结的命题。一方面，"上海女逃离江西农村"之类的假新闻显然真实地戳到了城乡撕裂、城乡鸿沟的痛处，触及雷蒙·威廉斯所说的带有普遍性的"结构情感"，这是国民心理上的真实；另一方面，知识分子和微信网友对此的悲叹和唱衰，表现出一种手足无措的道德恐慌，背后又是一种以道德关怀为姿态的居高临下的道德优越感，这是小资心态上的真实。

由此我们看到，作为两个彼此拧巴但又分享着共同的城市中心主义价值偏见的文化心理和文化政治倾向，央视春晚并没有真正触及城乡关系的内容，更谈不上在这个问题上的正面引导，抱守一种置城乡关系这一国民心理痛处于不顾的漠视态度。以城市中产和小资人群为主的微信朋友圈的"民间舆论"，在一片道德恐慌和哀叹悲鸣中，又看不到或不愿看到任何有正面意义的农村的生动现实和具体实践。而既不同于央视春晚的"不知所措"和"置之不理的回避"，又不同于"民间舆论"的"手足无措"和"耸人听闻的批判"，恰恰是官店"村晚"上《老鼠娶亲》的节目在这两者之间，在央视春晚有"假大空"意味的歌舞升平和"民间舆论"左右合流的负面关怀之间，以一种农村女把到了城市的打工仔"倒插门""娶"回农村的情节设置，反转了城乡关系和传统婚姻关系，给我们带来既直面现实又富于建设性和进步意义的文艺启迪。进一步分析，实际上，从组织方式看，官店"村晚"也介于官方和民间之间，既有政府的组织引导，又有自发的民间成分。

我由此想象，如果央视春晚能有更多的积极向上的"三农"视角，在排除了赵本山所代表的农村内容后，把《老鼠娶亲》这样的节目搬上舞台，那在舆论引导上将产生怎样的积极影响啊。这一来，央视春晚说不定就能重受关注了，"上海女逃离江西"之类的假新闻说不定也就没有那么大的市场了。带入了乡村社会视角的官店"村晚"因而对相反相成的两个舆论场——不管是官方的、城市中心主义的春晚，还是非官方的以城市知识分子和小资为主的逃亡农村的舆论狂欢——都提出了挑战。也只有从春节期间这三台引人侧目的"好戏"之间的对比中，我们才能看到国家与社会的张力，看到城市社会与乡村社会之间哪个更有希望，看到所谓的悲天悯人的人道主义情怀在今天的局限性，而且正是在这个意义上我愿意重新提炼软实力在乡土中国和在更广义的民间的意义。

四、"软实力在民间"

龚：在山村里思考软实力对我来说还是很新鲜的。因为通常讲"软实力"和"国家形象塑造"都是高大上的战略传播问题，好像一提到"向世界讲中国故事"，就得搬出章子怡、姚明，就要把广告打到纽约时代广场。这其中基本没有乡村的位置，正如您在一篇有关中国软实力问题的文章中曾经提到的那样，民间的、非商业性的文化也大都被边缘化，那么我们该如何理解"软实力在乡土中国"或"软实力在民间"？

赵：一方面，我们谈文化软实力，往往从国家实力和国家力量的层面定义，但从文化是有机的、是日常生活的一部分的角度，正如我去年重阳节后在缙云壶镇看完那里的赤岩山"迎案"庙会后，忍不住发的朋友圈所感叹的那样，真正的文化软实力在乡土中国！你知道，那是我这个传播技术使用上的后进者发布的第一个朋友圈，我当时是真的有所感悟，不吐不快。如习近平总书记所讲，"耕读文明是我们的软实力"。在我的理解中，这个"耕读文明"既不是一幅陶渊明式的文人隐居图景，也不是一个高高在上的抽象理念，它在全部意义上就是追求一种物质与精神生活相平衡、脑力与体力劳动相结合的理想生活方式。你还记得正月初八我们一起去宫前村看盛大的舞龙表演，同行的那位小时候在宫前村读过书的朋友是怎么说的吗？

龚：他说当年他在这个村里读书，只知道正月初八有这个活动，没想到这个就是文化。

赵：对，文化文化，已经"化"为不足为奇的理所应当。这也就是雷蒙·威廉斯所定义的"文化是日常生活"。与上面我提到的赤岩山"迎案"或其他许多民间文化活动一样，宫前村龙灯会作为一种融入村民日常生活的文化实践，是一个每年一度的民俗节庆，更是一个完全有机的社区活动，所有的村民都来参加，家家户户开门迎客，流水宴席大宴四方。在这里面，民众的参与、民众的主体性、他们的自豪感、他们对共同体的认同感，这些都是很难被书本上那种把政治、经济、社会、文化刻板分开的概念所包容的。把文化和生活分开，把文化与大众和平民分开，这是带有精英主义做派的对文化的误解，也是商业媒体和商业逻辑劫持文化的结果。实际上，回到乡村这一年多以来我才真正意识到，我们平常在学术界所讲的"文化研究"是多么肤浅，多么脱离社会，尤其是脱离乡土社会，那充其量就是流行文化研究或者说是对商业媒体产生的文化的研究。文化研究应该另有一个天地，这个天地就是乡土文化研究，而这个乡土文化我认为正是中国软实力的根基。

另一方面，我们说软实力在民间，这与我们讲"民族的、民俗的就是世界的"视角互补、相辅相成。但在这里不能把民俗固定化为传统的、本质主义的东西，像《老鼠娶亲》这样推陈出新的内容更是软实力的鲜活体现。更重要的是，正如社科院美国研究所所长黄平先生所指出的，追求文化软实力关键不是如何走出去影响别人，而是我们有一个自己视为天经地义的、理所当然的文化伦理格局，广大人民身在其中，自得其乐。文化软实力的首要目的不是以"霸权"方式走出去追求自身的"硬利益"，这种"东施效颦"的"软实力"观念只能显出我们自身社会科学想象力的匮乏，而是我们自己有一种怡然自得的生活。正是在这个层面上我们来提炼软实力的意义，也正是在这个层面上，在怡然自得的生活和格局会自然而然地对其他文化产生感召力和吸引力的角度上，这种对文化软实力的追求才能与中国传统意义上的"王者之道"和"修文德以服远人"衔接起来。

前面讲到唱衰农村的假新闻和舆论狂欢，可以想见，尽管我们这些玩微信朋友圈不亦乐乎的人富裕了，小康了，但由于城乡的撕裂，我们过年过得并不怡然自得，所有转假新闻的人都不怡然自得，因为我们知道我们的乡村同胞（或者说想象中的乡村同胞）不怡然自得，所以这不是一种怡然自得。在《老鼠娶亲》的戏剧里，我们也看到了新一代农民身上的那种自豪感和自信感，他们说在城里没有尊严，像"过街老鼠"，他们说"我们要回到乡村"，在这里可以创造怡然自得的，也就是"桃花源"的生活。在此意义上，从"软实力在乡土中国"可以进一步引申出"软实力在民间"，这个"民间"就是城乡人民对怡然自得的生活的向往和创造这种生活的信心和理念。而且我们也说过，他们创造这种生活的信心的来源是自力更生、艰苦奋斗，是劳动，我觉得这才是真正的社会主义中国的软实力。也就是说，中国的软实力不是要让我们重复美国的老路去搞权力外交和文化侵略那一套，而是我们自己有一个怡然自得的生活，有一个知道大家都过得好的生活。你知道，去年夏天，我所带领的中外学术团队在缙云河阳村进行了题为"从全球到村庄：传播理论如何落地"的暑期调研。[1] 我们项目的一个子课题是关于"什么是好生活"。让我们难以忘怀的是，有村民回答说"大家都好就是好生活"。

---

[1] 本调研的英文成果，见 Yuezhi Zhao ed., "Global to Village: Grounding Communication Research in Rural China," *Special Section of International Journal of Communication* Vol. 11(2017).

龚：针对这种农村衰亡的舆论合唱，我有一点也许是不恰当的联想。我想到正如对某些中国电影导演的批评是说他们把中国的落后拍给外国人看，这种堂而皇之地对中国农村社会的丑陋化和污名化，是把乡村的落后写给城里人看。这种"定质""定向"的文化传媒运作的背后是两种可称强势的集体唱衰，国外左、右翼合流唱衰中国，国内左、右翼合流唱衰农村。

赵：对，这并非你的"不恰当联想"，事实上这两种唱衰不仅联系在一起，而且分享同一个逻辑。这个逻辑就是维护现有的西方资本主义体系以及中国在这个体系中的地位的逻辑，西方主流舆论唱衰中国和国内某股舆论潮流唱衰农村是这个逻辑的一体两面。对西方主导精英来说，他们不希望看到中国的崛起，不希望中国找到新的道路，所以唱衰中国是很自然的。但对中国许多城市知识分子和城市小资来说，他们倒不是不希望中国崛起，不是不希望消除城乡鸿沟，是因为他们在意识形态上已经受了西方资本主义逻辑的影响，看不到另类的选择，也看不到农村的希望，同时也因为他们自身有脱离实际的问题，看不到农村复杂多面的现实。因而我们讲"软实力在民间"，一个重要的方面是向世界展示我们的农村是有希望的，中国在促进经济转型的过程中走城乡协调发展的道路是有可能的——或许这应该是"向世界讲中国故事"的重要部分。

实际上，2015年中央一号文件也指出，"中国要强，农业必须强"，"中国要富，农民必须富"，"中国要美，农村必须美"。中国的崛起必须有农村的崛起，正是在此意义上，我们可以清楚地看到唱衰中国和唱衰农村的一体两面的内在逻辑关系。

当然，指出两者在逻辑上的一贯性并不是要将两者的态度和动机混为一谈，事实上，两者的主观出发点未必一致。对许多中国知识分子来说，无论左翼右翼，在主观上他们都不是要唱衰农村，而是震惊于城乡的分裂、愠怒于政策的缺陷，而对政策中的新自由主义成分或国家权力运作有时是矫枉过正的批判，这其中有他们自己认识上的问题，导致他们看不到正在发生的现实和农村的另类可能性，但逻辑结果和实际后果却同样是唱衰。此外，也必须看到这两种唱衰之间有一种主导和从属的关系，也就是由于西方的主导，国内唱衰农村从属于国外唱衰中国的逻辑，有被动的层面，有知识分子自身意识形态被西方所左右的因素，"一体两面"并非处于"同一平面"。

不过，考虑到前面提到主导"唱衰农村"的以《财经》为代表的商业化媒体和社交媒体的舆论导向与西方主流媒体话语最接近，或者前者最易受后者影响这一现状，这两个舆论场也可以说在一定程度上是在一个平面上的。正是从这个角度来看，中国的文化自主性建设任重道远，面对强势的媒体商业化逻辑和同样受商业逻辑驱使的新媒体语境，面对经济不景气条件下更加浮躁和不安的城市小资群体，尤其是汪晖所论及的"新穷人"群体[1]，要实现这一目标更是难上加难。然而，这也正是中国文化领导权建设的重要性和当务之急所在。

---

[1] 汪晖：《两种新穷人及其未来：阶级政治的衰落、再形成与新穷人的尊严政治》，《开放时代》2014年第6期。

27 缙云乡村春晚的启示

有了2016年春节因被官店春晚触动而做的访谈及其在批判传播学术圈中的影响，2017年春节到缙云的乡村春晚学者"观摩团"阵容更强大，而且访谈者与被访者也有不同期待了。农历大年初七下午，各路学者从外地到缙云汇集成一个六个人的团队，兴奋地期待着一起看一台乡村春晚。

可是，正月初七正是春节晚会和元宵晚会的过渡期，当天下午，发现原来选定的村庄当晚因故没有晚会，于是，我们一行经曾在缙云胡源乡当过文化员的河阳乡村研究院行政助理应梅芬的安排，临时决定来到大家闻所未闻的该乡榧树根村看春晚。这是一台在缙云县事先安排的日程表中没有的乡村春晚。

与2016年正月一样，晚会结束后，访谈在寒夜里的回程途中开始，从车上到一个能给我们温暖的公共场所——一个足浴店——继续进行。访谈者刘楠是央视前记者、媒体主编、《新闻漩涡后的村庄》系列总导演，当时是中国人民大学博士生。刘楠不愧有记者功底，不仅访谈一气呵成，而且深夜连续作战，整理稿件，稿子很快就以一个很长也很煽情的标题《缙云乡村春晚的启示：还唱衰乡村？不要低估农民的文化自信！》于2017年2月9日在"批判传播学"微信公众号上发表，后发表于《长江文艺评论》，2017年第1期，第12—19页。

原文导言：一年前，"批判传播学"公众号首发了龚伟亮博士对赵月枝教授的两篇访谈《从"春晚"到"村晚"：兼谈农村的衰败叙事》和《国家、乡村与"唱衰农村"知识症候的背后》，得到了很多人的共鸣。一个特别的背景是，去年春节期间，有关乡村衰败的"返乡体"似乎也达到近年来的顶点，与去年春晚"又创新低"的吐槽相映成趣。赵月枝教授从在浙江缙云亲身感受的乡村春晚文化说起，关注了农村新文化的生成、文化的有机性、文艺的引领价值等，对"唱衰乡村"知识界与媒体猎奇的合流，以及央视春晚困境进行了深入探讨，阐发了"软实力在民间"的思想。

金猴辞旧岁，金鸡报春来。今年，不变的是，从加拿大赶回缙云过年的赵教授，又风尘仆仆地奔赴数个乡村春晚现场、宫前村板龙灯会等实地调研。变化的是，比央视春晚历史更长的浙江丽水乡村春晚，今年的规模更大，直播技术更发达，还启动了"全国乡村春晚百县联盟"。在缙云，"乡乡一台戏"，百台"村晚"齐上阵。而今年的访谈者，变成了曾经多次报道过中国衰败村庄的央视前记者、中国人民大学新闻学院博士生刘楠，她此行专程来缙云调研乡土文化。

当一个孜孜关注"衰败村庄"的媒体人和一个倡导乡土文化复兴的学者相遇，赶赴同样的乡村春晚现场，两个经历迥异的女性乡土调研者，会出现价值观分歧吗？又会碰撞出怎样的火花？

一、一台"草根村晚"

刘楠（以下简称"刘"）：赵老师，我记得刚到缙云县，一见面，您就拿来当地报纸，一整版的乡村春晚时间表，我当时有点震惊了。我才知道，浙江丽水地区的乡村春晚，比央视春晚都历史悠久，连续举办了36年。今年缙云县官方微信公众号发的文章是《缙云百台乡村春晚 约吗？》，很霸气，但是您带我先去的是榧树根村，很偏远，山路崎岖，开车很久才到，而且他们今年是第一次办春晚，说实话，我没敢有太多期待。但是，看完以后却颠覆了我很多认知，感慨村民短时间内竟然有那么大的爆发力。

赵月枝（以下简称"赵"）：早在1月12日，我还没有回到缙云之前，就在温哥华通过手机观看了在缙云仙都朱潭山举办的"2017全国乡村春晚百县万村联动开幕式"。江南农村，细雨之中，那个唯美的开幕式场景，让我十分难忘，也早就吊起了我回缙云看乡村春晚的胃口。大年二十九回到缙云后，面对遍地开花的缙云春晚，我经常为选择到哪个村看春晚而纠结。在你到缙云之前，我已看了笕川、靖岳这样的明星村和大村的春晚，感觉意犹未尽。到了年初七，缙云的节日文化活动进入了春晚演出高潮和元宵龙灯会高潮交接的间隙。知道胡源乡的榧树根村还有春晚演出，就决定来这里。我自己也没有来过这个村庄，唯一的想法就是这应该是比较草根的、偏远山区的乡村春晚。果不其然，这是一个在半山腰上的900多人的偏远山村。我跟女村支部书记虞冬菊聊天时才知道，尽管上面也积极鼓励办乡村春晚，她却因为年前非常忙碌，实际一直在犹豫。大年三十忙完其他村务，直到年初一凌晨一点才睡觉，年初一早六点起来，才下了决心办，并开始自编春晚节目。到初七晚演出，前后只有不到一周时间准备。

可以说，没有比这更草台、更仓促的乡村春晚了。但这么丰富，这么全面，这么多样的晚会，如果不是自己耳闻目睹，一般人真是无法想象。他们根本没有节目遴选，可以说是凑的节目。但是你看，歌舞、小品、传统地方戏曲、红歌、武术、杂技，还有小朋友的魔术，央视春晚有的品种都有了。其中，有江南经典的《采茶舞》改编的"三句半"，还有当地小学教小朋友学的当地非物质文化遗产罗汉棍表演等。我还了解到，当地小学老师专门来指导村里孩子表演，大家齐上阵。

作为全球化在这个山村的体现，还有女孩表演具有国际视野的爵士舞。由回乡过年的大学毕业生担任的主持人在报幕时还特意介绍说，这一舞蹈形式源自非洲。

刘：一周时间，过年本来大家就很忙，但是榧树根村民的潜力不挖掘不知道，一挖掘吓一跳。以前也许是我报道的多是伤痕题材的村庄，例如"砍手党村""盲井村"等，印象中农村文化也是一片荒芜，农家书屋多成为摆设品。所以我有点疑惑，缙云这个偏远村庄，怎么就有这样的文化热情？

赵：我们亲眼看到，榧树根村的村民参与乡村春晚的热情，是真实存在的。当然，这和上级的推动和村委会，尤其是村支书的强大的组织能力有关，也诠释了组织起来的重要性。但是，村庄的爆发力和文化潜力也是无限的，也再次证明了高手在民间的道理。更重要的是，这是一个村庄内外资源和能力总动员的过程。在这个过程中，没有功利性的论资排辈和谁唱主角、谁上前台的争论，大家唯一的目标就是相互协作，把这个事做好。当然，外村的支援和村庄间的协作与互通有无也非常重要。比如，音响就是从另一个村借来的，服装和道具也是外借的。节目方面，有个小品，本来就是这个村的一位演员和临近的章村的演员一起编排的，在章村的春晚上已经演出过，现在再来榧树根村演出，可以说是现成的节目。当天晚上，温度不过三四度，露天的文化礼堂广场上，观看的有几百人，座位不够，很多都站着，几乎没有人中途退场，一直到了晚会结束。

刘：我了解到，本来节目单有16个节目了，还有家长临时要求增加孩子的舞蹈节目。

赵：是的，在一定程度上，这台戏就是一个开放的乡村社会结构的表现。随着城乡一体化进程的加快，现在也有不少农村小孩参加业余文艺活动和到镇里、县城参加各种音乐、舞蹈培训班，而家长们也热衷于给孩子寻找上台锻炼的机会。这个临时要求上台跳舞的小女孩，应该属于这种情况。今天，即使像榿树根这样的山村，它也不再是封闭和孤立的，它所能调用和吸引的文化资源还是非常多的。

除了节目的丰富多样，这台乡村春晚还有个惊喜。这就是，有好几个节目都有很强的城乡关系视角，是这个村庄村民真实生活的呈现。比如小品《烛光里的妈妈》，虽然讲的是孝的主题，但是在这里，这一主题是通过城乡关系的视野来表达的，看了让我很感动。

节目讲的是一个"凤凰男"的家庭故事。在他7岁时父亲就去世了，母亲通过自己的劳动，甚至卖血，含辛茹苦地把他送到城里上大学。后来他和一位城市姑娘结婚，在城里安居乐业。但是，姑娘比较霸道，这个戏一开场就是儿媳妇趾高气扬地回来了，训斥在拖地的婆婆。显然，她不但把婆婆当保姆，而且不尊重老人。虽然母亲和妻子同一天生日，可是，男主人买的一个蛋糕是送给妻子的，竟忘了自己母亲的生日。刚好这一天"凤凰男"在农村养猪的弟弟来给母亲过生日，看到母亲的状况，要把母亲接回去，而且以极大的自信把哥哥数落了一番。这就凸显了城乡关系视野下，城市哥哥和乡村弟弟的地位和角色的差别，而这也的确是许多农民很关注，甚至是感同身受的问题。

刘：我印象很深，小品里最后母亲走前，以德报怨地把传家宝贝给了儿媳妇，儿媳妇感动跪地。还有一个细节，"凤凰男"悔悟了，对城市妻子有个打的动作，当时观众都鼓掌了。对当时噼里啪啦的掌声，我很震惊，是不是小品提供了他们主体性表达的渠道，让他们把淤积胸中的情感发泄了出来，可能有的时候没有这种渠道？

赵：没错，说起来，老公打老婆总是不好，但是下面有掌声。在这样的语境下，我们要看到，这一情节不是颂扬男权和家庭暴力，而是鞭笞不平等的城乡社会权力关系。如你所说，这是淤积胸中的情感的一种宣泄。台下的观众显然认为，幡然醒悟的男主人此时代表了一种乡村的道义。很多村民说看到这个小品都流下眼泪，这说明，这个小品触及了他们内心的感受。在这个场域中，这个小品有一种情感疏导和城乡缝合的作用。

另一个有城乡关系视野的小品是《出门趣事》，讲一个农民过完春节，用一根木棍，挑着行李去广州打工。在广州车站，他说的缙云土话被误解，多次打听厕所在哪儿，却被人告知坐公交还要多少钱才能到达。这是一个灵感来自缙云人经常讲的有关缙云方言的笑话的小品，非常有生活气息，表达的就是一种自己到了陌生城市而不知所措的感觉。对自编自演这个小品的中年村民来说，这就是他自己真实经历的一种表达。在采访中我们得知，多年来，他经常往返于城乡之间，有很真切的感受。他说他人生最光辉的时候，就是在省广播电视部门开过两年的车。今年过完春节后，他还要去城里找打工的机会。

刘：这些农民自编自演的小品，朴素而生动，与央视春晚相比，有更多真实和真诚的情感。央视春晚是一种媒介仪式，有"集体记忆"的"召唤"机制。但我针对今年央视春晚做了一个小范围的调查，当问到"你记得有农民题材的节目吗"时，很多人都想不起来，似乎只有在刘亮、白鸽的小品《大城小爱》中有侧面表现，再就是在凉山设了一个分会场，似乎别无其他。这些年，大家记住的乡村题材的央视春晚节目好像也只有《昨天今天明天》《不差钱》等有限的几个。像槾树根村这么鲜活的、打动我们的节目，央视春晚是不是少了一些？

赵：央视春晚在这方面的节目不是少了一些，是少了很多。而且我猜想，之所以少，恐怕主要不是由于政治审查，而是整个央视春晚的节目生产机制里面，就缺乏了农民的视角。当下，我们的专业文艺工作者，尤其是市场化体制下的商业影视明星们，本身是非常脱离工农的。对于这点，我想大家都很清楚，没必要去掩饰和庇护。仔细分析，我们还可以看到，即使有节目涉及了农村和农民，也往往是城市中心主义的视角。前面你提到的《不差钱》那个小品，说的就是农村孩子想上《星光大道》，这本身还是反映了一个城市的视角，甚至是媒介中心主义和商业文化自我宣传的视角。

我记得，央视春晚的一个经典农民节目是20多年前的《超生游击队》。有意思的是，今年春节期间，我在电视上看到了《超生游击队》的新版本，两个新演员模仿当年的黄宏和宋丹丹在重演这个节目。现在反过来想想，这个节目也是带着非常明显的对农民的歧视的。为什么？由于城乡间控制机制的区别，超生现象的确在农村比较多，但是，别忘了，一些有钱的城里人，为了生孩子，也有移民到国外的，在一定意义上，他们也是超生游击队啊，而且是国际级别的（虽然只是一小部分），是不是也该讽刺一下他们？

二、两难问题新观

刘：央视春晚还有一种农民元素，比如说一堆人跳舞，抱着玉米、辣椒，拿着那个模型，您怎么看央视春晚里这样的"乡土气息"？

赵：这些没有实质意义的符号，所表达的往往是城里人对乡村的一种小资情调，是城里人乡愁的一种寄托。这些符号所营造的"气息"虽然是乡土的，但往往是本质化的、空洞的，甚至是浪漫化的"乡土"。实际上，这是没有农民的"乡土"。

在缙云的春晚上，我们可以看到，农民是有能力和自信来自我表达的主体。他们的文化自信在春晚舞台上得到了展示。在去年有关缙云官店村戏剧春晚的访谈中，我讲到了婺剧小戏《老鼠娶亲》。这个戏以老鼠的视角来看城乡关系和破解农民工"待不下的城市，回不去的村庄"这一两难境地，最后以进城打工者选择回乡，在农村建设理想的"桃花源"这一结局，演出了新一代农民工在城市生活经验基础上对在乡村创建美好生活的新认知和自豪感。当然，这个节目并非一个村庄的农民自编自导，而是县文化馆专业人员的创作，而且也得到了省里文化部门的指导。这样的节目不能在央视春晚出现，除了前面讲到的生产机制问题，也许与主流文化依然强势推进城镇化和深陷城市中心主义视角有关。但是，从春晚角度，受到真正损失的还真不是中国的农民，也许是央视自己。也就是说，央视会因为自己脱离了中国农民和流动农民工而失去这些基础受众。最后，乡村春晚以百县万村联盟和互动的方式，以星火燎原之势，演出新的一轮"农村包围城市"，而中国农民和中国农村也重新成了春晚的主人，进而重新成了中国春节文化的主人。

一直有一个说法，央视春晚是一个新的民俗、新的仪式。春节是一个农耕社会的节庆。1983年，央视开始办春晚的时候，刚好是中国社会现代化和城市化进程加快，电视快速兴起，成为大众文化主体的时候。后来，全国人民一台戏，春晚成了央视最重要的仪式性节目，央视也好像垄断了春晚，春晚几乎等同于央视春晚。然而，由于种种原因，央视春晚也越来越难以办好。

近几年来，乡村春晚在丽水遍地开花，更值得关注的是，今年，通过中国乡村春晚百县联盟的组织和推广，不仅丽水各县春晚文化热闹非凡，而且全国许多省份的农村都出现了乡村春晚。从央视春晚到以村庄和农民为主体的乡村春晚，农村社会不仅把春晚这一被央视培育的新的春节仪式性文化形式重新嵌入了乡土中国，而且在央视春晚无法统合国家、市场和社会力量而陷入困境的当口，重新强化了春节仪式性文化的公共性、社区性和乡土性。同时，乡村春晚的传播范围已不只局限于中国乡村。去年，丽水四台标杆性的乡村春晚，就通过文化部所属的中国网络文化电视台，直播到了"一带一路"上的二十几个国家。乡村春晚自发于丽水民间，如今，在吸收和内化了央视春晚的形式，在内容与主题方面的高度和国家立场以后，它成了丽水公共文化建设的重点项目，节目内容既高大上，又接地气。放在浙江省花大力气建设的、作为国家与乡村文化连接点的农村文化礼堂这一文化宣传场所里，那些非常明显的宣教性内容，如笕川村春晚上的社会主义核心价值观宣传性节目和《中国梦》舞蹈，也不会让人觉得生硬。作为丽水市非常有文化底蕴的一个县，缙云去年有70多台乡村春晚。今年，县里要求有文化礼堂的村庄都举办春晚，从年前各个文化礼堂早就开始的乡村春晚演出到正月十五的龙灯会和元宵节文化活动，《缙云报》用整整一个版面，登出了100余台晚会和灯会的时间表，颇有星火燎原的感觉，令人目不暇接。

回到我们所看到和采访到的榧树根村春晚舞台上下和前后的情况，你可以看到，这里的村庄，不是传统概念上的封闭村庄，它有回来过年的大学毕业生，有乡里小学和幼儿园的老师来支援，有外出打工回来过年的村民。整个晚会的筹备和演出过程，是一个提精气神的过程，而整台节目，也是这个村庄文化自信的表现。正如它的第一个节目《开门红》所表达的那样，它所传递的是正能量，是一种维系和复兴乡土文化的决心和信心。

刘： 就在我们看这个乡村春晚的时候，打开微信，各种返乡文章扑面而来，不过和去年以唱衰农村为主调不同，今年关于"返乡书写"，好像也有了更多元的表达。

赵： 是，我去年就说到唱衰农村的问题，我还说过，这样下去，本来它不衰你唱着也就衰了。作为一个传播现象，许多返乡叙事带有城市中心主义的猎奇和居高临下的视角，并且愈益凸显城乡对立的意味。更让人不安的是，这些叙事并没有提出行动的方案，而是局限于城市小资和知识分子的焦虑中，这些叙事所形成的合力，有可能助长城乡割裂，使西方现代化过程中城市吞没乡村的过程在中国复制。

如果说，去年负面基调达到了一个高潮，那么，今年我注意到了一些变化，有了更多的反思。例如，今年过年前，澎湃网就组织了一批作者进行新的"返乡书写"，希望以更多元的视角呈现乡村，这是主流媒体希望引领舆论的一种表现。"返乡书写"力图在一味唱衰的"返乡体"与空洞唱红的"反返乡体"间另辟蹊径，引领乡村建设新潮流。

其实这种变化，同缙云县河阳乡村研究院去年10月主办的以"乡土文化复兴：机遇和挑战"为主题的"河阳论坛"，也有一些关系。当时澎湃网的记者也来了，对与会学者的观点有了新的认知。例如在论坛上，来自重庆大学人文社会科学高等研究院的潘家恩博士就提出，要把"乡愁"和"乡怨"当作建设故乡的能动力量，而不是让乡愁被其他力量所劫持。这次澎湃网"返乡书写"专题就推出了潘家恩等人的文章。"河阳论坛"把学者、记者和乡村建设实践者的力量联动起来，也是希望为破解农村空心化和"待不下的城市，回不去的村庄"这一两难困局尽绵薄之力。

你说乡土文化复兴，别人就觉得你没有批判性，这是多年媒体宣传所造成的思维定式，以前也有人分析过，这也是作为网民主体的城市"新穷人"的焦虑心理的一种折射。但是我希望用行动和实干说话，用脚做学问。与其在书斋里忧国忧民，不如到这样一个乡村春晚现场来看看，了解一下它是如何可能的。

这样的故事为什么不可以讲？进步为什么不能点赞？这几年来，缙云的春晚，组织性更强，内容和形式也更多元，其发展的速度也大大超出了我的想象。除了看到上面说到的村庄春晚所体现出来的村庄共同体的凝聚力，我还有很多对村庄春晚的新认知。例如，新直播技术让乡村春晚参与性更强，手机直播功能区有一个邀请好友功能，你能看到一个人邀请几十个人看直播，形成一个社区网络状，真的是有一种辐射力。去年在观看了官店村的戏剧春晚后，我在访谈中对女性在乡村春晚台上台下的出色表现，以及她们的主体意识和领导能力赞赏有加。今年，在椹树根村，女书记是整台春晚的灵魂，很多女村民积极上台表演，甚至有一位村委成员女扮男装表演了好几个节目，比男性村民更担当重任。显然，这不是儿媳妇回村不让上桌吃饭的"返乡体"所描绘的男尊女卑和男权统治的村庄。就像中国社会是多元的一样，我一直强调中国村庄的多样性。进了这样的村庄，那些片面宣传所形成的乡村认知，自然不攻自破。

三、三类春晚所代表的政治文化空间

刘：是的，刚才我们说到乡村春晚和央视春晚，还有一个与城乡关系相关的很独特的现象，也就是打工春晚，它由在北京皮村的"北京工友之家"发起，举办过几年了。围绕这几种不同春晚的舆论声音也姿态各异，您怎么看这三者之间的关系？

赵：这是非常有意思的问题。前面我讲到，走到今天的央视春晚，从某种角度是很脱离工农大众的。除了官方宣传的需要，它所迎合的是城市某一些群体，而且有很强的商业主义色彩，比如要请当红的明星。而越是这样做，越是制造天文数字的明星价位，就越会脱离人民群众，从而形成一个很难逃出来的逻辑。

与此同时，城市里的农民工是被边缘化的，他们是最艰苦、最尴尬的。从2013年开始，"北京工友之家"在皮村建起了简陋的"新工人剧场"，打工春晚先在那里办了起来。第二年，打工春晚办到了团中央大礼堂，主持人崔永元还表达了要把打工春晚办到人民大会堂的美好愿景。后来，它在朝阳区文化馆举办过，观众和工友可以在有暖气的剧场里观看。在前一段皮村发生工友之家被驱赶事件的背景下，今年，打工春晚又回到了没有暖气的"新工人剧场"，众

筹办，显得很悲壮。

刘：而且和农村春晚不同，城市农民工的群体太分散了，很难像村庄这样集聚到一块，抱团取暖。

赵：这就是城市社会和乡村共同体的区别。当然，按照宪法，中国本来就是一个工人阶级领导的，以工农联盟为基础的社会主义国家。打工春晚歌颂的是劳动的价值，表达的是工人的文化，这些本来就是人民大会堂应该演的东西，不应该是如此屈居在皮村。

实际上，你知道，共和国历史上，城市里的工人文化宫，也是兴旺过的，那是共产党领导下的工人阶级自己的文化之家。改革开放以后，随着传统国企工人被下岗，工人文化宫有些变成了舞场，有些被占用了，有些也可能被拆了。而新产生的2亿多农民工，跟以前的工人文化宫没有任何联系，也很少有表达他们心声的新平台和渠道。但是，劳者歌其事是必然的，新工人文化还是以打工诗歌等形式破土而出。正如一直关心和支持新工人文化生产的中国社会科学院卜卫教授所说，打工春晚的出现不是偶然的，而是流动工人文化的汇集。他们没有条件创造条件，用自己的创作表达自己的心声。相比农村春晚，城市里的新工人文化更有批判力，让人反思何谓一个社会主义国家的主流文化。对于这样的新工人文化，是压制它，还是引导它，使它真正成为一个代表未来的东西，代表"先进文化的发展方向"，是一个非常重要和急迫的问题。

刘：央视春晚、打工春晚、乡村春晚，三种春晚，看似"各自为政"，但是从价值建构上看，又有一脉相承的关系。比如说，乡村春晚直播也是往整个国家和世界发出的，虽然与央视春晚不在一个平台，却是一种基本平等和互动的关系，还有，您讲到，今年缙云笕川村的春晚节目中，有一个就叫《中国梦》。您怎么看乡村与国家的关系、城市和农村的关系？

赵：是的。不能把城市和乡村、国家和乡村，甚至央视春晚和皮村春晚僵硬地对立，它们是这个国家的不同部分。皮村虽在五环之外，还是属于北京，而且即使工友之家被逼出皮村，甚至被逼出北京，它也不能被赶到国外去。更重要的是，它所代表的中国新工人文化不可能永远被压制，被边缘化。这三个春晚，放在一起讨论，很有意思，国家春晚是央视一台办的；流动于城乡之间的新工人群体，在很中心的北京很边缘的地方，在极其艰难的条件下，在天寒地冻中的一个简陋剧场，办了这么一台打工春晚；在浙江丽水这个"中国民间艺术之乡"和农耕文明遗产还十分丰富的地方，乡村春晚是星火燎原，农民们热火朝天地过节。"央视春晚""打工春晚""乡村春晚"这三个名词所代表的春节文化场景，从某种角度代表了我们这个有着悠久农耕文明历史的国家，在经历了现代化、工业化和城市化以后,在文化上的转型、错位、撕裂、缝合甚至再生的可能。它们是我们这个工人阶级领导的,以工农联盟为基础的国家的政治和代表性问题在文化上的一种折射。

刘:在这里看乡村春晚,我惊叹于农民内生的活力,有时也感叹没有挖掘的外力。我常年做记者,走访过很多衰败的乡村。但是我也怀疑,您这里是富裕的浙江,这样的乡村春晚在别的村庄有复制性吗?比如说像大凉山贫穷的山村,难道也要去办乡村春晚?

赵:的确,我们这里是浙江,东部发达省,但是,丽水在浙江属于经济上的欠发达地区,而椹树根村真的不是一个富裕的村庄,这我们也看见了。你还记得,刚到村庄,我们一群人就被设计巧妙的崭新的村文化礼堂所吸引。在村支部书记的介绍中,我们才知道,这个建筑所在的地方,原来是村边的一条深沟。而且,这个文化礼堂并没被列入县里的建设指标,而是村里按上面的标准自主建设起来后,才被县宣传部认可的。村支部书记也讲到,村里那个非常气派的旧祠堂,是以前村里只有200多人口时建造的。她说,现在村里有了900多人,怎么能眼看着祠堂失修呢?正是这样的文化主体性和维系村庄文化的自觉性,使村里宁愿负债也要把祠堂修好。在看完演出的简短座谈中,村主任也讲到,在修建文化礼堂的过程中,建筑材料全放在外面,没有丢失一根钢筋。在缙云,县里提倡办乡村春晚,政策推动的力度非常大,接下来的关键就看有没有人组织,村庄共同体内部的积极因素与内生活力有没有被调动起来,农民的文化自信心和农村的内生活力有没有被激发出来,从而形成上面和下面、国家和乡村之间的有机与良性互动。

当然,丽水乡村春晚形成星火燎原之势,是很多因素综合作用的结果。深厚的民间文化底蕴,浙江省的农村文化礼堂建设工程,各级政府,尤其是县一级政府的高度重视与积极推动,县文化馆和文化宣传系统其他部门的艺术和技术支持,乡镇文化员的关键角色,企业和社会力量的动员等,都是重要原因。各个村庄如何办春晚的故事也各有不同,但也有一些相通的启示,包括怎样协调多元主体共同参与,怎样从民俗文化中挖掘文化生机,等等。

我倒不是说大凉山这样的贫困地区的村庄和全国村庄都要办乡村春晚。更何况,一台戏不可能改变一个村庄,解决村庄发展和乡土文化复兴的问题。但是,从这台戏里面你可以看到乡村共同体的潜力和潜能。回到我以前惯用的学术语言,从这台戏所体现出来的乡村活力,你才能更深刻地体会和意识到什么叫"社会的活力",什么叫"一个积极的、蕴含变革力量的社会",什么叫"传播与社会的互动关系"。

刘：记得有一年您在缙云壶镇看完那里的赤岩山"迎案"庙会后，忍不住发朋友圈感叹"真正的文化软实力在乡土中国"。乡村春晚是不是也可以为乡村资源整合做出某种示范，用文化方式形成村庄凝聚力和自豪感，把政治、经济、社会等各种关系和资源总动员，从而抵御城市中心主义、资本主导等的力量？

赵：你说出了我的心里话。就像我去年说的，回到乡村做研究两年多以后，我才真正意识到，我们平常在学术界所讲的"文化研究"是多么肤浅，多么脱离社会，尤其是脱离乡土社会。文化研究应该另有一个天地，这个天地就是乡土文化的研究，而乡土文化正是中国软实力的根基。

正如《乡村与城市》作者雷蒙·威廉斯所定义的：文化是日常生活。除了乡村春晚，很多民间文化活动，包括宫前村年初八龙灯会和金竹村农历五月十三的关公迎案，都是一种融入村民日常生活的文化实践，它们是每年一度的民俗节庆，更是完全有机的社区活动：所有的村民都来参加，家家户户开门迎客，流水宴席大宴四方。在这里面，民众的参与、民众的主体性、他们的自豪感、他们对共同体的认同感，都是很难被书本上那种把政治、经济、社会、文化刻板分开的概念所包容的。把文化和生活分开，把文化与大众和平民分开，这是带有精英主义做派的对文化的误解，也是商业媒体和商业逻辑劫持文化的结果。如果我们的知识分子看不到农村的希望，看不到中国有可能超越以城乡撕裂为代价的发展主义逻辑，中国的崛起就成为不可能。最重要的是，农民自信、村庄自信，才能有民族的文化自信。

刘：谢谢您。这次调研我看到了更多样化的中国乡村。村庄有富裕有贫穷，但是不能让它衰亡。就像我之前文章写的，曾经撬动历史的那些鲜活奔放的乡村力量，课本上熟悉的工农联盟，难道都沉默如斯？无踪无迹？也许只是我们对那些乡村血脉中不同凡响的韧性视而不见。

在唱红与唱衰村庄的极端舆论场中，我们不能忽略了村庄的主人们，他们是有主体性、有反思力的现代农民，从尘埃中开拓绿色。缙云县乡村春晚里的农民参与者们，更让我感受到这一点。

您刚才提到雷蒙·威廉斯，我最近也在看他的《乡村与城市》，他有一句话我很喜欢，"要让希望具有可行性，不要让绝望具有说服力"，我想，这也是我们打开乡村活力的一种态度。

28 被争议的与被遮蔽的：重新发现乡村振兴的主体

自2014年我在温哥华邀请沙垚作了"重构中国传播学"的访谈后，我们之间有了更多的学术交往。我们也以基于城乡关系和乡土中国田野调研"重构中国传播学"，舍我其谁的主体性，相互砥砺和促进。我回到故乡缙云办河阳乡村研究院以后，沙垚成了缙云的常客。在频繁参加河阳乡村研究院主办的"河阳论坛"和"全球到村庄"暑期班等活动之外，他还深入缙云调研婺剧的生存状况。不论是在北京还是缙云，除了乡土文化和农民主体性的问题，我们就更广泛层面上的乡村振兴主体问题也经常有讨论。那些包括返乡工商企业家在内的乡村新主体，是我们经常接触的人物，他们的故事也是我们持续关注和讨论的。

比如，有一天晚上十点多钟，沙垚和我正在缙云仙都喝茶聊天，我们就惊喜地接待了两位不速之客，其中一位是我们非常熟悉的返乡企业家。当时，这位企业家正处在与村庄一些势力的冲突之中。听着该企业家活灵活现、充满激情，甚至包含几分委屈的叙述，我想，没有比这更精彩的"资本下乡"一手研究资料了。客人走后，我们对围绕这个案例的资本、政府、村庄的关系进行了一番分析。可惜，我们无法以基于田野笔记的学术论文形式呈现我们的讨论和思考。

所以，2018年4月，我在清华大学新闻与传播学院上课期间，当沙垚主动找我，建议我们就乡村振兴的主体性问题再做一个访谈的时候，我欣然同意了。我们约定的访谈时间是5月6日。沙垚，博士，现任中国社会科学院新闻研究所副研究员，其基于博士论文写就的《吾土吾民：农民的文化表达与主体性》一书在2018年获中国新闻史学会"新闻传播学学会奖"优秀学术奖二等奖。本文发表于《江淮评论》，2018年第6期，第34—40页。

原文摘要：乡村振兴，谁为主体，这个问题至关重要，尤其是如何看待各类返乡群体和留守群体。我们认为，在地域和宗族文化认同的规约下，在共产党组织部门的引导下，返乡人群这一被争议的对象可以被认为是乡村振兴的重要主体。留守老人和儿童也是乡村的主人，他们身上的正能量和价值感需要被重新发现，因为，他们不同于其他亚非拉农村的农民，他们是经历过中国革命和社会主义建设的农民，他们知道社会主义是一种什么样的体验，他们具有社会主义的文化主体性。因此，需要将各类主体的力量都动员起来，使之相互制约，又共同服务于乡村振兴的大业。

一、从文化到经济：谁是乡村振兴的主体

沙：自从乡村振兴战略提出来，乡村传播日益成为显学。越来越多的学者聚焦乡村，越来越多的资本进入乡村，甚至我在一个乡镇看到大幅标语"用企业家的激情，点燃农民心中的梦想"。这里就涉及一个重要的且必须解决的问题：谁是乡村振兴的主体？

赵：现在各级政府都在召开动员大会，很多乡村振兴讲习所已经挂牌成立，政府主体声势很大。资本主体也早就跃跃欲试，并且已经以各种形式介入。知识主体也是在场的，一些有乡村情怀的学者也早开始各种乡村实践了。还有一些艺术家到村里搞设计，创作农村题材的作品，甚至进行乡村建设。唯一缺席的，或者说还没有真正登上乡村振兴舞台的，是农民自己。当然，中央文件是明确的，乡村振兴要发挥农民的主体地位。因此，说乡村振兴的主体缺位，一不是中央文件不明确，二不是真的没有人搞乡村振兴，而是说作为乡村主人的农民在乡村振兴这场时代大戏里面还没有真正登场，或者说他们的主体性还没有被充分调动起来。我举个例子。为了搞乡村旅游，一个偏远的空心山村搞起了文化节，村双委干部和文化站干部都很积极，又是拓宽公路又是搭台和组织节目，农民也会为了应景和挣钱而加入民俗表演。但是，农民对乡村旅游业能否发展起来和自己能否得益没有信心，他们的参与是为了别人的观看，虽然他们在场，但他们内心并不把这事当作自己的事情，而且他们是以群众演员的身份出场的。也就是说，群众没有被真正发动起来，成为通过发展乡村旅游来振兴村庄这一事业的主角。当然，在我家乡缙云县，在乡村春晚的舞台上，农村妇女为了自我表达和村庄共同体的荣誉而演出，积极性很高，又是另外一回事。通过乡村春晚复兴乡土文化这一领域，一方面是党委政府的引领和有意识的乡村文化领导权的重建，另一方面是村民在传统春节的文化表达需要。两者一拍即合，形成了合力。

沙：按照您的讲述，至少在缙云乡村文化振兴的过程中，农民是有主体性

的。但文化或许是"五位一体"的社会结构中最为薄弱的一环,经济基础决定上层建筑,我们文化传播的学者不能绕过政治、经济去谈文化,那么,在经济层面如何理解乡村振兴的主体缺位问题呢?

赵:你这话说到我这个传播政治经济学者的心里去了。可以说文化是乡村振兴的先声,是号角,但没有经济的支撑,尤其是强大的集体经济,乡村春晚是很难走远的。

沙:我插一句。在乡村振兴战略落地的过程中,增加农民收入是一个重要的方面。如果农民仅仅靠出去打工来提升收入,那他们还有没有经济主体性?战略中提到的壮大农村集体经济与增加农民收入之间是什么联系?有没有内在的镶嵌或者有机的互动?我们看到的仅仅是诸如光伏发电这样的项目,确实是在一定程度上解决了集体经济薄弱问题,但和农民是什么关系?租用了农民的场地或屋顶而已,并不能把农民组织起来进行生产,并不能全面地发挥农民的生产能力。

赵:你能看到这一点很好。虽然我们是传播学者,但我们在讨论文化传播之前,必须讨论农村的经济和经济组织的问题。我在家乡调研时发现,每个村都挂着好几个牌子,除了党支部、村委会、村监会,另一个牌子是"经济联社",但这块常常被我们忽略了。这与原来人民公社、生产队时期的集体经济组织有一定的连续性,是当下农村的集体经济组织,应该承担农村经济管理、服务和运营的功能,但现在大多时候它只是一个空牌子。一方面,通过村民选举和近年加强基层党建,乡村的政治主体是建立起来,甚至得到一定程度的强化了,但是,随着人民公社解体和集体经济的衰败,村庄作为一个共同体的经济主体性没有了。正如一位农村问题专家所说,由于"产权、财权、事权、治权"统一的村社共同体名存实亡,乡村成了"主体无主体性社会"。也就是说,村庄共同体没有了经济基础,农村社会的治理主体也就无力自我解决村庄的问题,更枉论发展了。所幸的是,改革四十年后,作为村社主体存在基石的集体土地所有制还存在,而且是农村改革不可动摇的底线,今天,乡村振兴战略又大力倡导壮大集体经济,在这样的语境下,有没有可能激活农村经济联社,使它成为农民在经济上组织起来的主体?

沙:去年,我在西北一个县的农办挂职。我们学习了贵州六盘水市的"三变"(资源变资产、资金变股金、农民变股东)改革,回来后就推动农村发展集体经济。其中探索的一个模式是,由村两委发起成立集体经济属性的合作社负责生产,是由农民作为股东的、真正合作的合作社;由供销社负责对接市场,进行销售。虽然前些年供销社普遍瘫痪,但它在全国的组织、网络和系统还在。

赵：没错，但问题是，一方面，这样的有积极性、主动性和开拓精神的村双委是少数，另一方面，基层的管理者可能还需要进一步转变观点、解放思想。他们认为，农民搞搞卫生、跳跳舞是可以的，但如果把农民组织起来，去从事集体或合作性质的经济活动，又是另外一回事。或者说，有关部门可能并没有将组织农民发展农村集体经济作为一个破解当前乡村发展困局的选项。考虑到集体经济在农村的兴衰历史和对这一历史的僵化理解，这就是一个意识形态和价值观念的问题了，这也是媒体和传播学者需要参与解决的问题。

二、返乡企业家：如何从被批判的对象到乡村振兴的主体

沙：还有一个现象值得警惕，有一些乡村能人，在环境好的时候，发起合作社，但经济能力有限，在外来资本的冲击或利诱之下，很快就被收编，成为代理人。我调研过的一个县就有不少这样的合作社，他们帮助外来的瓜贩子压低瓜价，侵害瓜农利益。瓜贩子每斤瓜返给他们2分至5分不等，由此他们每年也能获得10万至30万元的收入。县政府试图推动村双委成立集体经济的合作社，绕开瓜贩子和代理人，直接与长三角、珠三角的市场对接，但遇到了很大的阻力，瓜贩子和代理人联合起来，与新生的合作社打价格战，导致很多瓜农临时倒戈。同时，他们还以各种方式腐化基层干部。

赵：这个情况现在很普遍，让我想起了当年的买办和营利性经纪人。但也有例外。比如有人在外打工并积累了一定经营管理经验后，被返乡创业的政策吸引，回到山村承包了茶园，又在省科技特派员帮助下，在新茶叶品种的种植、加工和营销上颇有成果，赢得了市场。同时，在乡镇干部的引导下，又想出了惠农方案，带领茶农共同致富。这样的返乡私人创业者故事，和你讲的代理人模式截然不同，是应该被鼓励的。他们不是马克思主义所反对的大资本家，也不是垄断资本或金融资本，他们更多是掌握了资本运作技巧的小企业家。他们返乡创业，受到本地文化的规约和道义的要求，决定了他们不可能成为资本的代言人去恶意剥削农民，而是回馈故土。

还有一些企业家，虽也有本地背景，但是以纯粹投资的身份进入乡村的，这是需要我们警惕并团结的对象。比如，有返乡者在租用农民的土地搞乡村旅游的过程中，不但事实上无偿使用了农民世世代代创造的村庄景观以及生态和文化资源，而且因只把自己与村庄共同体成员的关系定位为简单的经济关系而与村民发生摩擦。这种情况下，外来资本主体和农民主体之间就产生了矛盾，而地方政府也不免面临着在这两类主体间站在哪一边的问题。实际上，当地方

政府引进资本，让其租用农民的土地独资经营依附于村庄景观和生态的旅游业时，就已经选择了支持回乡资本主体，而让农民处于从属的地位了。不错，相关农民有一点地租收入，个别农民也可以出卖产品和劳动力，你甚至可以说，欧式庄园也为古老的村庄平添了现代化的景观，但相对于作为开发者的新庄园主，农民作为村庄主人的主体地位被边缘化了。总之，即使一个地方，也有不同的资本与农民结合的模式；即使同是返乡资本，由于个体经历、认知和经营方式的不同，也会与农民和村庄有不同的互动方式。当一位村民抱怨回乡资本的代理者不屑通过递一支烟这样的姿态与村民打交道并融入时，你会知道农民在意的不仅仅是几个钱，而资本在把自己"嵌入"村庄时，也需要更多地理解乡土文化。虽然上级政府完成了引资的指标，甚至希望这样的下乡资本能带动村庄的发展，但是，如果村民作为村庄共同体主人的主体性——不仅仅是个别村民作为农产品出售者和雇佣劳动者这种经济层面的主体性——得不到尊重和发挥，那么，这能不能达到振兴乡村的目标还真很难说。实际上，如果指望外来资本重新组织和振兴一个村庄的经济，那就在指导思想上有问题了。

沙：对，现在回乡资本进入农村的模式很多，很难说哪一种模式是普遍，哪一种模式是例外。近年来，除了私人老板返乡创业，私人老板返乡就任村主任、村支书的现象频频被学者们谈起，褒贬不一，更有人把这些现象讲述成一个"狼来了"的故事。结合您多年的乡村调查，您有什么发现吗？或者说，有没有可能总结出几种返乡的模式呢？

赵：比起私人老板返乡创业，私人老板当村干部是更需要我们关注的现象，因为这涉及乡村的核心政治问题。一方面，让一部分人先富起来，然后先富带后富，这是改革的诺言；另一方面，我们搞政治经济研究的都知道，在许多情况下，真正发生的是剥夺积累，即一部分人的"先富"是以另一部分人的同时被剥夺为代价的，不管被剥夺的是生产资料还是文化与生态资源。也就是说，富裕和贫困不是一个时间差的问题，而是一个共时的结构性问题。当然，我们需要具体情况具体分析。在一些沿海地区，除了前面提到的打工仔或资本返乡做农旅产业，先富的"能人"当村书记的现象也比较普遍，而这些人也可以被分为不同类型。

第一种是一直在村里，靠原来的社队企业和村办工厂转制或自办工厂致富，由于从来没有离开过乡土，乡村对于他们不是一个完完全全的赢利场域，而更多是祖祖辈辈生活的地方，因此他们常常有较强的公心和领导力，并且利用自己的政治资源为村庄争取到发展项目，从而获得村民的信任，不断当选村支书，形成比较稳定的村庄治理秩序。不过，对许多村庄来说，这样的村支书可遇不可求，实在是凤毛麟角。

第二种是由"土豪"转型的优秀村干部。1990年代以来，企业家当选村干部越来越普遍，不过，许多入选者依然把主要精力放在自己在外的企业上，并没有把村里的发展和村庄共同体的利益放在首位。但是，随着时间的推移，特别是上级部门的引导和改造工作，尤其是这几年基层党建工作的深入，有些人开始发生了变化，从一个私营企业家或者说"土豪"，转变成了优秀的共产党员和村庄共同体利益的维护者。比如我老家缙云就有这样的一些典型。在自己致富后，有些村支书现在一心一意扑到村庄发展和集体经济的壮大上。在一个以农业为主的村庄，一位村支书一方面通过经营村庄，把从事本地经济作物生产的分散农户组织成销售或加工合作社，形成规模效应；另一方面，通过争取上级的支持，把土地流转到集体，通过集体统一盖房出售给符合条件的村民的方式壮大集体经济，拿资金反哺农业和推进美丽乡村建设，进行合作社的农业品牌打造和推广。这样的村庄，对内是一个人际关系紧密的共同体，有温度、有人情；对外，又像一个有品牌效应的公司。这样的村庄一般空心化现象不严重，大家以留在村里为自豪。在另外一个处于城乡接合部的工业化村庄，作为当地大企业家之一的村支书在自己致富之后，在通过基层党建推动美丽乡村建设的过程中，展示出了高度的党性和政治觉悟，从以身作则，带领村两委一班人天天在村里捡垃圾开始，激发与锻造村民作为社会主义新农村主人的主体性，成为乡村振兴的主体。这样的村支书，既是企业家，又是起到先锋模范作用的共产党员。相比于当年那些出身贫农、一心为公的建设年代村支书，这样的富人村支书也许是当下村庄治理中一种比较可行的中国特色吧。总之，作为改革开放政策的结果，一部分能人已经成了企业家，这是事实。如果上级党委能引领他们，使他们自觉自愿地慢慢把自己的身心甚至一部分财富用来扶持壮大公共事业，进而锻造农民的主体性，这也算是新时代党建工作和政治思想工作的重心和亮点。在这个过程中，这些人从服务村庄中得到了精神满足，尝到了作为共产党员的荣誉感和使命感，也实现了自己的人生价值。当然，因为这些人成了政治明星，他们也起码在客观上为自己企业的发展赢得了政治和社会资源。

沙：肯定是有关系的。但是在现有的条件下，像您上面说到的这位村干部，以及他探索出的模式，应该算是很理想的了，村民认可他，他自己也有价值感，领导也赏识他。这个村的合作社，对外对接市场主体，对内组织农民生产，相当于是将村两委的经济功能分化出来，成为一个独立运行的、由全体农民持股的、具有集体经济属性的公司，确实不容易。

赵：我再讲另一个村支书的故事。这位村支书原来有公职，离职到城里经商赚了钱后，惦记着自己的村庄，就想回到村庄实现自己的价值。他自己说刚开始为了虚荣，想让村民知道，自己在外面混得不错，现在要回来带着大家建设美丽乡村。为了能领导大家过上好日子，他回到村里入了党，当上了村支书，取得了做村庄改造带头人的资格，并千方百计争取对村庄建设有利的土地政策和资金来源。他有很强的独立思考能力，对乡村治理的现状也有深刻的分析，通过与知识分子的互动和到全国集体经济发展得比较好的乡村实践参观，逐渐改变了自己当初以虚荣为起始的回乡思想，成为一个有坚定社会主义信念的、致力于带领农民过上好生活的共产党员。除了在他自己的村里大胆从事旧村改造和新农村建设，力图发展集体经济和为村民提供各种福利，他甚至通过与外省的一个村庄结对，帮着那里的村民卖梨、卖米，建立合作社。他出去参观和开会，全部都是自费的。

沙：企业家变成村支书或村主任的故事，我们一般都是批判的，认为是资本在侵蚀基层组织。但现在看，这种观点似乎过于片面、武断和不接地气了。要真正进入乡村内部，顺势而为，具体问题具体分析。因此，我们需要跟知识界有个对话。

赵：对。我自己当年也是这样忧国忧民地、居高临下地看乡村，但这几年与乡村接触多了，感觉事情没有我们想象的那么简单。我有了这样几点想法。

第一，就像我们知识分子对乡村有情怀一样，你不能怀疑乡土经济精英返乡的主观愿望，即使他们成了企业家，他们也有返乡建设家乡的情怀，这个意愿不一定是为了赚钱，有可能就是想证明自己，想反哺乡亲们，我觉得我们是应该尊重他们的，他们是真实的，为什么你和我可以是真实的，人家就不能是真实的？这一代人，现在四十多岁、五十多岁的，基本上都出去过，也赚过钱。到了一定年龄，他们开始思考如何实现自己人生价值的问题，发现在城市里你无非就是一个小商人，很难使自己得到全面发展，更无从有城里人的认同感。但是回到自己的乡村，有了归属感，还能为乡村做点事。总之，如果流动农民工是一群"待不下的城市，回不去的村庄"的人，那么，这些在城镇致富的企业家或小资产阶层，是一群有条件回乡，并且可以成为振兴乡村带头人的群体。总之，他们应该被认为是连接城乡断裂的重要力量，而不是"狼来了"。这也属于我们中华民族千百年来的乡土情结在今天的延续和表达，我觉得是需要得到鼓励和承认的。所以，我不怀疑他们返乡的动机。但是，回来以后，他们的做法是否妥当，能不能深入群众，使自己真正"嵌入"村庄，能不能把事情搞起来，不能一概而论。这些人中，有的私心很重，在村中任职更多是为了拓展和保护自己的生意,也有的由于多年在外或这样那样的原因,没能真正起到带领村民重构村庄主体性的作用。

第二,当前,这批人确实有经济实力,他们在城市积累的经验,尤其是企业管理、经商的经验和现代的知识,是乡村振兴需要的。他们在外面待了很多年,赶上了城市病、现代病,无法融入城市,这个时候返乡,跟我们那种纸面上谈的资本下乡是不一样的,因为这不是抽象的资本,而是有人情和文化认同的。所以,主观上他们有热情,客观上他们有能力,需要做的是释放他们的力量,而不是"一棍子打死"。他们的不同类型我们要分析,我们也要考虑怎样从党的基层建设的高度建立一套意识形态教育、知识界引领和村民监督的机制,使他们重新回到乡村之后,能够更好地与村民互动,引领乡村走向一个"五位一体"的振兴之路。

第三,我一直在想,如果通过基层党建,能让乡土企业家重新"嵌入"乡村社会,甚至成为乡村共同体的维护者和乡村振兴的引领者,那是不是就找到了一条不以摧毁乡村为代价的中国式现代化道路?中国很大,不同区域和不同乡村的发展千差万别。由于西方工业资本主义发展模式的影响,也由于两亿多农民工外出打工是主流,批判学术的重点一直在中国"新工人"主体性问题上,而那千千万万离土不离乡或已经返乡和可能返乡的小企业家的主体性以及他们与乡村的关系问题却很少有人关注。

沙:您的意思是,相比于一味地回避或批判企业家变成村支书的现象,更重要的是如何建立一套组织考核、思想改造和舆论监督的机制,把工作重心转移到引导他们成为真正的、为人民服务的共产党员。那么,我们知识分子应该怎么做呢?

赵:首先,在认识层面,我们应该打破书斋里的教条和偏见。媒体上曝光的"土豪"和"村霸"不代表所有的返乡群体,当年乡村能人纷纷离乡,如今返乡,恰好填补了空心化带来的种种问题。其次,在实践层面,组织部门应有意识地将他们培养与改造成为乡村振兴的带头人,把村民组织起来。知识分子可以介入乡村,但不能先入为主。对所见的多面乡村人和事,该弘扬的弘扬,该引导的引导,该批判的批判,从而形成国家、资本和社会的良性互动。针对那些仅把自己当资本化身,不尊重农民的主体性,没有能够认识到嵌入乡村的重要性和必要性的返乡资本,只要党委政府不把自己当作资本的新形式圈地运动的帮凶,就能通过引导和磨合,使资本和村庄在冲突和斗争中达成新的妥协和平衡。这必将是资本和村庄的主体性同时得到重构的过程。

三、老人、妇女和儿童：被忽略群体中的正能量和价值感

沙：义乌何斯路村的支书何允辉有一篇微信文章，批判了学者和媒体对乡村的错误认知，常常给村庄贴上"空心化""破败"的标签加以否定，因为他们没有看到村里留守老人、妇女、儿童的主体性，没有看到乡村留守人员的价值感和正能量。他在自己的村庄里把妇女动员起来进行垃圾分类，发展庭院经济；把老人动员起来整理村史，进行文化与道德建设；同时，也培养孩子对自己村庄的热爱，积累他们的乡土知识。我觉得何书记说得很对，"386199部队"，一直被认为是被帮扶的对象，但事实上，他们也是有主体性的。

赵：我非常同意你的观点。在我故乡缙云这样有深厚文化底蕴的地方，在许多村庄，老年人不但是农业生产的中坚，而且是乡土文化的守望者和维系者。如果村庄是农耕文明的载体的话，那么，村庄中的老人就是乡土文化最重要的主体。他们中，有的热衷于婺剧、书法、根艺、剪纸等乡土艺术，有的热心于传承各种迎案民俗，更有热衷于修家谱和撰写村庄掌故的——不止一次，我看到了一部部手写的乡村故事文稿。比如，在我故乡所在的新建镇，有个70多岁的山村老人，已经写了80多个村庄故事；在一个偏僻的200多人的小山村，当我看到一位老人拿出一部家谱，并伤心地告诉我，家谱修好后，有县里的行家告诉他，他们归宗归错了的时候，我被他的真诚和无奈深深地感动了；最让我感动的一个故事是，有一年正月我去给偏远山村中的老姑父拜年，发现70多岁的他正和村里老人班里的老伙伴们一起，排了个班，两个老人一夜，轮流在祠堂里睡觉，守护"牛腿"不再被偷，因为这些年，文化市场对这些老物件很有兴趣，我们缙云几乎每个祠堂都被偷过。正如我在一篇网文中写的，看着眼前的情景，我耳畔仿佛响起了《黄河大合唱》的音符。正是这些人，用他们的风烛残年，守护着村庄，保卫着乡土文化。我看过一个新闻，说因为是喜欢婺剧的爷爷带的娃，孙子就继承了对婺剧的爱好，这是我没想到的，所以也是新闻。

至于妇女的主体性，那就更不用说了。我在有关乡村春晚的文章中，也写到过妇女在乡村春晚台上台下的主体作用。正如我在前面提到过的一位村书记所说，做农村工作的时候发现女性实际上力量是很大的。他说，当村支书，想做事，光靠男人是不够的，妇女可以影响丈夫、孩子，还有公公、婆婆，做好妇女工作，基本上一家人都发动起来了，事半功倍。今年正月，我去庆元县月山村拜访了"月山春晚"的女导演，她说："过年我这么忙，我自己儿媳妇刚生了孩子，我所有家人都要回来，但我还是去当这个"村晚"的导演，是因为

我对这个村的一种集体的责任和义务，如果你付我钱，我才不去呢。"她呈现出来的是宁愿累倒自己，也要把这个共同体支撑起来的精神，正是这种精神，维系着许许多多的村庄共同体。

至于说儿童，虽然父母不在，被爷爷奶奶或外公外婆养着，各种可怜的故事都有，但这种成长环境，也可能会让他们变成无比坚强的一代，使他们有城里孩子没法比的独立生活能力。还是今年正月，在一个乡村春晚的现场，我就碰到了一对奶奶和孙女组合：奶奶拿着手机，端着从淘宝买来的戏服和其他道具，陪着8岁的孙女上春晚。已经化好彩妆的孙女既要演白娘子又演铁梅，形象阳光又泼辣，还有少见的成熟，她说以后要报考艺术学院呢。这个孩子是否是留守儿童我没有问——在这样的语境下，我不认为这是最关键的问题。

沙：说到这个话题，确实有很多令人感动的故事。我也分享个故事。很多媒体都说，1990年代，整个乡村文化都没落了，比如皮影戏，但是有一批老人坚持下来了，没有他们的坚持，就不会有后来的文化大繁荣大发展。这些老人2006年之后都加入了一个文化公司，后来公司在2014年破产了。他们说，外面的人来了，不能看不到我们的皮影戏，于是老人们组成了一个文化互助小组，在一个村的会议室坚守着。这个小组对外意味着文化传承，但对内意味着文化养老，他们的儿子都出去打工了，万一有什么事儿，他们还能相互照应。

赵：对"386199部队"，要看到和尊重他们的人格，尊重他们的正能量和价值感。进一步说，对于乡村，我们的眼里要看到现有的能量和转型的可能性，也正是在这里，在两亿多农民工在城市或乡村的未来中，在千千万万返乡的资本、村干部和村民的有机结合中，在这样的新形式的"工农联盟"中，包含着一条中国特色的社会主义道路的可能性。在前面提到的那篇网文中，我说今天我们要像当年保卫黄河一样保卫祠堂，保卫祠堂就是保卫我们中国文化的根。在浙江，你知道，许多祠堂，连同人民公社时代的大会堂，多已改建和创造性地转型为新时代的文化礼堂。这些新时代的文化礼堂所代表的文化认同和价值观念，也许可以改造下乡的资本，使它嵌入乡土社会，而不是凌驾于乡村社会之上。而社会至上，不是资本至上，正是社会主义与资本主义的主要区别所在。同时，不能忘记的是，在过去二三十年间，城镇化进程飞快，正是这些老人、妇女和孩子把农村社区维护了下来，这个功劳是非常伟大的。过去，我们说，是成千上万的革命先烈的牺牲，换来了人民共和国的成立；今天，我们要看到，是亿万老人、妇女和儿童没有选择的坚守，使我们这个唯一持续的农耕文明在过去40年快速的现代化过程中还没有完全落入城乡断裂的境地。与作为他们亲骨肉的农民工所做的贡献一样，他们为中国寻找到超越全球资本主义的发展道路奠定了基础，使许多有资本、有知识，也有退休时间的人有乡可返。问题在于，我们没有人承认他们的伟大、他们的贡献，我们只觉得他们可怜，以此定义城市小资的自我和我们无根的现代性。我们现在说赋权，但赋权的前提是尊重他们的历史性贡献，而不是要求他们完全按照我们的游戏规则和生活方式去改变自我。相反，我们，包括政府、知识分子和商业资本，应该去考虑如何与他们对接。在最近的一篇文章中，贺雪峰教授提到乡村振兴要服务老人农业，我觉得就很有针对性，充分考虑到了农村中老人的主体性问题。

四、中国农民：不是前资本主义的主体

沙：今天，我们试图将两个颇有争议的群体——返乡企业家和留守老人、妇女、儿童——作为乡村振兴的主体来讨论，我感到很振奋。您以前说过，中国的农民是经历过中国革命和社会主义建设的农民，不同于阿Q，也不同于其他亚非拉国家的农民，他们知道社会主义是一种什么样的体验，他们具有社会主义的文化主体性。

赵：没错，中国的农民是现代的农民，是经过中国农村的社会主义改造的农民，但媒体老是把农民当作前现代、前资本主义的主体，这是一种西方中心主义线性历史观和去历史化的表现，因为整个社会主义的农民改造都不见了。

沙：今天，您的观点是不是可以这样概括：在乡村振兴的过程中，如果具有文化主体性的农民与政府联合起来，是有可能管理和引导下乡资本的？

赵：对的。与英国的圈地运动中国家成为资本的帮凶不同，也与白人垦殖主义者面对北美原住民的情景不同，今天的中国是一个共产党领导的、通过农民革命锻造过的国家，倡导不忘初心。农民也是一个经过革命和改革洗礼的群体，尽管现在集体经济名存实亡，小农意识也根深蒂固，但前面提到，土地集体所有制的根基还在，在许多地方，村庄共同体的文化根基也还在。同时，下乡的资本也不全是"洪水猛兽"，它是可以被嵌入社会、嵌入社区的。我们都知道一些地方本地资本腐蚀官员、绑架政府的故事，但我也在想，因为本地资本在文化传统、村庄认同方面的特殊性，是否也更有可能被本地政府所节制？这里，领导干部的意识形态和价值观念尤为重要，关系到乡村振兴的性质。如果政府能够站在农民的立场，农民能够以集体的名义，以入股的方式参与到农旅结合或其他乡村经济方式的管理中去，那么一条独具中国特色的乡村发展道路便会逐渐清晰起来。但如果仅仅是让农民把土地出租给企业家，农民虽然在名义上是集体土地的出租者，但是经营权一旦长期流转出去，他们就变成事实

上的雇佣劳动者，那么就会慢慢走上资本主义道路。所以，关键是经济模式。

沙：您前面提到中国与英国圈地运动的不同，但也有学者把现在的资本下乡与当年英国的圈地运动类比，您在这一点上能否多说几句？

赵：中国农村何去何从是中国能否走出一条社会主义道路的关键。前面我讲到，有时我也担心大的资本会主导中国农村，但今天的中国不一样。第一，中国共产党不忘初心，也正在加强农村党建；第二，中国农民是经过革命和改革锻造的，他们的主体意识中不可能没有社会主义的因素。因此，在原则上，在共产党领导下，中国的农村和农民不至于被资本消灭。这个问题不在于资本有没有冲动，而在于农民有没有组织起来。我个人还是乐观的，但问题依然存在。大的结构方面，这取决于中国在世界经济体系中的地位和中国农业被保护的程度；小的方面，这涉及农民意识中的社会主义主体性成分能不能被继承和强化。我在乡村春晚的文章里也写到，现在的妇女，也就是我这一代的大妈们，在退出历史舞台后，她们残存的革命性和集体性有没有新一代来传承，这一点很重要。也正是因为这个原因，我做的部分工作是乡村口述史和乡村记忆。

沙：谢谢赵老师！

29 跨文化传播政治经济学视角下的乡村数字经济

2019年盛夏,我被缙云农村快速发展的数字经济所吸引,邀请中国传媒大学的张志华放弃了手中的拉美传播书稿写作工作,跟我一起,冒着酷暑,到缙云调研乡村数字经济和数字劳动。调研的初衷是希望与张志华一起,完善一篇几年前他带领"从全球到村庄"暑期班学员调研缙云淘宝村时开始写作的论文,但是,我们最后决定放弃修改原有论文,以访谈的形式呈现我们最新的思考和观察。本文发表于《新闻与写作》,2019年第9期,第12—20页。张志华,博士,现任中国传媒大学新闻学院副教授。

原文摘要:数字乡村的发展尤其中国农村数字经济的快速演化与裂变,对现有的经验知识、理论框架、研究方法,甚至学术论文生产模式,都提出了挑战。本文以全球数字资本主义危机深化和全球权力关系经历百年未有之大变局为时代背景,从个案切入,在浙江省缙云县追踪数字经济发展的轨迹,从中认识中国国家、地方政府以及乡村青年等主体在促进乡村经济数字化发展和推动乡村振兴过程中的作用,体认乡村数字经济发展的契机和所面临的挑战,并检视现有的"数字劳工"和"土味文化"概念在分析数字乡村议题中的局限性。以点带面的方法和对话形式,有利于更为灵活地分享对这一议题的开拓性观察与思考。

一、从"家电下乡"到乡村数字经济:淘宝镇与其他

张志华(以下简称"张"):赵老师,您多次提到,触动您聚焦城乡关系和回国研究乡村问题的原因之一是2010年的一则新闻,您家乡浙江缙云河阳村一位24岁的大学毕业生与云南同龄青年通过网络相约自杀,最后死于河阳村所属新建镇的一家小宾馆。就在几天前,新建镇成了淘宝镇。您怎么看这些年乡村在数字经济方面的发展?

赵月枝（以下简称"赵"）：的确，十来年前，乡村的空心化，尤其是年轻人在乡村找不到就业机会，是一个让我忧心忡忡的大问题。因此，城乡关系视野下和数字化条件下的中国乡村发展，上升为我的主要关注点。当时正值2008年经济危机不久，美国和欧洲市场萎缩，中国以出口为导向的经济难以持续，乡村成为中国克服全球经济危机的"安全阀"。当时中国最主要的应对形式就是"家电下乡"，通过扩大内需化解产能过剩的危机。在2015年我们组织的"全球到村庄：传播研究如何落地"调研中，特意设计了"家电下乡"的议题。

"家电下乡"带来的电视机在中国农村的超饱和状态和手机的快速普及，以及广电、邮电"村村通"和有线电视数字化平移为主要内容的农村数字化建设，为后来数字经济的发展奠定了物质基础。对于这一系列发展，许多中国人也许不以为意，但是，只要我们放眼全球，看到有些国家和地区的农村连稳定的电力供应还是问题，美国偏远农村腹地的数字化服务也面临挑战，我们就会意识到，我国政府在建设数字乡村方面的关键作用。

从2015年夏天我们第一次一起做调研到今天，乡村的数字化进程日新月异，发生了巨大变化。网络的普及和移动互联网用户在农村的快速增长所构成的数字技术下沉，已经成为不争的事实。CNNIC（中国互联网络信息中心）第43次报告显示，我国农村网民规模为2.22亿，占整体网民的26.7%。虽然城乡之间的数字鸿沟依然存在，但不断增长的乡村网民规模为乡村数字经济发展提供了最基本的条件。就在我们展开"全球到村庄"项目调研的同一年，李克强总理在政府工作报告中提出鼓励"大众创业，万众创新"，相关的产业政策和扶持措施以及政府自上而下的动员，为包括农村青年在内的广大民众参与数字经济的发展提供了前所未有的机遇。2017年，乡村振兴上升为国家战略。随后，中共中央、国务院于2018年1月和9月先后颁布了《关于实施乡村振兴战略的意见》和《乡村振兴战略规划（2018—2022年）》。2019年5月，中共中央办公厅、国务院办公厅印发了《数字乡村发展战略纲要》，"数字乡村"成了乡村振兴的战略方向和建设数字中国的重要内容。

正如前面已提及，这一系列中国国家战略转型的外部背景，是美国主导的全球资本主义在数字化发展的过程中发生了系统性危机，进而使全球权力关系出现了百年未有之大变局。众所周知，500年来，资本主义的发展包含了城市吞噬乡村的逻辑，与此相关，基于西方经验的资本主义现代性历史叙事，内含了从传统乡村社会到现代工业社会再到后现代信息化和数字化社会的线性历史逻辑。然而，乡村和数字化这两个在这一线性历史观中看似风马牛不相及的概念，在21世纪的中国就这样历史性地结合在了一起，由此产生的政治、经济和社会、文化生活的转型与裂变，成了我们在认识世界中碰到的前所未有的社会实践"新境界"，这也必然带来新问题和新挑战。

张：截至2019年8月，全国有淘宝村4310个，淘宝镇1118个，其中，浙江省居第一，共有淘宝村1573个，淘宝镇240个，其中包括新入围的您的家乡新建镇。您认为新建镇成为淘宝镇的原因是什么？

赵：新建镇有其独特的机遇和外部条件，但也有本地经济转型和发展的内在逻辑，从中我们也能看到数字经济在乡村萌芽和发展的一些普遍性的东西。

在政策环境层面，浙江是数字经济大省，缙云县所在的丽水市位于浙西南山区，是后发地区，但是，它一直处于全国农村电子商务发展的最前沿。早在2010年，丽水团市委就开设青年网上创业培训班；2012年，丽水成了全国第一个成立农村电子商务建设工作领导小组的地级市；2013年，丽水成立了全国第一个农村电子商务服务中心。在阿里巴巴2013年公布的全国首批14个淘宝村中，丽水就占了两个，包括缙云的北山村。2015年，丽水市农村电子商务工作办公室就出版了一本书，探讨农村电商的"丽水现象"。[1] 书中总结出"商务部门主导、共青团主推、平台支撑、两化（社会化和市场化）结合"的农村电商公共服务"丽水经验"。从2016年开始，"中国农村电子商务大会"每年都在丽水举办。

就缙云县来说，它是全省电子商务示范县、阿里研究院的中国电子商务百佳县。2017年，有媒体总结了缙云电子商务"农村包围城市"的草根创业五大模式，即北山模式、天喜模式、家家店模式、顺联模式和脚急模式。[2]2018年，缙云成为丽水市唯一进入阿里县域电商GMV（商品成交总额）全国百强的县。2019年8月，缙云入选由财政部、商务部和国务院扶贫办联合确定的全国8个电子商务进农村综合示范县。

具体到新建镇的电商发展，它又有自己的偶然与必然因素。新建镇在历史上有较强的手工业基础和商业传统，我自己生长的400多人的小村也在新建镇。在1980年代乡镇企业的发展热潮中，村里一度曾有10多家制造工艺品、小五金、纸箱、皮鞋，甚至电风扇的小企业。这里山多地少，人地关系紧张，1980年代

---

[1] 丽水市农村电子商务工作办公室：《互联网＋绿水青山——农村电商"丽水现象"透析》，红旗出版社，2015年。

[2] 王巷扉、朱映归：《丽水缙云五种电商模式掀起农村草根创业热潮》，《丽水日报》。其中，"北山"是淘宝村，"天喜"是传统企业上线，"家家店"提供免费培训，"顺联动力"和"脚急"是电商平台。

后期，在以乡镇企业为主体的就地工业化努力受挫后，更多人走上了到上海、福建、广东、广西、海南等地养鸭的致富之路，新建镇由此成为"中国麻鸭之乡"，演绎出了"四万鸭农闯天下"的故事。此后，有许多人在这些地区从养鸭转为养虾，但是，养殖业尤其养虾的经济风险是很高的，而且人在他乡，家庭和社会成本也非常高，空巢老人和留守儿童现象很普遍。到了21世纪第二个十年，生长于养殖家庭的"养二代"走上社会之后，并不想继续在外养殖，而是通过各种渠道回归。然而，"养二代"在家乡没有现成的产业可以从父辈那里继承，不过，这些人熟知外部世界，有商业头脑，往往有大专以上学历，在政府的引导下，他们中的一些人通过电商创业，也就"顺理成章"了。

张：新建镇"养二代"的电商转型，跟缙云壶镇镇最早的淘宝村北山村类似。这个村走的是从"烧饼村"到"淘宝村"转型之路。2016年我作为河阳乡村研究院主办暑期班的调研带队老师第一次去北山村，后来又去过很多次。北山村早年因为很多村民外出卖烧饼，被称为"烧饼村"。成为淘宝村是因为有一位叫吕振鸿的本村人比较早做淘宝，也做得比较好，专门卖户外用品，做大了之后就带动其他村民开网店，成为他的分销商。虽然吕家企业自己并不生产，但是，企业做大之后，注册了商标，有了自己的品牌。不过，"北山模式"的成功之处，也是其局限性所在：首先是一家独大，如果没有村里最先开网店并发展成户外用品企业的"带头人"，可能就不会有后来的淘宝村，成为淘宝村的重要指标之一的交易额，主要就由这家企业贡献；其次，这家企业自己不生产，早期从义乌拿货，有自己的品牌后，由外地工厂贴牌代工，在缙云本地有较大的仓库，因此主要是在产业的下游或者流通领域发力；再次，村中开得比较好的网店，产品主要也是户外用品，包括皮划艇、户外烧烤炉具等，但货源都是其他地方的企业生产的。某种意义上，这些网店就是外地企业的网络分销商，有些村民或因为开网店比较晚，或者因为没有找到合适的产品，很难把网店做好做大，有些实际上已经不做了。尽管从"烧饼村"到"淘宝村"的故事和村中广场那句"在外东奔西跑，不如在家淘宝"的标语非常能拨动乡村振兴的心弦，"北山模式"的实质基本上是，以一户人家为龙头，部分村民成了户外用品企业的分销商。同时，因为这些商户与村集体没有太多关系，他们在经济和社会上似乎是"飞地"一般的存在。在最大的企业从村中搬到附近的园区之后，北山村电商好像风光不再。同样是淘宝村，这次调研我们去的新建镇笕川村与北山村的区别主要在哪里？

赵：相对于北山村，笕川村是后发的。这里以文具为主的电商一条街的带头人，是生长于该村的"养二代"、回乡青年创业者朱凯。大学毕业后，他先在杭州创业，做创意文具，主要是给各大文具零售商线下供货。2015年，省里领导来笕川村视察时，看到该村展出他在线下销售的创意文具时，问到有没有线上销售。恰好发展农村电商是当时县里正在推动的工作，这次领导视察就成了促使县里和镇里说服朱凯回乡发展电商的重要契机。他先通过自己的人脉关系，把12位外地店主引入村里发展电子商务。此后，他自己通过学习，开始线上经营，并成功吸引更多的店主入驻笕川电商一条街，形成以创意文具为主打的电商集聚群，并逐步辐射到附近的两个村。到了今年，以笕川村为龙头，新建镇进入"淘宝镇"之列。与北山村不同的是，首先，笕川电商所销售的产品有些就是在缙云生产的，这给本地带来了来料加工的商机，在一定程度上扩大了本地就业，特别是为妇女和老人提供了增加收入的机会。其次，电商销售的创意文具产品，图案由朱凯的公司在杭州的设计部门设计，有专利，因此，公司对产品创新有一定的自主性和把控能力。再次，这里的电商大多是回乡知识青年创立的，他们对电商行业日新月异的政策和市场环境有更高的敏感度和掌握力；最后，笕川村是缙云乡村振兴中的明星村，这里有坚强的村基层党组织和得天独厚的村庄外部环境优势，电商一条街有与村庄共同体协同发展的可能性。

张：淘宝村是乡村数字经济发展中最让人看得见的形式。不过，如果将乡村数字经济等同于淘宝村，就大大局限了农村数字经济的各个面向。淘宝村更多是基于村民借助电商平台开设网店，而电商平台自身还通过其他形式下沉到农村。这方面，最典型的是淘宝在农村发展"农村淘宝"，又叫"村淘"。具体内涵是，淘宝在村里设服务站，有大显示屏展示平台的页面，还以实物展示网上商品，成为村民网购下单、收货的地点，也即村民的"代购点"。

赵：在乡村数字经济发展的初期，大型电商平台企业、媒体，甚至政府和社会层面对乡村数字经济，尤其是通过电商扶贫和促进乡村产业发展寄予厚望，但也存在令人担忧的炒作和浮夸。过去几年以来，各级政府出台各种措施，鼓励县域电商创业，发展乡村数字经济，然而，真实情况往往是，电商园区的牌子竖起来了，热闹了一阵子后，又人去楼空。与此相互促进和呼应的，是阿里巴巴、京东等各大平台企业在农村的布局和占领农村市场的各种新闻。比如，早在2014年10月，阿里就推出"千村万县"计划，宣布要投资100亿，发展农村淘宝；2015年5月，阿里又宣布一个升级计划，要发展"10万名农村淘宝合伙人"；到了2018年4月，又有阿里与另一家农村电商企业合作，投资45亿打造"农村电商新生态"的消息。相关计划和项目的消息一波接一波，好不热闹。然而，农村电商的发展，究竟有多少成效，还缺乏研究，尤其是在新闻标题之外的、立足不同县域数字经济的在地研究。淘宝创业梦碎的故事也不少。[1]毕竟，政府的推动也好，平台大企业的电商助农计划也罢，数字经济要在农村真正生根开花结果，并非易事。

以北山和笕川的电商发展为例，我们可以看到，移动互联网或数字平台的普及，大大扩展了人们从事商业活动的时间和空间，也为乡村数字经济的发展提供了契机。当然，更为普遍的乡村数字经济活动，还可能存在于无以计数的微商之中。比如，我认识的人中，就有通过微信，业余卖服装的。一些大牌商品，尤其是化妆品，在县城和乡镇没有专卖店和专柜，也产生了"小镇青年"通过微信朋友圈做"代购"的生意。

张：不过，在城里，微信圈变成销售圈的做法，可能会让人反感。对城里人来说，尤其在大城市，微信往往是工作工具。许多群实际上是工作群，而工作群里出现销售信息是很诡异的。我自己就有很多基于具体的工作、项目而建的微信群，功能性诉求强，工作完成之后几乎就是"僵尸群"，或者在不同阶段的任务之间，微信群处于间歇式"僵尸"状态。微信群在城乡之间是否存在差别？

赵：就微信使用而言，城乡社会之间会有差别，但你说的情况，可能也源于城市群体中你自己所在的年龄段和职业与其他年龄段和职业群体的差别。但有一点应该是可能的，那就是，乡村社会原来非常紧密的人际关系，通过微信得到了强化和放大，微信与社会共同体因此有更强的耦合度。农村社会是整体性的社会，政治、经济、社会生活没有分得那么开。在乡村社会，商业关系是嵌入到乡村社会中的，被看成是日常生活的一部分，因此，在群里沟通商品信息更能够被接受。在一定程度上，基于微信这一社交平台的微商所调动的，正是乡土社会的这种密切的人际关系和整体性特征。所以，基于社交网络的电商一方面依靠的是数字化的现代传播手段，另一方面调用的是传统农村社会高密度的人际网络和基于口碑相传的社会传播的信任度。当然，这里被调用起来的，可能还有从众、面子、爱占小便宜、攀比和炫耀性消费等各种因素。总之，电商、微信、平台、物流，在各级政府大力发展乡村数字经济的努力中，在企业和媒体的推动下，形成了线上线下互动、个体和群体相交的购买氛围和数字化商业活动在中国乡村社会的发展。

---

[1] 比如，芦苇：《双十一再刷销量纪录，却撑不起我的农村淘宝创业梦》，http://www.shiwuzq.com/portal.php?mod=view&aid=1728，访问时间：2018年11月11日。

二、数字劳工、数字小生产者与数字乡村新精英：新乡村，新青年

张：2019年上半年，"996"工作制引发了很多争议。在传播政治经济学领域，一说到数字经济，学者立马会想到数字劳工，觉得劳资关系是最重要的维度。现在，网红经济、直播经济也下沉到了乡镇，我原来对网络直播从劳动角度做过分析，但是没有城乡关系的维度。[1] 那么，当我们从城乡关系的视角观照乡村数字经济时，数字劳工或者劳资关系如何处理是比较合适的？

赵：毫无疑问，乡村数字经济中存在雇佣劳动关系和剥削关系。尽管县域与乡村有区别，我们可以从县域的层面来对乡村数字劳动的种类进行一个大致的归类。

首先，西方政治经济学研究中一直非常热门的"产消者"概念，也可以被运用在县域数字经济中，并从城乡关系视角加以丰富。比如，通过调研一家在缙云县城的自媒体公司，我们发现，这家公司也有几十位签约主播，并主动让利，让主播能得50%的收益，一些有一定人气的主播，据说一个月也有七八千元的收入。这些与平台或经纪公司有从属和分成关系的全职或者业余主播与网红，是乡村数字经济中的一群"产消者"。乡村主播或短视频"玩家"要做网红，并以此赢得基于流量的收入，可以通过"户外"和"打野"等主题和打小镇青年的"小清新"牌，提供区别于城市主题的内容，有一定的优势。同时，由于县域网民基数小，密度相对低，加上其他各种局限，这些人要成为网红，往往比在城市更难，有些人甚至通过把自己"虚拟定位"到大城市来试图克服城乡鸿沟。当然，无论在农村还是城市，成为网红都需要"搏出位"，不仅要吸引粉丝，更要吸引经纪公司的关注，使其为你包装和推广，毕竟，如一位业内人士所言，"没有包装是没有流量的"。遗憾的是，对于县域和乡镇层面的"网红经济"，包括主播等人群的数量、他们的生产和生活状态、他们的基本投入与产出情况，我们这次没有更多时间去展开进一步调研。

其次，是一般意义上的"数字劳工"，即在数字经济公司里上班的雇员。在缙云这样一个县域，最典型的"数字劳工"应该是在顺联动力这家离县城不远的东渡镇的电子商务平台企业里工作的百来位年轻人。在那里，我们看到了在电脑前的一个个工位上从事企业运营和客服的工作者，他们在类似"数字生产车间"的环境中工作。不过，无论从教育程度还是家庭经济状况，我们接触

---

[1] 张志华、董欣佳：《劳动力商品化视角下的网络直播》，《文艺理论与批评》2018年第1期。

到的这些青年劳动者与1990年代从中西部贫穷村庄流动到东南沿海的农民工有很大的不同。那时候，由于家乡经济贫困，这些人除了外出打工，别无选择，而现在，在县域数字经济领域工作的90后们，不但是教育程度较高的"网络原住民"，而且因改革开放农村脱贫和计划生育政策而有相对较好的家庭经济条件，尤其是在浙江这样经济发达省份的农村。由于他们很多人不用为衣食发愁，就业不等于为稻粱谋，活着的意义、工作的意义更加凸显。你一开头提到的当年那位与人网络相约自杀的河阳青年，也不是因为经济贫困。他们中的佼佼者也认为，自己不比在城里工作的人差，希望在乡镇能得到跟在杭州一样的收入，他们至少对在小城镇的生活是感到满意的。另外，也许由于这些年来城乡鸿沟一定程度上的弥合，也许由于浙江是全国城乡差别最小的地方，长三角属于"包邮区"，城乡物流发达，再加上当地有很深的文化底蕴，这些选择留在家乡或从外地来到缙云工作的年轻人对自己就业的选择、对小城镇的生活是充满了自信的。在我们焦点小组访谈的五位不同岗位的工作者中，职位最高的经理是位70后，他因为"上有老，下有小"，"不想走出去"而选择留在县里就业。尽管他对互联网行业并不熟悉，还是通过重新学习成了公司的骨干。最年轻的是一位来自河南的22岁小伙子，2015年18岁高中毕业时，他不知要干什么，在网上偶然知道了这家公司后，虽然不知道缙云在哪里，但是很好奇，就不顾母亲的反对，坐了20多个小时的绿皮火车到了缙云。他回忆道，当时自己连"如果面试不成功被拒怎么办，也没有想过"。他从做客服接电话开始，不但使自己从连在人前说话都害怕变成能言善道的客服主管，而且用自己赚到的钱，让母亲认识到，儿子从事的是一个"不错，很正规的职业"。他认为，比起在深圳工厂流水线上打工的同乡朋友，"那要幸福太多了"。这不仅是工作性质、工作环境和劳动强度的区别，而且也由于小城镇在住房等方面物价水平更低。对于其他几位大专毕业的缙云本地年轻人，能就近工作，甚至住在家里，是非常好的选择。

乡村数字经济中的第三类"数字劳动者"，最有代表性的是淘宝村中的店主和在县域经营自媒体和从事微商的小业主。这些人有的是全职，更有一些是兼职的。以笕川电商一条街为例，网店店主以本地的年轻人为主，有不少都是"养二代"，他们与带头人朱凯没有一般意义上的雇佣劳动关系和股份合作关系，不过，这些人开网店一方面得到政府在政策和租金方面的扶持和补贴，另一方面由于经销的是朱凯的产品，在技术、市场规范、与政府打交道和对外利益代表、品牌效应以及从快递到包装盒方面的集体议价优势等方面，都得到了朱凯的支持。我前面提到的那家自媒体公司，是一个业主用自己以前和现在在其他产业中获得的资本来扶持这个被他称为"自己的孩子"的小企业。它有不同的"数字经济"及劳动关系。经过几年经营，现在公司收入支出基本持平。虽然有几个不是主播的本地雇员，这些雇员也并非一般意义上的靠这份工作维持自己生计的"数字劳工"，而是不愁吃穿，通过在这家公司工作，大家一起做一点对家乡经济、社会和文化发展有意义的事。正因为如此，这家公司做的一些工作，包括免费为当地的乡村文化活动做直播，都有公益的性质。也就是说，不管是业主还是雇员，已经有了为了自己的爱好、需要和个人发展而劳动的性质。

数字经济的顶端无疑是淘宝村的带头人和电子商务企业的创业者，他们是数字乡村新精英。进入数字产业之前，他们通过自己或家庭都已经有一定的资本积累，也有很强的"先富带后富"意识和社会责任感。朱凯甚至说，一部手机，一个人，到笕川来找他，就可以做电商，赚了归你，亏了找他。他还认为，尽管从产值的角度，笕川村电商2018年总共一个多亿的产值不如本县一个工业企业的网上销售额，电商在村里发展起来的意义，不只是中国又多了一个淘宝村，而是通过这条街，一群年轻人在乡村找到了发展的机会，可以在自己的家乡有意义地工作与生活。正如他所注意到的，除了1980年代的一批基于乡镇企业发展起来的老板和他们的后代，许多当地年轻人从学校毕业后，家里人不管或者管不了，也没有创业的途径和路子，无所事事，在社会上混，很容易堕落，甚至因涉黑涉毒涉赌而给自己和家庭带来无限的痛苦。虽然劳资关系是真实的存在，但是，比起没有工作的绝望，比起农村青年劳动力流失的没有希望，小城镇中前面三个层面的数字劳动机会，有重要的社会意义。

张：这让我想起解放日报社在2016年的一篇有关缙云乡村的报道中，提出"泥鳅和年轻人，能否都回来"的问题。[1] 其实，农村或者乡镇的青年返乡不一定是务农，如果电子商务能够成为他们回来或者能够留住他们的一个可行的路径，也不啻为是对那篇报道的一个现实的回应。

赵：没错。如果泥鳅回来代表农村的生态修复，那么，年轻人回来就代表农村生机的回归，就是农村的希望所在。需要指出的是，起码在浙江农村，随着年轻人接受中等甚至高等教育越来越普遍，劳动力结构和经济模式发生了重大变化。在我们调研的乡村数字经济的主体中，劳资关系不能概括所有的劳动关系。在2019年河阳论坛特邀嘉宾的后续微信群讨论中，罗岗教授提出了"科

---

[1] 孔令君：《18位缙云村干部联名倡议为土地，能比安徽小岗18个手印？》，https://www.jfdaily.com/news/detail?id=38195，访问时间：2016年12月3日。

技小生产者"的概念。我对此非常认同，认为这是一个颇有后现代中国特色并颇有描述和分析力的概念，正好跟传统农村社会的农业小生产者相对应。针对我们所讨论的"数字乡村"话题，我觉得可以把罗岗教授的概念进一步窄化，变成"数字小生产者"，用来描述我们今年夏天调研中碰到的一部分乡村数字经济主体，尤其是前面提到的第一和第三类主体。

"数字小生产者"不仅仅是一个经济概念，而且是一个社会概念。这次调研，尤其让我印象深刻的是朱凯提出的"新西乡，新青年"概念。[1] 一方面，在经过小城镇综合整治后，新建镇这个千年古镇面貌焕然一新，为吸引年轻人回乡创业提供了更好的生活环境，结合相关产业振兴措施的推出，"新西乡"的出现就有了有利的条件；另一方面，这一概念代表了经过走南闯北，在比较过城乡生活之后，对数字化乡村的生产和生活充满了自信的新一代小镇青年。在新建，他们是特殊的；在全国，他们可能有普遍意义。他们当年是留守儿童，跟着爷爷辈长大，有过到了暑假，才十来岁就只身一人，背着背包坐长途汽车和绿皮火车千里迢迢去与父母团聚的难忘经历。在这次调研中，不止一位创业者跟我们说起自己小时候类似的经历。当他们的父母告老还乡，把在外地的生意留给他们时，其中一位自媒体经营者说，接手后，猛然发现，在那里待着太孤独了，于是，自己很快把生意都处理了，只身回到家乡，走上数字化创业的道路。尽管创业道路并不顺利，用他自己的话，"也烧了近百万元"，但是他的重要考虑是，自己上有老下有小，尤其不想正在上学的孩子重复自己当年的留守经历。因为有过让自己刻骨铭心的留守，也因为父辈的辛劳和自己童年时代的牺牲，给家庭带来了一定的积累，他们尽力不再让自己的孩子留守，这是乡村社会的否定之否定，是生长在农村的年轻人基于自己以前痛苦经历的选择，是他们有主体性的选择。他们能否在乡村安居乐业，成为乡村数字经济的主人和乡村振兴的主体，这非常关键。

张：这类电商带头人或新媒体创业者，选择以数字经济为途径回乡创业，一方面可以不让自己的下一代再成为留守儿童，另一方面，他们也创造了让更多的年轻人不用非得外出、非得去大城市谋生的机会。访谈中，朱凯说得最多的一个词就是"抱团"。他把店主联合起来，克服单打独斗和彼此恶性竞争，与物流公司集体议价，争取包装箱进货最低价，代表店主与政府打交道和协调店主群体之间工作。他说，在这条街上，大家称他为"凯哥"，他也把大家当兄弟。

---

[1] 缙云县城西部的地域在本县被称为"西乡"，新建镇属缙云西乡。

赵：在这样的语境下，用简单的劳资关系描述这条街上的劳动关系，的确不足以体现不同个体的客观经济角色和主观认同的全部。这些创业者基本不是"外来的"，而是党委政府通过"乡愁"和乡情引回来，为乡村发展出力的回乡的"新乡贤"。他们被商机所吸引，但更被理想和情怀所感召；他们一方面受党委政府的扶持、影响与引导，另一方面还受乡村的社会规范和人伦关系影响。总之，源于美国的数字资本主义的逻辑，在与乡土中国相"碰撞"时，在中国被国家和乡土中国中既存的社会关系所调节，产生出了新的社会经济和文化形式。如你所知，这正是我所一直倡导的跨文化传播政治经济研究的核心内涵。我曾经用这一框架研究缙云乡村春晚[1]，我觉得可以把它用于乡村数字经济领域。

张：您的框架还强调政治、经济与文化分析的融合。目前，在对乡村数字经济的关注中，除了市场做大做强逻辑下的"下沉"，最常见的就是聚焦于所谓"土味文化"。尤其是随着短视频平台的流行，像江西农村的"华农兄弟"，他们在网上传播与他们养殖有关的视频，有大量的粉丝，给平台带来巨大的流量。不论是消费者还是研究者，都很关注"土味"的表达。

赵：在今年暑期调研中，我们也意外发现新建镇有一位网红，据说有一百多万粉丝。但是，从上面我们所探讨的生活方式和生产方式层面，对"土味文化"的关注还是流于表面了，只局限于表征层面，一不小心就可能陷入文化研究脱离政治、经济分析的窠臼，而没有深入到青年、内容创作者、创业者们的择业和总体性生活层面。

某种意义上，数字乡村新精英与不同类别的数字劳工和数字小生产者的出现，意味着新时代农村新人的出现，这些人很多都有希望通过网络、电子商务与家乡发生联系，进而把网络经济回嵌乡村社会的情怀。当然，对于其中的一些希望把自己的企业做强做大的人来说，城市的支撑也是必要和不可或缺的，而既理想又现实的状态，可能是跨越城乡，在动态的城乡互构关系中，实现城乡联动与融合发展。比如，有的把公司的产品设计部门放在杭州，因为杭州更具人才优势；有的除了需要城里更有利的人才和技术支撑，还考虑到如果公司上市，就要在杭州有比在小镇里的总部更体面的门面等。所有这些，都说明，要克服城乡差别，并非易事。总之，乡村的社会关系和文化资源是否有可能把美国主导的数字资本主义逻辑"降伏"，使它重新嵌入中国社会，跨越阶级分

---

[1] 赵月枝、龚伟亮，《乡村主体性与农民文化自信：乡村春晚的其实》，《新闻与传播评论》2018年第2期。

化和城乡割裂的鸿沟，是一个前所未有的挑战，也是一个在具体的实践中，甚至每一个人和每一家公司的选择中，不断被推进的过程。

三、在数字乡村想象城乡融合的未来

张：我2016年开始关注淘宝村的时候，就有一个很强烈的感受，这是一个庞大的销售体系，基于数字销售平台，通过平台上一家家的农村电商搭建的销售渠道在销售商品。同样是在我老家县里的那个村淘点，我看到，除了展示易耗消费品，还有各种家电。从2018年开始，阿里实施"天猫优品"计划，官方说法是这是农村淘宝战略的升级，在县域设立"天猫优品"服务站，品类也包括家电。而京东的农村战略则是设立线下店和京东帮，家电是其优势品类。基本上，各大电商平台基于其农村战略铺开的线下网点都在大力销售家电。我们看到，应对金融危机的"家电下乡"正以另一种方式在继续。在村淘、淘宝村兴起的过程中，农民继续被动员起来加入销售大军和消费大军，继续为消化巨大的产能贡献力量。然而，在消费品下行的同时，消费主义也在下行。对此，您怎么看？

赵：一方面，我们从中可以看到国家发展战略的转型；另一方面，工业品下行，确实弥补了城乡鸿沟。毕竟乡村里的人，不但还有许多刚需，也可以消费在当地没有专柜的商品，包括通过网购和微商代购的高端消费品、奢侈品。不经过否定之否定的过程，很难对消费主义进行有效的现实批判，尤其在一个消费主义表达在媒体中几乎无孔不入的时代。人们往往是在用过之后，才更关心性价比，才更明白奢侈品的问题所在。当年，使用价值是第一位的；后来，真假名牌在城乡大地满天飞；现在，不论是美国的乔布斯、扎克伯格，还是笕川的朱凯，都以穿最简单的T恤为荣。总之，工业品甚至奢侈品的下行，有它合理的一面，也是一个历史阶段性的发展。

张：最近几年，与资本市场"联姻"的互联网在下沉。随着一二线城市市场饱和，三线及以下城市和农村地区成了市场扩大的重要来源。与此同时，近年在市场营销领域和学术领域，"小镇青年"成了一个耀眼的关键词。从市场角度看，小镇青年是本"生意经"，大有不抢占小镇青年这一庞大的群体就没有未来之势。正是在这样的语境下，我们一边看到像拼多多这样在挖掘小城市和农村市场的社交电商，一边看到像快手这样出现大量"土味"视频的泛娱乐社交平台。"土味"视频有很多用户观看，流量很大，有人因此觉得，这是农村在趣味上的一次胜利，但是，如果考虑到短视频平台的算法，大流量背后胜

出的是逐利的逻辑，这一逻辑对"土味"之外的、反映村社共同体多元文化的内容实际上形成了某种压制。

赵：我们前面也说到了村社共同体，乡村社会关系的紧密程度和全面程度要高于城市，让人帮忙"砍一刀"更容易实现，口碑传播更有效果，但是，换一个角度看，像拼多多这样的"社交"购物平台，恰恰是挪用了人的社会性和群体性，在这样的机制下，人与人之间朴素的"人情"和"道义"被劫持了，人们可能因为人情而买了并不需要的东西。总之，人们有限的生命被动员了起来，投入到无限的销售和消费中去了。通过短视频带货也好，微商也好，在某种意义上，他们都是传统的由广告支持的媒体的一种分解或者重构，并没有改变消费主义和商业主义的逻辑。

小镇青年是一个非常重要的社会群体，他们是城乡融合发展的主力军，新时代"工农联盟"的主体，如果他们仅仅以各路"网红"的身份出现，成为销售载体，这对他们个人和社会的发展都是非常有局限性的。其实，在乡村有很多有才华和对乡土文化有一定情怀的年轻人，他们需要有机会得到全面发展，只在线上展示"土味"是不够的。在前面关于新建镇电商的讨论中，我们从经济和社会角度，分析了"新西乡，新青年"口号所包含的希望。从传播角度，中宣部等发布的《县级融媒体中心建设规范》中，涉及县级融媒体中心建设的基层信息和社会服务功能。如何通过县级融媒体中心建设和县级融媒体中心这一新的公共平台，把小镇青年和民间自媒体机构组织起来，引导他们发挥自己的积极性和能动性，而不是让他们单打独斗，或通过各自的直播公会互相比拼，在市场逻辑下"胜者王侯败者寇"，是一个非常重要的问题。在这个过程中，重新激活当年的新闻通讯员制度，也许是新技术条件下加强县级媒体与基层链接、强化群众路线的新途径和新挑战。

张：提到乡村数字经济，不能没有农产品。各大电商平台在其农村战略规划中，都是包括农产品上行部分的，但是，农村战略推行几年以来，农产品上行似乎并不顺畅，电商平台的农村战略更像是给工业品下乡铺开越来越大的零售网。在短视频平台上，各类土味视频、"村播"也通过网红们的努力带动农产品销售。甚至连县长都得走网红路线，在淘宝直播间或短视频平台为本县农产品吆喝。所以，一方面是数字乡村经济蓬勃发展，另一方面是与农村经济息息相关的农产品销售的努力和窘境并存。您怎么看这样的现象？

赵：电商或网红帮着卖农产品，当然是好事，电商平台开设地方馆，也确实能抚慰人们的乡愁，拨动流动社会中人们的家乡情结。但是，滞销的农产品通过网络被卖出去，更多是个案。电商助农的案例之所以成为新闻，恰恰是它们非同一般，不是常态。农产品上行难，纵向看，与农村集体经济解体后农业生产欠缺组织性和乡镇工业化半途而废导致农业加工业薄弱有关；横向看，当农产品是中美贸易谈判的重要议题时，当进口水果越来越普遍地出现在电商平台，它注定也是个全球维度的问题。农民如何在数字经济条件下重新联合起来，提高生产、加工和销售的组织化程度，而不是企望网红的流量效应，才是关键。

如果把视角打得更开，在乡村快速数字化的同时，我们看到公共服务在乡村的萎缩。比如，过去乡镇卫生院能看很多病，甚至做各种小手术，乡镇中学有很好的老师，而现在医疗、教育资源在乡村退却，这与农村数字经济以及基于销售平台的商业在农村的兴起，形成此消彼长的态势。如何让商业的便利与公共服务的便利更好地在乡村协调起来，这是一个重要的协调发展问题。就像县域的自媒体使我想起当年的新闻通讯员制度，这种基于数字技术动员农民成为销售大军和消费大军的过程，也让我想到曾经覆盖城乡、沟通城乡的供销合作社体系。

张：现在供销社系统在打造农村电商国家队——供销 e 家，它由中华全国供销合作总社下设的中国供销电子商务股份有限公司负责平台搭建和运营，供销社系统不直接参与产品购销。就像我们前面讨论的，各大数字平台成了动员一个人作为消费者的重要力量，与此同时，追求利润最大化的各个平台又像是彼此隔绝的"独立王国"。这是一个普遍现象，自从国家引入市场机制，一方面，市场和社会被激活了，另一方面，随着国家的退出，很多原来国家积极发挥作用的领域交由市场，又引发了不少矛盾和问题。当我们的讨论具体到供销 e 家这种农村电商国家队出现的时候，我们对它应该有什么期待？

赵：我也只有更多的问题。如卖农产品不能只靠情怀，目前电商销售农产品组织化程度不高，随机性很强，甚至是无政府状态。从东南跑到西北去帮人卖苹果，无疑是一个很好的助推乡村振兴的媒体故事，从中央到地方媒体都有类似的版本，也创造出了网商电商助农的氛围，但是，不论是实际效果，还是数字经济所能达到的组织化高度，都是不够的。这不免让我思考，在当年的供销社统购统销的全面的计划经济和今天网络的无政府状态之间，是不是有一种更为理想的制度设计和平衡？原来的供销社系统有没有在数字乡村发展过程中，重新构建出一个2.0版本，使它成为全国统一的、打通城乡的一个体制机制？新型的乡村集体或合作经济组织如何产生，如何发挥基础性的作用？在强调回乡资本、"新乡贤"等力量在振兴乡村中的作用的同时，如何更好地理解当下各地乡村社会不同的分层结构，从而在乡村振兴中更好地坚持"群众立场"？如何让数字化更好地与农业生产相结合，从而防止数字化条件下，乡村出现一块块与农业生产基本无关的数字经济"飞地"？总之，如何让基于村社共同体和乡村内生动力的集体经济和超越地域局限的数字经济在乡土中国连接起来，从而创新数字化时代城乡社会经济有机发展的形式？这些问题虽然已超出我们这次调研的范围，但是，它们应该可以打开想象城乡融合的未来的空间。

第五编
实践哲学

30 学术、田野与"越界"实践

走跨学科理论与实践相结合的研究道路,融传播政治经济研究、民族志和参与式行动研究于一体,是我的学术创新思路,回归乡土中国是我的创新途径,河阳乡村研究院是我的创新平台。我用这个平台所开展的第一项学术活动是"河阳论坛暨'乡村、文化与传播'学术周"。

我不会忘记,2015年3月下旬那个春寒料峭的日子,由于没有行政支撑和不懂国内的管理体系,我这个当时中国传媒大学的长江学者讲座教授,书包里背着自己私人从银行里取出来的9万元现金,回到了故乡浙江缙云办河阳论坛。我更不会忘记的是,一直与我一起为办这个论坛操心的张志华,也自己私人取了1万元现金,带在身上,踏上了去缙云的旅程。他说,万一我钱不够,用得着。正是许多像张志华这样的同人的无条件支持,使河阳论坛这个同人和草根性质的学术创新实践得以展开。张志华,博士,现任中国传媒大学新闻学院副教授。本访谈刊载于《中国传媒大学校报》,2015年4月28日,第4—5页。

原文导言:2015年3月26至30日,"乡村、文化与传播"学术周在浙江省缙云县召开。学术周设"浙江省缙云县河阳村民间非遗文化节"观摩、以"建构平衡互哺的城乡关系"为主题的首届"河阳论坛",以及"2015批判传播学年会"等环节。

学术周归来,中国传媒大学新闻学院的张志华与已回加拿大的学术周发起人、中国传媒大学长江学者赵月枝就学术周感受进行了越洋笔谈。赵月枝指出,城乡关系视野不仅是中国国情的要求,也是中国社会科学创新的突破点和对世界社会科学有所贡献的切入点之一,更是中国社会科学前沿与世界社会科学前沿交相辉映的结合点。她还指出,跳出媒介中心主义和技术中心主义的偏颇去研究传统知识的继承,村社共同体中价值体系和意义的解体与重建,土地之于农民的意义,乡土文化遗产产业化开发中如何坚持公共性和民主性,是事关当下农村文化领导权重建和农民主体性重建的重大问题。

张志华（以下简称"张"）：赵老师，这个学术周活动地点设在浙江省缙云县是出于什么考虑？是因为您是缙云人吗？

赵月枝（以下简称"赵"）：是也不是。我最主要的目的是让学术走出象牙塔，走出学院，走出大城市，到生活的第一线去"接地气"。由于这个学术周是关于城乡关系以及农村文化和传播的，所以我必须找一个县城去开会，并让与会者看到村庄。选缙云，首先因为我是缙云人；其次因为我挑头成立了缙云县河阳乡村研究院，在那里既有田野研究基础，也有当地党政部门的支持；再次，我认为缙云与这个学术周的主题有非同一般的切合意义。作为一个富裕省份相对偏僻的山区县，从横向看，缙云在中国农村有点代表性；从纵向看，缙云自称有"黄、红、绿"三种文化元素，有丰富的历史文化底蕴和未来发展指向。"黄"是黄帝文化，引申开来，就是中华民族传统的农耕文化。"缙云"这两个字本身是轩辕黄帝的名号，我们开会所在的仙都，传说中是轩辕黄帝炼丹升天的地方；我们会场的隔壁，是南宋理学家朱熹讲过学的独峰书院。"红"指缙云是革命老区。"绿"是指向绿色发展的未来。所有这些，都使缙云成了学术周的不二举办地。

张：很多时候，传播学者/学子潜意识里觉得传播研究跟农村、城乡结构没什么关系。您认为这是为什么？

赵：是的，传播研究——不管是美国的实证研究，还是批判研究——都有根深蒂固的城市中心主义偏向。就像我今年初发表在《新闻大学》上的"重构中国传播学"访谈文章中提到的，这又与传播学的西方中心主义视角有关系。你知道，西方资本主义发展的过程，就是城市吞噬农村、工人替代农民的过程。而作为一个学科的传播学，是在美国这个大学生比农民多的国家发展起来的。更重要的是，中国意义上的小农在美国非常少，美国农业由农场主或农业资本家主导。可是，中国是个传统的农业社会，中国现代革命最终以土地革命和农村包围城市的道路取胜，即使在改革开放后城市化进程加快的今天，"三农"问题依然非常核心。这就是中国与西方不同的国情。可是，我们的传播学，由于接受了西方的理论框架和问题意识，甚至研究议程，对这样的国情视而不见。

当然，与媒体的商业化相关的城市中产阶级视角，以及媒体研究者自己的城市人身份，更强化了这一偏颇。因此，我非常高兴能与长期研究中国乡村问题的吕新雨教授合作，推进有中国主体性的批判传播学研究，并在学术周上推出我们在华东师范大学出版社六点分社联合主编的"批判传播学丛书"。2014年春天，我与1990年代初在一次抽样调查中去过缙云做传播研究的卜卫教授在缙云开始做田野研究，并直接促使了她所在的中国社会科学院新闻与传播研究所把自己的国情调研基地设在了缙云。更令我鼓舞的是，我的学术取向得到了缙云许多领导和群众的支持与鼓励。2014年底，我牵头成立了非营利机构——缙云县河阳乡村研究院，作为推进乡村传播研究的草根平台。当然，我也感谢母校中国传媒大学在科研资金方面的支持。

张：为什么研究传播需要有城乡关系视野或者乡村视野？

赵：中国传播研究如果要有自己的主体性和问题意识，而不是西方传播学的附庸和浅薄的本土化版本，就必须有城乡关系视野或乡村视野，因为这是中国的国情。正是出于这样的反思，我早在受聘长江学者职位之时，就把"文化、传播和中国城乡协调发展"当作自己最主要的研究方向。也就是说，我不是把长江学者职责定位于从西方引进什么新理论，而是把自己的职责定位为基于中国国情的学术纠偏和重构中国传播学的一种努力。当然，在某些因不喜欢我的学术立场而拿"文革"中的"身份论"说事的人眼里，我做这个题目，想必是因为我在海外"过腻了"资产阶级生活，通过回家乡做研究以慰藉自己的乡愁。对此，我除了无奈，最多只能说，我不至于那么狭隘，也还没有在西方被边缘化和老化到要"落叶归根"的时候。比如，我还忙着办SFU－CUC（中国传媒大学－加拿大西门菲莎大学）硕士双学位项目，试图以行动改革资产阶级"主流"呢。

对我来说，城乡关系视野不仅是中国国情所要求的，也是中国社会科学创新的突破点和对世界社会科学有所贡献的切入点之一，更是中国社会科学前沿与世界社会科学前沿"接轨"和交相辉映的结合点。不过，请不要"自然地"把我这里所指的"世界社会科学前沿"想象成是英美白人男性学者的理论。我不会像前面所说的"身份论"者那样，一概排斥西方白人男性学者的激进社会理论，我这里要强调的是"南方理论"，包括西方反种族主义理论家和北美原住民理论家的学术思想。这些理论在不否定马克思主义所强调的劳资关系的前提下，突出对西方殖民主义的批判，从而把分析的重心放在欧洲城市语境下的劳资关系上，加上全球语境下的殖民关系和人与自然的关系，并以此超越欧洲中心主义和发展主义，为一个生态社会主义的未来提供理论基础。正是在这个意义上，我把自己在这次学术周上演讲的题目定为《不只是乡愁，而是生态社会主义：学术研究城乡关系视野的世界历史和生态学意义》。我希望以自己提出的跨文化传播政治经济学为框架，打通全球和村庄、国内（乡村—城市）和国际（边缘—中心国家）两个层面的分析，从而尝试做出一个海外华人学者应有的学术贡献。

张：也有一些传播学者关注乡村，也有人在做对农传播研究。您认为传播学乡村研究是否存在问题？

赵：没错。实际上，当年美国的主流传播学者，像施拉姆，不仅关注农村，而且"第三世界落后的农民"是现代化理论框架下的"传播与发展"范式中的经典研究对象。之所以这样，是因为基于美国的冷战战略考虑，部分由于中国以农民为主体的社会革命的胜利，战后美国社会科学主流把如何防止第三世界，尤其是亚洲其他国家的农民不再被贫穷所"赤化"作为问题意识和学术政治指向。而对这个问题的回答，则是媒体和传播技术扩散所起的"发展"作用，也即把第三世界农业社会最终整合到世界资本主义体系中的作用。唯有这样，激进社会革命的根源才能被"消解"。总之，传播研究的城市中心和西方中心倾向的深层表现，不在于研究者是否完全忽视农村和农民，而在于他们的理论框架、问题意识与学术政治取向。

对当下国内的涉农传播研究要具体分析，如果仅仅是现代化理论的应用，或者把当年有关电视的扩散能如何带来农村现代化的论点平移到今天的新媒体和农村，或者最多试图把基于第三世界后殖民国家经验的"参与式发展传播"范式在中国本土化，那么，这种研究不仅没有多少理论创新的价值，还有可能强化现有理论范式的缺陷——不管是现代化理论，还是对其有一定批判和超越的"参与式发展传播理论"。

张：从传播的角度切入"三农"和城乡关系问题的研究，该如何着手？

赵：传播学是一个交叉学科，切入"三农"问题有其他学科所不具有的优势。在这方面，我们这次参会的许多学者已经做了很多有益的探索。理论上，我们可以对传播与现代化范式影响下的"新媒体与乡村发展"研究进行批判与反思。实证层面，我们可以从城乡关系的角度分析现有媒体和信息基础设施在表征、资源分配方面的偏向。我们可以进一步从这个角度分析媒体体制和新闻传播政策的偏向，然后提出构建更平衡的城乡文化和传播关系的建设性意见。我们可以深入田野，研究农村活生生的传播生态——从日常的传播现象到农民春晚。另外，我们不妨从广义的传播学和文化研究角度，跳出媒体中心主义和技术中心主义的偏颇去研究传统知识的继承，村社共同体中价值体系和意义的解体与重建，土地之于农民的意义，乡土文化遗产商业化开发和产业化发展中如何坚持公共性和民主性，以及在城市中心主义媒体氛围中乡村中的代际、性别传播，等等问题。再有，我们往往倾向于从传播角度研究农民工在城市如何，但很少研究农民工回乡后又如何，更缺少对外出经商的农民企业家如何与家乡维系文化与传播关系等问题的研究。这些问题很可能是中国特有的，而且是事关当下农村文化领导权重建和农民主体性重建的根本问题。

张：这次学术周活动有不同层次的交流，既有城乡／乡村研究的知名学者，也有传播学领域像您和吕新雨老师、卜卫老师这样标杆性的学者，也有其他中青年学者，还有新闻传播学的博士生和硕士生。为什么做这样的安排？

赵：这样做是为了整个学术周活动有交响曲的效果。首先，"序曲"部分，包括观摩河阳民间非遗文化节和缙云烧饼产业发展研究报告的发布会；其次，学术周主体部分以从宏观的经济、社会、文化视野分析"三农"问题的"河阳论坛"高调开场。"河阳论坛"的发言者和点评者由特邀学者组成，他们为整个活动确立高远和前沿理论视野的同时，也为参加活动的传播学者建立了去媒体中心化的切入点。如果"河阳论坛"是"起"，那么，我本人和吕新雨、卜卫三人的"2015批判传播学年会"主题发言环节就是"承"——在把论题转到传播与文化领域的同时，承接了"河阳论坛"的宏观视野，而且分别从世界历史、中国革命历史和当下层面用城乡关系视野总揽政治、经济、社会、文化和生态"五位一体"的讨论。此后，在三天的时间里，由不同层次和不同部门的学者参加的论坛和圆桌讨论依次有序展开，交相辉映。为了表达对所有参会者的尊重和营造平等参与的学术平台，我们没有设"并行论坛"，从而保证了所有发言者都有机会被所有参会者"听到"，同时，我们并不以狭隘的学术政治"正确性"选取投稿论文。我们相信，不同观点的交锋是促进学术发展的必由之路。

令人难忘的还有学术周最后三个晚上，一些学者、记者、基层文化研究者与管理者自愿聚在一起，畅谈生态社会主义的场景。当然，整个学术周以"越界"——跨越了传播学与其他社会学科，学者、记者和乡村建设实践者，批判研究者和行政管理者，"高高在上"的学府学者和基层独立学者等的界限，而使人耳目一新。

张：我参与了学术周的会务工作，了解到与会者普遍感觉收获颇多。这次为期五天的学术周活动，您觉得对于国内的传播研究可能带来什么样的影响？

赵：由于我们立意高远、选稿严格，并精心组织整个活动的各个环节，与会者对学术周"高大上"的理论视野、"接地气"的问题意识以及"越界"的实践精神，评价颇高。同时，由于我们及时用微信发布学术报告的综述，并吸引了一些记者参会，整个活动也有一定的会场外传播效果。但是，这仅仅是一次以农村为主题的系列学术活动，我不敢奢谈它对国内的传播研究会有什么影响。毕竟，中国传播研究的浮躁、功利主义、西方中心主义和城市中心主义不是一天两天形成的，而且现有的学术体制——不管是访学计划、社科基金还是

"横向"项目——并不鼓励学者长期深入农村做研究。我只是用我长江学者的特殊条件,尽力而为而已。最使我感动的是,有这么多人支持这个学术周,时任中国传媒大学副校长袁军、中国传媒大学丁俊杰教授和雷跃捷教授、浙江大学邵培仁教授等也在百忙中到缙云参加相关活动。也许,正如前来旁听的一位在武汉大学访学的台湾学者所言,这个学术周会是让中国传播学术更接地气和更具批判精神的星星之火。

31 全球到村庄：在实践中想象"新地球村"

与我基于村庄的学术"接地气"努力相对应的，是中国学术界"高大上"的"国际化"探索。与西方的大学合作，把外面的学者引进来，最好把国外的学生也吸引来，在中国的大学里办暑期班，用英文讲课——这一度是最前沿的中国传播学术"国际化"创新实践。由中国传媒大学原广播电视研究中心（后改为该校国家传播创新研究中心）、加拿大西门菲莎大学传播学院、英国西敏寺大学传播与媒介研究所、香港中文大学新闻与传播学院主办的四校联合暑期班就是这样的一个"国际化"暑期班。

2013年夏天，作为加拿大西门菲莎大学传播学院的加拿大国家特聘教授和时任副院长，我借组织本学院建院40周年院庆活动的机会，第一次通过与院庆国际学术会议套办的方式，让这个一直在中国传媒大学讲课的暑期班第一次办到了国外。在接下来的两年中，这个暑期班相继走出北京，走出国门，先后办到了内蒙古和泰国曼谷。

2016年，我建议这个暑期班从全球走向村庄，由河阳乡村研究院来承办。在课堂讲课之外，我增加了实地调研的内容，引领了当下日益普遍的"研习"和"游学"潮流。这一年的"借壳"办班，也为河阳乡村研究院在2017年自己主导办"全球到村庄"暑期班积累了经验。张志华的这个访谈以《"新地球村"的想象——赵月枝传播研究新实践》为题刊载于《国际新闻界》，2016年第10期，第54—67页。

原文摘要：2016年6月21日至7月2日，由中国传媒大学广播电视研究中心、加拿大西门菲莎大学传播学院、英国西敏寺大学传播与媒介研究所、香港中文大学新闻与传播学院主办，缙云县河阳乡村研究院主导承办的"传播、文化与'全球南方'"第八届四校联合国际暑期班在浙江省缙云县举行。这次暑期班以全新的理论视野和丰富的农村实地调研为来自国内外20多所高校的青年学子开拓了学术空间。中国传媒大学新闻学院的张志华是实地调研的带队老师之一，在暑期班最后一天，他就这次暑期班实践所昭示的传播研究新思路，采访了主要策划人赵月枝教授。赵月枝教授认为，传播研究需要克服麦克卢汉"地球村"概念的局限，从全球层面深入，纵贯到乡村层面和不平等全球社会的底层，并在此基础上想象"新地球村"的未来。

一、从麦克卢汉的"地球村"概念到"新地球村"想象

张志华（以下简称"张"）：赵老师，您建立的河阳乡村研究院用"新地球村"作为标识，2015年春天在浙江省缙云县召开的"乡村、文化与传播"学术周上，您第一次正式提出"新地球村"，它与麦克卢汉的"地球村"有何种关联？

赵月枝（以下简称"赵"）：这得从我的学术体验和学术视角说起。麦克卢汉的"地球村"是传播学领域很重要的概念，认为由于传播技术的发展、现代信息的流动，全球都变为一个"村庄"。在这里，"地球村"是个隐喻，它并不是真正意义上的村庄，村庄在这里是被挪用的。如果说"地球村"是1960年代的概念，那么它在资本主义进入新自由主义阶段的翻版就是"世界是平的"。这个概念由《纽约时报》专栏作家弗里德曼提出，他认为由于信息产业的发展，第三世界国家，比如印度的软件和信息产业之都班加罗尔，变得与第一世界没有差距。也就是说，信息产业抹平了东西方、南北方的差别，地球变小了，人们之间的距离拉近了，世界大同了。当然，如同地球村，"世界是平的"也只是一种隐喻。本质上，它们都是对传播技术歌颂性、浪漫性的论述。

基于批判传播政治经济学的框架，我看到"地球村"里面黑暗的角落，看到社会、阶级、国家分层，甚至由于新自由主义全球化，非洲成为"失落的大陆"的事实。实际上，在加拿大、美国这些所谓"全球北方"、世界体系核心地区的内部，贫富不均也是越来越明显的。所以，正如早就有观察者说过，第一世界里有第三世界，第三世界里有第一世界，甚至还有第四世界，这指的是被抛弃、被边缘化、被忘记的群体，比如加拿大的土著部落、温哥华最穷街区中的贫民窟等。很显然，在"地球村"中并非所有村民都是平等的，民族国家、阶级、种族的区别越来越凸显。例如，1990年代资本主义新自由化以来，尤其是反恐以来，阿拉伯世界的很多国家，如伊拉克、叙利亚等，被称为"失败的国家"（the failed state）。在这里，问题的核心就不只是民族国家层面的不平等问题，而是民族国家的基本形式能不能在一些地区持续的问题了。

与此同时，我对真正意义上的村庄被卷入全球化的境遇和被卷入全球化所导致的变化，一直是敏感的，这与我来自村庄有关，还因为我对中国城乡二元结构的敏感，我的确看到了一个个被全球化了的村庄。比如在我老家缙云河阳村，就有老人在家里从事来料加工工作。这是中国作为世界工厂最末梢的手工密集型工作，如此生产出来的微小塑料装饰配件等产品，通过义乌出口，其实大都是消费主义垃圾。但通过这样的生产链条，全球资本主义真的把这些村庄全球化了。村庄里的很多人也到了全球各地，出去打工、读书等。而这次暑期班调研，我们看到在缙云的葛竹村还有柬埔寨新娘，这是婚姻的全球化。中国农村底层男子娶不到老婆，处于婚姻链条的最底端，只好到更落后的地方购买新娘。从这个角度来说，麦克卢汉意义上的"地球村"需要被重新想象。

张：这种对"新地球村"的想象如何在学术研究中落实？

赵：一方面，承认新媒体、互联网把全世界各地更紧密地联系在一起，尤其关注过去30年金融资本主义全球化带来的全球权力关系的变化；另一方面，既要聚焦国家、民族间的不平衡，又要关注城乡关系视野下真正的村庄。这些不是孤立和封闭的村庄，而是被全球化力量构建了的村庄。总之，我希望我的研究既有全球层面的分析，同时又在纵向扎根。这个根在中国就是中国的村庄，在加拿大可能就是当地原住民的村落和当下原住民与城市流浪者聚集的温哥华最穷的街区。这并不是我学术兴趣转移，从全球层面转移到乡村，而是从全球层面深入，纵贯到乡村层面，到不平等的全球社会的底层。

张：所以，去年夏天您带着加拿大和中国的联合研究团队到浙江农村开展调研，今年夏天您发起成立的缙云县河阳乡村研究院作为承办方之一，又将四校联合国际暑期班办在浙江省缙云县——中国东部发达省份的落后地区。

赵：没错。去年的调研项目就叫"全球到村庄：传播研究如何落地"。我带着中国传媒大学和加拿大西门菲莎大学的调研团队到浙江的地级市丽水市下面的缙云县河阳村开展调研，这是我建立河阳乡村研究院以来的第一个大型暑期调研项目。在去河阳村之前，研究团队的青年学者等就已经做好了文献准备，每人都带着自己的研究题目进入乡村，比如"家电下乡"给农民带来了什么，农村广场舞跟城市广场舞有什么区别……把自己的研究课题在河阳扎下根，在村庄落地。

今年则是另外一种设想，是在四校联合国际暑期班原有基础上的创新。与往年一样，暑期班是开放招生的，我们最后从众多报名者中选了30多人，但是，我们不满足于只有学者讲授，今年暑期班的最大亮点在于不仅有理论讲座，还有学员参与其中的田野调查。

二、"全球南方":"地球村"被遮蔽的另一面

张:今年四校联合国际暑期班的主题是"传播、文化与'全球南方'","全球南方"在"新地球村"中处于什么位置?

赵:就像"南南对话"中的"南方",这里的"南方"不是地理概念,而是社会分析批判视角的概念,指的是全球的乡村、不发达的地方,全球被剥夺的边缘群体,他们希望争取自己发展的权利。就像我们在暑期班的招生公告中所说的,一方面,互联网和新媒介技术似乎有能力跨越国族疆界,将空间碾平;另一方面,发达资本主义对发展中地区的剥夺、民族国家间的竞争、国家内部的阶层与族群分化、城乡间的社会与文化鸿沟,都在提醒我们,横亘于地理和社会空间的区隔不仅不会轻易消失,反而有可能加深。

张:不久前《新闻记者》的微信公众号在总结、点评2016年新闻传播学暑期班时,特别提到了四校联合国际暑期班。

赵:这个暑期班的历史也是一个从全球到村庄的历史。一开始中国传媒大学广播电视研究中心发起四校联合国际暑期班是希望国际化,四所高校联合国际化招生。当年的模式是在中国传媒大学办,其他学校派学者来北京集中授课。

2012年第五届时,为了促成中加全球传播双硕士学位项目,也为了促进我自己所在学校的同事与中国的学术交流,或者这些"全球北方"学者与"全球南方"的学术交流,我把加拿大西门菲莎大学的多位学者请到北京授课。2013年西门菲沙大学传播学院40周年院庆,暑期班第一次走出去,办在了加拿大。当年我作为副院长正好负责院庆事宜,就把暑期班与40周年院庆的学术会议套在了一起,暑期班的日程安排就包含了那次会议,让学员们也有机会参与会议。一位在泰国任教的西方学者参加了那次暑期班,感觉很好,所以,2014年他所任职的泰国高校,就以同样的授课加学术会议的形式将暑期班办到了泰国。2015年,边疆地区的高校希望与中国传媒大学合作,内蒙古师范大学承办了暑期班。当时,我正开始办河阳乡村研究院,计划次年把暑期班办到缙云河阳,所以今年就从边疆到了村庄。

国际暑期班从一开始的力图把国外学者请进来,到真正走出国门,再到今年到了村庄,也算是经历了一个从全球到村庄的轮回。我们把国际学者请到村庄来,还把在国外留学的中国青年学子带到了国内的村庄。

张:暑期班授课的编排是如何体现从全球纵贯到村庄的?

赵:邀请的国外学者中,我们希望是研究全球权力关系转移中关注"全球

南方"崛起的学者,最好还有研究非西方地区的经验。我们请的这些学者中,一位是研究非西方国家媒体崛起的印度裔学者屠苏(Daya Thussu),他来自英国西敏寺大学,从国家主义和文化民族主义的框架展开分析。另一位学者伊斯干达(Adel Iskandar)是我在加拿大西门菲莎大学的同事,他关注中东区域内外的权力关系和复杂的文化宗教关系,对半岛电视台很有研究。同时,他还看到,美国这个被称为"衰落的国家"在维护自身霸权地位过程中策略的变化:一方面它出兵中东,另一方面又通过挪用和吸收中东文化,希望重新在当地赢得民心,打心理战。因此他用了跨文化帝国主义(transcultural imperialism)这一表述。在伊斯干达看来,并不是美国衰落了,非西方国家就崛起了。他看到了东西方和南北方权力斗争的动态过程,其中包括美国的反扑,作为霸主国家,它不愿放弃历史舞台和既有权力而采取新的策略,比如半岛电视台崛起后,又被美国同化。屠苏以民族国家为分析单位,用的是"全球北方"与"全球南方"之间的力量对比在此消彼长的框架,他没有对民族国家内部权力关系的分析,也没有关注美国帝国策略的新变化,伊斯干达的研究是对屠苏研究的深化,但屠苏研究的意义在于,我们国内很多学者不愿意承认全球权力在发生变化。

以上两位分别有印度和阿拉伯世界的背景,但是都没有"冷战"中社会主义阵营的知识和历史背景。实际上,"冷战"结束以来,整个英语学术界的国际传播研究框架,尤其是有关文化帝国主义的批判与反批判的研究,往往只关注西方国家和第三世界国家,而"东方国家"——社会主义国家的传统没人梳理和研究,中国在这个框架中因第一不同于苏联,第二也不是一般的第三世界国家而被忽视。正是在这样的语境下,吕新雨教授的讲座就显得特别重要,她不仅把东西方关系中的东方那一半的视野展现了出来,而且为我们今天如何定位中国提供了必要的历史视野。她讲国际共产主义运动史中苏联关于工农联盟问题的论争,进而指出当年国际共产主义运动的问题也是今天中国的问题,这样就一下子为我们克服国际传播研究中的历史虚无主义提供了历史和理论基础。要理解今天的中国,就不能割裂中国跟国际共产主义运动的历史。然而,我们的西方中心主义学术框架和内在化了的"冷战"立场,导致我们往往有意无意地将国际共产主义运动的历史忘掉和否定掉。虽然吕老师不是从文化与传播的角度做这方面的研究,但她的框架是总揽性的,对任何人文社科学科研究都很重要,因为工农联盟不是归属于哪个学科的问题,它写在《中华人民共和国宪法》的序言中,是事关权力主体的问题。如果我们的学术研究连权力主体的问题都不去关照,很可能就南辕北辙了。

总之,中国学者在传播学的知识创新方面,既要有东西方关系的视野,也要有南北方权力转移的视野,既要看到民族国家间的权力关系,也要看到民族国家内部的复杂社会和文化权力及身份认同关系,还要在这些多维度的国际和国内、中心和边缘、城市和乡村、政治经济和社会、文化与生态等因素的动态交互关系中把握传播问题。正是在这样的一种整体性思路中,我试图探索跨文化传播政治经济学的分析路径和发展"新地球村"思维。

张:这次暑期班还邀请了包括民间学者在内的本地学者,为什么?

赵:要扎下根就要有本土知识。暑期班邀请了本地民俗、文化专家和掌握本地政治经济发展情况的官员,还邀请了浙江省内两位学院派的专家——杭州师范大学音乐民族志学者林莉君和研究河阳村落政治经济变迁的丽水学院政治学者彭兵。这跟我说的扎根理念是一致的,不能都找大都市的学者。实际上,不同学者的选题、视角、分析框架的区别非常重要,地方院校学者的研究很值得我们重视。回到农村,我还深深感受到了民间学者的力量和"高手在民间"的道理。与学院派不同,民间学者不囿于学术建制,反倒可能将被学术研究遮蔽的部分更好地呈现出来。这次我们请来讲课的麻松亘老师对民俗的分析就是一个实证。正因为他不是学院派,没那么多条条框框,所以他在分析缙云的"迎案"民俗时做得全面、生动和朴实。学院派可能会局限于研究的视角,或者硬给套上个什么理论,也可能拘泥于学科分界,这些不是我的研究范畴,那我就不必去研究。而这跟农民活生生的实践却是相背离的,他们的实践本来就是整体性的。

张:暑期班除了授课,还有学员参与其中的实地调研,这是今年的一大亮点。调研题目是从哪儿来的?

赵:把暑期班办到缙云这个中国发达省份后发地区并不是一时冲动,而是有一定的知识积累和调研基础。我这两年回老家缙云做研究,接触了一些村庄,发现可做的题目太多了,但是我自己实在忙不过来,非常希望把自己的问题意识与有兴趣的同行分享。比如从《阿诗玛》到《道士下山》的中国影视与缙云山水风光的关系就是一个非常有意思的题目。仙都附近一个村庄有个祠堂,变成了影视博物馆。2015年开"河阳论坛"期间,我和吕新雨教授一起参观那个博物馆的时候注意到,在改革开放和旅游产业没发展之前,缙云作为电影外景地,是上海电影制片厂想象中的"西南"。当时的少数民族、边疆题材的电影,往往有一个民族问题和阶级斗争问题联系在一起的视角,而这些电影,也许是出于节约成本和风景类似的角度考虑,会到缙云取外景,以缙云代替西南和边疆。那时候还没有横店呢!实际上对上海来说,用缙云替代西南民族地区和边疆,也说得过去,这里还有两个畲族村呢。从当年在国有制片厂体制时期上海电影制片厂的"边疆",到今天以《天龙八部》为代表的武侠片的"江湖",对缙云山水的不同想象折射了中国影视业的变迁。这次暑期班有一个很大的小组做这个题目,我非常高兴。

对广电我也一直很有兴趣,尤其是数字化转型。去年7月份回村里调研,我回到自己原来住过的院子,正好碰上我堂叔家在装"锅",当时正是数字平移的时候,平移后,机顶盒每月从18元升到22元,农民算了算一年看电视就要200多元,现在只要买个"锅",一次性付费后就一辈子一劳永逸了。但"锅"现在处于灰色地带,而且信号也不稳。我觉得技术升级对农村收视影响的题目非常值得做,也很高兴这个题目能由对广电数字化有专门研究的中国传媒大学广播电视研究中心姬德强副研究员领队来做。而处于海拔近500米的葛竹山村刚好有我熟悉的当地民间文化研究者来听讲座,这样这个团队"进村"就有联系人了。

另外,我与仁岸村的"相遇"也是从全球到村庄的经典故事。我是在加拿大通过与国内出去的书画界人士接触才知道,抗战期间,著名画家潘天寿曾在缙云待过。我再回到缙云一问,才知道潘天寿和他岳父一家抗战时避难的村庄是仁岸村。今年春天,我此生第一次去了仁岸村,惊喜地发现,这里不仅有当年潘天寿寄居过的房子,而且颇有一派"美丽乡村呼之欲出"的情景。当时,我并不知道这个村因为近一两年变化巨大,正被县里树为"新农村建设示范村"。那次是我自己私下找朋友带去的,因此是一次自下而上的探访,我们到村子里去随意逛,看到老乡就问,知道不知道潘天寿,他曾在哪里住过,然后就被带到他过去住过的地方,见到了他房东的孙子,看到了一些遗迹,听到了许多故事。从那以后,我对这个村和其所在的舒洪镇就有了更深入的了解。这次我们的仁岸村调研小组就是在我调研的基础上工作的。

笕川村将村民手中的土地流转到村集体,用于建设花海,以集体经济的方式搞创意旅游,这是"新生事物",这个案例肯定是要做的。县内外闻名的"淘宝村"北山村也是"互联网+"时代最前沿的东西,很有做的价值。民俗也很重要,迎案、七月七文化是缙云很传统的东西,正好有人告诉我缙云的"女神崇拜"很有意思,所以就将陈十四娘娘信仰列为调研题目。还有缙云的婺剧……这些题目从传统的乡土民俗、戏剧,到广电、影视,再到新农村建设中的乡村旅游、创意产业发展和互联网电商,几乎涵盖了广义的传播研究的全部,这一系列的传播现象和过程有很多是值得去发现和挖掘的。更重要的是,我不希望只是从媒介决定主义的视角,而是从意义层面去理解这些现象,比如农民认为的美好生活是什么。当然,我也始终从城乡关系的视角来看农村题材的研究,无论是潘天寿在缙云的故事还是花海和电商,都包含这样的视角。其实,不管什么题目,到哪个村庄,重要的是研究农民的文化主体性,而不只是把他们当作大众文化的消费者、接收者,他们也是文化的创造者和演出者。

三、知识分子与乡村:碰撞与改变

张:赵老师,最近几年您一直在强调,传播学研究不能没有城乡关系的视野,为此,您还做过一个"重构中国传播学"的访谈。这几年您在不同场合都提到同一件触动您的事,一位农村青年与别人通过网络相约自杀的事。

赵:对,这是触动我回到中国农村做研究,思考农村未来的最重要的一件事。其实,历史上中国城乡之间的互哺关系一直是存在的,直到鸦片战争中国被迫卷入资本主义世界体系后,城乡关系断裂才越来越厉害,到了1930年代,开始了一边是上海滩的繁华,一边是茅盾在《春蚕》中所表现的农村的破败的现象,这两者共存,边远农村甚至完全被边缘化。这也解释了为什么中国革命走的是"农村包围城市"的道路。新中国成立后,国家为了实现工业化,让农民勒紧裤腰带,支援城市,与此同时,也提出要减少包括城乡差别在内的"三大差别",比如1965年提出把医疗卫生工作的重点放到农村去,都是当年的具体举措。到了1980年代初,国家在农村推行家庭承包责任制的同时,还提高了农产品收购价,减轻了农民负担,那段时间可以说是城乡差别最小的时期。但1984年城市改革启动后,乡镇企业开始衰落,城乡差别很快就越拉越大,知识分子与农民的差别也越来越厉害。在"伤痕文学"叙事以及部分知识精英对"文革"的控诉中,城乡之间的对立被推到了一个极端。到了1990年代,"农民"成了骂人的词汇,年轻人在农村看不到希望。但是,党中央对农村问题的认识也在深化,而这其中,知识分子也起到了重要作用。2000年李昌平上书总理,提到"农民真苦,农村真穷,农业真危险",实际上是转折点之一,后来温铁军等一批学者以各种方式重续中国知识分子的百年乡村建设实践。总之,在经历了革命和改革之后,现在又到了知识分子重新思考城乡关系问题的时候了。

张:现在有越来越多的人在关注农村,关注乡村建设,也有不少人投身其中,我身边就有这样的人,他们也不只是知识分子。

赵:我也碰到过大学生村官、农民企业家和农民工回乡创业这样的回乡群体。我回到中国农村做研究,虽然是个人的选择,其实也代表了一个涌动的潮流。我独立选择的道路刚好和周边很多同人的选择不谋而合,涓涓细流可以汇成河流。

我是在中国社会主义现代化建设的语境下成长起来的，1980年代到了城市，经过30年改革开放后，再以一种新的姿态和思路回到农村，这确实是历史机遇。很多人认为人口一定会是往城市流动的，但我不这么看。中国历史上一直有返乡运动，社会主义建设初期还有去城市化运动。2013年中央城镇化工作会议上提出"望得见山、看得见水、记得住乡愁"，这里面也包含着缩小城乡差别的理想。当然，如何缩小是问题的关键。是资本主义现代化的逻辑和城市中心主义的"城市让生活更美好"的意识形态塑造带来了乡村的破败。但是，农村不但一直是乡愁的对象，而且许多农村人在认识到现代化和城市化的弊端后，也开始重新认识农村，认识到在农村过好生活的可能。这次我们的调研也能看到，并不是所有的农村人都想到城市去的。

张：而且村民似乎也因我们的到来而有所变化。

赵：暑期班有一组做婺剧调研，他们到胡源乡上坪村后，参加婺剧老艺人焦点小组的村民们马上就讨论了起来，勾起他们自己对历史的思考，都忘了调研小组的存在。我们的进入使得他们作为戏剧生产者的主体被唤醒。我们关于潘天寿在仁岸岁月的调研所产生的部分成果，是希望对村里有用的，而我们的调研过程，也激发了仁岸村民希望写自己的村史的愿望。

我们的进入勾起了乡村主体对自己的思考，主体意识被唤醒，使得乡村意识到自己有被研究和被书写的价值。但我们也要随时反思我们的进入对当地的打扰，虽然我们认为自己是在为中国的国情调研出力，或者在培养学术后人，而且基层干部和群众也很把我们当回事，为我们的调研做出了很多贡献，但是我们的到来的确增加了当地的负担。从一定意义上，当地干部群众并没有配合我们的义务。

在暑期班的设计中，我们尽力尊重当地干部群众和注重平等交流。我们邀请了一些民间文化活跃分子来听暑期班讲座，并把我们的资料与他们分享，这也给他们带来了讨论的机会。我们的到来也给这里创造了一种知识空间和氛围、机遇。你很难想象这会给他们带来怎样的赋权或者赋能。总之，一方面，我们向村民学习，另一方面他们也因为我们的存在而更觉得考虑文化研究、知识讨论的重要性和可能性，这是一个互动的过程，大家都在互相学习。

张：其实，变化更大的可能是暑期班学员，很多学员都说暑期班改变了自己。

赵：确实，最重要的是我们自己这群人受的洗礼和转型。有很多同学不经意就暴露出自己的城市中心主义和对另一个中国——乡土中国的知识的贫乏。连基本国情都不了解，谈什么为国家和社会提供有指导性的知识？比如，有一位学员,当她看到授课老师的访谈对象全都姓马,以为访谈的只是姓马的一家人,并以此为根据提出研究的客观性问题。这个例子太典型了。一方面,对我国南方很多单姓村的背景知识不具备,另一方面,对社会科学关于什么是客观持一种幼稚假定,认为访谈的对象必须是抽样的。这里所显示的知识分子对农村知识的缺少,以及学者对客观抱持的只有抽样才合法的僵化方法论崇拜,非常值得我们反思。

很多学员来之前对乡村的想象基本是负面的。一位山东大学的学员说,以前对乡村的想象倾向于负面,现在看到无论村民的政治经济状况如何,总体来看生活都是向上的、乐观的。在笕川村做"美好生活"调研的小组,看到的情况比较正面,他们就开始担心,因此就使劲想:为什么我们看到的都是好的?其实他们在报告中已经提出很多问题了。还有北山村电商调研组也有类似的疑问:提供的资料会不会出于正面传播的需要被筛选过?这肯定是会有的,但我感觉至少经过这次暑期班,大家对农村不会简单重复"回乡体"那种村庄败落的叙事。

张:暑期班最后一天,每个小组都做了调研成果展示,您如何评价初步调研成果和此次暑期班?

赵:首先,暑期班对学员们不论是开阔视野、深化对城乡关系的认识,还是在方法论上,特别是民族志方法和田野调查的接触上都是非常有利的。几乎所有学员都认为这次跟中国农村和农民的相遇改变了自己,是对灵魂的洗礼,对"三观"、学术立场起到了非常积极的作用。有小组在最后三天时间居然写出一万多字的报告,这让我非常感动。大家都带着开放的心态,愿意吸收、改变,他们不是教条的牺牲品,而是通过自我反思和自我学习,不断超越自己的盲点。

其次,调研成果可喜可赞。虽然题目是我定的,但每个小组在如何展开和深入方面都做得很出色,每个调研题目都考虑到是谁在受益、共同体内部的平等等政治经济视角的核心问题,以及学者的人文价值的关怀。调研报告还涉及农民主体性、文化内生性、国家和政府的角色等问题,并且在分析中达到一定的深度和广度。总之,选题成功固然重要,大家在执行过程中的创新性和系统性,以及为此付出的努力更不可或缺。看到这些有学术价值的题目被执行得如此好,我真的抑制不住激动。可见,一旦大家克服了知识上对农村的盲点,一旦我们搭建起让青年学人进入村庄的桥梁,农村真是传播学术希望的田野。虽然学术圈有浮躁和急躁等各种问题,但通过这个暑期班,我看到了,希望就在年轻学者的身上。

我参加过很多"高大上"的暑期班，我认为这次暑期班在授课内容上、组织形式上和学员的认真程度上，都是前所未有的。我们有理论有实践，是真正的研习营。我们的全球视野和城乡关系视野，学院内外专家的结合，学员们的开放心态和学习能力，还有大家的团队精神和钻研劲头，都令人耳目一新。同时，这么大规模的田野调研也可能前所未有：带队老师和学员共有四十多人，分八个组下去，基本上遍布缙云的各个角落。所有这些，现在想想都让我觉得振奋。

四、跨文化传播政治经济学：碰撞中产生新的可能性

张：这种从全球层面纵贯至村庄的思路／学术框架，与您提出的"跨文化传播政治经济学"（transcultural political economy of communication）这一学术创新是否互为表里？

赵：你说得很对。我首先在西方接受了传播政治经济学和文化研究的理论框架，但我认为，在西方两者都存在西方中心主义的问题。批判传播政治经济学也往往头重脚轻，缺乏对社会机理的深度分析。我和印度裔同事查克拉瓦蒂（Paula Chakravartty）一起提出的"跨文化传播政治经济学"的框架，是一个开放、动态、超越线性历史观和东西方二元论，同时结合了政治经济分析和文化研究分析路径的学术框架。正如我多次提到的，这里的跨文化（transculturation）概念，包含了转型（transformation）和培育（cultivation）之意，是指不同的政治、经济、社会、文化体系在相遇和碰撞中擦出火花，产生新的社会文化形式的可能性。冲突和碰撞不一定都是坏事，当然，因为不平等是现实世界的常态，碰撞也往往不是势均力敌的过程，但由于在碰撞中，社会力量被动员起来，有可能产生新的社会文化形式。前面我们讲过世界是不平的，世界体系中存在阶级、民族国家间、城市与乡村、中心与边缘的冲突，这个冲突的过程可能产生新的形式。从大的方面看，比如鸦片战争是西方工业文明与中国农耕文明之间的冲突，但正是1840年以来的一系列冲突，导致了一百多年后1949年中华人民共和国的成立。从小的方面看，比如这次暑期班调研，在与缙云乡土文化的相遇和碰撞中，我们自己的思想得到转型，焕然一新。很多暑期班学员说自己对农村、乡土、城乡关系的看法变了。正因如此，我还真有一种培养社会主义学术新人的感觉呢。

张：除了学术研究创新，近几年来您的很多精力花在搭建学术平台上，比如去年首届"河阳论坛暨'乡村、文化与传播'学术周"的时候，您尝试"跨

学科理论与实践相融合的学术模式"。

赵：是的。我希望克服理论与实践脱节的局面，真正践行政治经济学传统的实践性。很多传播政治经济学者在描述数字资本主义的逻辑，同时也说这个逻辑不是绝对的，社会抗争力量一直存在，但学者参与社会实践的途径需要开拓。作为一个传播教育工作者，我觉得在传播教育方面也应该有所创新。基于这个原因，我牵头办了中加全球传播双硕士项目，这是在学院体制内部的教育创新项目。在学院之外，我创办了河阳乡村研究院，地点就在缙云县河阳村，因此也就有了今年走入中国农村的国际暑期班。

我希望河阳乡村研究院是一所开放的大学，通过搭建河阳论坛和短期暑期班这样的平台，吸引中外学者做城乡关系视野下的传播研究。今年我们办的是四校联合国际暑期班的第八期，也是我在缙云探索办学术工作坊的一个尝试。所以，在我心目中，这个第八期也是我今后计划办的缙云学术工作坊的首期。我希望利用自己的条件，为有兴趣的年轻学人搭建一个从全球纵贯到村庄的学术平台，以此促进中外学术交流和探索中国传播学创新的路径，尤其是为克服传播研究的城市中心主义、西方中心主义以及技术中心主义探路。

张：您来自乡村，现在又利用自己在乡村的根为大家搭建学术平台。与您相反，有些人不愿承认自己农村的根，在学术圈中，没去西方发达地区"镀过金"，似乎也不好意思说出来。

赵：对于乡村问题和城乡关系视角的重要性，我自己也在不断深化认识。这么多年来，我们国家去美、英等地访学的学者和学生，比来农村进行基层调研的学者和学生可能还多。什么时候，有更多学者和学生愿意下基层调研，而不是只想到国外"镀金"，我们国家社会科学的创新就有希望了。当然，作为一个得益于国家留学政策，而且也一直在国外工作的学者，我不会把两者对立起来，最好是一年到外面去，一年到基层调研。当然，这个基层可以是城市社区，也可以是农村。但我们现在更多想到的是到外面去，而国家的学术机制也硬性要求你出去，而不是下去。

理工科的前沿在西方实验室里，但人文社会科学研究需要带着中国的问题深入基层，深入乡土中国、城市社区，积累大量的经验事实，需要深入中国社会的底层和最基本的单元来做学术研究。这次暑期班学员中有来自哈佛大学、西门菲莎大学、西敏寺大学、爱荷华州立大学、伦敦政治经济学院、天普大学等的十几名中国留学生，这是很可喜的现象。这些学生在国外除了理论学习，基本上也是要研究中国的，我希望为他们提供一个进入"乡土中国"的切入点，使学术研究不仅是全球的，也是扎根中国的。

实际上，西方好大学的本科生往往有国际调研班（International Field School），中国也是这些国际调研班的重要选择地。我希望能在缙云建成一个有接待能力的国际学术基地，为国际学生深入了解中国的"另一半"——农村创造有利条件。

张：很多人到了"知天命"的人生阶段会更趋于循规蹈矩，但是这两年您反倒更多地突破书斋，走出学术圈。您是否在尝试以自己的行动来搭建一种知识分子与农村的桥梁？试图减少"三大差别"？

赵：到了"知天命"的阶段，才深刻意识到生命有限，学海无涯。因此，我决定做自己最想做但还没有做的事。缙云有人说，为了回家乡做事，我架子没有，面子也不要。这还真说对了。知识分子与乡村的关系是城乡关系的重要部分，把知识分子和乡村连接起来，是缩小城乡、脑体和工农之间三大差别的一条路径。对我来说，回乡村的过程也是我自己受教育的过程和寻找新的理论突破口的过程。

不管是初次"相遇"，还是像我这样重回农村，我相信学者能得出我们自己对中国农村现状以及农村何去何从的判断，并以此作为判断中国何去何从的一个切入点。像我们前面所说，互动是多层面、多主体的，通过"相遇"、碰撞来互相改变。这次暑期班做的东西，有些就是为乡村建设出力的。同时，有的学员重新得到了洗礼，重新认识了农民，重新激发了研究思路，甚至改变了自己的研究方向。我在加拿大的一位博士生去年夏天来了一趟，就不打算写原来的跨国离散群体如何理解"好生活"了，而改为城乡关系视野下的"好生活"问题了。今年他更进一步，在最后的调研展示时说，这是一个"相遇、相知、相恋、相守"的过程。当然，我也没有想把所有人都改造成"新乡土主义者"。我只是希望让大家能够接触到这些，然后自己进行选择。

聚焦一个地方，可以像一滴水，折射出太阳的光辉。我希望，今年暑期班的尝试有"范式创新"的引导意义。虽然暑期班落地在缙云，但缙云农村与其他农村是相通的，有些调研是可以在其他地方复制的。去年在河阳论坛上，我提出希望探索一个"跨学科理论与实践相融合的学术模式"，在去年的基础上，今年在传播教学方面，我们有所创新。

张：按现在流行的说法，这是否因为您的情怀或初心？

赵：是的。是情怀或初心，也是我们这代人的特殊的历史使命和责任。我们是唯一经历了人民公社时期的农村、1980年代的改革开放，并且从农村到了城市甚至西方的一代，我们曾经是"八十年代的新一辈"。如今，我们这代人到了功成名就的时候，同时也面临自己的后半生何去何从的问题。现在中国发展到了转折点，弥补城乡鸿沟、把断裂的城乡关系连接起来，是我们这代人前无古人后无来者的历史使命，因为如果我们不做，我们的儿女们很可能就不会回来做了。

我回来看到了农村的空心化，看到了资本的力量和消费主义的力量，但也看到了政府的力量、农民的力量，看到了中国自主走出一条生态社会主义的道路，并通过探索这条道路，对人类做出较大贡献的可能。这应该是我的"新地球村"想象的核心吧。

32 乡村、文化与传播：一种研究范式的转移

如果张志华的以上两个采访是"局内人"间的对话，那么，《教育传媒研究》编辑林安芹的这篇采访，则需要我对自己的学术取向和学术视角向一个"局外人"做更多的解释，并在此过程中有更多的反思。我事先并不认识林安芹编辑，也没有听说过《教育传媒研究》。2017年3月15日，她通过微信联系我的时候，我才知道《教育传媒研究》是中国教育电视台2016年创刊的，其中有个"对话高端"专栏，而她希望我成为这个专栏的采访对象。

我当时在北京。因为我3月23日下午要从北京去杭州，就把采访安排在那天上午。她事先发给我的采访提纲把"乡村文化、媒体、传播、国际人才"列为"关键词"，我们整整聊了一个上午。由于言犹未尽，林安芹也对河阳论坛感兴趣，我就邀请她观摩了2017年4月13到16日的第三届"河阳论坛暨'乡村、文化和传播'学术周"。回到北京后，我们于4月23日进行了第二次对话。两次采访的原始录音文字整理稿有8万字左右。以下是经林安芹编辑摘要和我修改定稿，最后发表的两万八千多字对话。本文分上、下篇分别发表于《教育传媒研究》2017年第4期第11—17页和第5期第24—32页。

一、学者最有意义的问题意识往往来自个人的情感

问：赵老师，您好！开始关注您，是从关注河阳论坛开始的，想请您介绍一下河阳论坛的情况。

赵月枝（以下简称"赵"）：我很惊喜你听说过河阳论坛。河阳论坛听起来像个学术会议，但实际上我是有一些不同想法的。首先论坛是以河阳这样一个村庄的名字命名的，这是浙江省丽水市缙云县新建镇的一个村庄，现在是全国乡土建筑重点文物保护单位，也是住建部等部门颁布的第一批传统村落之一。全国第一批传统村落有600多个，河阳是其中一个。

为什么选那里呢？那里是我的故乡。我出生的小村庄叫岩山下，与河阳只

隔一条小溪，岩山下在21世纪初的并村过程中被并入河阳，成为一个行政村。历史上，河阳是江南很富庶的一个村，有许多富商，有非常好的民居和祠堂建筑群。我在那里上的初中和高中，当时我的学校就在古民居最有标志性的马头墙边上。我上学天天穿越河阳的大街小巷，当时不知道这个村有多么特殊。我出国以后的二三十年间，村庄经历了剧烈的转型，出现了空心村的许多特性，后来变成了中国快要失去的农耕文明的象征。中央电视台纪录片《记住乡愁》的第一季，其中一集就拍了河阳。2016年的央视春晚上，有一首叫《乡愁》的歌，背景影像里也有河阳的镜头。就这样，这个我小时候十分熟悉的村庄一下成了"乡愁"的符号。因为这个正是我的学术兴趣所在，而且我也在河阳成立了一个叫河阳乡村研究院的小小民间学术机构，我很自然地把这个论坛取名叫"河阳论坛"。

一方面，河阳是我熟悉的地方，是具体的；另一方面，河阳于我又是陌生的，是抽象的。我希望用"河阳"这两个字代表乡土中国。论坛以讨论为中心，所以河阳论坛就是讨论乡土中国何去何从问题的平台。我曾说过，15岁时我离开河阳到北京上学，可以说是背对村庄走向都市；21岁时我从北京去加拿大留学，背对中国走向西方，说起来也算是从村庄走向了全球。不过，在求知的道路上，我没有停止，继续前行。因为地球是圆的，所以走着走着，现在到了"知天命"之年，又回到浙江缙云，面对村庄了。

问：又走回来了，从出发点回到了出发点，不忘初心。

赵：对，绕了一圈以后，就变成了又面对我的村庄，面对乡土中国了。当然，对于河阳，我现在希望能达到的应该是"看山还是山"的境界。从某种意义上说，我聚焦城乡关系和乡村，是这个村庄在召唤我的结果，而当它召唤我时，是以让我震惊的"看山不是山"的景象出现的。

传播技术与社会发展是传播研究的一个重要问题，我自己一直在写这方面的研究文章，也从批判传播学的角度谈媒体与城乡鸿沟、农民的话语权、"村村通"、文化下乡、新农村建设等议题。正如我几年前在与沙垚的一个访谈中已经提到过，大概在六七年前，一个媒体故事让我非常震撼，不仅一下子使传播技术与社会发展的问题变得具体，而且一下子把我拉回了老家。那是一个周末，我在温哥华去超市买东西，店里有华文报纸，我拿来一看，头版头条故事讲的竟是浙江和云南三个24岁的中国青年网络相约自杀的故事，而他们相约的地方就是我的老家缙云新建镇，其中一位就是河阳村的24岁回乡大学毕业生。我当时真的心都快碎了，这是怎么回事儿？都说学术是理性的，但是，在我们中国传统文化里，情和理是联系在一起的，情理情理，情在前面。实际上，正如我非常敬佩的海外华人学者黄宗智教授在总结自己的学术道路和体验时所谈到的那样，学者最有意义的问题意识往往来自个人的情感。这个故事使我对乡村和现代传播的问题以及更大意义上的乡村何去何从的问题有了进一步的理性思考，也有了更强烈的"生活世界"和情感驱动。当然，乡村不是孤立的，我也不希望自己从此被认为只是搞乡村传播，在城市传播、健康传播、环境传播、新媒体传播等领域再加上一个乡村传播，从而把整个传播领域分得更细，搞得更碎片化，不同的人占不同的"山头"。我的想法是，不管你具体做哪个领域，整个中国的传播研究都需要一个城乡关系的视野，环境传播离不开乡村问题，健康传播也离不开乡村问题，更不用说新媒体了。

城市和乡村是中国社会的一体两面，它们是一对相互关联的概念。我做河阳论坛，首先是希望把河阳这个地方当作乡土中国的一个代表和象征，使传播研究有一个城乡关系的视野。实际上，到目前为止，虽然我每次都会带学者去河阳观摩，也在河阳举办过小型的座谈会，但是河阳论坛还没有在河阳村正式举办过，因为这个村庄现在还没有接待100多人学术会议的条件。我把它叫作河阳论坛，不是河阳传播论坛，主要是希望强调一个跨学科的理念，也就是说传播研究需要一个跨学科的视野，需要有政治、经济、社会、文化和生态各个层面的一个考量，需要与其他学科对话。正是从这一考量出发，我隐去了"传播"这个词，希望跳出传播论传播，把这个论坛办成一个以文化和传播议题为核心关照的跨学科学术平台。当然，在一个宾馆或者大学校园开一个学术会议，跟到乡下去开一个学术会议，语境是不一样的，我把学术会议开到农村，是希望中国的学术、中国的整个知识界都有一个乡村关怀。总之，我希望这个会议是一个有城乡关系视野的会议，一个跨学科的会议，更重要的是，我希望它是一个有实践取向的学术活动。知识分子需要走出书斋，需要与社会结合，也需要到农村去。中国革命是知识分子与工农相结合的结果。以知识分子为主体的百年的乡村建设实践，有丰富的经验与教训。改革开放前，知识分子被推向农村；改革开放以来，知识分子以回到象牙塔和面向西方为主；今天，中国的哲学和社会科学要有自己的主体性，又到了一个知识分子必须与中国社会，尤其是与乡土社会相结合的重要机遇期。

为了让学者们，尤其是年轻的学生们对乡村有一定的体验，每次论坛开始前，我们都安排了村庄观摩和乡土文化体验环节，让学者们哪怕是走马观花，也能看一看乡村具体是什么样子，有什么样的民俗，空心化程度如何，新农村建设有什么内容，遇到什么问题，等等。我每次邀请的参会者，除了跨学科的学者外，还有其他三方面的人：一部分是当地社会各界，比如讨论一个村庄，就尽可能把那个村庄的书记、村主任和相关人员请来讨论;另一部分是县里相关部门和乡镇的领导,让他们就相关问题参与讨论;最后还有一部分是缙云本地的文化研究专家和乡村文化建设的活跃分子,让他们与学院派的学者互动。总之,在论坛期间,不同的群体通过会前观摩环节和会上讨论互动进行不同话语体系和视角间的交流,加深对乡土文化和城乡关系的认识。也就是说,河阳论坛不是一般的学术会议,它是一个立体式的学术实践,我所尝试的,是一种跨学科理论与实践相结合的新型学术模式。

二、从西方中心主义到"全球南方"视角

问:听了赵老师的介绍,,我对河阳论坛有了更深的了解,的确,河阳论坛与国内高校举办的许多论坛很不一样。

赵:没错,很不一样。

问:为什么会有举办河阳论坛的想法和初衷,除了您刚才谈到的故事,举办河阳论坛是不是也是基于您的国际研究视野?

赵:应该是。我刚才说自己绕了一圈,又面对乡土中国,这里还有一个层面,那就是,当年离开乡土是为了读书,现在回到乡土,虽然书还是要写的,但最主要是希望做参与式行动研究。这是社会科学研究方法中的一种,它超越了一般社会科学把研究者与研究对象分开,把知识和行动,也即把认识社会和改造社会分开的理念和做法。它认为,研究者不应该是一个局外人,到某个地方做一些调研,资料搜集好了,论文写好了,发表了,与被研究者也就没有什么关系了。相反,研究过程应该是研究者与研究对象间一个互相了解和互动的过程,在研究过程中,研究者与研究对象一起发现问题、讨论问题、解决问题。总之,这里有一个研究者和研究对象相互赋权、共同进步的维度。对我自己来说,回乡村做研究是一个重新学习的过程。这不是谦虚,是我自己的真实想法。

我回到农村做研究,还有学术"去西方中心主义"的原因,希望自己的学术有"全球南方"的视角。"全球南方"主要不是一个地理上的概念,而是一个文化政治概念,是"南南合作"意义上的"南方",就是要关注以前说的第三世界,现在实际上就是所有的不发达地区,或者说被全球化边缘化的另外一半,不管在哪个国家。

西方批判学术界去西方殖民化的努力方兴未艾,继印度后殖民学者查克里巴蒂"行省化欧洲"的呼吁后,一些学者提出了"南方理论"(the southern theory)和"南方认识论"(epistemologies of the South)。对中国来说,这个意

义上的"南方"就是广大的乡村和边远地区。乡村与发展问题在传播研究历史上是很重要的领域，但是慢慢地，尤其是1980年代以来，整个领域已经变得非常都市化，或者"市民社会化"。对于中国传播来说，都市中心主义与西方中心主义是一体两面的问题。

2010年，我应邀去台湾嘉义县开了一个台湾传播学界的年会，那个会议的主题就叫"向东看，往南走"。什么意思呢？台湾传播学界以前主要是向美国看，现在有学者倡议向东看，就是向中国大陆看，向更广义的东方世界看；往南走，是指相对于台北这个都市而言，嘉义在南方，在边缘，再引申出去，就是"全球南方"。于我而言，"向东看，往南走"是传播学术研究一个方向性的转变。台湾学者比大陆学者更早接触美国的主流传播学，他们中的批判学者在对西方学术前沿的感知方面也走在大陆学者的前面。作为一个在西方这么多年的批判学者，我为华人传播学界的这一新发展而高兴，我也很有幸自己第一次去台湾就在这样的一个会上做主旨发言。

在西方学术界，我不仅深感"去西方中心主义"的必要，而且也在尽力而为。2013年，我所在的加拿大西门菲莎大学举办40周年院庆，我当时是副院长，负责组织院庆的学术会议，当时提出的题目就叫"传播与全球权力转移"。权力转移实际上有好几个层面的含义，最表面的含义是东、西方国家之间权力关系的变化，美国的衰落和中国的崛起是常常被引证的例子，其次是与互联网相关的个人和机构，尤其是国家之间的权力关系的变化。就在我们开会刚结束时，斯诺登就因曝光美国国家机器的信息监视网络成了全球新闻人物。还有一个层面的权力转移，就是知识范式的转移，这里最重要的就是从西方中心主义的知识范式向不同的知识体系，包括前面提到的"南方认识论"和传统知识体系的转移。在我们的院庆会上，我们请来了几位原住民理论家做主旨发言。从人与土地的关系到传统的生态理念和原住民的正义观，这些学者向我们展示了他们的理论前沿。

我办河阳论坛，把缙云的乡土文化专家请上论坛，在一定层面确实是前沿批判学术理论与方法引领的结果，但这又是与中国农耕文明何去何从这个非常中国化的问题结合在一起的。从这个角度看，河阳论坛应该算是一个"后现代"的学术论坛。我的目标是把这个论坛办成一个代表"去西方中心主义"和"去城市中心主义"学术方向、有全球视野和乡土中国立场的学术平台。由于种种局限，现在我还是把它局限在国内会议的层面。河阳乡村研究院挂靠在缙云县政府在河阳设立的河阳古民居保护开发管理委员会下面，是一个很草根的民间学术机构，除了行政和审批方面的局限，语言也是一个障碍，此外请国际学者无论经济负担还是接待代价也非常大。目前，与国内的学者和本地的不同群体一起立体地讨论问题，这是最重要的选择。

三、从本土化到中国视野

问：基于国际视野的这种研究范式的转变，您觉得河阳论坛对我们现在国内的新闻传播研究领域有怎样的启示呢？

赵：1980年代开始，我们引进了美国的传播学，相对于马克思主义新闻学，这是一个另起炉灶，用貌似客观和科学的传播学补充、修正甚至否定马克思主义新闻学对党性、阶级性的强调的过程。当然，我在以前也多次讲到，这也是当时的学术政治使然。但这样一来，深受美国自由主义传播学影响的中国传播学和新闻学之间，也就有了一个不尴不尬、讲不清理还乱的关系。实际上，在传播学领域，一方面，美国主流传播学的那点东西早就被各种教科书教条化了，也被当下的国内外新闻传播实践证伪了；另一方面，"马克思主义传播学"这个词汇甚至还不被认可，学界一些人还停留在对法兰克福学派、传播政治经济学、文化研究等学派片面、脱离历史语境甚至一知半解的引介中。我不敢谈河阳论坛能给国内的新闻传播领域带来什么启示，我只希望通过自己的实践，通过邀请学者同人，尤其是年轻学者与我一起实践，了解中国的国情，让中国的问题意识与西方前沿批判理论的一些启示互动，让学术与社会实践相联系，并在此基础上发展有中国立场的新闻与传播研究。记得2015年开首届河阳论坛时，有个微信报道提到，这个会议是在发展山沟沟里的马克思主义传播学。鉴于中国的马克思主义新闻学也是从山沟沟里发展起来的，我认为，回到山沟沟也不妨成为学术创新的一个切入点。我的浙江缙云老家也是革命老区，从这点上也真还有一定的历史承接关系呢。

问：也就是说，现在新闻传播研究需要有一些新的思路进行重构、重建。

赵：对，需要重构、重建，而这首先是一个学术立场的问题。历史上，我们有马克思主义新闻学、无产阶级新闻学以及以延安《解放日报》改版等重要新闻实践为核心发展起来的中国共产党的新闻思想。这一套理论曾经有非常明晰的学术政治指向、社会变革的主体和乡村社会基础。在这几十年的改革开放中，中国产生了两三亿进城务工人员，我们这个学科与这两三亿人有什么关系呢？新闻和传播学科又是如何关照"三农中国"呢？面对当下的中国社会，我们的研究与什么样的社会变革主体相关，我们的"客观"学术是相对于什么群体、什么样的社会结构呢？

问：在这种比较复杂的语境下有没有可能形成我们自己的一套传播理论体系呢？您对此有哪些方面的思考？

赵：这是一个难题。我们一直在说传播理论的本土化，许多人也在努力，但是，这么多年了，好像也没有产生有影响的本土化理论。我觉得，最关键还是回到我前面说的如何认识中国的问题。中国是什么？什么是中国？中国在世界中的位置是什么？如前面提到，我们有小一半人口在农村，还有两三亿在流动。一方面，中国在全球体系中的位置还悬而未决；另一方面，中国又要建设社会主义。这样的一些基本国情应该是建立我们本土传播学的出发点。当然，"本土"也不是没有被全球资本主义"玷污"和整合的"本土"，不是一说"本土"，就与"全球"对立。把前面谈到的"去西方中心主义"问题深入一步，在"我们"与"西方"对立的表面下，是阶级政治、国家性质和发展道路问题。比如，加拿大的斯迈思到中国来时，他的身份是西方学者，但是他问的中国发展道路问题，既是国际社会主义运动的问题，也是中国本土的问题。

总之，我们不能抛开国家的性质，一个国家在世界体系里的位置，一个特定的社会主体在一个国家里的位置，以及一套学术理论是以谁作为知识主体、以谁的利益和谁的关怀来切入问题。也就是说，更关键的是阶级和政治立场问题。

问：那么，您觉得作为知识分子或者学者，需不需要定位自己的政治立场？

赵：去政治本身就是一种政治，莫谈国事也是一种立场，立场可以鲜明或不鲜明，可以直接或者间接，但你不可能没有政治立场。当然，我们现在培养出来的许多硕士生、博士生，可能早就把"去政治的政治"内在化，觉得学术就应该这么做，否则就是政治化，就没有合法性。总之，不是学者可以不可以有立场，而是学者有没有明晰的学术政治立场，是不是"政治无意识"的产物。我觉得最关键的是学者对自己的方法论、立场有一个自觉的、具有反思性的认识。

问：您现在的身份可能比较特殊，您在国内读书然后又到国外去，现在是一个国际学者，我想知道您坚持一个什么样的立场呢？

赵：毫不隐晦，我是在马克思主义这个基本框架里做学术的，但这不是教条的或一劳永逸的马克思主义学术教条，而是动态的、历史的，像斯图亚特·霍尔说的那样，是"没有保证"的马克思主义。作为一个来自东方国家，更准确地说，来自乡土中国的学者，如何处理马克思主义在人与自然、城市与乡村、农民与工人之间的关系问题，于我非常重要。

我在国内接触了马克思主义的基础理论，在大学时代也接触了当时被新介绍进来的马克思的《1844年经济学哲学手稿》，也关注过当时的人道主义与异化问题的讨论，到西方以后，我接触最多的是西方马克思主义的各种流派，以及后现代主义和后殖民批判理论。以这样的学术背景，我不可能对自由主义的新闻传播理论没有批判。不过，随着我对各种西方马克思主义思潮理解的加深和中国问题意识的强化，我也对西方传播政治经济学的局限性，它的盲点和西方中心主义的偏颇，包括城市中心主义的偏颇，有了更深的认识。我也在吸收后现代理论和后殖民思想家对西方现代性批判的同时，意识到中国现代性道路与印度和拉美的后殖民现代性道路的不一样。中国不仅有几千年的持续农业文明历史和农耕文化积淀，还有与印度和拉美等国家和地区不一样的社会主义现代化实践。

到目前为止，全世界还有一小半的人口是农村人口，传播理论怎么样去面对农业社会、农民社会，怎么样去面对现在的生态危机，面对"无根的现代性"所带来的意义危机和共同体的危机，这些都是非常棘手的问题。更重要的是，正是我自己作为一个从中国来的传播学者与西方学术界的种族主义和冷战思维在"生活世界"里面对面的"碰撞"，以及自己与西方社会中的来自不同非西方国家的后殖民批判学者的交往，使我对西方马克思主义，尤其被我们国内称为"白左"的学术立场的局限性有了更深刻的认识。同时，我也意识到，作为一个来自中国的学者，我也不能简单地把主要基于印度等后殖民社会的"底层"理论照搬到改革开放后的中国。

在温哥华不列颠哥伦比亚大学，关注中国知识界的汉学家齐慕实说我是想把马克思主义理论和各种"后学"相结合的华人学者之一，我的确是这么努力的。

四、从全球视野到媒介与乡村

问：听了赵老师理论上的一番讲述，虽然许多东西我还没听得特别明白，或者说这个逻辑关系我还没搞清楚，但是我有一种感觉，您是从这些理论都涉猎后，回到了我们的乡村社会，做乡村研究，希望在国际上给人一种中国视角。那么，在这个特定的情境下的一种乡村文化研究，您觉得能不能为我们现在传播学的研究或者是文化研究提供一个新的范式呢？

赵：这个问题很有意思。我研究的乡村文化，更具体地说，河阳和周边的乡村文化，不是孤立的，更不是"前现代"的存在，而是当今世界体系里面的乡村文化，也就是说，我是从世界体系和城乡关系的角度来研究乡村的文化与传播问题的。与其说我是在做一个案例研究，不如说我是在一套从全球到村庄的政治经济和社会关系中，从人与自然的关系中，来理解乡村文化变迁的。

在讲课的时候，我多次给学生看一张照片：我出生的那个院子的走廊上，我的堂姑姑在做来料加工，装配出口到国外的塑料玩具上的小玩意儿。这是中国的乡村，但这也是中国这个世界工厂的最小的车间——一个老年农村妇女的"装配车间"。也就是说，如今，虽然生我养我的村庄还在，但是，连我小时候成长的走廊也成了世界工厂的最末端了。走廊的后面是我出生的房间，里面杂乱地堆满了我父母用过的农具。我可以说，我是在做一个村庄的案例研究，但我无法具体指出这是什么案例。面对这样的场景，我更感兴趣的是，今天中国的乡村，与全球资本主义有什么样千丝万缕的联系，它又会有什么样的未来？从这个角度，这个场景就不是案例，而是这千丝万缕联系中的一缕，也是寻找未来可能性线索的地方。在远离义乌的地方，你可能找不到这样的劳动场景，但我们都听说过华西村和曾经的"艾滋病村"。不同的人，不同的村庄，是以不同的方式与世界体系发生联系的，这种联系有它转型的可能性，比如，有一天，我的堂姑姑不再靠做她认为是"垃圾"的来料加工补贴家用，而是通过村里的妇女合作社，把她年轻时会做的一些"女红"手工活教给年轻人，从而在恢复本土工艺和物质文化的同时，也形成新的乡村经济。

我带的团队在缙云研究不同的村庄里的不同文化现象：有的研究一个村庄是如何通过建设花海壮大集体经济和进行美丽乡村建设的，有的研究陈凯歌的《道士下山》这部电影是如何重构缙云的一个风景区的，有的研究传统民俗是如何传承的。与此同时，有位我在温哥华刚带过的国内联合培养的博士生，在那里忙着建立理论框架，研究北京很"高大上"的望京跨国社区里的传播和文化现象。她原来接触的文献是国内很时髦的"城市传播"，可是觉得我的城乡关系视野和乡村研究对她有启发，出去以后，在介绍她看西方"全球城市"文献的同时，我建议她用城乡关系、阶层、性别、族群的交叉视野来分析她所研究的社区。从一定的角度，我们研究缙云的乡村，跟她研究望京在理论和方法上是相通的。

我不认为我的案例代表某种普遍性，但我希望这套方法，这套从全球到村庄、从村庄到全球的整体性研究思路对别人有所启发，也即研究范式层面的启示。我可以研究村庄文化与传播，别人可以研究进城务工人员的文化，也可以研究望京社区里的中产阶层文化，甚至可以研究温哥华移民社区里阶级、种族、性别这些因素是如何复杂地交集在一起，构成特定时空的全球资本主义文化图景的。我把这个从全球到村庄、从村庄到全球的整体视野和立体的、动态的研究取向，以及不同的政治经济和社会文化体系在不平等的条件下碰撞和交互，产生新的社会文化形式和意义的可能性的分析叫作跨文化传播政治学的视野。这个框架可以用于国际层面、东西方关系层面的研究，也可以用于研究城乡之间的关系，以及不同的群体和个体之间的交往和碰撞。

问：您研究河阳文化也好，研究温哥华也好，您觉得媒介在这里发挥怎样的作用？

赵：媒介是传播研究的核心，但是，我对媒介中心主义或者说技术中心主义的偏颇非常有警觉。实际上，我们最重要的媒介是我们的舌头，从人类传播发展历史的角度看，语言是一种最基本的传播媒介。然而，我们的技术中心主义是如此强烈，以至于一到农村，第一个问题就是新媒体给农村带来了什么。实际上，一旦进入村庄，进入村庄的日常生活，你就会发现，任何一种技术都是嵌入社会关系的。我有一位加拿大的博士生，他刚开始对新媒体很感兴趣，希望了解新媒体能给农村带来什么变化，可是，一到河阳，通过几天的焦点小组访谈，他就发现年老的农民经常提到有线广播。这是否就是一个媒介形式问题呢？也不一定。他们真正怀念的并不是有线广播这一媒介形式，而是这种形式所体现或者参与构建的那种社区共同体的生活。在当年的农村，有线广播影响人们的作息和劳动时间，它因转播中央人民广播电台的《新闻与报纸摘要》节目而把农民与国家连接在一起，它还提供许多本土消息：省里怎么样了，县里怎么样了，乡里怎么样了。它还提供农业知识和非常本土化的娱乐，如地方戏和方言故事等。与此相关，是当时人们作为生产队社员和村庄共同体成员的集体身份认同，甚至某种程度上是对集体事务的参与感。

所以我跟这位博士生说，这些农民思念有线广播也许只是表面现象，他们思念的也许是那样的一种传播环境，在那里他们有一种对国家和社区共同体的认同，甚至感到自己的声音能得到某种反馈，包括那种广播通知大家去开社员大会的体验。如果新的媒体能给他们带来这种感受，他们也不至于思念有线广播。总之，他们缺少的是一个能表达自己心声的平台，一个主人翁的感觉。不错，当年开社员大会的时候，广播也就是通知你一下，也是居高临下的，但是，起码在形式上你还是被召唤了，还是参加了社员大会了。社员大会代表的是一种民主的、参与性的大众民主生活，而恰恰当年是有限条件下的有线广播成了这种大众民主的象征，或者说一种中介。在"冷战"传播学框架里，有线广播往往与没有个性的大众宣传联系在一起，甚至与共产党"洗脑"联系在一起。但是，这些农民对当时的广播的思念，实质上是对真正的民主传播的一种期望，或者对参与式政治经济民主作为一种生活方式的期望。这个才是核心的东西。再往下深挖，讨论的焦点就是群众路线作为中国共产党的政治传播路线的过去和现状问题，而不是媒介的问题了。以我的理解，作为一种政治传播的模式，群众路线涉及上级党政干部与基层干部之间、基层干部与群众之间的政治传播关系，媒体是这种政治传播关系的重要中介力量。

由于现在生产上分田单干，生活上媒介成了消费品，大家或在家看电视，或在"移动的私有化"条件下用微信。媒介技术更先进了，但是在村庄共同体日趋式微的条件下，微信"朋友圈"是代替不了当年的生产队所提供的归属感和政治参与感的。更何况，媒介技术变迁所带来的影响需要政治经济和社会层面的分析。比如数字电视整体平移后，一些村民发现费用更高了，于是，一些低收入的农户选用卫星电视，装一个"锅"，指望两三百元钱就一劳永逸地解决看电视的费用问题。但是，卫星电视没有本县的和本市的频道，结果是，这些家庭可能看到非常专业和小众的卫星电视频道，看自己本县的新闻则需要另外的途径。这样一来，媒体离农民就更远了，他们也就更怀念有线广播了。

总之，虽然作为学者，我们是有专业的，我是传播学者，不是教育学者、经济学者，然而作为社会生活主体的人们，对生活的体验往往是整体性的。比如，有一次我们去一个边远的山区做调研，我们说："我们是做国情调研的，希望知道电视给你们带来什么，电脑给你们带来了什么，你们有什么政策建议。"结果有农民对我们说："搞什么媒体，有本事把我们村的小学弄回来！"由于撤点并校，山村小学没有了，父母把学生送到很远的地方，甚至上幼儿园也要送到别的村庄。对于一个村庄，相对于学校而言，媒介不是最重要的。当然，我们也不能因为这样就去研究撤点并校的后果问题，但是你会意识到，在农民的生活里什么东西是最重要的，什么东西是次要的。有了新媒体，但是没有了小学，对村庄发展来说实际上是变坏了。即使只聚焦媒介，虽然我们认为新媒体是最重要的，但实际上在农村，地方戏、民俗活动依然很受欢迎，在村庄共同体的维系方面起着重要的作用。

问：的确，语言、文字、广播等传统的媒介在交流和交往中发挥着非常重要的作用。您刚才谈到了民主式参与的一种生活方式，您觉得现在占主导地位的新媒体在建构这种生活方式中能起到什么作用呢？

赵：新媒体的发展为参与式大众民主提供了技术可能，但回答这个问题离不开对新媒体产业结构的分析，离不开对新媒体发展主导逻辑的分析。如果新媒体不断向你推送垃圾信息，培养消费主义生活方式，那新媒体实际上对大众民主的发展不一定有促进作用。

还有，对新媒体的分析离不开其所嵌入和新构建的社会关系。例如，即使从技术角度，村干部的"朋友圈"可以包含所有村民，也同样可以是一个发布信息的手段，但是现在的问题是，微信是一个私人的东西，村支部书记也好，村文化委员也好，没有理由和责任把所有人都放在自己的朋友圈里，除非村里设立负责公共事务的传播者岗位，建立了一个包含所有村民的微信朋友圈和公众号，除非所有人都用微信，微信代替不了当年的那个全村人都合理、合法能够听到的大喇叭。

问：就是说新媒介尽管现在感觉上是主体或者是主流，但是它不能替代其他媒介的存在。

赵：对，是不能替代。不同的媒体有不同的功能，对社区的凝聚力也起不同的作用。就新媒体而言，要看其传播包容了谁又排斥了谁，它的公共性和权威性如何。新媒体制造了新形式的包容和排斥，一些被新媒体排斥在外的村民，尤其是年老的村民，更多靠口头小道消息，甚至谣言来进行他们的传播。

由于新媒体的排斥性，也因为村庄的原子化、空心化，如果没有一个有凝聚力的村集体领导层，加上一些个体出于某种利益有意误导，就会导致谣言满天飞，而谣言所传的往往比现实更糟糕。因此，一方面，村庄进入了新媒体时代，另一方面，由于村庄共同体的分化，不同群体之间的信息好像更不对称，人与人之间的距离反而更远了。

问：国内现在与乡村文化相关的一个很热门的话题就是弘扬优秀的传统文化，实际上传统文化是乡村文化很重要的组成部分，对弘扬优秀传统文化您是怎么看的？

赵：弘扬优秀传统文化肯定是好的，现在提出来也体现了一种历史逻辑。中国在走过了比较激进的现代化以后，开始了对本土文化重新审视、重新认识，并在此基础上建立文化自信的过程。从文化主体性发展的角度看，这是一个否定之否定的过程。在新自由主义理念里，西方现代主体性几乎与经济理性人等同，好像大家按所谓的合同关系行事，就到了理想的市场社会了，在这样的框架里，中国的传统价值观被认为是建立所谓"真正的市场经济"的羁绊。实际上，传统与现代的对立本身是需要重新反思的，即使在西方，赤裸裸的市场社会也是不存在的，正是一些所谓"前现代"的道德、规范和生产、生活形态，使现代市场社会得以运转。更重要的是，我有些担心弘扬优秀传统文化中可能产生的文化精英主义和文化本质主义倾向。谁来定义"优秀"？如何处理殿堂里的文化和作为民间日常实践的文化之间的关系？还有，面对一个老龄化社会，能用孝道代替国家对每个公民提供最起码的养老福利吗？当然不能。另外，虽然在广义上文化可以被理解为人类学意义上的生活方式，但是，文化不是一切，不能从经济决定论转向文化决定论，我们需要的是一个政治、经济、社会、文化和生态"五位一体"的考量。比如,传统文化倡导天人合一、人与自然和谐,但是,如果我们不调节生产关系和摆正生产目的,进而让资本逻辑主导社会,如果媒体依然不断地宣扬消费主义价值观,那么,宣传我们的传统文化如何天人合一不仅不能解决问题,反而会有人把这一口号当作烟雾弹,会有机会主义地拿某些文化符号掩盖政治经济结构问题的嫌疑。

传统文化是乡村文化的重要组成部分,毕竟中华文化的根脉在农村。习近平总书记在2013年的中央城镇化工作会议上讲过,乡村文明是中华民族文明史的主体,村庄是乡村文明的载体,耕读文明是我们的软实力。到河阳走走,你真能有这样的体会。但是,回到前面提到的传统与现代不能被割裂的问题,我也一直坚持,在弘扬古代传统的时候,不应也不能抛弃中国革命传统,更不能脱离新中国的农村建设和当下的农村问题谈传统,把"地主"、"土豪劣绅"、压在中国妇女头上的"四大绳索"这样一些词汇统统忘掉,甚至用"传统文化"为在农村恢复土地私有制和新中国成立前的生产和社会关系开道。在土改的时候,河阳是个有名的地主村。没有人会认为所有的地主都是"周扒皮"和"南霸天",在河阳我们也听到不少地主如何勤劳致富的故事。但是,在我们欣赏河阳往日的繁荣和宗族文化荣耀的时候,我们也不能完全抛弃阶级分析的视野,更不能把在制度层面对生产关系的批判化解到个人故事的层面。在河阳所体现的耕读文明里,凝聚着村里穷人和周边几十里的无数雇工和佃户的劳动。对我来说,是村里的大会堂、中学,以及操场上的露天电影,等等现代公共文化设施和服务,使河阳成了现代的乡村文化中心。

五、文化的主体性与乡村发展

问:从2015年开始,河阳论坛已成功举办三届,第三届河阳论坛刚刚结束,您觉得这届论坛与前面两届论坛有什么不一样呢?

赵:河阳论坛是一个跨文化、跨学科、跨界的理论与实践相结合的学术交流平台,而且这个平台是围绕城乡关系视野下的乡村问题展开的。这点上,三届论坛是一致的。我们三届的主题有一个递进和不断深入的关系,我们每次请的各界参与者也有所不同。第一届,我们把城乡关系当作统揽整个论坛所有活动最重要的主题突出出来,同时,我们强调论坛的建设性,所以我们围绕"构建平衡互哺的城乡关系"这一正面命题展开讨论;第二届的主题是"乡土文化的复兴:机遇与挑战";今年第三届的主题是"文化主体性和乡村发展:国家、市场和民间的联动"。如果平衡互哺的城乡关系是我们整个国家发展的一个大政方针，那么从文化传播角度聚焦到乡村就是一个乡土文化复兴的问题，以及这里面的机遇和挑战在哪里的讨论。接下来就是乡土文化复兴的主体是谁、主体间的关系是什么的问题，这就当然涉及国家、市场的力量以及社会各界或民间的地位和角色。农民是乡土文化复兴的主体，但是这一过程也必然涉及国家、市场和农民的互动关系。在这个过程中，城里的知识分子可以起到重要的作用，乡村里我们请来的那些文化积极分子是乡土文化复兴的重要力量，如何发挥他们的主体性和创造性，使他们成为乡土文化建设的生力军，是一个重要的课题。

虽然这届论坛的主题与前面两届的主题有承接和深化的关系，但它的设计与前两届有一个很重要的不同。前面两届有特邀学者，但也像标准的大型学术会议一样，通过征文启事让不同的人看到后投稿和来参会，这样就既保证了论坛的目的性、主题的聚焦性和高水平参会者的思想引领作用，又保证了参会者的代表性和广泛性。但是，这一次我们没有用征文的形式。考虑到2016年在缙云办的"文化、传播和全球南方"暑期班特别成功，在调研的基础上，有七八个非常有内涵的专题调研报告，而且基本围绕文化主体性和乡村发展的主题，所以第三届河阳论坛就以这些论文为主，做成一个论文工作坊和论坛相结合的形式。

论文工作坊与大型论坛不一样，前者就一篇学者的论文，邀请不同学者分析和点评，目的是把这个问题说透，把这篇文章做好。作为这次会议的核心主题，暑期班调研报告基本是我回缙云做研究这几年提炼的一些我认为很有意思的题目，有些题目我已做了一些先期调研。为了让更多的学者参与乡村研究，我就在与一些青年学者广泛协商和酝酿的基础上，把题目分给了暑期班不同的调研小组，让他们去做。这个暑期班调研时间很短，但是由于参与者的积极投入，效果出人意料得好。这些调研小组的报告，加上我本人直接参与的乡村春晚研究，就成为这次河阳论坛的主题构架了。

问：我注意到，这次论坛，丽水学院是主办方之一，他们有许多学者参加，这也是您的设计吗？

赵：应该说是我与丽水学院充分互动的结果吧。与我回乡村做研究的思路一致，我希望跳出大城市，尤其是"211""985"高校圈的学术，能与地方院校的学者一起探讨乡村问题。具体讲，我希望通过与国内学术体系中最基层的大学——在我老家就是丽水学院的合作，把基层大学学者的研究也纳入河阳论坛这个平台，使他们的学术与国内知名大学的学者有一个更好的对接，从而在一定程度上打破学术圈的精英主义和城市中心主义倾向，让"高大上"的"211""985"学校学者与基层学校学者之间的学术关系也有个"平衡"。基层学者的研究，虽然在我们这个体系里可能被认为是低端的，但是由于基层学者在地方，他们的研究更接近乡村，也更接地气，也可能会与地方发展更相关。丽水学院的学者也很希望与外来的学者有互动的机会，虽然他们的研究都是既有的，但整合进我们暑期班报告所涉及的主题也基本切合。这样一来，这届论坛在论文主题的缙云和丽水本土视角方面就比前两届更突出，而这又更有利于我们调动和带动缙云本地的学者力量和本地的官员力量来参加。你也看到，从村支书到团县委书记，从县里的企业家到文化专家，大家都来了，而且都有非常精彩的发言。当然，在论坛的主旨部分，我们也有请来的全国知名学者。在他们的主题报告中，从云南到山西，从贵州到湖北，有基于各地经验的理论讨论。加上我们会前观摩和参观的村庄达6个，从内容到形式和参与者，整个论坛的内容是立体和多元的。

　　最有意思的是潘天寿与仁岸村的那个例子，那一场讨论叫作"知识分子、企业家与新返乡潮"。今年是国画大师潘天寿诞辰120周年。会上我得知，有关方面有可能会把他当作文化自信的重要代表加以纪念，到时中国美术馆会有大型展览，国家领导人也有可能会出席纪念活动。这么重要的一个中国现代文化史上的大人物，这么重要和适合时宜的主题，怎么就与河阳论坛相关了呢？不是我牵强和高攀，也许这是机缘，也许这就是我的全球到村庄和城乡关系视角让人惊喜和感觉处处有文章之处。在温哥华期间，通过与那里的华人文化圈和缙云同乡的接触我才知道，抗战期间，潘天寿先生随他的岳父——民国时期的浙江名医何公旦先生一家在缙云避难，前后三年时间。回到缙云，我通过打听才知道当时他们寄居的地方是以何姓为主的仁岸村。一次，我与一位缙云朋友一起找到这个村，不仅听到了许多有关他们这段经历的口述，而且发现这个我从来没有去过的村庄，原来是一个没有空心化问题的新农村建设明星村庄。后来，我让中国传媒大学的龚伟亮带着一个暑期班的团队去做口述史，并从知识分子与农民关系的角度去理解这段历史。这个调研，我们在第二届河阳论坛就请村民和在知识分子与乡村关系问题上非常有研究的华东师范大学教授吕新雨点评过。这次，我们除了带学者去仁岸村参观和请村里的支书点评，还请来了中国美术学院教授、潘天寿纪念馆的副馆长陈永怡。她以一个潘天寿研究专家的身份对这篇论文进行了点评，为改进这篇论文提供了重要的视角。她说："你不能把潘先生当作一般的知识分子，他是一个画家，画家要深入乡村风景，你们论文里事先假定的知识分子与农民的隔阂本来就不存在。"特别令人耳目一新的是，她讲到了潘天寿作为一个中国画家的文化自信和主体性。她说，潘天寿在新中国成立以后，不是去画拖拉机、工农兵，而是画欣欣向荣的山水，因为他本来就是从传统的山水国画里出来的。这个观点对在场的学者来说非常新鲜，而这样的视角也只有一个潘天寿的研究者才能告诉你。她还进一步提醒说，不要把潘天寿一开始就当作高高在上的知识分子，人家本来就是农民家庭出来的。从我初次听到这个村庄到暑期班调研，到学员在暑期班结业时的报告，再到半年之内两届河阳论坛上的讨论，我觉得这是一个非常立体、集体的研究和评论过程，真正从各个角度把对一个问题的研究推向深入。对于参与研究的年轻学者来说，这是一个研究范式的训练。

问：刚才您谈到潘天寿作为知识分子的主体性，这让我想到第三届河阳论坛的主题——文化主体性与乡村发展，想请您谈一谈对文化主体性的思考，尤其是对乡村文化的主体性的思考。

赵：因为文化是用来修饰主体性的，所以我把重点放在主体性上。这是个现代西方哲学的核心概念，说起来很"高大上"，而且还是一个理论家们正在探索的前沿领域。除了与主体性相关的"主体间性"概念，最近我又接触到一个哲学界尚未有定论的"跨主体性"概念。更让我欣喜的是，这个讨论刚好切合我自己正在研究思考的"跨文化传播政治经济学"理论框架，涉及这个框架的哲学基础问题。这个概念很复杂，不是我在这里一下可以说清楚的，还是让我们回到"主体性"概念。主体性指人在实践活动中表现出来的自觉、自主、能动、有意识和有目的性活动的特性，它包含人对自己的自觉和认识以及对自己和外在世界关系的认知，涉及人对世界的改造和在这个过程中对自身的改造。主体性一般指个体或普遍意义上的人，但也可以是群体或集合体。比如，我们可以谈论一个村庄里的村民共同体的主体性，也可以讨论一个族群、一个阶级、一个有共同文化的民族的主体性。马克思主义理论讲到"阶级"这个概念的时候，有一个"自在"和"自为"的区分，在工业化过程中出现了雇佣劳动者，工人群体作为一个实体在客观上形成了，但是如果他们主观上没有意识到自己是一个阶级，在资本主义生产关系里处于被剥削的地位，他们自我解放的历史使命在于团结起来，超越资本主义的生产关系，那么他们还只是在自在状态，不是一个自为的，也就是说有集体意识和能动的阶级。我觉得"自在"和"自为"两个概念是理解主体性的关键。一个"自在"的实体并不是主体，只有一个与世界有着能动和积极主动关系的实体才是主体。

总之，人作为一个认识主体和实践主体，知道自己是谁，从哪里来，到哪里去，而且能以一套价值理性指导有意识和有目标的行动。"被别人卖了，还为别人数钱"，这是主体性不健全的最通俗例子。以往的农民被看成没有文化、一盘散沙、一袋土豆，这也是主体性没有充分展现和发展起来的表现，鲁迅笔下的阿Q就是这样一个个体。在东方主义的语境下，农村社会也是被认为没有历史的存在，而没有历史就当然没有主体性。今天，经历了中国革命锻造和改革过程洗礼的中国农民，是有能力和自信表达自己的主体，是有能动性、创造力或首创精神的主体。这次在缙云开会，我们见识了那位给我们讲葛竹村通电和广播电视发展历史的周春柳老人，他让我们看到了他的文化主体性和葛竹村这个村庄共同体曾经的主体性。在缙云，去一些村庄你会发现，村民不仅有家谱和族谱，村里还有宗祠、村史廊，有自己的故事。更重要的是，年长的村民会非常自信地给你讲村庄的历史，我觉得这就是一个村庄有自己文化主体性的体现。走进仁岸村，除了修建一新的祠堂和文化礼堂，村里有乡规民约、政务公开、村两委与村民联系情况、党建展览等各种公共信息陈列，还建了村两委办公大楼。大楼上面还挂着"听党话 跟党走"的标语。在参观中我们也知道，这是村支书主动挂的，不是上面指示的。你能说这是盲从和没有主体性的表现吗？不是的。从这里你会看到村领导班子的政治主体性和文化主体性。他们意识到了自己是谁，自己与党的关系、与村民的关系，自己村庄在县里新农村建设中从当年的落后村到今天的明星村的位置，以及自己在当下国家对农政策中怎么样能得益，或者怎么样能动性、创造性地使自己的发展与国家的发展形成良性互动关系。前面讨论到媒介的时候，我讲到群众路线的问题。看到这个村，我感觉这是一个群众路线贯彻得比较好的地方。

马克思说人是社会关系的总和。主体性是在社会实践过程中，在人与人之间、人与群体之间的互相关系中形成和得以展现的。更重要的是，主体性是一个动态的过程，一个人会以什么样的主体性完成自己的人格、处理与其他主体和所属群体的关系、决定自己的行动、发挥自己的潜能，是个人和社会发展的关键。具体到乡村的文化主体性，笼统而论，需要在认识乡村的过去、现在与未来，乡村与国家的关系，乡村与城市的关系，甚至中国的乡村在世界体系中的位置，这一系列的关系中建立起来，也需要在创造性改造乡村和建设乡村的实践过程中得以展现。当然，具体到每一个村庄共同体，都有自己的故事、自己的历史。不同的村庄由于不同的客观条件和文化历史，所表现出来的主体能动性也是不一样的。

对文化主体性的关注也能使我们跳出发展主义和物质主义的偏颇。一个社会，即使物质极大丰富，但如果人们生活很空虚，甚至过着俗语所说的"行尸走肉"的生活，那也没有主体性。毕竟，发展的目标应该是人的全面发展。我可能是你眼里的贫穷者，但是我如果没有温饱问题，我的精神世界很丰富，我在很怡然自得地做我认为有意义的事，不也说明我是一个有文化主体性的人吗？说到"行尸走肉"，这也使我想起，虽然主体性是现代西方哲学的概念，但中国的传统哲学思想和日常语言里也充满了对主体性问题的思考和认识。我想，一个有文化主体性的个体的对立面应该是"行尸走肉"吧？这是一个没有文化主体，也即没有灵魂、没有能动性和创造性、没有生命意义的个体。

总之，村庄的文化主体性是乡村发展的关键，民族的文化主体性是整个民族发展的关键。当你不再"被别人牵着鼻子走"，当你不再"被别人卖了，还为别人数钱"，当你知道我是谁，我要什么，我从哪里来，我到哪里去，摆正了自己与社区、群体、民族、国家，甚至整个人类的关系，并在这样的前提下追求自己的全面发展和体认生命意义的时候，应该就是一个走在我们曾经想象过的共产主义社会道路上的主体吧。因为在那样一个社会里，所有人的全面发展是每个人全面发展的前提。

六、乡村文化主体性的互构

问：文化的主体性在您看来如此重要，那么，您现在的工作能不能理解成是在发现或者是在构建乡村文化的主体性呢？

赵：说发现是一定的，说构建有点大，说助推"跨主体性"的形成又有点抽象。我只能说我想去理解乡村文化，并在尽量理解乡村的基础上通过这样的一个论坛，通过我自己的工作改变媒体、学者的话语环境，使我们的话语氛围不那么单一，不那么充满语言暴力，不那么把农村看成一个没有文化主体性和没有希望的地方。当然，一旦进入乡村，我也必然在与乡村各界的互动中，通过成为乡村社会关系中的一分子，使乡村的文化主体性发生变化，从而参与乡村文化主体性的构建。如果我们这个访谈前的你和我们这个访谈后的你在意识上已经有所不同，那么我也可以说是参与了你的学术主体性的构建了。当然，通过这个访谈，你也构建了我的学术主体性，使我更清楚地思考我在做什么。

首先我要理解农民。回到乡村我发现，实际上农民的主体性比我们强多了。这次论坛最后总结的时候，丽水学院的吕鸿教授说"农民的主体性比我们知识分子强多了"，我非常同意。再看看那位周春柳，他是地地道道的农民，以非常有限的个人资源在不断地发掘农村的故事，已经写了许多村庄的故事。那天，他讲到前几天去世的老支书如何克服一切困难，就要在这么高的一个山村把电灯安装起来的时候，那是什么样的能动和自信的主体呀！这样的主体性在社会主义建设时期是很强的，我首先希望我们知识分子、我们的媒体关注农民的主体性，然后在关注的同时真正发现他们曾经是中国革命的主体，曾经是中国建设的主体,是他们建设了水库,是他们建设了村里的大会堂,是他们自己在山头装了电灯。你能说他们是"一袋土豆"吗?你能说他们是愚昧的吗?在今天,虽然出现了一些以权谋私的村庄干部主体,某些人甚至成了黑恶势力,但我也碰到了有社会主义理想,有魄力,希望改变村庄面貌,使全村人过上有保障的好生活的基层干部。我为自己能接触到这样的村干部而兴奋。

这届河阳论坛上,薛毅教授的主题报告讨论的是报告文学《塘约道路》。如果这本书中以村支书左文学为首的村民表现了后改革时代农民的主体性的话,那么作者王宏甲的知识分子主体性也是非常令我敬佩的。他在书后讲了一句让我非常难忘的话,面对塘约村农民的首创精神,作为一个作家,他"看到了,不敢不写"。我想,这就是一个有良知和担当的中国作家对中国农民的天职感吧。最起码作为知识分子,作为媒体人,在我们的报道里,在我们的学术里不要"自以为是",不要教条式地用美国的模式改造中国的乡村,消灭中国的农民。美国基本没有中国意义上的农民,它几乎消灭了原住民,并通过自己在全球资本主义体系里的霸权地位,剥削依附国家的民众。把这样的方式搬到中国来,第一没有可复制的历史条件,第二祸国殃民。今天,我们非常需要认识中国农民,倾听他们的声音,知道他们要什么样的生活,与他们一起讨论这个国家何去何从。我们不仅要尊重乡村的主体性,甚至乡村社会的一些思想还可以影响我们,引领我们应该怎样生活,克服现代性的危机。还以前面提到的那位周春柳老人为例。那天,他不仅专门花时间以主人翁的身份给我们讲故事,而且你也看到,他还认真写了讲稿。现在我们大学从外面请人讲课要付讲课费,我觉得过意不去就自己拿了300元钱,让人转交给他,算是他的误工费。可是,正是这300元钱让他辗转反侧了一夜。他把钱还给我,还写了一个条子。在他眼里,传授知识是神圣的。

当然,就像农民现在已经在经济上贫富分化非常厉害一样,我也不想在文化上把农民理想化。毕竟,这是一个长期受压制和歧视的社会群体,他们内在化了许多不平等的社会价值,他们能享受到的公共文化资源非常少。现在仁岸村要搞旅游开发,一方面,他们希望利用潘天寿这么一个大画家做文章;另一方面,他们又觉得有"高攀"潘天寿的意思。究竟是不是高攀?我跟村党支部书记何伟峰说,咱们需要把这个事情倒过来看。在国家危难之时,在知识分子危难之时,是你们这个村庄养育了知识分子,这一历史值得说。我把我自己的立场跟他分享后,何书记也觉得我说得在理,那句话也成了他自己的话。这次到村里我们注意到,我们暑期班调研组专门为村里写的"潘天寿的仁岸岁月"的一段文字,也被当作这个村历史的一部分,展示在一个陈列室里。由于历史上压迫性叙述的积累,农民见到我们总是说自己没文化,体现了一种被压迫者的文化主体性残留。我也知道,这样的话有时有客套的意思,但是听到这样的话,我总是说,你们可以说自己没有多少学历,但是你们不是没有文化,更不是没有知识和智慧。总之,这种被压迫的主体性需要在我们与他们的互动中去改变,从而加强他们的文化自信。

在做有关乡村春晚的调研中我也知道,上台演出的大多是农村妇女,她们通过自己的节目展示了文化自信。普遍的情况是,开始许多人不敢上台,怕演不好,乡镇文化员就跟她们说,你只要上台就好了,好坏不是问题,这样她们就有自信了。在这个过程中,基层文化工作者的角色是不能缺的。这与其是去构建,不如说是文化赋权。这个过程使村民建立了自己的文化主体性,或者从被压迫和不平等的主体性转化为一种人与人之间更平等、更能发挥自己潜能的主体性。

农村为工业化做了很大的贡献,农民为国家建设做了巨大的牺牲,现在国家说城市要反哺农村,城市的知识分子能为农村做一点事,也是应该的。现在许多农民还是看不起自己,我们许多知识分子不是看不到农村就是看不起农村,或者看到了,也是一种居高临下的同情和封建士大夫式的悲天悯人。我希望通过进入乡村,与农民互动,改变我们知识分子自己,并在这个过程中共建各自的主体性。不只是我们构建他们,他们还要构建我们。

问:对,应该是共建,是这个意思吧?

赵:是互构,在这个互构过程中,使我们之间的距离缩小,使我们真正地理解彼此,建立一个新的社会"共同体"。

问:这其实也是您要把国际一流学者、普通专家、民间研究者、地方官员、地方文化工作者、地地道道的农民都请来开会的真正原因,这样的学术论坛很有意思,不仅实现各方之间的互动和对话,同时是不是也表明了您的学术立场?

赵:我的理念里,所有的分工都是特定历史时代的产物,知识分子和工农之间不应该是一个永远的分工。葛兰西有句话,大意是,所有人都是知识分子。毛泽东更理想主义,提出过工农知识化、知识分子工农化。无论如何,学术不应该只是学院学者们的专利。我请来的人里有好几个是地方的文化专家,他们的研究水平非常高,看问题很深刻,做学问许多方面比我们某些大学教授强多了。最让我感动和觉得值得学习的,是这些基层知识分子和文化人在做学问中强烈的问题意识、针对性以及他们的纯粹性。

这其中,项一中先生是我们缙云考出去的77级杭州大学历史系高才生,当年就被同学称为"大山里走出来的才子"。不过，回缙云不是他自己的选择，而是因为当年有一个政策，山区和海岛来的大学生毕业以后要被分配回去。从这个角度，他是因计划经济下的大学毕业生工作分配政策回到缙云的，而且，根据当时的政策，分回去不能在县机关，必须在乡镇以下。从这个角度，在去哪里工作这个问题上，他不是一个能有自主选择的主体，或者说他的主体性没有得到全面发挥。但是，从缙云文化事业发展的角度，有像他这样的文化人才非常重要：从在广电和旅游等部门任职，到现在退休了还为缙云文化建设出谋献策，他为缙云文化建设做了不少贡献。正如马克思所说的，任何人都是在不是自己能选择的历史条件下创造历史的。一旦在没有选择的条件下回缙云了，他就全力投入研究缙云的山山水水和民间文化，成了缙云这方土地上的文化专家和文化建设中坚。

另外一位是麻松亘老师。他年轻时没有机会上高中，后来当了兵，退伍后也是从当乡镇干部开始，后来负责缙云县人大教科文卫专委会的工作，他对研究民间历史和文化有极高的兴趣和热情，是缙云的民俗专家。这两位都不是大学教授，但是，他们的文章和著作非常多，在国学、缙云历史和文化方面是我这个洋教授的教授。因为他们没有学术八股，他们分析起问题来，比我们的学者更单刀直入、更深刻，也更生动。也因为他们生于斯长于斯，对家乡充满热爱，他们对缙云的研究更有激情。比如，2016年的缙云暑期班上，麻松亘老师有关缙云"迎案"民俗的一个研究，就让学员们大开眼界。

还有一位是我办河阳乡村研究院的本地搭档，现任研究院副院长周春光。他曾当过兵和村干部，后来考入乡镇干部行列，当过驻村干部、乡党委书记，在县里宣传、组织部门和电力公司任过职。首届河阳论坛时，他的一篇关于农村土地制度的论文受到与会学者的好评。一方面，他有一般学者没有的丰富的农村知识；另一方面，通过自学和在党校系统的学习，他具有一定的马克思主义理论水平。更重要的是，作为一个曾经的农村基层工作者和忠诚的共产党员，他有关注乡村何去何从和关注中国如何坚持走社会主义道路的满腔热情，他对新自由主义思潮对中国经济领域的影响非常担忧，他曾告诉我他很想写一篇对现代产权理论进行批判的文章。通过与学者的接触，周院长的思想得到了深化，他也因为我们的关系找到了在舆论圈发声的渠道，并因为自己的言论受到了关注。后来，他应邀参加中信改革发展研究基金会一个关于如何在新形势下发展农村集体经济的座谈，由于他的发言表达了重要立场，他又被邀请到中国政策研究会参加一个研讨会。他是退休干部，作为一个公民和党员，他在农村发展问题上敢于发言，而我们这些学者的到来和与他的交流，也进一步激发了他的理论热情。正如他自己说的那样,如果不是通过河阳论坛,他即使有"满腹经纶"也埋在那里了。

中国农村的问题非常复杂,需要尊重农民的实践,需要广集民智,尤其是要倾听基层的声音,不能只听一些满脑子西方产权理论,一心希望土地私有化的新自由主义专家学者的声音。学院知识分子走向民间,与民间知识分子相结合,使中国的公共政策讨论更接地气,更能反映基层的声音,应该是一个积极的事情。而"赋权基层",使有关"三农"问题讨论的话语更平衡、更能反映农民的利益,也是我作为一个传播政治经济学者的职责所在。也正是在与这些乡村知识分子和其他村民以及基层干部的互动中,我自己的主体性也有了转型,这些经历丰富了我的知识,我也修正了自己的一些看法。总之,我希望通过自己的学术实践,为每个人创造"各美其美"的机会。在学校里,我看到的书呆子不少,不仅各种教条主义思想非常严重,而且非常精英主义。我希望通过这个论坛,让参与者在面对面的互动中,使自己的立场观点和方法发生变化,成为一个新的知识主体,在这个过程中,每个主体都得到提升和转化。在某种意义上,也许这就是前面提及的那个尚未有定论的"跨主体性"的含义吧。

七、国家、市场和民间的联动

问:刚才我们谈到主体性的互构过程,我注意到在乡村文化主体性后面还有三个词——国家、市场和民间,您认为这三者在这个过程中应该是怎样的关系?

赵:你问的是这三者的理想关系。我在一部英文书中讨论了有关社会主义的一个通俗定义,顾名思义,社会主义就是社会利益至上,也就是说,在这样的社会里,国家的力量和市场的力量都要服从于社会的需要。在我们的会议主旨阐述中我们写道,乡村发展需要城乡平衡互哺的整体视野,需要农民、农村和农业的主体立场,也需要有国家、市场和民间的有机联动。受《大转型》作者波兰尼的启发,我们还认为,乡村发展一方面要把一个居于主体地位的、能动的、活跃的乡土社会放在首位,另一方面需要同时超越左翼和右翼的教条,因为这些教条往往基于国家与社会、市场与社会、国家与乡村的分裂和对立。

当然,现实更复杂,三者之间的有机和良性联动也有许多张力,甚至对立和冲突,需要具体问题具体分析。在中国,国家是最重要的主导力量,在意识形态和文化问题上,国家的政策也在不断变化。在国家内部,公安和维稳部门可能出于安全的考量,对诸如春节农村的龙灯会等加以限制,而文化部门则有不同的考量。中央政策、地方政策以及纸上说的和具体做的区别也需要具体分析。例如，浙江是一个经济发达省份，也是江南有文化底蕴的地方，它希望把自己建成文化大省，还希望把自己打造成建设小康社会的探路者，同时，因为浙江在沿海，是西方宗教势力入侵的前沿，这就决定了浙江省委、省政府在文化宣传方面的关注重点与其他地方会不完全一样。正如我在这次会议的一篇论文中讨论到，浙江省近几年的农村文化礼堂建设，就体现了执政党的意识形态阵地意识，体现了促进城乡之间公共文化服务均等化的政策导向和在农村弘扬传统文化的努力。在浙江省内，地处山区的丽水市想的与杭州、绍兴又不一样。现在，在新农村建设和城乡统筹发展的大局下，国家力量如何重新有效进入乡村，引领农村的文化，改变城乡之间公共文化投入的极度不平衡状态，是一个重大课题。

市场往往被用作私人资本的代名词，这当然不对。我们也不能把市场关系等同于资本主义生产关系。历史上，的确存在过非资本主义的市场经济。根据《亚当·斯密在北京》一书的作者阿瑞吉（G. Arrighi）所说，一个社会可以有市场关系，甚至有许多资本家，但是，只要资本家阶级没有控制国家，没有通过掌握国家机器，尤其是军队为资本扩张利益服务，就是非资本主义的市场经济。如果社会主义是国家、市场、社会这三者关系中的社会至上主义，那么，资本主义顾名思义就是资本至上主义，也即一个资本积累的逻辑主导了社会关系的社会。当下，在中国农业领域，一方面跨国农业资本，尤其是西方农业跨国公司的力量不可低估，另一方面城里的私营工商资本也有进入农村的巨大冲动。如何在具体的语境下使市场嵌入社会，用国家的力量让资本的力量服务于社会，而不是通过国家的政策和官员的行动，把原来属于农村社会共同体的土地、文化和生态资源变成私人资本积累的手段，是一个非常急迫和棘手的问题。我在自己有关缙云烧饼作为一个产业发展的研究中，就涉及地方政府和基于城市的工商资本以及基于本土的小农之间的关系问题。在这届河阳论坛期间，我们参观了缙云企业家丁泽林承包的前路乡姓叶村的花海，也听了他为什么承包山地建花海的故事。由于国家的改革开放政策，他从一个农民变成了本地的企业家。现在，国家倡导工业反哺农业，他作为一个穷苦农民出身的企业家，也希望通过自己的投资表达建设家乡的愿望，这可以是一个本地企业家主体性的表达。在这个过程中，乡政府起什么作用，村集体如何与企业家谈判并建立合同关系，村民有什么权益以及与企业家如何互动，都是非常值得观察的。

在论坛的副标题里，民间是社会的同义词。乡村一般被看作是民间社会，村委会是村民自治组织，但是村里有党支部，村民自治是党领导下的自治。农民是村庄的核心主体，但是，现在村里许多人并不靠农业谋生。在后改革的语境下，个体农民如何重新组织起来，一方面与政府的惠农政策和新农村建设政策对接，另一方面抗击市场经济的风险，是一个巨大的挑战。在《塘约道路》中我们看到了一个村庄的村民是如何在党支书的带领下重新组织起来，在与国家和市场的互动中建设美好家园的。当然，仅仅靠这样一个村庄的自我组织，还是很难抗衡村庄外部更巨大的市场力量。

总之，理想的国家、市场和社会的关系不应该是对立的关系，更不应该是国家权力和市场关系凌驾于社会之上的关系。在中国，由于当年乡镇企业制度的影响和基础，有不少像丁泽林这样的离土不离乡的工商企业家，他们与国家和乡村的关系是别的国家没有的，这种关系很值得我们研究。当下，出现了新一轮回乡潮。地方政府在召唤本籍的企业家回家乡投资，外出的打工者也有回乡创业的，还有城里有乡村情怀的小资到乡村来办民宿等，这些外面的力量如何嵌入乡村社会，而不是吞噬乡村社会，上演新形式的圈地运动，是一个事关中国整个社会未来的大问题。如何在国家、市场和民间的良性互动中发展，是一个理论问题，更是实践问题。

八、乡村何去何从需要我们共同发声

问：我觉得您做的这个工作非常有意义，您对自己做的这个事有什么预期吗？能在多大程度上引领传播学学术研究的方向呢？

赵：有时候，我看着好像是挺有雄心的一个人，实际上，我从来就没有奢求自己能实现什么大目标。我唯一知道的是，自己做的事情是有创新意义的，至于能不能引领传播学学术，能在多大程度上引领传播学学术，我不好说，主要得看别人能不能觉得这个东西对他们也有意义，能否为他们提供一种新的学术范式。基于我自己这么多年的学术经验，基于我自己跨越东西方上下求索的学术追求，我不后悔自己的选择。

当然，因为试图创新，我必然会碰到许多问题。在这个过程中的艰难和如履薄冰的心情，以及我自己的局限，我也非常清楚。我会尽量把事情做好，至于说能推动到什么地步，得看天时地利人和。

问：就是说您会尽到最大的努力？

赵：对，尽到最大的努力。当然，对这个论坛我也不是没有理想。不是说吗，梦还是要有的，万一实现了呢。实际上，我的梦开始于1999年。当时，我还是美国加州大学圣迭戈分校的助理教授，参加洛克菲勒基金会在意大利北部一个叫布拉吉奥会议和研究中心的一个国际会议时我就想，为什么不可以在中国办一个类似的乡村会议和研究中心，让各个国家的学者在乡土中国讨论学术，促进学术交流？同时与布拉吉奥会议和研究中心的高高在上和与世隔绝不同，我们是否可以让各地的学生来这里观摩和了解乡土中国，并通过促进城乡之间知识分子、官员和村民的交流，助推乡村的发展呢？作为一个学者和教育工作者，这就是我的梦了。至于能否实现，我现在没有预期。放到前面讲到的国家、市场与民间的关系这个框架里，加拿大和中国这两个国家已经给予我很好的人才政策了，民间机构河阳乡村研究院也成立了，但是要这样的一个机构在市场中求生存，我没有这样的本事，现在是走一步看一步。

总之，我愿意在国内同行的支持下，在家乡领导的理解、包容和支持下，以有限的资源和能力先搭个小台，让大家来缙云一起唱戏。如果能让更多人研究更多、更实际的乡村问题，写更多、更好的书和文章，与此同时，让媒体里有关"三农"问题的声音更多元一点点，让有关中国乡村何去何从的讨论有更多基层的声音，那我就很高兴了。

九、"新地球村"的理想和尝试

问：我们一直都围绕河阳论坛展开话题，想请您解释一下论坛的这个标志是怎么设计出来的。

赵：这是河阳乡村研究院的"新地球村"标志，加上了一个有河阳论坛四个字的红色印章。"地球村"是传播学里很重要的一个概念，它是麦克卢汉在1960年代提出来的，指传播技术的发展把地球的各个角落都联系在一起，整个地球变成了一个村庄。当然，村庄只是一个隐喻，麦克卢汉没去村庄进行研究，他的研究也没有农民和城乡关系的视角。他用"地球村"概念表达的是西方社会的技术"乌托邦"主义。作为一个有中华文化背景的传播学者，尤其是一个来自农村但也算绕了地球无数圈后又面对乡土中国的加拿大传播学者，我希望自己一方面能与麦克卢汉的"地球村"概念对话，另一方面能在自己的学术中体现真正对村庄的关怀，对农民、农业、农村何去何从这个问题的关怀。我希望传播研究能有一个"新地球村"的想象。这一想象与其是麦克卢汉的，毋宁说是另一个加拿大人的，也即加拿大共产党人白求恩所代表的国际主义和共产主义的想象。

这个标志由纵横两行中英文"新地球村"文字组成一个坐标系，上边是一个绿色的地球长出的一个幼芽。作为对"新地球村"文字的补充，这个符号代表全球，代表农村，也代表生态文明。在历史上，像河阳这样的村庄的确体现了天人合一的理念，是工业资本主义的发展导致了城乡关系的撕裂、人和自然之间新陈代谢关系的断裂。我希望通过这样一个"新地球村"的概念，表达一个人与自然之间的断裂的恢复、生态的修复的理想。这也就是在第一届河阳论坛上，我和一些参与者所写的"河阳共识"或"生态社会主义共识"里的理想。它是一个幼芽，21世纪的一个新尝试、新实践、新思想，对我自己的学术来说，它是一个新的实验，也是一棵幼苗。

我希望每个人的全球概念里都有村庄的一席之地，也希望每个村庄都有全球意识。中国的村庄，先是经历过革命的洗礼，后又经过了几十年的全球化与市场化洗礼。这些村庄是旧的，也是新的。在与这些村庄的互动中，我希望能产生有全球视野和乡土中国立场的学术，我也希望能通过自己的学术，培养来自全球的学术新苗，一代有全球意识和扎根基层研究的学者。毕竟，作为一个教育工作者，我觉得最重要的任务还是去培育新的学者。

十、暑期班与国际传播人才培养

问：为了让更多的人更好地参与乡村研究，您还专门办了一个暑期班，刚才您也谈到了。

赵：作为一名教授，教课是天职，暑期班的教课与大学里的教课不一样，因为暑期班的教课主题和时间更集中。以前我在许多地方都办过讲座课，最早在武汉大学讲传播政治经济学，一个月左右的时间就把我在国外十几个星期教一门课的讲座内容全部讲完。后来我在北京大学、中国传媒大学也办过多次个人讲座课。与此同时，中国传媒大学、英国西敏寺大学、香港中文大学和加拿大西门菲莎大学四所学校多年来一直办暑期班，这个暑期班一开始以促进国际交流为目的请外国教授到北京讲课，直到2013年的时候，刚好我自己所在的加拿大西门菲莎大学要办一个40周年的院庆会议，我就利用自己的一点点资源，把这个暑期班搬到了加拿大去办。大家觉得这个模式很新鲜，后来就有人把这个暑期班办到了泰国等地。

我的河阳乡村研究院办起来后，去年我建议把这个暑期班办到缙云，目的是让传播研究更接地气。与河阳论坛的理念一致，在设计这个暑期班的时候，我们不仅邀请了国际学者、专家，而且请来了地方官员、地方学者，还有我把这个暑期班的学员进行分组，由副教授或年轻学者作为领队，组织他们带着题目去乡村调研。这样，暑期班既有理论讲述的内容，也有乡土文化的知识，更有乡村调研。这次河阳论坛所展现的调研成果之所以有一定深度，得益于我的前期工作，更得益于参与者的努力和投入，包括点评者的真知灼见。前面提到的"潘天寿与仁岸村"这个题目，就是很好的例子。

这个暑期班给学生们的震动和影响非常大，他们写了许多观感和感想，说进入农村改变了自己的思想。还有不少学生都是从国外回来的中国留学生，因为他们往往会做中国方面的论文，暑期班为他们提供了一个开阔理论视野和进入中国乡村的机会。

问：那么今年的暑期班有什么打算呢？

赵：河阳乡村研究院既没有讲课的地方，也没有住宿的地方。去年的暑期班，讲课是借缙云县图书馆的一个会议厅，住宿因为学生都不能太贵，是找到附近村庄的一家农家乐，那家农家乐每天开着车把学生们送到讲课的地方，中午还送盒饭。另外，因为要去调研，也不能一下子带许多人。今年我会继续办下去，也还是四所学校联合办，不过去年那个"四校暑期班"今年已经带着缙云的经验办到珠海了。今年除了西门菲莎大学因为我没有改变，其他合作者我邀请了中国传媒大学新闻传播学部、华东师范大学传播学院和清华大学新闻与传播学院。今年暑期班的主题很鲜明，即"从全球到村庄：以乡村作为方法"，其核心是传播政治经济学和民族志的结合，以及前面我强调的"全球到村庄""村庄到全球"的整体性方法论和跨文化传播政治经济学思路。我们在招生启事中说到，正如东亚学者在提出"亚洲作为方法""中国作为方法"时所强调的那样，以"乡村作为方法"不是研究中的技术性路径问题，而是主体性问题。在最彻底的意义上，"方法"就是主体性形成的过程，它的内涵和意义超越"三农"研究和乡村传播。以乡村作为方法，意义不止于认识乡村，而是认识世界、认识自我，并在这个过程中实现传播学者的自我转型。

问：这些年，您不仅致力于研究，还带学生，在国内国外培养了不少人才，您在培养人才方面是怎么考虑的呢？

赵：传播研究从问题意识到学术取向，都存在非常多的问题。比如，许多学生只是关注一些皮毛层面的东西，无法对社会的政治经济进行把握，也缺乏对当下国际体系的基本知识，无论是理论创新还是讲好中国故事，学者和学生都往往感到力不从心。

针对这种情况，我办了一个中加合作的全球传播双硕士班，希望学生起码能有一套政治经济学理论，能跳出传播来研究传播问题。我希望我们的学生不仅能看到城市，也能看到村庄，不仅能看到西方，还能看到亚非拉，更重要的是，他们不是把这些问题孤立起来看，而是从历史的、联系的角度来理解，而且能建立自己的学术主体性。

问：刚才咱们谈到国际人才的培养，您觉得国际传播人才最重要的素质应该是什么？

赵：我认为最重要的素质是对世界格局的认识，对世界权力关系的认识，对中国在这个格局中的历史、现状和未来的认识，也就是说需要一个世界观，一个中国立场，一个对中国的阶级关系、城乡关系、族群关系等各种社会关系的把握，总之，一个有我前面所述的"新地球村"想象的传播主体。中国乡村何去何从的问题决定着中国的未来，而中国的未来影响着世界的未来。中国能不能走出一条社会主义道路，中产阶层想什么固然重要，更重要的是"三农中国"的主体地位如何能进一步确立；中国的土地制度改革如何深化；现有的集体土地所有制是被进一步虚化，还是像《塘约道路》所写的那样，农民们自己重新组织起来，自主地选择重走合作化和集体化道路。当然，《塘约道路》能否在中国农村星火燎原，需要看国家的角色，需要看国家与乡村间能否联合起来，能否驯服国际农业资本和国内工商资本的力量。

十一、理论与实践相结合的学术回乡之路

问：因为您觉得乡村在中国乃至世界是如此重要，所以您选择做乡村研究、乡村文化研究，那么您认为乡村文化研究在传播学研究、文化学研究中有怎样的价值？

赵：从传播研究历史上看，乡村问题从一开始就不是边缘性的问题，而是冷战语境下世界何去何从问题的焦点。更何况，资本主义源于英国的圈地运动，从马克思到威廉斯，城乡关系的断裂也是马克思主义理论和文化研究关注的重要问题。在列宁主义和毛泽东思想的线索里，乡村问题也从来不是一个边缘问题。总之，正如我一直强调的那样，不应把乡村问题、乡村文化研究当作传播研究和文化研究的一个碎片化分支，而是要从城乡关系的角度研究传播与文化问题。

今天，我们谁都离不开乡村。经常听到有人说，农民自己吃好的，把有毒的卖给我们。我们没有追问的是，是什么样的市场关系和城乡关系导致了这样的现象？不是因为我乡愁泛滥，所以才研究乡村，也不是因为我有所谓的"人文关怀""底层关怀"，所以才研究乡村，关注农民的命运。第一届河阳论坛的征文启事一开头，有几句我和同事们反复推敲的话：乡村，传统中国安身立命的所在；乡村，近现代中国革命与变迁的焦点；乡村，当代中国剧烈变革的前

沿；乡村，更是探索中国未来发展的关键。我觉得，这几句话已经把乡村的重要性和研究乡村的价值提得非常高了。

问：从河阳论坛、乡村文化到人才培养、学术研究范式，我们谈了许多，归结到一点，您最想说或者您认为最重要的是什么？

赵：我们的确聊了非常多，也不知道什么最重要。所有这些，大概都体现了我在到了"知天命"之年后，试图通过自己的实践走出一条跨文化、跨学科、理论与实践相结合的学术道路，或者学术回乡之路吧。

问：能采访您不容易，今天也想趁此机会，请您对办好《教育传媒研究》提一些意见和建议。

赵：我也参与了许多学术刊物的工作，要办好一个刊物非常不易，最关键的是要有一些引领性的学术思想吧。有些思想在今天看起来是边缘的，但是就像我在多年前的一个访谈中所说的那样，今天的边缘很可能是明天的主流，今天的主流很可能是明天的边缘。编辑方向和编辑立场是一个刊物的灵魂。

33 传播学教育与研究方法论的创新与实践

尽管我通过河阳乡村研究院来让学术研究和教学"接地气",我深知,作为一名大学教授,自己最重要的实践活动场所实际上还是在"高大上"的大学本身。2004年,我受聘西门菲莎大学传播学院全球传播政治经济学加拿大国家特聘教授职位后,教学任务减轻,科研和研究生以上的"高端人才培养"成了我的主要工作。除了在西门菲莎大学的硕士生、博士生与后来在中国传媒大学招收的博士生,在西门菲莎大学接收国内的访问学者,尤其是各大学由留学基金委资助的"联合培养博士生",就成了我在加拿大最重要的人才培养工作之一。有一些年份,我名下有招收三四位访问学者。

做以下访谈之时,访谈者黄艾也是我在西门菲莎大学的"联合培养博士生"之一。因为每个访问学者都会多多少少涉及研究方法的问题,而黄艾访学期间,正好是我任职自己创办的西门菲莎大学—中国传媒大学全球传播双硕士学位项目主任期间,所以,我就建议她就研究方法和跨国传媒教育问题与我做个访谈。由于我频繁穿梭于北京、缙云、温哥华之间,时间非常紧张,也记不清访谈是在2015年还是2016年了,只记得是在一次又要上飞机前不久的一天,我用一个多小时的时间在温哥华自己的办公室仓促回答了黄艾准备的问题。

2017年4月,我收到黄艾整理的访谈,觉得自己好多问题没有说清楚,就找时间自己把访谈全部重写了一遍。黄艾,博士,现为中国社会科学院新闻与传播研究所助理研究员。本访谈刊载于《全球传媒学刊》,2017年第4期,第11—24页;《中国人民大学复印报刊资料》2018年第4期全文转载,第71—79页。

一、历史唯物主义认识论与方法论

黄艾(以下简称"黄"):赵老师,您好!我们知道,2013年和2014年您先后获得北美批判传播学组织民主传播工会(UDC)和国际传播学会(ICA)的两项大奖[1]。到目前为止，除了美国的麦克切斯尼教授，您是传播学界第二位拥有这两个奖的学者，可以说，您的研究同时得到了国际批评与主流传播学的承认。您反对中国传播研究中"东方与西方""中国与世界"简单的二元对立，您自己的研究亦力求跳脱出狭隘的割裂中西方的线性史观，能否请您从方法论的角度谈一谈，您是如何建构起整体的、系统化的理论视角的？

赵月枝（以下简称"赵"）：我认为，之所以能构建起一个整体的、系统化的分析框架，主要因为三方面的因素，第一是国内教科书里的历史唯物主义和辩证唯物主义；第二是日常的、民间的、直觉的、人文历史的、联系和运动的常识；第三是在西方的学术训练，尤其是对西方马克思主义和各种后现代主义思潮的综合与批判吸收。

讨论方法论必然要谈到认识论的问题。我在国内接受教育阶段，初中、高中和大学政治课中都有着丰富的马克思主义认识论知识，也即历史唯物主义和辩证唯物主义，这套理论的历史视野以及整体的观点、联系的观点和运动的观点，是我最重要的认识论和知识社会学基础。

1980年代以后，尤其是新自由主义崛起以来，在意识形态上，反马克思主义和非马克思主义的观点很流行，但从认识论的角度，我不认为有其他的视角比历史唯物主义、辩证唯物主义更全面、更丰富、更能帮助我们认识世界。实质上，即使在西方，即便是对马克思主义理论原则持有批判态度的人，也认为，马克思主义是最好的一套认识世界的方法。可惜，现在的初级教育中，思想品德课的内容变得很狭窄和很肤浅；大学教育中，马克思主义也被庸俗化，一度变成了"邓三科"，基本的辩证唯物主义和认识论的理论体系被抛弃，变成了教条和一些"政治正确"的说法，这不但本身是远离历史唯物主义和辩证唯物主义的认识论和方法论的，而且对一代人的思想和学术成长产生了不可挽回的影响。就好像本来是营养丰富的食材，因为厨房没有做好，而上菜的服务员本来就口是心非或态度不热情，使客人反感，从此对这些本来是最好的东西再也不感兴趣，同时，又用一些营养不健全甚至有害的"垃圾食品"来补充。对我来说，初中阶段的学习已使我形成了最基本的世界观和方法论。虽然我们很容易批判教科书的内容有教条和简单化的问题，但是，这些基础理论作为学术启蒙是非常重要的。当年接受到的历史唯物主义和辩证唯物主义的认识论，于

---

[1] 这两个奖项分别为民主传播工会（UDC，Union for Democratic Communication）2013年度达拉斯·斯迈思奖（Dallas Smythe Award）以及国际传播学会（ICA，International Communication Association）2014年度埃德温·贝克奖（C. Edwin Baker Award）。

我而言，仍然保持着鲜活的力量。当然，这可能也与我碰到很有水平的政治课老师有关。我至今还记得几位政治课老师在讲哲学和科学社会主义时的生动场面，以及这些课程内容是如何吸引我的。有人说政治课的内容要靠死记硬背，而我只觉得，这是一套自洽和有机的知识，一旦听懂了，理解了，掌握了，就变成自己的了，不需要去死记硬背。

以前没有多想，现在回想起来，中国传统思想和来自民间的直觉对我的学术思想和思维方法的形成也有很大的潜移默化的影响，我甚至把这点放在西方的学术训练之上。在我们常说的儒、释、道这三家中，可能道家的思想对我影响最大。我的老家浙江缙云历史上就是道教圣地，我出生和长大的农家院子就叫"道坛"。道家思想中富有辩证的阴阳关系和主客关系，以及联系地、运动地看待事物的方法。同时，我也深受佛家的思想影响。我的家庭中，我的奶奶从小吃素念佛，有一位姑奶奶早就看破红尘，走出家庭，做了尼姑，村里有她建的尼姑庵。我小时候，每年大年初一都去这位姑奶奶那里拜年。我不敢说我懂多少博大精深的佛教里包含的哲学思想，但佛教的基本观念对我认识世界还是产生了影响的。实际上，没有必要上升到佛和道这些思想体系层面，以直观和悟性为特点的东方智慧，其本身也是强调运用整体、变化与联系的观点去分析世界万物的。

在来到加拿大以后，我所接触的西方马克思主义和各种后现代主义思潮，包括从我比较早就接触的世界体系理论和后来一直感兴趣和跟踪的自主马克思主义理论，世界体系理论讲究长时段看问题，其核心强调从整体的角度看待世界的发展，强调不能割裂不同的政治经济体系间的关系，追究"东方"和"西方"在何种特定的历史语境下形成和分化。

从辩证法来看，中国和世界的关系是部分和整体的关系，但是在西方主流社会科学的脉络里，尤其是在实证社会科学、结构功能主义的社会科学中，整体与部分的关系经常是被割裂的。到了现代化理论那里，线性逻辑占据主流话语，这种线性逻辑硬生生地把西方放置在历史发展的前沿，把中国等非西方地区置于历史发展的末梢，再加上把民族国家作为分析单位，进而陷入"方法论民族主义"的偏颇，就此产生了一种出乎意料的思维定式：英国资本主义可以发展得这么好，美国资本主义可以发展得这么好，中国为什么不可以发展得这么好？中国为什么不可以发展得像美国一样？如果从辩证的、动态的和整体的视角进行分析，我们就可以看到，中国之所以这样，美国之所以那样，是因为两者在整个世界体系中处于不同的位置，美国的经济之所以发展成这样，是因为它在世界体系中的霸权地位。美国这样，中国那样，都不是孤立的存在，这两者之间是相互联系的，这是最简单的历史唯物主义和辩证唯物主义思维。但是主流的社会科学与此相背离，它以民族国家为单位，剥离纵向的历史背景，把中国和美国进行横向比较。所以，最令人遗憾的一种认识论，实则正是马克思主义认识论所批判的、机械的、静止的和割裂开来的认识论。马克思主义哲学的核心关注是"过程关系"，即在具体的历史过程中，在事物彼此的联系中，包括具有内在关系的矛盾中，理解世界。虽然思考需要有范畴，但我们不能用两个静止的范畴来进行线性思考。

黄：说到"范畴"，记得在您的《传播与社会》一书中，有篇关于意识形态范畴的文章，一些学生觉得读起来非常不易。

赵：那是我在1992年出版的最早的学术文章，来自我博士资格考试的六个答案之一，把从马克思主义到后马克思主义关于知识生产和意识形态与话语的问题梳理了一遍。你说到有人会觉得难，那是因为读者没有这方面的基础知识。实际上，负责我的这个领域考试的教授对我说，因为这篇文章是我这样一个博士生试图搞清楚这一领域的基本文献，我试图理解这个概念的演变的过程对其他学生有一定的参考意义，所以我的文章是好懂的。因此，他多年来一直把我的文章当作研究生课上有关意识形态这个问题的必读文章。

我对"意识形态"这个"范畴"的演变的"过程关系"的知识考古使我有机会补充和完善在国内学到的哲学和文艺理论基础。实际上，如何把自己从中学时代就接触的马克思主义丰富和发展为全球史视野下和后现代语境下贯通中西方，既能关照西方资本主义的发展，又能关照中国近现代历史的认识论和方法论基础，是我一直在努力做的功课。比如，经典马克思主义以生产为中心，从"商品"这一概念切入，强调阶级分析，关注社会革命，在后现代语境下和全球分工体系中，如何处理生产和消费、现实和话语、革命和改良的唯物的、历史的、辩证的关系？如何在阶级政治和性别、族群、国族、宗教等身份政治的互动或交叉性中把握社会变革的主体性问题？在信息或符号资本主义时代，如何处理物质生产和精神生产的关系？对中国来说，如何处理马克思有关"亚细亚生产方式"的论述，进而面对当代西方马克思主义在中国问题上或明或暗的东方主义，甚至种族主义和冷战意识形态遗产？还有，如何在自己的研究中关照全球与地方、理论与实践、制度世界与生活世界的关系？有人或许觉得我的研究思路特殊，甚至难懂，而于我，这是我的学术道路的"自然"发展。当然，当年留学被公派到加拿大，又瞎撞进入了西方马克思主义传播学重镇西门菲莎大学，是我的幸运。

我的思路之所以特殊，甚至"难懂"，是因为那些当年早已列入教科书的历史唯物主义和辩证唯物主义常识以及中国人原来习以为常的、从整体视角分析问题的方法，被西方主流的、现代化的实证社会科学的思路所肢解和边缘化了。由于这种思路反而变成主流，进而以去历史化和去政治化的新自由主义"常识"的面目成为一代人的集体无意识，我们这种方法论就变得特殊和困难了。现在，我们需要的是正本清源，在后现代的语境下，在更加深入的东西方交流的条件下，重新激活和发展马克思主义的认识论和方法论。从唯物历史观的角度，东西方的文化交流一直存在。比如，一方面，"启蒙"和"法国革命"是在特定历史条件下、在特定地点发生的事件；另一方面，从全球史的角度，这些事件又是世界性的。同样，虽然资本主义起源于英国，"资本主义的崛起"也是一个世界性的事件，一旦它在英国出现了，它的扩张性逻辑就决定了别的地方无法重复它的历史，而只能在它所限定的条件下运作。

黄：我们理解，正是基于这样的一种唯物史观，您跳脱出了"东方与西方"二元对立的逻辑，以整体的、联系的观点辩证地思考中国与世界的关系。您的研究既包容了全球化视角，又根植于中国的实际问题，那么您是如何将全球研究视角与中国现实问题进行有机统合的呢？

赵：刚才我们谈到了中国与世界的互构关系，世界与中国本身就是整体与部分的关系，两者之间不存在二元对立的关系。因此，以一种整体的、全球史的视角进行思考的话，中国的问题实际上是世界的问题，而世界的问题一定包含"中国"这个部分。所以，主流学术中的"西方理论、中国例子"是一种悖论和一种被西方话语霸权误导的学术模式，它缺乏历史唯物主义和辩证唯物主义的视角。

辩证唯物主义和历史唯物主义能够更为全面、深刻地认识到世界本质，认识到世界是处于不断的运动和变化之中的。如果总是希望"今天的中国"要和"昨天的美国"一样，断裂式地、孤立地看待世界的问题，是会受到各种打击的，而且会使自己因为囿于这样的视角而走进认识论的误区，而一旦认识论的前提是机械的、割裂的和去历史化的，你的问题意识一定也是这样。马克思主义传播学者和自由主义传播学争论的一个隐性的前提就是中国与世界的关系问题。批判传播学派强调中国的问题是世界资本主义问题的一部分；自由主义学者一方面以西方经验，尤其是美国经验为理论基础，另一方面又认为中国的问题就是中国的问题，他们不愿意反思美国经验为何成为"普世理论"的基础，更不愿意将中国的问题放在全球资本主义体系中加以分析。实质上，这种难以沟通源于认识论上的差异：一种是历史的、唯物的、辩证的，而另一种是唯心的、去历史化的和机械的。因此，回到认识论问题，梳理清楚"你怎么看世界"

的问题，这是最基本的出发点。当然，政治立场与认识论也是相互影响的，但是，在许多情况下，深层的问题在于认识论。概览全局，如果我们今天还是在一个"'中国落后、西方先进'，中国为何不可以像西方那样"的假定前提里做学术，那就说明学术殖民主义的影响有多深了。

此外，现有的论调常因陷入了线性的现代化框架而出现如下表述：城市是先进的，农村是落后的；城市是文明的，农村是愚昧的。实际上，在中国的传统社会里，城市与农村并无先进与落后之分。纵观中国革命史，中国农村也并非是落后和愚昧的。受共产国际和西方马克思主义的影响，中国革命早期进行了城市暴动，工人被认为是最先进的群体。然而，当时中国的工业并不发达，工人阶级的数量并不可观，客观上，到城市里"受剥削"已经是比农民更好的命运了。反而是中国的农民，因他们受剥削受压迫的程度最高，使他们具有最彻底的革命精神，因此成了中国革命的主力军。因此，从这一意义上来讲，至少在中国革命的历史叙述中，农民并不是落后的象征。当然，农民并不是天生自然而然就有革命性和先进性的，革命实践离不开组织和意识形态动员工作，而这正是人的主体性和主观能动性的体现。

黄：毋庸置疑，城乡关系是中国乃至世界现实问题之中最为突出的、最为重要的一组关系。您基于宏观的、整体的视角考察这一现实问题，探赜索隐，钩深致远，您是如何理解全球背景下城乡关系发展历史脉络的？

赵：我是先有了马克思主义基础理论，后有世界体系理论和全球史视野，其后在这些大框架里通过学习阿瑞吉、林春、吕新雨、严海蓉等人的分析而开始丰富自己的知识体系的。从世界体系的角度分析，全球资本主义崛起的过程是城市剥夺农村的过程，它与资本家剥夺工人的过程互为表里。工人来自哪里？不正是圈地运动使得农民丧失了所有的生产资料而成为"一无所有"的工人吗？因此，分析劳资关系，也一定要带有城乡关系的视野，没有这个视野，就是用割裂的方法看问题。

众所周知，英国在早期的资本主义发展过程中，通过向全世界众多地域进行殖民，向海外输出了近三分之一的人口。从"全球"角度讲，英国和欧洲是"城市"，世界其他地方是"农村"，"农村"是英国资本主义得以输出过剩产能和转嫁危机的地方。美国之所以能在早期发展农业资本主义，开拓大规模的美国式农场，有些必不可少的重要因素：对土著居民土地的掠夺、对黑奴的残酷剥削和压迫、大规模的海外移民、通过垄断和金融资本的政策支撑美国农业资本主义的发展。然而，所有这些都是不可持续和不可重复的。中国面临不同的历史语境和现实问题。中国走自己的道路，意味着超越资本主义生产和社会关系，建立平衡互哺的城乡关系。的确，农民作为一个群体在社会中的比例已经被大大缩小，但总人口依然非常庞大，关注农民的自我生存问题、农村社区共同体的维系问题，破解城乡二元结构，促进城乡协调发展，是中国面临的大问题，可我们的传播学对此没有给予充分关注。

因此，作为一个学者，首先需要面对现实或国情，其次要有学术道义和担当，不要一厢情愿地、教条化地拿别人的理念去研究别人的问题。

二、传播学研究之理论创新

黄：的确，传播的现实问题往往内嵌于多种历史文化因素和各种纷繁芜杂的社会力量相互交汇、冲突和建构的场域。您曾经在您的著作中提出，主流中国传播研究的西方中心主义倾向、精英民主政治诉求、现代化理论框架和工具理性导向、新自由主义"政治无意识"，在完成了为传媒商业化和消费文化的流行提供学术合法性的"光荣使命"后，已无所作为。[1]联系到您方才所谈，您是否认为中国的传播学研究应当坚持自身的学术立场和学术思想呢？您认为当下的传播研究中有哪些理论局限和现实困境？

赵：与我前面谈到的认识论立场相一致，首先需要指出，没有既定的和本质主义的"自身学术立场"，任何学术立场和思想都是具体的和历史的。改革之初，许多人放弃了马克思主义新闻观，引进美国的主流传播学，有那时的立场原因和历史逻辑。有意思的是，在加拿大为国内编撰中文国际传播百科全书的过程中，我在西门菲沙大学的图书馆翻阅资料时看到，在西方传播学的理论体系里，更具体地说，在美国第一本传播学百科全书里，明确列出马克思、毛泽东和范农等人对传播学的贡献。比如，毛泽东的群众路线、中国共产党在延安的整风运动均被认为是对于政治传播的理论贡献。今天，在新的历史语境下，中国的传播学面临一系列问题，学科官僚化和考核过度；理论碎片化和书斋化；学术历史断裂；因传播研究本身的产业化而一方面缺乏学术想象力，另一方面工具理性化，甚至研究生教学也因从属于导师完成学术项目的需要而偏离了教书育人的目标，等等。而前面所谈的整个研究领域对中国社会基本的城乡关系问题的边缘化，则是理论与现实脱节、西方中心主义与城市中心主义依然主导中国传播研究的表现。针对这些问题，也得益于我自己的特殊条件，我在试图通过发展超越东西方二元对立和政治经济与文化研究断裂的跨文化传播

---

[1] 赵月枝：《传播与社会：政治经济与文化分析》，中国传媒大学出版，2011。

政治经济学的同时，在教学方面尝试创立了中加全球传播双硕士学位项目，在科研方面通过创办河阳乡村研究院，探索跨文化、跨学科、全球到村庄、理论与实践相结合的学术模式。

三、传播学立足实践之教育理念

黄：的确，您不仅是教育理念的先行者，更是不遗余力推动教学改革的实践家。我们知道，中国传媒大学与加拿大西门菲莎大学于2013年9月联合启动了全球传播双硕士学位项目的合作计划。该项目实施四年多来，在推动国际化人才培养方面积累了宝贵经验，在中加两国的传播教育界引发了广泛关注和重要影响。2014年，因其在跨国教育合作方面的卓越创新，全球传播双硕士学位项目更是荣获了加中贸易理事会颁发的教育卓越金奖，旨在表彰在促进中加在科学研究、学生招生、教育人才交流、跨国教育机构创新合作等领域所做出的卓越贡献。现在，各个国家举办的双学位项目名目繁多，不胜枚举，培养质量可谓良莠不齐。能否请您谈一谈，开办这一双学位项目出于何种考量？这个双学位项目与其他的双学位项目的明显区别在哪里？它践行了何种教育理念与创新？是什么原因使得这一项目取得了这样的成就？

赵：中加全球传播双硕士学位项目是由中国传媒大学和加拿大西门菲莎大学合作主办的新型国际化研究生人才培育项目，自2013年启动招生以来，成果丰硕。这个双学位项目与其他的项目的明显区别在于，我们有一个跨文化传播政治经济学的理论视野和教学实践理念。应该说，这个项目是加拿大与中国，我所在的学院与中国传媒大学学术交流水到渠成的结果。在宏观方面，我之所以能推动这个项目，得益于西门菲沙大学作为西方批判传播的重镇与中国源远流长的学术关系。学院的创办者、北美批判传播政治经济学重要奠基人达拉斯·斯迈思早在1971年末就到中国研究意识形态和技术政治问题，成为中外新闻传播学交流史上的重要事件。在改革开放初期的1983年，我还是当年的北京广播学院新闻系一名本科生的时候，当时西门菲沙大学传播系的系主任、马尔库塞的学生威廉·里斯（William Leiss）和罗伯特·安德森（Robert Anderson）教授就访问了北京广播学院。当然，我当时并不知道这次访问，而斯迈思的历史性访问更是成了中外传播研究的"史前史"，长期不为传播学者所知。由于各种巧合，我到了这个学院留学，遇上了斯迈思，并因为他的"自行车之后是什么"的问题意识而把中国道路问题当作自己的学术问题，而我读硕士第一学期，上的一门课就是安德森教授的"传播、发展与技术转让"。到了21世纪初,两校的国际交流增多,更有现任中国传媒大学校长胡正荣教授在学院做访问学者等一系列从未中断过的学术交流的铺垫。

具体到这个项目的设计,我们有一些基本的考量。首先,基于培养学术和专业人才的基本理论和学术批判素质的需要,也是出于我看到在加拿大,一些人花了七八年,甚至更多年的时间读了博士学位,可是找不到相应的学术研究工作的现状的考虑,我们把项目定位于相对高端但短、平、快的硕士阶段。其次,通过两所学校同时招生,也即中国传媒大学面向文科所有专业的学研一年级招生,西门菲沙大学向除中国大陆之外的全球招生,并给中国传媒大学最多一半的名额,我们在保证为国内培养人才的前提下,招收到最国际化的学生群体。同时,与一般的合作办学不一样,更与英国等地方专门为盈利而大量招收中国学生,甚至为这些学生开设几乎没有本国学生的、多到四五十人的"国际传播"硕士班,以至于有学生在拿到硕士学位后,也没有多少机会真正与教授有深度交流的情况不一样,我们把项目的人数上限定为20人,而且除了任课老师,每人都有中方和外方的指导教授,也就是说,我们不是研究生班。再次,我们以"同班"的形式,让学生在一起,在两边都学习一年,一起上核心课程和组织一些课外活动,包括在两个国家各有起码80小时的实习。这就保证了每位学生都有机会与另一个文化体系产生碰撞和深度交流。对许多来自欧洲、美国和亚非拉国家的非加拿大籍和非中国籍学生来说,他们会先后与加拿大和中国这两个不同的文化体系碰撞,与此同时,因为彼此在一起深度接触两年,学生之间也有碰撞,可以互相学习——通过与"他者"的互动和互构,形成自己的跨文化主体性。最后,由于我们的项目在中加都有选修课和个性化的实习和论文,学生也能有机会和空间学习自己感兴趣的东西。

黄:的确,跨文化传播政治经济学不仅是一种理论分析框架,更是一种教育理念上的突破与创新。您一直强调,您所说的"跨文化传播政治经济学"中的"跨文化"是"transcultural",与"inter-cultural communication"和"cross-cultural communication"中的"跨文化"有不同的含义,能否请您具体谈谈这个"跨文化"的内涵以及它在中加双学位项目的教育实践中的具体运用?

赵:如果说,其他两个概念只从文化的角度,甚至文化本质主义的角度看两个既存文化或个体间的传播与交流问题,这里的"跨"的概念首先强调"转化"(transformation)的意思,而且是用来修辞前面所讲的传播政治经济学所基于的世界体系视野和全球史观的。从严格的学术研究角度,狭义的世界体系理论与全球史观并不一样,但这里我不展开。不过,泛泛而论,我们这个项目出来的学生对资本主义体系的历史和现状,尤其是对当下正在进行的全球权力转移过程，是有宏观的分析和把握的。我不是说学生们都必须接受核心课程所讲的为"政治正确"，或像我经常开玩笑那样，成为社会主义者，但是，我们这个项目第一年在加拿大的两门核心课程中，第一门是对资本主义与传播权力关系的批判，第二门是传播与社会正义问题。许多学生，尤其是中国传媒大学过来的对马克思主义理论没有多少基础，甚至深深接受了新自由主义"去政治化的政治"无意识影响的学生，在加拿大这边一年下来，往往认为自己的认识高度和格局变大了，好多甚至认为自己的"三观"被改变了。

　　同时，与我在上面所说的变化的认识论相一致，我们的学术框架强调不同文化体系在具体世界历史过程中碰撞而产生新的社会和文化形式的可能性。也就是说，与国内某些有关传播政治经济学"只批判，不建设"的脸谱化甚至污名化的介绍不同，我们的历史观是能动的，强调能动的社会力量改变历史进程的可能性。正如我在课上讲的那样，从长时段和政治经济体系来看，在西方发展起来的资本主义体系与东方农耕文明的碰撞，在印度次大陆碰出了那里的后殖民资本主义现代社会，包括印度这个世界上的"最大民主国家"，但在"远东"，先是碰出了日本帝国主义，后又有这个日本帝国主义和中国内部的各种力量以及西方在整个世界体系中的碰撞，碰出了一个中华人民共和国。在文化层面，我们的基本学术立场是，既挑战"文明冲突论"所隐含的文化本质主义，也反对文化相对主义，而强调文化是在交流中不断转型与变化的。佛教从印度传到中国，变成了中国文化的一部分；马克思主义、列宁主义理论与中国的现实相结合，产生了毛泽东思想。具体到学生个体层面，我们希望学生不仅掌握既有的知识，而且通过这个项目的学习，形成自己独特的跨文化和批判的主体性。不管在什么国家，从事什么职业，这个独特的有认识世界与改造世界能力的主体，才是这个项目真正的"成果"。与这样的教学理念一致，2016年暑假在缙云举办的"传播、文化与全球南方"暑期班，也体现了这种跨文化的理念。这里，跨文化不一定是跨国境的，还可以包括跨越城乡之间和知识分子与农民之间的。知识分子到乡村做研究，并不仅仅是农民给知识分子提供研究素材，或是使知识分子了解到农村的现状，而是包含希望知识分子在这个研究过程中反思自身与农村的关系、与农民的关系，同时农民也通过与知识分子的交流，获得自己的主体意识并建立起自己的文化自信。

　　黄：我了解到，在这个双硕士学位项目启动之初，据说您所在的加拿大西门菲沙大学的传播学院里有一些反对的声音，说这是一个商业化的项目，而一些批判学者则认为，您本身是做批判学研究的，就不应该与相对高学费的"计划外"项目有任何联系，更不应该办这种看起来非常有实用性的项目。甚至于，一些带有冷战思维的西方学者质疑道,"与中国的大学合作办这个双学位项目,会不会影响'我们西方'的学术自由呀?"请问您是如何坚持自己的办学理念和初衷,排除外界的阻力和重重困难,保证这个项目顺利开展的?

赵:前面我讲到,办这个项目,是两个学校多年交流的结果,而且我所在的学院从斯迈思开始就非常关注中国的发展。当然,这只是问题的一面。回顾双学位项目的启动之初,我们也遇到了一些压力和阻力。实际上,这个双学位项目对于实施的双方而言,都是一种挑战。但我认为,不能只在嘴上喊着"国际化"的口号,却没有在自己的教学中真正地进行实践。在课上讲国际传播甚至批判国际传播秩序的不平等是一回事,真正办起一个国际合作教育项目,是另一回事。

如前所述,个体是能动的,是可以创造历史的,但又只能在现有的条件下。在这里,我也完全可以用跨文化政治经济学框架解释所遇到的困难。在被新自由主义化的加拿大教育体系内,以中国学生为主的国际本科生教育是学校的"摇钱树",学校通过收取外国学生高于国内学生三倍的学费,来补贴由于福利社会的缩水而导致的公共教育经费削减和维持相对较低的国内大学生学费。后者对社会稳定非常重要。几年前,魁北克就因大学学费增长而爆发了声势浩荡的学生抗议。与本科生教育相反,加拿大硕士生和博士生教育基本没有被商业化,或者说其程度远远落在其他西方国家后面。在我们学校,国际、国内研究生交一样的学费。由于政府不会拨款支持新的研究生课程,我要办这样的一个双学位项目,只能是"计划外"的自收自支项目,这意味着,我们这个项目的学费比普通研究生要高。对我们学院里某些自以为是维护教育的公共性和非商业性的同事来说,办起这样的项目,就是迎合了新自由主义市场化的趋势。

当然,在学术上,也会有同事对中国学生来太多有顾虑。毕竟,在语言和基础理论上,尤其是在问题意识上,中国的学生申请者,尽管智商很高,往往比不过本国学生。更何况,在最初阶段,带中国学生比带本国学生更费劲,一般西方教授,即使在学术立场上看起来很进步,在教学实践中,也不是都有知难而上的国际主义精神的。当然,种族主义和冷战思维也不是没有影响,尤其是政治和意识形态非常强的传播领域。想想孔子学院在西方国家的遭遇,就可以想象文化传播领域的敏感性了。有访问学者在旁听老师课的时候,因为听不懂,喜欢把老师的讲座录音拿回家听,这在国内正常,可在国外,人家就开始私下半开玩笑,把你当作中国派来的"密探"了。

最后,在学校不增加师资力量的前提下办这样的项目,也有担心教授工作量增加的问题。不过,话又说回来,我们学校高层对这个项目非常支持。在经济上，办这个项目，学校也不是一开始就希望收支平衡，而是把它当作一个国际合作创新项目和标杆项目来支持的。这个项目不仅有学校特批的开办费用，包括给中国学生的奖学金，而且一直是受学校补贴的。具体到我所在的学院，如前所述，毕竟也是当年有斯迈思的学院，至今也还是一个有一定的国际主义意识的地方。这个项目终于在经过充分讨论和论证的前提下办起来了，而且我现在也基本把项目的管理交给了一位来自埃及的年轻学者，就说明了一切。更重要的是，不但我们招收的加拿大本国学生和国际学生很优秀，而且总体而言，中国来的学生也非常争气，他们几乎在一年时间内在理论水平和方法论方面脱胎换骨，许多人都转型为跨文化传播政治经济学者。毫不夸张地说，虽然学习强度非常大，在分析问题能力、学术严谨性和写作方面，这些学生在一年里受到的训练可以说是可以受用一生的。现在办到第四年，中国学生的名声就非常好了。项目取得的成就，也反过来不仅慢慢改变了学院少数教授当初的看法，而且使普通硕士生课程感到了挑战。这就是一个促进现有系统反思，进而引发可能的变革的过程，对西方学者来说，教中国学生是一个巨大的挑战，也为他们提供了一个改变自己的知识结构的可能性。当然，不是所有人都愿意面对挑战和接受变化，否则，字典里就没有"保守"这个词了。

相比之下，西方的学生到中国，从学习到生活，面临的挑战更大，国内的教授从教学方式到师生关系，更需要调整。而不同学生间的互动，包括一些难免的"摩擦"，在特定的条件下，也成了学生自我教育、发展跨文化和批判主体性的最佳案例。当然，有时也有某个学生因为文化上缺乏敏感性而把另一个学生搞哭的情况，更有西方学生到中国后，因为各种问题，需要我作为项目主管进行沟通协调，等等。我们是跨国和跨文化传播的学者和学生，深知传播的重要性；我们又是政治经济学者和学生，对不平等的权力关系有深刻理解；同时，在后现代的语境下，我们对阶级、性别、种族、宗教、民族主义等各种文化身份认同的复杂交错状态也有深刻的反思。在项目的运作中，我们尽量学以致用，在办学过程中体现反思性。这几年下来，我感觉办这个双学位的课程是检验许多传播理论的最佳实践，我自己到目前为止最享受的教课体验就是教这个项目的学生。

在这种跨文化互动中，我欣慰地看到学生们的巨大进步，尤其是在就业方面的成功。在国内，由于毕业生在国际政治经济方面非同一般的理论高度，他们的历史和批判视野，尤其是他们通过这个项目在认知能力和综合素质方面的整体提高，使得他们成功进入了央视、人民日报、湖南卫视、商务印书馆、中宣部等重要单位任职；在国外，毕业生无论是继续读博，还是到研究机构和新媒体机构、国际红十字会等非政府机构任职,都有很好的前途,从而实现了项目设计之初为媒体、大学、政府、公司、非政府组织输送高水平复合型人才的培养目的。

由于我同时在浙江缙云建立了河阳乡村研究院,学生在研究和文化体验等方面更是有了别的国际合作项目所没有的机会,也即我所倡导的"全球到村庄"的整体学术体验。比如,首届学生中,有四位国外的学生加入了我的"全球到村庄:传播研究如何落地"的中加联合调研项目,并在我的指导下,把自己的论文进一步深化,发展成 SSCI(社会科学引文索引)文章发表。第二届学生中,华裔学生刘希洋(Hatty Liu,加拿大籍)在2016年日本福冈召开的国际传播学会(ICA)年会传播历史研究分会上发表的《幽默与哈贝马斯:法国七月王朝时期的讽刺与公共传播,1830—1835》(*Humour and Habermas: Problematizing Satire as Public Communication in France's July Monarchy*,1830—1835)一文,获得多位传播学界顶级评审的好评,在双盲评审中获得最高分数,被授予"传播史研究最佳论文奖"。这是国际传播学会首次将这一奖项颁发给硕士研究生。更令我欣喜的是,她毕业后,成为商务印书馆所属的 *The World of Chinese*(《汉语世界》)英文杂志的记者,并在自己的新闻实践中践行我的"全球到村庄"理念。当她找到我,表示希望采写一篇关于农村电商的文章,而且就这个问题写出长达8页的深度封面文章,并在文章结尾处提炼出"电商改变了村庄,但村庄的社会关系也改变了电商"的认识时,当我读到她以师姐的身份,带着项目第三届的两位"老外"学生实习,一起登上一辆从北京到承德的绿皮火车,把车厢当作中国下层民众"流动的公共领域"来观察和报道时,我真的感觉我的跨文化传播政治经济学框架已经内在于她的方法论了。我不无得意地把这些文章与西门菲莎大学的校长和自己学院的同事们分享。

而来自西方和亚非拉的学生在对中国的认知方面的变化,更是我关注的。正因为如此,2016年10月,我把项目第三届学生中的国外学生带到了我的家乡,让他们有了整整一周的文化体验。从观摩官方和民间文化活动到逛美食节,从学做缙云烧饼到学做龙泉青瓷,就像我一直向这些学生强调的那样,在中国,在课堂上学习固然重要,了解社会也许更重要。2017年春天,当我收到一位项目参与者——在中国传媒大学的一位意大利学生的一封长长的邮件时,我条件反射,原本以为是反映问题的,一看才知道,这是这位学生自己在中国的心路历程和她如何因为这一年改变了自己对中国的看法的感想和感谢信。我不但被深深感动了,而且觉得自己办这个项目的所有付出,甚至委屈,都是值得的。我相信,参加双学位项目的学生所取得的进步和成长,项目所取得的成果,最终会证明这是一个有益的尝试。这也正是跨文化传播政治经济学视野的魅力及其实践性和应用价值所在。

黄：您曾提到，中国的传播学教育虽经过30多年的发展，已取得了蔚为壮观的成绩，但其中存在的诸多问题亦是不容忽视的，尤其是西方中心主义和媒介中心主义的局限无一不困扰着传播学教育的发展。而您的传播学研究却体现出鲜明的研究主体性，这一点不仅在您的著作论文中得以呈现，您在课堂教学中亦是"授之以渔"。您能否以您的亲身学术经历谈一谈中国的传播学教育如何才能真正"去西方中心化"，培养起学生的批判的、跨文化的主体性？

赵：批判主体性的重要性不言而喻，它不仅是开启学生的研究潜力和旨趣的钥匙，也是培养学生独立思考能力和自主研究精神的基石。在教学实践和学术实践中，我从来不机械地传授知识，我反对学生用死的教科书框定自己的思维，而是把教学当作开启学生的智力和主体性的重要手段，强调培养学生自己的问题意识，培养学生有机的、完整的世界观，并确立他们自己的学术主体性。

中国传播学教育要真正地"去西方化"，就必须培养学生的问题意识，让他们关注现实生活，并学会运用批判的学术手段积极分析现实中的"真"问题。但是，要培养学生形成一套完整的、有机的认识世界的思路并不容易，需要对学生进行完善的通识教育和方法论教育。然而，国内很多高校在这方面的教育实践亟待完善。如果学生在本科阶段和研究生阶段接受的是一种教条式的、僵化的、急功近利的，甚至把学生当科研劳工的教育，而不是接受良好的通识教育和严格的学术训练，那么将很难培养起他们独立思考的能力、有机的知识体系和鲜明的学术立场，这样的学生很难有自己的问题意识和判断能力。

所以，我非常重视教学实践，也重视在日常生活的互动中让学生发展自己的跨文化和批判主体性，让学生积极地思考自身所处的位置，把学生学到的知识转化为有机的知识，运用知识考古的方法架构起他们的理论框架和分析问题的框架，在这个过程中逐渐培养起学生的学术主体性。只有这样的教育教学实践，才能真正地"授之以渔"。

34 在中国西北再谈"新地球村"

2019年7月,"从全球到村庄"暑期班走出浙江缙云,在西北大学新闻传播学院的努力下,以"乡村振兴与西部传播"为题,落地西安。其间,西北大学新闻与传播学院硕士生祝盼就自己关心的问题对我进行了访谈。本文先由祝盼在访谈的基础上整理成初稿,后由中国传媒大学传播研究院博士生梁嫒进行了编辑,再由我本人进行修改和删节而成。此文刊登于谢清果、钟海连主编的《中华文化与传播研究》第7辑,九州出版社,2020年出版。

原文摘要:作为对麦克卢汉"地球村"概念的21世纪发展,"新地球村"概念超越原有概念的技术乌托邦主义偏颇和西方中心主义盲点,同时保存原有概念把村庄共同体所包含的人和人之间紧密关联的状态延伸到全球层面的人类共同体内涵。在全球权力转移和"中国崛起"的语境下的"新地球村"想象离不开对帝国主义和资本主义权力关系的超越,而"一带一路"倡议和"乡村振兴"战略将是支撑这一想象的"双翼"。基于信息技术、身份认同和意义问题在新闻传播研究中的核心地位,也考虑到中国西北地区在"一带一路"与"乡村振兴"中的重要历史文化与关键地缘政治经济地位,中国西北地区在重构中国新闻传播研究的主体性,尤其在东西方关系与城乡关系视野下进行在地化知识创新有得天独厚的条件。

问:赵老师,您好!我们都知道,"地球村"是麦克卢汉提出的一个很重要的概念,他认为由于现代传播技术的发展和信息的流通,全球变为了一个村庄。而您不但提出了"新地球村"愿景,而且强调"全球""村庄"之间的视域转换,您能再深入阐释一下其中的意涵吗?

赵月枝(以下简称赵):"全球"和"村庄"是人类家园中两个尺度不同的概念,一个最大,一个最小,相比于国家、省份、城市、郡县、乡镇、社区或小区这些概念，它们最能勾起有关人类共同体的情感想象，也最富有人文历史内涵。"村庄"是农业文明时代人类家园的最基本单位，今天，虽然我们进入了后工业社会，"村庄"这个概念依然让我们感到亲切和温馨，它与人和人之间紧密相连的共同体生活，以及人与人、人与自然在生产、生活、生态层面彼此依存的状态相联系。"全球"是一个更新的、直到1960年代才有广泛影响的概念。随着人类在航天、卫星和传播技术方面的发展，"全球"的具象性存在——那个漂浮在宇宙中的星球的形象，首先在1966年从月球上以黑白照片的形式被表达了出来。到了1968年，从美国的阿波罗8号上拍到的那张蓝色地球的彩色照片，更以其强大的视觉冲击力，让人类感受到了"全球性"。

麦克卢汉的"地球村"概念产生于1960年代，成了"全球化"概念的先声，这也不是偶然的。不过，在麦克卢汉的"地球村"概念中，村庄是个隐喻性的符号，而麦克卢汉的文学家气质和技术浪漫主义倾向，也使他的概念缺乏全球政治经济批判的视野，更枉论对资本主义发展的不平衡的批判，尤其是资本主义发展过程中乡村被城市消灭的命运。我提出"新地球村"概念，就是用跨文化传播政治经济学的理论框架超越麦克卢汉"地球村"概念中的技术中心主义，同时让其与全世界现实存在的千千万万的真正的村庄及其未来相关联。

正如我在今年暑期班的讲座中所说的那样，我把"全球"和"村庄"这两个概念放在一起，强调这两个层面的视域转换，无非是为了强调我们今天在研究时需要有世界历史视野和全球与村庄互构关系的视野，而这是麦克卢汉"地球村"概念所不能提供的。[1] 一方面，要理解资本主义体系的全球性，意识到地球上的每一个地方，包括每一个村庄，都不外在于这个体系；另一方面，又恰恰是每个地方，每一个村庄，构成了"全球"。比如，我所在的温哥华，也算是个全球性的城市，但是，不仅历史上它曾是加拿大原住民的"冬村"，今天，这里依然有原住民村落的存在；同时，我所出生的浙江缙云河阳村，老人妇女在院落里从事着来料加工的工作，他们的产品被买到世界各地，他们是全球化生产体系中的一部分，从这个角度讲，这里的生产，就有"全球"的意涵，更不必说互联网早就把村庄"全球化"了。村庄的空心化问题并不是村庄本身造成的，而是中国经济被整合到全球资本主义生产体系的结果。从这个角度来看，村庄的问题就是全球的问题。总之，"从全球到村庄"的意涵是既要从全球的视野来看待村庄，又要将任何一个村庄都作为构成全球的节点来看待全球，即用联系的、互构的眼光来看问题。当然，从全球到村庄，或者从村庄到全球，

---

[1] 赵月枝：《中国与全球传播：新地球村想象》，《国际传播》2017年第3期。

中间有很多地理空间、行政单位层级和地缘政治维度，需要一层一层去分析。

由于中国在资本主义全球化过程中一开始是被动的，因此我们在谈论到"全球"时，往往会自然而然地把"全球"与"西方"等同，而忽视我们自己也是"全球"的一部分，更忘了我们这个"全球"中的部分还有许多是以村庄作为基本单位存在的。这正是我们需要纠正的思维方式，我们需要在谈到"全球"时，想到中国历史悠久的农耕文明的何去何从，想到中国自己在这个全球秩序中的位置和改变现有全球秩序的能力。[1] 这并不是以自我为中心主义，而是真正的全球意识。否则，我们容易陷入一种不断要求自己和西方国家"接轨"的线性逻辑和思维定式。中国有人类历史上唯一持续的农耕文明，村庄作为这种文明的载体，在中华文明中有非常特殊的地位。尽管现代化进程已经导致许多村庄的消失，但村庄不仅事关近一半人口的生产和生活，而且对于生态文明建设和修复人与自然关系，有极为重要的观念上的启示和现实中的意义。这是我把"全球"和"村庄"两个概念联系在一起所希望强调的。

问：您为我们搭建了一个重新看待全球与村庄的认识视角，但在之后您提到了"全球南方"也在"全球北方"内部的观点，您能对此进一步说明一下吗？

赵：首先，和上述"全球"概念一样，"全球南方""全球北方"看似地理上的概念，但在本质上是地缘政治概念。"南方国家"大多是在推翻了西方殖民统治后建立的国家，而"北方国家"大多是历史上的殖民地宗主国。中国虽在北方，但由于自己的半殖民地历史经历，在全球政治中选择站在世界被压迫民族和民众，即"南方国家"的一边。

在1970年代，有"第三世界"这种说法，但随着苏联的解体和第三世界运动的衰落，这个概念就失去了原有的参照。后冷战时代，南北国家之间的贫富鸿沟成了主要分野，"南"指的是发展中国家，"北"则是发达国家。但是，由于国家内部的贫富差距和发展不平衡性，早就有观察者说过，第一世界里有第三世界，第三世界里有第一世界，还有第四世界。这里的"第四世界"，指的是资本主义全球化过程中被边缘化和被损害的群体，比如北美一些原住民部落、大城市最穷街区中的贫民窟以及难民营中的群体。[2] 总之，"全球南方"，泛指在全球范围内被资本主义发展所剥夺、所边缘化的处于弱势的国家、区域

---

[1] Chun Lin, *China and Global Capitalism: Reflections on Marxism, History and Contemporary Politics* (New York: Palgrave Macmillan, 2013).

[2] 赵月枝：《全球到村庄，东南到西北：探索新闻传播在地化知识创新路径》，《现代视听》2019年第10期。

和群体。它指在全球资本主义内部所有被压迫的力量。这个力量不只是在南半球，它也在北半球国家，即发达资本主义国家的内部。这是资本主义和帝国主义不平衡发展逻辑的必然结果。这里有几点需要说明：这是一个宽泛的概念，它有国家层面的意涵，如"南南合作"主要就是发展中国家在国际层面的合作；也有更松散的区域或群体的意涵，如在"世界社会论坛"这样的语境中，"全球南方"往往指全球被压迫民众的集合体；更重要的是，就像当年的"第三世界"不是一个负面的概念，而是包含新独立国家团结进取和积极向上的精神一样，"全球南方"不是落后、贫穷的象征，而是一种抗争的力量和挑战现有全球秩序不平等的力量。从这个角度，"南"和"北"实际上也就有了国际话语中的"全球阶级"的内涵。它们让我们认识到全球存在于国家间和国家内部的结构性不平等和为超越这种不平等而进行的斗争。

问：对于"全球"和"村庄"的关系，您曾以一个新提法描述过，即"一带一路"和"乡村振兴"是中国腾飞的双翼。您能具体阐释一下这句话的内在理论意涵是什么吗？

赵："一带一路"和"乡村振兴"是中国在数字时代有可能改变全球资本主义发展逻辑，在世界上腾飞的双翼，这是我2019年5月在中国青年政治学会在山东日照召开的年会的主旨演讲中最初提出来的。前面讲到的两个问题，核心都是全球资本主义体系中发展的不平衡问题。"一带一路"不仅仅涉及"全球南方"国家，但它有助于解决"全球南方"国家的发展不平衡问题，尤其是这些国家在基础设施建设方面的欠缺问题。我们需要记住的是，解决发展问题，恰恰是当年"第三世界"的愿景，但是这个愿景在新自由主义全球化时代与"第三世界"理想一起，破碎了。中国在经过了70年的快速发展以后，有了资本、技术和产能输出的能力和需要。在我的理解中，如何超越以往帝国主义和强权政治的模式，以平等互利和共同参与方式与其他国家一起，解决全球发展不平衡问题，从而改变现有全球资本主义体系里的"中心"和"边缘"关系，为人类做出较大的贡献，正是"一带一路"倡议所包含的理想。

乡村振兴则是中国解决自己内部发展不平衡和不充分问题的战略。如果能成功，中国这个人类历史上唯一持续的农耕文明大国，就改变了资本主义在发展过程中"城市消灭乡村"的宿命。从表面上看，乡村振兴和"一带一路"分别从内和外两个层面来解决发展不平衡的问题，但是，具体分析起来，它们又是相互关联的，而中国的西南和西北地区就是它们的交汇处和连接点。也就是说，"一带一路"的实施，能有效带动中国西南和西北地区的发展，从而推动解决中国区域发展不平衡的问题。

问：我们知道河阳乡村研究院以"新地球村"作为标识，随着"从全球到村庄"国际暑期班在2019年夏顺利移师西北，您认为本届暑期班与以往在缙云举办的暑期班之间的异同是什么？

赵：这次在西安办"从全球到村庄"暑期班，有点电视节目"模式输出"的意思。第一，我们的大标题还是"从全球到村庄"，它的含义是要从整体的、全球的、城乡关系的视野来研究村庄和文化传播问题。第二，在教学模式上我们始终强调理论与实践的结合，既有课堂上老师授课的部分，还有调研考察的部分。为期三天的调研虽然比较短，但它的目的就是带大家入门，在一定的理论指引下和带着一定的问题意识去调研。这个调研是以团队方式进行的，大家一起事先讨论，一起调研，一起分析调研结果和准备汇报的过程，也是一个知识共同体的生产过程。第三，与以前一样，我们采取了跨学科和跨界学者相结合的授课形式。此外，暑期班在邀请本学科和跨学科的学者来讲课的同时，也邀请当地文化专家来授课，不仅丰富了授课内容，也有助于我们更好地理解和尊重乡土文化的多样性和地域特征，从而形成比较的视角。第四，从一开始，我们就邀请包括"老中青"不同代际的学者来授课，并且让青年学者做田野调研带队教师。这些都是最近几年在缙云摸索出来的办暑期班的经验。

不同的地方当然也不少。第一，今年的暑期班和西北大学新闻传播学院联合主办，地点在西安，这不仅仅是一个地点上的变化，也是一个主题上的深化。我在暑期班上的演讲叫"从全球到村庄，从东南到西北"，意在突出西北在中国道路形成过程中的重要地位和今天在乡村振兴和"一带一路"中的双重地位。虽然中国共产党领导的革命是从东南沿海开始的，但是，中国共产党的新闻理论和实践是在西北成熟起来的。从毛泽东的延安文艺座谈会讲话到《解放日报》的改版，这些都是在西北完成的，有学者甚至有"西北为体，东南为用"的说法。中国文明是大陆文明，中国历史上最有影响的跨文化交流渠道是"丝绸之路"，西安是一个大陆文明的交流中心。随着资本主义的崛起，西方国家从沿海入侵中国，在上海和各个通商口岸产生了最早的工人阶级，革命的红船也从浙江嘉兴的南湖起航，但是，由于中国是一个大陆文明的国家，马列主义指导下的政党要在中国取得革命的胜利，最后必然要在西北完成与中国的内陆乡村对接和扎根的过程。从表面上，这是一个无奈中被迫的选择，共产党是被围剿、被追着、赶着来到西北的，但反过来看，中国革命起始于东南，发展于西北的过程，也蕴含着深刻的历史逻辑和地缘政治逻辑，共产党从某种角度也是顺应了这个历史逻辑和地缘政治逻辑。暑期班从浙江缙云出发来到西北，一方面是来学习西北厚重的乡土文化的，另一方面也是希望强调中国城乡关系问题和东西部区域关系问题的重叠性质。中国的乡村千变万化，没有任何一个地方能完全代表乡土中国。西安是一个大都市，然而，西安周边有许多有深厚文化底蕴的中国西部村庄，它们非常值得我们去探究，去跟东南的村庄比较分析。

无论是在缙云还是在别处办暑期班，还是组织"河阳论坛"，我希望通过立足乡土的学术活动，来促进学术交流和新闻传播学术的创新，发展有全球视野和乡土中国立场的学术。2019年的暑期班从缙云回到大学校园，花开西北大学，在一定意义上也实现了我的这个学术理念和初衷。从这个角度，此次暑期班相较以往不仅是地点的不同，而且是在把乡村视野、城乡关系视野植根到中国新闻传播研究这一目标上前进了一步。这是真正让我高兴的变化。

问：我听说在暑期班期间您还经历了一个小插曲，就是您去参观了户县农民画展览馆和农村电影放映员的收藏馆，并且用您的话来说是"内心受到了极大的震撼与洗礼"，您可以简单叙述下这个过程和缘由吗？

赵：对，我在西北工业大学王昊老师的建议和陪同下，去看了户县农民画和一位农村电影放映员，所见所闻让我深受震动，尤其感受到农民强大的文化创造力和他们中间的优秀代表对文化的执着和坚守。当然，我并不是抽象、孤立和本质化地美化农民作为文化创造者的角色。实际上，农民画是社会主义中国历史上城市知识分子与农民相结合的产物，是新中国社会主义文化建设过程中，国家、知识分子和乡村有机互动的成果。1949年新中国成立后，中国社会主义建设在文化传播方面，有三样东西是在农民主体性的表达和锻造方面最值得说的。第一是农村的有线广播，它是最重要、最普及的；第二就是由有文化和受党和政府教育的优秀青年组成的农村电影放映队；第三是各种形式的以农民为主体的文化创作和艺术表达，而户县农民画就是这个领域的一朵奇葩，它的存在，让我们看到，一旦国家文化政策真正把农民当成社会的主人，一旦知识分子和农民真正相结合，农民作为文化的主人和审美主体的地位就会得到发展，而他们的创造性潜力也就能得到前所未有的发挥。

在看户县农民画的时候，我发现，很多作品是表达农民与文化传播的主题，包括农民在田间地头和农田水利建设工地上围在一起听喇叭、读报纸，农民在图书室里看书看报，农民办的黑板报，以及支部书记在看书学习，等等。一方面，这说明了社会主义建设年代传播和文化学习本身之于农民生活的意义；另一方面，作为一种理想主义的图景，这些农民画表达了当时主流价值所倡导的东西。当然，作为一个传播学者，我在看农民画时，也特别关注到了这方面的主题。然而，这些实实在在的以农民与文化、传播为题材的农民画，无疑彰显了文化与传播在当年中国农村社会主义建设中的重要地位。

另一个让我十分震动的经历，是去拜访老电影放映员刘公信先生并参观他的个人影片和放映器材收藏。公社电影放映员和赤脚医生一样，都是新中国在社会主义建设年代的创举。赤脚医生在国外有重要影响，这以前我就知道，但公社电影放映队作为一种基层传播机制在国际传播领域的影响，还是2015年我第一次在老家河阳带队做"从全球到村庄"暑期调研时，从我的中加全球传播双硕士学位项目的一位毕业生那里，才意识到的。这位学生来自南美的哥伦比亚，她入学前的身份是该国的一位女记者。在问她的调研选题时，她说希望访谈一位中国的公社电影放映员，因为她在参与拉美社区传播实践的过程中，早就对中国的公社放映员制度感兴趣。虽然到了2015年，公社电影放映制度早已成为历史，我这位年轻的拉美学生的兴趣点，让我意识到中国创新的传播制度和实践在第三世界进步文化圈的影响。尽管时过境迁，对我来说，这也是从"全球"反馈给我的对"村庄"的新认知。

当年，公社电影放映员是一个农村青年趋之若鹜的职位，入选放映员队伍的都是有文化、有理想的年轻人或者是退伍军人。人民公社解体和电视崛起后，这支队伍也慢慢解体了，而且由于身份和待遇问题，许多人也有悲情与抗争。因此，当王昊老师说带我去看一位老电影放映员的时候，我颇有几分顾虑，又怕碰到自己解决不了的问题。然而，与我的担心相反，出现在我面前的，是一位堪称"不忘初心"和"永不褪色"的红色放映员。与许多他当年的同伴一样，刘公信也是退伍军人出身，所不同的是，他把自己一生的全部身心都投入到电影放映事业上。人民公社制度解体后，作为公社文化制度载体的电影放映员团队也逐步解散了，许多人转业做其他工作了，刘公信不仅苦苦坚守，在十几年间坚持在农村做电影放映，而且在这个过程中自己设计和改装了四辆流动放映车。后来，由于数字化放映的冲击，很多原来的机器被淘汰，刘公信又怀着对自己的事业和传播工具的热爱，收藏了当年的那些各种型号的放映机以及各种各样的胶卷片子。他那座承载着他的农村电影放映理想、现在被他的儿子拿来办幼儿园的院子，是一个令人思绪万千的历史、现实和未来交集的场所。我们是根据一个幼儿园的名字找到这个院子和刘公信的，然而，在这个充满未来感的幼儿园的装潢和装饰背后，在儿童的欢歌笑语声后面，更确切地说，在园中那两扇车库门后面，是让人震撼的一排排放映机和一架架胶卷。一个幼儿园里，住着一位红色公社放映员；两扇车库门后，隐藏着中国社会主义农村电影放映的历史，这是多么神奇的地方呀。当我们爬上他仅存的那辆自己改装的放映车时；当我们伫立着，观看这位老放映员给我们放1950年代的《黄河大合唱》电影的片段时；当我们听他夫人讲起丈夫如何把毕生的精力和积蓄全部放在电影放映和这些收藏时,那种物质感、历史感和精神力量,真的让人十分震撼。

放映员是时代的身份,历史的产物,但我们强烈感受到了刘公信主体的力量——他的精神世界。原来,一个人可以活得如此的纯粹和专一,如此的自在和自信,如此痴迷与执着。当然,刘公信也有烦恼,这就是,他希望能为自己几十年收藏下来的东西找到一个合适的去处,因为现在这个地方没有博物馆的标准,而胶卷是会发潮的,机器也是会生锈的。我在想,我所遇到的这位,是不是就是真正意义上的社会主义"新人",一位有强大的社会主义主体性的农村基层文化工作者?他对毛泽东思想和社会主义事业是如此的深信不疑,以至于自觉地将毕生的精力和金钱都放在了这个事业上。他那积极的精神面貌和幼儿园墙上写的"高高兴兴每一天"遥相呼应,让我十分感动。另一个让我感动的地方是他对乡土西北的挚爱。他的收藏中,有一台机器是解放初期的国产放映机,这种放映机非常昂贵和稀少,现在全国可能只剩下他这台了。他说,他拒绝了把这台机器运到北京收藏的建议,希望将这台机器留在西北。

在刘公信的身上,我看到了一个人的道德精神和信仰的力量,看到了共和国乡村文化建设和乡村传播史上的光辉一页;我也看到了,传播技术一旦嵌入一个"为人民服务"的制度,就可以产生巨大的社会效益。今天在数字化时代,面对"乡村振兴,文化先行"的认识,面对乡村公共文化服务建设的各种挑战,面对县级融媒体建设中的诸多矛盾,总之,面对日益复杂的农村文化领导权建设问题,我们能从刘公信身上和他那一个人的农村电影放映收藏馆里,得到很多启示。

问:那种精神力量,我听老师讲都特别有感触,但是,我们也听到很多人在说,中国人是没有信仰的,尤其在农村,精神空虚被认为是一个严重的问题。对这个,您有什么看法?

赵:这是把不同层面的问题放在一起了。首先,"中国人是没有信仰的"这句话,表达的是充满东方主义或西方中心主义色彩的偏见。信仰不一定是西方意义上的宗教性的,更不等同于西方意义上的一神教。我们不能因为中国文化不是西方意义上的基督教一神教文化,不信西方的上帝,就认为中国人没有精神信仰。其次,就传统中国文化来说,不但儒、释、道各种精神信仰体系非常丰富,而且不同的地方也有地方性的精神信仰体系和各种神灵。因此,从一定角度,与其说中国人没有信仰,不如说中国人信仰体系是多元和丰富的。总之,我们不能拿基督教主宰下的西方对宗教信仰的理解来分析中国文化,说中国"缺少什么"。如果按照这种逻辑,我们也可以说西方"缺少"我们的神灵信仰系统。实际上,超越一神教宗教信仰,超越"神"与"人"之间的宰制关系，强调人的道德精神和天人合一境界，这些都使中国文化有更深刻的人文主义内涵。像钱穆这样的中国思想文化研究者早就对中西文化在这个问题上的异同有深刻的分析。传播学是一门真正的跨学科学问，中国传播学者需要有广博的人文和社科知识基础，否则，很难克服媒介中心主义与西方中心主义的知识结构缺陷。

新中国成立以后，在马克思主义关于宗教和意识形态思想的指导下，中国共产党以"破除迷信"为口号，在中国社会，尤其在农村进行了深刻的思想文化和教育革命，甚至试图把建立共产主义的信仰体系当作最高的文化思想建设目标。应该说，这种努力也是取得巨大成就的。前面提到的有线广播、公社电影放映员、以户县农民画为代表的农民文化生产，都是这种思想教育体系与农村新文化体系的一部分。同时，由于农村建立了集体经济制度，在从兴修水利到医疗卫生等生产和生活方面取得了现代化建设的重要成就，农民的精神面貌和农村的精神生活也发生的巨大的变化。比如，"靠天吃饭"的年代，"向老龙王求雨"成了农民无可奈何的诉求，但是，有了水利设施，组织起来的农民就成了自己的主人。同样，一旦改变了农村缺医少药的状态，求神拜佛的现象也就减少了。当然，意识形态有相对独立性，移风易俗不是一蹴而就的事情，社会主义价值体系也是要在与其他意识形态的不断斗争中建立和巩固起来的。更何况，疾风暴雨式的文化革命不但容易过火，而且会产生意想不到的反弹，而"迷信活动"与"文化遗产"之间的区分，也是一个复杂的社会文化斗争过程。

不可否认，人民公社解体以后的一段时间里，国家对农村文化生活的关注，尤其是精神文明建设方面的关注，出现了松懈，乡村共同体也由于集体经济的衰落面临解体，这都是现实存在的问题。也正是在这个过程中，国外宗教势力乘虚而入，以各种方式占据农村的公共文化空间。宗教和各种类宗教活动所提供的那种人与人之间的交流，那种精神共同体的归属感，甚至最基本的人和人之间相聚的机会，对于面临日益原子化的农民，尤其农村妇女和老人群体，无疑是有吸引力的。与此同时，国家的文化和传播体系却忽视了农村，或者与农村的精神文化需求脱节。比如，电视就是在人民公社解体以后在农村普及的，由于它的高度集中化的大众传播特征，也由于它所呈现的内容的城市中心主义偏颇，在一定程度上对乡村共同体带来了原子化的冲击。

今天，在乡村振兴的语境下，我们不但要从资本、科技和劳动力等层面促进资源向农村的回流，而且面临着乡村共同体的重建和推动乡土文化复兴的重任。"乡风文明"是乡村振兴的重要内涵之一，这里就包含了乡村精神生活和文化建设的内容。从古村落保护到非物质文化遗产的传承，从农村公共文化体系建设到各种新形式的"移风易俗"努力,我们都看到了乡土文化复兴的进程。也正是从这样的角度,我对源于家乡浙江丽水的乡村春晚现象充满了兴趣,认为无论是从它的内容还是形式,这都是乡土文化复兴过程中的一个令人惊喜的现象。[1] 当然,一台乡村春晚不能解决你所说的"农村精神空虚"问题,但是,我要提醒的是,就像"中国人是没有信仰的"这句话一样,"农村精神空虚"这个说法本身也有城市中心主义的居高临下和对转型中的中国乡村复杂的精神文化生活图景的以偏概全。更重要的是,我们要一方面意识到乡村振兴的迫切性和乡土文化复兴所面临的挑战,另一方面也不要因为各种有关乡村的负面新闻和此起彼伏的唱衰乡村论调而掉入失败主义的陷阱。正如我在前面强调的那样,要走出一条中国特色的社会主义道路,就不能重蹈西方资本主义扩张过程中城市消灭乡村的覆辙。

问:也经常听到"农民意识"这个词,我们该如何理解"农民意识"和农民主体性的表达?

赵:在中国语境下,"农民意识"通常是个贬义词,是自私、狭隘和保守的代名词。记得当年那部颇有精英主义、历史虚无主义和西方中心主义偏颇的电视纪录片《河殇》,就是用西北农民的现象来代表落后、保守,甚至是现代化的负担。鲁迅笔下的农村人物的形象和他们的精神面貌我们都熟悉,但是,正如我在另一个访谈中已经谈到,把当下的中国农民当作前现代、前资本主义的主体,这是一种西方中心主义线性历史观和历史虚无主义的表现,因为社会主义对农民改造的历史都不见了[2],更枉论改革开放时期中国农民作为一个社会阶层的分化与转型。这里,让我强调三点。第一,中国农民是中国几千年农耕文明的主要创造者,他们有许多智慧和处理生老病死以及各种生产、生活和生态问题的方法、知识体系和文化实践。在当代社会面临各种危机的背景下,农民和农村所包含的价值体系和实践理性值得我们去尊重,研究和重新认识。第二,从个体的角度,在我自己采写农民口述的过程中,我深刻认识到,一旦我们抛弃了刻板印象和城市精英主义的偏见,我们就会发现,在新中国接受过社会主义现代化建设洗礼的农民,不仅有开拓和进取精神,而且也不比其他阶层更狭隘和自私。第三,也是最重要的是,正如没有抽象化与本质化的"农

---

[1] 赵月枝、龚伟亮:《乡村主体性与农民文化自信:乡村春晚的启示》,《新闻与传播评论》2018年第2期。

[2] 赵月枝、沙垚:《被争议的与被遮蔽的:重新发现乡村振兴的主体》,江淮论坛2018年第6期。

民",也没有一成不变的、本质化的"农民意识"。在中国革命和建设的过程中，不正是那些被认为落后或者保守的农民，在共产党的领导下，变成强大的革命和建设主体吗？这里面的传播和动员机制是如何运作的？其中有哪些曲折与斗争？作为新闻传播学者，我们尤其有责任和义务去解构和分析"农民意识"这种"意识"本身形成与传播的背景、过程及与其有互构关系的社会权力结构和社会文化结构。我们还需要通过农民口述史研究、乡村民族志研究和各种旨在助推乡村振兴和乡土文化复兴的参与式行动研究，来深入理解活生生的、具体的中国农民的精神面貌和他们的主体性的型构与表达，并在此过程中促进学者自己的学术主体性的发展。

问：意识形态问题是马克思主义研究的一个重要课题，我们怎么将马克思主义理论、新闻传播学和乡村研究更好结合在一起？

赵：这是一个理论问题，也是一个实践问题。在20世纪，马克思主义理论的中国化所要解决的关键问题，就是中国的农民问题和乡村问题。具体到新闻与传播领域，作为马克思主义新闻理论与中国革命相结合的结果，中国共产党的党报理论，就是在国际共产主义运动的脉络里，在中国革命的实践中发展和成熟起来的。去年我有机会参观延安清凉山上的新闻纪念馆，深感"从全球到村庄"这一主题的相关性。一方面，无论是马克思的新闻思想，还是列宁的党报理论，中国共产党新闻思想的来源，离不开全球性的国际共产主义运动；另一方面，正如纪念馆中一个十分醒目的一位新闻人与一位老农交流的场景所提醒的那样，这个新闻事业又与乡土中国和中国农民有历史性的联系。

今天，在促进新时代的马克思主义中国化发展的过程中，需要从"全球"和"村庄"两个层面丰富马克思主义理论。一方面，在全球层面，需要在网络时代深化对殖民主义遗产和霸权主义的批判，并通过推进"一带一路"倡议，为切实解决全球发展的不平衡问题提供中国方案和做出中国贡献；另一方面，在中国内部，需要把城乡关系视野当作新闻传播研究的核心维度，并在此基础上和在乡村振兴的过程中，探索新时代"工农联盟"的实现形式和途径。正如我在前面所谈及的那样，中国西北是"一带一路"和乡村振兴战略的交汇点，这里有深厚的农耕文明底蕴，这里有延安的革命传统，这里有户县农民画这样的社会主义乡村文化奇葩，这里还有刘公信这样的社会主义乡村文化奇人。我深信，这里有创新中国传播研究的得天独厚的优势。

附文：不做自我异化的学术
——访加拿大西门菲莎大学传播学院教授赵月枝[1]

陈娜

在希腊圣城德尔斐的阿波罗神庙上镌刻着一句名言：认识你自己。相传苏格拉底一直将其奉为人生箴言，并依此为希腊哲学注入了新的生机。而这句话也成了继苏格拉底之后，一直贯穿西方哲学发展的主题：人类的历史就是一部不断认识你自己的历史。

这本是一个古老且遥远的话题，却不知为何在我做完对赵月枝教授的访谈之后盘旋不去。在长达四个多小时的对话中，这位身份多元的华裔传播学者展现了惊人的逻辑思辨能力以及鲜明的话语主导意识，她敏锐地拿捏着自己在不同文化语境下的话语角色，从始至终，她的语言表达都流露出了与她的学术研究极为相似的风格：敏感，警觉，执着，透彻，或许还有着她未必愿意承认的：强势。而在她侃侃而谈的背后，似乎还有一种令人印象深刻的意识在贯穿始终，那就是她对于主体性问题的一针见血。赵月枝说："整个学术不就是主体性和人的问题吗？批判者只有把自己的主体放在里面才能做到完全彻底的批判。如果你的学术都不敢碰自己的生活，那么难道不是一种异化吗？"

一、"我的世俗人格和学术人格是一致的"

不同于那种将"个人生活体验与学术分开的中产阶级专业主义意识形态"，赵月枝笃信"个人因素与学术研究的相互构建关系"，这也让人们在她的不同文章中看到了她毫不避讳的家庭出身：饥饿而死的外祖父，身为农民的父母，绝望自杀的表妹，少年打工而落下腰疾的弟弟，"留守儿童"的外甥和对儿子有无限歉疚的妹妹，以及成为改革开放后中国留学和人才政策的受益者和跨

---

[1] 本文作为国家社会科学基金青年项目"当代杰出新闻学者口述实录研究"的阶段性成果之一（项目批准号：10CXW00），发表于《新闻爱好者》2013年第6期，第54-57页。作者陈娜现为天津师范大学新闻传播学院教授、博士生导师、副院长。

国知识精英一员的自己……赵月枝说:"当其他人把他们的学术的阶级立场隐去,把资产阶级的知识立场当作普世立场的时候,我偏偏要把我的知识立场亮出来。我这样做,第一是出于对知识霸权构建的警觉;第二是出于批判学者在方法论、认识论上的自觉;第三,我想说明我的世俗人格和学术人格是一致的,所以我很坦然。"

正如赵月枝所言,每个主体都是被生活过程所构建的,然而很多研究却在隐去的主体性中掩盖着知识生产中的权力关系,于是话语霸权轻易地产生。不过,"作为一个知识分子,如果只能从自己的经历里出发,就不配声称在公共领域占一席之地。因此,你要有能力去反思和超越自己,这就首先需要把自己言说清楚。"

在学术与生活之间,赵月枝继续袒露着身为学者的赤诚:"有人批评我,说我太把学术当真了,说我不知道生活和学术的分野。我知道生活有生活的逻辑、学术有学术的逻辑,但我的学术情怀和我的生活理念是一致的。当你的工作让你去说谎,而你在生活中却可以照旧,这实际上是很可怕的,我宁愿相信我的人格跟我的抱负是不能分裂的。"

关于赵月枝在学术与生活上的纯粹,黄卫星曾经在《批判知识分子的角色建构——从传播学批判学派学者赵月枝的学术风格谈起》一文中这样写道:"面对她自己从中国最底层的农民阶层到跨国知识精英阶层的经历,面对无法招架的学术邀请和中外学者希望调用她的学术资源的各种请求,面对来自家人和朋友的各种经济和非经济的求助要求,面对自己几乎沦为学术'奴隶'的既劳累又快乐的生活状态……她调侃说,现在终于从个人生活层面明白了《红色娘子军》中那句著名的台词:无产阶级只有解放全人类,才能最后解放自己!"于是乎,面对我的来访,这位爽直的学者同样单刀直入:"我甚至可以理解你来找我也是为了完成你的学术,从这个角度上讲你是带有工具目的的。但如果我们谈的是学术的共同理想,我既满足了你的学术目的,也满足了我希望把自己的批判学术跟你分享的目的,那么这个功利便和抱负是一致的。或者如果今天我的谈话影响了你,使你对批判学术有了新的理解,如果我的学术生命在你的学术生命中有哪怕百分之零点几的延续,那么我也就值得了。"

美国政治哲学家约翰·罗尔斯曾在他的名著《正义论》中这样说道:"永恒的观点不是一个从世界之外的某个地方产生的观点,也不是一个超越存在物的观点,毋宁说它是在世界之内的有理性的人们能够接受的某种思想和情感形式。心灵的纯洁,如果一个人能得到它的话,也许将看清这一切,并且将根据这种观点把一切做得轻松自如。"或许,这种乌托邦式的理想标准也恰恰应和了赵月枝对自己世俗人格与学术人格的定位,尽管理想主义有时仅仅被作为一种追求现实的方向,但大多数时候,谁又能不向这种"心灵的纯洁"致以敬意呢?

二、"我的知识反哺面临着污名化"

赵月枝的学术话语总是弥漫着一种深思熟虑的警觉,"我文章中的修饰定语很多,因为它是一种更严谨、更准确和更具逻辑关系的表述,我是为了防止被简单化地解读,实际上这也是被'妖魔化'给练出来的"。正如她所说的,赵月枝有自己的苦恼:"我的知识反哺面临着污名化、简单化的障碍,我现在就缺真正批判我的学术对手。"这确实不是矫情,在赵月枝几次三番所提到的"污名化"一词的背后,是她面对国内学术场域的某些无奈:"第一,我是农民出身,没有知识分子血统。第二,我的学术跟别人不一样,我搅了别人的'清梦'。第三,在一个男权主宰的学术界,我还是一个刚性十足的女学者。知识场也是权力场、名利场。公共领域为了利益党同伐异,有时没有什么学术标准可言。污名化作为一种手段,已经开始了赤手空拳的肉搏。所以呢,出于性别,出于阶级,出于学术立场,我和我的批判学术成了某些人污名化和八卦的对象。"谈到这里,赵月枝略显激动,"曾几何时,身份论被认为是极左思维,而现在偏偏有些人,一方面批判极左,一方面自己的思维又是如此僵化,用简单的阶级决定论来看待我的身份和学术立场:你已在西方过上了资产阶级生活,有什么资格回来谈马克思主义和批判学术。"赵月枝说:"我每次回来都告诉自己,不为谣言所扰,但就是有人颠倒黑白,把我的观点反着读,以迎合他们自己的观点。"而更让赵月枝哭笑不得的是,"一方面,自由主义的知识分子们把我污名化为'只批市场不批国家';另一方面,我的一些研究成果反而又被国家'截流'了。所以这倒是形成了一个无意之间的合流。如果有意不去好好解读我的文章,而只是把别人的误读拿过来问我,我会觉得是对我的不尊重"。

回顾这些年回国工作的经历,赵月枝谈到了她因为不被理解而产生巨大压力的两次"情感爆棚",一次是在杭州西湖边的号啕大哭,一次是在中山公园社稷坛前的痛哭流泪。赵月枝直言,有好心人曾向她转达过别人对她的质疑:"都去了加拿大了,还回来做什么?"而与此相关的各种猜忌和流言,让"污名"这个来源于古希腊社会和基督教传统的词语带给了关注"系统世界"构建的赵月枝更多的敏感与警觉。

"即便如此,我永远抱着一种可以相交的、开放的态度,尽我的一切去争取对话，而不是去树敌。但是作为一个平凡的人，有些情感终究是自己要面对的。"赵月枝的话耐人寻味。

三、"国内的学术场域对我很有吸引力"

2009年，赵月枝受聘为中国传媒大学长江学者讲座教授，这使得她每年有更多的理由和更好的条件在国内从事学术活动。赵月枝说，她现在满腔热情地在国内，除了作为华语传播学人所承担的历史责任，主要就是冲着这里有很多人愿意与她对话。

"我觉得国内这个学术场域还是挺有意思的，尤其是最近十年，我认识了一些让我非常佩服的有理想、有追求的学者。我发现这里有一个学术共同体，不仅是在传播学领域，也在思想界和整个学术界。一个是同龄人里面有一批对学术有严肃追求的志同道合者，另一个是有不少喜欢跟我交流的年轻学者，比如像你。"赵月枝笑言。

无论是授课、讲座、暑期班培训，还是成立工作坊、设立学术论坛、参加学术会议，赵月枝兢兢业业地完成着她所能做的分内分外事。她几次认真地强调，"我愿意回国内来做很踏实的工作"，"我真的是来脚踏实地做我的学术的"，而她也的确为这一初衷付出了坚实的努力。

"最早给黄旦老师'黄埔一期'（复旦大学新闻学院第一期暑期学校）讲课的时候，我是上下午连讲了三天。中午、晚上学生还跟我一起吃饭，直接就又把论文提纲给我看了。有一次讲完课程去我妹妹那儿，吃了很多高蛋白的东西，结果体力消耗到了根本不能承受，进了医院急诊。还有一次我去复旦讲课，因为对方组织得比较晚，我临时把行李寄存在首都机场，人直接去了上海，讲完后再回到北京做该做的事，"赵月枝说，"我也不想把自己说成多么献身学术，但是我每次回来是有非常高的学术热情的。"

在众多志同道合者之中，赵月枝对复旦大学吕新雨的钦佩敬服溢于言表。"我们传播学跟社会科学界、思想界是没有对话的，大多数时候是在自己的圈子里自言自语，而新雨是我们当中不多的能与外界对话的人，在我参加过的一次国外顶级学术论坛上，她是国内传播学界唯一的代表。她对于知识共同体的追求非常真诚。"赵月枝在谈及吕新雨的时候有一种让人印象深刻的惺惺相惜之感，"我一直倡导政治经济学和文化研究相结合，正是注重客体和主体二者融合的框架，这也可以理解我和新雨的合作，我从某种角度可以被认为是关注客体结构出身的，而新雨搞美学出身，她的研究更多从主体性问题切入。我们都希望能在同一平台上做一些脚踏实地的事情。"

可喜的是，在支持吕新雨在复旦大学成立了当代马克思主义新闻与传播研究中心并友情出任该中心学术主任，以及在复旦参与了几次学术活动以后，今年7月，由赵月枝作为发起者之一的传播政治经济学论坛暨中国传媒大学传播政治经济学研究所成立仪式即将启幕，这也可以看作是赵月枝与国内学术共同体合作的一个里程碑。"国内的学术场域对我很有吸引力，让我很兴奋，我也希望能够超越中国和西方的话语流动去提供一个第三者的视角，所以对这个话语空间，我很珍惜。"

四、"我是以批判赢得他们的尊重的，而不是迎合"

赵月枝谈及她在北美的学术师长时，同样充满了感恩。"在我们传播政治经济学，也就是批判学派里面，我得到了很多学术长辈的提携和培养，从最早的达拉斯·斯迈思与赫伯特·席勒，再到丹·席勒。我还在南加州圣迭戈任教的时候，赫伯特·席勒虽然已经退休，但还在教课，第一次见到他，我提到自己在研究中国的电讯业，第二天我就在自己的邮箱里拿到了他给我的关于中国电讯业的一份剪报，这件事特别让我感动。"赵月枝接着说，"年长的学者们对我有提携，我们也有自己的学术共同体，但我也不会因为他们的提携就盲目地赞成他们的学术。李金铨老师曾有篇文章批判我说：赵月枝'响应'西方批判学者的号召。听起来我有点像'盲目的知青'，但实际上，即便是批判学派里面最有影响的学者，我也会和他们平等地讨论和批判，我是以自己的批判赢得他们的尊重的，而不是迎合，我绝对不会去迎合。"赵月枝自信且坦然。

赵月枝聊到了他和丹·席勒的一次辩论，而这位美国传播政治经济学名家正是那位曾经对她关照有加的美国批判学派鼻祖赫伯特·席勒的儿子。"当时他还在加州大学，我已经回到温哥华。他有一个关于数字资本主义的理论框架，邀请我与他合作写一篇论文。起先他可能期望我的中国研究在这个理论框架里演绎，但我强调中国的社会和历史纬度以及这些层面对数字资本主义逻辑的调节。我们讨论得很激烈。最后丹·席勒对我说：'赵，你说服我了，你做这篇文章的第一作者。'所以说，我和这些学者之间，如果说我得到了他们的尊重，那不是因为我是他们的'本土信息提供者'，而是因为我真正以平等的身份去跟人家交流和对话。你越是依靠贩卖人家的理论框架到中国来为自己获取资本，或者靠着别人的光环来映照自己，越是不会长久。我就是这样与西方的所谓大家们处理关系的，而恰恰是这样，别人会更尊重你。"

五、"我觉得最重要的是晚辈"

而赵月枝从师长那里得到的帮助也潜移默化地影响着她和晚辈或是与学生之间的关系。"我是这样一个人,虽然我对学术很有热情,但是我不会把自己的学术研究强加于人。我是尊重主体性的,我会跟人家说有这样或那样的可能性和学术文献需要面对,但是我绝对不会说像有些导师那样让你做什么就做什么,我认为这是利用你的权力关系把自己的学术强加给别人,我不会这样。"

在对学生的启发和引导中,赵月枝总是努力让他们找到个人的主体性,"也就是学术要对他的个人生活有意义,而不是人云亦云"。赵月枝直言不讳地说,有一次她在伦敦上空的飞机上读到了一位她所尊重的传播学前辈对她误读的论文,她当时难过得恨不得跳下去。"科林·斯巴克斯后来安慰我说:'如果那些人刻意地去边缘化你,那么他们自己反而会被边缘化。'从那以后,我更强化了对学术晚辈一个很重要的原则,就是我会全心全意地去扶持学术晚辈,把我自己的一切,不能说献给,而是放在对学术晚辈的扶持上。"

说到这里,赵月枝回忆起了当年在北京广播学院时的生活:"当年我在读研究生的时候,看着在校园里穿梭的一群群艺术和播音主持类俊男美女,同宿舍一位同学说了一句话:广院辈有人才出,各领风骚小半年。我觉得这句话是非常好的。就像你说的,我们此时意气风发,正在学术的巅峰,但是要记住:长江后浪推前浪,各领风骚小半年。你要知道自己的任务只是个学术的承传者和探索者,而不要把自己当作一个霸主。所以说,我会尽全力去扶持年轻的学者,这里面当然有两个道理:第一是你想压都压不住人家,这种打压是徒劳的;第二是你只有尽自己的力量去扶持人家,去赋权人家,去给人家学术营养,去把人家培养起来,你所钟情的学术资源、学术事业才会壮大。我就是这样想的,所以至今我也可以非常骄傲地说我对年轻学者投入的心血是非常非常多的。"

赵月枝介绍说:"我培养的不仅是我自己嫡系的学生,只要是国内的年轻学者,我都会尽自己的一切力量去扶持,因为这是一个共同的学术事业的问题。而这项学术事业、这条学术道路只有更多的年轻学者加入了,做研究才会有意义。我觉得最重要的是晚辈,而当我们这个批判传播的学术共同体越来越大,我们的学术生命也就值得了!"正是基于这样的理念,赵月枝联合吕新雨和台湾的冯建三教授组建了一个叫"传播驿站"的以年轻人为主体的批判传播英文文献译介团体,希望带动年轻学人在批判地译介西方前沿学术的共同学术劳动中，从一字一词开始，在一步一个脚印地做学问的过程中，建设学术共同体和确立学术主体性。这个团体的30多名学人目前正在同心协力翻译一部叫《马克思回来了》的批判传播学最新论文集，并在7月份借着传播政治经济学论坛在中国传媒大学围绕这部著作做第一个"传播驿站"工作坊。

六、批判的起点：认识你自己

与赵月枝的访谈是一段奇妙的旅程，她的身上似乎有着一种强大的透视能力，让你无法回避那些在现实生活中容易被隐去因而也相对"安全"的主体存在。她对我说："因为你的研究不是面对我的学术，而是面对我的人，你是要做口述史的，所以我就变成了你的研究对象。今天虽然是我在对你夸夸其谈，但其实你才是这场话语权的主导者，而我其实是被动的。"面对她眉头微蹙的冷峻，我不得不承认，她甚至比我更清楚我自己的存在，在这位批判学者的眼中，这个相互构建的"系统世界"似乎无处遁藏，也无须遁藏。

访谈过程中，除了庞大信息量的学术话题，赵月枝不经意间提及的另一个话题同样令我好奇：关于丈夫和女儿。然而一个更重要的细节是，在她理性思维贯穿始终的侃侃而谈中，唯独在谈及家庭的时候，她的语气才变得柔和温煦，甚至有一些因为怀想而略带迟缓的陶醉："这个夏天，我们一家三口在三个大陆。我老公一个人在加拿大，那天他通过电话，用钢琴给我弹了一首《我爱你中国》，再用吉他给我弹了一首《北京爱情故事》里面的主题歌《滴答》，最后给我说了一句'汇报演出到此结束'。"说到这里，赵月枝禁不住笑起来，"我的女儿在法国参加暑期班，因为她从小就学法语。在加拿大上大学的第一年，我让她学阿拉伯语。我并不想把她培养成什么精英，让她学法语和阿拉伯语是希望她能够超越中文和英文非此即彼的二元话语和思维世界。她作为一个少数族裔在加拿大生活，会碰到很多身份认同方面的问题。我就这一个女儿，她将来喜欢做什么就让她做什么。"

苏格拉底说"认识你自己"，这就是一个解蔽的过程，祛除外相的遮蔽，揭示灵魂的本真，从而才能达到生活与生命的和谐。赵月枝所坚持的"知识分子的社会责任和个体内在志向的统一"从某种意义上与这种哲学起点不谋而合。不明白主体的意义，又谈何认识客体乃至世界呢？

"我不做自我异化的学术。"在一切学术超越与批判反思的背后，或许赵月枝想做的，恰恰只是自己的主人。

后 记

写序言的时候，是北京的暮春。写这个后记，北京已进入金秋。彼时，我从缙云开完主题为"乡村故事，中国道路"的第五届河阳论坛，回到清华大学校园讲授马克思主义新闻观；此时，我也是从缙云回京。所不同的是，这次在缙云，我走村串巷，充当英文"导游"，向不同文化背景的年轻加拿大学者同事和留学生讲述"乡村故事，中国道路"。在清华，我讲授的是跨文化传播政治经济学短期课程。更让我欣喜的是，在清华，我们邀来有北美、东欧和南亚背景的青年学者，与国内学者一起探讨"超越全球性鸿沟的跨文化团结：历史、机制、主体"议题，一起讲授跨文化传播政治经济学短期课程。

从个人角度，我把发展马克思主义新闻观和有全球视野与中国主体性的跨文化传播政治经济学的过程，当作一个否定之否定、"看山还是山"的过程。具体而言，这包括三个层面的认识和实践过程。

第一，是从乡村到城市再回到乡村的过程。通过考大学，我"跳农门"到了城市，甚至到了国外的都市。可是，正如我在河阳乡村研究院建立时所说的那样，也许因为地球是圆的，我在学术道路上走着走着，发现自己又面对乡村了。当然，此乡村已非彼乡村，不仅乡村本身变了，我对乡村的认知和与乡村的关系也变了。重要的是，我在自己的学术中有了城乡关系的视野：来往于常常在雾霾之中的北京和我的故乡浙江缙云——一个还留有绿水青山的全国生态县，我对城乡关系的视角和人与自然关系的视角尤为敏感。

第二，是从东方到西方又回到东方的过程。除了地理意义上的旅程，这首先是意识形态和地缘政治上的旅程。1986年我出国留学的时候，冷战并未结束，社会主义与资本主义的对立还是最重要的认知框架。今天，新自由主义全球化的大潮已经消退，"历史终结论"也已破产，我们面对的，不仅是一个充满危机和正经历百年未有之大变局的世界，而且是一个"马克思归来"的世界和中国更加坚定地走社会主义道路的世界。其次，这也是一个文化意义上的旅程。比如，同是传播政治经济学者，我深刻意识到，我与自己所熟知的其他文化背景的学者之间，尤其是与西方白人男性学者之间和其他亚非拉后殖民国家的学者之间，在学术主体性上是非常不同的。

第三，是从大学毕业时因希望逃离新闻实践而去考研学传播理论，后来又回到家乡做新闻与传播学术实践的过程。我上大学时才15岁，稀里糊涂上了当时的北京广播学院新闻编采专业，却发现自己没有当记者的自信，最终通过考研逃避当记者的职业安排。然而，"吃理论饭"久了，又觉得记者干预社会实践的途径比学者更短平快。通过成立河阳乡村研究院，我做了一些更接地气的应用性研究和参与式行动研究，加强了与媒体、基层干部、普通民众的联系，甚至自己写媒体和微信平台的文章。这给了我理论与实践关系的视野，深化了我对知识与权力关系的思考，对知识分子与大众的关系也有了更深刻的认识。

有一个能"回去"的故乡，有一个能"回去"的祖国，还有一个能"回去"的马克思主义新闻学，我是超幸运，也是超幸福的。这部访谈集更是一个幸运儿。西门菲莎大学传播学院宽松的学术环境、加拿大国家特聘教授的职位所赋予的学术条件和在国内的学术兼职，给了我超越"常规"学术生产的自由。我知道，在国内越来越精细化和科层化的学术管理体系内，访谈是在学术考核中不被算数的学术生产，而一些核心刊物也拒绝发表访谈。为此，我感谢那些愿意为做与我的访谈花时间的年轻学者，感谢那些愿意发表我的访谈的学术刊物。

具体到此书的成书与出版过程，我要特别感谢中国传媒大学传播研究院的赵丽华副教授和清华大学新闻与传播学院的李彬教授。首先，我要感谢丽华，她是我在国内出版的第一部中文书《传播与社会：政治经济与文化分析》的编辑。大概是2014年左右，她曾以时任中国传媒大学出版社编辑的身份，对我表达的把访谈编成集子的想法，表现出极大的热情，并鼓励我把此书当作以访谈的形式来阐述跨文化传播政治经济研究理论框架的高度来看。为此，她还建议我写一个相应的理论阐述作为导言。我不敢奢望这个集子达到了丽华所期望的高度，但是，我非常感谢她在本书出版过程初期的支持、鼓励和耐心。

这部书最终在我自己与李彬教授合编的河南大学出版社"中国新闻学丛书"中出版，是我在编辑之初无论如何也想不到的。为此，我十分感谢李彬教授。不过，与其是"上帝关了一扇门同时为你打开一扇窗"，毋宁是我在国内从事"跨国学术游击"的过程中，为自己开辟了一个学术出版的新境界，而与李彬教授合作，则是进入这一新境界的关键。那是2017年盛夏，又是一个风尘仆仆地从缙云到清华的学术旅程。在缙云，我正在自己主办"从全球到村庄"国际暑期班；在清华，由中信发展与改革基金会支持的第一届"中国特色新闻学高级研讨班"也正在进行,我应邀作一个"如何认识中国共产党的新闻理论与实践"的讲座。

感谢故乡缙云的山,它给了我灵感,让我以"看山还是山"的视角来理解中国共产党的新闻理论与实践。李彬教授是那场讲座的主持者,更是一位中国新闻理论建设的有心人。当我还沉浸在一个下午三个多小时的讲座后的兴奋中时,发现自己已被带到了一个更令人振奋的场景:品尝着清华甲所的美食,李彬教授在与我及一群参加暑期班的青年才俊的交流中,提出了以我的讲座为基本构架,出版一套有全球视野和中国立场的新闻学丛书的想法。

从一个想法到一套丛书的产生,虽然不需要"愚公移山",也是一个起码要翻山越岭的复杂过程。不过,河南大学出版社的闻风而动和全力支持,以及我们通过这套丛书所聚集起来的一群充满自信的"中国新闻学丛书"作者,也足够让我们感到,这是一项中国新闻传播学发展过程中"水到渠成"的事业。在举国上下庆祝中国共产党成立100周年的氛围中推进这套丛书的出版工作,更让我意识到,这是一桩颇有历史意义的事业。

更令我欣喜的是,当我偶然与李彬教授谈到自己的访谈集在出版过程中碰到的与学术无关的挫折时,他建议把此书放在我们自己的丛书中出版。我深知,作为一部访谈集,它与丛书中的其他专著在形式上不一定匹配,但是,这是一个我无法放弃的让这部书见天日的机会,而李彬教授在我编辑此书过程中的鼓励和具体建议,也给了我自信和方向。至于这部并非专著的访谈集,能否如李彬教授期望的那样,在"中国新闻学丛书"里起到全球视野中的理论支撑作用,只有留待读者去评判了。也许,如果丛书中那一部部专著所构建出来的是新时代中国新闻学的殿堂(orientation),那么,我的这些访谈所做的,是一种对西方理论进行去魅,将人们的视线引向这个殿堂的工作吧。

最后,衷心感谢河南大学出版社领导的支持和编辑们的严谨认真、精益求精。在本书成集的过程中,白洪谭和杜学志也提供了支持,特此感谢。

2020年10月21日于北京